L'UNIVERS.

HISTOIRE ET DESCRIPTION DE TOUS LES PEUPLES.

ÉGYPTE.

PARIS.
TYPOGRAPHIE DE FIRMIN DIDOT FRÈRES,
RUE JACOB, 56.

ÉGYPTE,

DEPUIS LA CONQUÊTE DES ARABES

JUSQU'A LA DOMINATION FRANÇAISE,

PAR M. J. J. MARCEL,

DE L'INSTITUT D'ÉGYPTE.

SOUS LA DOMINATION FRANÇAISE,

PAR M. AMÉDÉE RYME.

SOUS LA DOMINATION DE MÉHÉMET ALY,

PAR MM. P. ET H.

PARIS,

FIRMIN DIDOT FRÈRES, ÉDITEURS,

IMPRIMEURS-LIBRAIRES DE L'INSTITUT DE FRANCE,

RUE JACOB, 56.

1848.

L'UNIVERS,

OU

HISTOIRE ET DESCRIPTION

DE TOUS LES PEUPLES,

DE LEURS RELIGIONS, MOEURS, COUTUMES, ETC.

HISTOIRE DE L'EGYPTE,

DEPUIS LA CONQUÊTE DES ARABES JUSQU'A L'EXPÉDITION FRANÇAISE.

PAR M. J. J. MARCEL,

DE L'INSTITUT D'ÉGYPTE.

CHAPITRE PREMIER.

INTRODUCTION. — État de l'empire d'Orient à l'époque de Mahomet. — Le Koran. — Hégire. — Attaque de la Syrie. — Mort du Prophète. — Abou-Beker, 1er khalyfe. — Conquêtes en Syrie. — Prise de Gazzah. — Omar, 2e khalyfe. — La Syrie entièrement soumise. — Prises de Damas et de Jérusalem. — Préparatifs contre l'Égypte. — Situation de cette contrée, motifs des ordres d'Omar. — Amrou part pour l'attaque de l'Égypte. — L'expédition est contremandée. — Amrou arrive à el-Arych.

Dans ce dix-neuvième siècle, dont les premières années ont vu sur les antiques pyramides s'arborer le glorieux drapeau de la France, une nouvelle impulsion donnée aux esprits a tourné à l'envi vers l'Orient tous les regards du monde civilisé.

Ce ne sont plus, comme dans les siècles précédents, quelques voyageurs isolés, quelques trafiquants égarés dans ces régions lointaines, qui, de temps en temps, viennent, offrant à leur retour leurs narrations inexactes et quelquefois mensongères, révéler aux curieux étonnés les mœurs, les coutumes, les positions géographiques, les documents historiques et les monuments architecturaux de ces peuples, si mal observés par eux dans leurs courses vagabondes, si mal décrits dans leurs récits nécessairement erronés.

Aujourd'hui c'est la France, l'Angleterre, l'Allemagne, l'Amérique du Nord, le monde entier civilisé qui s'écrient : *L'Orient! l'Orient!* comme les compagnons d'Énée s'écriaient : *Italiam! Italiam!* et qui, chaque année, inondent de leurs explorateurs aussi savants qu'infatigables ces contrées d'où nous vient le soleil, et d'où nous est venue aussi la civilisation, cet autre soleil de l'humanité : l'Orient, l'Égypte surtout, tout le passé n'est-il pas là? empires, commerce, religions, lois, arts, sciences, tout enfin? N'est-ce pas en effet du sol égyptien qu'est née la colonisation de la Grèce et sa civilisation, qui a enfanté celle de Rome, devenues l'une et l'autre les mères de la nôtre; foyer primitif du perfectionnement des sociétés humaines, s'échauffant, avant nos climats, aux rayons des connaissances amélioratrices, comme chaque matin, ceux du jour lui tombent du ciel avant d'éclairer nos parages occidentaux.

Dans la première partie du volume déjà

publié sur *l'Egypte ancienne* (1), et consacré aux doctes élucubrations de M. Champollion-Figeac, si digne collègue dans ces études ardues de l'illustre frere dont le monde savant déplore encore la perte (2), le lecteur a d'abord vu l'organisation païenne, née sur les bords du Nil, y dégrossir les premiers rudiments des institutions civilisatrices, y formuler les croyances primitives, qui, portées par les émigrations diverses des peuples de la vallée égyptienne, se sont avancées progressivement sur les différentes rives de la mer Intérieure, pour de là se répandre sur notre tardive Europe. C'est dans le paganisme de l'antique Égypte que la Syrie, l'Asie Mineure, la Grèce, l'Italie, ont emprunté les bases de leur mythologie polythéiste : c'est dans cette contrée, déjà les précédant vers la civilisation, que les peuples des plages encore barbares de la Méditerranée ont puisé leurs principales lois, leurs croyances religieuses, leurs systèmes philosophiques, leurs coutumes, leurs sciences élémentaires et leurs premiers arts.

Dans la seconde partie de cette histoire d'Égypte, comprenant la période de la domination romaine, s'est déroulé le tableau de la réforme chrétienne, s'avançant à son tour sur les traces du paganisme, le faisant reculer pas à pas, et lui présentant partout le combat avec ses apôtres, ses martyrs, ses théologiens de l'école d'Alexandrie, ses cénobites du désert de Scété, et ses rescrits impériaux émanés de la cour de Constantinople. Le flambeau pacifique du Christ jette dans ces contrées les splendides lueurs de la civilisation nouvelle, jusques aux temps où les dissensions intestines, les querelles théologiques, les tyrannies de l'intolérance, les spoliations de la cupidité, la faiblesse, l'incurie et l'inhabileté des gouvernants livrèrent enfin ce beau pays au glaive des fanatiques sectateurs de Mahomet.

Alors l'islamisme, s'élançant des sables de l'Arabie, jeta ses armes et son Koran à la fois sur l'Asie et sur l'Afrique, d'où l'inondation musulmane devait, à peine un siècle écoulé, menacer notre Europe elle-même, et s'étendre d'un côté, par la Perse et la Transoxiane scythique, jusque dans les plaines de la Germanie et sur les bords sauvages du Danube, de l'autre, par l'Espagne malgré la barrière des Pyrénées, sur les rives fertiles de la Loire et de la Saône.

Mais, avant de décrire la catastrophe qui, par une révolution nouvelle, soumit derechef à des maîtres étrangers et à une nouvelle religion cette Égypte tant de fois la proie d'invasions étrangères ; avant de développer les pages historiques de cette domination arabe, succédant à la domination romaine, par le même droit qui avait fait succéder les Romains aux races macédoniennes et celles-ci aux Perses usurpateurs du trône pharaonien, il importe de présenter l'état du pays et des peuples qui l'habitaient à cette époque mémorable, afin de faire connaître les causes intérieures et extérieures dont l'action et la réaction incessamment combinées, aliénant de plus en plus les sujets *jacobites* des gouvernants *melchites*, ou impériaux, finirent par séparer entièrement la branche égyptienne de l'arbre byzantin, et opérèrent enfin, au profit des Arabes conquérants, une scission complète et irréconciliable entre les provinces du Nil et l'impuissante métropole.

Si nous voulons apprécier rationnellement ces causes diverses, nous avons besoin de jeter nos regards en arrière, et de tracer rapidement à nos esprits un tableau rétrospectif des révolutions dont la vallée égyptienne a été le théâtre successif, depuis que, cessant d'avoir pour dominateurs ses maîtres naturels, les antiques Pharaons, elle a vu ces races royales, nées dans son sein, disparaître de son sol, écrasées sous le char sanglant des étrangers envahisseurs.

Depuis près de deux siècles les Perses faisaient gémir l'Égypte conquise, sous leur oppression intolérable, lorsque la conquête d'Alexandre, brisant le trône des oppresseurs, remplaça en Égypte le joug des Perses par le joug macédonien.

Si quelques velléités de bon gouvernement et de bien public semblent, à de rares époques, éclairer d'une lueur passagère quelques intervalles de l'admi-

(1) *Égypte ancienne*, par M. Champollion-Figeac, conservateur des manuscrits de la Bibliothèque royale, etc.

(2) ...*Nulli flebilior quam mihi*....

Lemaitre direxit

Mosquée d'Amrou, à Fostatt (Le Vieux-Kaire)

nistration des Lagides, l'égoïsme cupide, la férocité tyrannique, les crimes et les débats sanglants de la plupart de ces princes, n'avaient pu qu'augmenter les malheurs de l'Égypte, et envenimer plus profondément la haine pour les dominateurs imposés par la force des armes.

Les Romains, accueillis comme libérateurs, loin de penser au bien-être de leurs nouveaux sujets, n'avaient fait de l'antique royaume égyptien qu'une province de leur grand empire, et ne tardèrent pas à la livrer aux exactions tyranniques des préfets, que leur capitale y envoyait successivement s'y gorger du sang et des richesses des infortunés habitants.

Dans le premier siècle de la domination romaine, le siècle des Césars, le gouvernement de la province d'Égypte parut d'abord posé sur des bases à la fois fermes et politiques, quoique le mécontentement Égyptien fût de temps en temps réveillé par quelques abus de pouvoir promptement réprimés et réparés.

Dans le deuxième siècle, celui des Antonins, cette administration fut plus politique encore et plus paternelle, malgré les obstacles qu'opposaient à la constante bienveillance des empereurs de cette époque les Égyptiens eux-mêmes, aigris par une longue servitude et par le ressentiment de leur nationalité anéantie.

Le troisième siècle, qui fut celui des usurpations, dut nécessairement ne donner à l'Égypte qu'une administration timide, incertaine, orageuse, tantôt molle jusqu'à la faiblesse, tantôt dure et acerbe jusqu'à la tyrannie. De là des séditions perpétuelles et des révoltes étouffées par des massacres; de là incrudescence d'une haine irréconciliable entre les gouvernés et les gouvernants.

Le quatrième siècle vit le partage définitif du grand empire romain entre les deux fils de Théodose(1) et sa scission en deux empires, celui d'Occident et celui d'Orient. Cette séparation impolitique, mais que nécessitait peut-être l'impuissance des successeurs dégénérés des Césars à retenir entre leurs mains les rênes de gouvernements si éloignés du centre de leur pouvoir, fut également fatale aux deux nouveaux empires et aux provinces morcelées dont ils s'arrogèrent et se disputèrent les lots.

(1) Arcadius en Orient, Honorius en Occident.

Avant qu'un siècle se fût entièrement écoulé depuis ce partage (1), Rome, restée la capitale de l'empire d'Occident, avait été trois fois la proie des barbares; les Goths, les Vandales et les Hérules, après l'avoir prise et saccagée, s'y étaient successivement établis en maîtres; cet empire lui-même, après avoir passé de mains faibles en des mains plus débiles encore et plus indignes, ravagé par des guerres intestines, déchiré par des séditions et des révoltes, démembré par des tyrans usurpateurs, sans force contre l'invasion des barbares, avait vu les derniers lambeaux de la pourpre césarienne disparaître et s'anéantir, foulés aux pieds des Alains, des Ostrogoths, des Huns et des Lombards, qui s'en disputaient les dépouilles; et la puissance romaine fondée par Romulus, devenue l'empire du monde sous le sceptre d'Auguste, s'était écroulée sans retour avec le trône avili d'un dernier empereur, qui, par un concours singulier, véritable sarcasme de la destinée, réunissait à la fois les deux noms de Romulus et d'Auguste (2).

Dans le partage des provinces que nécessita la scission en deux parties distinctes de l'empire romain, l'Égypte, suivant le sort de toute l'Afrique, passa de la domination de l'ancienne Rome à celle de Constantinople, *la Rome nouvelle*.

La durée de l'empire d'Orient ne fut pas aussi éphémère que celle de l'empire d'Italie, et les provinces qui lui échurent durent d'abord regarder comme un bonheur la distribution qui les rangeait sous son domaine; et, en effet, dans ce quatrième siècle, celui de Constantin et de Théodose, les derniers empereurs qui aient porté le nom de *grand*, un gouvernement plus ferme, plus concentré, plus politiquement ordonné, fut d'abord établi dans la province égyptienne; mais ces formes gouvernementales ne furent instituées que pour un temps seulement et d'après un système de régularisation qui, sage sur beaucoup de points, était incontestablement vicieux sur le plus grand nombre.

(1) Quatre-vingts ans seulement.

(2) Romulus Augustulus détrôné par Odoacre, roi des Hérules.

Au cinquième siècle, siècle des invasions des barbares se ruant sur le colosse affaibli de l'empire, sous les règnes d'Arcadius, de Théodose le jeune, de Marcien, de Léon, de Zénon, d'Anastase, l'administration de l'Égypte fut fiscale, oppressive, ruineuse, tiraillée misérablement par les partis mesquins et méprisables qui s'agitaient à la cour de Constantinople : et cette contrée, où déjà fermentait le levain de tant de mécontentements antérieurs ne manqua pas d'occasions pour manifester par des soulèvements le malaise de ses populations et leur impatience du joug de plus en plus intolérable qui pesait sur elles.

Dans toutes ces révoltes successives, il semble qu'on voie un plan suivi, une marche depuis longtemps concertée, que se léguaient de génération en génération le mécontentement des peuples et le désir incessant de ressaisir une nationalité pour toujours enlevée.

Rien, en effet, de plus manifeste dans tous ces événements que la tentative persévérante des Égyptiens de se soustraire à la domination du grand empire; on est étonné, après tant d'efforts successivement essayés, de voir l'exécution de ce plan ajournée à plus d'un siècle encore, tant était grande et longue dans son action cette influence passive des mœurs orientales. Pour arracher enfin l'Égypte à Constantinople d'une manière irrévocable, il fallait une révolution complète dans ces contrées elles-mêmes, c'est-à-dire que le peuple le plus belliqueux qu'elles eussent jamais produit, sortît de ses déserts, pour envahir par ses armes et ses croyances une partie du monde entier.

Au sixième siècle, siècle de Justinien, le gouvernement de l'Égypte, devenu en quelque sorte précaire, ne fut plus dirigé que par des lois impuissantes ou de fausses mesures de circonstance, dictées soit par les intrigues de cour, soit par la rapacité des gouverneurs auxquels la province égyptienne était jetée en proie.

Enfin, dans le septième siècle, qui commence par le règne de Phocas, et se termine, pour la domination impériale en Égypte, au règne d'Héraclius son successeur, on ne retrouve plus en Égypte, comme dans toutes les autres provinces de l'empire, qu'un gouvernement épuisé, sans forcce pour le présent, sans prévoyance et sans ressources pour l'avenir, flottant au gré des intrigues, des cabales et des factions; forcé, en un mot, de recourir lui-même à des moyens qui devaient accélérer sa perte.

Précisons davantage l'état de l'empire de Constantinople et celui de l'Égypte en particulier, à l'époque où cette antique contrée changea son titre de province romaine pour celui de province du vaste empire des khalyfes.

Les contemporains de ce grand événement, et les historiens postérieurs, copiant les rapports intéressés des premiers, ont accusé de révolte et de désertion les peuples de l'Égypte, se soumettant volontiers aux Arabes; de trahison et presque d'apostasie, les personnages influents de la nation cophte qui coopérèrent à cette soumission. Peut-être, en examinant impartialement et pesant mûrement les motifs présents et les causes éloignées qui amenèrent cette séparation spontanée du tronc de l'ancien empire romain, la jugera-t-on l'effet nécessaire qui devait résulter de l'état des choses et des esprits; peut-être alors accusera-t-on de cette scission, non les peuples qui l'ont opérée, mais les gouvernants eux-mêmes, dont elle a blessé les intérêts, mais qui l'avaient de longue main préparée par leurs fautes politiques, leur mauvaise administration et leurs vexations intolérables.

Survivant au trône d'Occident, déjà anéanti par les hordes des Ostrogoths, des Huns, des Alains et des Lombards, l'empire d'Orient, qui avait conservé le titre d'*empire romain*, avait vu régner à Constantinople quelques empereurs qui ne furent pas tout à fait sans gloire : entre autres Justinien, dont les généraux, Narsès en Italie, et Bélisaire en Afrique, firent respecter les aigles romaines aux barbares, et leur arrachèrent quelques-unes des provinces qu'ils avaient envahies.

Mais déjà s'ébranlaient les hordes de la haute Asie septentrionale, s'apprêtant à fondre sur les provinces qu'arrose le Danube : les Perses menaçaient les frontières orientales de l'empire ; les peuplades de la Mauritanie, moins domptées qu'irritées par la défaite de leur roi

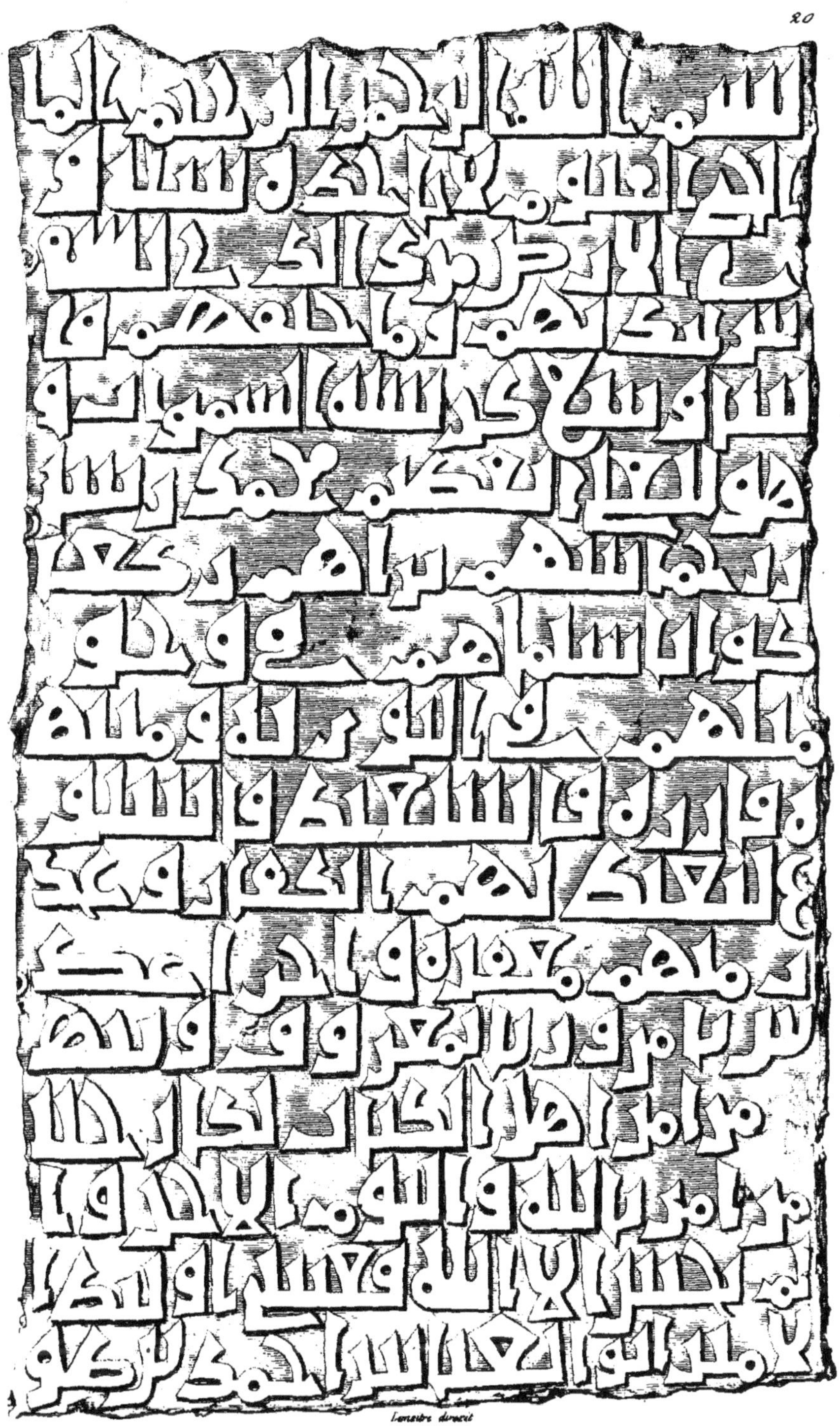

Lemaitre direxit

Inscription de la Mosquée de Touloun en Koufique ancien.

Gélimer, n'attendaient qu'une occasion pour secouer le joug imposé par les légions impériales, et, du haut de l'Atlas, elles offraient un aspect hostile aux établissements romains disséminés sur la côte.

Au milieu de ces symptômes alarmants, les paisibles successeurs de *Justinien*, entourés de flatteurs et de vils favoris, semblaient ignorer complétement l'apparition des météores destructeurs qui venaient leur annoncer une catastrophe imminente.

Livrés à toute l'incurie de la mollesse imprévoyante, enfermés dans leurs palais délicieux du Bosphore, ils n'en sortaient que pour présider des conciles tumultueux, ou pour assister aux frivoles jeux du cirque.

La grande affaire de l'empire, les seules préoccupations des habitants de Constantinople, des courtisans, des ministres, de l'empereur lui-même, c'étaient le triomphe du parti *bleu* sur le parti *vert*, les querelles et les intrigues intérieures de la cour, les discussions interminables d'une théologie inintelligible; et, quand les armes des envahisseurs de l'empire étincelaient déjà autour de Constantinople, ces empereurs efféminés et ascétiques ne signalaient leur puissance qu'en signant des rescripts contre les ariens ou contre les catholiques, suivant l'influence que l'un des deux partis obtenait auprès d'eux par ses intrigues.

Cependant, des frontières de la Chine accouraient déjà ces peuplades turques, qui, après avoir inondé l'Asie entière et les rives du Pont-Euxin, devaient quelques siècles plus tard renverser l'empire de la croix, et faire leur capitale de la ville de *Constantin*.

Mais un fléau plus imminent menaçait le cœur même de l'empire d'Occident. *Mahomet* venait de paraître (1), et préparant une révolution dont les effets se font encore sentir dans presque toutes les contrées de l'ancien monde, jetait déjà chez les Arabes les fondements d'un empire, qui devait devenir plus vaste que l'empire romain, et s'étendre des rives de l'Océan Atlantique aux extrémités de la mer des Indes, des rochers brûlants de l'Éthiopie aux plateaux glacés de la Tartarie.

L'Arabie faisait, comme la Syrie, la Palestine et l'Égypte, partie de l'empire d'Orient; mais tandis que la Syrie et la Palestine se peuplaient de colonies romaines et grecques, tandis que l'Égypte entièrement conquise avait vu les légions romaines la parcourir jusqu'aux dernières cataractes, et établir leurs postes militaires le long du Nil, ainsi que dans toutes les villes importantes, l'Arabie était plutôt contenue qu'assujettie : les Romains, sous les Césars, n'avaient pu pénétrer dans l'intérieur, et s'étaient bornés à occuper les villes frontières avec quelques postes maritimes. Leurs garnisons ne réussissaient qu'à prélever quelques impositions souvent refusées, quelquefois arrachées par la violence; mais elles n'auraient osé pénétrer dans l'intérieur du pays indompté sans être certaines d'une perte inévitable. Retranchées au milieu de leurs sables et de leurs rochers, les tribus arabes vivaient indépendantes, isolées, sous le gouvernement de chefs, tantôt électifs et tantôt héréditaires (1), livrés entre eux à des guerres continuelles, mais se réunissant et se secourant fraternellement au moindre signe d'attaque des Romains.

Cette possession précaire fut loin d'acquérir quelque intensité sous les faibles successeurs de Théodose, et l'autorité nominale des empereurs d'Orient avait même cessé d'exister en Arabie, d'où les dissensions intérieures de l'empire avaient fait rappeler les garnisons militaires.

L'état religieux de cette contrée était aussi peu homogène que son état politique : parmi les nombreuses tribus qui composaient la nation arabe, les unes adoraient encore les idoles, objets du culte de leurs ancêtres (2); d'autres avaient conservé le système religieux des Sabéens, et reconnaissaient pour divinités le soleil ou la lune, ou quelques-unes

(1) MAHOMET (*Mohhammed*) naquit à la Mekke vers l'an 569 de l'ère chrétienne. Il appartenait par sa naissance à la tribu des *Koreychites*.

(1) Dès l'époque la plus reculée, les parties habitables de l'Arabie étaient partagées entre différentes familles de petits princes, dont le gouvernement était tout à fait patriarcal. L'histoire, ou plutôt les traditions postérieures des Arabes, ne nous donnent que la liste de leurs noms, sans aucune chronologie précise, et accompagnée de quelques anecdotes souvent très-fabuleuses.

(2) La tribu de *Thaqyf* était idolâtre.

des nombreuses constellations de leur ciel (1). Quelques tribus professaient le judaïsme (2) : chez un petit nombre le christianisme avait trouvé des prosélytes.

Au milieu de ces éléments discords, de ce chaos de populations se heurtant l'une l'autre, un homme apparut, destiné à changer de face son pays natal et à lui donner la plus formidable influence, non-seulement sur les contrées environnantes, mais encore sur les régions les plus éloignées, dont les noms mêmes étaient alors presque entièrement inconnus aux Arabes.

Son but était de réunir en un faisceau les populations divisées de l'Arabie, de les soustraire aux ferments de discorde et de haine qu'y faisaient naître les différences de religions et de croyances, d'éteindre et de faire converger en un sentiment commun d'esprit national, toutes ces inimitiés particulières qui déchiraient sa patrie, de peuplades à peuplades, de tribus à tribus, de familles à familles, de guerriers à guerriers; de former de tous ces éléments hétérogènes, un tout compacte et lié, qui pût à la fois entre ses mains résister à l'attaque étrangère, ou prendre l'agressive à son tour.

Ses moyens furent, une religion nouvelle, l'abolition de l'idolâtrie et du polythéisme, le dogme de l'unité de Dieu, de l'immortalité de l'âme, des peines et des récompenses dans une autre vie; dogmes qu'il proclamait au nom du ciel, comme ayant été révélés par l'ange Gabriel, pour le bien de tous, à lui seul, prophète et apôtre chargé d'en établir et d'en propager la croyance.

Tels furent le plan et les moyens qu'osa concevoir un homme illettré, mais profond dans ses pensées, hardi et inébranlable dans ses desseins.

(1) *Abou-l-Faradj* nous apprend que les tribus diverses des Arabes adoraient quelqu'un des astres, soit fixes, soit planétaires.

La tribu de *Hemyar* adorait le soleil; celle de *Kenânéh*, la lune; celle de *Mysam*, l'œil du Taureau (*Aldebaran*); celles de *Lakham* et de *Djedâm*, Jupiter (*él Mechtery*) : l'étoile de Canope (*Sohayl*) recevait un culte chez les descendants de *Tây*; Syrius (*él-Charà él-Oubour*), chez les *Beny-Qays*; Mercure (*Attâred*) chez les *Beny-Assad*, ou *Assadites*, etc.

(2) Le judaïsme était professé dans la tribu des *Beny-Naddyr*, à *Khaybar*, etc.

Cet homme était Mahomet, fils d'*Abd-Allah* (1).

L'épée de ses partisans lui conquit de nombreux prosélytes; mais ses premiers disciples lui furent donnés par la persuasion et par l'éloquence, et la persécution se chargea d'en augmenter le nombre.

Son *Koran* (2), ce premier et véritablement seul instrument de sa puissance, fut alors, et est encore à présent, regardé unanimement par les Orientaux comme un chef-d'œuvre et de style et de poésie; les Arabes prétendent même qu'il n'existe dans leur langue aucun ouvrage mieux écrit; et nous ne pouvons douter que le fils d'*Abd-Allah* fut redevable de la plupart de ses étonnants succès, moins aux glaives de ses prosélytes, qu'aux cent quatorze *sourates* ou chapitres qu'il sut faire successivement descendre du ciel, pendant vingt-trois ans, suivant les circonstances, pour électriser à propos les esprits grossiers de ses compatriotes.

Le Koran, comme la Bible, l'Évangile, et les Vèdes de l'Inde, renferme des préceptes d'une morale pure; mais ils y sont entremêlés de fictions assez ridicules, sur lesquelles la philosophie ne pourrait jeter qu'un regard de pitié, si elle ne considérait en même temps que c'est justement ce mélange combiné de vérités et de rêveries qui assura les triomphes de *l'apôtre de Dieu* (3), dont la politique, éclairée par l'étude du cœur humain et par la connaissance du caractère de ses contemporains, vit bien qu'il fallait parler le langage obscur et inintelligible des prophètes à ceux qui se montraient sourds à sa voix, lorsque, leur prêchant des vérités trop simples pour eux, il leur criait :

« N'adorez que le moteur suprême de « cet univers. Sa toute-puissance a créé « tous les êtres (4), et sa bonté a pré- « paré pour conserver leur existence, « tout ce qui est sur la terre (5). »

(1) *Mohhammed ébn-Abd-Allah* : il fut surnommé *Abou-l-Qassem*, du nom d'un fils qui mourut avant lui.

(2) Le mot *Koran*, ou *Qorân*, signifie le *livre par excellence*, comme les mots *Migra* des Hébreux, et τὰ Βιβλία des Grecs.

(3) *Resoul-Allah*.

(4) Koran, sourate II, ℣ 51. — Sourate LXIV, ℣ 1.

(5) Sourate II, ℣ 22, 29.

« Il répand également ses bienfaits sur « le fidèle et sur l'infidèle (1). »

« Ce Dieu est unique, éternel, sans « égal, sans associé; il n'est ni père ni « fils d'aucun être (2). »

« L'homme de tous les cultes, soit « musulman, soit juif, soit chrétien, « soit sabéen, lui est agréable, et lui « paraît digne de ses récompenses, lors-« qu'il est juste, vertueux, et qu'il prati-« que la bienfaisance (3). »

Le style du Koran est différent, suivant les divers objets qu'il traite; tantôt, s'il dépeint le bonheur destiné aux fidèles, c'est une richesse d'images, une magnificence d'expressions qui éblouit par sa variété; tantôt, s'il s'adresse aux ennemis de l'islamisme, c'est un feu terrible qui embrase, un foudre qui pulvérise tous les obstacles.

Du reste, il se ressent du génie de sa langue; ses phrases pourraient peut-être nous sembler un peu trop brusquement coupées, trop dépourvues de transitions. Il est rempli de métaphores que nous pourrions trouver outrées, hyperboliques, et qui ne sont que hardies pour les Arabes.

Mais il est réellement sublime lorsqu'il parle de la Divinité, lorsqu'il l'invoque, lorsqu'il lui adresse des prières, toujours exprimées d'une manière noble et éloignée de toute affectation superstitieuse ou mystique.

Tel fut le nouveau prophète, telle fut la nouvelle religion : quoiqu'elle prétendît n'être autre chose que le rétablissement de l'ancien culte du patriarche Abraham, père des Arabes, et qu'en conséquence elle eût consacré avec adresse l'adoption d'anciennes pratiques religieuses établies en Arabie depuis un temps immémorial, telles que le culte de la *Kaabah* et le pèlerinage annuel de la Mekke, elle trouva d'abord, et dans la famille même de Mahomet, de violents contradicteurs.

Mais bientôt de ses plus fougueux adversaires il parvint à faire ses plus zélés prosélytes.

Chassé de la Mekke, sa patrie, par la tribu des *Koreychites* (4), sa propre tribu, réfugié à Médine, il y date de sa fuite la nouvelle ère (1) de sa destinée désormais victorieuse : il affronte les dangers, les obstacles, les revers; il prélude par la victoire de *Bedr* à de nouvelles victoires, et se fait ramener triomphant dans les murs de la *ville sacrée*, par ceux mêmes qui l'avaient proscrit et expulsé, convertis à sa foi, et devenus ses plus ardents sectateurs. Dès lors des succès non interrompus signalèrent le reste de sa vie et de son apostolat; soit crainte de ses armes, soit persuasion, toutes les tribus de *l'Hedjâz* (2), de *l'Yemen* (3) et du reste de l'Arabie, vinrent successivement se ranger sous l'étendard de l'islamisme.

La presqu'île entière ne forma bientôt plus qu'un seul peuple, sous une même foi et sous un même chef; revêtu de la double puissance spirituelle et temporelle, Mahomet avait atteint son premier but. Peut-être allait-il, donnant un nouvel essor à ses projets gigantesques, lancer contre les contrées environnantes cette force puissante qu'il s'était créée par son génie; déjà ses troupes victorieuses avaient franchi les frontières de la Syrie : la mort l'arrêta, l'an 11 de l'hégire (4), (632 de l'ère chrétienne), à l'âge de soixante-trois ans, dans son admirable

(1) S. LXIV, ℣ 2, 18.
(2) Sourate CXII.
(3) Sourate II, ℣. 61 — Sourate IX, ℣ 12.
(4) La tribu des *Koreychites* (*Beny-Qoreych*), la plus noble de celles qui s'étaient fixées en Arabie, prétendait descendre directement d'Ismaël, fils du patriarche Abraham; leur dialecte, que parlait Mahomet et dont il a fait usage dans ses écrits, passait pour le langage le plus pur de toute l'Arabie.

(1) On sait que l'ère des musulmans est nommée *Hégire* et date de la célèbre fuite de Mahomet à Médine, nommée alors *Yathreb*, et qui prit à cette époque le nom de *Medynéh* (Ville par excellence) ou de *Medynet él-Naby* (Ville du Prophète). Le mot hégire (*Hegiréh*) signifie *fuite*, en arabe, et l'époque de cette ère a commencé le jeudi 16 juillet 622 de l'ère chrétienne, correspondant au 21 du mois cophte *Abyb*, l'an 934 de l'ère d'Alexandre.

(2) L'*Hedjâz* est la partie de l'Arabie où se trouvent les deux célèbres villes de la Mekke et de Médine.

(3) L'*Yemen*, dont le nom signifie *le pays de droite*, par opposition à la Syrie dont le nom (*Châm*) signifie *pays de gauche*, est la plus grande et la plus riche des trois parties qui divisent et composent la péninsule arabique : elle forme avec le pays de *Haddramout* la portion de l'Arabie que les anciens ont connue sous le nom d'Arabie Heureuse (*Arabia Felix*), et sa ville capitale a porté le nom d'*Yemen*. Plusieurs auteurs arabes ont écrit l'histoire particulière de cette contrée.

(4) Le lundi 12 du mois de *Raby-él-douel*; suivant *Abou-l-Faradj*, le 28 du mois de *Safar*.

carrière. Victime de basses jalousies et de mystérieuses intrigues, il périt à Médine (1), par le poison, genre de mort dont semblent particulièrement menacés ces génies transcendants, qui, géants au milieu de pygmées, s'élèvent au-dessus de leur siècle, le devancent sans en être compris ni appréciés, et ne recueillent que l'inimitié cachée, la trahison et l'ingratitude, là où ils auraient droit à des apothéoses.

Cependant l'étoile de l'islamisme ne pâlit pas à la mort de son illustre fondateur : *Abou-Beker* (2), beau-père et parent du Prophète (3), dépositaire de ses doctrines, de ses pensées et de ses vastes desseins, recueillit son héritage à Médine, alors capitale du nouvel empire (4); appelé par les vœux unanimes des musulmans à remplacer leur chef suprême et leur souverain pontife, Abou-Beker sembla moins se regarder comme son successeur que comme son fondé de pouvoir et son exécuteur testamentaire.

Il ne prit en effet que le titre modeste de *lieutenant de l'Apôtre de Dieu* (*Khalyféh* (5) *Resoul Allah*), n'osant prendre le titre *de lieutenant de Dieu*, (*Khalyfét Allah*) qu'avait porté le Prophète, et que les successeurs d'Abou-Beker, moins scrupuleux que lui, ne craignirent pas de s'attribuer par la suite.

Abou-Beker régna seulement deux ans trois mois et neuf jours; mais il sut mériter l'amour des musulmans, qui lui décernèrent le surnom d'*él-Sadyq* (le Juste). Pendant son court règne, les forces de l'islamisme s'étaient accrues : d'un côté, la Perse était vivement attaquée; de l'autre, presque toute la Syrie et la Palestine avaient été enlevées aux empereurs de Constantinople, et l'étendard du Prophète flottait vainqueur sur les remparts de Gazzah et sur ses dépendances, menaçant déjà l'Égypte, vers laquelle il ne devait pas tarder à s'élancer.

Abou-Beker mourut de phthisie, à l'âge de soixante-trois ans, le vendredi 23 du mois de *Gemâdy-él-âkher*, de l'an 13 de l'hégire (1). Le même jour, les musulmans élurent pour son successeur un autre parent du Prophète (2), *Omar*, fils de *Khettâb* (3), qu'Abou-Beker mourant avait désigné à leur choix.

Aussi modeste que son prédécesseur, le nouveau khalyfe ne voulut d'abord prendre d'autre titre que celui de *lieutenant du lieutenant du prophète de Dieu* (4). Ce titre parut trop long, et on le remplaça par celui de *Prince des fidèles* (5), dont Omar fut le premier décoré et qui fut désormais décerné aux khalyfes.

Omar conduisit les armées des musulmans à de nouvelles victoires; tandis qu'il attaquait avec succès en Perse (7) le puis-

(1) Mahomet fut enterré à Médine, et l'on y voit encore son tombeau, que visitent presque tous les pèlerins à leur retour de la Mekke.

(2) Surnommé *el-Sadyq* (le Juste) : il fut inauguré au trône du khalyfat le jour même de la mort du Prophète.

(3) *Abou-Beker* descendait de *Kaab*, septième aïeul de Mahomet : voici, suivant él-Makyn, sa généalogie depuis ce chef commun de leurs deux branches : Kaab. — Omar — Amer — Otmân — Abou-Qahaffah — Abd-allah-Abou-Beker; il eut lui-même également d'abord pour nom Abdallah, et ne prit le nom d'*Abou-Beker* (père de la jeune vierge) que lorsqu'il devint beau-père du Prophète.

(4) Nous avons vu ci-dessus que le nom de Médine (*Medyneh*) ne signifie proprement que *la ville*. Ce genre de métonymie a été employé par tous les peuples pour désigner leurs capitales : chez les Romains, Rome était nommée *Urbs* (*la ville*), comme Constantinople Πόλις chez les Grecs du Bas-Empire, et Athènes Ἄστυ (la citadelle) chez les peuples de l'Attique. Le nom de Thèbes (Θηβαὶ), l'ancienne capitale de l'Égypte, n'est autre chose que le mot égyptien *Th-Baki* (la ville).

(5) Le mot arabe *khalyfeh*, dont nous avons fait celui de khalyfe, signifie littéralement *lieutenant*, *vicaire*, *successeur*, et vient de la racine arabe *khalaf*, qui signifie *remplacer*, *venir après*, *succéder*. Ce nom a été le titre de la dignité souveraine, qui chez les musulmans comprenait à la fois un pouvoir absolu et une autorité entièrement indépendante sur tout ce qui regardait la religion et le gouvernement politique et militaire.

(1) Cette année a commencé le lundi 6 mars de l'an 631 de l'ère chrétienne.

(2) *Kaab*, septième aïeul de Mahomet, était également le septième aïeul d'Omar. Voici la généalogie entre Omar et lui : Kaab — Ady — Raouah — Qart — Ryah — Abd-el-Azyz — Noqayl — el-Khettâb — Omar.

(3) *Omar* fut surnommé *Abou-Hafs*, et reçut de Mahomet le titre de *Fârouq* (le diviseur), c'est-à-dire, suivant la tradition, « celui qui sait distinguer le vrai du faux, le juste de l'injuste et le « croyant de l'infidèle. » Ce fut ce prince qui, l'an 15 de l'hégire (636 de l'ère chrétienne) jeta les fondements de la ville de Basrah à l'embouchure du Tigre, et la construction de cette nouvelle ville fut achevée en trois ans.

(4) *Khalyféh khalyféh Résoul Allah.*

(5) *Emyr él-moumenyn* : c'est de ce titre souvent traduit par *Commandeur des croyants*, que nos historiens du moyen âge ont fait le nom corrompu de *Miramolin* : comme du titre de *Soultân* ils ont fait celui de *Soudan*.

(6) Il s'était rendu maître de la ville royale

sant empire des Sassanides, et renversait de son trône *Yezdedjerd*, dernier roi de cette antique famille (1), ses généraux, *Abou-Obeydah, Amrou ben él-Adás, Serdjyl, Saad,* achevaient de soumettre par la force ou par des capitulations toute la partie de la Syrie qui jusqu'alors avait résisté à leurs armes. Kennesseryn, Basan, Émesse, Damas avaient ouvert leurs portes, et Jérusalem, pressée vivement par Amrou et Serdjyl, abandonnée par Constantinople, réduite sans secours aux extrémités les plus cruelles, heureuse après une longue et sanglante défense d'obtenir une capitulation modérée, Jérusalem, la ville appellée *sainte* à la fois par les chrétiens et par les musulmans (2), reconnut enfin ces derniers pour maîtres; la Croix s'humilia devant le Koran, et l'église de la *Résurrection*, élevée par l'empereur Constantin le Grand, fut convertie en mosquée.

Omar était devenu maître de la Syrie entière : il la tenait occupée par une vaillante armée, dont un fanatisme exalté et l'orgueil d'une suite non interrompue de victoires doublaient encore les forces et le courage; les peuples de Syrie, opprimés, presque abandonnés à eux-mêmes par les empereurs grecs, et ne connaissant leurs maîtres de Constantinople que par leurs exactions et leur tyrannie, n'avaient pas opposé une longue résistance à leurs vainqueurs; ils supportaient avec facilité une nouvelle domination, qui, malgré la différence des religions, n'avait pas empiré leur sort et l'avait même amélioré sous quelques rapports. Tout annonçait qu'aucun effort ne serait tenté par eux pour se soustraire à l'obéissance des musulmans : les victoires remportées en Perse ôtaient toute crainte d'attaque de ce côté : rien ne pouvait donc plus arrêter l'exécution des projets formés depuis longtemps par Omar sur cette belle Égypte, convoitée par les armées arabes, et vers laquelle la conquête de la Syrie semblait n'avoir voulu que frayer un passage.

A peine *Amrou-ben-él-Adás*, l'un de ses généraux en Syrie, eut-il établi l'autorité musulmane à Ramléh, à Djaynah et à Jérusalem, qu'il reçut l'ordre de se préparer à entrer en Égypte.

Cette province, ainsi que tout le reste de l'empire des Césars, était alors entre les mains d'Héraclius, treizième successeur d'Arcadius. Depuis vingt-neuf ans assis sur le trône du grand Constantin, Héraclius, avait la première année de son règne (1), montré quelque mérite et quelque énergie. D'abord simple gouverneur d'Afrique, il avait arraché les rênes de l'empire à l'usurpateur Phocas, meurtrier de l'empereur Maurice (2), et s'était vu appelé par les vœux unanimes à remplacer un tyran que poursuivait l'exécration générale; mais bientôt il s'était endormi dans l'oisiveté et dans la mollesse. Le bruit des conquêtes de *Khosroës II*, le fléau de l'Orient, le réveilla tout à coup de la torpeur où il avait langui plusieurs années.

A son avénement il avait trouvé la guerre engagée avec Khosroës II, roi de Perse; déjà maître depuis plusieurs années de l'Arménie, de la Cappadoce, de la Galatie et de la Paphlagonie, Khosroës avait joint à ses conquêtes Apamée, *Haleb* (Alep), Kennesseryn, *Roha* (Édesse), et Damas, poursuivant vivement ses desseins d'invasion sur le reste de la Syrie. Héraclius avait cherché à terminer ces sanglants débats par un arrangement pacifique; Khosroës avait refusé avec insolence, s'était jeté avec une armée formidable dans la Syrie, déjà dévastée par les incursions des Arabes, l'avait ravagée et incendiée à son tour : Antioche,

de *Madayn* et des richesses immenses qu'elle renfermait.

(1) Ce malheureux prince était fils de *Chahrydr*, petit-fils de *Khosrou-Pervyz*, et arrière-petit-fils de *Hormouz*.

(2) Le nom de *Jérusalem* n'est pas employé par les Arabes. Ils ne donnent à cette ville d'autre dénomination que celle d'*él-Qouds* (la Sainteté), d'*él-Moqaddes* (le Sanctuaire), et plus vulgairement encore de *Beyt él-Moqaddes* (Maison du Sanctuaire) : ceux qui en sont natifs prennent le titre d'*él Moqaddessy*.

Jérusalem est depuis un temps immémorial tellement vénérée chez les Arabes, que Mahomet y fixa d'abord la première *kiblah* des musulmans, c'est-à-dire le point de l'horizon vers lequel ils se tournent en faisant leurs prières. Plus tard, Mahomet changea cette direction en celle de la Mekke, pour isoler encore davantage des Arabes juifs, les Arabes musulmans.

(1) L'an 610 de l'ère chrétienne.

(2) Héraclius fit trancher la tête à Phocas : « Quoi, lui dit-il, en l'envoyant au supplice, tu « n'avais usurpé l'empire que pour faire tant « de mal au peuple ! » — « Gouverne-le mieux, » lui répondit Phocas; Héraclius ne se souvint pas longtemps de cette leçon.

à peine rétablie des désastres dont deux tremblements de terre (1) l'avaient affligée, se vit de nouveau ruinée par l'invasion des dévastateurs; Émesse, Césarée et Jérusalem (2) avaient été prises d'assaut et livrées au pillage; les églises avaient été brûlées, les prêtres massacrés, quatre-vingt-dix mille chrétiens vendus comme esclaves. Partout victorieuses, les troupes persanes s'étaient emparées d'Alexandrie (3) sans résistance; puis, traversant l'Égypte entière, avaient pénétré jusqu'en Nubie : tandis qu'une autre partie de leurs forces, longeant les côtes de Mauritanie, s'était emparée de la ville de Carthage, qui avait été mise à feu et à sang (4). Au lieu de prendre les armes pour secourir ses provinces, la cour de Constantinople se contenta d'envoyer de nouveaux ambassadeurs, qui furent chassés avec insulte du camp des Perses; enfin, l'île de Rhodes était tombée en leur pouvoir. Héraclius, indigné de tant d'outrages et réveillé de son honteux assoupissement, s'était mis à la tête de ses armées: retrouvant son ancien courage, il avait marché contre le roi de Perse, l'avait défait en plusieurs combats (5) et poursuivi jusque dans ses États, où l'armée grecque exerça de cruelles représailles; le roi barbare y avait trouvé en armes son fils aîné, le parricide *Syroës*, qui, montant par un crime sur un trône dont son père l'avait exclu, s'était hâté de conclure avec Héraclius vainqueur cette paix que Khosroes avait outrageusement rejetée.

(1) L'an 580 et l'an 587 de l'ère chrétienne.
(2) L'an 614 de l'ère chrétienne.
(3) L'an 615 de l'ère chrétienne.
(4) Cette prise de Carthage par Khosroës a été contestée par quelques savants, à l'opinion desquels je m'empresserais de déférer si ce fait n'était certifié par plus d'un témoignage incontestable, entre autres par les deux suivants :

« *Ou-fy ès-senéh él-Khâmisséh li-Heraql, éftetah él-Fars él-Beyt él-Moqaddes; ou-baad theldth senyn éftetahoû él-Iskanderyéh, ou-ousseloû ila él-Loubeh, ou-ghazzoû Karkhydounyéh, ou-éftetahou-hâ.* »

« Et anno quinto Heraclii, ceperunt Persæ Domum-Sanctam (Hierosolymam); et post tres annos ceperunt Alexandriam, et pervenerunt usque ad Libyam, et oppugnarunt Carthaginem (Καρχηδών) et ceperunt eam. »
(Abou-l-Faradj, Hist. Dynast.)

A ce témoignage se joint celui de l'historien Màrino di Sanuti : voici ce que je lis dans le *Gesta Dei per Francos* : « *Ille (Cosroas) inefficaces remisit legatos (Heraclii), sequentique anno totam occupavit Ægyptum, Libyam, atque* CARTHAGINEM, *ubi Heraclius patricius fuerat, antequàm sumeret imperii diadema.* » Lib. III, part. II, cap. III, pag. 122.)
(5) De l'an 622 à 627 de l'ère chrétienne.

L'empire de Constantinople avait ainsi glorieusement conquis par les armes une paix, qui semblait un gage certain de prospérité; cette paix fut un signal de décadence et de dégénération.

Héraclius avait recouvré des mains de Syroës (1) le bois de la croix de Jésus-Christ, que Khosroës avait enlevé de l'église de Jérusalem avec les vases sacrés et d'autres riches dépouilles. Cette relique reconquise parut au dévot Héraclius le plus beau trophée de ses victoires. Une fête solennelle fut instituée dans tout l'empire pour célébrer cet important événement (2).

Le clergé de Constantinople et le patriarche Sergius jouaient naturellement un grand rôle dans ces cérémonies religieuses; ils en profitèrent pour accroître leur influence et circonvenir l'empereur, déjà disposé à les écouter aveuglément. On attribua à des miracles plus qu'aux armes impériales les victoires remportées sur les Perses; et dans sa superstitieuse reconnaissance, le faible Héraclius se soumit à l'intervention de la puissance religieuse dans tous les détails de son gouvernement; l'Église ne fut plus dans l'État, mais l'État dans l'Église: les disputes théologiques qui avaient agité l'empire d'Orient sous les règnes précédents se renouvelèrent : quoique le nestorianisme et l'eutychianisme eussent été proscrits par les prédécesseurs d'Héraclius, il crut devoir les attaquer de nouveau. On avait antérieurement établi dans diverses assemblées ecclésiastiques la réalité des deux natures en Jésus-Christ; sous Héraclius, on chercha à expliquer comment les deux natures ne composaient qu'une seule personne et n'avaient qu'une seule volonté.

L'explication inintelligible (3) qui en

(1) L'an 628 de l'ère chrétienne.
(2) Cette fête se célèbre encore, tant chez les Grecs que chez les catholiques romains, le 14 de septembre, sous le nom de *l'Exaltation de la Croix*.
(3) Voici cette explication : « La nature humaine, disaient les docteurs, est réellement distinguée de la nature divine; mais elle lui est tellement unie qu'elle n'a point d'action propre; le Verbe étant dans J. C. le seul principe actif, la volonté humaine est absolu-

fut donnée parut lever les difficultés des nestoriens et des eutychiens : Héraclius la regarda comme un moyen d'éteindre les restes de ces hérétiques, qui avaient résisté aux anathèmes des conciles et à la puissance des empereurs. Épris de cette idée, il assembla un concile, et rendit un édit qui faisait du monothélisme une règle de foi et une loi de l'empire; mais le nouvel édit, publié sous le titre d'*ecthèsis* (exposition de la foi), fut lui-même condamné comme hérétique l'année suivante, dans un concile, par le pape Jean IV. Héraclius, effrayé des censures romaines, désavoua son édit et en rejeta la composition sur le patriarche.

Voilà les grandes questions dont s'occupait le gouvernement de Constantinople, tandis que les Arabes s'emparaient successivement de toutes les villes de Syrie et s'avançaient à grands pas contre l'Égypte, la plus belle province de l'empire. Aucun renfort ne fut envoyé aux garnisons impériales, pour arrêter le déluge qui se débordait en Syrie : le vainqueur de Khosroës, devenu étranger à l'ancienne gloire qui avait éclairé quelques instants de son règne, désormais plutôt théologien controversiste que monarque, semblait ignorer ces désastres publics : renfermé lâchement au milieu des prêtres, ses favoris, et de ses livres ascétiques, il laissait envahir ses plus importantes provinces sans courir à leur secours; ne voyant d'ennemis de l'empire que dans ces hérétiques qu'il poursuivait avec acharnement, et contre lesquels seuls il avait réservé tout son courage et toute son activité.

Ces dissensions théologiques et l'appui que l'empereur donnait au parti dominant, avaient amené dans toutes les provinces de l'empire des vexations et des persécutions sans nombre contre les partisans des opinions vaincues; mais nulle part ces actes tyranniques n'avaient signalé plus de violence qu'en Égypte.

Cette province se trouvait, par le résultat des événements, partagée en deux populations bien différentes et bien distinctes, *les gouvernants* et *les gouvernés*: les premiers se composaient des Grecs affluant de Constantinople, tous revêtus d'emplois et de fonctions militaires ou administratives; leur nombre se grossissait encore des descendants des familles romaines qui s'étaient fixées en Égypte depuis l'époque des Césars, et on pourrait y joindre encore les descendants des Grecs qui antérieurement y avaient suivi les Ptolémées. La seconde classe comprenait les *Cophtes*, c'est-à-dire les descendants des anciens Égyptiens. Ces deux populations cohabitaient l'Égypte, juxtaposées, pour ainsi dire, mais aucunement mêlées, sans fusion et sans amalgame; et il est à remarquer que la même division infranchissable, et semblable à celle des castes de l'Inde, a toujours séparé, depuis la conquête des Arabes jusqu'à nos jours, *les vaincus* et *les vainqueurs*, d'une part les *Cophtes*, de l'autre les *Arabes* et plus tard les *Mamlouks*, puis les *Turks* depuis la conquête de Selym (1).

Aux Grecs nommés aussi *Melchites* (c'est-à-dire *royaux* ou *impériaux*), appartenaient toutes les fonctions, tous les pouvoirs, toutes les faveurs du gouvernement; aux *Cophtes*, nommés aussi *Jacobites*, le paiement des impôts, les avanies, les vexations oppressives. Les opinions religieuses suivaient la même division, et étaient séparées de même par une scission tranchée et complète. Les *Grecs impériaux* suivaient la religion que suivait l'empereur : tour à tour catholiques, ariens, monothélites, suivant que la cour de Constantinople embrassait une de ces croyances. Les *Cophtes*, et cette population était de beaucoup la plus considérable, opprimés qu'ils étaient par les *Grecs*, s'étaient naturellement jetés, par esprit d'opposition, dans les croyances des adversaires des *Grecs*, et la secte que proscrivait l'empereur était nécessairement celle qui régnait avec faveur dans toute l'Égypte; ainsi on avait vu les Cophtes, catholiques jusqu'à la révolte, avec Athanase, quand le patriarche d'Alexandrie et ses adhérents étaient en butte aux persécutions des empereurs ariens Constantin le jeune, Constance et Va-

« ment passive, comme un instrument dans les « mains d'un artiste. »

(1) Tout porte à croire qu'antérieurement encore la même division antipathique a existé entre les Macédoniens et les races pharaoniennes, comme jadis entre les Égyptiens eux-mêmes et les races juives implantées dans la vallée du Nil.

lens, adopter ensuite les doctrines de Nestorius et d'Eutychès, quand ces doctrines eurent les honneurs de la persécution impériale.

Le clergé d'Égypte était mi-parti entre ces deux opinions ennemies, suivant la naturalité de chacun des prêtres et des évêques; les Grecs de naissance ou d'origine étaient *Melchites*, les Cophtes, hérétiques comme leurs compatriotes. Les deux partis s'excommuniaient réciproquement, et les édits de l'empereur vinrent prêter force aux partisans de la religion de la cour.

Loin de ralentir leur zèle en voyant l'Égypte presque entière à punir, les persécuteurs impériaux n'avaient fait que redoubler de violence et de tyrannie. Les passions aigries par la résistance, les haines particulières, les intérêts de la cupidité et de la spoliation, les ambitions avides, le servilisme des gouvernants, tout avait concouru à augmenter dans les agents de l'autorité cette énergie vexatoire qu'ils appelaient *zèle pour la religion et l'État.*

Les actes de tyrannie, les dépositions des prêtres et des évêques dissidents, les incarcérations, les exils, les amendes, les confiscations, les fermetures d'églises, les pillages des monastères, les meurtres, les massacres des femmes et des enfants, se multiplièrent d'une manière intolérable; et, comme il arrive d'ordinaire, les rigueurs du gouvernement, sans lui ramener un seul partisan, ne servirent qu'à exaspérer ses anciens adversaires et à lui en créer de nouveaux.

Les choses en étaient venues au point qu'un seul sentiment animait la presque totalité des habitants de l'Égypte : une haine irréconciliable pour les persécuteurs de Constantinople et pour leurs agents tyranniques. Cette opinion hostile pour l'empereur avait fait en peu de temps de tels progrès, qu'un grand nombre des Grecs eux-mêmes s'étaient réunis d'opinion et d'affection aux Cophtes.

Pour chacun d'eux, Constantinople et sa cour étaient des ennemis dignes de l'exécration universelle; tout effort, soit intérieur, soit extérieur, ayant pour but d'arracher l'Égypte à la domination d'Héraclius, faisait appeler et accueillir ceux qui le tenteraient, quels qu'ils fussent, comme des amis et des libérateurs.

Telles étaient les dispositions de l'Égypte lorsque Amrou-ben-êl-Aâs reçut d'Omar l'ordre d'en faire la conquête.

Cet ordre lui fut adressé de Médine, où le khalyfe était rentré après avoir complété la conquête de la Syrie.

Les motifs de cette agression ne manquaient pas à Omar; d'abord il pouvait alléguer les préceptes formels du Koran, qui ordonnent aux armées des croyants la guerre contre les infidèles, pour les forcer à devenir *croyants* à leur tour: à ce prétexte religieux, d'un si grand poids sur des esprits fanatiques, et qui sans doute avait dû exercer une puissante influence sur la détermination du chef des musulmans, se joignait naturellement un motif plus réel, et qui depuis fut franchement avoué par eux: les guerriers arabes, du sein de leurs sables arides et de leurs rochers déserts, n'avaient pu voir sans convoitise les belles plaines de l'Égypte, les rives si fertiles et si verdoyantes de son Nil, la richesse commerciale de ses villes et surtout d'Alexandrie, alors le bazar général du monde connu, où l'Occident venait échanger ses marchandises utiles contre les produits luxueux de l'Orient: eux aussi voulaient goûter à leur tour les jouissances de cette vie civilisée qui leur avait été jusqu'alors inconnue, et qu'ils avait déjà pu apprécier chez les peuples conquis de la Syrie: ils trouvaient juste d'enlever tout à coup par le sabre la possession de ces avantages à ceux qui, les ayant acquis peu à peu par leurs travaux et la succession des temps, étaient trop faibles et trop amollis pour les défendre avec énergie devant leurs terribles spoliateurs.

Du reste, en tous les temps, les conquérants manquèrent-ils jamais de prétextes pour justifier leurs entreprises les plus iniques? une apparence de droit politique sembla colorer l'agression injuste ordonnée par Omar.

Au premier bruit de l'entrée des troupes musulmanes en Syrie, Héraclius, oubliant les anciens lauriers du vainqueur de la Perse, avait abandonné presque sans défense les peuples de cette province aux nouveaux conquérants. Redoutant avec raison tout ce que pouvait avoir de dangereux pour l'Égypte un pareil voisinage, après avoir laissé quel-

Lemaitre direxit

ques garnisons assez faibles à Alexandrie, dans la forteresse de Babylone et dans quelques postes maritimes, il avait fait replier jusqu'à Syène (*Assouân*) tout le reste des troupes dont se composait la force militaire de ce gouvernement, et avait cru s'assurer suffisamment contre tout projet de conquête, en obtenant d'Omar la promesse que l'Égypte ne serait pas attaquée par les musulmans; pour obtenir cette garantie, il s'était soumis à payer au khalyfe un tribut annuel. Ce subside honteux n'avait pas été payé avec exactitude, et Omar, se croyant dégagé de sa promesse par l'inexécution de cet article fondamental du traité, annonçait qu'il venait saisir le gage sur lequel ce subside se trouvait hypothéqué.

Il paraît cependant que cette détermination n'était pas encore bien fixée, et qu'elle éprouva quelque hésitation; car Amrou, s'étant mis en marche aussitôt avec tout ce qu'il put rassembler de forces disponibles, reçut en route un nouveau message du khalyfe.

Amrou, se doutant bien que ces dépêches renfermaient un contre-ordre, refusa de les recevoir et d'en prendre connaissance sur le chemin, prétextant son respect pour le noble écrit du Prince des fidèles, et remettant leur ouverture au lendemain matin, où elles devaient être par lui lues cérémonieusement en présence de toute l'armée réunie, immédiatement après la prière de l'aurore.

En même temps il donna des ordres pour accélérer la marche, défendit de s'arrêter avant que le gros de l'armée fût arrivé à *Él-Arych*, et, s'entretenant avec les messagers sur les nouvelles de Médine, il sut adroitement en tirer des inductions, qui lui firent soupçonner que de nouveaux conseils avaient changé les intentions du khalyfe, et l'avaient détourné de l'expédition qu'il avait d'abord ordonnée : l'indiscrétion des messagers révéla même à Amrou le contenu textuel de la missive dont ils étaient porteurs, et dont ils avaient eu connaissance à Médine avant leur départ.

L'armée, arrivée dans la nuit à Él-Arych, comme Amrou l'avait prescrit, prit un court repos, et au lever de l'aurore, lorsque la première prière eut été solennellement prononcée, le général musulman se fit apporter les lettres du khalyfe, les baisa religieusement, les porta avec humilité à son front : puis il en fit lecture à haute voix devant les principaux chefs de ses troupes.

Voici quelle en était la teneur :

« Au nom du Dieu clément et miséricordieux. »

« De la part du khalyfe Omar-êbn-él-Khettâb, à Amrou-êbn-él-Aâs, que le salut et la bénédiction du Dieu très-haut soient sur lui!

« Si, lorsque cet écrit te parviendra, tu te trouves encore sur les terres de la Syrie, ne poursuis pas ta marche vers l'Égypte; mais, s'il ne te parvient que lorsque tu auras atteint les frontières de l'Égypte, continue d'aller en avant à la grâce de Dieu. »

La lecture terminée, Amrou se tourna vers ceux qui l'entouraient; « Où sommes-nous? leur dit-il; Él-Arych dépend-il de la Syrie ou de l'Égypte? » Chacun s'empressa de répondre : « Nous sommes en Égypte; nous avons passé hier soir les colonnes de *Raphia;* Él-Arych fait partie de l'Égypte. »

— « En avant donc à la grâce de Dieu! » s'écria Amrou, Dieu et le khalyfe « nous l'ordonnent. »

C'est ainsi qu'*Amrou-ben-él-Aâs* entra en Égypte, l'an 18 de l'hégire (1), à la tête d'une armée, d'abord peu considérable, mais qui avait le sentiment de sa force, la confiance de sa victoire, et qui chaque jour se grossissait de plus en plus des tribus nomades accourant de tous côtés pour prendre leur part à la riche proie qu'offrait cette belle contrée.

CHAPITRE II.

Invasion de l'Égypte. — Menf. — Babylone. — Mokoukos. — Traité des Cophtes avec les musulmans. — La tente d'Amrou. — Koum-Cheryk. — Maryout. — Siége d'Alexandrie. — Assauts. — Amrou est fait prisonnier. — Une ruse lui obtient la liberté. — Mort d'Héraclius. — Prise d'Alexandrie. — Lettre à Omar. — Amrou premier gouverneur de l'Égypte. — Fostatt. — Canal du Prince des fidèles. — Conquêtes en Mauritanie. — Othmân, troisième khalyfe. — Aly, quatrième khalyfe. — Gouverneurs de l'Égypte, Abd-Allah ben-Syd. — Mohammed ben Abou-Beker — Qays ben Saad. — Oustour-Melek.

Amrou, en réponse aux lettres du khalyfe, lui avait annoncé son entrée en

[1] Cette année a commencé le 12 janvier de l'an 639 de l'ère chrétienne.

Égypte, et lui avait demandé de nouveaux renforts. Omar s'était empressé de lui envoyer Zobéyr, fils d'Aouâm, avec quatre mille hommes d'élite.

L'armée musulmane, ainsi renforcée, traversa rapidement et sans trouver de résistance les provinces égyptiennes qui s'étendaient d'Él-Arych à l'ancienne *Menf*. *Menf*, faible reste de la splendide *Memphis*, jadis capitale de l'Égypte entière, avait conservé avec son nom la prétention au même titre; quoique la véritable capitale fût Alexandrie, ville entièrement grecque, de population, de mœurs et d'affections. Menf, presque entièrement peuplée d'Égyptiens natifs, avait vu avec regret son orgueilleuse rivale lui enlever successivement, non-seulement son influence politique et ses droits anciennement acquis, mais encore les dépouilles de ses plus beaux monuments : les marbres et les ornements dont étaient revêtus les édifices des Pharaons, les obélisques, les colonnes des palais et des temples, étaient arrachés, démolis avec violence et transportés à Alexandrie, pour embellir la ville favorite, la ville impériale. Aussi Menf se regardait comme une esclave, ou plutôt comme une reine injustement dépouillée, forcée de subir le joug et d'abandonner désormais à la ville sa sœur le trône où elle avait régné pendant tant de siècles. Une violente haine divisait les populations de ces deux villes, et cette haine fut encore envenimée par les querelles religieuses. Les Memphites étaient jacobites, les Alexandrins melchites, comme les habitants de Constantinople.

C'était de cette dernière ville qu'était venu le gouverneur d'Alexandrie, patrice de la cour impériale, nommé par Héraclius préfet de toute l'Égypte inférieure; l'Égypte du milieu, Menf et la forteresse de Babylone étaient sous les ordres d'un autre préfet, Mokoukos (1), Grec d'origine, mais né en Égypte, et que ses relations de famille et ses affections unissaient à la cause des Cophtes opprimés.

L'apparition d'Amrou fournissait l'occasion d'une scission entière avec Alexandrie et son gouvernement. Cette occasion fut saisie avec empressement. Mokoukos avait déjà eu quelques correspondances avec Mahomet (1) : depuis, il paraît qu'il les avait continuées à la cour des khalyfes. Les musulmans lui parurent, non des ennemis, mais des alliés, des libérateurs, qu'il fallait accueillir et non combattre.

En conséquence, dès qu'il vit les musulmans répandus autour de la ville s'apprêter à en faire le siége, il assembla les principaux de la nation cophte, et se réunit à eux pour faire un traité avec Amrou (2).

Par ce traité les Cophtes promettaient aux musulmans une soumission entière. De son côté, Amrou leur assurait la liberté religieuse, la sûreté personnelle, l'inviolabilité des propriétés, une justice exacte et impartiale pour tous; avantages dont les empereurs grecs avaient depuis longtemps dépouillé les habitants de l'Égypte. Amrou remplaça les vexations arbitraires et exorbitantes des préposés impériaux par la redevance fixe et annuelle d'un tribut modéré; il y ajouta seulement pour chaque habitant de l'Égypte l'obligation de loger et de nourrir pendant trois jours tout voyageur musulman.

Ces conditions parurent si favorables à toutes les populations des provinces, qu'elles se hâtèrent d'adhérer au traité, et de réclamer la protection des armées de l'islamisme, en acquittant d'avance le tribut qui avait été imposé.

L'unique redevance était d'un *dynar* (3) par tête. Les historiens arabes nous apprennent qu'en peu de jours douze millions de dynars furent versés; ce qui porte le revenu total à 180 millions environ de notre monnaie, et nous fait connaître d'une manière précise quelle était la population de l'Égypte à cette époque.

Cependant une partie de cette population refusa de se soumettre aux musulmans; elle était, il est vrai, peu considérable, car elle ne se composait que des Grecs et des agents du gouvernement impérial. Dès que l'acte de soumission des Cophtes leur fut connu, ils compri-

(1) Él-Makyn le nomme aussi *Él-Maqouqas*, et lui donne le titre de roi ou de vice-roi.

(1) Il lui avait envoyé en présent plusieurs jeunes esclaves égyptiennes, dont l'une, *Maryan*, fut admise au lit du Prophète.

(2) L'an 19 de l'hégire (640 de l'ère chrétienne).

(3) Environ quinze francs de notre monnaie. Le mot *dynar* est dérivé du mot latin *denarius*.

Lemaître direxit

Mosquée de Touloun.

rent bien que leur adhésion ne serait pas acceptée : alors, saisis de crainte à l'aspect des troupes victorieuses d'Amrou, ils cherchèrent leur salut dans la fuite, et se réfugièrent soit à Alexandrie, soit dans la forteresse de Babylone, située sur la rive droite du Nil et au nord-est de Menf, dont elle était séparée par le fleuve.

Babylone était une ancienne forteresse, bâtie, dit-on, par les rois de Perse lorsqu'ils avaient été maîtres de l'Égypte. Elle tirait son nom d'une garnison de Babyloniens qui y avait été alors placée.

Assise sur l'une des croupes du mont Moqattam, elle commandait le fleuve par ses fortifications, et sa garnison nombreuse servait à contenir le pays.

Cependant elle fit peu de résistance. Amrou n'y trouva presque que ceux des Grecs fuyards qui n'avaient pu se jeter sur la route d'Alexandrie.

Mokoukos avait facilité à Amrou les moyens de s'en emparer presque sans coup férir. Voulant éviter une effusion de sang inutile et une défense qui ne pouvait avoir aucun succès, Mokoukos, en sa qualité de préfet, avait donné l'ordre à la garnison d'évacuer presque entièrement la citadelle et de se retrancher dans l'île de Raoudah, qui, par son étendue et son isolement au milieu des deux branches du fleuve, semblait devoir leur assurer un camp plus propre à une longue défense.

Les musulmans, après avoir pris possession de la forteresse presque vide, se jetèrent de tous les côtés dans l'île de Raoudah; les Grecs de la garnison furent facilement cernés et faits prisonniers.

Maître de Menf, de Babylone et de la partie la plus considérable de l'Égypte, Amrou songea à attaquer Alexandrie. Cette ville, bien fortifiée et remplie d'une nombreuse garnison, avait vu s'accroître le nombre de ses défenseurs par les Grecs qui de toute l'Égypte étaient accourus s'y réfugier.

Attaquable par le côté de terre seulement, ses communications avec la capitale de l'empire grec étaient facilitées par sa position maritime, qui la mettait à portée de recevoir sans obstacle tous les secours qu'Héraclius aurait voulu lui envoyer. Sa prise était donc importante; sans sa possession, celle de l'Égypte elle-même ne pouvait être que précaire et mal assurée.

Amrou ordonna le départ de son armée. Ici se place une anecdote singulière, qui pourrait paraître romanesque et controuvée, si une ville entière, existant encore de nos jours, n'était le monument irrécusable de la véracité des écrivains orientaux qui nous ont transmis cette historiette.

Au moment où, pour exécuter les ordres d'Amrou, on abattait toutes les tentes du camp placé entre le bord du Nil et la forteresse de Babylone, on vint rendre compte au général qu'une paire de colombes avait fait son nid sur le sommet de sa tente et que les petits paraissaient sur le point d'éclore. On demanda ses ordres pour abattre la tente et renverser le nid. « A Dieu ne « plaise, s'écria Amrou, qu'un musul- « man refuse sa protection à aucun être « vivant, créature du Dieu très-haut, « qui se sera placée avec sécurité sous « l'ombre de son hospitalité : d'ailleurs « nous sommes encore dans le mois de « Moharrem, et dans ce mois sacré la « religion nous interdit tout acte de vio- « lence (1) : qu'on respecte ces oiseaux « devenus mes hôtes, et qu'on laisse ma « tente sur pied jusqu'à mon retour d'A- « lexandrie. »

La tente resta debout : au lieu d'être abattue, elle fut affermie contre tout accident; les oiseaux protégés élevèrent sans trouble leur naissante couvée, et nous ne tarderons pas à voir comment cet incident, si simple et si peu important en apparence, fut l'origine de la fondation d'une grande ville.

En se portant sur Alexandrie le long de la branche du Nil (2), les troupes d'Amrou ne trouvèrent quelque résistance que dans deux petites villes, où

(1) Le mois de *Moharrem* est le premier de l'année musulmane; son nom signifie *sacré*, *défendu*, *interdit*, parce que la guerre et tout acte de violence sont interdits pendant ce mois aux musulmans. Cette interdiction, qui s'étend à plusieurs autres mois, est un des moyens qu'employa Mahomet pour forcer à quelques périodes de trêve et de tranquillité les tribus arabes encore en proie à des haines sanguinaires et à des guerres intestines. C'est par le même motif que notre moyen âge avait établi ses *trêves de Dieu*.

(2) Maintenant la branche de Rosette. Autrefois elle portait les noms d'*Agathos-Dæmon* et de *Fluvius Canopicus*.

s'était jetée la grande masse des Grecs fugitifs devant lui. Ces deux places, qu'ils avaient fortifiées à la hâte, étaient celles de Koum-Cheryk (1) et de Maryout (2) : cette dernière était à l'occident d'Alexandrie et assurait ses communications avec les provinces grecques de la Mauritanie.

Koum-Cheryk et Maryout furent emportées de vive force, et l'armée musulmane arriva sous les murs d'Alexandrie : Amrou en forma aussitôt le siége; il était d'autant plus impatient de s'en rendre maître, qu'il venait d'apprendre qu'une peste furieuse, désolant la Syrie, y avait emporté vingt-cinq mille musulmans et parmi eux les plus illustres généraux de l'islamisme, tels que Serdjyl, son compagnon de gloire, à *Ramléh*, et à *Djaynah*, Yezyd, El-Fadl et Abou-Obeydah sous les ordres duquel il avait combattu en Syrie.

Cependant, malgré tous les efforts d'Amrou, le siége d'Alexandrie traînait en longueur, et durait déjà depuis plusieurs mois sans succès; les guerriers arabes, redoutables comme la foudre au milieu des plaines et dans les combats corps à corps, se heurtaient en vain contre des murailles solidement fortifiées, et défendues par des machines de guerre qui leur étaient inconnues (3).

L'an 19 de l'hégire (4) s'était déjà en partie écoulé dans des attaques sans résultats; enfin, Amrou ordonna un nouvel assaut qu'il voulut commander en personne. Il réussit d'abord à pénétrer à la tête de ses troupes dans l'intérieur de la ville; mais bientôt les Grecs, réunissant leurs efforts, repoussèrent les assaillants, et Amrou resta entre leurs mains avec Mouslemeh ben-Mokhallad, son lieutenant, et Ouerdân, son affranchi.

Le patrice, gouverneur d'Alexandrie, les fit venir devant lui : « Vous êtes mes « prisonniers, leur dit-il, apprenez-« moi ce que vous voulez de nous, et « pour quel motif vous nous faites la « guerre? »—Amrou lui répondit : « Nous « voulons, ou vous convertir à l'isla-« misme, notre religion, ou vous sou-« mettre à nous payer tribut; et nous « ne cesserons le combat que quand les « ordres de Dieu auront reçu leur en-« tière exécution. »

Les Grecs ignoraient quels étaient leurs prisonniers; mais l'assurance intrépide, la fierté, le ton imposant et décisif d'Amrou leur révélèrent quelle était l'importance de la prise qu'ils avaient faite.

Le patrice, se tournant vers ses soldats, leur dit en grec : « Cet homme ne « peut être qu'un des principaux chefs « des musulmans; qu'on lui coupe la « tête. »

Mais Ouerdân connaissait la langue grecque : il avait entendu et compris les ordres du patrice; aussitôt, tirant Amrou avec rudesse, il lui donna un violent coup de poing; « Qu'est-ce, s'é-« cria-t-il, et que signifient ces paroles? « toi, l'un des moindres de notre ar-« mée, tu oses expliquer les intentions « de tes chefs! tais-toi, et laisse parler « ceux qui sont au-dessus de toi. »

Cet acte d'un mépris simulé en imposa au patrice, qui, changeant d'opinion sur le rang présumé d'Amrou, révoqua son ordre de mort.

Alors Mouslemeh prit la parole : « Notre général, dit-il, est prêt à se re-« tirer; mais il voudrait établir une « conférence entre les principaux de « chaque armée, pour régler les condi-« tions de son départ : renvoyez-nous « vers lui; nous lui ferons connaître « votre humanité à notre égard, et « cette considération n'influera pas peu « sur la détermination qu'il va prendre. »

Le patrice se laissa persuader : il rendit la liberté à Amrou et à ses com-

(1) Position assez forte sur la rive gauche de la branche de Rosette, dans une presqu'île resserrée entre le Nil et l'embouchure du canal nommé autrefois *Lycus Canalis*, appelé depuis *Khalyg el-Assarah* ou canal de *Bahirah*. L'armée française y campa le 27 messidor an VI (15 juillet 1798).

(2) L'ancienne *Mareotis* : elle avait donné son nom au lac qui ceignait au sud-ouest les remparts d'Alexandrie. Ce lac était entièrement desséché à l'arrivée des Français; mais il se remplit de nouveau en 1800, lorsque l'expédition anglaise, en coupant la digue du canal d'Alexandrie, eut fait inonder par les eaux de la mer une partie considérable de cette province.

(3) Ces machines étaient des espèces de balistes sur un grand modèle; les historiens arabes leur donnent le nom de *Manganyq*, formé probablement de l'altération du mot grec μηχανικὴ, et dont nos historiens des croisades ont fait notre mot de *Mangonneaux*.

(4) Cette année a commencé le dimanche 2 janvier de l'an 640 de l'ère chrétienne.

pagnons (1). Échappé comme par miracle à un danger si imminent, Amrou de retour au milieu de ses soldats pressa le siége avec une vigueur nouvelle.

De leur côté les assiégés continuaient leur défense; mais, sourd à leurs instantes prières, Héraclius n'envoyait ni vaisseaux ni renforts à leur secours. Bientôt ils apprirent la mort de ce faible prince et les troubles dont elle fut suivie à Constantinople; la lâcheté qu'Héraclius avait montrée en abandonnant la Syrie et l'Égypte, les plus belles provinces de l'empire, à l'invasion musulmane, lui était devenue fatale : mécontents d'abord, puis indignés de ces pertes, les patrices et les principaux de sa cour conspirèrent contre Héraclius, qui mourut en proie au chagrin, au moment où il allait être dépouillé de la pourpre impériale.

Constantinople fut alors en proie aux dissensions civiles et aux combats sanglants des divers prétendants à l'empire; le fils d'Héraclius, Constantin-Héraclius, qui, sous le nom d'Héraclius II, ou de Constantin III, succéda à son père, avait péri après un règne de cent jours seulement, empoisonné par sa belle-mère Martine et par le patriarche de Constantinople, Pyrrhus. Il avait été remplacé par Héracléonas fils de Martine, puis, quelques mois après, par Constans II, fils de Constantin-Héraclius. On voyait à Constantinople trois empereurs à la fois, associés à l'empire par un accord monstrueux, mis dans une position mutuellement hostile, et chacun d'eux prêt à faire des cadavres de ses collègues les marches sanglantes du trône où il était impatient d'être seul assis (2).

Ces nouvelles abattirent le courage des Alexandrins, et leur firent comprendre qu'ils n'avaient plus aucun secours à espérer de Constantinople; dès lors, désespérant de leur salut par la voie des armes, une partie se réfugia sur les vaisseaux et gagna la haute mer; le reste des Grecs recourut à une négociation avec les musulmans et leur offrit la reddition de la ville.

Ainsi finit ce long et mémorable siége qui avait duré près de quatorze mois entiers, et qui avait coûté la vie à plus de vingt-trois mille musulmans.

Amrou êbn-êl-Aâs fit son entrée dans Alexandrie le premier vendredi du mois de Moharrem de l'an 20 (1) de l'hégire (22 décembre de l'an 640 de l'ère chrétienne), au moment même de la prière solennelle qu'il vint faire publiquement, au milieu de ses soldats, sur la grande place de la ville, consacrant par cet acte religieux sa nouvelle victoire et l'achèvement complet de la soumission de l'Égypte à l'islamisme.

Amrou fut émerveillé de sa conquête: il écrivit au khalyfe la lettre suivante :

« De la part d'*Amrou êbn-êl-Aâs*, « au khalyfe *Omar êbn êl-Khettâb*, « que le Dieu très-haut lui accorde son « salut et ses faveurs les plus insignes! »

« J'ai conquis la Ville de l'Occident, « et je ne pourrais énumérer tout ce « que renferme son enceinte. »

« Elle contient quatre mille bains et « douze mille vendeurs de légumes « verts, quatre mille Juifs payant le « tribut, quatre mille musiciens et ba- « ladins, etc. »

Pendant son court séjour à Alexandrie, jaloux de se concilier l'affection des nouveaux sujets qu'il venait d'acquérir à l'empire des khalyfes, Amrou se plaisait à les accueillir avec bonté; lui-même recevait leurs réclamations et faisait droit à leurs demandes.

Cette habitude bienveillante, en lui faisant des amis de tous ceux qui l'approchaient, a été la première cause d'une perte irréparable pour le monde littéraire, et dont le reproche non mérité a plus d'une fois cherché à entacher la réputation du conquérant de l'Égypte; je veux parler de l'incendie de la bibliothèque d'Alexandrie.

Cette bibliothèque, renfermée dans

(1) *El-Makyn* rapporte qu'en retournant au camp des musulmans, Mouslemah disait à son général : « O Amrou, c'est le coup de poing « de Ouerdân qui a sauvé ta tête. »

(2) Après la mort violente de son frère consanguin Constantin-Héraclius, Héracléonas fut d'abord seul empereur sous la tutelle de sa mère, l'impératrice Martine; bientôt une émeute le contraignit d'associer a l'empire son frère David, surnommé Tibère, et son neveu Constans II, fils de Constantin-Héraclius. Las de cette triple tyrannie, le sénat fit arrêter Héraéleonas et Martine : on coupa le nez au fils et la langue à la mère; puis ils finirent leurs jours en exil.

(1) Cette année de l'hégire a commencé le jeudi 21 décembre de l'an 640 de l'ere chrétienne.

un des palais qui avoisinaient le port, avait échappé à la connaissance des musulmans, soit que son asile leur fût resté ignoré, soit que ne devinant pas le prix inestimable des trésors scientifiques qu'elle recélait, ils n'eussent vu dans ces précieux manuscrits que des rouleaux de parchemin ou de papyrus, dont la valeur matérielle leur semblait trop modique pour s'en occuper.

Mais, parmi les habitants d'Alexandrie qui étaient si bien accueillis par Amrou, se trouvait un savant grec nommé Jean le Grammairien, sectateur de la secte jacobite et destitué par les persécuteurs. Depuis sa disgrâce, livré uniquement à l'étude, il avait été un des hôtes les plus assidus de la célèbre bibliothèque : croyant que ce riche dépôt, qui venait de changer de maître, ne tarderait pas à être dispersé, il voulut au moins en obtenir sa part; profitant donc de la bienveillance particulière que lui témoignait Amrou, qui semblait se plaire à ses conversations, il se hasarda à lui demander le don de quelques-uns de ces livres philosophiques, qu'il craignait tant de voir bientôt enlevés à ses doctes travaux.

Amrou accordait d'abord cette demande sans hésiter; mais Jean le Grammairien dans sa reconnaissance ayant insisté maladroitement sur l'extrême rareté de ces manuscrits antiques et sur leur valeur inappréciable, Amrou réfléchissant sur ces éclaircissements, craignit d'avoir outre-passé ses pouvoirs en accordant la demande du savant. « J'en « réfèrerai au khalyfe, » lui dit-il; et, en effet, il en écrivit sur-le-champ à Omar, lui demandant ses ordres pour la bibliothèque entière.

La réponse du khalyfe ne se fit pas attendre. « Si les livres, écrivait-il, ne « contiennent que ce qui est dans *le li-* « *vre de Dieu* (le Koran), il nous suffit et « ces livres sont inutiles : s'ils contien- « nent quelque chose de contraire au « saint livre, ils sont pernicieux : dans « les deux cas, brûle-les. »

Amrou ne put qu'obéir : les livres de la bibliothèque, rassemblés avec tant de soins depuis tant de siècles, servirent pendant six mois à chauffer les bains d'Alexandrie.

Les lettres du khalyfe à Amrou contenaient aussi des félicitations sur l'heureux succès de ses armes, et sa nomination comme premier gouverneur de l'Égypte conquise.

Désirant organiser son nouveau gouvernement, Amrou, après avoir laissé dans Alexandrie une garnison suffisante, donna l'ordre au reste de ses troupes de quitter le camp de cette ville pour venir occuper l'Égypte intérieure. « Où irons- « nous placer notre nouveau camp ? » se demandaient les soldats les uns aux autres; — « A la tente du général ! » s'écria-t-on de toutes parts, et l'armée vint en effet camper aux bords du Nil où Amrou avait ordonné de laisser sa tente plantée. Les soldats construisirent autour de cette tente, devenue leur centre de réunion, des cabanes temporaires, qui se changèrent bientôt en habitations plus solides et permanentes; les chefs y firent construire des maisons spacieuses, les généraux des palais. Cette agglomération de constructions devint bientôt une ville considérable, ville militaire, toute musulmane, qu'on nomma *Fostatt* pour conserver la mémoire de l'événement, si peu remarquable d'ailleurs, qui avait été la première origine de sa fondation (1).

Amrou êbn êl-Aâs résolut de faire de sa nouvelle ville la capitale de l'Égypte; ainsi, tout en conservant son nom de *Fostatt*, elle prit en même temps la dénomination de *Mesr*, titre affecté aux capitales de l'Égypte (2), et que *Menf* avait conservé jusqu'alors, malgré la concurrence d'Alexandrie.

Fostatt fut ceinte de remparts : Amrou y établit sa résidence, y forma divers établissements et se livra tout entier à l'organisation de la vaste province dont le gouvernement lui avait été confié par le khalyfe.

L'impôt personnel, impôt unique, avait été déterminé d'une manière fixe par les stipulations du traité de soumission conclu avec lui par les Cophtes; quelques redevances peu considérables y furent ajoutées sur les propriétés territoriales,

(1) Dans la langue arabe le mot *Fostatt* signifie *tente*.

(2) Le nom de *Mesr* ou *Masr* est le nom de l'Égypte elle-même, et dérive de *Mesraym*, fils de Khâm, et petit-fils de Noé. Il est à remarquer qu'en Orient le même nom désigne les pays et leurs capitales : ainsi le nom de *Châm* désigne également Damas et la Syrie entière, etc.

en faveur des villes saintes de la Mekke et de Médine, et pour subvenir à quelques frais d'administration locale. L'Égypte entière fut divisée en arrondissements provinciaux, dont chacun eut ses chefs et ses administrateurs séparés, pris parmi les Cophtes eux-mêmes et recevant leurs ordres directement de lui. Les terres qui avaient appartenu au gouvernement impérial de Constantinople, ainsi qu'aux Grecs qui avaient abandonné l'Égypte, ou qui avaient été tués dans la guerre contre les musulmans, furent déclarées domaines du nouveau gouvernement, ou réparties, à titre de fiefs et de récompenses, aux principaux officiers de l'armée. Tous ces domaines furent affermés à des cultivateurs cophtes, et les droits respectifs des nouveaux propriétaires ou usufruitiers et des fermiers exploitants, déterminés par des réglements précis et invariables. La population agricole connut ainsi, sous les musulmans, une sécurité et une aisance qui remplacèrent les vexations tyranniques et les avanies arbitraires des agents chrétiens du fisc de Constantinople; en effet, l'Égypte avait vu peu à peu disparaître devant la cupidité vénale de ces agents les bases de l'ancienne administration établies par la sagesse des antiques rois égyptiens, conservées soigneusement par les Ptolémées et par les premiers gouverneurs institués sous les Césars.

Les nilomètres d'*Éléphantine*, de *Koptos*, d'*Erment* (Hermonthis), d'*Éléthya* (1) et de *Menf* avaient cessé d'être les régulateurs des redevances annuelles; ce cadastre toujours ouvert à la consultation des administrés ne pouvait que déplaire à des administrateurs qui ne voulaient pas de contrôle. Ces monuments, abandonnés aux ravages du temps, étaient depuis longtemps en ruine; Amrou ordonna leur réparation, et les établit de nouveau comme bases fondamentales de l'évaluation du revenu des terres et de la proportion de leurs redevances annuelles. Ne trouvant pas même suffisant le nombre des nilomètres qui existaient encore, il ordonna qu'on en construisît en divers autres points de l'Égypte (2). Les crues proportionnelles du Nil purent ainsi être constatées, dans toute la longueur de la vallée d'Égypte.

L'année qui suivit celle de la conquête, le Nil annonçait une crue favorable; mais les eaux étaient encore loin d'atteindre les seize coudées, premier terme de fertilité et d'abondance. Les Cophtes vinrent trouver Amrou (1) et lui dirent : « Prince, « il est pour notre Nil une loi établie par « l'usage; on doit s'y conformer, pour « que ses eaux parviennent au degré né« cessaire à l'irrigation des terres et à « leur fécondation. » — « Quelle est cette « loi? » dit Amrou : ils répondirent : « Le « treizième jour du mois cophte *Baounéh* « (7 juin) nous cherchons une jeune et « belle vierge; nous l'enlevons de force « à ses parents, nous la parons riche« ment des atours d'une fiancée, et nous « la précipitons dans le Nil, au lieu con« sacré pour cette cérémonie. » — « Ce « sacrifice, leur répondit Amrou, ne peut « plus avoir lieu sous l'islamisme. »

Cependant les mois de Baounéh, d'Abyb, de Mesory, de Tout, se passèrent, et le Nil restait stationnaire dans sa crue; l'effroi se répandit dans toute l'Égypte, et les habitants se préparaient déjà à abandonner leur patrie, qu'ils regardaient comme désormais vouée à la stérilité. Lorsque Amrou rendit compte de ces événements au khalyfe Omar, celui-ci lui envoya un billet en lui ordonnant de le jeter dans le fleuve. Amrou ouvrit ce billet et en prit lecture; il contenait ces mots adressés au Nil :

« Au nom du Dieu clément et miséri« cordieux, de la part d'Omar fils de « Khattab au Nil béni de l'Égypte.

« Si ton cours n'a jusqu'à présent dé« pendu que de ta propre volonté, sus« pends-le; mais, s'il a dépendu des or« dres du Dieu très-haut, nous supplions « ce Dieu de lui donner sa crue com« plète. »

Amrou jeta dans le fleuve le billet, selon l'ordre du khalyfe, la veille de la fête de la Croix (2), c'est-à-dire le seizième jour du mois de Tout (3), et, s'il faut en

(1) Maintenant *El-Qab*; en cophte *t-Khôbbi*.
(2) Voyez la planche n° 15.

(1) Narration de *Ben-Ayds*, dont je possède un très-beau manuscrit, rapporté d'Égypte : j'ai traduit textuellement son intéressant récit.
(2) *Eyd él-Salyb*.
(3) La fête de la Croix est le 14 septembre dans les trois premières années du cycle intercalaire des Cophtes, et le 15 septembre dans la quatrième année de ce cycle. Ce jour passe pour être le dernier de la crue du Nil.

2.

croire les historiens orientaux qui racontent cet événement, dès la même nuit le Nil monta à la hauteur de seize coudées. Ce qui est certain, c'est que les registres du nilomètre, que j'ai vus, portent en cette année la crue totale à dix-sept coudées et trois quarts.

Le peuple d'Égypte, rassuré par cet heureux événement, crut le devoir aux mérites du khalyfe, et il abolit avec joie l'horrible usage, reste de l'ancien culte égyptien pour *le dieu Nil*, qui s'était conservé jusqu'alors, malgré l'introduction du christianisme.

Depuis, la victime humaine fut remplacée par une masse de terre, grossièrement modelée en forme de statue, et qui, de nos jours encore, est précipitée chaque année dans le Nil, aux acclamations générales, lorsque l'ouverture de la digue du canal se fait en cérémonie. Cette statue informe porte encore à présent le nom de l'*Arousséh* (la fiancée), comme pour rappeler d'âge en âge la barbarie de l'ancien culte et l'humanité du vainqueur musulman qui l'abolit.

Après toutes ces améliorations de l'administration intérieure, le gouverneur de l'Égypte porta ses regards sur celle de la justice, jusqu'alors soumise aux décisions arbitraires des agents financiers ou militaires du gouvernement grec. Amrou créa des tribunaux réguliers, permanents et spéciaux, composés de personnages intègres, indépendants, éclairés, jouissant de l'estime et de la considération générale : c'est à Amrou que remonte la première institution de ces *divans* choisis dans l'élite de la population, garants de l'équité des *qâdys* et recevant les appels des premiers jugements, pour les confirmer, ou les réformer dans les cas de décisions iniques. Les arrêts même des juges arabes n'avaient force et pouvoir qu'à l'égard des musulmans faisant partie de l'armée d'occupation (1); toutes les fois que dans un procès un des anciens habitants se trouvait être l'une des parties, les autorités cophtes avaient le droit d'intervenir, et les plaideurs étaient jugés par leurs pairs en religion et en nationalité.

Un acte de justice éclatante acheva de gagner à Amrou le cœur de ses nouveaux sujets. Au milieu des persécutions religieuses auxquelles Héraclius avait consacré toute son énergie, le patriarche cophte *Ben-Yamin* (Benjamin) avait courageusement conservé intacte sa croyance, sans avoir jamais eu la faiblesse de la modifier, suivant les vacillations que subissaient, au gré des divers partis dominants, les opinions théologiques de la cour de Constantinople. Il était de la secte jacobite, dont il n'abandonna aucun des dogmes; l'intolérance des Melchites tout-puissants ne manqua pas de le choisir comme sa principale victime. Ben-Yamin fut dépossédé de son trône patriarcal, sa liberté et sa vie furent menacées, et il ne parvint à conserver l'une et l'autre que par une prompte fuite. Il vécut ainsi ignoré dans les divers asiles que lui offrirent les monastères des déserts : Héraclius l'avait remplacé dans son siége par un homme tout dévoué aux opinions que la cour favorisait. L'Égypte entière était séparée en deux communions, en deux églises, divisées entre elles par les haines les plus implacables; à la tête de l'église melchite était le patriarche nouveau, n'ayant à sa suite que quelques prêtres courtisans et un petit nombre de partisans plus attachés par crainte que par persuasion; l'église jacobite, au contraire, se composait de l'immense majorité de la population, traitant d'*intrus* le patriarche et les prêtres imposés par l'empereur, et elle ne reconnaissait pour véritable chef religieux que Ben-Yamin, le patriarche fugitif depuis treize ans, que rappelaient les vœux unanimes. Ces vœux prirent une expression publique, lorsque la ruine du pouvoir impérial en Égypte en eut permis la libre manifestation. Amrou écouta les suppliques qui lui furent adressées, chassa l'usurpateur à son tour, et rappela Ben-Yamin de son long exil; par un acte authentique il le rétablit dans les fonctions de patriarche.

Amrou ne borna pas à cette réhabilitation si équitable la protection qu'il accorda à la religion des Cophtes : il leur ouvrit l'entrée de sa ville musulmane et leur permit d'habiter Fostatt et d'y construire des églises au milieu des soldats musulmans. L'islamisme lui-même man-

(1) Le chef des juges ou des qâdys porte encore à présent le titre de *qâdy-l-asker*, dont nos voyageurs ont fait celui de *cadilesquier*, et qui signifie proprement *juge de l'armée*.

quait pourtant encore à Fostatt d'un temple et d'un lieu consacré, digne de la religion des conquérants. De simples oratoires y avaient été provisoirement établis. Les prières communes et les prédications se faisaient sous la voûte du ciel dans la place publique.

Amrou résolut de faire bâtir dans sa nouvelle capitale une mosquée magnifique (1), à l'imitation de celle de la Mekke. Ce dessein ne tarda pas à être exécuté; le lieu choisi pour la construction du nouveau temple fut, suivant les auteurs arabes, l'emplacement d'un ancien Pyrée consacré par les Perses, autrefois maîtres de l'Égypte, à leur culte du feu, et totalement ruiné depuis l'époque d'Alexandre et des Ptolémées (2). Les monuments de Menf. déjà ruinés et dépouillés par les empereurs romains et grecs, le furent de nouveau et fournirent à la mosquée d'Amrou ses belles colonnades de granit et de porphyre et les plaques de marbre blanc revêtant les parois, sur lesquelles les historiens arabes nous assurent que le Koran entier fut gravé en lettres d'or.

Mais une entreprise bien autrement importante ne tarda pas à réclamer tous les soins d'Amrou.

Une disette vint désoler le territoire de Médine, et le khalyfe écrivit à Amrou pour obtenir de lui tous les secours en blés et autres vivres que pourrait fournir l'Égypte.

Amrou se hâta de réunir tout le froment que lui avaient livré les payements d'impôts en nature; il en chargea des chameaux, qu'il expédia par une caravane si considérable, que, s'il fallait en croire les historiens arabes, le premier chameau de la file entrait à Médine, lorsque le dernier n'avait pas encore quitté Fostatt.

Pour subvenir d'avance à des conjonctures semblables, Omar envoya alors à Amrou l'ordre de creuser un canal, qui partant de Fostatt, traverserait le désert, et, aboutissant à Qolzoum, porterait chaque année jusqu'à ce port les approvisionnements de blés destinés à Médine; le trajet de Qolzoum à la côte arabique voisine de Médine se ferait par mer.

Amrou mit le plus grand zèle à exécuter les ordres du khalyfe : le canal fut creusé avec une célérité extraordinaire; on le nomma *Khalyg émir-él-moumenyn*, c'est-à-dire *le canal du Prince des fidèles*.

Les occupations de l'administration intérieure n'avaient pas cependant ralenti l'ardeur militaire d'Amrou êbn-êl-Aâs; tandis qu'on creusait le canal, il se mit à la tête de ses troupes, et s'avança à l'occident d'Alexandrie sur la côte mauritanique. Bientôt il put annoncer au khalyfe qu'il avait soumis à l'empire de l'islamisme les villes de Barqah et de Tripoli (1).

Mais *Omar êbn él-Khettâb* n'eut pas le temps de jouir de cet accroissement de gloire et de puissance; peu de temps après il fut assassiné par un esclave persan, nommé *Fyrouz* (turquoise) et surnommé *Abou-Loulouah* (2), qui le punit par un coup de poignard d'un déni de justice. Omar mourut de sa blessure le 26 du mois de Dou-l Hagéh (3), dernier mois de l'an 23 de l'hégire (4), après un règne de dix ans, cinq mois et vingt-huit jours.

Othmân ben-Afân, parent du Prophète comme ses deux prédécesseurs, mais à un degré plus éloigné, fut choisi pour remplacer Omar, par les six électeurs que le khalyfe avait désignés avant sa mort (5). Sa nomination éprouva cependant quelque contradiction, car il avait plusieurs compétiteurs. Plusieurs jours se passèrent avant que les électeurs dont il faisait partie se fussent accordés. Omar, consulté avant de mourir sur le successeur qu'il désirait avoir, avait répondu à mesure qu'on lui nommait les divers prétendants : « Mon fils est trop

(1) Cette mosquée existe encore, mais elle est ruinée presque entièrement. Voyez la planche 1re de ce volume.

(2) Les ruines de cet ancien temple sont désignées par les Arabes sous le nom de *Kasr-él-chamé* (le château des flambeaux).

(1) Il y a deux villes de ce nom : l'une est *Tarabolous él-Cham* (Tripoli de Syrie); l'autre en Afrique, et dont il est ici question, porte la dénomination de *Tarabolous él-Gharb* (Tripoli de l'Occident).

(2) *Abou-Loulouah* dont le nom signifie le *père de la perle*, était esclave de *Maghayrah* : suivant les uns, il était mage de religion suivant d'autres il était chrétien.

(3) Suivant d'autres auteurs, le lundi 28 du même mois.

(4) Cette année a commencé le mercredi 19 novembre de l'an 643 de l'ère chrétienne.

(5) Ces électeurs étaient Othman, Aly, Talhah, Zobeyr, Obeydah, et Saad. Leurs noms se

« jeune, et c'est déjà bien assez qu'un « par famille soit appelé à rendre compte « à Dieu de la gestion du khalyfat; « Aly n'a pas assez de gravité dans ses « mœurs; Talhah, neveu du khalyfe « *Abou-Beker*, est trop orgueilleux; Zo- « beyr, trop attaché à l'argent: quant à « Othmân, il est trop partial envers les « personnes de sa famille et les familiers « de sa maison. »

Malgré cette improbation d'Omar, Othmân réussit à se faire élire khalyfe; mais il ne tarda pas à justifier la prévention défavorable de son prédécesseur: à peine régnait-il depuis un an qu'il avait destitué et remplacé par ses proches parents ou ses favoris les principaux chefs musulmans nommés par Omar. L'an 25 (1) de l'hégire (2), il enleva à Amrou êbn-êl-Aâs son gouvernement de l'Égypte, et nomma en sa place son frère de lait Abd-Allah fils de Sayd (3). La première opération du nouveau gouverneur, à son arrivée en Égypte, fut d'augmenter les impôts modérés que son prédécesseur y avait institués. Les contributions établies par Amrou se montaient à douze millions de dynars seulement, Abd-Allah, en imposant indistinctement tous ceux qui avaient été exemptés jusqu'alors, porta leurs contributions aussitôt à quatorze millions. Le khalyfe vit avec plaisir cette augmentation des revenus du fisc. « Abd- « Allah a bien su traire encore la chamelle « après toi, » dit un jour Othmân à Amrou: — « Cela est vrai, répondit Amrou, « mais aussi il a affamé les petits. »

Au reste, si Abd-Allah ne s'occupa point, comme l'avait fait Amrou, d'améliorer l'administration intérieure, il voulut au moins l'imiter dans ses expéditions guerrières. Il marcha à la tête de ses troupes (1) vers la ville d'Afrykyah en Mauritanie, tua le prince qui y régnait, et réunit la ville à son gouvernement d'Égypte. Un an après, l'an 28 de l'hégire, après avoir ravagé dans une expédition maritime les côtes d'Espagne et les îles

lisent à la suite de ceux du Prophète et des quatre premiers khalyfes sur l'inscription koufique suivante, trouvée par moi dans un des anciens palais du Kaire.

(1) Suivant *Abou-l-fedâ* au commencement de l'an 26.

(2) Cette année a commencé le vendredi 28 octobre l'an 645 de l'ère chrétienne.

(3) Fils de *Sayd* suivant *êl-Makyn*, de *Mesaoud* suivant *Abou-l-Faradj*.

(1) L'an 27 de l'hégire: cette année a commencé le dimanche 7 octobre de l'an 647 de l'ère chrétienne.

adjacentes, il réunit ses vaisseaux à ceux du gouverneur de la Syrie, *Moaouyah* fils d'*Abou-Sofyân;* puis après avoir dévasté l'île de Chypre, il réduisit une partie des habitants en esclavage, et soumit les autres à un tribut annuel de sept mille dynars (environ 100,000 francs).

Trois ans plus tard (l'an 31 (1) de l'hégire), *Abd-Allah-ben-Sayd* s'avança aussi en Nubie; mais il y trouva assez de résistance pour n'en tirer d'autres avantages que ceux de conclure un traité de paix avec le roi de ce pays et de ramener en Égypte une grande quantité d'esclaves.

Le peu de succès de cette dernière expédition sembla avoir fait perdre à Abd-Allah le goût des conquêtes; du moins, il n'en tenta plus d'autres jusqu'à l'année 35 (2) de l'hégire, qui fut signalée par le meurtre du khalyfe Othmân son protecteur. Les destitutions injustes des plus illustres défenseurs de l'islamisme et les nominations partiales de favoris sans mérite, faites par Othmân, avaient excité contre lui le mécontentement général, qu'accroissait encore le rappel des ennemis du Prophète, bannis par lui, par Abou-Beker et par Omar, et qu'Othmân avait réunis à sa cour et comblés de faveurs. Othmân se voyait en butte aux haines les plus ardentes et aux plus violents reproches; mais parmi ces accusations, la plus grave et la plus unanime, était d'avoir dépouillé du gouvernement de l'Égypte celui qui avait acquis cette province à l'islamisme, et d'avoir choisi, pour remplir cette importante fonction, un homme tel que *Abd-Allah ben-Sayd,* qui, jadis secrétaire du Prophète, avait ensuite déserté sa cause en apostasiant la foi musulmane, et qui aurait été mis à mort par Mahomet, le jour de la prise de la Mekke, l'an 8 de l'hégire, si Othmân, intercédant pour lui, n'avait obtenu par ses supplications le changement de son arrêt de mort en celui de bannissement.

Enfin, l'an 33 de l'hégire (3), éclata l'orage qu'Othmân semblait s'être plu à amasser sur sa tête par son administration tyrannique et ses injustices.

(1) Cette année a commencé le mercredi 24 août de l'an 651 de l'ère chrétienne.

(2) Cette année a commencé le samedi 11 juillet de l'an 655 de l'ère chrétienne.

(3) Cette année a commencé le vendredi 2 août de l'an 653 de l'ère chrétienne.

Les chefs des mécontents étaient El-Harith, Thabet, Djoumayl, Zeyd et son frère Safah, Arouah, et Amrou, fils de Hamaq : ils chassèrent de *Koufah* (1) le gouverneur *Sayd,* nommé par Othmân, et y levèrent les premiers l'étendard d'une insurrection qui ne tarda pas à s'étendre au loin dans les autres provinces de l'empire.

En vain Othmân, effrayé de ses progrès, espéra-t-il, par des concessions et des promesses, arrêter la propagation de l'incendie; l'an 35 de l'hégire, l'Égypte montrait de tels symptômes d'un soulèvement général, que son gouverneur Abd-Allah crut devoir aller trouver le khalyfe à Médine, pour lui exposer la situation du pays et prendre ses ordres.

A peine Abd-Allah eut-il quitté son gouvernement, dont il avait confié l'administration provisoire à *Oqybah*, fils de *Tamoun,* que *Mohammed ben-Hamyfah,* l'un des principaux conspirateurs contre le khalyfe, profitant de cette absence, entra en Égypte, en chassa le lieutenant d'Abd-Allah, et déclara Othmân déchu de la dignité du khalyfat.

Abd-Allah ben-Sayd se hâta de retourner à son gouvernement; mais il fut repoussé par Mohammed jusqu'à *Asqalân,* où il mourut quelque temps après, dans le mois de Regeb (2).

Profitant de leurs avantages, les chefs de la rébellion devenue générale marchèrent sur Médine : trois cents partirent de Koufah, trois cents de Basrah, mille environ d'Égypte, tous unanimes en leur haine implacable contre Othmân et d'accord sur sa déposition, mais divergeant d'opinions sur le choix de celui qu'on revêtirait du khalyfat à sa place. Les Égyptiens voulaient pour khalyfe *Aly-ben-Aby-Taleb,* gendre du Prophète; les voix de Basrah étaient pour *Talhah,* celles de Koufah pour *Zobeyr.*

(1) La ville de *Koufah* est située sur les bords de l'Euphrate dans l'Iraq babylonien (la Mésopotamie), qui comprend l'ancienne Chaldée : elle fait maintenant partie de la province turque de l'*Iraq*, sur les frontières de l'Arabie déserte. Elle est célèbre par l'usage qui y fut établi de l'ancienne écriture arabe appelée de son nom *Koufique.* Voyez divers *specimens* de cette écriture planche 20 et sur les médailles ci-après insérées.

(2) Correspondant au mois de janvier de l'an 655 de l'ère chrétienne.

La ville de Médine était envahie par ces troupes tumultueuses ; Othmân, croyant encore pouvoir les apaiser, leur envoya *Amrou êbn él-Aâs* et *El-Moghayrah,* pour déclarer en son nom qu'il se repentait de sa conduite passée, et que dorénavant il régnerait suivant les lois, leur accordant d'avance toutes leurs demandes.

Une des réclamations des insurgés était adressée contre le gouverneur de l'Égypte *Abd-Allah* dont la mort n'était pas encore connue : Othmân acquiesça à sa révocation, et à son remplacement par *Mohammed,* fils du khalyfe *Abou-Beker*, lui délivra l'acte authentique de sa nomination, et le revêtit lui-même des insignes de gouverneur.

Un grand nombre d'autres destitutions et d'autres remplacements demandés furent de même promptement accordés, et l'intervention d'*Aly*, calmant un peu les esprits des confédérés, les détourna d'attenter à la vie d'Othmân, et les détermina à retourner dans leurs provinces.

Mohammed, fils d'Abou-Beker, partit pour l'Égypte; un grand nombre des habitants de la Mekke et de Médine se joignirent à son escorte; mais les concessions arrachées par la crainte à Othmân n'avaient été consenties par lui qu'avec mauvaise foi, et il se réservait de les rétracter par un acte de perfidie.

Les troupes qui accompagnaient Mohammed en Égypte, arrivées près d'*Eylah,* y rencontrèrent un Arabe monté sur un chameau, et le reconnurent pour un messager du khalyfe. On le fouilla et on trouva sur lui une lettre signée par Othmân et scellée de son cachet, adressée à *Abd-Allah ben-Sayd,* qu'il croyait encore en possession de son gouvernement d'Égypte.

Voici en quels termes cette lettre était conçue :

« Aussitôt que *Mohammed,* fils d'*A-*
« *bou-Beker*, et ceux de ses compagnons
« dont je joins ici l'état nominatif, se-
« ront arrivés en Égypte, qu'on n'ait au-
« cun égard aux lettres et titres émanés
« de moi dont ils sont porteurs; qu'on leur
« coupe les pieds et les mains, et qu'on
« les pende aux troncs des palmiers. »

A la lecture de cette lettre, l'indignation et la fureur des Égyptiens éclatèrent contre le khalyfe déloyal; ils rebroussèrent chemin et rentrèrent à Médine, où ils trouvèrent encore les troupes de Basrah et de Koufah, auxquelles ils communiquèrent la véhémence de leur ressentiment.

Se réunissant aussitôt, ces bandes furieuses coururent assiéger Othmân dans son palais. Vainement il désavoua sa signature et son sceau, rejetant la lettre fatale sur *Merouân,* son secrétaire; vainement Aly, imploré par lui, envoya-t-il généreusement ses deux fils *Hassân* et *Housseyn* pour le défendre, après un siége de cinquante jours, le palais fut forcé le mercredi 18 du mois de Dou-l-Hagéh, et Othmân fut transpercé par la lance de ce *Mohammed,* fils d'*Abou-Beker,* qu'il avait voulu faire périr dans un piége si perfide. *Habar*, *Sôudân,* et *Amrou*, fils de *Hamaq*, l'achevèrent de neuf coups d'épée, tandis que, pour dernier bouclier, il s'efforçait d'opposer à ses meurtriers le livre sacré du Koran (1), qui fut teint de son sang.

Ainsi se termina le khalyfat d'Othmân avec sa vie (2), après un règne de douze ans moins douze jours.

Son corps resta trois jours sans sépulture; enfin, sans le laver, sans l'ensevelir, sans faire pour lui aucune cérémonie, roulé dans ses vêtements ensanglantés, il fut jeté la nuit dans un fossé.

La mort d'Othmân, ouvrant la carrière à l'ambition des divers compétiteurs, donna le signal de longues guerres civiles : au milieu de ces dissensions, *Aly,* fils d'*Abou-Taleb*, gendre du Prophète, qui déjà avait été écarté trois fois du khalyfat par les nominations successives d'Abou-Beker, d'Omar et d'Othmân, fut enfin élu par ses partisans; mais son règne ne fut qu'une longue suite de revers. A peine quatre mois s'étaient écoulés depuis le serment prêté entre ses mains par *Talhah* et *Zobeyr* qu'ils le rétractèrent comme arraché par la crainte. S'étant enfuis à la Mekke avec *Abd Allah,* fils d'Omar, et un grand nombre d'au-

(1) Barthélemi d'Édesse nous apprend que le premier recueil des sourates du Koran fut écrit de la main d'Othmân, par ordre d'Abou-Beker, et il ajoute que cet exemplaire prototype était encore de son temps conservé dans la principale mosquée de Damas, qui fut autrefois une église consacrée à saint Jean-Baptiste.

(2) Othmân était alors âgé de 82 ans, suivant *él-Makyn;* de 75 ans, suivant d'autres auteurs cités par Abou-l-fedâ.

tres opposants, ils se réunirent à *Aychah*, veuve du Prophète, qui s'était mise à la tête des ennemis d'Aly. Le nombre de ceux qui soutenaient Aly à Médine diminuait de jour en jour : la plupart des habitants de cette ville se renfermaient dans une neutralité indifférente ; les autres quittaient la capitale du khalyfe pour se réunir à ses adversaires. Le nombre de ces derniers se composait surtout des anciens partisans d'Othmân, parmi lesquels était le fougueux *Moaouyah*, gouverneur de Syrie, qui avait apporté à Damas le manteau ensanglanté d'Othmân, et l'exposant du haut de la tribune de la mosquée aux regards des musulmans, accusait hautement Aly du meurtre du khalyfe, et appelait les fidèles à la guerre contre le meurtrier.

Aly eut l'imprudence d'augmenter encore le nombre de ses ennemis par la destitution de presque tous ceux que Othmân avait placés à la tête des provinces. Déjà *Sahel*, fils de *Hanayf*, avait été nommé pour remplacer *Moaouyah* dans son gouvernement de Syrie. Mais *Moaouyah* avait su s'y maintenir et empêcher son successeur nommé de pénétrer dans la province. D'autres destitutions avaient accru encore le nombre des ennemis du khalyfe et n'avaient servi qu'à conduire à une mort certaine ceux qu'il envoyait prendre possession des postes qu'il leur confiait; une nomination que fit Aly à cette époque combla la mesure de ses imprudences, et amena rapidement la catastrophe qui lui coûta le trône et la vie.

Mohammed ben-Abou-Beker, quoiqu'il eût entre les mains l'acte de sa nomination au gouvernement de l'Égypte signé du khalyfe Othmân, ne s'était pas mis en possession de cette province. Comme le gouvernement en était vacant, Aly y nomma au commencement de l'an 36 de l'hégire (1) *Gays*, fils de *Saad;* mais le nouveau gouverneur, devenu suspect d'intelligence avec le rebelle *Moaouyah*, n'avait pas tardé à être destitué et remplacé par *Oustour-Melek*, fils de *Hareth*. Celui-ci mourut à Qolzoum empoisonné, et sa mort laissa encore l'Égypte sans gouverneur. Aly redonna alors cette province à *Mohammed*, fils d'*Abou-Beker*. Ce choix du meurtrier d'*Othmân* souleva tous les esprits, et sembla confirmer les accusations de participation au meurtre du khalyfe, mises en avant et propagées par ses ennemis.

(1) Cette année a commencé le jeudi 30 juin de l'an 656 de l'ère chrétienne.

Moaouyah, les ayant réunis, se trouva bientôt assez fort pour aller se mesurer avec son adversaire. Des succès divers signalèrent une longue suite de combats sanglants entre les deux partis : un premier accord, partageant l'empire entre les deux compétiteurs, avait établi à la fois deux khalyfes : Aly dans l'Yraq, l'Arabie et l'Égypte; Moaouyah en Syrie. Mais cet accord, bientôt déchiré par leurs prétentions réciproques, amena une guerre encore plus sanglante.

Enfin, après le trente-troisième combat, au moment où la victoire était prête à se déclarer pour *Aly*, une ruse politique, ourdie par l'ancien gouverneur de l'Égypte *Amrou-êbn-el-Aâs* dévoué à *Moaouyah*, assura la destitution d'Aly et fit proclamer Moaouyah comme khalyfe. En vain Aly chercha-t-il à réparer par sa bravoure personnelle l'échec diplomatique qu'il venait d'essuyer, il ne réussit pas même à trouver une mort glorieuse dans ces combats opiniâtres: il périt assassiné : de ses deux fils *Hassân* et *Housseyn*, le premier abdiqua ses droits au khalyfat par amour de la paix et pour éviter l'effusion du sang; le second périt malheureusement. En eux se termina le règne de la dynastie des premiers khalyfes, désignés sous le titre de *Khalyfes légitimes*. L'an 41 de l'hégire (1), *Moaouyah* (2) se vit seul possesseur de cet empire du khalyfat qu'il avait si longtemps disputé, et qui lui avait coûté tant de combats et d'intrigues.

CHAPITRE III.

Dynastie des Ommyades. — Les khalyfes Moaouyah premier du nom, Yezyd premier, Moaouyah II. — Abd-Allah ben-Zobéyr. — Merouân premier. — Abd-êl-Melek. — Amrou-êbn-êl-Aâs rétabli au gouvernement de l'Égypte. — Gouverneurs de l'Égypte après lui. — Atbah. — Aqabah ben-Aamer. — Moseylemah. — Sayd-êl-Azdy. — Abd-êr-rahmân. — Abd-êl-Azyz-ben-Merouân — Abd-Allah ben-Abd-êl-Melek. — État de l'Église cophte à cette époque.

Au milieu de tant de troubles, d'in-

(1) Cette année a commencé le vendredi 7 mai de l'an 661 de l'ère chrétienne.

(2) C'est ce prince que nos écrivains ont nommé *Moavie premier*.

trigues et de débats sanglants, la première dynastie des khalyfes successeurs immédiats et légitimes du Prophète venait ainsi de s'écrouler, après avoir occupé l'empire de l'islamisme pendant trente années (1).

Maître enfin du trône du khalyfat, but si longtemps poursuivi par son ambition, *Moaouyah*, fils d'*Abou-Sofyân*, était parvenu, en dépossédant Aly et ses descendants, à régner seul l'an 41 de l'hégire, et à fonder une nouvelle dynastie : l'autorité souveraine des khalyfes fut dès lors établie sur des bases nouvelles, et l'islamisme vit un changement fondamental altérer dans son essence la puissance des chefs suprêmes auxquels il était soumis. Sous les premiers khalyfes, cette autorité s'était transmise par la voie d'élection, et non par droit de succession ; on avait même vu l'un de ces princes refuser, en mourant, de laisser inscrire son propre

(1) Nous ne connaissons que bien peu des monnaies frappées sous ces premiers khalyfes *de la dynastie légitime :* nous en donnerons ici les empreintes.

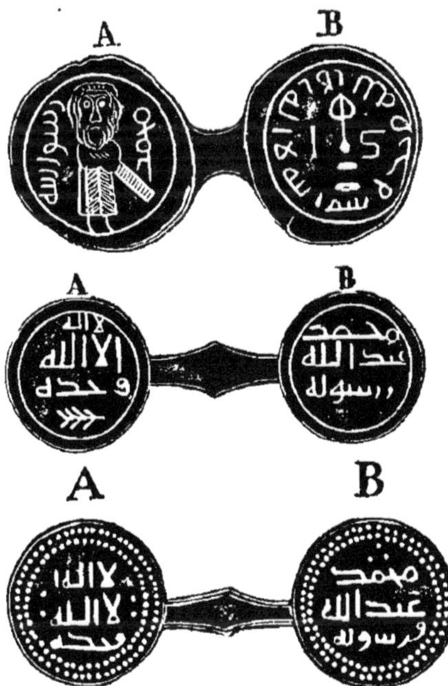

Ces monnaies ne sont qu'en cuivre, aucune monnaie d'argent ou d'or n'ayant été frappée par les musulmans avant le règne d'*Abd él-Mehelek.*

fils au nombre des candidats éligibles, consacrant par ce refus le principe établi, que la souveraineté appartenait de droit au peuple musulman, électeur de ses chefs, et que le khalyfe élu n'était réellement que *primus inter pares*, ne tenant son pouvoir spirituel et temporel que du choix de la majorité et de la liberté des suffrages.

Moaouyah, parvenu par la violence au trône, sans avoir été élu, retira au peuple musulman le droit d'élection, et rendit la dignité de khalyfe héréditaire dans sa famille. Les premiers sectateurs de l'islamisme avaient obéi librement à des chefs ; depuis Moaouyah ils furent assujettis par des maîtres.

Cette nouvelle dynastie, qui régna sur les musulmans pendant quatre-vingt-onze ans, est connue sous le nom des *Ommyades* (1), d'après le nom d'*Ommyah*, bisaïeul de Moaouyah. Le nouveau khalyfe était en effet fils de *Sahab Abou-Sofyân*, et petit-fils de *Haleb* dont *Ommyah* était le père, et dont l'aïeul *Abd-él-Chems* était frère de *Hachem*, bisaïeul du Prophète; ainsi *Abd-él-Menaf*, père de *Hachem* et de *Abd-él-Chems*, étant l'ancêtre commun de Moaouyah et de Mahomet (2), l'usurpateur qui fondait sa nouvelle dynastie pouvait couvrir son usurpation violente d'un vernis de légitimité, puisque sa race, comme celle des précédents khalyfes, se rattachait à celle de l'apôtre de l'islamisme.

Cependant, malgré ses prétentions à cet égard, l'absence de toute décision libre, et les moyens violents employés pour se saisir de l'autorité, comme aussi l'hérédité illégalement établie dans cette famille, entachèrent d'un vice fondamental la dynastie des Ommyades; les dynasties qui lui succédèrent, quoiqu'en conservant l'hérédité en faveur de leurs propres descendants, s'accordèrent à traiter les Ommyades d'usurpateurs; et les historiens arabes les ont souvent flétris du nom de *Pharaons* ou de *tyrans* (3).

Quoi qu'il en soit, Moaouyah, sans s'in-

(1) *Beny-Ommyah* (fils d'Ommyah).

(2) Moaouyah tenait aussi du côté maternel à la famille du Prophète, sa mère *Hendah* étant fille d'*Atbah* et petite-fille de *Habiah*, fils d'*Abd-él-Chems*.

(3) *Ferayn beny-Ommyah* (les Pharaons fils d'Ommyah).

quiéter des murmures et du mécontentement général, ne s'occupa qu'à consolider son autorité dans les nouvelles provinces qui venaient d'être soumises à son pouvoir.

L'Égypte était la plus importante de ces nouvelles acquisitions. Moaouyah sentit toute la nécessité d'y placer, pour gouverneur, un homme sur la fidélité et le dévouement duquel il pût invariablement compter : il avait d'ailleurs à récompenser le zèle et l'attachement signalés d'Amrou êbn-êl-Aâs, le plus actif de ses affidés, dont le courage lui avait soumis une grande portion de la Syrie, et à l'habileté duquel il devait le traité frauduleux qui l'avait élevé au trône.

D'après ce double motif, à peine devenu khalyfe, *Moaouyah* rétablit *Amrou-êbn-êl-Aâs* dans ce gouvernement de l'Égypte, dont Othmân l'avait dépouillé.

Rassuré, par ce choix, sur les provinces occidentales de son empire, Moaouyah se retira à Koufah, où il fixa le siége de sa domination, et s'occupa principalement d'établir son autorité dans les provinces orientales : il était en effet loin d'être satisfait des dispositions de ceux qui en avaient le gouvernement, et son propre frère *Zayad*, qu'Aly avait établi gouverneur de la Perse à Istakhar, avait d'abord refusé de le reconnaître pour khalyfe; par des négociations habilement conduites, il obtint enfin les adhésions nécessaires à sa tranquillité.

Mais Amrou êbn-êl-Aâs ne profita pas longtemps de sa rentrée à son gouvernement; à peine un an et quelques mois s'étaient écoulés, qu'il y mourut, l'an 43 de l'hégire (1), au moment où il allait enfin jouir en paix du poste qui avait été le but constant des fatigues de sa vie agitée.

Le khalyfe, appréciant la perte qu'il faisait d'un serviteur si dévoué, ne crut pouvoir le remplacer qu'en donnant le gouvernement de l'Égypte à un de ses propres frères, *Atbah*, fils comme lui d'*Abou-Sofiân*. Mais *Atbah* n'eut qu'une jouissance encore plus courte que celle d'Amrou, et mourut, à Fostatt, moins d'une année après sa nomination, l'an 44 de l'hégire (1). Il fut remplacé par *Aqabah*, fils de *Aamer êl-Djehany*.

Peu de mois s'étaient écoulés depuis la nomination de ce gouverneur, lorsque le khalyfe, mécontent de son administration, et se défiant de ses dispositions, le révoqua de ses fonctions, l'an 45 de l'hégire (2), et le remplaça par *Moseylemah*, fils de *Mokhalled êl-Hazrahy*, l'un des principaux personnages de Médine. La vice-royauté de celui-ci dura plus que celle de ses prédécesseurs, et il conserva ses hautes fonctions jusqu'après la mort du khalyfe Moaouyah.

Moseylemah se montra digne de la confiance du khalyfe. L'an 46 de l'hégire (3), des troupes envoyées par lui d'Égypte, sous la conduite de *Bacher*, fils *d'Artah*, s'avancèrent à l'occident, conquirent une partie des côtes de Mauritanie, et s'établirent à Kayrouân, ville qui remplaçait l'ancienne *Cyrène*, qui fut par ses ordres entourée de fortifications.

L'an 50 de l'hégire (4), Moaouyah, se voyant bien affermi dans son autorité, songea à poursuivre activement son dessein de rendre le khalyfat héréditaire dans sa famille : dans ce but, il fit prêter d'avance serment de fidélité à son fils *Yezyd*, qu'il déclara son successeur. La crainte força les uns à ce serment, les autres furent gagnés par des faveurs et des largesses; mais quatre des principaux personnages parmi les musulmans se signalèrent par une opposition généreuse et inébranlable, en persistant au refus d'un serment subversif de l'ancienne institution politique de l'islamisme. Ces réfractaires opiniâtres furent trois fils des précédents khalyfes, *Hosseyn*, fils d'Aly, et dont le frère *Hassân* était mort empoisonné, à Médine, l'année précédente, *Abd êr-Rahman*, fils d'Abou-Beker, et *Abd-Allah*, fils d'Omar; le quatrième opposant, non moins considéré parmi les musulmans, était *Abd-Allah*, fils de *Zobeyr*, qui par la suite devint khalyfe à son tour.

(1) Cette année a commencé le samedi 15 avril de l'an 663 de l'ère vulgaire.

(1) Cette année a commencé le jeudi 4 avril de l'an 664 de l'ère vulgaire.

(2) Cette année a commencé le lundi 24 mars de l'an 665 de l'ère vulgaire.

(3) Cette année a commencé le vendredi 13 mars de l'an 666 de l'ère chrétienne.

(4) Cette année a commencé le mardi 28 janvier de l'an 670 de l'ère chrétienne.

L'an 58 de l'hégire (1) fut remarquable par la mort du patriarche jacobite d'Alexandrie *Agathos* : il fut remplacé cette même année par le patriarche *Yohanna* (Jean). Celui-ci signala son patriarcat par son zele et par sa bienfaisance. C'est lui qui fit construire à ses frais, en trois ans, à Alexandrie, l'église de Saint Marc l'évangéliste, nommée *él-Qamchâ*, qui fut détruite cinq siècles et demi plus tard par le sultan ayoubite *Melek él-Adel*, fils *d'Ayoub* et frère de Saladin. De son temps une grande famine affligea l'Égypte pendant trois ans. Le patriarche Jean adoucit le sort des malheureux par d'abondantes aumônes, et emporta en mourant l'affection générale et les regrets universels.

L'an 60 de l'hégire (2) fut à son tour signalée par la mort du khalyfe Moaouyah; ce prince mourut à Damas à l'âge de soixante-dix-huit ans (3), au commencement du mois de Regeb, après un règne de dix-neuf ans, trois mois et cinq jours.

Yezyd, fils de Moaouyah (4), fut proclamé khalyfe le jour même de la mort de son père.

Ce prince, en faveur duquel son père avait abrogé les anciens droits électifs des musulmans, se montra peu digne de la position élevée où l'avait placé le hasard de la naissance.

Adonné à tous les vices, et surtout à une honteuse ivrognerie, il avait résisté aux efforts tentés par son père pour le corriger (5). Avant d'être monté sur le trône, il avait annoncé quelque activité et quelque courage; par les ordres de son père, il avait porté la guerre sur le territoire de l'empereur grec, et, après plusieurs victoires, il avait même osé attaquer Constantinople.

(1) Cette année a commencé le mardi 3 novembre de l'an 677 de l'ère vulgaire.

(2) Cette année a commencé le jeudi 13 octobre de l'an 679 de l'ère vulgaire.

(3) Suivant quelques historiens, il n'était âgé que de soixante-treize ans; suivant d'autres, il était dans sa quatre-vingt-cinquième année.

(4) *Yezyd ben Moaouyah*. Nos historiens le nomment Yezid premier du nom.

(5) Él-Makyn cite deux vers de ce prince adressés par lui à son père; en voici la traduction littérale : « Est-ce parce que je bois l'eau « de la vigne que tu es irrité contre moi? L'i- « vresse fait mes délices : je boirai encore, sois « encore irrité : et le vin et la colère sont un « double plaisir pour mon cœur. »

Devenu khalyfe, il ne songea qu'à se livrer aux délices de la mollesse et aux orgies les plus avilissantes; et cependant, tandis qu'il négligeait ainsi les soins de son empire, les orages grondaient autour de lui.

A son avénement, *Hosseyn*, fils du khalyfe *Aly*, et *Abd-Allah*, fils de *Zobéyr*, avaient renouvelé leur protestation contre l'usurpation du khalyfat. Yezyd donna l'ordre à *Oualid*, fils de son oncle *Atbah*, gouverneur de Médine, de saisir ces opposants dangereux; mais ils avaient pris la fuite, et trouvant des partisans à Koufah, ils avaient fait déclarer en leur faveur presque toute la population de Médine. Une armée se rassemblait déjà pour les soutenir, lorsque *Obeyd-Allah* et *Omar ben-Saad*, généraux de *Yezyd*, surprirent Hosseyn peu accompagné, et le massacrèrent avec toute son escorte; la tête de Hosseyn, apportée à Yezyd, fut lâchement outragée par son vainqueur; mais il restait à la victime un vengeur redoutable.

Tandis que Yezyd célébrait dans de nouvelles orgies la victoire de ses généraux, *Abd-Allah ben-Zobéyr* se déclarait contre le khalyfe, à la Mekke, et, rassemblant de nombreux partisans, menaçait de tirer de terribles représailles du meurtre du fils d'*Aly*.

L'inaction où la prudence retenait son rival, tranquillisait le khalyfe au milieu de sa cour corrompue; d'ailleurs tandis que le cœur de l'empire était menacé par son concurrent, ses armées lancées aux extrémités de l'Orient en achevaient la conquête, et chaque jour il recevait l'annonce de nouvelles victoires. *Selym ben-Zayad*, qu'il avait nommé gouverneur du Khorassan, s'était rendu maître de Nychâbour, de la province de Khouarezm et de Bokharâ; il s'était avancé jusqu'à Samarqand, dont le roi s'estima heureux de racheter ses États au prix de ses trésors.

L'Égypte d'ailleurs était tranquille, son gouverneur *Moseylemah* venait de mourir, l'an 62 de l'hégire (1), et le khalyfe l'avait remplacé par un de ses plus intimes affidés, *Sayd-él-Azdy*, qui maintint ce pays dans l'obéissance jusqu'à la mort de son maître.

(1) Cette année a commencé le vendredi 20 septembre de l'an 681 de l'ère vulgaire.

Mais, du côté de Médine et de la Mekke, la situation était loin d'être aussi rassurante; malgré la présence à Médine des Ommyades et de leurs adhérents, au nombre de plus de mille, le peuple s'était assemblé l'an 63 de l'hégire (1) et avait déposé *Yezyd* du khalyfat, comme indigne usurpateur. Les partisans de la famille d'Ommyah avaient été expulsés de la ville : le khalyfe se hâta d'y envoyer une armée de douze mille hommes, commandée par *Mouslym*, fils d'*Oqbah êl-Marsy*, avec l'ordre de livrer la ville du Prophète à la fureur des soldats, pendant trois jours, si elle ne se soumettait volontairement.

L'ordre fut exécuté dans toute sa barbarie; Médine fut mise à feu et à sang, livrée au pillage, et les seuls habitants qui furent épargnés furent vendus comme esclaves.

Mais l'insurrection était loin d'être éteinte par ce premier succès : Abd-Al-lah, fils de Zobéyr, était maître de la Mekke, qui l'avait reconnu pour khalyfe. L'année suivante, 64 de l'hégire (2), Yezyd fut obligé d'y envoyer *Hosseyn ben-Thennyr*, l'un de ses meilleurs généraux : le siége de la ville sainte fut poussé avec acharnement, et le temple de la Kaabah avait été incendié, lorsque la nouvelle de la mort du khalyfe Yezyd vint mettre un terme à ces désastres.

Ce prince venait en effet de mourir, le quatrième jour du mois de Raby-êl-Houel, à Hourayn dans le territoire d'Hémesse; il n'avait régné que trois ans et neuf mois moins quelques jours, et n'avait que trente-neuf ans, ou trente-huit seulement suivant quelques écrivains ; mais sa santé était altérée, et sa vie fut abrégée par les excès de ses débauches.

Le fils d'Yezyd prit possession du khalyfat le jour de la mort de son père : il se nommait *Moaouyah* (3), comme son aïeul, et nos historiens l'ont appelé Moavie second du nom. Il ne vécut après son avénement que quarante-cinq jours, ou même que vingt jours, suivant d'autres écrivains (4). Il n'avait que vingt ans, et mourut sans enfants. En lui s'éteignit la postérité directe de Moaouyah premier, qui avait sacrifié sa vie entière à fonder une dynastie, dont ses collatéraux seuls devaient recueillir les avantages.

On assure que le jeune prince, se sentant hors de force pour lutter avec un adversaire aussi redoutable qu'*Abd-Allah ben-Zobéyr*, avait abdiqué l'empire, le jour même où il fut placé sur le trône. Son abdication et sa mort précoce semblaient lui avoir été depuis longtemps présagées par la devise qu'il avait choisie pour son cachet; on y lisait gravés ces mots : « le monde n'est qu'une dé« ception » (*éd-dounyâ gharour*).

Après un court interrègne, *Abd-Allah*, fils de *Zobéyr*, fut généralement reconnu pour khalyfe, le 9 du mois de Régeb de cette même année.

De tous les Arabes qui, dans le 1er siècle de l'hégire, aspirèrent au khalyfat, nul, à l'exception d'Aly, ne s'était présenté avec des titres plus imposants qu'*Abd-Allah ben-Zobéyr;* nul n'avait possédé à un plus haut point les qualités qui devaient mériter les suffrages de tous les musulmans.

Aucun d'eux ne pouvait faire valoir une origine plus illustre; du côté paternel, comme du côté maternel, sa famille tenait par de nombreux liens de parenté avec celle du Prophète, ou avec celle des principaux compagnons de son apostolat (1).

Bien jeune encore, *Abd-Allah* s'était trouvé, avec son père, au combat *d'Yarmout*, dans lequel les Grecs furent entièrement défaits.

Lorsque les musulmans entrèrent en Égypte sous la conduite d'*Amrou êbn êl-Aâs*, *Abd-Allah* faisait partie de l'armée, ainsi que son père, *Zobéyr*, et son frère *Mohammed*.

(1) Cette année a commencé le mercredi 10 septembre de l'an 682 de l'ère vulgaire.

(2) Cette année a commencé le dimanche 30 août de l'an 683 de l'ère vulgaire.

(3) *Moaouyah ben-Yezyd.*

(4) Il y a cependant quelques historiens qui lui attribuent quatre mois de règne.

(1) Le père d'Abd-Allah, Zobéyr, avait pour quadrisaïeul Qoudah, dont Hachem, bisaïeul de Mahomet, était le petit-fils. Il fut lui-même un des apôtres du Prophète, et l'un des dix auxquels il avait promis formellement l'entrée du paradis; il avait été, après la mort de Mahomet, l'un des électeurs qui nommèrent le premier khalyfe. L'aïeule maternelle d'Abd-Allah était *Safiah*, fille *d'Abd-êl-Motaleb* et tante du Prophète; sa mère *Asmâ* était fille d'*Abou-Beker êl-Sadyq*. La tante paternelle de son père était *Khadidjah*, la première femme de Mahomet : la sœur de sa mère était *Aychah*, épouse chérie du Prophète, qui elle-même chérissait Abd-Allah, se regardait comme sa mère, et prit soin de son éducation, le désignant même pour son héritier.

Tous trois signèrent comme témoins le traité de capitulation conclu avec les Cophtes, et par lequel ce peuple se soumettait aux vainqueurs, s'engageant à payer une contribution annuelle.

Lorsque des troupes furent envoyées par le khalyfe Othmân, sous les ordres d'*Abd-Allah ben-Saad*, gouverneur de l'Égypte, pour faire la conquête des côtes de Mauritanie, *Abd-Allah ben-Zobéyr* fut mis par ce prince à la tête d'un corps nombreux qu'il expédiait pour maintenir les communications, et ce corps décida la défaite des Grecs.

Après la mort d'Aly, lorsque Moaouyah se fut emparé du khalyfat, *Abd-Allah*, contraint d'ajourner les projets de son ambition, sut employer ses moments d'inaction à acquérir de nouveaux titres de gloire : l'Afrique, qui avait été le théâtre de ses premiers exploits, le vit encore en de nouveaux combats s'illustrer et étendre la domination de l'islamisme.

Nous avons déjà vu la fermeté de son opposition à l'usurpation de Moaouyah et de Yezyd (1); il était bloqué dans la Mekke, lorsqu'il apprit la mort du khalyfe *Yezyd*, son persécuteur : à cette nouvelle, l'armée qui l'assiégeait reprit le chemin de la Syrie, et *Abd-Allah* rentra sans opposition en possession de Médine, de tout l'Hedjâz et de l'Yémen, où il fut reconnu pour chef de l'islamisme, et dont il expulsa le reste des partisans des Ommyades. Considérant combien la possession de l'Égypte importait à l'affermissement de son pouvoir, il s'empressa d'envoyer dans cette province *Abd-êr-rahman ben-Atabah* (2), qui s'y rendit aussitôt, et il le chargea d'y faire reconnaître son autorité; mais *Sayd êl-Azdy*, qui commandait encore en Égypte au nom des Ommyades, rendit presque inutiles les efforts d'*Abd-êr-rahman*, qui ne put entraîner dans le parti d'Abd-Allah qu'une portion de la population.

Cependant jusqu'alors *Abd-Allah* n'avait pas osé prendre publiquement le titre de khalyfe, quoiqu'il en exerçât le pouvoir et en remplît les fonctions. Mais, après la mort de *Moaouyah ben Yezyd*, voyant rangés sous son obéissance, non-seulement la Mekke et Médine avec le Hedjâz et l'Yémen, mais encore Koufah, Basrah, Moussoul, l'Iraq entier et une partie de l'Égypte, il ne crut pas qu'on pût lui opposer désormais un concurrent dont il eût à redouter les droits et le courage, et il prit alors ouvertement le titre de khalyfe.

Le nouveau prince, voulant faire en Égypte un acte éclatant de souveraineté, nomma officiellement au gouvernement de cette importante province *Abd-êr-rahman ben-Atabah*, qu'il y avait d'abord envoyé comme agent : celui-ci vint prendre possession de son gouvernement, et réussit à en expulser entièrement l'ancien gouverneur, *Sayd ben Azdy*, avec tout le reste des partisans des Ommyades.

Cependant des événements de la plus grande importance se passaient en Syrie. Après la mort de *Moaouyah ben-Yezyd*, les Syriens élurent à Damas pour khalyfe *Merouân ben-êl-Hakem*, d'une des branches collatérales de la famille des Ommyades.

Les troupes qu'Abd-Allah envoya sous la conduite de *Dâher*, pour combattre son compétiteur, s'avancèrent jusque près de Damas; mais elles furent arrêtées à *Merdj-rahet*, à quelques milles de cette ville, par la plus sanglante défaite.

Encouragé par ce brillant succès, Merouân, qui avait déjà envoyé son fils *Abd êl-Azyz* à la tête d'un corps de troupes, avec ordre de se rendre à *Eylah*, pour entrer de là en Égypte, se mit lui-même en marche avec toutes ses forces, afin de conquérir cette province importante.

Abd-êr-rahman, qui la gouvernait au nom d'*Abd-Allah ben-Zobéyr*, ayant appris l'arrivée prochaine de son ennemi, se disposa à repousser cette invasion, et fit creuser, dans l'espace d'un mois, un fossé profond qui environnait la ville de Fostatt.

Merouân vint camper près de *Ayn-êl-chems* (Héliopolis), au lieu même qui, douze siècles plus tard, devait s'illustrer par la victoire de Kléber; *Abd-êr-rahman*, de son côté, sortit pour le combattre : les deux partis en vinrent

(1) Il a caractérisé lui-même la pertinacité de son caractère par ces paroles que rapporte un historien arabe : « Je suis fait d'un bois dont « les souches sont inébranlables au milieu du « choc des vents et des tempêtes; l'effort des « orages déchaînés dans l'atmosphère ne me « fera pas même plier un doigt. »

(2) Quelques auteurs le nomment à tort *Ebn-Djahdam;* car Djahdam était, non son père, mais son aïeul.

aux mains et luttèrent pendant deux jours avec un grand courage, quoique sans aucun succès décisif; mais, tandis que les deux armées étaient aux prises, *Amrou ben-Sayd,* par une manœuvre, imitée depuis par les troupes du grand vizir contre les Français, se mit à la tête d'un fort détachement des troupes de Merouân, tourna le camp ennemi, et arriva devant Fostatt, dont il se rendit maître.

Abd-êr-rahman chercha alors son salut dans la fuite.

Merouân, étant entré dans la capitale de l'Égypte, l'an 65 de l'hégire (1), destitua *Abd-êr-rahman;* mais il ne se crut assez sûr d'aucun de ses partisans pour leur confier un gouvernement aussi important, et en nomma gouverneur un de ses propres fils, *Abd-êl-Azyz*, qui garda entre ses mains l'administration de cette belle province pendant plus de vingt années.

Merouân commença l'exercice de sa puissance par s'emparer du trésor et supprimer les distributions d'argent qui s'étaient faites jusqu'alors. Il reçut le serment de fidélité de tous les habitants, et prit toutes les mesures nécessaires pour ne laisser à son départ de l'Égypte aucun opposant à son autorité.

Des Arabes de la tribu de *Maâfer,* au nombre d'environ cent, avaient refusé de se soumettre et de renoncer au parti d'*Abd-Allah ben-Zobéyr,* Merouân les fit attaquer, les vainquit et leur fit trancher la tête. Il fit encore décapiter *Okaydar ben-Hammâm,* le principal chef de la tribu de *Lakhm*, qui avait été un des meurtriers du khalyfe Othmân.

Ces exécutions remplirent l'Égypte de terreur, et forcèrent à la soumission ceux qui conservaient encore contre Merouân des sentiments hostiles.

Le jour même de l'entrée de Merouân dans la capitale de l'Égypte, mourut *Abd-Allah*, fils du conquérant de cette contrée, *Amrou êbn-êl-Aâs*, qui s'était retiré depuis longtemps à Fostatt, et y menait une vie tranquille, sans prendre part aux affaires; le désordre et le trouble auxquels tous les quartiers de la ville étaient en proie furent tels, qu'on n'osa pas porter son corps au cimetière et lui faire des funérailles publiques. Ses amis et ses parents furent obligés de l'enterrer dans sa propre maison.

Après avoir installé son fils *Abd-êl-Azyz* comme gouverneur de l'Égypte, et lui avoir conféré tout à la fois l'autorité civile et financière, Merouân reprit le chemin de la Syrie; mais, avant son départ, il donna à son fils les avis les plus sages, et lui recommanda de traiter les Égyptiens avec une extrême douceur.

La guerre continua entre les partisans de Merouân et ceux d'*Abd-Allah ben-Zobéyr* avec des succès variés.

Cependant le khalyfe Mérouân, après un règne de dix mois seulement, mourut presque subitement de la peste en Syrie dans le mois de Ramaddân de cette même année 65 de l'hégire, et son fils *Abd-êl-Melek ben-Merouân* (1) fut reconnu pour son successeur par les habitants de la Syrie, de l'Égypte et des autres provinces qui étaient soumises à l'empire des Ommyades.

Ce prince, dont les écrivains grecs de l'Histoire Byzantine ont altéré le nom en celui d'*Abimelech*, était alors âgé de trente-neuf ans. Il continua vivement la guerre qu'avait soutenue son père contre son compétiteur au khalyfat, *Abd-Allah ben-Zobéyr*. Outre les moyens militaires employés contre son ennemi, le khalyfe de Damas sentit qu'il devait chercher par une politique adroite à anéantir, ou du moins affaiblir l'influence religieuse que pouvaient donner à son adversaire dans l'esprit des musulmans son séjour à la Mekke et la possession de la sainte *Kaabah.* Chaque année le pèlerinage prescrit par le Koran y attirait les fidèles de toutes les contrées soumises à l'islamisme, et le khalyfe qui régnait à la Mekke devait paraître aux yeux des dévots zélés ne pouvoir être que le khalyfe véritable, et le seul dont l'autorité fût légale. Dans le but d'éloigner les fervents musulmans de son antagoniste, *Abd-êl-Melek* conçut un projet hardi et qu'il vit couronner de quelque succès. Nous avons vu que l'apôtre des musulmans avait d'abord choisi Jérusalem pour *la ville sainte*, et que ce ne fut que postérieurement qu'il attribua à la Mekke le titre de *ville du pèlerinage.*

(1) Cette année a commencé le jeudi 18 août de l'an 684 de l'ère vulgaire.

(1) Surnommé *Abou-Oualyd* et, suivant d'autres, *Abou-Merouân.*

Abd-êl-Melek, dès la première année de son règne, rétablit pour ses partisans Jérusalem dans ses anciennes prérogatives; il déclara hérétique le pèlerinage de la Mekke, et ordonna que dorénavant les cérémonies qui s'exécutaient auprès de la Kaabah auraient lieu dans Jérusalem à la mosquée *él-Aksa*, qu'il fit reconstruire avec la plus grande magnificence: dès lors l'Égypte cessa d'envoyer annuellement à la Mekke les riches tapis qui, suivant les ordres d'*Abd-Allah ben-Zobéyr*, y étaient fabriqués, pour revêtir la maison sainte; les caravanes de cette contrée et de la Mauritanie furent dirigées vers la nouvelle *ville du pèlerinage*, toute espèce de contact fut interrompue entre les peuples de Syrie et ceux de l'Yémen. Abd-Allah eut moins d'occasions de recruter des partisans; de plus en plus resserré par *Hedjadj*, général des troupes de son adversaire, il se vit assiégé pendant plus de sept mois dans la Mekke, où enfin il fut tué le 18 de Gemady êl-Aouel de l'an 71 de l'hégire (1).

Cette catastrophe mit fin au schisme qui, pendant dix années, partageant l'empire de l'islamisme, l'avait divisé entre deux khalyfes, régnant simultanément l'un à Damas et l'autre à la Mekke, et les vastes contrées soumises aux musulmans ne reconnurent plus qu'un seul maître.

Depuis que l'Égypte, répudiant la cause d'*Abd-Allah ben-Zobéyr*, avait reconnu l'autorité des Ommyades, elle était restée fidèle à ses nouveaux engagements, toujours tranquille et soumise, entre les mains d'*Abd-êl-Azyz ben-Merouân*, frère du khalyfe. Elle avait même fourni à *Abd-êl-Melek*, non-seulement de riches subsides et d'abondantes provisions, mais encore une partie considérable des troupes qu'il avait envoyées contre son rival.

Cet attachement des habitants de l'Égypte pour leur nouveau maître était dû principalement à la douceur et à la sagesse de l'administration d'Abd êl-Azyz: il s'occupait avec soin de tout ce qui pouvait concourir au bien-être de cette contrée; cette même année (71 de l'hégire), il visita presque toutes les provinces de l'Égypte, et, arrivé à Alexandrie, il y fit construire le pont sur le

(1) Cette année a commencé le mercredi 15 juin de l'an 690 de l'ère vulgaire.

canal, dont il reconnut l'utilité pour les communications de la ville et de son territoire.

Jouissant en paix de la liberté religieuse, que leur avaient assurée les souverains musulmans, les Cophtes, au lieu de s'occuper des querelles et des débats de leurs maîtres, ne songeaient qu'à se maintenir dans l'état de tranquillité qu'ils avaient obtenu, par le payement exact des impôts et les fournitures d'hommes et de denrées qui leur étaient demandées dans les circonstances pressantes; aussi les seuls événements remarquables de l'Égypte sous le règne d'Abd-êl-Melek sont les suivants:

L'an 66 de l'hégire (1), les chrétiens jacobites élurent pour patriarche d'Alexandrie *Isaac*, qui, après avoir occupé son siége près de trois ans, mourut le second jour du mois de Hatour de l'an 404 de l'ère des Cophtes (2), correspondant à l'an 69 de l'hégire (3).

Le clergé cophte ne lui donne d'autres titres à la mémoire historique qu'un décret, d'après lequel « le patriarche ne « peut être inauguré qu'un diman- « che. »

Isaac fut remplacé par *Simon* le Syrien: celui-ci est regardé comme un saint par l'Église cophte, et il a, dit-on, ressuscité des morts; néanmoins il mourut lui-même du poison qui lui fut versé à l'autel par un de ses envieux, le 24 du mois d'Abyb de l'an 416 de Dioclétien (4).

Les historiens arabes racontent que des députés vinrent de l'Inde demander un évêque et des prêtres à Simon. Ce patriarche refusa d'obtempérer à leur désir, mais Abd-êl-Azyz, gouverneur de l'Égypte, trouvant que cette relation avec l'Inde pouvait servir les intérêts politiques du khalyfe, donna des ordres à d'autres évêques qui se montrèrent plus dociles.

Après la mort de Simon, le siége patriarcal fut vacant pendant trois ans: l'an 84 de l'hégire (5), le jour de la fête de saint Marc, 30 du mois de Barmoudéh de

(1) Cette année a commencé le mardi 8 août de l'an 685 de l'ère chrétienne.

(2) Cette ère, appelée aussi l'ère *des martyrs*, date de l'époque du règne de Dioclétien.

(3) Cette année a commencé le lundi 6 juillet de l'an 688 de l'ère chrétienne.

(4) Correspondant à l'an 81 de l'hégire, 700 de l'ère vulgaire.

(5) Cette année a commencé le mercredi 24 janvier de l'an 703 de l'ère vulgaire.

l'an 420 de l'ère de Dioclétien, les Cophtes y nommèrent Alexandre, qui conserva ses fonctions pendant vingt ans et quelques mois (1). Les écrivains cophtes de l'histoire de ce patriarche témoignent leur mécontentement du gouverneur *Abd-êl-Azyz*, et voici à quelle occasion : les moines et les autres membres du clergé s'étaient multipliés en Égypte et prétendaient être exempts d'impôts : *Abd-êl-Azyz*, dont la redevance annuelle était fixée, trouva injuste de tout faire payer à la classe la plus pauvre du peuple, en laissant exempts et privilégiés les prêtres et les évêques avec le patriarche, tous regorgeant de richesses : il fit donc faire le recensement des moines, les taxa à une imposition personnelle d'un dynar (2) et exigea du patriarche le payement annuel de trois mille dynars (3). Cette justice rigoureuse excita dans le clergé des murmures, mais qui furent bientôt comprimés et n'eurent aucune suite.

Après avoir administré avec bonheur l'Égypte pendant vingt années et huit mois, au moment même où, se livrant encore à de longues espérances, il venait de terminer la construction d'un magnifique palais, nommé *êl-Dâr êl-modahebah* (la maison dorée), dans le quartier nommé *Souq êl-hammâm* (le marché aux pigeons), *Abd-êl-Azyz ben-Merouân* mourut à Fostatt (4), l'an 86 de l'hégire (5). Le khalyfe *Abd êl-Melek* sentit vivement la perte de ce frère, dont il appréciait le mérite, et qu'il avait désigné pour son successeur à l'empire.

Il nomma pour son héritier au khalifat *Oualyd ben-Abd-êl-Melek*, son fils aîné, et remplaça *Abd-êl-Azyz ben-Merouân* dans le gouvernement de l'Égypte par son second fils *Abd-allah ben Abd-êl-Melek*. Les Cophtes crurent pouvoir obtenir du nouveau gouverneur l'abrogation de l'ordonnance d'*Abd-êl-Azyz*, qui soumettait le clergé à une contribution annuelle; mais *Abd-allah* ne crut pas juste de leur accorder ce privilége, au détriment du reste de la population de l'Égypte; aussi les moines qui ont écrit l'histoire des patriarches ont-ils peint *Abd-allah* de couleurs encore plus noires que son prédécesseur.

Au reste, *Abd-allah* ne conserva ce gouvernement que jusqu'à la mort de son père, c'est-à-dire quelques mois seulement.

En effet, *Abd-êl-Melek* mourut cette même année 86 de l'hégire dans le milieu du mois de Chaouâl, à l'âge de soixante ans (1), après avoir régné vingt et un ans et quinze jours. Son règne fut long et signalé par de nombreuses victoires : non-seulement il réussit à réunir entre ses mains toutes les provinces de l'empire musulman, mais encore il s'apprêtait à en conquérir de nouvelles. Car ce fut sous son règne que *Mohammed*, fils d'*Abou-Édris*, fit une première descente en Sicile et y porta le ravage et la désolation (2).

Non-seulement *Abd-êl-Melek* resta sur le trône pendant plus d'années qu'aucun de ses prédécesseurs; mais encore la destinée lui accorda cette faveur singulière, que, tandis que *Moaouyah*, fondateur de la dynastie des *Ommyades*, n'avait eu que deux successeurs en ligne directe, dont le règne avait été court et la postérité éteinte au bout de quatre ans, *Abd-êl-Melek* devait compter quatre de ses fils et trois de ses petits-fils au nombre de ses successeurs; aussi les écrivains orientaux lui donnent-ils le titre magnifique de *Khalyféh Abou-l-Kholefâ* (*khalyfe père des khalyfes*).

Une autre particularité remarquable du règne de ce prince, c'est que ce fut par ses ordres que fut frappée la première *monnaie d'argent* des Musulmans, qui depuis les premiers khalyfes se servaient

(1) Suivant quelques auteurs, pendant 25 ans.

(2) Environ quinze francs de notre monnaie.

(3) Environ quarante-cinq mille francs.

(4) Les écrivains cophtes, qui n'avaient pu oublier leur rancune contre les impositions exigées du clergé par ce prince, ont cru noircir sa mémoire en attribuant sa mort à un miracle : voici ce qu'on lit dans l'histoire des patriarches d'Alexandrie :

« *Abd-êl-Azyz* entra un jour dans l'église « d'Hélouân et y cracha sur une statue de la « Vierge tenant son fils entre ses bras. La nuit « même il vit en songe la Vierge et Jésus irrités « qui le faisaient percer de lances. Il se réveilla « malade et mourut le même jour : son fils « mourut quarante jours après lui..... »

(5) Cette année a commencé le vendredi 2 janvier de l'an 705 de l'ère vulgaire.

(1) A l'âge de cinquante-sept ans seulement, suivant quelques auteurs.

(2) Nous verrons plus tard les Musulmans établir leur domination d'une manière stable non-seulement sur la Sicile, mais encore dans l'Italie méridionale. Voyez sur les monuments de leur règne qui subsistent encore, les planches 26, 27, 28, 29, 30, 31, 32, 33.

des monnaies d'or et d'argent des Perses et des Grecs, et n'avaient encore monnoyé que des pièces de *cuivre* avec des légendes arabes (1).

CHAPITRE IV.

Suite des khalyfes ommyades. — Oualyd Ier. — Souleymân. — Omar II. — Yezyd II. — Hécham. — Oualyd II. — Yezyd III. — Ibrahym. — Merouân II, dernier khalyfe ommyade. — Gouverneurs de l'Égypte sous ces princes. — Moussa ben-Nouayr. — Qorrah. — Abd-él-Melek. — Assamah — Ayoub. — Bâcher. — Hendatath. — Mohammed. — Hafas. — Oualyd. — Abd-êr-Rahman. — Yssa. — Hassan. — Ebn-Sohayl. — Abd-allah ben él-Moghayrah. — Abd-él-Melek, fils de Moussa, dernier gouverneur de l'Égypte sous les khalyfes ommyades.

Oualyd ben-Abd-él-Melek fut le sixième khalyfe de la race des Ommyades; il était surnommé *Abou-l-Abbas*. Son inauguration au khalyfat se célébra le jour même de la mort de son père *Abd-él-Melek-ben-Merouân*; les affaires de l'islamisme prospérèrent entre ses mains : son règne fut illustré par de brillantes victoires, tant contre les princes du Turkestan, de la Perse et de l'Inde, que contre l'empereur grec de Constantinople. Un de ces faits d'armes les plus remarquables fut la conquête de Candie (l'ancienne Crète), opérée par son général *Abou-Ommyah* : c'est aussi à ses armes que l'islamisme dut la plus importante de ses acquisitions dans l'Occident; ce fut en effet sous son règne, l'an 93 de l'hégire (2), qu'eut lieu la conquête de Tolède (*Talytalah*) et de l'Espagne méridionale par le célèbre *Tarykh* (3), qui, en faisant hommage de cette nouvelle possession au khalyfe, préparait d'avance, par une singulière destinée, l'asile où le dernier de ses descendants devait, avant un demi-siècle, trouver une retraite et fonder un nouvel empire.

Pendant que l'islamisme acquérait ainsi de nouveaux domaines, l'intérieur de l'empire pacifié prospérait et s'embellissait par les soins du khalyfe : Damas, sa capitale, voyait dans son sein s'élever de nouveaux monuments; *Oualyd* y faisait construire des maisons de retraite pour les pauvres, les malades et les étrangers; il y créait le magnifique hopital nommé *Bimaristân*, qui depuis servit de modèle à la création du *Móristan* du Kaire. Oualyd y fit commencer aussi la grande mosquée appelée *Mesguid én-Naby* (la mosquée du Prophète), qu'il éleva sur les ruines de l'église consacrée par les chrétiens à *Mâr-Yohannâ* (saint Jean); mais le khalyfe ne vit pas l'achèvement de ce temple splendide, qui ne fut terminé que par son frère *Souleymân ben-Abd-él-Melek*, et dont la dépense épuisa, s'il faut en croire les historiens arabes, quatre cents coffres contenant chacun quatorze mille dynars (1).

L'an 90 de l'hégire (2), *Abd-allah* frère du khalyfe, mourut à Fostatt après avoir administré l'Égypte pendant deux ans : *Oualyd ben-Abd-él-Melek*, pour succéder à son frère dans le gouvernement de cette province, nomma d'abord *Moussa-ben-Nouayr*, puis presque aussitôt après il remplaça ce gouverneur par *Qorrah ben-Cheryk*. Les historiens cophtes représentent ce dernier comme encore plus tyrannique et plus impie que ses prédécesseurs : ils l'accusent d'être entré dans l'église patriarcale de Fostatt, entouré de ses favoris débauchés et de baladins, et d'avoir siégé avec eux dans le sanctuaire, pendant qu'on y célébrait l'office religieux.

Qorrah ne jouit que six ans de ses hautes fonctions, et ne signala son administration que par la construction de la mosquée nommée *él-Djamê él-Atyq*

(1) Monnaie d'*Abd-él-Melek*, de l'an 79 de l'hégire (698 de notre ère).

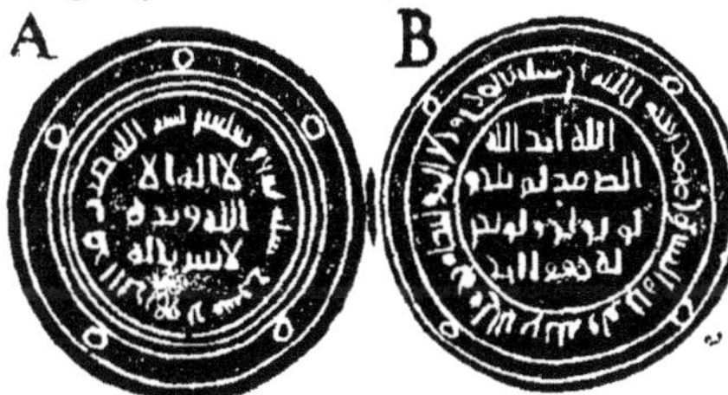

(2) Cette année a commencé le lundi 19 octobre de l'an 711 de l'ère chrétienne.

(3) C'est du nom de ce célèbre général que la montagne escarpée située sur la côte méridionale de l'Espagne a été nommée par les Arabes *Gebel-Tarykh* (montagne de *Tarykh*) : nous avons fait de ces mots le nom de *Gibraltar*.

(1) En tout cinq millions six cent mille dynars, environ quatre-vingt-quatre millions de notre monnaie. On avait placé, dit-on, dans cette mosquée six cents lampes d'or suspendues par des chaînes du même métal; on peut juger par ce seul fait des autres détails de sa magnificence.

(2) Cette année a commencé le mardi 20 novembre de l'an 708 de l'ère chrétienne.

(la vieille mosquée), qu'il fit élever l'an 93 de l'hégire. Il mourut l'an 96 de cette ère (1) à Fostatt, et fut remplacé par *Abd-êl-Melek ben-Rifah*, qui ne conserva son gouvernement que trois mois, c'est-à-dire jusqu'à la mort du khalyfe qui venait de le nommer.

En effet, le khalyfe *Oualyd ben-Abd-êl-Melek* mourut lui-même à Damas, au milieu du mois de Gemady-êl-Tany de cette même année, à l'âge de quarante-huit ans, ayant régné neuf ans et environ huit mois (2).

Souleymân ben-Abd-êl-Melek, surnommé *Abou-Ayoub*, succéda à son frère Oualyd le jour même de la mort de ce prince.

Le nouveau khalyfe poursuivit avec activité l'exécution des projets qu'avait formés son frère pour l'extension de la religion du Prophète. Dès la première année de son règne, il fit la conquête du *Tabaristân* et de la Géorgie, et envoya un de ses frères, *Mouslimah-ben-Abd-êl-Melek*, assiéger de nouveau la ville de Constantinople.

En montant sur le trône, *Souleymân* confia l'administration de l'Égypte à *Assamâh ben-Yezyd*, non avec le titre de gouverneur (*oualy*), mais avec celui d'*Aamel-êl-kheradj*, c'est-à-dire, intendant général des finances. Suivant leur formule accoutumée, les historiens cophtes, d'accord cette fois avec les historiens musulmans, dépeignent cet administrateur comme ayant été *pire encore que ses prédécesseurs*; ils l'accusent des confiscations les plus iniques et des massacres les plus barbares. Mais ce qu'ils présentent comme le plus grave de leurs reproches, c'est qu'ayant fait rassembler tous les moines, non-seulement il leur déclara qu'il maintenait les anciennes ordonnances rendues par Abd-êl-Azyz, d'après lesquelles on exigeait d'eux un tribut annuel d'un dynar, mais encore il les soumit à recevoir de ses agents, chaque année, en payant leur contribution personnelle, un anneau de fer sur lequel étaient gravés leur nom et la date de l'exercice financier. Il leur enjoignit de porter toujours cet anneau au doigt, condamnant à avoir la main coupée tous ceux qui seraient saisis sans cette singulière espèce de quittance : plusieurs moines qui tentèrent d'éluder cet ordre sévère, furent mutilés impitoyablement; un grand nombre des réfractaires se refusant à payer l'impôt, et à recevoir l'anneau en échange de leur payement, s'étaient retirés dans les monastères, croyant ainsi pouvoir frauder sans danger les droits du fisc; mais *Assamah* envoya des soldats faire la visite de ces retraites, et tous les moines qui furent trouvés sans anneau furent ou décapités ou mis à mort par la bastonnade.

(1) Cette année a commencé le dimanche 16 septembre de l'an 714 de notre ère.

(2) Monnaie de *Oualyd* Ier, de l'an 93 de l'hégire (712 de notre ère).

Se montrant aussi soigneux sur tout ce qui avait rapport aux revenus de l'Égypte, *Assamah* faisait entretenir avec soin les divers nilomètres, qui dans les provinces de l'Égypte servaient de cadastre pour la répartition de l'impôt territorial. L'an 96 de l'hégire, il apprit que le nilomètre établi à *Helouân*, un peu au-dessus de Fostatt, venait de s'écrouler, et il se hâta d'en faire son rapport au khalyfe : d'après les ordres de ce prince, il abandonna le nilomètre ruiné, et en fit construire un tout à neuf à la pointe méridionale de l'île, placée entre *Fostatt* et *Gyzéh* et qu'on nomme maintenant *Raouddah* (jardin). Ce nilomètre, fondé l'an 97 de l'hégire (1), est celui dont on se sert encore de nos jours et qui est connu sous le nom de *Méqyas* (2).

Mais de toutes les opérations financières qui froissèrent le plus les populations de l'Égypte, celle qui mérita à *Assamah* des haines plus violentes et plus implacables, ce fut l'ordonnance par laquelle il soumit les habitants qui montaient ou descendaient le Nil à se pourvoir de passeports taxés chacun à dix dynars (3). La

(1) Cette année a commencé le jeudi 5 septembre de l'an 715 de l'ère chrétienne.

(2) Voyez la planche 15.

(3) de 120 à 150 francs de notre monnaie.

perception de ce droit exorbitant se fit avec une rigueur réellement abusive et barbare : les écrivains orientaux ont cité entre autres le trait suivant :

Une pauvre veuve voyageait sur le Nil avec son fils, ayant un passe-port bien en règle, dont le payement avait épuisé presque tout ce qu'elle possédait : le jeune homme s'étant penché le long de la barque, pour boire de l'eau du fleuve, fut saisi par un crocodile et dévoré avec le passe-port qu'il portait dans son sein : les officiers du fisc exigèrent de la malheureuse veuve qu'elle en prît un nouveau, et vendirent, pour le payement de la taxe, jusqu'aux vêtements dont était couverte cette mère infortunée, qui fut réduite à la mendicité.

Tant d'exactions et tant d'excès intolérables finirent par exaspérer les populations indignées de l'Égypte ; les mécontents se rassemblèrent, et une révolte générale allait éclater, lorsque la nouvelle de la mort du khalyfe *Souleymân ben-Abd-él-Melek* arrêta l'explosion, en donnant l'espérance d'obtenir justice de son successeur.

La mort du khalyfe *Souleymân* arriva le 21 du mois de Safar l'an 99 de l'hégire (1), tandis qu'il était occupé à la construction de la ville de *Ramléh* en Palestine, dont il venait de faire jeter les fondements (2); il n'avait régné que deux ans, huit mois et cinq jours, et était âgé de quarante-cinq ans.

Souleymân n'eut pas comme son prédécesseur pour successeur un de ses frères ; après lui le khalyfat passa à son cousin *Omar*, surnommé *Abou-l-Hafas*, fils d'*Abd-él-Azyz-ben-Merouân*, qui avait été gouverneur de l'Égypte ; le khalyfe avait d'abord désigné son propre fils, *Ayoub ben-Souleymân*, pour son successeur ; mais ce jeune prince étant mort peu après, il avait transmis les droits d'hérédité à *Omar*, fils de son oncle paternel, petit-fils comme lui du khalyfe *Merouân*, et dont l'aïeul maternel était *Omar ébn-él-Khettâb*, le deuxième des successeurs du Prophète.

Omar ben-Abd-él-Azyz monta sur le trône le jour même de la mort de *Souleymân* : dès les premiers actes de son autorité, le nouveau khalyfe annonça un grand amour pour la justice, et il s'empressa d'accueillir favorablement les réclamations des peuples de l'Égypte contre les exactions *d'Assamah*. Il destitua aussitôt ce gouverneur, et le remplaça par *Ayoub ben-Sarhabyl*, qui s'efforça de faire oublier, par la douceur de son administration, la tyrannie de son prédécesseur. Bien plus Ayoub, d'après les ordres qu'il avait reçus du khalyfe, fit arrêter *Assamah*, lui enferma le cou dans un collier de fer, et les pieds ainsi que les mains dans des entraves de bois ; ainsi torturé, Assamah fut traîné au lieu de son dernier supplice, mais il expira en chemin.

Omar ben-Abd-él-Azyz eut un règne encore moins long que celui de son prédécesseur, et mourut le 25 du mois de Regeb de l'an 101 de l'hégire (1), à l'âge de trente-sept ans, après avoir occupé le trône seulement pendant deux ans, cinq mois et quatorze jours.

Après la mort d'*Omar ben-Abd-él-Azyz*, la postérité d'Abd-él-Melek se remit en possession du trône ; car Souleymân, en désignant d'avance son cousin *Omar ben-Abd-él-Azyz* pour son successeur immédiat, lui avait imposé l'obligation d'appeler lui-même à sa succession son frère *Yezyd-ben-Abd-él-Melek*.

Yezyd fut le troisième fils d'Abd-él-Melek qui occupa le trône du khalyfat, et il fut proclamé le jour même où la mort de son cousin laissa le siége vacant. Les historiens grecs l'ont appellé *Azid*, et nos écrivains l'ont désigné par le nom d'Yezid, deuxième du nom.

Ayoub ben-Sarhabyl fut, cette même année, déposé par le nouveau khalyfe, des fonctions de gouverneur de l'Égypte que lui avait confiées le khalyfe Omar : d'après les ordres d'Yezyd, il remit le gouvernement de l'Égypte entre les mains de *Bacher ben-Safouân*, surnommé *él-Kelby*. Bientôt après Bacher eut l'ordre de passer en Afrique, et l'Égypte reçut pour gouverneur le frère de Bacher, *Hendatah ben Safouân ;* celui-ci fut encore révoqué à son tour, l'an

(1) Cette année a commencé le samedi 14 août de l'an 717 de l'ère chrétienne.

(2) Ramléh fut fondée l'an 98 de l'hégire 716 de l'ère vulgaire.

(1) Cette année a commencé le lundi 24 juillet de l'an 719 de l'ère chrétienne.

104 de l'hégire (1), et fut remplacé par l'un des frères du khalyfe, *Mohammed ben-Abd-êl-Melek*. Les Cophtes se plaignent également de son gouvernement et de celui de son prédécesseur; ils assurent que, pendant tout le règne de *Yezyd ben-Abd-êl Melek*, les chrétiens furent persécutés, les croix renversées, les églises détruites.

Mohammed ben-abd-êl-Melek ne conserva ce gouvernement que jusqu'à la mort du khalyfe son frère, arrivée le 25 du mois de Chaabân de l'an 105 de l'hégire (2).

Yezyd ben-Abd-êl-Melek mourut à *Harran* après un règne de quatre ans et un mois, à l'âge de trente-trois ans, ou, selon quelques écrivains, de vingt-neuf ans seulement.

Le successeur d'Yezyd fut son frère *Héchâm*, surnommé *Abou-l-Oualyd:* ce fut le quatrième des fils d'Abd-êl-Melek qui occupèrent le trône de l'islamisme. Yezyd l'ayant désigné pour son successeur, il entra en possession du khalyfat le jour même de la mort de son frère.

Il rappela son frère *Mohammed ben Abd-êl-Melek* du gouvernement de l'Égypte, et l'y remplaça par son cousin *Hassan* (3) *ben-Yousouf;* mais Hassan ne resta que trois ans environ dans ces fonctions, il s'en démit volontairement l'an 108 de l'hégire (4), et le khalyfe *Héchâm* le remplaça par *Hafas ben-Oualyd*, surnommé *êl-Hadramy :* un an après, celui-ci fut déposé, et l'an 109 de l'hégire (5), le khalyfe nomma gouverneur en sa place *Abd-êl-Melek ben-Rifah*, que nous avons déjà vu administrer l'Égypte, sous le khalyfat de *Oualyd ben-Abd-êl-Melek*. Ce gouverneur ne jouit pas un an entier de ce rappel à ses anciennes fonctions : il mourut la même année, et eut pour successeur son frère *Oualyd ben-Rifah*.

L'an 118 de l'hégire (6) Oualyd ben-Rifah, après avoir conservé le gouvernement de l'Égypte pendant neuf ans, mourut à Fostatt, et le khalyfe nomma, pour le remplacer, *Abd-êr-rahman ben-Khaled-êl-Fahâmy :* moins d'une année après *Abd-êr-rahman* mourut lui-même, et en sa place fut rappelé *Hendatah ben-Safouân-êl-Kelby*, déjà antérieurement gouverneur de l'Égypte, sous le khalyfe *Yezyd ben-Abd-êl-Melek*. Il gouverna encore cette province pendant six ans, et, suivant les historiens chrétiens de l'Orient, il suivit dans son administration le même système d'intolérance et de tyrannie qu'il avait déjà adopté, quand il avait gouverné l'Égypte pour la première fois sous le khalyfat de Yezyd.

Loin de se conformer aux intentions sages et bienveillantes du khalyfe *Héchâm*, qui lui avait enjoint de ménager ses sujets et de traiter favorablement les chrétiens, il les accabla de vexations et d'actes tyranniques; il doubla les impositions, assujettit par un recensement général non-seulement les hommes, mais encore les animaux, à des redevances, fit timbrer les quittances de ces nouveaux droits de l'empreinte d'un lion, et faisait couper la main à tous les chrétiens qui étaient rencontrés sans avoir sur eux une de ces cédules.

Instruit de ces abus, l'an 124 de l'hégire (1), le khalyfe lui ôta l'administration de l'Égypte, et le fit passer au gouvernement de la Mauritanie, lui donnant pour successeur *Hafas ben-Oualyd*, qui avait déjà gouverné l'Égypte seize ans auparavant, et qui y avait laissé de meilleurs souvenirs. Hafas ne garda son gouvernement que moins d'un an, et en fut rappelé, à la mort du khalyfe *Hechâm ben-Abd-êl-Melek*, arrivée le 6 du mois de Raby-êl-Akher de l'an 125 de l'hégire (2).

Hechâm était alors âgé de cinquante-six ans, ou, suivant quelques historiens, de cinquante-trois ans seulement; il en avait régné dix-neuf, sept mois et onze jours. Son règne fut illustré par plus d'une victoire remportée sur les Grecs; dans une de ces batailles, livrée l'an 113 de

(1) Cette année a commencé le dimanche 21 juin de l'an 722 de l'ère chrétienne.

(2) Cette année a commencé le jeudi 10 juin de l'an 723 de l'ère chrétienne.

(3) On trouve aussi son nom écrit *êl-Hair ben-Yousouf*.

(4) Cette année a commencé le mercredi 8 mai de l'an 726 de l'ère chrétienne.

(5) Cette année a commencé le lundi 28 avril de l'an 727 de l'ère chrétienne.

(6) Cette année a commencé le vendredi 20 janvier de l'an 736 de notre ère.

(1) Cette année a commencé le mercredi 15 novembre de l'an 741 de notre ère.

(2) Cette année a commencé le dimanche 4 novembre de l'an 742 de notre ère.

l'hégire (1), Constantin Copronyme, fils de Léon l'Isaurien, empereur de Constantinople, fut lui-même fait prisonnier par les musulmans (2).

Aucun fait important ne se passa en Égypte sous le long règne de Hechâm ; les seuls événements dont les annalistes chrétiens de ce pays rendent compte n'ont rapport qu'à leur histoire ecclésiastique, ce sont les suivants :

L'an 108 de l'hégire (3) fut l'époque de la mort d'Alexandre, quarante-troisième patriarche cophte d'Alexandrie.

Depuis l'époque de la conquête de l'Égypte par le khalyfe *Omar ébn-él-Khettab*, c'est-à-dire pendant quatre-vingt-dix ans environ, le patriarchat d'Alexandrie avait été entre les mains des jacobites, tous les évêques de l'Égypte étaient de cette secte, et ils avaient établi des évêques jacobites même dans la Nubie, qu'ils avaient convertie à leur religion.

Kosmas fut élu comme patriarche par les orthodoxes. A cette époque les hérétiques d'Égypte s'étaient emparés de toutes les églises, et il ne restait plus au patriarche orthodoxe que celle de *Mâr-Sabâ* (Saint-Sabas).

Kosmas se rendit à Damas, auprès du khalyfe *Hécham*, et par ses sollicitations en obtint l'ordre pour l'administrateur des finances du khalyfe en Égypte, *Abd-allah ben-él-Sekary*, de faire rendre aux orthodoxes toutes les églises qui leur appartenaient.

Kosmas, après avoir occupé le siége patriarcal pendant quinze mois seulement, mourut le dernier jour du mois de Baounéh de l'année suivante.

L'an 109 de l'hégire, correspondant

(1) Cette année a commencé le jeudi 15 mars de l'an 731 de notre ère.

(2) Monnaie de *Hechâm*, de l'an 107 de l'hégire (725 de notre ère.)

A B

(3) Correspondant à l'an 442 de l'ère des Cophtes.

à l'an 443 de l'ère des Cophtes, le patriarche Théodore succéda à Kosmas. Il siégea pendant onze années, et quitta la vie le septième jour du mois d'Amchyr de l'an 454 de l'ère des Cophtes : son patriarcat fut une époque de paix et de tranquillité pour l'Église d'Alexandrie, où cessèrent momentanément les querelles des melchites et des jacobites.

Sa mort fut suivie d'une vacance de six années, après laquelle, l'an 127 de l'hégire, le 7 du mois de Thot de l'an 460 de l'ère de Dioclétien, *Ebn-Khalyl* (1) fut promu aux fonctions de patriarche, et conserva ses fonctions pendant vingt-trois ans.

Oualyd ben-Yezyd, surnommé *Aboul-Abbas*, désigné par les historiens occidentaux sous le nom de Walid, deuxième du nom, succéda à son oncle Héchâm ; il était fils du khalyfe Yezyd, deuxième du nom, qui, en laissant le khalyfat à *Héchâm*, en avait reçu le serment de le remettre après lui à son fils Oualyd. Il fut en conséquence reconnu comme khalyfe, le jour même de la mort d'Héchâm, c'est-à-dire le 6 du mois de Raby-êl-Akher de l'an 125 de l'hégire. Il avait déjà plus de quarante ans, tandis que les quatre fils d'*Abd-él-Melek*, son père et ses oncles, étaient tous parvenus au khalyfat avant cet âge.

Un de ses premiers actes fut d'ôter le gouvernement de l'Égypte à *Hafas-ben-Oualyd*, malgré la bonté de son administration, dont la sagesse et la modération lui avaient acquis l'affection des provinces qui lui étaient soumises.

Il nomma à sa place *Yssa ben-Aby-Attâ*, qui fit bientôt vivement regretter son prédécesseur, et dont les mesures administratives réveillèrent bientôt tous les mécontentements que *Hafas ben-Oualyd* avait su calmer.

Cet acte impolitique ne fut pas le seul dont le nouveau khalyfe signala les commencements de son règne : à tous les vices d'un particulier, il joignait toutes les mauvaises qualités qui peuvent déshonorer un souverain (2) ; n'écoutant

(1) Nommé par quelques-uns *Khayl*, ou *Michel*.

(2) Si l'on en croit les historiens arabes, ce khalyfe poussa à un point bien étonnant l'impudence de ses vices et le scandale de ses débauches, dont il semblait se vanter sans pudeur. Ils citent des vers composés par lui, parmi lesquels on remarque les deux suivants :

que ses caprices et les conseils intéressés des flatteurs qui l'entouraient, il aliéna bientôt les cœurs de tous les musulmans. Les populations de Syrie se soulevèrent, et déclarèrent qu'elles cessaient de le reconnaître pour khalyfe; le soulèvement se propagea bientôt dans les autres provinces, et les insurgés appelèrent au khalyfat le cousin de *Oualyd, Yezyd*, fils du khalyfe Oualyd Ier. En acceptant le trône offert, le nouveau khalyfe, impatient d'être délivré d'un rival qui lui semblait encore redoutable, mit à prix la tête du khalyfe déposé, et promit cent mille dynars (1) à celui qui lui apporterait sa tête.

Les troupes de Oualyd furent battues à Baharah près Damas, l'an 126 de l'hégire (2), et Oualyd y fut tué en combattant; ses meurtriers lui coupèrent les mains et la tête : ces hideux trophées furent portés à Damas, promenés dans la ville, et exposés sur une de ses portes.

Oualyd ben-Yezyd était alors âgé de quarante-deux ans, et il n'avait régné qu'un an, deux mois et vingt-deux jours. Le mépris et la haine générale qu'avait mérités ce khalyfe par son abrutissement et sa tyrannie, retombèrent sur le khalyfat lui-même, et furent sans doute les premières causes qui, six ans plus tard, amenèrent la chute définitive de la dynastie des Ommyades.

Yezyd ben-Oualyd, surnommé *Abou-Khaled*, comptait parmi ses aïeux trois khalyfes, Oualyd son père, Abd-êl-Melek, son aïeul, et Merouân, son bisaïeul : par sa mère, *Chahferand*, il descendait des anciens rois de Perse, et était arrière-petit-fils de *Yezdedjerd ben-Chahryar*. Il fut inauguré au trône du khalyfat le vingt-huit du mois de Gemady-êl-Akher de l'an 126 de l'hégire.

Mais l'avénement du nouveau khalyfe fut loin de calmer les troubles qui agitaient toutes les provinces musulmanes, et qui présageaient la dissolution de l'empire. Les habitants de Hémesse refusèrent de le reconnaître, et demandèrent vengeance du meurtre de Oualyd; Souleymân, fils du khalyfe Héchâm et cousin de Yezyd, s'échappa de la prison où il était retenu à Naamân, rassembla des forces et marcha sur Damas : les habitants de la Palestine et des rives du Jourdain massacrèrent leur gouverneur; *Merouân ben-Mohammed-êl-Himar* arbora en Arménie l'étendard de la révolte, se présentant comme un des vengeurs du khalyfe Oualyd. Son armée était déjà nombreuse, et il marchait contre Yezyd, lorsque celui-ci arrêta son adversaire à *Harrân* par des négociations, et acheta sa soumission par l'abandon des provinces de la Mésopotamie, de l'Arménie et de l'Aderbidjân.

A peine délivré de ce terrible ennemi, le khalyfe *Yezyd* mourut de la peste, à l'âge de quarante ans, n'ayant régné que cinq mois et dix jours.

Le jour même de la mort de Yezyd, son frère *Ibrahym*, fils comme lui du khalyfe Oualyd Ier, mais d'une autre mère, fut élevé au khalyfat; il n'accepta qu'à regret ces hautes fonctions, dans des circonstances aussi défavorables; en effet, *Merouân ben-Mohammed*, délié de ses engagements par la mort du khalyfe Yezyd, accourait avec une armée de quatre-vingt mille hommes à Kennesseryn, proclamant à Hémesse son refus de reconnaître l'autorité du nouveau khalyfe, et ses propres prétentions au trône de l'islamisme.

Ibrahym ben-Oualyd se hâta de rassembler ses troupes; mais son armée, dont il avait confié le commandement à *Souleymân*, fils du khalyfe *Héchâm*, fut mise en déroute, quoiqu'elle fût forte de cent vingt mille hommes.

L'un des motifs qu'avait mis en avant Merouân pour justifier son attaque contre le khalyfe *Ibrahym* avait été la délivrance des deux fils du khalyfe *Oualyd II*, *êl-Hakem* et *Othman*, qui étaient retenus en prison à Damas. Avant la bataille, Merouân avait fait offrir à l'armée de *Souleymân* de renoncer lui-même à ses prétentions au khalyfat, si elle voulait se réunir à lui pour déposer *Ibrahym*, et élever sur le trône l'un des deux fils de *Oualyd II*. Ces propositions n'ayant pas été agréées, la bataille avait été sanglante et décisive en faveur de Merouân.

« Je me livre à l'ivresse du vin : je partage tous « les penchants des bêtes brutes :

« Souillé de tous les excès, n'en suis-je pas « moins le chef de la religion et de l'empire ? »

(1) Environ 1,500,000 francs de notre monnaie.

(2) Cette année a commencé le vendredi 25 octobre de l'an 743 de l'ère chrétienne.

Ibrahym et son général *Souleymân* s'enfuirent à Damas, s'emparèrent du trésor, et firent massacrer les deux jeunes prisonniers, qu'ils regardaient comme les plus dangereux de leurs ennemis, et comme le seul motif légitime de l'agression de Merouân. Mais ce double meurtre fut loin d'être profitable au khalyfe *Ibrahym : Merouân*, indigné, déclara le prince meurtrier déchu de l'autorité suprême, et se proclama lui-même l'héritier des deux victimes aux droits du khalyfat.

Merouân fit son entrée à Damas, dans le second mois de l'an 127 de l'hégire (1) : il y prit possession du titre de khalyfe, et vit son autorité reconnue, même par le khalyfe déposé, qui obtint la vie pour prix de cet acte de soumission : *Ibrahym* n'avait occupé le trône que soixante-neuf jours, et il vécut encore environ six ans après son abdication forcée.

Merouân ben-Mohammed avait à la fois trois surnoms : celui d'*Abou-Abd-él-Melek*, qu'il prit à la naissance de son premier fils; celui de *él-Djady*, qu'il tenait de son oncle maternel *él-Djad ben-Derhem*; et enfin celui de *él-Himar*, sous lequel il fut le plus connu. Ce dernier surnom, qui signifie *âne sauvage*, lui avait été mérité par sa bravoure et par sa fermeté inébranlable; car, suivant les Arabes, « l'âne sauvage « ne sait pas fuir. » Nos écrivains l'ont nommé Merouân, deuxième du nom.

Toutes les provinces de l'empire le reconnurent bientôt pour khalyfe, et l'Égypte suivit sans hésitation le mouvement général.

L'an 127 de l'hégire, Merouân donna le gouvernement de cette province à *Hassan ben-Abahyah*; mais, seize jours après, il le révoqua de ses fonctions, et le remplaça par *Hafas ben-Oualyd*, qui avait déjà gouverné ces contrées à deux époques différentes, sous le khalyfat de *Héchâm*, et qui était plus capable qu'aucun autre de maintenir sa province dans l'obéissance du khalyfe.

Toutefois, l'année suivante, 128 de l'hégire (2), Merouân crut devoir le rappeler de son gouvernement, et le remplaça par *Djaouyrah ben-Sohayl*, surnommé *él-Aglany*.

Un an et demi était à peine écoulé, que le khalyfe, révoquant *Djaouyrah*, nomma à sa place gouverneur de l'Égypte *Abd-allah ben-él-Moghayrah*, qui commença ses fonctions l'an 131 de l'hégire (1), mais qui mourut peu de temps après et fut remplacé par *Abd-él-Melek*, fils de *Moussa* et petit-fils de *Nasr*, qui fut le dernier gouverneur de l'Égypte nommé par les khalyfes ommyades.

Cependant le reste de l'empire était loin d'être tranquille : de tous côtés se déclaraient de nouveaux prétendants à ce trône, qu'on voyait devenu le prix de la violence, sans que les droits d'hérédité, substitués par les Ommyades à ceux de l'élection, fussent plus respectés que les premiers abolis par eux. Aucun lien ne semblait plus capable de retenir les peuples et les projets hardis des ambitieux. Hémesse, qui avait été l'une des premières villes où *Merouân* avait été accueilli, se révolta contre lui. En vain Merouân, accourant pour la punir, condamna-t-il au dernier supplice six cents de ses principaux habitants, la ville de Damas, sans être effrayée par ce terrible exemple, expulsait le gouverneur que lui avait donné le khalyfe. *Souleymân*, fils du khalyfe *Héchâm*, se faisait proclamer lui-même khalyfe à Basrah, et s'avançait jusqu'à Kennesseryn; battu par Merouân, qui lui tua trente mille hommes, il se jetait dans Hémesse et s'y fortifiait. Tandis que Merouân allait l'y assiéger, *Abd-allah ben-Moaouyah*, descendant d'*Abou-Taleb*, père du khalyfe *Aly*, était aussi proclamé khalyfe à Koufah.

Les victoires remportées par Merouân sur ces divers compétiteurs ne purent assurer le sort de sa dynastie; un ennemi plus puissant, *Abou-l-Abbas*, surnommé depuis *él-Saffah*, descendant de *Hachem*, bisaïeul du Prophète, se leva contre lui du fond des provinces les plus orientales de l'empire musulman.

Le Khorassân s'était déjà déclaré pour *Abou-l-Abbas*, par les menées habiles d'*Abd-ér-rahman abou-Mouslim*,

(1) Cette année a commencé le mardi 13 octobre de l'an 744 de l'ère chrétienne.

(2) Cette année a commencé le dimanche 3 octobre de l'an 745 de l'ère vulgaire.

(1) Cette année a commencé le samedi 31 août de l'année 748 de l'ère vulgaire.

qu'il y avait envoyé comme agent malgré sa grande jeunesse.

Abou-Mouslim n'avait que dix-neuf ans; mais il déploya une activité, une adresse et une fermeté bien au-dessus de son âge. Il réussit à gagner les esprits, à réunir des forces nombreuses, à battre celles de *Nasr ben-Sayar*, que Merouân avait chargé du gouvernement de cette province reculée. Bientôt maître de la ville royale de *Merou* et de *Nichabour,* il se jette en Géorgie, et, s'avançant jusqu'à Koufah, fait reconnaître dans toutes ces contrées l'autorité d'*Abou-l-Abbas*.

Après plusieurs défaites successives, le khalyfe Merouân, battu encore auprès de Moussoul, y vit enfin périr ses dernières ressources. Ne se croyant pas assez en sûreté à Damas, il traversa dans sa fuite rapide toute la Syrie, qui se déclarait pour son rival vainqueur, et chercha un refuge en Égypte, où jusqu'alors son autorité n'avait pas été méconnue.

Cependant Abou-l-Abbas, exerçant déjà à Koufah toutes les fonctions de la souveraineté, nommait les nouveaux gouverneurs des provinces, recevait les serments de fidélité des populations de la Syrie, et fondait ainsi la dynastie des *Abbassides* sur les débris de celle des Ommyades, qu'il venait de renverser.

Pour assurer son triomphe, il fit rassembler tous ceux qui par le sang faisaient partie de cette famille qu'il venait de proscrire; quatre-vingts personnes, de tout sexe et de tout âge, furent ainsi saisies par ses ordres, et tous furent massacrés impitoyablement. Cette exécution barbare valut à *Abou-l-Abbas* le surnom d'*el-Saffah* (le verseur de sang).

Un jeune prince de cette famlile, *Abd-ér-rahman*, petit-fils du khalyfe *Héchâm*, parvint seul à échapper au massacre général, et, retiré en Espagne, y fonda une nouvelle dynastie des *Ommyades*.

Merouân parvint à gagner l'Égypte, sans être arrêté sur sa route. Mais *Abd-allah*, oncle paternel d'*Abou-l-Abbas*, envoya à sa poursuite son frère *Saleh ben-Aly*, avec ordre de saisir à tout prix le malheureux vaincu. *Saleh* atteignit Merouân au village nommé *Aboussyr-Kourydes*, dans la haute Égypte, et le fit tuer sous ses yeux le dimanche 27 du mois de Gemady-êl-Akher de l'an 132 de l'hégire (1).

La tête de *Merouân ben-Mohammed* fut envoyée à *Abou-l-Abbas-él-Saffah.*

Ainsi périt misérablement, à l'âge de cinquante-six ans, ou, selon d'autres auteurs, de cinquante-neuf ans, après un règne de cinq ans et un mois, le dernier khalyfe de la maison d'*Ommyah*, qui avait eu entre les mains pendant quatre-vingt-onze ans la souveraineté de l'islamisme, dépouillée par la famille d'*Abou-l-Abbas,* qui prit d'après le nom du trisaïeul de son fondateur, celui de dynastie des *Abbassides*.

Le mouvement d'impulsion et d'envahissement, donné par les quatre premiers khalyfes au colosse de l'islamisme, avait été loin de se ralentir, tandis que la dynastie des Ommyades tenait les rênes de l'empire : aux premières conquêtes d'*Abou-Beker,* d'*Omar* et d'*Othman*, de nouvelles conquêtes avaient été ajoutées par les princes de la maison d'*Ommyah*.

Sous le règne de cette dynastie, l'empire grec, à qui les généraux de l'islamisme venaient d'arracher l'Arménie, avait vu sa capitale, Constantinople, assiégée par eux pendant six mois, et s'était laissé dépouiller de tout ce que les précédentes défaites lui avaient encore permis de posséder en Afrique : Syracuse, Pergame, Antioche de Pisidie, Césarée de Cappadoce, avaient été prises et pillées, la Sicile et l'Asie Mineure dévastées, Carthage détruite, l'Espagne envahie.

L'empire de l'islamisme, largement établi dans trois parties du monde, s'étendait depuis l'extrémité des Indes jusques au cœur même de notre France.

Déjà maîtres de Narbonne, de Toulouse, de la Provence, du Languedoc et de l'Aquitaine, portant partout le pillage et l'incendie, les Arabes, partis de Tolède, avaient poussé leurs ravages dans le Poitou et jusqu'à Tournus en Bourgogne; rien ne semblait pouvoir arrêter leur invasion dans nos contrées occidentales. L'Europe entière allait devenir musulmane, lorsque Charles Martel, s'élançant au-devant du torrent dévastateur, le

(1) 8 février 750. L'année de l'hégire 132 avait commencé le mercredi 20 août de l'an 749 de notre ère.

rencontra dans les plaines entre Tours et Poitiers, et le refoula au delà des Pyrénées: décidant le sort des États chrétiens par une victoire sanglante, dans laquelle, s'il faut en croire les historiens, trois cent soixante-quatre mille musulmans périrent. L'exagération du chiffre est ici évidente; mais un fait qui ne l'est pas moins, c'est que la victoire décisive de Charles Martel sauva le continent européen de la domination musulmane.

CHAPITRE V.

Dynastie des Abbassides. — Les khalyfes Abou-l-Abbas, Al-Mansour, Êl-Mahady, Êl-Hâdy, Hâroun-êl-Rachyd, Êl-Amyn, Al-Mâmoun. — Gouverneurs de l'Égypte sous ces princes. — Sâlèh. — Abâoun. — Moussa ben-Kaab. — Mohammed ben-Assaad. — Hamyd. — Yezyd. — Abd-allah ben-Abd-êr-rahmân. — — Mohammed ben-Abd-êr-Rahmân. — Moussa ben-Aly. — Mohammed ben-Souleymân. — Yssa ben Loqmân. — Ouadeh. — Mansour. — Yahya. — Ismayl Abou-Kotayfah. — Ibrahym. — Moussa ben-Massaab. — Faddel. — Aly. — Moussa ben-Yssa. — Mouslimah. — Mohammed ben-Zâher. — Dâoud. — Amer. — Abd-allah ben-Zâher. — Ishak. — Harthamah. — Abd-êl-Melek. — Obeyd-Allah ben-Mahady. — Ismayl ben Sâlèh. — Êl-Leyth. — Ahmed. — Abd-allah ben-Mohammed. — Êl-Hassân ben-Djemyl. — Melek. — Êl-Hassân ben-êl-Tahtah. — Hâtem. — Djâber. — Mottaleb. — Êl-Abbas. — Êl Sorry. — Mohammed Abou-Nasr. — Abd-allah ben-Êl-Sorry. — Ayâd. — Yssa ben-Yezyd — Êl-Motassem.

Le philosophe observateur remarquera ici une singulière coïncidence entre des événements semblables, qui signalent à la même époque l'histoire de deux peuples, non moins éloignés l'un de l'autre par les distances de leur position géographique que par leur origine, leurs mœurs, leurs lois, leurs croyances et leurs institutions religieuses.

En effet, les mêmes années qui virent les Abbassides, dans l'Orient, renverser du trône de l'islamisme les Ommyades, et saisir à leur place les rênes de l'empire des Arabes, virent aussi dans l'Occident la première race des rois français, celle des Mérovingiens, dépossédée de la pourpre royale par la famille de Charles Martel, devenue la souche d'une seconde race appelée celle des Carlovingiens (1); ainsi, presque aux deux extrémités du monde alors connu, deux familles royales échangeaient en même temps, contre l'avilissement et l'oubli, les honneurs et le pouvoir arrachés de leurs mains par des usurpateurs plus heureux; et pour rendre encore cette coïncidence plus parfaite, les deux plus illustres princes des deux nouvelles dynasties, *Charlemagne* et *Hâroun-êl-Rachyd*, devaient vivre contemporains, et les deux contrées devaient également voir les successeurs de ces princes, héritiers d'empires vastes et florissants, bientôt, énervés et méprisables, sanctionner par leur faiblesse le démembrement de leurs domaines et les usurpations de leurs grands vassaux sur leur pouvoir souverain.

Abou-l-Abbas, surnommé *êl-Saffah*, qui fut le premier khalyfe de la dynastie des Abbassides, était fils de *Mohammed* et petit-fils d'*Aly*. Celui-ci, fils d'*Abd-allah*, avait pour aïeul *êl-Abbas*, fils d'*Abd-êl Motaleb*, fils de *Hachem* et aïeul du Prophète. Ainsi la famille des Abbassides était une branche collatérale de celle de Mahomet et d'Aly, et ses droits de successibilité au khalyfat étaient plus rapprochés que ceux de la dynastie déchue; d'ailleurs la force des armes et la victoire, en faisant pencher la balance en leur faveur, avaient donné force et valeur à ces droits de légitimité, méconnus pendant plus d'un siècle.

Abou-l-Abbas avait d'abord porté le nom d'*abd-allah :* il fut inauguré dans les fonctions de khalyfe le 13 du mois de Raby-êl-Aouel de l'an 132 de l'hégire. Les premiers actes de son gouvernement furent la révocation de tous les gouverneurs des provinces, et leur remplacement par quelques-uns de ses parents ou de ses partisans.

Il confia le gouvernement de l'Égypte à son oncle paternel, *Salèh ben-Aly*; mais celui-ci n'alla pas administrer cette contrée, et s'y fit représenter par *Abâoun-Abd-êl-Melek ben-Yezyd*, qu'il y institua comme vice-gouverneur.

Les fonctions de patriliarche d'Axandrie étaient alors remplies par *Mikhalyl*, (Michel), appelé vugairement par les Cophtes *Khayl*, dont nous avons vu l'élévation au patriarcat l'an 460 de l'ère des Martyrs (1). Ce patriarche était de la

(1) *Pepin le Bref* fut appelé au trône des Français l'an 761 de notre ère; année également remarquable par la première apparition en France de la petite vérole, originaire de l'Égypte.

(1) 127 de l'hégire et 744 de l'ère chrétienne

secte jacobite et quarante-cinquième successeur de saint Marc; il siégea encore environ trois ans, et mourut le 17 mars de l'an 468 des Cophtes (1). Il fut remplacé au mois d'avril de la même année par le patriarche *Myna*, natif de Semenhoud (l'ancienne *Sebennytus*).

L'an 136 de l'hégire (2), Abou-l-Abbas mourut à *Hachemyah* le 13 du mois de Dou-l-Hagéh, après un règne de quatre ans huit mois et vingt-six jours, à l'âge de trente-deux ans et demi; il fut le premier des khalyfes qui prit un vizir, car les khalyfes ommyades n'avaient eu pour leur administration que des secrétaires.

Le successeur d'*Abou-l-Abbas-él-Saffah* fut son frère *Al-Mansour ben-Mohammed*, surnommé *Abou-Djafar*: il fut inauguré à Hachemyah l'an 137 de l'hégire (3). Trois ans après son avénement, l'an 140 de l'hégire (4), il ôta le gouvernement de l'Égypte à son oncle *Salèh ben-Aly*, et nomma à sa place *Abdoun-Abd-él-Melek ben-Yezyd*, qui y remplissait les fonctions de vice-gouverneur.

Mais à peine une année était écoulée qu'il révoqua à son tour *Abdoun*, et le remplaça, l'an 141, de l'hégire (5), par *Moussa ben-Kaab*: celui-ci ne conserva lui-même ses fonctions qu'environ une année, et eut pour successeur, l'an 142 de l'hégire (6), *Mohammed ben-Assaad* qui, l'an 143 de l'hégire (7), fut remplacé par *Hamyd ben-Qahtabah*: enfin, l'an 144 de l'hégire (8), *Yezyd ben-Hatem-él-Mahaleby* fut nommé à la place de *Hamyd*.

Ainsi en moins de sept années l'Égypte avait passé successivement entre les mains de six gouverneurs différents. Ces changements avaient pour motif l'humeur défiante du khalyfe, qui croyait voir partout des traîtres et des conspirateurs; déposant sur le moindre soupçon ses serviteurs les plus dévoués, dont quelques-uns furent mis à mort par ses ordres, et entre autres cet *Abou-Mouslim* à qui la famille des Abbassides avait dû son élévation au khalyfat, et qui depuis l'avait servie avec tant de zèle. Le khalyfe, oubliant ses services et son dévouement, le fit tuer, sur un vague soupçon qu'il conservait un penchant secret pour la famille d'*Aly*. Ce fut par suite de cette inquiétude méfiante que le khalyfe Al-Mansour se décida à quitter la ville de *Hachemyah*, qui jusqu'alors avait été le siége de la domination des Abbassides; l'an 145 de l'hégire (1), il fit jeter les fondements d'une nouvelle ville qu'il nomma *Medynet-él-Selâm* (la ville de la paix), et qui depuis son règne fut, sous le nom de *Baghdad*, la capitale des khalyfes ses successeurs. Cette méfiance mettait dans tous ses actes un caractère d'indécision et d'instabilité; il avait désigné pour ses successeurs, d'abord son neveu *Yssa ben-Moussa*, puis son propre fils, puis de nouveau *Yssa* comme le successeur futur de son fils, sans qu'aucune de ses résolutions fût fixe et immuable.

Yezyd ben-Hatem gouvernait l'Égypte depuis huit ans, et le khalyfe l'avait décoré du titre de *prince d'Égypte* (*Emyr-Mesr*), que portèrent depuis lui ses successeurs. Il mourut l'an 152 de l'hégire (2), et *Al-Mansour* nomma pour son successeur dans ces fonctions *Abd-allah ben-Abd-ér-Rahman*.

Celui-ci ne gouverna l'Égypte qu'environ trois ans, et mourut l'an 155 de l'hégire (3). Il fut remplacé d'abord par son frère *Mohammed ben-Abd-ér-rahmân*, qui mourut en l'an 156 de l'hégire, puis par *Moussa ben-Aly-él-Lagmy*. Celui-ci conserva ses fonctions jusqu'à la mort du khalyfe Al-Mansour.

Les mutations continuelles qui avaient eu lieu dans la haute administration de l'Égypte, avaient été bien loin d'être avantageuses à la prospérité et au bien-être des habitants. Chaque gouverneur, sûr d'être bientôt destitué et remplacé,

(1) 135 de l'hégire, 752 de l'ère chrétienne.
(2) Cette année a commencé le samedi 7 juillet de l'an 753 de l'ère chrétienne.
(3) Cette année a commencé le jeudi 27 juin de l'an 754 de notre ère.
(4) Cette année a commencé le mercredi 25 mai de l'an 757 de notre ère.
(5) Cette année a commencé le dimanche 14 mai de l'an 758 de notre ère.
(6) Cette année a commencé le vendredi 4 mai de l'an 759 de notre ère.
(7) Cette année a commencé le mardi 22 avril de l'an 760 de notre ère.
(8) Cette année a commencé le samedi 11 avril de l'an 761 de notre ère.

(1) Cette année a commencé le jeudi 2 avril de l'an 762 de notre ère.
(2) Cette année a commencé le samedi 14 janvier de l'an 769.
(3) Cette année a commencé le jeudi 13 décembre de l'an 771 de notre ère.

s'occupait, non de ce qui pouvait être utile au pays, mais de ce qui pouvait être profitable à lui-même, et ne cherchait qu'à acquérir par toutes les voies possibles, pendant sa courte jouissance, des richesses qui pussent le dédommager d'une révocation prochaine. Aussi chacun d'eux augmentait-il de nouvelles surcharges les impôts qu'il trouvait établis par son prédécesseur; ils en étaient venus à un tel point de rapacité, qu'il n'y avait plus aucun état, aucune industrie, qu'ils ne soumissent à des redevances sans cesse accrues; l'ouvrier mouleur de briques, le fellah vendeur de légumes, le conducteur de chameaux, le fossoyeur, toutes les professions, même celle de mendiant, étaient forcés à payer une taxe : la misère devint extrême, et le bas peuple était réduit à manger jusqu'à des chiens et des cadavres humains. L'Égypte ne pouvant supporter une oppression aussi désastreuse, était sur le point de se soulever, lorsqu'on y reçut la nouvelle de la mort d'Al-Mansour.

Ce khalyfe mourut à *Byr-Maymoun*, à quelques milles de distance de la Mekke, où il se rendait en pèlerinage, le 6 du mois de Dou-l-Hagéh de l'an 158 de l'hégire (1). Il était âgé de soixante-trois ans, ou, suivant quelques-uns, de soixante-huit, et avait régné vingt-deux ans moins sept jours (2).

Mohammed-él-Mahady, fils d'Al-Mansour, succéda à son père, et fut le troisième khalyfe de la maison d'Abbas.

Il était à Baghdad, lorsque son père expirait auprès de la Mekke, et il fut proclamé aussitôt comme khalyfe malgré son absence.

El-Mahady montra dans ses actes et dans ses choix la même versatilité qui avait signalé le khalyfat de son père Al-Mansour. Il donna, l'an 159 de l'hégire(1), le gouvernement de l'Égypte à un Syrien nommé *Mohammed ben-Souleymân;* mais il le révoqua presque aussitôt, et rappela pour le remplacer *Moussa ben-Aly :* puis celui-ci fut destitué de nouveau l'année suivante 160 de l'hégire (2), et le khalyfe nomma au gouvernement de l'Égypte *Yssa ben-Loqmân*, surnommé *él-Djemdjemy*.

Déposé l'an 162 de l'hégire (3), celui-ci eut pour successeurs, d'abord *Ouadeh*, affranchi du khalyfe précédent; puis *Mansour ben-Yezyd*, surnommé *él-Ragheby*, déposés l'un et l'autre l'an 163 de l'hégire (4), puis enfin *Yahya*, surnommé *Abou-Salèh*, fils d'*Abd-allah él-Djaounany*.

L'an 164 de l'hégire (5), ce dernier gouverneur fut destitué à son tour, et remplacé par *Ismayl*, surnommé *Abou-Ytayfah*, déposé de même l'année suivante 165 de l'hégire (6).

Le gouvernement de l'Égypte passa alors entre les mains du fils du premier gouverneur de l'Égypte sous les Abbassides, *Ibrahym ben-Salèh*, descendant d'*Abbas*, qui, l'an 167 de l'hégire (7), eut pour successeur *Moussa ben-Massaab*.

Celui-ci fut tué au mois de Chaouâl de l'an 168 de l'hégire (8), et l'administration de l'Égypte resta provisoirement confiée à son lieutenant *Amer ben-Omar*, jusqu'à l'arrivée du gouverneur nommé par le khalyfe, *Faddelben-Salèh*, frère de l'ancien gouverneur *Ibrahym*.

Au reste, ces destitutions et ces nominations si fréquemment multipliées n'étaient peut-être dans ce khalyfe que l'effet de hautes vues politiques; peut-être apercevait-il déjà la tendance qu'avait chacune de ces provinces à se séparer de la métropole de l'islamisme :

(1) Cette année a commencé le vendredi 11 novembre de l'an 774 de l'ère chrétienne.

(2) Monnaie d'*Al-Mansour* de l'an 146 de l'hégire (743 de l'ère chrétienne)

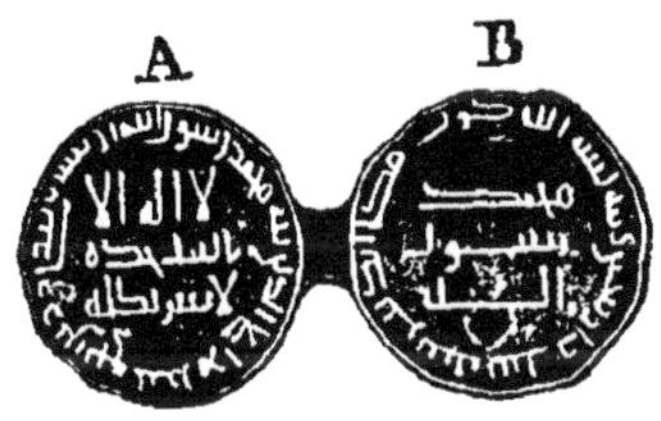

(1) Cette année a commencé le mardi 31 octobre de l'an 775 de l'ère chrétienne.

(2) Cette année a commencé le samedi 19 octobre de l'an 776 de notre ère.

(3) Cette année a commencé le lundi 28 septembre de l'an 778 de notre ère.

(4) Cette année a commencé le vendredi 17 septembre de l'an 779 de notre ère.

(5) Cette année a commencé le mercredi 6 septembre de l'an 780 de notre ère.

(6) Cette année a commencé le dimanche 26 août de l'an 781 de notre ère.

(7) Cette année a commencé le mardi 5 août de l'an 783 de notre ère.

(8) Cette année a commencé le samedi 24 juillet de l'an 784 de notre ère.

peut-être prévoyait-il dès lors ces scissions qui devaient démembrer l'empire, un demi-siècle environ après lui. Et alors sa prudence clairvoyante et préventive cherchait, en ne laissant que peu de temps le pouvoir aux gouverneurs, ses grands vassaux, à leur ôter les moyens de s'affermir assez dans leurs provinces, pour s'y rendre indépendants du khalyfat.

L'Égypte resta tranquille et soumise sous ces mutations continuelles de son administration : la Syrie et les autres provinces voisines suivirent son exemple, et le khalyfe *él-Mahady* profita de cet état de sécurité, pour porter la guerre au dehors, et attaquer vivement l'empereur des Grecs. Son second fils *Hâroun* fut chargé de la suite de cette guerre : le jeune prince y déploya une telle habileté et un tel courage, qu'il obtint les succès les plus brillants, et ne revint à Baghdad qu'après avoir pris plusieurs villes des Grecs, battu leurs généraux Nicétas et Damsacos, et forcé Constantinople à un tribut annuel de soixante-dix mille dynars (1).

Le khalyfe *él-Mahady* récompensa Hâroun en le désignant par un acte solennel pour successeur futur de son fils aîné, *Moussa-êl-Hady*, qu'il venait définitivement d'instituer héritier du trône après lui, en annulant l'acte par lequel il avait d'abord désigné *Yssa ben-Moussa*.

Peu après cette décision, le khalyfe *él-Mahady* mourut, le 22 du mois de Moharrem de l'an 169 (2) de l'hégire, à l'âge de quarante-deux ans, après avoir régné dix ans et deux mois et demi (3).

Moussa êl-Hady, fils aîné du khalyfe *él-Mahady*, succéda à ce prince, et fut le quatrième khalyfe de la race des Abbassides.

En montant sur le trône l'an 169 de l'hégire, *él-Hady* rappela du gouvernement de l'Égypte *Faddel ben-Salèh*, et nomma à sa place *Aly ben-Souleymân*, également descendant d'*Abbas*.

L'année suivante, êl-Hady voulut dépouiller son frère *Hâroun* des droits dont son père, le khalyfe *él-Mahady*, l'avait revêtu en le désignant pour successeur d'êl-Hady, et résolut d'abroger l'acte même qui établissait cet ordre de succession.

Il destinait à son fils unique *Djafar*, encore enfant, cet héritage dont il voulait priver son frère. Mais l'exécution de ses projets injustes fut arrêtée par sa mort. Le khalyfe *Moussa-él-Hady* mourut le vendredi 14 du mois de Raby-êl-Aouel de cette même année (170 de l'hégire, (1), à l'âge de vingt-quatre ans, ou de vingt-cinq suivant quelques historiens, après avoir régné seulement un an, un mois et vingt-deux jours.

Dès le commencement de la première année de son règne (169 de l'hégire, 501 de l'ère des Martyrs), mourut aussi le patriarche cophte Khayl, qui fut remplacé, le 16 du mois cophte de *Toubéh*, par le patriarche *Youhannâ* (Jean); celui-ci, après avoir gouverné son église pendant treize ans, mourut le seizième jour du mois de Toubéh de l'an 515 des Martyrs (2), double anniversaire de sa naissance et de son élévation au siége patriarcal.

Ce patriarche se distingua par ses vertus éminentes, par son humanité et sa charité bienfaisante; aussi l'église cophte fut heureuse et tranquille entre ses mains, malgré une cruelle disette qui vint à cette époque affliger l'Égypte.

Mais le patriarche Jean répandit d'abondantes aumônes, et parvint par les plus grands sacrifices à subvenir à tous les besoins des pauvres.

Les lettres synodiques que reçut ce patriarche, des patriarches d'Antioche *Gergis* (Georges) et *Kyriacos*, et les réponses qu'il leur adressa, prouvent qu'à cette époque il y avait unité de croyance

(1) Environ un million de notre monnaie.
(2) Cette année a commencé le jeudi 14 juillet de l'an 785 de notre ère.
(3) Monnaie d'*él-Mahady*, de l'an 162 de l'hégire (779 de l'ère chrétienne).

A B

(1) Cette année a commencé le lundi 3 juillet de l'an 786 de notre ère.
(2) 183 de l'hégire et 799 de l'ère chrétienne.

et communion de foi entre cette église et celle d'Alexandrie.

Le cinquième khalyfe de la maison d'*él-Abbas* fut le célèbre *Hâroun-él-Rachyd*. Son règne fut l'époque la plus brillante de l'empire de l'islamisme, et sa gloire s'est répandue des extrémités de l'Orient jusque dans nos contrées occidentales, où son nom est encore célèbre à juste titre. Mais, parvenu à son apogée, l'astre de l'islamisme ne tarda pas à décliner sous les successeurs de Hâroun, et, suivant la destinée de toutes les choses terrestres, à subir des révolutions qui amenèrent enfin son éclipse totale.

Hâroun-él-Rachyd était fils du khalyfe *él-Mahady* et frère du khalyfe *él-Hâdy*. Il fut inauguré comme khalyfe l'an 170 de l'hégire, le jour même où la mort de son frère fut connue, et au moment même où il devenait père de son fils aîné *Abd allah*, qui, sous le surnom d'*Al-Mamoun*, devait être son second successeur.

Hâroun paraît avoir été guidé par la même politique qui avait porté son père êl-Mahady et son aïeul *Al-Mansour* à craindre de laisser les provinces trop longtemps entre les mains de leurs gouverneurs : il sembla même les surpasser dans ces mesures de précaution. L'an 171 de l'hégire (1), il révoqua *Aly ben-Souleymân*, et donna le gouvernement de l'Égypte à *Moussa ben-Yssa*, descendant du khalyfe *Aly*.

La même année, *Moussa ben-Yssa* fut rappelé, et remplacé par *Mouslimah ben-Yahya;* mais alors le khalyfe sépara des attributions du gouverneur l'administration financière, qu'il confia à *Amer ben-Mahrân*. *Mouslimah*, bientôt après déposé à son tour, fut remplacé par *Mohammed ben-Zaher*, auquel succéda, l'an 173 de l'hégire (2), *Yezyd-ben-Hatem*, presque assitôt remplacé lui-même par son fils *Dâoud ben-Yezyd;* celui-ci conserva son gouvernement un peu plus longtemps que ses prédécesseurs; il y fut maintenu pendant près de deux ans, et ne fut révoqué qu'en l'an de l'hégire 175 (3).

(1) Cette année a commencé le vendredi 22 juin de l'an 787 de notre ère.

(2) Cette année a commencé le dimanche 31 mai de l'an 789 de notre ère.

(3) Cette année a commencé le mardi 10 mai de l'an 791 de notre ère.

Cette année, le khalyfe rendit le gouvernement de l'Égypte à *Moussa-ben-Yssa*, qu'il en avait déjà revêtu quelques années auparavant.

Cette même année, *Hâroun* institua pour son successeur immédiat son second fils *Mohammed*, qui prit depuis le nom d'*él-Amyn*, quoiqu'il n'eût encore atteint que sa cinquième année, et que son frère *Abd-allah*, depuis nommé *âl-Mamoun*, fût son aîné d'environ six mois. *Mohammed* était fils de *Zobeydéh*, cousine et épouse chérie du khalyfe, tandis que *Abd-allah* n'était fils que d'une femme d'un rang inférieur, nommée *Moradjel*, et étrangère au sang de la famille d'Abbas.

Il paraît que cette considération, jointe aux instances de *Zobeydéh*, détermina le khalyfe à cette décision; mais il substitua en même temps son fils aîné *Abd-allah* pour successeur du trône après son frère *Mohammed*.

Le gouvernement de l'Égypte fut, en l'an 176 de l'hégire (1), retiré pour la seconde fois des mains de *Moussa ben-Yssa*, et le khalyfe *Hâroun* nomma pour lui succéder *Ibrahym ben-Salèh*, qui avait déjà gouverné l'Égypte sous le khalyfe *él-Mansour*, et que *Hâroun* rappela en l'an 177 de l'hégire (2). Il le remplaça par *Amer ben-Mahrân :* celui-ci ne garda pas le gouvernement de l'Égypte plus d'un mois; déposé à son tour, il fut remplacé par *Ibrahym ben-Salèh*, nommé pour la troisième fois à ces fonctions.

Ibrahym ben-Salèh mourut presque aussitôt après: il eut pour successeurs d'abord, *Abd-allah ben-Zaher*, frère de l'ancien gouverneur *Mohammed ben Zaher;* puis *Ishak ben-Souleymân*, descendant de *Hachem*, et enfin, l'an 178 de l'hégire (3), *Harthamah ben-Ayan*, que quelques écrivains nomment *Hazymah*.

Le khalyfe ne laissa pas longtemps *Harthamah* à ces fonctions : le faisant passer au gouvernement d'Afrique, il envoya en sa place en Égypte *Abd-él-Melek ben-Salèh*, frère de l'ancien gouverneur *Ibrahym*. Cependant retranchant au nouveau gouverneur deux de

(1) Cette année a commencé le samedi 28 avril de l'an 792 de notre ère.

(2) Cette année a commencé le jeudi 18 avril de l'an 793 de notre ère.

(3) Cette année a commencé le lundi 7 avril de l'an 794 de notre ère.

ses principales attributions, le khalyfe lui donna pour lieutenant *Abd-allah ben-Moussabbeb*, chargeant spécialement celui-ci du soin de présider aux prières publiques et d'administrer les finances.

En l'an 179 de l'hégire (1), l'Égypte vit de nouvelles mutations dans ses gouverneurs. *Abd-êl-Melek ben-Salèh* y fut remplacé par le frère du khalyfe, *Obeyd-allah ben-Mahady*, et celui-ci céda bientôt la place à *Moussa ben-Yssa*, qui y rentra pour la troisième fois.

L'année suivante 180 de l'hégire (2), *Moussa ben-Yssa* fut de nouveau déposé, et le khalyfe rappela au gouvernement de l'Égypte son frère *Obeyd-allah ben-Mahady*.

L'historien *Sayd ben-Batryk* rapporte à cette époque l'anecdote suivante :

« Tandis qu'*Obeyd-allah ben-Mahady* gouvernait l'Égypte, il envoya en présent à son frère le khalyfe *Haroun* une jeune esclave cophte de la plus grande beauté. L'odalisque égyptienne charma le khalyfe, qui en devint éperdûment amoureux; mais tout à coup la favorite tomba malade, sans qu'aucun des médecins de la cour du khalyfe parvînt à guérir la maladie, ni même à la connaître. La malade assura qu'étant Égyptienne, elle ne pouvait être guérie que par un médecin égyptien.

« Aussitôt le khalyfe expédia à son frère l'ordre de lui envoyer sur-le-champ le médecin le plus habile de l'Égypte. Celui qui se trouva reconnu comme tel fut le patriarche des melchites, car les prêtres cophtes d'alors pratiquaient la médecine et cultivaient les autres sciences.

« Le patriarche-médecin partit pour *Baghdad*, guérit la favorite, et obtint pour récompense du khalyfe un diplôme impérial, rétablissant les melchites orthodoxes dans tous les droits dont ils avaient été dépouillés par les hérétiques jacobites, depuis leur accord avec le conquérant *Amrou êbn-êl-Aâs*. »

Certes, si l'historiette est véritable, on ne pourra y voir qu'une intrigue habilement ourdie par le clergé autrefois dominant, et à qui tous les moyens, même l'offrande d'une concubine au khalyfe, paraissaient bons et légitimes, pour ressaisir leur suprématie et humilier leurs adversaires.

L'an 181 de l'hégire (1), le khalyfe remplaça son frère *Obeyd-allah ben-Mahady* par *Ismayl ben-Salèh*, frère d'Ibrahym, de Faddel et d'Abd-êl-Melek, anciens gouverneurs.

L'an 182 de l'hégire (2), *Ismayl ben-Salèh* céda la place à *êl-Leyth ben-Faddel*, fils d'un affranchi du khalyfe; celui-ci conserva son gouvernement pendant environ cinq ans, et, l'an 187 de l'hégire (3), il fut remplacé par *Ahmed*, fils d'*Ismayl ben-Salèh*, qui avait été gouverneur de l'Égypte avant lui.

Deux ans après, l'an 189 de l'hégire (4), *Ahmed ben-Ismayl* eut pour successeur *Abd-allah ben-Mohammed-êl-Abbassy*, surnommé *êbn-Zeneybah*, qui fut destitué la même année et remplacé par *êl-Hassan ben-êl-Djemyl-êl-Azdy*. L'année suivante, 190 de l'hégire (5), le khalyfe détacha des fonctions du gouverneur l'administration financière, qu'il remit entre les mains de *Khassyb ben-Abd-êl-Hamyd*; mais cette organisation ne fut conservée que pendant une année : l'an 191 de l'hégire (6), *Khassyb* fut révoqué, et *êl-Hassan* fut de nouveau chargé à la fois du commandement militaire et de l'administration des finances de l'Égypte.

Cependant, un an après avoir reçu cette double marque de la confiance du khalyfe, *êl-Hassan ben êl-Djémil* fut rappelé, et il fut remplacé par *Melek ben-Dathem*, l'an 192 de l'hégire (7). Enfin, l'an 193 (8), *Melek* eut pour successeur *êl-Hassan ben-êl-Tahtah*, qui conserva le gouvernement de l'Égypte jusqu'à la fin du règne du khalyfe *Hâroun-êl-Rachyd*.

Le règne de Haroun, qui dura vingt-trois

(1) Cette année a commencé le vendredi 27 mars de l'an 795 de notre ère.

(2) Cette année a commencé le mercredi 16 mars de l'an 796 de notre ère.

(1) Cette année a commencé le dimanche 6 mars de l'an 797 de notre ère.

(2) Cette année a commencé le jeudi 22 février de l'an 798 de notre ère.

(3) Cette année a commencé le vendredi 30 décembre de l'an 802 de notre ère.

(4) Cette année a commencé le dimanche 8 décembre de l'an 804 de notre ère.

(5) Cette année a commencé le jeudi 27 novembre de l'an 805 de notre ère.

(6) Cette année a commencé le mardi 17 novembre de l'an 806 de notre ère.

(7) Cette année a commencé le samedi 6 novembre de l'an 807 de notre ère.

(8) Cette année a commencé le mercredi 26 octobre de l'an 808 de notre ère.

ans, un mois et dix-neuf jours, fut un des plus célèbres et des plus remarquables (1). Illustré par de brillantes victoires remportées sur les empereurs grecs, et par des conquêtes importantes, il tira un nouvel éclat de la protection qu'il accorda aux lettres et aux sciences, et de ses efforts pour rendre heureux les peuples qui vivaient sous ses lois. La mémoire des hommes a consacré par le surnom d'*él-Rachyd* (le droiturier) son amour constant pour la justice et l'équité, et ses actes de bienfaisance sont plus souvent racontés dans l'Orient que ses plus éclatants faits d'armes. C'est presque le seul prince dont le peuple y *ait gardé la mémoire;* c'est pour les Orientaux le *khalyfe* par excellence; et maintenant encore quand un de leurs récits dit : « Ceci s'est passé « *du temps du khalyfe* », cela signifie du temps de *Hâroun-él-Rachyd.*

Une des circonstances remarquables de son règne est l'ambassade qu'il envoya à l'empereur Charlemagne. Nos historiens rapportent que les ambassadeurs excitèrent l'étonnement des chevaliers de la cour de France, en déployant devant eux toutes les richesses de l'art de l'Orient, et qu'un des principaux présents qu'ils offrirent fut la première horloge qu'on eût vue dans l'Occident (2).

Ce prince mourut à *Tous*, âgé de quarante-sept ans, ou, suivant d'autres, de quarante-huit, le samedi 3 du mois de Gemady-êl-Akher de l'an 193 de l'hégire.

Mohammed-él-Amyn succéda à son père le khalyfe *Haroun*. Quelque favorisé que *él-Amyn* eût été par son père, qui l'avait désigné pour son successeur immédiat au préjudice de son aîné *Abd-allah-âl-Mâmoun,* il ne put voir sans jalousie les dispositions du testament paternel qui accordaient à celui-ci quelques dédommagements. En effet, *Haroun* avait légué, avant de mourir, son mobilier, ses armes et son trésor particulier à *Al-Mamoun;* il avait ordonné que la province du Khorassan, ainsi que les troupes qu'elle contenait, lui appartinssent à titre de souveraineté indépendante du khalyfe *él-Amyn.* Malgré ces dispositions solennelles, *él-Amyn* commença par refuser à son frère la délivrance de son legs particulier; puis il fit ramener à Baghdad par *Faddel ben-Raby* les troupes qui devaient rester sous les ordres de son frère *Al-Mamoun.*

Dès lors la mésintelligence éclata entre les deux frères, et, l'année suivante, 194 de l'hégire (1), êl-Amyn mit le comble à ses mauvais procédés, en prétendant annuler l'acte par lequel son père, en lui laissant le khalyfat, substituait après lui *Al-Mamoun;* il fit brûler cet acte, et déclara son fils *Moussa* pour son héritier au trône. En conséquence aucune réconciliation ne fut plus possible entre les deux frères. Mais leur conduite fut bien différente; tandis que *él-Amyn* abusait ainsi de sa puissance, et s'abandonnait aux délices de son harem et de sa cour corrompue, *Al-Mamoun* rassemblait des forces, se rendait peu à peu maître de toute la province que son père lui avait léguée, et il s'y faisait chérir par sa bienfaisance autant que par son équité; ses partisans s'augmentaient, et *Harthamah ben-Ayân,* ancien gouverneur de l'Égypte, qui avait un commandement dans une province voisine, se déclara ouvertement en sa faveur.

El-Amyn essaya vainement de rattacher *Harthamah ben-Ayân* à son parti en donnant, l'an 194 de l'hégire, à son fils *Hatem ben-Harthamah* le gouvernement de l'Égypte.

L'année suivante, 195 de l'hégire (2), *él-Amyn* envoya une armée de quarante mille hommes attaquer son frère dans le

(1) Monnaie de *Hâroun âl-Rachyd,* de l'an 191 de l'hégire (806 de l'ère chrétienne).

A B

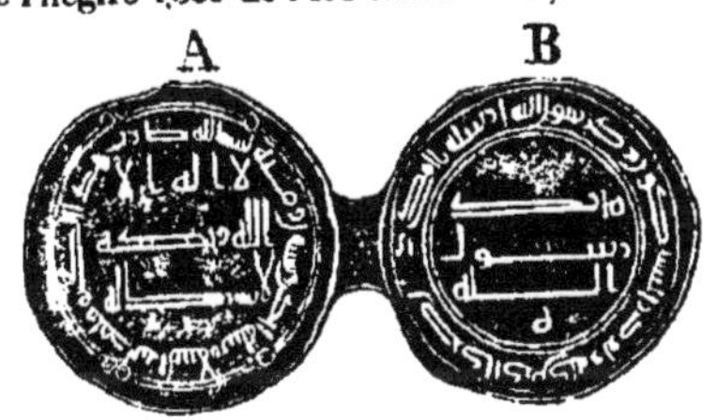

(2) On conservait autrefois dans le trésor de l'église cathédrale de Chartres un vase de verre, orné d'une inscription koufique, qu'on prétendait avoir été offert à Charlemagne par les ambassadeurs du khalyfe. Ce vase est maintenant un des principaux ornements du musée de Chartres, ou je l'ai vu et dessiné moi-même il y a quelques années.

(1) Cette année a commencé le lundi 16 octobre de l'an 809 de notre ère.

(2) Cette année a commencé le vendredi 4 octobre de l'an 810 de notre ère.

Khorassan. Cette armée fut battue par *Taher ben-Houssayn*, général d'*Al-Mamoun*, et ce prince fut alors solennellement proclamé khalyfe.

El-Amyn, voyant que la nomination du fils d'*Harthamah*, n'avait pu faire abandonner à celui-ci les intérêts d'*Al-Mamoun*, destitua cette même année *Hatem ben-Harthamah* et le remplaça dans le gouvernement de l'Égypte par *Djâber ben-êl-Achaab*.

A cet acte politique se joignirent de nouveaux préparatifs militaires, et l'année suivante, 196 de l'hégire (1), une nouvelle armée de quarante mille hommes fut encore envoyée par *êl-Amyn* contre son frère : il le fit attaquer d'un autre côté par un corps de vingt mille hommes, commandés par *Abd-allah*, fils de *Hamid ben-Qahtabah*, qui avait été gouverneur de l'Égypte sous le khalyfe *Abou-l-Abbas*.

Taher ben-Houssayn battit ces différents corps, et s'avança jusque dans les provinces de êl-Ahouaz, de Ouaset et de Madayn, tandis que d'un autre côté Harthamah s'emparait de *Houlouân* et des contrées environnantes, où il faisait reconnaître l'autorité d'*Al-Mamoun*.

Profitant des échecs multipliés qu'éprouvait le khalyfe *êl-Amyn*, un parti puissant s'élevait contre lui dans la capitale elle-même. Ce parti, ayant à sa tête un des principaux personnages de l'empire, *Hassan ben-Aly*, déposa du khalyfat *êl-Amyn*, le 11 du mois de Regeb de l'an 196 de l'hégire, et fit prêter par la population de Baghdad le serment de fidélité à son frère *Al-Mamoun*.

Le khalyfe déposé fut d'abord chargé de chaînes avec sa mère *Zobeydèh*; mais la division se mit entre les conjurés, et *êl-Amyn* en profita pour sortir de prison et remonter sur le trône, en redevenant maître de sa capitale. Cependant l'autorité d'*êl-Amyn* n'était plus reconnue que dans la ville de Baghdad et dans son territoire; les autres grandes provinces, l'Hedjaz, l'Yemen, la Syrie et l'Égypte avaient proclamé pour khalyfe *Al-Mamoun* : ce prince rendit le gouvernement de cette dernière province à *Hatem*, fils de son général *Harthamah ben-Ayân*, y envoyant provisoirement comme vice-gouverneur *Ayad ben-Mohammed*.

Baghdad fut assiégée l'an 197 de l'hégire (1) par *Taher ben-Houssayn* et *Harthamah ben-Ayân* : le siége dura près d'une année, et réduisit les habitants à de telles extrémités qu'ils voulurent y mettre fin, l'an 198 de l'hégire (2), en déposant une seconde fois *êl-Amyn*; celui-ci prit la fuite et fut quelque temps après massacré par les soldats de *Taher*. Sa tête, son anneau, son manteau et son sceptre, insignes du khalyfat, furent apportés à *Al-Mamoun*.

El-Amyn n'était alors âgé que de vingt-neuf ans, trois mois et quelques jours; son règne avait été de quatre ans, huit mois et dix-huit jours. Sa mort mit fin à la guerre qui déchirait l'empire musulman, et *Abd-allah-âl-Mamoun* fut inauguré définitivement comme khalyfe, le 25 du mois de Moharrem de l'an 198 de l'hégire, jour du meurtre de son frère *êl-Amyn*.

Cette même année, *Al-Mamoun* rappela *Ayad ben-Mohammed*, qui exerçait les fonctions de vice-gouverneur en Égypte, et confia l'administration de cette province à *êl-Mottaleb ben-Abdallah êl-Djeray*; celui-ci ne garda que quelques mois ses fonctions, et fut remplacé dans la même année par *êl-Abbas*, fils de *Moussa ben-Yssa*, qui avait été à trois époques différentes gouverneur de cette province sous le khalyfe *Hâroun-êl-Rachyd*.

El-Abbas ben-Moussa quitta le gouvernement de l'Égypte l'année suivante, 199 de l'hégire (3); le khalyfe y renvoya d'abord comme gouverneur *êl-Mottaleb ben-Abdallah*, prédécesseur d'*êl-Abbas*; mais il le déposa de nouveau la même année, et le remplaça par *êl-Sorry ben-êl-Hakem*.

A cette époque la tranquillité dont commençait à jouir l'empire musulman fut troublée par divers prétendants au trône; les descendants d'Aly, gendre du Prophète, semblaient former le parti le plus redoutable. Ils réclamaient le khalyfat pour *Aly ben-Moussa*, qui recon-

(1) Cette année a commencé le mardi 23 septembre de l'an 811 de notre ère.

(1) Cette année a commencé le dimanche 12 septembre de l'an 812 de notre ère.

(2) Cette année a commencé le jeudi 1er septembre de l'an 813 de notre ère.

(3) Cette année a commencé le mardi 22 août de l'an 814 de notre ère.

naissait le khalyfe *Aly* pour son quadrisaïeul. Écoutant les conseils de son vizir *Fad-del ben-Raby,* Al-Mamoun crut désarmer ce parti, en désignant par un acte solennel pour son successeur cet Aly qui prétendait à le remplacer; en conséquence, le khalyfe quitta et fit quitter à ses officiers la couleur noire, insigne des Abbassides, et arbora la couleur verte, consacrée à la famille d'*Aly.*

Ces mesures d'une politique maladroite augmentèrent les troubles, bien loin de les diminuer : les Abbassides témoignèrent hautement leur opposition à une décision qui dépouillait du khalyfat leur famille en faveur de la maison d'*Aly* : Baghdad se révolta, et nomma, l'an 202 de l'hégire (1), un nouveau khalyfe, *Ibrahym ben-êl-Mahady,* oncle du khalyfe Al-Mamoun. Le nouveau souverain n'étendit pas son autorité éphémère au delà de la capitale. Son caractère sans énergie, et la faiblesse du parti qui l'avait élevé à ce poste dangereux, ne purent même l'y conserver plus d'un an et quelques mois ; il se hâta d'abdiquer et de prendre la fuite, l'an 203 de l'hégire (2), lorsqu'il apprit que Al-Mamoun, débarrassé d'autres attaques plus redoutables, se rendait lui-même à Baghdad.

L'an 204 de l'hégire (3), le khalyfe Al-Mamoun rentra dans sa capitale; il était à son entrée revêtu des couleurs vertes des Alydes, mais à peine y eut-il passé une semaine, qu'il reprit lui-même avec tous ses soldats les couleurs noires des Abbassides.

Cette année fut signalée en Égypte par la mort de deux des principaux personnages de cette contrée. Le premier fut l'imâm *Mohammed ben-Edrys,* surnommé *êl-Chaféy;* cet illustre docteur est le fondateur d'une des quatre sectes orthodoxes que reconnaît la religion musulmane, et ses sectateurs sont appelés *Chaféytes,* d'après le surnom de l'imâm leur chef. L'imâm *êl-Chaféy* mourut à Fostatt, n'ayant encore atteint que l'âge de cinquante-quatre ans : ses dogmes sont plus particulièrement suivis en Égypte, et sa secte y est représentée et présidée maintenant encore par un des quatre imâms placés à la tête de la mosquée célèbre nommée *Gamè êl-Azhar,* c'est-à-dire, « la Mosquée des fleurs (1). »

Le second personnage que la mort enleva cette année en Égypte fut le gouverneur, *êl-Sorry ben-Hakem,* qui fut remplacé par son fils *Mohammed-Abou-Nasr.* Ce dernier mourut aussi l'an 206 de l'hégire (2), et eut pour successeur son frère *Abd-allah ben-êl-Sorry,* que les troupes proclamèrent comme *prince de l'Égypte,* sans attendre les ordres du khalyfe.

L'an 207 de l'hégire (3), le général auquel *Al-Mamoun* avait dû presque toutes ses victoires, *Taher ben-êl-Hossayn* mourut à Merou, capitale du Khorassan, dont le khalyfe lui avait donné le gouvernement.

Son fils, *Abd-Allah ben-Taher,* passa en Égypte l'an 210 (4) et s'établit à Belbeys.

L'éloignement où l'Égypte se trouvait de Baghdad, siége du khalyfat, était cause à cette époque que les ordres du khalyfe y restaient sans exécution, et en plus d'une occasion son autorité y avait été méconnue; c'est ainsi que l'administration de l'Égypte était depuis près de cinq ans entre les mains de *Abd-Allah ben-êl-Sorry,* nommé gouverneur par les soldats, mais non confirmé par le khalyfe.

L'an 211 (5), *Abd-Allah ben-Taher,* qui s'était fortifié à Belbeys par un grand nombre de partisans, et s'y arrogeait presque les droits de souveraineté, quitta cette ville, entra dans Fostatt au mois de Raby-êl-Aouel, y destitua *Abd-Allah ben-êl-Sorry* et nomma gouverneur à sa place *Ayad ben-Ibrahym,* qu'il remplaça, l'année 212 de l'hégire (6), par *Yssa ben-Yezyd,* surnommé *êl-Djeloudy.*

(1) Cette année a commencé le lundi 20 juillet de l'an 817 de notre ère.

(2) Cette année a commencé le vendredi 9 juillet de l'an 818 de notre ère.

(3) Cette année a commencé le mardi 28 juin de l'an 819 de notre ère.

(1) Voyez pour ce monument la planche n° 3.

(2) Cette année a commencé le jeudi 6 juin de l'an 821 de notre ère.

(3) Cette année a commencé le mardi 27 mai de l'an 822 de l'ère chrétienne.

(4) Cette année a commencé le lundi 24 avril de l'an 825 de notre ère.

(5) Cette année a commencé le vendredi 13 avril de l'an 826 de notre ère.

(6) Cette année a commencé le mardi 2 avril de l'an 827 de notre ère.

Mosquée du Sultan Barqouq.

Mais l'an 213 (1), *Al-Mamoun* intima l'ordre à *Abd-allah ben-Taher* de cesser les fonctions qu'il s'était arrogées en Égypte, et donna ce gouvernement avec celui de la Syrie et cinq cent mille dynars (2) à son propre frère *él-Motassem*.

En même temps, pour dédommager *Abd-allah ben-Taher* du pouvoir dont il le dépouillait, il ordonna qu'on lui comptât une somme pareille à celle qu'il accordait à *él-Motassem*. Les écrivains arabes remarquent que *él-Abbas*, fils du khalyfe, ayant aussi reçu le même jour de sa munificence une pareille somme, il sortit du trésor en une seule journée une somme de quinze cent mille dynars (plus de vingt-deux millions de notre monnaie). « Jamais, disent-ils, on n'a« vait vu une libéralité pareille. »

El-Motassem nomma *Kendy* comme vice-gouverneur de l'Égypte en son nom, et suivit le khalyfe son frère dans ses expéditions contre les Grecs.

A son retour de cette guerre, le khalyfe Al-Mamoun crut sa présence nécessaire en Égypte, pour y rétablir partout l'ordre, et réduire à l'obéissance quelques peuplades dépendantes de cette contrée, qui refusaient de se soumettre; il arriva donc à Fostatt le vendredi 9 de Moharrem de l'an 217 de l'hégire (3) et fit aussitôt attaquer les *Bimaïtes*, peuplades inquiètes et turbulentes, qui depuis quelque temps avaient commis sur le territoire de l'Égypte des désordres que les gouverneurs n'avaient pu réprimer. Après les avoir battus en plusieurs rencontres et leur avoir fait un grand nombre de prisonniers, il quitta l'Égypte à la fin du mois de Safar de cette même année et retourna à Damas.

Mais pendant son séjour de quelques mois en Égypte, le khalyfe s'était aussi occupé de régler les divers détails de l'administration et les améliorations dont elle était susceptible. C'est alors qu'il donna les ordres pour la réparation entière du Meqyâs, qu'Assamah avait construit dans l'île de Raoudah, et il voulut qu'une mosquée fît partie de l'édifice qui

(1) Cette année a commencé le dimanche 22 mars de l'an 828 de notre ère.

(2) Environ 7,000,000 de notre monnaie.

(3) Cette année a commencé le mercredi 7 février de l'an 832 de notre ère : le 9 Moharrem correspondait au 16 février.

renfermait le nilomètre (1). La colonne nilométrique, qui existe encore de nos jours, et le bassin qui l'entoure, sont encore les mêmes qui ont été élevés par le khalyfe *Al-Mamoun*, et on y lit encore les belles inscriptions koufiques que ce prince y fit sculpter en relief.

Deux ans après, le khalyfe *Al-Mamoun* mourut d'une fièvre aiguë, auprès du fleuve Bedendoun en Cilicie, le 19 du mois de Regeb de l'an 218 de l'hégire (2) : il était âgé de quarante-huit ans et quelques mois et avait régné vingt ans, cinq mois et treize jours (3).

La mémoire d'Al-Mamoun sera toujours chère aux sciences et aux lettres, qu'il aima et cultiva lui-même, et qu'il protégea d'une manière efficace, favorisant leurs progrès et leur avancement par tout son pouvoir et par des dépenses extraordinaires.

C'est à lui que les Arabes durent la connaissance des meilleurs auteurs hébreux, syriaques, grecs et latins, dont il fit traduire les écrits en arabe, et dont il répandit et encouragea la lecture et l'étude. C'est à lui aussi que les savants d'Europe ont dû la conservation de divers ouvrages et fragments d'écrivains anciens grecs et latins, qui, n'existant plus dans leur langue originale, se retrouvent dans les traductions arabes.

Non content d'avoir fait passer dans sa langue les richesses des autres nations, *Al-Mamoun* voulut aussi appeler autour de lui tous les savants qu'il put réunir, non-seulement chez les peuples soumis à son empire, mais encore parmi les juifs, les chrétiens, les Grecs, les Persans, jusque parmi les mages, les

(1) Voyez la planche n° 15.

(2) Cette année a commencé le lundi 27 janvier de l'an 833 de l'ère chrétienne.

(3) Monnaie d'*Al-Mamoun*, de l'an 218 de l'hégire (833 de l'ère chrétienne), et frappée par les ordres de son fils *El-Abbas*.

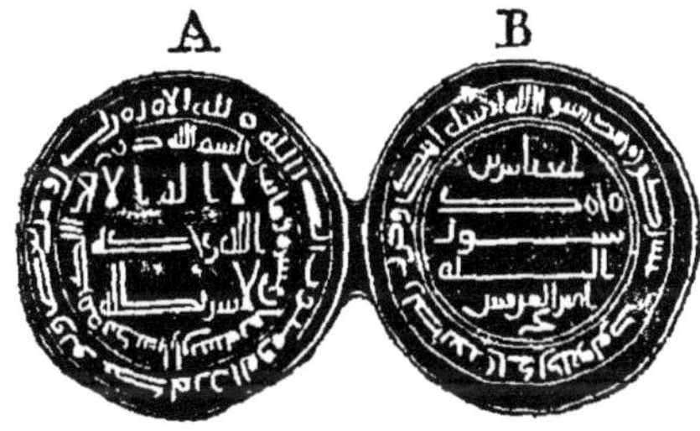

Guèbres et les Indiens. Quelle que fût leur secte ou leur religion, il leur partageait également ses faveurs ; il se plaisait à leur société, et aimait surtout à assister à leurs discussions littéraires.

C'est sous son règne que fleurirent, parmi les astronomes, *Habech él-Merouzy*, auteur de trois livres de tables astronomiques ; *Ahmed ben-Kotheyr*, surnommé *él-Ferghâny*, que nous connaissons sous le nom d'*Al-Fragan ; Abd-Allah ben-Sahel, Mohammed ben-Moussa, Mâ-châ-allah él-Yehoudy, Yahya ben-aby-l-Mansour*, par lesquels il fit faire un grand nombre d'observations astronomiques. Devenu bon astronome lui-même, il partageait leurs travaux soit à l'observatoire de *Chamassyéh*, qu'il fit construire près de Baghdad, soit à celui qu'il fit élever sur le mont *Qassyoun* près de Damas. Enfin, c'est à ce prince qu'on doit le premier mesurage qui ait été exécuté d'un arc du méridien terrestre.

Parmi les savants médecins qu'il réunit à sa cour, on distingue *Sahel ben-Sabour*, *Gebrayl*, qui a traité des maladies ophthalmiques, *Yoannâ-ben-él-Battryq*, auquel on donna le surnom d'*él-Terdjmân* (le traducteur), parce qu'il traduisit en arabe les auteurs grecs qui ont écrit sur la médecine.

C'est sous *Al-Mamoun* et sous son père *Hâroun él-Rachyd* que l'empire de l'islamisme avait atteint son plus haut degré de splendeur ; heurtant à l'orient les frontières de la Chine, maître de l'Inde, refoulant jusques aux côtes glaciales de la mer du Nord les hordes de l'immense nation turke, les empereurs grecs jusqu'au Bosphore, et, jusqu'aux montagnes impraticables de la haute Ethiopie, les tribus barbares du midi de l'Afrique ; à l'occident, soit dans la Mauritanie africaine, soit dans la péninsule européenne, il ne reconnaissait de bornes que les flots de l'océan atlantique.

Mais, déjà des symptômes certains annonçaient son prochain dépérissement, et le colosse recélait en lui les germes destructeurs qui devaient le miner sourdement et amener sa chute.

Déjà, à l'extrémité occidentale, les Algarves et l'Andalousie s'étaient séparés du grand empire, reconnaissant une nouvelle dynastie ommyade et un khalyfe scissionnaire, dont la capitale était *Qorthobah* (Cordoue). Les montagnes de Mauritanie voyaient déjà des tribus, suivant cet exemple, chercher à établir leur indépendance sous des princes qui, peu à peu renforcés, devaient plus tard faire valoir des prétentions semblables au khalyfat et enlever l'Égypte aux Abbassides : à l'extrémité orientale de l'empire, *Taher ben-Houssayn*, qu'*Al-Mamoun* avait cru suffisamment récompenser de ses importants services en lui donnant le Khorassan, d'abord comme gouvernement, puis comme fief à titre de grand vassal, Taher, non encore satisfait, avait cessé de reconnaître la suzeraineté du khalyfe ; déclarant sa principauté indépendante, il en avait laissé la souveraineté à ses descendants, qui formèrent la dynastie des Taheriens : exemple dangereux pour les autres provinces, où chaque gouverneur semblait impatient de fonder à son tour une nouvelle dynastie.

L'Égypte, également inféodée à *él-Motassem* par Al-Mamoun, ne restait unie à l'empire que parce que le feudataire, frère du khalyfe, en était le successeur présomptif au trône musulman.

Telle était la situation de l'islamisme, lorsque la mort d'Al-Mamoun en fit passer les rênes aux mains d'*él-Motassem.*

CHAPITRE VI.

Suite de la dynastie des Abbassides. — Les khalyfes él-Motassem-b-illah, él-Ouatheq-b-illah, él-Motouakkel-ala-allah, él-Montasser b-illah, él-Mostayn-b-illah ; él-Motaz-b-illah. — Gouverneurs de l'Égypte sous ces princes. — Kendy. — Él-Mozaffer. — Moussa ben-Abou-l-Abbâs. — Melek. — Asbas. — Aly ben-Yahya. — Yssa ben-Mansour. — Anbah. — El-Montasser. — Yezyd ben-Abd-allah. — Chronique de l'Église cophte. — Premières années de Ahmed ébn-Touloun. — Circonsces du meurtre du khalyfe él-Mostayn-b-illah.

Mohammed-él-Motassem, troisième fils du khalyfe *Hâroun-él-Rachyd*, succéda à son frère aîné *Al-Mamoun*, le 18 du mois de Regeb de l'an 218 de l'hégire. Ce khalyfe est le premier qui fit entrer le nom de Dieu dans la composition de son surnom : en montant sur le trône, il prit le titre d'*él-Motassem-b-illah*, c'est-à-dire *fortifié par Dieu*, et son

Lemaître direxit

Manbar (chaire) de la Mosquée du Sultan Barqouq. Chapiteaux de la mosquée de Touloun.

exemple fut suivi par tous ses successeurs.

Él-Motassem-b-illah, dès la première année de son règne, eut à se défendre contre les attaques de plusieurs prétendants au khalyfat, et de quelques révoltés.

L'an 219 de l'hégire (1), *Kendy*, à qui, en montant sur le trône, il avait laissé le gouvernement de l'Égypte, mourut à Fostatt, et le khalyfe nomma, pour lui succéder, le fils de ce gouverneur, *él-Mozaffer ben-Kendy.*

Celui-ci mourut aussi l'année suivante, 220 de l'hégire (2), et fut remplacé par *Moussa*, fils d'*Abou-l-Abbas*, et surnommé *él-Cheybâny* par quelques écrivains, et *él-Chamy* (le Syrien) par quelques autres.

L'an 224 de l'hégire (3), *Moussa* fut rappelé d'Égypte et remplacé dans ce gouvernement par *Melek*, surnommé par les uns *él-Hindy* (l'Indien), par les autres *ben-él-Kendy*, c'est-à-dire fils de *Kendy*, ancien gouverneur de l'Égypte.

L'an 225 de l'hégire (4), Melek fut destitué par le khalyfe, qui envoya, pour gouverner l'Égypte en sa place, un de ses affranchis, nommé *Asbas*, ou *Achnas* suivant quelques historiens.

Celui-ci fut le dernier gouverneur nommé par *él-Motassem-b-illah;* car ce khalife mourut de la fièvre à Samarrah, le 18 du mois de Raby-êl-Aouel de l'an 227 de l'hégire (5).

Les historiens orientaux remarquent que le nombre huit semblait affecté à ce prince par une fatalité singulière; entre lui et *Abbas*, le chef de sa race, il y avait huit générations; il était né dans le mois de Chaabân, le huitième de l'année musulmane; il était le huitième khalyfe abbasside; il monta sur le trône l'an 218, à l'âge de trente-huit ans et huit mois; il avait régné huit ans, huit mois et huit jours; il mourut le dix-huitième jour du mois, dans la quarante-huitième année de son âge; il laissa huit fils et

(1) Cette année a commencé le vendredi 16 janvier de l'an 834 de notre ère.

(2) Cette année a commencé le mardi 5 janvier de l'an 835 de notre ère.

(3) Cette année a commencé le samedi 23 novembre de l'an 838 de notre ère.

(4) Cette année a commencé le mercredi 12 novembre de l'an 839 de notre ère.

(5) Cette année a commencé le vendredi 21 octobre de l'an 841 de notre ère.

huit filles; il s'était trouvé à huit batailles; enfin on trouva à sa mort dans son trésor particulier, huit millions de dynars (1) et quatre-vingt mille dirhems (2). Cette singulière coïncidence lui a fait donner le surnom de *Mothammah*, c'est-à-dire l'Octénaire (3).

Mais une destinée plus fatale exerça son influence sur le khalyfe; c'est de lui que date le commencement de la décadence de sa dynastie, et c'est à lui que les premières causes doivent en être rapportées.

En effet, ce khalyfe était sans instruction, sans capacité, et dénué de presque toutes les qualités morales. Il ne savait pas même écrire. Mais, si la nature l'avait mal partagé des dons de l'intelligence, elle lui avait largement départi les avantages corporels. Doué d'une force extraordinaire et de muscles, pour ainsi dire de fer, il pouvait, disent les historiens arabes, soulever un poids de mille rotles (4) et marcher quelques pas sous un fardeau aussi considérable. A cette vigueur étonnante se joignaient un courage indomptable, le goût de la guerre, des belles armes, des beaux chevaux et des beaux soldats.

Ce goût le porta, même avant la mort de son père, à créer un corps d'élite; et, pour le former, il fit son principal choix parmi les plus beaux, les plus forts et les mieux faits des jeunes esclaves turks pris à la guerre, ou qui étaient envoyés en tribut au khalyfe.

La nation immense appelée tantôt *turke*, tantôt *tartare*, comprenant les Turkomans, les Mogols et les Tartares

(1) Environ 120,000,000 de notre monnaie.

(2) Environ 1,200,000 francs de notre monnaie.

(3) Monnaie d'*Él-Motassem-b-illah*, de l'an 219 de l'hégire, 834 de notre ère.

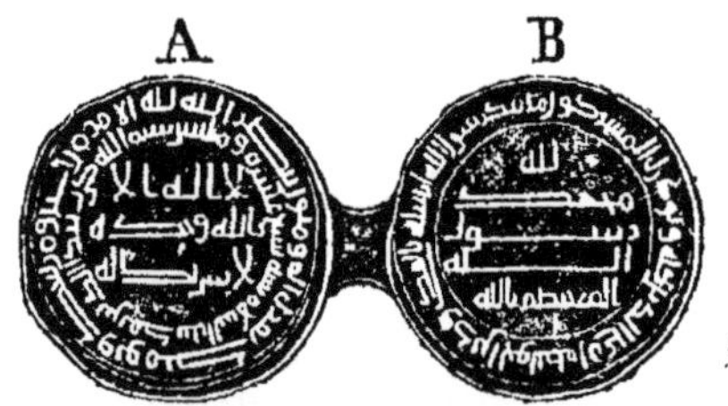

(4) Plus de neuf cents livres poids de marc. Le rotle équivaut environ à quatorze onces et demie, c'est-à-dire presqu'à cinq hectogrammes, poids décimal.

proprement dits, s'étendait, suivant tous les géographes orientaux, sur tous les pays de l'Asie septentrionale, depuis le fleuve Gihoun, ou Oxus, jusqu'au *Kathay*, c'est-à-dire à la Chine, et n'avait, au nord, d'autres limites que l'Océan Glacial.

Les Turks, ainsi placés à l'extrémité de l'Asie, la plus éloignée de la péninsule arabique, semblaient par leur position même devoir être garantis pour toujours de tout contact et de toute relation amicale ou hostile avec les peuples de cette dernière contrée, dont les séparaient tant de régions, de montagnes, de fleuves et de déserts.

Mais les Turks étant parvenus à étendre leur empire sur la Tartarie entière d'un côté, tandis que de l'autre les Arabes, sous le gouvernement de leurs premiers khalyfes, avaient porté progressivement leurs conquêtes jusqu'au *Ma-ouare-en-Nahar* (la Transoxiane des anciens) et sur les frontières du Turkestan, ces deux grandes nations ne tardèrent pas à se rencontrer et à devenir ennemies. La guerre qu'elles se firent dura longtemps; et, dans les nombreux combats auxquels cette guerre donna lieu, elles se firent l'une à l'autre une grande quantité de prisonniers; les Turks qui tombèrent entre les mains des Arabes furent dispersés dans les différentes provinces de leur empire, où ils devinrent les esclaves des principaux émirs et des khalyfes eux-mêmes.

Ces esclaves, qui se faisaient remarquer à la cour des khalyfes par leurs avantages corporels, plurent à leurs maîtres, et furent bientôt attachés à leur service particulier. Car la méfiance que les khalyfes avaient des émirs de leur cour, dont ils n'avaient su apaiser les prétentions qu'en en faisant de grands feudataires, leur fit commettre la faute plus grande encore, de reporter toute leur confiance sur les esclaves étrangers, attachés au service intérieur de leur palais.

Ceux-ci, tout barbares et illettrés qu'ils étaient, vivant au milieu des princes et des grands de l'empire, s'instruisirent bientôt dans le mahométisme, dans les sciences et surtout dans la politique. Bientôt, ils devinrent capables de remplir les charges les plus éminentes auprès des khalyfes, qui les retirèrent de l'esclavage pour les employer dans le gouvernement, suivant les talents qu'ils faisaient paraître, ou les intrigues qu'ils savaient nouer autour du souverain; des affranchis furent nommés non-seulement aux principales places du palais, mais même au gouvernement des provinces les plus importantes de l'empire; leur ambition et leur esprit d'indépendance, que l'éducation n'avait pas changé, ne répondit que par la plus noire ingratitude à ces faveurs inconsidérées, surtout quand la création d'une *garde turke* eut mis à la disposition de ses chefs un corps de compatriotes entièrement soumis à leur influence.

Voulant augmenter de plus en plus la milice à laquelle il confiait sa garde particulière, et ne trouvant pas suffisant le nombre des esclaves turks que lui fournissaient les tributs annuels, *él-Motassem* en fit acheter une grande quantité, pour les élever dans l'exercice des armes et les incorporer dans la garde de son palais, à mesure qu'ils seraient capables du service militaire. Mais ces jeunes gens ne tardèrent pas à abuser de la faveur du khalyfe; leur insolence était devenue si insupportable aux habitants de Baghdad, que, voyant tous les jours de nouvelles plaintes s'élever contre sa garde, *él-Motassem* avait pris la résolution de quitter sa capitale et de faire reconstruire l'ancienne ville de *Samarrah*, pour y transférer de nouveau le siége de l'empire.

Le commandant des gardes du khalyfe *él-Motassem* était alors un affranchi turk, nommé *Touloun*, que la destinée semblait n'avoir réduit en servitude que pour faire voir comment ses jeux bizarres peuvent faire d'un misérable esclave la souche d'une dynastie de souverains, destinée à régner sur l'Égypte et sur la Syrie.

Touloun faisait partie de la horde de *Toghouz-ghour*, l'une des vingt-quatre grandes tribus dont se composait la population du Turkestân. Sa famille habitait les environs du lac Lop, dans la petite Bukharie. *Touloun* avait été fait prisonnier dans un combat, et était tombé entre les mains de *Nouèh ébn-Assad-él-Samâmy*, qui commandait alors à *Bokharâ*. Ce prince, qui reconnaissait l'autorité du khalyfe *Al-Mamoun*, payait à son suzerain un tribut annuel d'esclaves, de chevaux turks et d'autres objets précieux.

L'an 200 de l'hégire (815 de notre ère), *Touloun* fut mis au nombre des esclaves envoyés par *Nouèh* en tribut au khalyfe; il se fit bientôt remarquer de son nouveau maître par son mérite et sa bonne mine, et fut attaché par lui à son service particulier. Bientôt il sut tellement gagner la bienveillance d'*Al-Mamoun,* que ce monarque l'affranchit, lui donna le commandement de ses gardes, et le nomma *émyr-êl-sitr* (prince du voile ou du rideau), charge qui indiquait la plus grande confiance, les fonctions de celui qui en est revêtu dans l'Orient étant de veiller à la sûreté personnelle de son souverain, en se tenant continuellement en dehors du rideau ou de la riche portière qui ferme l'appartement intérieur, et n'y introduisant personne sans un ordre spécial.

Après avoir passé vingt ans à la cour d'*Al-Mamoun* et de son successeur *êl-Motassem*, *Touloun* devint père de plusieurs enfants et entre autres de cet *Ahmed êbn-Touloun* surnommé depuis *Abou-l-Abbas*, qui devait être le fondateur de la dynastie des Toulonides en Égypte et en Syrie.

Ahmed êbn-Touloun naquit à Baghdad, ou, selon d'autres, à *Samarrah,* l'an 220 de l'hégire, troisième année du règne d'*êl-Motassem-b-illah;* la mère d'*Ahmed* était une jeune esclave turke, nommée *Kassiméh* par quelques historiens, et à laquelle d'autres donnent le nom de *Hachiméh*. Quelques-uns même prétendent que *Ahmed* n'était pas réellement le fils de *Touloun;* et l'historien *Soyouty*, dans un manuscrit que je possède, cite, à l'appui de cette assertion, *Ebn-Asaker,* qui prétend avoir appris d'un vieillard égyptien, qu'*Ahmed* était fils d'un Turk, nommé *Mahly*, et de *Kassiméh*, esclave de *Touloun;* ajoutant que ce dernier avait adopté l'enfant, à cause des heureuses dispositions qu'il faisait paraître; mais cette assertion, d'ailleurs peu importante, est dépourvue d'appui, et paraît évidemment contredite par les faits subséquents.

Avant que *Ahmed êbn-Touloun* eût atteint l'âge de jouer un rôle politique, deux khalyfes avaient déjà successivement remplacé *êl-Motassem-b-illah.*

Le premier fut le fils de ce khalyfe, *Hâroun-Abou-Djafar,* qui prit, en montant sur le trône, le surnom d'*êl-Ouatheq-b-illah* (le confiant en Dieu). Il entra en possession du khalyfat, le jour même de la mort de son père *êl-Motassem;* et, dès la première année de son règne, il déposa la plupart des fonctionnaires nommés par son père, en les forçant de verser entre ses mains de fortes sommes d'argent. Il s'apprêtait à destituer l'affranchi du khalyfe êl-Motassem, *Asbar,* qui gouvernait l'Égypte, lorsque celui-ci mourut à Fostatt, l'an 228 de l'hégire (1). Le khalyfe *êl-Ouatheq* le remplaça par un Arménien, nommé *Aly ben-Yahya-êl-Armeny;* mais à peine un an s'était écoulé, que le nouveau gouverneur fut, l'an 229 de l'hégire (2), remplacé par *Yssa ben-Mansour.*

L'an 230 de l'hégire (3) fut signalé par la mort du fils de Taher ben-Housseyn, *Abd-allah,* entre les mains duquel l'Égypte avait été laissée pendant quelque temps par *Al-Mamoun.*

L'année suivante vit aussi finir la vie du khalyfe lui-même. *Él-Ouatheq-b-illah* mourut le 24 du mois de Dou-l-Hagéh de l'an 231 de l'hégire (4), âgé de trente-quatre ans seulement : il avait régné cinq ans neuf mois et treize jours.

Les vizirs, *Ahmed,* fils d'*Abou-Daoud,* et *Mohammed,* fils d'*Abd-êl-Melek*, surnommé *êl-Zayât,* se concertèrent avec le Turk *Ouasyf,* premier chambellan, aussitôt après la mort du khalyfe, et voulurent d'abord lui donner pour successeur son fils *Mohammed,* en l'inaugurant sous le nom de *êl-Mohtady-b-illah* (le bien dirigé par Dieu). Mais, voyant le bas âge de ce jeune prince, ils renoncèrent à leur premier projet, et appelèrent au khalyfat le second fils d'êl-Motassem, *Djafar,* qui prit le surnom d'*êl-Motouakkel-ala-Allah* (celui qui prend Dieu pour tuteur).

Él-Ouatheq et *el-Motouakkel* étaient frères de père, et non de mère. Le premier était fils d'une esclave grecque,

(1) Cette année a commencé le mardi 10 octobre de l'an 842 de notre ère.

(2) Cette année a commencé le dimanche 30 septembre de l'an 843 de notre ère.

(3) Cette année a commencé le jeudi 18 septembre de l'an 844 de notre ère.

(4) Cette année a commencé le lundi 7 septembre de l'an 845 de notre ère.

nommée *Karathis*, et le second d'une esclave turke, appelée *Serdjah*.

L'an 232 de l'hégire (1), le nouveau khalyfe donna le gouvernement de l'Égypte à *Anbah;* mais, peu de mois après, il le révoqua et le remplaça, au commencement de l'an 233 de l'hégire (2), par son propre fils *él-Montasser ben-él-Motouakkel.*

Deux ans après, l'an 235 de l'hégire (3), le khalyfe désigna ce même fils pour son successeur au trône, substituant après lui son second fils, *él-Motaz-b-illah,* et après celui-ci, *él-Mouyed-b-illah,* son troisième fils. Partageant même d'avance son empire en apanages, il donna à *él-Montasser* l'Afrique et tout l'Occident, depuis *él-Arych,* frontière de l'Égypte, jusqu'à l'extrémité la plus occidentale de ses États. Il y ajouta Kenneseryn, la Syrie, la Mésopotamie, le Diarbekir, Moussoul, les contrées arrosées par le Tigre, la Mekke, Médine, l'Yemen, Hadramout, él-Bahreyn, le Sind, Samarrah, Koufah, et toutes leurs dépendances.

Él-Motaz reçut en partage le Khorassân, le Tabaristân, la Perse, l'Arménie et l'Aderbidjân; et *él-Moyed,* Damas, Hémesse, le bassin du Jourdain et la Palestine.

Ces mesures, par lesquelles le khalyfe espérait satisfaire l'ambition de ses fils, ne purent atteindre le but qu'il s'était proposé. Malgré les concessions immenses qu'il avait obtenues, impatient de régner sur l'empire entier de l'islamisme, *él-Montasser* conspirait en secret contre son père, et méditait de lui enlever le trône avec la vie.

Il ne resta en Égypte que jusqu'à l'an 241 de l'hégire (4); s'y trouvant trop éloigné du centre des intrigues qu'il voulait nouer, il laissa, à Fostatt, pour administrer son gouvernement en son nom *Yezyd ben-Abd-allah*, et revint à la cour de son père y encourager les mécontents par sa présence et se concerter avec eux.

(1) Cette année a commencé le samedi 28 août de l'an 846 de notre ère.
(2) Cette année a commencé le mercredi 17 août de l'an 847 de notre ère.
(3) Cette année a commencé le vendredi 20 juillet de l'an 849 de note ère.
(4) Cette année a commencé le mercredi 22 mai de l'an 855 de notre ère.

Bientôt ses complots commencèrent à éclater; l'an 244 de l'hégire (1), excitées surtout par ses agents, les milices turkes se révoltèrent à Damas, sous le prétexte de leur solde arriérée; le khalyfe les fit payer, quitta Damas, où il avait voulu, en l'an 243 de l'hégire (2), établir sa résidence, et se retira à *Samarrah*.

Enfin, l'an 247 de l'hégire (3), *él-Motouakkel,* voyant son fils *él-Montasser* ne plus cacher ses complots contre lui, lui en fit en public de vives réprimandes; quelques jours après, le mercredi 4 du mois de Chaouâl, le khalyfe fût massacré, au milieu de la nuit, dans son propre palais, par *Boghâ-él-Sogheyr,* capitaine des gardes turkes; et le parricide *Montasser* fut proclamé aussitôt à sa place.

Él-Motouakkel était alors âgé de quarante et un ans, et il avait régné pendant quatorze ans, dix mois et trois jours (4).

L'événement le plus important de l'histoire d'Égypte, sous ce khalyfe, est l'écroulement du nilomètre de Fostatt. Il paraît que ce désastre fut l'effet d'un tremblement de terre, dont les ravages s'étendirent au loin, tant dans l'Occident que dans l'Orient, et qui se fit sentir, avec violence, dans toute la Syrie, jusque dans Hémesse, Tarse et Laodicée. Le khalyfe, instruit de cet événement, donna l'ordre de reconstruire cet édifice à neuf; ses ordres furent exécutés, la même année, et le nilomètre de l'île de Raoudah (5) fut alors appelé *Meqyâs él-Gedyd* (le nouveau nilomètre).

Les autres événements que vit l'Égypte sous le règne *d'él-Motouakkel,* se rattachent à l'histoire ecclésiastique;

(1) Cette année a commencé le mardi 19 avril de l'an 858 de notre ère.
(2) Cette année a commencé le vendredi 30 avril de l'an 857 de notre ère.
(3) Cette année a commencé le mercredi 17 mars de l'an 861 de notre ère.
(4) Monnaie *d'él-Motouakkel-ala-Allah,* de l'an 245 de l'hégire, 859 de notre ère.

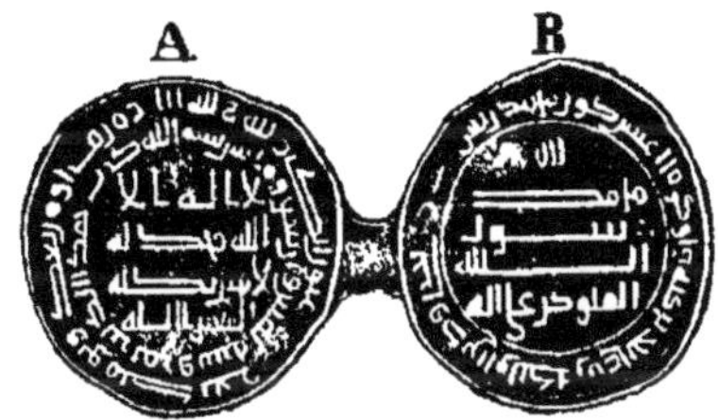

(5) Voyez la planche n° 15.

les chroniques cophtes rapportent à l'an 242 de l'hégire (1) la mort du patriarche *Yousab*, nommé aussi *Joseph de Memphis*.

Après une vacance de trente jours, le quatorzième jour du mois de Hatour, la chaire patriarcale fut remplie par un prêtre du couvent de *Abou-Yohannâ* nommé *Khayl*, natif de Semenhoud.

Ce patriarche n'occupa son siége qu'un an et cinq mois, et mourut le 11 du mois de Barmoudeh de l'an 574 de l'ère des Martyrs, correspondant à l'an 244 de l'hégire. Il est le seul des patriarches qui ait été enterré au couvent de Saint-Macaire. Après sa mort, la chaire patriarcale resta encore vacante pendant quatre-vingt-un jours.

Kosmas, moine du couvent de Saint-Macaire, fut élu patriarche d'Alexandrie par les jacobites, le 14 du mois d'Abib, de cette même année : pendant qu'il occupait le patriarcat, les villes de Tennis, de Damiette, d'Alexandrie, de Bourlos, d'Achmoum, de Tynéh, de Rosette, et de Nesterouah, dans le Delta, furent considérablement réparées, et leurs murs d'enceinte furent rétablis. *Kosmas*, après avoir siégé pendant sept ans et cinq mois, mourut le 21 du mois de Hatour de l'an 582 de l'ère des Martyrs (2) : il entretenait une correspondance de lettres synodiques avec le patriarche *Yohannâ* (Jean), qui était à la tête de l'Église d'Antioche. A sa mort, le siége d'Alexandrie fut vacant pendant cinquante et un jours.

Monté sur le trône par un parricide, *él-Montasser* ne se montra pas meilleur frère qu'il n'avait été bon fils.

Dès le commencement de l'an 248 de l'hégire (3), il se hâta de dépouiller ses deux frères, *él-Motaz-b-illah* et *él-Mouyed-b-illah*, des apanages que leur avait assignés son père *él-Motouakkel*; et il les força en même temps de signer, devant témoins, une renonciation au droit de succession après lui qu'ils avaient reçu solennellement de leur père.

(1) Cette année a commencé le dimanche 10 mai de l'an 856 de notre ère; elle correspond à l'an 572 de l'ère des cophtes.

(2) Cette année correspond à l'an 252 de l'hégire et à l'an 866 de notre ère.

(3) Cette année a commencé le samedi 7 mars de l'an 862 de notre ère.

Cette dernière mesure lui fut inspirée par le Turk *Ouasyf* et les autres complices du parricide, qui craignirent une juste punition de leur crime, si les deux frères d'*él-Montasser* parvenaient un jour au trône.

Cependant, en proie à ses remords déchirants et à des terreurs continuelles, que l'ivresse même ne pouvait calmer, dès les premiers jours de cette même année, *Montasser* tomba dangereusement malade; et le vingt-cinquième jour du mois de Raby-êl-Aouel il mourut au milieu des souffrances les plus cruelles.

S'il faut en croire les écrivains orientaux, la fin de sa vie aurait été hâtée par un événement extraordinaire, et qui semble moins un effet du hasard qu'un acte merveilleux de la justice divine.

Voici comment l'historien *él-Makyn* raconte cette anecdote dramatique :

« Déjà grièvement malade, bourrelé « de remords, *él-Montasser*, cherchant « à se distraire de ses souffrances phy« siques et morales, se faisait montrer « toutes les richesses et toutes les raretés « renfermées dans le trésor particulier « de son palais : parmi les curiosités « qu'on exposa à ses yeux, étaient de ri« ches tapisseries à personnages, brodées « en soie de la Chine et rehaussées d'or, « qui avaient été envoyées en tribut par « la Perse; l'une d'elles, étant déployée « devant lui, lui offrit la représentation « d'un jeune homme à cheval, portant « une couronne royale et entourée d'un « grand cercle, contenant une légende « en caractères persans. *Montasser* vou« lut en savoir la signification; mais l'in« terprète persan, qui fut appelé, chan« gea de couleur en lisant ces caractères « et répondit d'abord qu'ils ne conte« naient rien que de futile et d'indigne « de la curiosité du khalyfe.

« *Montasser*, insistant avec colère, « força, par ses menaces, l'interprète à « lui donner la lecture de cette légende, « et voici ce qui y était écrit : *Je suis « Syroès, fils de Khosroès : j'ai ôté la « vie à mon père, mais je n'ai pas joui « six mois entiers du fruit de mon « crime.*

« A cette fatale lecture, *Montasser* « pâlit, des convulsions violentes le sai« sirent; la maladie dont il était déjà « attaqué devint dès ce moment mor-

« telle ; et les écrivains orientaux remar- « quent que son règne ne fut que de six « mois, moins quelques jours, durée pré- « cisément égale à celle qui, deux siècles « auparavant, avait limité le règne du « parricide *Syroès*, devenu roi de Perse, « comme lui, khalyfe, par le plus exécra- « ble des attentats. »

Dès que *Montasser* fut mort, les Turks *Ouasyf* et les deux frères *Boghâ-êl-Kebyr* et *Boghâ-êl-Sogheyr* se réunirent avec les vizirs et les personnages les plus influents de la cour, pour décider à qui le khalyfat serait déféré en cette circonstance : ils déclarèrent qu'ils ne voulaient pour khalyfe aucun des fils d'*êl-Motouakkel*, dont ils redoutaient les vengeances, et se décidèrent à offrir le khalyfat au neveu de ce prince, *Ahmed-Abou-l-Abbas*, fils de *Mohammed* et petit-fils du khalyfe *êl-Motassem* ; celui-ci, en recevant d'eux le souverain pouvoir, leur garantit, en échange, l'impunité de leur meurtre et la conservation de leurs places.

Le nouveau khalyfe prit le nom d'*êl-Mostayn-b-illah* (celui qui réclame le secours de Dieu) : à peine son inauguration fut-elle connue, qu'un autre parti, peut-être excité à dessein, voulut proclamer le nom d'*êl-Motaz*. Ces faibles adversaires furent facilement dissipés ; et leur entreprise servit de prétexte pour jeter dans une prison les deux princes, fils du khalyfe *êl-Motouakkel*.

C'est à cette époque que commence à paraître sur la scène politique *Ahmed-êbn-Touloun*, dont nous avons vu plus haut l'origine ; il n'avait pas encore atteint sa dix-neuvième année, lorsque son père *Touloun* mourut, l'an 239 de l'hégire (1).

Le khalyfe qui régnait alors était *êl-Motouakkel*, qui, pendant les huit premières années de son règne, ayant apprécié la fidélité de *Touloun*, jugea le jeune *Ahmed* digne de remplacer son père dans la charge importante qu'il lui avait confiée.

Ahmed avait reçu une éducation soignée et instructive ; il était doué d'un esprit sain et d'un heureux naturel, bien éloigné de la férocité et de la barbarie des peuples dont il était originaire.

(1) Cette année a commencé le lundi 12 juin de l'an 853 de notre ère.

A une âme courageuse et élevée il unissait la politesse, la générosité, l'amour de la justice et de la religion : il s'était livré surtout à l'étude des traditions musulmanes, dont la connaissance a tant de prix aux yeux des sectateurs de l'islamisme ; aussi, s'était-il acquis la meilleure réputation de probité, de piété et d'instruction ; et il obtint surtout la plus grande confiance parmi les principaux officiers turks de la garde des khalyfes. Cette garde était déjà devenue pour ces princes comme une garde prétorienne, disposant à son gré des affaires et des places, et ne devait pas tarder à décider du sort et de la vie de ses maîtres.

L'un des plus considérables d'entre eux, nommé *Barkouk*, donna sa fille en mariage à *Ahmed*, qui en eut un fils, nommé *Abbas*, à la naissance duquel il prit le surnom d'*Abou-l-Abbas*.

Placé, par la nature même de la charge dont il était revêtu, au milieu des intrigues les plus actives dont la cour était le foyer, *Ahmed* ne se sentait nullement porté à y prendre part. L'ambition ne s'était pas encore éveillée en lui, ou du moins il dédaignait de la satisfaire par les petits moyens d'astuce et de lâches fourberies dont il voyait les courtisans se faire une étude. Son étude, à lui, continuait d'être l'instruction solide, à laquelle il avait jusqu'alors consacré tous les instants de sa vie.

Malgré l'assujettissement auquel le condamnait l'exercice de ses fonctions dans le palais, son désir de cultiver de plus en plus son esprit l'engagea à se permettre de fréquentes absences ; et il se rendait souvent à Tarse, en Cilicie, où les plus grands docteurs avaient alors ouvert leurs écoles. Son goût pour leurs leçons augmenta tellement, qu'il désira bientôt de se fixer tout à fait auprès d'eux. En conséquence, il sollicita d'*Obeyd-Allah*, fils de *Yahyâ*, premier ministre du khalyfe, la permission de quitter la cour, pour aller à Tarse se livrer entièrement à ses études. Cette permission lui fut accordée avec la faveur d'y conserver le titre de sa charge et d'en toucher les émoluments. Mais, après un court séjour en Cilicie, sa mère ne tarda pas à le rappeler auprès d'elle.

Son absence l'avait rendu étranger aux événements qui accompagnèrent le meurtre du khalyfe *él-Motouakkel* et le court règne du parricide *él-Montasser-b-illah;* et il ne revint à Samarrah, alors siége du khalyfat, que la première année du règne d'*él-Mostayn-b-illah.*

Ahmed ébn-Touloun, alors âgé de vingt-neuf ans, avait trouvé en route l'occasion de signaler sa valeur : il avait défendu contre les attaques des Arabes-Bédouins la caravane dont il faisait partie, et leur avait arraché des objets précieux, appartenant au khalyfe, dont ils s'étaient emparés.

Ces événements, connus du khalyfe *él-Mostayn-b-illah*, valurent à *Ahmed ébn-Touloun* une gratification de 1000 dynars (1) et la faveur particulière du prince : le khalyfe le combla de richesses, et lui fit don d'une de ses esclaves favorites, appelée *Myasséh*, dont *Ahmed* eut son second fils, nommé *Khomarouyah*, l'an 250 de l'hégire (2). Cette date de la naissance du fils, qui fut depuis le premier successeur d'*Ahmed* dans la souveraineté de l'Égypte, est regardée comme la plus exacte, quoique quelques historiens aient reculé cette époque jusqu'à l'an 255 de l'hégire (3).

Cependant, de nouveaux troubles menaçaient l'empire de l'islamisme. Un parti puissant se préparait à renverser *él-Mostayn* du trône, par une de ces révolutions dont l'histoire de ces temps, si féconds en discordes intestines et en désastres, présente plus d'un exemple.

Les esclaves turks, qui, depuis le khalyfe *él-Motassem*, composaient les milices d'élite et la garde particulière des souverains musulmans, avaient tellement augmenté leur influence et leur pouvoir, que, montés par degrés jusqu'aux premières charges de l'État, ils s'étaient emparés peu à peu de toutes les branches du gouvernement et avaient fini par s'en rendre exclusivement les maîtres.

Avant le meurtre d'*él-Motouakkel*, dixième khalyfe de la dynastie des Abbassides, ils s'étaient d'abord contentés de créer ou de déposséder les vizirs des khalyfes et même d'assassiner impunément ceux dont ils étaient mécontents; mais bientôt ils en étaient venus à détrôner et massacrer les khalyfes eux-mêmes, et à en inaugurer de nouveaux, que souvent, ensuite, ils renversaient à leur tour, peu de temps après leur élévation.

C'est ainsi que, pendant l'espace de quatre-vingt-dix années, ils disposèrent du khalyfat, donnant et ôtant cette dignité suprême, suivant ce qui semblait bon à leurs caprices.

Él-Mostayn-b-illah, porté au trône par une faction des principaux officiers de la garde du palais, avait excité le mécontentement d'une autre partie de cette milice turbulente, devenue si dangereuse pour les khalyfes, et entre les mains de laquelle reposait réellement l'autorité souveraine.

Él-Mostayn-b-illah fut déposé, l'an 252 de l'hégire (1), après un règne de trois ans et huit mois, et les Turks mirent sur le trône, à sa place, son cousin *él-Motaz-b-illah* (celui qui cherche sa force en Dieu).

Ce prince, fils d'*él-Motouâkkel* et frère d'*él-Montasser*, avait été écarté du trône, malgré ses droits d'hérédité, par les complices du khalyfe parricide : il n'était alors âgé que de dix-huit ans et quelques mois, et gémissait, avec son frère *él-Mouyed-b-illah*, dans une prison de Samarrah, où leur cousin *él-Mostayn* les retenait encore dans les fers. Le parti des Turks, qui dominait alors, avait été étranger au meurtre d'*él-Motouakkel;* ils brisèrent les chaînes d'*él-Motaz;* et le faisant passer de son cachot au trône, l'inaugurèrent comme khalyfe, le vendredi, quatrième jour du mois de Moharrem de cette année (2).

Aussitôt le khalyfe déposé fut saisi : on lui fit signer son abdication, et on le transféra, sous bonne garde, dans un château fort, d'où on le fit conduire à *Ouaset* par *Ahmed ébn-Touloun.*

Le malheureux *él-Mostayn-b-illah* fut massacré, dans ce voyage, par le chambellan *Sayd*, chargé des ordres secrets du nouveau khalyfe ; et plusieurs écrivains n'ont pas craint d'accuser *Ahmed* d'avoir exécuté lui-même ce meurtre, ou du moins d'y avoir assisté, et de s'être chargé d'apporter aux pieds du kha-

(1) Environ 15,000 francs de notre monnaie.

(2) Cette année a commencé le dimanche 13 février de l'an 864 de notre ère.

(3) Cette année a commencé le lundi 20 décembre de l'an 868 de notre ère.

(1) Cette année a commencé le mardi 22 janvier de l'an 866 de notre ère.

(2) 25 janvier de l'an 866 de notre ère.

lyfe *él-Motaz* la tête de son infortuné cousin.

Mais les détails suivants, dont l'exactitude est mieux constatée, consignés par des historiens plus dignes de foi et plus à portée de connaître la vérité, prouvent que *Ahmed ébn-Touloun* fut bien loin de se rendre coupable d'une aussi monstrueuse ingratitude envers son prince et son bienfaiteur.

Il est bien vrai qu'après avoir déposé le khalyfe *él-Mostayn-b-illah*, les Turks lui arrachèrent la signature de son abdication, prétendue volontaire, et ordonnèrent son départ pour *Ouaset;* mais, ne voulant charger de sa conduite et de sa garde qu'un homme qui pût avoir à la fois leur confiance et celle du malheureux prince, *Ahmed ébn-Touloun* seul leur parut réunir ces deux avantages.

On remit donc *él-Mostayn-b-illah* entre les mains d'*Ahmed*, qui le mena à *Ouaset*, suivant les ordres qui lui étaient intimés, mais qui se conduisit envers le khalyfe détrôné avec le respect et les égards les plus grands.

Cependant les Turks qui étaient devenus les favoris d'*él-Motaz-b-illah*, craignant encore *él-Mostayn*, malgré le succès de leur complot, rendirent suspecte au nouveau khalyfe cette conduite d'*Ahmed ébn-Touloun*, qu'ils présentèrent comme la preuve d'un attachement secret pour son ancien souverain.

Bientôt ils persuadèrent *él-Motaz* que son règne ne pourrait être assuré que par la mort de son prédécesseur. *Kabyhah*, mère d'*él-Motaz-b-illah*, écrivit donc à *Ahmed ébn-Touloun*, pour l'engager à tuer *él-Mostayn*, livré à sa garde, lui offrant pour récompense le gouvernement de la province de Ouaset.

Ahmed ébn-Touloun ayant rejeté cette proposition avec indignation, les Turks envoyèrent alors *Sayd*, chambellan du nouveau khalyfe, portant à *Ahmed ébn-Touloun* l'ordre écrit de remettre son prisonnier entre ses mains et de revenir lui-même à Samarrah; *Ahmed* fut contraint d'obéir; mais il ne voulut faire cette remise qu'en présence du qady assisté de témoins : aussitôt *Sayd* entraîna dans le désert la victime qui lui était désignée par ses ordres secrets, et lui coupa la tête sous une tente.

Ahmed ébn-Touloun, y étant entré après le départ de *Sayd*, vit à terre le tronc sanglant du malheureux *él Mostayn*, dont la tête avait été emportée par *Sayd*, qui courut déposer aux pieds d'*él-Motaz* son horrible trophée.

Ahmed ébn-Touloun fit laver ces restes mutilés, les enveloppa d'un linceul, et ne retourna à Samarrah qu'après avoir prononcé, sur leur sépulture, les prières solennelles usitées pour les cérémonies funèbres.

On l'entendit depuis répéter souvent, quand il fut parvenu au faîte de la puissance, ces paroles, conservées par un historien contemporain : « Les Turks « m'avaient offert le gouvernement de « Ouaset pour le meurtre d'*él-Mostayn;* « j'ai refusé, n'écoutant que le souve- « nir de mes serments et la crainte de « Dieu; et Dieu m'a récompensé par son « éclatante faveur et par la possession « de l'Égypte et de la Syrie. »

CHAPITRE VII.

Suite de la dynastie des Abbassides. — Les khalyfes él-Motaz-b-illah, él-Mohtady-b-illah, él-Motamed-ala-Allah. — Él-Mouaffeq frère du khalyfe — Mozahem Ahmed-ben-Mozaben et Bakbak, gouverneurs de l'Égypte; Ahmed ébn-Touloun, vice-gouverneur. — Ebn-él-Modabber, administrateur des finances. — Arrivée d'Ahmed à Fostatt. — Ses premiers actes. — Fondation de la nouvelle ville d'él-Qatayah. — Intrigues contre Ahmed. — Trésors découverts. — Guerre des Zinges. — Inimitié d'él-Mouaffeq. — Déclaration de guerre contre l'Égypte. — Pacification.

Éloignée du grand théâtre de ces catastrophes politiques, l'Égypte, à cette époque, suivait sans hésitation l'impulsion que les événements donnaient aux provinces de l'empire. Le seul événement qui ait quelque importance pour ce pays, rapporté par les chroniques cophtes de cette époque, c'est l'élévation au siége d'Alexandrie du patriarche *Sanutious*, moine du couvent de Saint-Macaire, le treizième jour du mois de Toubéh de l'an 575 de l'ère des Martyrs, correspondant à l'an 245 de l'hégire (1).

Ce patriarche, connu aussi sous le nom

(1) Cette année a commencé le samedi 8 avril de l'an 859 de notre ère.

Mosquée El-Azhar, dite vulgairement des fleurs.

de *Senodios* (1), mourut, après avoir occupé le siége patriarcal pendant onze ans et trois mois. Son patriarcat est remarquable, en ce que c'est à lui que les chrétiens d'Égypte attribuent la construction des aqueducs souterrains qui portent aux citernes de la ville les eaux douces du canal d'Alexandrie.

Le vice-gouverneur que *él-Montasser* avait laissé en Égypte, *Yezyd ben-Abdallah*, était devenu gouverneur lui-même, lorsque ce prince prit possession du khalyfat; il s'était maintenu dans son gouvernement pendant tout le règne du faible *él-Mostayn-b-illah*; mais *él-Motaz-b-illah*, à son avénement, l'avait destitué et avait choisi, pour le remplacer, *Mozahem ben-Khaqân*, l'un des principaux Turks auxquels il devait son élévation au trône.

Mozahem ben-Khaqân mourut l'an 254 de l'hégire (2), et fut d'abord remplacé par son fils *Ahmed ben-Mozahem*; mais, dans cette même année, celui-ci fut rappelé, et *Bakbak*, l'un des chefs des milices turkes, fut nommé gouverneur de l'Égypte par le khalyfe *él-Motaz-b-illah*, ou plutôt par cette garde turke elle-même qui régnait sous le nom du khalyfe.

A cette époque d'intrigues et de conspirations permanentes, il était rare que les personnages influents, nommés au gouvernement des provinces, se déterminassent à quitter la cour du khalyfe pour aller résider dans leurs gouvernements; mais ils les faisaient administrer, en leurs noms, par des agents affidés et des lieutenants. L'administration de l'Égypte était ainsi partagée entre divers vice-gouverneurs et administrateurs, les uns commandant à Fostatt, d'autres à Alexandrie, d'autres encore dans la haute Égypte: le pouvoir n'y était pas même concentré dans les mêmes mains; dans chacun de ces arrondissements, l'armée avait un chef particulier, tandis qu'un autre fonctionnaire était chargé de l'administration civile et du prélèvement des impôts.

La réputation générale et méritée dont jouissait *Ahmed ébn-Touloun*, détermina *Bakbak* à le choisir pour son lieutenant militaire à Fostatt, et l'administration financière fut confiée à *Ahmed ébn-él-Modabber* (1), nommé inspecteur des tributs.

Celui-ci, homme avide et dur, créa de nouveaux impôts, et tourmenta surtout les chrétiens par des exactions intolérables.

Jusqu'alors, outre l'impôt personnel, payé par les chrétiens seuls, les habitants de l'Égypte n'avaient été soumis qu'à un seul subside, nommé *Kharadjy*; ce subside, établi sur le revenu qui était tiré des terres cultivées et ensemencées, produisant des grains, des légumes ou des dattes, était payé annuellement. *Ahmed ébn-él-Modabber* établit une nouvelle contribution, nommée *Helaly*, et qui devait être acquittée chaque mois.

D'autres impôts iniques et vexatoires furent également créés et multipliés par l'inspecteur des tributs de l'Égypte, que les historiens chrétiens et musulmans s'accordent à représenter comme le plus rusé des hommes et comme doué d'une malice infernale.

Il mit en monopole la vente du natroun, qui avait été jusqu'alors une marchandise libre; il établit un impôt nommé *él-Miray* sur les pâturages vagues, où l'on fait paître les bestiaux; un autre impôt, nommé *él-Masayd*, sur les poissons qu'on pêche dans le fleuve. « Auparavant, disaient les Égyptiens, la « pêche était libre, et les pêcheurs ne te« naient leur droit que de Dieu. »

La conduite de l'auteur de ces exactions lui avait attiré la haine universelle; des murmures on était passé quelquefois à des résistances hostiles. Pour se défendre des attaques qu'il pouvait avoir à craindre de la population indignée, il avait réuni cent esclaves indiens, remarquables par leur vigueur et leur courage, dont il se faisait partout accompagner.

Lorsque *Ahmed ébn-Touloun* fit son entrée à Fostatt pour y prendre possession de son commandement, *Ahmed-ébn-él-Modabber* vint à sa rencontre entouré de son escorte ordinaire; et, sentant le besoin de se concilier l'amitié du nouveau commandant militaire, il lui offrit un pré-

(1) Ce nom est écrit *Chenouda* par les écrivains cophtes.

(2) Cette année a commencé le jeudi 1er janvier de l'an 868 de notre ère.

(1) Quelques écrivains le nomment *Ahmed-Ebn-Mahommed*, prétendant qu'il était petit-fils d'él-Modabber et non son fils.

sent de 10,000 dynars (1). Mais *Ahmed ében-Touloun* refusa l'or, et demanda, en échange, les cent esclaves qui suivaient *Ahmed-ében-él-Modabber*. Celui-ci, quoique soupçonnant le but de cette demande imprévue, n'osa cependant s'y refuser; et, dès ce moment, tout le pouvoir passa des mains de l'administrateur général des finances dans celles d'*Ahmed ében-Touloun*, avec la troupe d'esclaves armés qui en était l'appui.

Bientôt *Ahmed ében-Touloun* devint assez puissant en Égypte pour y égaler en autorité le gouverneur, dont il n'était que le lieutenant, et soumettre par la force de ses armes, soit les ennemis qui voulaient s'opposer à l'agrandissement de sa puissance, soit d'autres vice-gouverneurs, qui prétendaient conserver, dans les divers arrondissements de l'Égypte, leur indépendance envers lui.

Ahmed ben-Thabathaba, de la race du khalyfe *Aly*, fut le premier contre lequel il prit les armes. Un autre ennemi plus redoutable fut *Boghâ-él-Asghar*, frère puîné de *Boghâ-él-Sogheyr*, meurtrier du khalyfe *él-Motouakkel*: ayant vu son frère mis à mort par l'ordre du khalyfe *él-Motaz*, vengeur de son père, il s'était retiré entre *Barkah* et Alexandrie et s'y était établi avec ses partisans : il s'était ensuite avancé dans le Sayd; mais il y fut attaqué par *Tenym* que *Ahmed ében-Touloun* avait envoyé à sa poursuite. Abandonné de ses troupes dans le combat, il tomba percé de coups; et sa tête, portée à Fostatt, fut exposée sur la principale porte de la ville.

Presque aussitôt après, *Ahmed ében-Touloun* eut à combattre un autre ennemi, *Ibrahym ben-él-Souffy* : maître d'Esnéh, il s'était emparé de tout l'arrondissement, et y massacrait tous ceux qui osaient lui résister : il avait déjà, dans une rencontre, battu les troupes que *Ahmed ében-Touloun* avait expédiées contre lui; mais, défait à son tour auprès d'*Akhmym*, par une nouvelle armée qu'Ahmed s'était hâté d'envoyer, il avait été forcé de chercher un asile dans la grande Oasis, avec les restes de ses troupes échappées au combat.

Sur ces entrefaites, *Ahmed* reçut des dépêches importantes de Samarrah, alors capitale de l'islamisme. *Bakbak*, dont il était le lieutenant, avait fait confirmer en sa faveur par le khalyfe le titre de vice-gouverneur : en même temps ce prince lui adressait l'ordre de se préparer à attaquer *Yssa ben-él-Cheykh*, qui s'était révolté en Syrie contre l'autorité souveraine, profitant, pour se rendre redoutable, des troubles et des séditions qui agitaient la capitale de l'empire.

En effet, les milices turkes, conspirant avec le chambellan *Saléh*, fils du turk *Ouasyf*, l'un des complices du meurtre du khalyfe *él-Motouakkel*, avaient forcé *él-Motaz*, âgé alors de vingt-quatre ans seulement, d'abdiquer le khalyfat, après un règne de quatre ans et six mois, le 26 du mois de Regeb de l'an 255 de l'hégire.

Abreuvé des plus cruels outrages, ce malheureux prince avait été renfermé dans un cachot, sans aucune espèce de nourriture; et, six jours après, le 2 du mois de Chaabân, il y était mort de faim.

Un cousin d'*él-Motaz*, *él-Mohtady-b-illah*, fils du khalyfe *Ouatheq*, et alors âgé de trente-sept ans, élevé au trône par les Turks, n'y était pas resté un an entier, et avait bientôt éprouvé le même sort que son infortuné prédécesseur.

Il avait été massacré à Samarrah, l'an 256 de l'hégire (1), et les Turks avaient donné le khalyfat à *él-Motamed-ala-Allah*, âgé alors de vingt-cinq ans. Ce khalyfe fut le troisième des fils de *él-Motouakkel*, parvenus au trône; mais il sut s'y maintenir plus longtemps que ses frères et ses cousins qui l'y avaient précédés.

C'est dans ces circonstances que *Yssa ben-él-Cheykh* avait refusé au nouveau khalyfe le serment de fidélité et l'insertion de son nom dans les prières publiques; il avait rejeté avec dédain et obstination l'offre qui lui avait été faite par *él-Motamed-ala-Allah* du gouvernement de l'Arménie, s'il voulait le reconnaître et quitter la Syrie; marchandant sa soumission, il déclarait vouloir joindre le gouvernement de l'Arménie à celui de la Syrie, et annonçait en même temps des prétentions sur celui de l'Égypte.

Il s'était déjà emparé d'une somme de

(1) Environ 150,000 francs de notre monnaie.

(1) Cette année a commencé le samedi 10 décembre de l'an 869 de notre ère.

1. Inscription en Koufique Quadrangulaire, représentant la Mosquée de la Mekke. 2. Extrait de manuscrit Koufique.
3. Fond d'un vase offrant une inscription en anciens caractères Neskhis.

il distribua alors, à titre de fiefs, les portions du terrain environnant, aux chefs de son armée et à ses principaux partisans, en leur ordonnant d'y bâtir des maisons et de venir les habiter.

Bientôt tout fut couvert de constructions, qui en firent une nouvelle ville, ayant mille pas de longueur et autant de largeur; son fondateur lui donna le nom d'*ël-Qatayah*, ce mot signifiant en arabe : « des fonds de terre, concédés « par les propriétaires et les suzerains à « leurs vassaux ou partisans, sous certai« nes conditions et redevances, » comme les fiefs, créés par nos anciens gouvernements d'Europe, dans le moyen âge.

Cette nouvelle ville était bornée au nord-est par le roc élevé sur lequel, dans la suite, *Salah-ëd-dyn ëbn-Ayoub* (Saladin) fit construire une nouvelle citadelle, celle qui existe encore de nos jours : elle s'étendait, du côté opposé, jusqu'à l'ancien quartier appelé *ël-Asker;* ainsi, à l'orient elle était bornée par les mamelons du mont Mokattam; elle touchait vers le midi à Fostatt, dont la réunion, ainsi que celle du quartier *ël-Asker* vers l'occident, n'en faisait, pour ainsi dire, qu'une seule ville : mais on oublia peu à peu le nom d'*Asker,* et l'on ne conserva que ceux de *Fostatt* et de *Qatayah*.

Cette dernière cité parvint bientôt à la plus grande splendeur : des jardins agréables, de riches palais, des mosquées magnifiques, des bains, un grand nombre de maisons particulières embellissaient ses rues; on y voyait aussi des marchés et des ateliers de tous les métiers.

Le palais qu'*Ahmed ëbn-Touloun* s'y fit construire, surpassait tous les autres édifices par son étendue et la magnificence de sa construction; on y entrait par plusieurs portes, et l'une d'elles était surmontée d'un belvéder élevé, d'où la vue s'étendait sur la perspective la plus agréable, sur Fostatt et ses environs, sur le cours du Nil, sur la verdoyante île de *Raoudah*, et sur l'autre rive du fleuve, jusqu'aux majestueuses pyramides.

C'est là qu'*Ahmed* aimait à se reposer : la nuit, surtout la veille des fêtes, il se plaisait à voir de là le mouvement que ses gens et les habitants se donnaient pour les préparer; et, lorsqu'il s'apercevait que quelque chose leur manquait, ses dons généreux suppléaient à leurs besoins. Ce palais était bordé par la place du manége, dont j'ai déjà parlé, appelée par les Arabes *Meydân,* et dont il prit lui-même le nom.

Cette ancienne ville de *Ahmed ëbn-Touloun,* son palais, sa forteresse, ont subi l'effet inévitable du temps et des catastrophes que tant de révolutions diverses ont amenées depuis cette époque en Égypte. La ville du Kaire, bâtie depuis par les khalyfes fatimites, a envahi et renfermé dans sa vaste enceinte la ville moins étendue qui l'avait précédée; mais les traces s'en reconnaissent encore, et des ruines remarquables viennent, indépendamment de la belle mosquée qui subsiste encore de nos jours, attester sa force et son ancienne splendeur.

Au milieu de l'extrémité méridionale du Kaire, et à peu près à moitié de la distance qui s'étend depuis la citadelle jusqu'au *Khalyg*, on trouve un quartier, connu maintenant encore sous le nom de *Hart-Touloun* (quartier de Touloun). Ce quartier, qui renferme une population assez considérable, mais presque entièrement composée de gens de la basse classe, paraît, à la première inspection, être beaucoup plus ancien que le reste de la ville du Kaire, et avoir, avant qu'elle fût construite, formé une forteresse, dont la vaste enceinte se reconnaît, même de nos jours, à des débris de remparts ruinés, mais où quelques portions restent encore debout.

Jusqu'à notre arrivée en Égypte, cette portion de la ville n'avait été ni décrite, ni peut-être même visitée par aucun voyageur européen. On n'en avait, pour ainsi dire, fait qu'apercevoir l'extrémité septentrionale en longeant la grande rue qui conduit à la citadelle.

Les négociants européens établis au Kaire, et désignés communément sous le nom de *Francs,* craignaient même de se hasarder à pénétrer dans ce quartier, lorsque leurs affaires les y appelaient, redoutant le fanatisme outré des habitants, qui, fiers d'avoir dans leur mosquée une copie de celle de la Mekke, manifestaient une intolérance plus marquée que dans le reste du Kaire.

Ce fanatisme, presque féroce, des habitants de ce quartier avait pour causes

750,000 dynars (1), provenant des tributs de l'Égypte, que *Ahmed ébn-él-Modabber* avait adressés au trésor du khalyfe à Samarrah : les ordres d'*él-Motamed-ala-Allah* enjoignaient à *Ahmed ébn-Touloun* de prendre les armes, et à *Ahmed ébn-él-Modabber*, de lui fournir tout l'argent nécessaire pour que rien n'arrêtât le succès de cette guerre.

Ahmed ébn-Touloun n'avait pas besoin d'être excité contre *Yssa ben-él-Cheykh*; les prétentions annoncées par celui-ci, sur le gouvernement de l'Égypte, en avaient fait pour lui un ennemi particulier et un rival personnel, à la perte duquel il devait s'acharner.

Aussi, *Ahmed ébn-Touloun* se hâta-t-il de mettre son armée en état; pour la renforcer, il acheta un grand nombre d'esclaves noirs, abyssins et grecs; puis, il partit lui-même de Fostatt, à la tête de ses troupes nombreuses, laissant, en son absence, le commandement de l'Égypte à son frère *Moussa ébn-Touloun*.

A son arrivée sur les frontières de la Syrie, *Ahmed ébn-Touloun* envoya d'abord à *Yssa ben-él-Cheykh* une sommation de reconnaître l'autorité du khalyfe *él-Motamed-ala-Allah*, et de restituer l'argent du tribut de l'Égypte dont il s'était emparé par violence. *Yssa ben-él-Cheykh* refusa d'obéir à cette double injonction, et *Ahmed ébn-Touloun* continua à s'avancer vers le cœur de la Syrie.

Mais, près de joindre son adversaire, il apprit que le khalyfe venait de destituer *Yssa ben-él-Cheykh*, et de nommer, en sa place, au gouvernement de la Syrie, *Amagour*, l'un des principaux chefs des milices turkes. Dès lors, *Ahmed ébn-Touloun*, jugeant la querelle suffisamment établie entre les deux antagonistes, et croyant inutile d'intervenir dans la lutte qu'ils allaient se livrer, se détermina à rentrer en Égypte avec ses troupes, après une campagne de deux mois.

En effet, après plusieurs succès divers, Amagour battit les troupes d'*Yssa ben-él-Cheykh*, et le contraignit d'évacuer la Syrie; mais celui-ci se retira en Arménie avec ses partisans; et, s'étant emparé du gouvernement de cette province, s'y maintint pendant treize ans, c'est-à-dire jusqu'à sa mort.

(1) Environ 11,000,000 de notre monnaie.

De retour en Égypte, *Ahmed ébn-Touloun* ne s'occupa que de s'y fortifier, et de s'y établir sur un pied de défensive assez redoutable, pour n'avoir à craindre aucune attaque ni à l'intérieur ni au dehors.

Il habitait alors le palais qui avait été le séjour de ceux qui l'avaient précédé dans son commandement. Ce palais n'était pas situé dans l'intérieur des murailles de Fostatt, mais dans un quartier ou faubourg appelé *él-Asker*, c'est-à-dire *l'Armée*, nom que ce quartier avait reçu parce qu'il était particulièrement habité par les troupes et par leurs officiers; semblable à une petite ville, il renfermait des rues, des marchés et de belles maisons : situé au nord de Fostatt, il était borné au nord-est par le mont *Yechkar*, où depuis *Ahmed ébn-Touloun* éleva la mosquée qui porte son nom, et qu'on y voit encore (1). Il finissait, à l'occident, au pont appelé depuis *Qdntarat-él-Sebâ* (le pont des Lions), sur le canal qui traverse maintenant la ville du Kaire, non encore construite à cette époque : ensuite il s'étendait au midi jusqu'à la ville de Fostatt elle-même.

Ce palais avait été construit, environ cent ans auparavant, par *Salèh ben-Aly*, que nous avons vu gouverneur de l'Égypte, sous le premier des khalyfes abbassides; il avait suffi à l'habitation des commandants militaires et des gouverneurs qui avaient précédé *Ahmed ébn-Touloun*; mais son enceinte ne put longtemps contenir les magasins que nécessitaient les immenses préparatifs de guerre, le nombre toujours croissant de ses chevaux et de ses esclaves, et les richesses considérables qu'il avait amassées.

Ahmed ébn-Touloun chercha donc un nouvel emplacement, qui pût réunir l'avantage de la position avec la proximité de Fostatt et de son faubourg d'*él-Asker*. Il choisit, en conséquence, cette plaine élevée, qui forme le plateau des hauteurs abruptes appelées le mont *Yechkar*, et qui s'étend à l'orient de Fostatt et du quartier d'*él-Asker* jusqu'au pied du mont *Mokattam*. Cette place était remplie de tombeaux de chrétiens et de juifs; *Ahmed ébn-Touloun* les fit démolir, et y fit construire une citadelle et un manége :

(1) Voyez la planche n° 2.

soit son isolement des autres quartiers de la ville, soit peut-être la descendance de sa population, formée originairement par les soldats des milices turkes et circassiennes, qu'*Ahmed èbn-Touloun* y avait autrefois établies.

Ce quartier s'étend au nord, le long de la grande rue, appelée *Sekket-él-Mousalléh,* qui partait du pont, nommé *Qantarat-él-Sebâ,* passe à la droite de *Birket-él-Fyl,* et conduit à la grande place, dite *Roumelyéh,* devant la porte de la citadelle, appelée *Bâb-él-Azab.*

Au midi, ce quartier, qui s'étendait autrefois beaucoup plus loin, a maintenant les mêmes bornes que celles de la ville elle-même, dont la porte, située de ce côté, a conservé aussi le nom de *Bâb-Touloun.*

En sortant de cette porte et tournant à l'ouest pour gagner le Vieux-Kaire (l'ancienne Fostatt), on trouve aussi un étang, nommé *Birket-Touloun,* et plus loin encore, directement au midi, en passant devant le fort, construit depuis par les Français et appelé par eux *le fort Muireur,* un monceau de décombres, qui a conservé le nom de *Kymân-Touloun* (le monceau de Touloun). Les traditions font de cet amas de ruines les débris du palais d'*Ahmed èbn-Touloun,* et de l'étang les restes de ses magnifiques jardins.

Tout ce quartier est placé sur une élévation considérable de terrain, dont une partie est maintenant formée de décombres accumulés successivement; mais, en beaucoup d'endroits, on remarque encore facilement le roc du sol primitif, sur lequel l'ancienne forteresse était fondée, et dont la situation prédominante sur les terrains environnants l'avait fait choisir pour cette construction.

Cette élévation, qui s'abaisse un peu progressivement, si l'on s'avance vers le côté extérieur de la ville actuelle, s'élève au contraire, de plus en plus, en tendant vers l'intérieur; elle est coupée brusquement, et, en plusieurs endroits perpendiculairement, par la grande rue dont je viens de parler.

Le long de cette rue les parois du rocher, qui ne sont pas masquées par des maisons particulières, sont revêtues d'une forte muraille, d'ancienne maçonnerie. On y remarque surtout une espèce de bastion, flanqué de trois grosses tours, à moitié engagées dans le rempart lui-même, et dont la hauteur, assez considérable du côté de la rue, est presque de niveau avec le terrain du côté de l'intérieur.

Une des tours de ce bastion a reçu des habitants du Kaire le nom de *Mastabet-Feraoun*, c'est-à-dire, *le Trône de Pharaon,* suivant leur habitude de rapporter au monarque, qu'ils désignent par ce nom, toutes les anciennes constructions dont ils ignorent l'époque précise.

On désigne aussi ce bastion par le nom de *Qalat-él-Kabch* (château du Bélier), parce que l'on donne dans l'Orient au chef d'une famille le nom de *Bélier, chef du troupeau*, et qu'on a voulu indiquer par là que le chef de la maison des Toulonides y avait établi sa demeure et y avait élevé un palais.

C'est au centre de ce quartier, dont je viens de décrire les limites, qu'existe encore maintenant, après dix siècles presque révolus, la plus grande mosquée du Kaire, et la plus ancienne, puisqu'elle existait dès longtemps avant que cette ville elle-même fût fondée par *Giauhar*, général des armées du khalyfe fatymite *Moëz-le-dyn-Illah.* Cette mosquée (1) porte encore, de nos jours, le nom de *Gamè-Touloun* (Mosquée de Touloun), ou plus correctement *Gamè-èbn-Touloun* (Mosquée du fils de Touloun) ainsi qu'on le lit dans les belles inscriptions koufiques que j'y ai découvertes et interprétées (2).

Ahmed èbn-Touloun voyait chaque jour augmenter sa puissance, ses richesses, le nombre de ses esclaves et l'affluence de ses partisans. Mais la renommée porta bientôt jusqu'à la cour du khalyfe les éloges de la nouvelle ville et de son fondateur. *Amagour,* qui venait d'obtenir le gouvernement de la Syrie, en conçut de la jalousie, et peut-être même quelque crainte. Aussi, se hâta-t-il de presser le khalyfe *él-Motamed* d'ôter à *Ahmed* son commandement militaire; il écrivait à ce prince : « Que « les forces d'*Ahmed èbn-Touloun* « étaient plus grandes que celles de cet « *Èbn-él-Cheykh*, qui, naguère, s'était

(1) Voyez la planche n° 2.
(2) Voyez la planche n° 20.

« révolté en Syrie ; et qu'*Ahmed* était « plus redoutable, puisqu'il l'emportait « sur celui-ci, plus encore par l'activité « et la profondeur de son génie que par « ses richesses. »

Ahmed ébn-él-Modabber, intendant général des finances de l'Égypte, et devenu de plus en plus l'ennemi de *Ahmed ébn-Touloun*, écrivit dans le même sens à la cour du khalyfe, et entra dans cette intrigue avec *Chakir,* son secrétaire.

Ahmed ébn-Touloun reçut du khalyfe l'ordre de quitter immédiatement l'Égypte, et de se rendre à Samarrah, en laissant son commandement entre les mains d'un délégué de son choix : mais les espions qu'il avait à la cour lui firent connaître le but de cet ordre, et il envoya à sa place à Samarrah, *Ahmed-él-Ouasety,* son secrétaire et son ami, avec de grands présents en chevaux, en argent et en objets précieux pour le vizir.

Celui-ci, devenu aussitôt partisan d'*Ahmed ébn-Touloun*, non-seulement fit annuller par le khalyfe l'ordre de rappel, mais lui obtint encore la prolongation de son commandement et la permission de faire venir auprès de lui en Égypte sa femme et ses enfants, qu'il avait laissés à Samarrah.

Pour signaler sa reconnaissance envers Dieu, qui avait déjoué les piéges de ses ennemis, *Ahmed ébn-Touloun* répandit sur les pauvres de magnifiques largesses; son bonheur ne s'arrêta pas là. Bakbak, qui était gouverneur titulaire de l'Égypte, et qui lui avait donné le commandement militaire de Fostatt, encourut à cette époque la disgrâce du khalyfe *él-Motamed-ala-Allah*, et fut condamné à perdre la tête. Le khalyfe nomma au gouvernement de l'Égypte le beau-père d'*Ahmed ébn-Touloun, Barkouk*, qui se fit représenter par son gendre, non-seulement à Fostatt, mais encore dans les autres provinces de l'Égypte, et même à Alexandrie, où jusqu'alors *Yssa ben-Dynar* avait rempli les fonctions de vice-gouverneur.

C'est ainsi qu'*Ahmed ébn-Touloun* se vit maître de l'administration de toute l'Égypte, l'an 257 de l'hégire (1).

L'année suivante, *Barkouk* mourut, et son gendre obtint du khalyfe le titre de gouverneur en sa place (1).

Ahmed ébn-Touloun avait connu les intrigues d'*Ebn-él-Modabber* et de *Chakir;* il avait même reçu du vizir, qu'il s'était rendu si favorable par ses présents, les originaux des lettres qu'ils avaient écrites contre lui. Après une explication violente à ce sujet, *Chakir* était mort de frayeur; *Ahmed* obtint du khalyfe le renvoi d'*Ebn-él-Modabber,* qu'il fit aussitôt arrêter; mais, ayant appris qu'un frère de celui-ci était trésorier du palais impérial, il lui rendit bientôt la liberté et son emploi.

Ebn-èl-Modabber était alors las de lutter avec *Ahmed ébn-Touloun,* qu'il redoutait de plus en plus : il pria donc son frère de lui faire donner l'administration financière de la Syrie, résolu de quitter l'Égypte le plus tôt possible.

Cependant, avant son départ, toute relation hostile cessant entre lui et *Ahmed ébn-Touloun*, il fit sa paix avec lui, et, comme gage de cette amitié nouvelle, il donna sa fille en mariage à *Khomarouyah*, l'un des fils de son ancien adversaire; ce mariage, contracté entre deux enfants encore en bas âge, apporta dans la famille d'*Ahmed ébn-Touloun* tous les domaines et toutes les richesses que possédait en Égypte *Ebn-él-Modabber.*

L'intendant général des finances ne fut pas remplacé, et *Ahmed ébn-Touloun* se trouva investi de tous les pouvoirs civils et militaires et de toute l'administration politique et financière. Son premier soin fut d'abolir les nouveaux impôts et les vexations sordides qui avaient attiré sur *Ebn-él-Modabber* la haine du peuple; il écrivit pour faire supprimer et les impôts et les procédés violents dont

(1) Cette année a commencé le mercredi 29 novembre de l'an 870 de notre ère.

(1) Monnaie d'*él-Motamed-ala-Allah,* frappée en Égypte, l'an 257 de l'hégire (870 de notre ère), et portant le nom de *Ahmed-ébn-Touloun.*

leur perception était accompagnée, dans toutes les provinces qui venaient d'être soumises à son gouvernement. Cette diminution monta, dès la première année, à une somme d'environ 100,000 dynars (1).

Avant de prendre cette décision libérale qui lui attira les bénédictions générales de l'Égypte, il avait consulté *Abd-allah ben-Dachamah*, l'un de ses conseillers et secrétaire du nouveau trésorier *Abou-Ayoub*, qu'il venait de charger d'une portion des fonctions d'*Ebn-él-Modabber*. Ce secrétaire était un homme dépourvu de piété et d'humanité, et connu par sa cupidité, son avarice et sa ruse.

Le discours adroit qu'il adressa à *Ahmed ébn-Touloun*, pour le détourner de cette suppression, ne put changer la résolution généreuse de celui-ci. Les historiens arabes prétendent même qu'*Ahmed ébn-Touloun* y fut confirmé par un songe, dans lequel il crut voir un de ses pieux amis qu'il avait laissé à Tarse, et qui lui dit : « Lorsqu'un « prince abandonne de ses droits, pour « le bonheur de ses peuples, Dieu lui-« même se charge de sa récompense. »

Ces mêmes historiens ajoutent que *Ahmed*, parti le surlendemain pour la haute Égypte, traversait le désert, lorsqu'un trou, qui se forma dans le sable sous un des pieds du cheval de l'un de ses esclaves, le fit abattre et se renverser auprès de lui. *Ahmed*, étonné, examina l'ouverture qui venait de se faire par un éboulement subit, et y trouva un trésor considérable, qu'on évalua à un million de dynars (2).

Le bruit de cette découverte merveilleuse se répandit dans tout l'Orient, et *Ahmed*, y voyant la récompense que son songe lui avait promise, écrivit au khalyfe *él-Motamed-ala-Allah*, pour lui demander l'autorisation de le garder en entier, et de l'employer en de bonnes œuvres. Cette permission lui fut accordée, et il dépensa une partie de ce trésor à faire construire un aqueduc, un abreuvoir, une fontaine (3), un hôpital et des mosquées ; tout le reste fut distribué aux pauvres.

(1) Environ 1,500,000 francs de notre monnaie.

(2) Environ 15,000,000 de notre monnaie.

(3) Voyez différentes fontaines, aqueducs et abreuvoirs, planches 45, 46, 47 et 48.

La première mosquée qu'*Ahmed* fit bâtir fut placée sur la croupe la plus élevée du mont *Mokattam*, qui se trouve maintenant à l'orient du château du Kaire et qui le domine de ce côté. Ce lieu portait autrefois le nom de *Tennour-Feraoun* (la Fournaise de Pharaon), et, suivant quelques historiens, avait été autrefois un ancien *Pyrée*, consacré au culte du feu par les Perses, pendant leur invasion en Égypte.

S'il faut en croire d'autres historiens, cet endroit avait reçu anciennement le nom par lequel on le désignait, parce que, lorsque les premiers rois d'Égypte sortaient d'Héliopolis, alors leur capitale, on avait, dit-on, coutume d'allumer un grand feu, sur ce sommet, pour avertir les habitants de se tenir prêts à fournir tout ce dont le prince pourrait avoir besoin dans sa route.

Si l'on adopte cette seconde version, il paraît du moins que cet usage fut abandonné par la suite, et que ce lieu devint désert; quoi qu'il en soit, suivant les historiens, les ruines du bâtiment, dans lequel on allumait autrefois le feu, subsistaient encore du temps d'*Ahmed ébn-Touloun*.

Un des chefs de ses troupes, nommé *Ouassyf-Katirmir*, crut qu'un trésor pouvait y être enfoui, et y fit faire des démolitions et des fouilles, mais sans y rien trouver. A son tour, *Ahmed ébn-Touloun* y fit fouiller de nouveau, et y découvrit un trésor plus considérable que le premier qu'il avait trouvé dans le désert.

Une autre tradition rapportait que Juda, fils du patriarche Jacob, ayant aperçu le feu qui brillait en cet endroit, à son départ de l'Égypte, avait tourné ses pas de ce côté, et y avait fixé quelque temps sa demeure, tandis que ses frères retournaient vers leur père.

Cette tradition fit considérer ce lieu par *Ahmed ébn-Touloun* comme un lieu sanctifié, et, l'an 259 de l'hégire (1), il y fit bâtir une mosquée, avec un minaret et une citerne. Cet édifice conserva son ancien nom de *Tennour*.

Ahmed ébn-Touloun fit ensuite construire un aqueduc et une fontaine, près

(1) Cette année a commencé le vendredi 7 novembre de l'an 872 de notre ère.

de la mosquée nommée *Akda*, située dans la portion du *Qarafah* (1) qui était désignée sous le nom d'*él-Moafir*.

Cet endroit manquait d'eau, quoique une source, nommée la *Fontaine d'Abou-Khaled*, n'en fût pas très-éloignée. On conseilla à *Ahmed* d'en amener les eaux à la fontaine qu'il faisait construire; mais il s'y refusa, en disant : « On conserve-« rait à ma fontaine le nom d'*Abou-Kha-« led*, au lieu de lui donner le mien : il « faut donc qu'elle reçoive les eaux d'une « autre source. » En effet, par ses ordres, on fouilla plus à l'orient, et les travaux furent conduits par un chrétien, renommé pour ses talents en architecture et en géométrie, qui réussit à en faire un édifice, dont la beauté surpassait tous ceux du même genre qu'on avait vus auparavant. L'aqueduc, qui amène cette source, fut, dans la suite, appelé *Qanatyr-ébn-Touloun* (les Ponts ou les Arcades d'Ebn-Touloun); et une partie subsistait encore du temps de l'historien *él-Makryzy* : sa construction avait coûté 40,000 dynars (2).

Vers le commencement de l'année 260 de l'hégire (3), *Ahmed* fit recreuser et nettoyer le canal d'Alexandrie, qui avait été encombré par les sables; il fit construire dans cette ville de nouvelles citernes voûtées, et les aqueducs souterrains pour amener l'eau douce nécessaire aux accroissements de la population de cette ville. Dans la même année, étant allé, avec son trésorier *Abou-Ayoub* et le kady *Bakkal*, dans l'île de *Raoudah*, il y donna l'ordre de réparer le nilomètre; réparation qui coûta 10,000 dynars (4).

Dieu, disent les écrivains orientaux, sembla bénir les travaux ordonnés par *Ebn-Touloun*; car le Nil, qui, les deux années précédentes, n'était monté qu'à seize coudées cinq doigts, monta, cette même année, à seize coudées onze doigts, et dépassa dix-sept coudées à chacune des dix années suivantes.

(1) Quartier de la ville presque entièrement occupé par des tombeaux, et situé à l'orient du Vieux-Kaire (Fostatt), entre cette cité et le mont Mokattam.

(2) 600,000 francs de notre monnaie.

(3) Cette année a commencé le mardi 27 octobre de l'an 873 de notre ère.

(4) Environ 150,000 francs de notre monnaie.

Abou-Ayoub, quelque temps après, fit élever un nouveau nilomètre dans l'arsenal de cette même île, où se construisaient les galères; mais, du temps de l'historien *él-Makryzy*, il n'en restait plus que quelques traces.

Vers la fin de l'année, *Ahmed ébn-Touloun* alla à Alexandrie inspecter les travaux qu'il y avait ordonnés, et donna le commandement de cette province à *Abbas*, son fils aîné.

Ce fut à cette époque qu'*Ahmed* fit réparer le Phare d'Alexandrie, et reconstruire le dôme qui le surmontait, et que les injures du temps avaient détruit; s'il faut en croire les historiens arabes, le sommet de ce monument s'élevait alors à près de cinq cents pieds de hauteur.

Vers le même temps, *Ahmed ébn-Touloun* fit bâtir l'hôpital dans le quartier d'*él-Asker*. Fostatt, avant lui, avait été privé de tout établissement de ce genre; il y fit construire deux bains, l'un pour les hommes, et l'autre pour les femmes, et défendit d'y admettre aucun soldat ni aucun esclave.

Pour fournir aux dépenses journalières de cet établissement, il lui fit don de plusieurs propriétés, et lui abandonna les revenus du marché des esclaves. Les malades y recevaient les plus grands soins : lui-même venait, tous les vendredis, inspecter les médecins et les médicaments, et visiter les malades, les infirmes et les aliénés; un de ces derniers attenta un jour à sa vie, sans qu'il fût détourné par le danger qu'il avait couru de la continuation de ses visites bienfaisantes.

Les dépenses pour l'établissement de cet hôpital, de ses bains et de la mosquée du mont Mokattam, sont évaluées, par les auteurs arabes, à une somme excédant 60,000 dynars (1).

Ces constructions ne furent ni arrêtées, ni interrompues, par les événements politiques et militaires, qui semblaient devoir en détourner leur fondateur.

Ibrahym ben-Souffy, de la famille d'*Aly*, que les troupes d'*Ahmed ébn-Touloun* avaient contraint de se retirer dans la grande Oasis, sortit de sa retraite avec des forces nouvelles, et s'avança vers la ville d'*Achmouneyn* : *Ahmed*, de

(1) Environ 9,000,000 francs de notre monnaie.

son côté, envoya aussi contre lui une nouvelle armée, commandée par *Ebn-Aly-él-Ghayb*. Celui-ci ne rencontra pas son ennemi, parti pour combattre *Abd-él-Hamyd-él-Omary*, qui avait établi son autorité sur les frontières de la Nubie. Après un combat opiniâtre contre celui-ci, *Ibrahym ben-Souffy* fut forcé de s'enfuir à *Assouân*, où, ayant été attaqué par l'armée d'*Ebn-Touloun*, il se vit abandonner de ses soldats, et passa par *Aydab* à la Mekke. Mais le gouverneur de cette dernière ville le fit saisir, et l'envoya à *Ahmed* qui, après l'avoir retenu quelque temps en prison, lui accorda ensuite la liberté et la permission d'habiter Médine, où il resta jusqu'à sa mort.

L'établissement qu'*Abd-él-Hamyd-ébn-Omary* formait en Nubie, excita les inquiétudes d'*Ahmed ébn-Touloun;* et il crut devoir le faire observer par *Chabah-él-Babeky,* qu'il envoya à *Assouân* avec des troupes nombreuses. Celui-ci, voyant *Abd-él-Hamyd* occupé à se défendre contre *Zakkaryâ,* roi de Nubie, voulut profiter de cette circonstance pour l'attaquer lui-même; et, refusant toute proposition d'accommodement, lui présenta la bataille; mais, malgré la supériorité de ses troupes, et la nécessité où s'était trouvé son adversaire de séparer les siennes en deux corps, dont l'un devait défendre ses derrières contre *Zakkaryâ*, *Chabah* fut complétement battu, et contraint de fuir jusqu'à Fostatt. Il y fut mal reçu par *Ahmed ébn-Touloun*, dont il essuya les reproches, et dont il encourut la disgrâce.

Quelque temps après, *Mohammed ben-Haroun*, chef de la tribu arabe appelée *Modar*, surprit *Abd-él-Hamyd* dans une embuscade et lui ôta la vie. Deux esclaves d'*Abd-él-Hamyd* portèrent la tête de leur maître à Fostatt aux pieds d'*Ebn-Touloun*, se vantant de l'avoir tué eux-mêmes. Interrogés sur le motif qui les avait portés à ce meurtre, et sur les torts qu'avait pu avoir leur maître envers eux ou envers d'autres, ils répondirent que leur seul but avait été d'obtenir la faveur du gouverneur général de l'Égypte. « Votre crime, s'écria *Ahmed* « *ébn-Touloun*, ne mérite que l'indigna- « tion de Dieu et la mienne! » Aussitôt il les fit conduire au supplice, et donna l'ordre de laver et d'enterrer avec honneur la tête du malheureux *Abd-él-Hamyd*.

Une nouvelle révolte éclata, excitée par *Abou-Nouèh*, ancien compagnon d'*Ibrahym ben-Souffy*, qui réunit un assez grand nombre de partisans et se fit redouter par ses brigandages : une ruse de guerre lui donna d'abord l'avantage sur l'armée qu'*Ahmed* envoya contre lui : cerné ensuite par deux nouveaux corps de troupes, il fut battu, et, après avoir tenté en vain de se réfugier dans les Oasis, il fut forcé de se rendre à discrétion.

Une année n'était pas encore écoulée, depuis ce dernier succès, que *Mohammed ben-Farab-él-Ferghâny* fit révolter les habitants de *Barkah*. *Loulou*, envoyé contre eux, se rendit maître de la ville, punit les chefs de la révolte, et assura l'autorité d'*Ahmed* sur toute la province.

Une guerre plus sérieuse vint menacer la puissance d'*Ahmed ébn-Touloun :* elle prit naissance dans l'inimitié et l'ambition d'*Abou-Ahmed-Talhah*, surnommé *él-Mouaffeq-b-Illah*, l'un des fils du khalyfe *él-Motouakkel*, et frère d'*él-Motamed-ala-Allah*. Ce dernier khalyfe, adonné à la mollesse, se livrait tout entier à la chasse et aux plaisirs de son harem, négligeant les affaires de son empire, ébranlé de tous côtés par des séditions et par les révoltes des gouverneurs de province.

Depuis six ans, les *Zinges*, peuples d'origine éthiopienne, et dont la côte ainsi que l'île de Zanguebar ont pris leur nom, étaient entrés en Arabie : ils s'étaient emparés de *Basrah* et même de *Koufah*, répandant au loin le ravage et la crainte. Leur chef, comme la plupart des provocateurs de révolte de cette époque, prétendait descendre du khalyfe *Aly*, gendre de Mahomet, et ce titre lui avait valu un grand nombre de partisans parmi les musulmans.

Le khalyfe *él-Motamed ala-Allah* avait chargé de cette guerre son frère *él-Mouaffeq :* l'an 261 de l'hégire (1), il nomma pour son successeur au khalyfat, son fils *Djafar*, encore en bas âge, sous le nom d'*él-Mofaoued-ila-Allah* (2),

(1) Cette année a commencé le samedi 18 octobre de l'an 874 de notre ère.

(2) « Celui qui s'abandonne aux décrets de Dieu. »

et substitua après lui dans cet héritage son frère *él-Mouaffeq,* avec le surnom d'*él-Nasser-le-dyn-Illah* (le Défenseur de la religion de Dieu).

Pour se débarrasser entièrement de l'administration de son empire, le khalyfe confia, pendant le reste de sa vie, à son frère, le gouvernement général des provinces orientales, c'est-à-dire de l'Arabie, de la Perse, avec les pays adjacents, et à son fils *él-Mofaoued,* les provinces occidentales, comprenant l'Afrique, l'Égypte, la Syrie, la Mésopotamie et l'Arménie. Chacun d'eux devait subvenir aux dépenses de son gouvernement par les revenus qu'il en tirait; et, à cause du bas âge du fils du khalyfe, *Moussa ben-Boghâ* lui fut adjoint comme vice-gouverneur général.

Cependant la guerre que *él-Mouaffeq* avait à soutenir contre les Zinges devenait longue et coûteuse. Éprouvant de la difficulté à faire rentrer les impôts que lui devaient les gouverneurs particuliers des provinces qui étaient sous ses ordres, il prit le parti de s'adresser à *Ahmed ébn-Touloun*, pour lui demander l'argent qui lui était nécessaire, et pria le khalyfe, son frère, de l'y autoriser.

Mais la mésintelligence s'était déjà glissée secrètement entre les deux frères : le khalyfe se défiait de l'ambition d'*él-Mouaffeq;* et celui-ci voyait avec peine un prince, amolli et sans mérite, sur un trône qu'il se croyait lui-même plus capable d'occuper.

Le khalyfe écrivit en effet à *Ahmed ébn-Touloun,* pour lui donner l'ordre de verser entre les mains de son frère le tribut qu'il devait pour l'année; mais à cette dépêche en était jointe une autre secrète, pour engager *Ahmed* à se méfier de *Takrir,* envoyé par *él-Mouaffeq*, comme d'un espion et d'un émissaire chargé d'ourdir contre lui des intrigues parmi les principaux personnages de l'Égypte.

Ahmed ainsi prévenu reçut *Takrir* dans son propre palais, et ne le laissa communiquer avec personne pendant son séjour en Égypte. Après s'être emparé de toutes les lettres que cet exprès avait apportées, il lui remit une lettre flatteuse pour *él-Mouaffeq*, le tribut qu'il était autorisé à lui verser, et, en outre, 200,000 pièces d'or (1) comme un don gratuit. Ayant pris alors des témoins publics de ce paiement, il le reconduisit lui-même avec une escorte jusqu'à *él-Arych,* sur la frontière de l'Égypte et de la Syrie.

Là il remit Takrir lui-même et les trésors qu'il emportait entre les mains d'*Amagour,* gouverneur particulier de la Syrie, par lequel il fit constater cette remise avec des formes authentiques.

De retour dans son palais, *Ahmed* lut les lettres qu'il avait saisies sur *Takrir,* et vit qu'elles étaient adressées à plusieurs chefs de son armée, qui favorisaient en secret le parti d'*él-Mouaffeq* : il les condamna à la prison, et fit même punir de mort les plus coupables.

Lorsque *él-Mouaffeq* reçut la réponse d'*Ahmed ébn-Touloun,* au lieu de se montrer satisfait des subsides qu'il en avait obtenus, il manifesta son mécontentement contre lui, cherchant à l'irriter, pour trouver un prétexte de lui faire la guerre et de le dépouiller : il lui écrivit dans ce but une lettre pleine d'invectives et de plaintes sur l'insuffisance de la somme qu'il lui avait envoyée.

Prévoyant, dès lors, qu'une lutte décisive allait s'engager, *Ahmed* assembla en conseil les officiers supérieurs de son armée, les principaux magistrats et les personnages les plus distingués de l'Égypte, et fit, tant en son nom qu'au leur, à *él-Mouaffeq,* une réponse pleine de fermeté. Celui-ci, furieux, se concerta avec *Moussa ben-Boghâ,* pour donner le gouvernement de l'Égypte à *Amagour,* déjà gouverneur de la Syrie, le chargeant d'attaquer et de dépouiller *Ahmed ébn-Touloun.*

Mais *Amagour,* sentant combien ses forces étaient insuffisantes pour exécuter cet ordre, mit tant de lenteur à s'y conformer que *él-Mouaffeq* prit le parti de marcher lui-même contre l'Égypte, et s'avança, avec son armée, jusqu'à *Rakkah.*

A cette nouvelle, *Ahmed ébn-Touloun* se vit à regret forcé de prendre les armes et de paraître se révolter contre son souverain; mais il prépara tout pour opposer une vigoureuse défense.

Fostatt n'était attaquable que du côté

(1) Environ 3,000,000 de notre monnaie.

du Nil. Les hauteurs qui flanquent cette ville à l'orient, assurant sa défense du côté de l'intérieur des terres, *Ahmed* fit construire dans l'île de *Raoudah* une forteresse qui protégeait cette partie, et dans laquelle il pouvait lui-même, en cas de besoin, se retirer avec sa famille et ses trésors. L'entrée du Nil, au-dessous de cette île, fut défendue par une autre forteresse et une ligne de cent galères armées.

Des signaux établis, des pigeons voyageurs placés sur différents points, devaient l'avertir sur-le-champ de ce qui s'y passerait; le Nil fut couvert d'embarcations; la sortie des grains fut prohibée; et la citadelle qui défendait la nouvelle ville se termina rapidement, par un travail non interrompu et par une activité vraiment admirable. Chacun eut son poste assigné, et lui-même était infatigable pour inspecter tous ces préparatifs : cependant, quoique bien préparé à se défendre, il écrivit, mais en vain, à *ël-Mouaffeq* pour tenter un accommodement.

Celui-ci, rappelé dans la capitale de l'empire par d'autres soins plus importants, avait laissé à *Moussa ben-Boghâ* le commandement des troupes destinées à envahir l'Égypte. La crainte qu'inspirait *Ahmed ëbn-Touloun* à ce dernier, le manque d'argent et de vivres l'arrêtèrent, pendant dix mois, à *Rakkah :* enfin, ses troupes se mutinèrent, réclamant séditieusement un paiement qu'il ne pouvait leur faire. Il n'échappa qu'avec peine à leur fureur, et, abandonnant l'armée d'invasion, qui fut aussitôt dissoute, il se retira dans l'Iraq, où il mourut de maladie et de chagrin deux mois après, l'an 264 de l'hégire (1).

Dès qu'*Ahmed ëbn-Touloun* eut reçu ces heureuses nouvelles, il cessa tous ses préparatifs militaires, et témoigna sa reconnaissance envers Dieu par les largesses abondantes qu'il répandit sur les pauvres : il paya aussi de grandes sommes aux ouvriers qu'il avait employés aux fortifications, leur laissant même sans leur en demander compte, et à titre de gratifications, les avances qu'ils avaient déjà reçues. Chaque pierre qu'il avait fait placer, disent les écrivains arabes, lui avait coûté un dirhem (1), et la dépense totale de ces constructions défensives s'était élevée à plus de 80,000 dynars (2).

La désertion complète de son armée et la fuite de son général contraignirent *ël-Mouaffeq* d'ajourner ses projets hostiles contre l'Égypte, et une pacification momentanée s'établit par le fait entre lui et *Ahmed ëbn-Touloun.*

CHAPITRE VIII.

Suite du règne du khalyfe abbasside ël-Motamed-b-illah. — Ahmed ëbn-Touloun fait construire la mosquée qui porte son nom. — Description de cette mosquée. — Songes merveilleux. — Trésors découverts. — Prise de possession de la Syrie. — Révolte d'Abbas, fils d'Ahmed. — Sa fuite. — Ses succès. — Sa défaite. — Supplice de ses complices — Nouveaux démêlés avec ël-Mouaffeq. — Ingratitude et défection de Loulou. — Projets d'Ahmed ëbn-Touloun pour la délivrance du khalyfe. — Ce plan échoue. — Assemblée solennelle à Damas. — Anathèmes réciproques. — Guerre de Cilicie. — Siége d'Adanah. — Maladie d'Ahmed ëbn-Touloun. — Son retour en Égypte. — Révolte d'Ahmed ben-Abdallah. — Espoir de pacification avec ël-Mouaffeq. — Mort d'Ahmed ëbn-Touloun.

Depuis quelque temps, les habitants de Fostatt se plaignaient que la mosquée dans laquelle les musulmans du quartier d'Asker avaient coutume de se rassembler, le jour sacré du vendredi, devenait insuffisante; son étendue ne pouvant plus contenir le nombre toujours croissant de soldats et d'esclaves noirs qui composaient la maison d'*Ahmed ëbn-Touloun.* Il résolut donc de faire droit à leur plainte, et d'élever une nouvelle mosquée sur le mont *Yechkar;* ce lieu passait pour être sacré, et le peuple croyait que Dieu aimait à s'y voir adresser des prières. Cette croyance portait sur une tradition, généralement répandue, que Moïse y avait jadis reçu la communication de quelques-unes des lois divines.

Ahmed décida que la mosquée qu'il allait y faire construire aurait la plus vaste étendue, et que trois cents colonnes soutiendraient les portiques de son enceinte; mais on lui objecta qu'un aussi grand nombre de colonnes ne pourrait jamais se trouver dans toute

(1) Cette année a commencé le vendredi 13 septembre de l'an 877 de notre ère.

(1) De 15 à 20 sous de notre monnaie.

(2) Environ 1,200,000 francs de notre monnaie.

l'Égypte, à moins qu'il ne les enlevât des anciens monuments, et surtout des églises des chrétiens.

Ahmed se trouvait livré à l'indécision, ne sachant comment concilier son désir d'élever le temple le plus magnifique, avec sa répugnance pour la spoliation injuste des chrétiens et de leurs églises.

L'architecte chrétien, qui avait été employé à la construction de la fontaine et de l'aqueduc, dont j'ai parlé ci-dessus, se trouvait alors en prison, par suite de soupçons mal fondés qu'on avait conçus à son égard.

Aussitôt qu'il apprit l'embarras où se trouvait *Ahmed*, il se hâta de lui faire parvenir une lettre, contenant la promesse de lui bâtir une mosquée, aussi belle qu'il pouvait le désirer, sans aucune colonne, à l'exception de deux seulement, qui seraient placées de chaque côté de la *Keblah*, c'est-à-dire de la niche qui, dans toutes les mosquées, indique le côté de la Mekke vers lequel les musulmans doivent se tourner en faisant leurs prières.

Ahmed fit aussitôt amener devant lui l'architecte et lui demanda l'explication de sa promesse. Celui-ci offrit de tracer le plan du projet qu'il se chargeait d'exécuter; ce plan fut admiré et approuvé par *Ahmed*, qui rendit la liberté à l'architecte, le fit revêtir d'un manteau d'honneur, et mit à sa disposition 100,000 pièces d'or (1) pour les premières dépenses. *Ahmed* ordonna que toute la construction fut élevée en chaux et en briques, sans aucuns autres matériaux combustibles. « Je veux, « disait-il, que si Fostatt périt un jour « par l'eau ou par le feu, ma mosquée « puisse survivre à cette destruction. »

Quand la construction générale fut terminée, on s'occupa d'achever les détails. Les parois extérieures furent blanchies avec soin; l'intérieur fut orné de lampes élégantes, en airain, suspendues à la voûte par de longues chaînes du même métal (2); les frises reçurent, en longues inscriptions, les chapitres du Koran, et le sol fut couvert de magnifiques nattes de *Samana* (3).

(1) Environ 1,500,000 francs de notre monnaie.

(2) Voyez les formes diverses de lampes de cette espèce ou de lustres, planche 14.

(3) Voyez la planche n° 2.

La tradition porte que, dans la forme de la mosquée et des minarets, l'architecte voulut imiter le temple de la Mekke. Cependant d'autres auteurs pensent qu'il prit pour modèle celui de *Samarrah*. *Ahmed* détermina le lieu où la *Keblah* devait être placée et donna lui-même le dessin du minaret principal.

Ce minaret ne fait pas partie du bâtiment même de la mosquée, il en est séparé par un passage, qui, entourant la mosquée comme d'une espèce de rue, sépare le monument lui-même d'une seconde enceinte extérieure. Maintenant en partie ruiné, ce minaret, qui frappe la vue par sa masse imposante, est celui que les historiens arabes racontent avoir été construit sur les dessins mêmes d'*Ahmed êbn-Touloun*, si toutefois l'on peut appeler dessin la manière bizarre dont ils prétendent que ce prince détermina la forme et les proportions de l'édifice. Voici l'anecdote que content à ce sujet les auteurs qui ont rapporté les détails de l'érection de la mosquée :

« *Ahmed* était d'un caractère grave, « et sa contenance toujours sérieuse, « sans cesse empreinte des occupations « importantes dont surchargeaient son « esprit les hauts projets qu'il méditait « et les soins administratifs de son vaste « empire. Jamais on ne le voyait se livrer « un seul instant à l'oisiveté et à des « amusements futiles; cependant, un « jour qu'il était entouré des principaux « officiers de sa cour et des chefs les « plus remarquables de son armée, il « était assis avec distraction devant une « petite table, sur laquelle était par « hasard un cahier de papier blanc. « Pendant que son esprit était ainsi en « proie à une profonde rêverie, ses « doigts actifs, à son insu, jouaient non- « chalamment avec le papier qui était « devant lui et il semblait s'occuper de « cette espèce de jeu puéril, avec une at- « tention apparente qui frappa de sur- « prise tous ceux qui l'entouraient : il « roulait, déroulait, pliait et repliait « successivement des portions de ce « papier, en coupant de temps en temps « une partie, détruisant souvent l'es- « pèce de construction qu'il venait de « faire, comme nous voyons souvent

« les enfants se complaire à bâtir des « châteaux de cartes et à en varier la « forme, successivement élevée et dé- « truite. *Ahmed* se réveilla tout à coup « de l'espèce de léthargie où sommeil- « laient les facultés de son esprit, et « rougit involontairement, en voyant le « jeu qui semblait l'occuper et l'étonne- « ment général peint sur toutes les figu- « res. Prenant aussitôt son parti, et vou- « lant assigner une cause raisonnable à « ce qu'il avait fait sans dessein et sans « intention, il ajoute rapidement quel- « que modification à son léger ouvrage : « *Qu'on appelle l'architecte,* dit-il aus- « sitôt : celui-ci étant arrivé, *Voilà,* lui « dit *Ahmed*, *la forme que tu donne- « ras au minaret de ma mosquée : son- « ge à suivre, dans sa construction, « le modèle que je me suis donné ici « la peine de préparer de mes propres « mains.* »

Quoi qu'il en soit de la véracité des écrivains qui n'ont pas dédaigné de raconter cette historiette, elle est encore conservée au Kaire dans les traditions populaires : mais la portion inférieure du minaret, actuellement existant, semble seule avoir pour date l'époque d'*Ahmed ébn-Touloun*. La galerie supérieure et le donjon paraissent d'un temps postérieur, et le cheykh de la mosquée m'a assuré que le minaret avait, en effet, été réparé et reconstruit partiellement par le sultan *él-Mélek-él-Kâmel*. Au-dessus de ce minaret, on remarque cette espèce de barque, en forme de croissant, qui surmonte ordinairement les minarets ou les dômes des mosquées. Suivant le même cheykh, cette espèce de girouette, dont la grandeur surpasse celle des autres mosquées, était la même encore que celle qu'*Ahmed ébn-Touloun* avait fait placer sur l'ancien minaret. Les auteurs arabes, en effet, n'ont pas négligé de nous apprendre qu'*Ahmed* fit placer un appendice de cette nature au haut du minaret qu'il fit construire. Ils ajoutent qu'il tournait, suivant les impulsions du vent, et que le vulgaire s'imaginait que ces révolutions suivaient celles du soleil.

La porte principale de la mosquée est presqu'en face de ce minaret, sous une arcade transversale, qui fait communiquer ensemble l'enceinte intérieure et l'enceinte extérieure : sur la même face du monument, c'est-à-dire sur la face qui regarde le nord, ou plus exactement le nord-ouest, se trouve une autre porte latérale. Aucune de ces portes n'est placée au milieu de l'édifice ; mais elles sont ouvertes chacune au tiers environ de la distance entre les deux angles, partageant ainsi cette façade en trois parties à peu près égales.

Trente-trois petites fenêtres, aussi hautes que larges, mais dont la partie supérieure se termine en ogive, forment au-dessus des portes comme un attique le long de chaque façade; leurs trente-trois ouvertures répondent deux à deux à dix-sept arcades ou entrecolonnements dans les galeries intérieures.

Les plafonds de ces galeries sont plats, mais, malgré l'injonction que nous avons vu ci-dessus avoir été faite par *Ahmed ébn-Touloun* à son architecte, le toit n'en est pas voûté en pierres et en briques; et la construction qui soutient la terrasse extérieure est formée de grosses poutres de bois de sycomore, s'appuyant d'un côté sur les murs de soutènement, et de l'autre sur les arcades qui surmontent les piliers dont est entouré le parvis intérieur (1).

Immédiatement au-dessous de ce plafond, Ahmed fit placer une frise contenant en caractères koufiques le Koran tout entier, s'il faut en croire les historiens arabes; ils ajoutent que cette frise, en bois de sycomore, a été formée des planches de l'arche de Noé dont, suivant eux, *Ahmed* aura retrouvé les dé-

(1) Le long des parois de cette galerie les dévots musulmans et les pèlerins qui viennent la visiter se plaisent à tracer des inscriptions mystiques : j'y ai surtout remarqué le chiffre du Prophète tracé en caractères gigantesques de près de huit mètres de hauteur et dont je donnerai ici l'empreinte.

bris sur le mont *Ararat* en Arménie, et dont il regarda l'emploi comme un surcroît de sanctification ajouté à la mosquée. Cette frise, d'un bois que l'on sait être incorruptible et inattaquable aux vers, existe encore de nos jours (1).

Au milieu de l'enceinte de la mosquée, *Ahmed* avait fait élever un pavillon, garni de treillages dorés, soutenu par dix colonnes de marbre et entouré de seize colonnes pareilles. Le pavé lui-même était en mosaïque (*fasypasâ*) d'un travail précieux; au milieu était un bassin d'où s'élançait un jet d'eau; le plafond était décoré d'étoiles.

Au côté méridional de la mosquée était aussi un édifice qu'on appelait *la Maison du Gouvernement;* une porte percée dans le mur même de la mosquée la faisait communiquer avec cet édifice, par un appartement séparé (2), entouré de rideaux, et orné de riches coussins et de tapis magnifiques, où se tenaient *Ahmed* et sa famille pendant la prière; il était placé non loin de la niche de la Kiblah et de la chaire, ou tribune, où se faisaient les prédications et les prières publiques (3).

Tous les vendredis, *Ahmed* sortait de son palais, se rendait à la Maison du Gouvernement, où il s'arrêtait quelque temps pour faire les ablutions légales et changer de vêtements; puis il passait dans l'appartement séparé pour assister aux prières et aux cérémonies.

La construction de la mosquée dura deux ans et s'acheva au mois de Ramadân de l'an 263 (4) de l'hégire (877 de l'ère chrétienne) : *Ahmed* annonça qu'on pouvait y faire ses prières; cependant, personne ne se présenta, les fidèles craignant que les fonds qu'avait coûté cette construction n'eussent été acquis par des voies illicites; mais *Ahmed* se justifia de ce soupçon, et affirma, avec serment, qu'il n'avait rien dépensé au delà des trésors dont il avait fait la découverte : alors aucun scrupule n'arrêta plus les musulmans, et l'inauguration de la mosquée se fit avec magnificence, le vendredi suivant : pour en consacrer le souvenir, deux magnifiques inscriptions inaugurales furent sculptées sur d'immenses dalles de marbre blanc (1).

Il ne sera peut-être pas désagréable au lecteur de connaître le style et la contexture de ces inscriptions; j'en joindrai donc ici la traduction littérale, qui m'a semblé devoir d'autant plus intéresser que c'est la première de ce genre qui soit publiée.

« Au nom de Dieu clément et miséri-
« cordieux, souverain du droit évident.

« DIEU, il n'y a pas d'autre Dieu que
« lui, vivant et existant par lui-même :
« la fatigue et le sommeil ne peuvent le
« surprendre : à lui appartient ce qui
« est dans les cieux et ce qui est sur la
« terre. Quel est celui qui osera inter-
« céder auprès de lui, si ce n'est avec
« sa permission? Il sait ce que les hom-
« mes ont entre les mains et ce qui sera
« après eux; et eux ne comprendront
« rien de sa science si ce n'est ce qu'il
« veut qu'ils sachent. Son trône em-
« brasse les cieux et la terre : et la garde
« du ciel et de la terre ne lui donne au-
« cune fatigue; car il est le Dieu très-haut,
« le Dieu très-grand (2).

« Mohammed est l'envoyé de Dieu :
« ceux qui sont avec lui sont terribles
« contre les infidèles, humains entre
« eux : tu les verras se courber, faire des
« actes d'adoration : ils implorent de
« Dieu sa faveur et sa protection bien-
« veillante : les marques de leur zèle
« sont imprimées sur leur front, et ils
« y portent des traces de la poussière
« dans laquelle ils se sont prosternés :
« la comparaison de leur piété est dans
« le Pentateuque et dans l'Évangile : elle
« est comme le grain de la semence qui
« fait naître une tige féconde : elle se
« renforce, se gonfle et devient bientôt
« égale à la racine même qui la porte;
« elle fera l'admiration de celui qui l'a

(1) Je possède dans mon petit musée deux de ces planches sculptées, qui m'ont été vendues par le cheykh de la mosquée.

(2) Cet appartement s'appelait *Maksourah:* il s'en trouve de semblables dans toutes les grandes mosquées. Voyez un de ces appartements, planche 10.

(3) Voyez la forme de quelques-unes de ces chaires, planches 10, 12 et 13.

(4) Cette année a commencé le lundi 24 septembre de l'année 876 de notre ère.

(1) *Ahmed* avait fait placer ces deux inscriptions inaugurales sur les deux piliers de l'arcade sous laquelle était placée la *Kiblah :* j'ai eu le bonheur de découvrir ces deux inscriptions qui avaient disparu sous un épais enduit de plâtre, à l'époque de la chute de la dynastie des Toulonides. Voyez-en une partie planche 20.

(2) Sourate II, v. 256.

« semée et excitera la fureur des infidè- « les. Et Dieu a promis sa protection à « ceux qui auront cru et qui auront fait « de bonnes œuvres : il leur a réservé « le pardon de leurs fautes et une ma- « gnifique récompense (1).

« Vous êtes le peuple le plus excellent « qui soit sorti de la race des hommes : « vous commandez l'équité, vous défen- « dez l'injustice, et vous croyez en Dieu. « Si les peuples qui ont des livres révé- « lés eussent cru de même, certes leur « sort eût été plus heureux (2).

« Certes, il habitera les temples de « Dieu, celui qui croit en Dieu et au « dernier jour : celui qui a élevé sa prière « et qui a donné l'aumône; celui qui ne « craindra jamais que Dieu seul. Il est « donc vraisemblable que ceux-là seront « du nombre des élus que Dieu conduit « au bonheur éternel (3).

« Le prince Abou-l-Abbas, Ahmed- « ebn-Touloun, lieutenant et ami du « Prince des fidèles (que Dieu affer- « misse pour lui la puissance, l'honneur « et l'accomplissement de tous ses dé- « sirs, et qu'il lui accorde l'éternité des « fruits qu'il recueillera dans la seconde « vie comme dans la première!), a donné « ordre de bâtir cette mosquée bénie, « gage de bonheur, pour rendre témoi- « gnage des bénédictions que Dieu a « répandues sur la société des musul- « mans.

« Son but est la faveur de Dieu et le « séjour de l'autre vie, s'attachant de « préférence à tout ce qui peut aug- « menter la splendeur de la religion et « l'union des fidèles.

« Son désir, en consacrant un édi- « fice à Dieu pour l'observation de ses « préceptes, la lecture de son saint livre « et la célébration de son souvenir, a « été de se conformer à ce que dit lui- « même ce Dieu très-saint et très-haut.

« Dieu a permis qu'on lui rendît des « hommages dans des édifices, et on y « invoquera son nom, on lui adressera « des louanges le matin et le soir. Les « hommes ne seront point détournés « par le négoce et les affaires commer- « ciales du souvenir de Dieu, du devoir « de la prière et de la répartition de « l'aumône : ils craindront ce jour ter- « rible où les cœurs et les yeux seront « frappés de consternation. Or, Dieu « leur donnera une récompense bien au- « dessus de leurs actions et il les « comblera de ses faveurs. Dieu dis- « pense les bienfaits suivant sa volonté « et sans aucun compte (1).

« Dans le mois de Ramadân de l'an- « née deux cent soixante-cinq. Louange « au Seigneur ton Dieu, il est le maître « de la puissance et bien différent des « fausses idoles qu'adorent les infidèles. « Que le salut soit sur ses envoyés! « Louange à Dieu maître souverain des « mondes (2)!

« O Dieu, verse tes faveurs sur Mo- « hammed et sur la famille de Moham- « med! Regarde avec miséricorde Mo- « hammed et la famille de Mohammed! « Bénis Mohammed et la famille de « Mohammed, autant et plus encore que « tu n'as répandu de faveurs, de misé- « ricorde et de bénédictions sur Abra- « ham et sur la famille d'Abraham, et « je proclamerai hautement qu'à toi seul « appartient la louange et l'hommage! »

L'historien *él-Makryzy* rapporte que, pendant la cérémonie, la mosquée fut entourée de pastilles d'ambre, qui, en brûlant, répandaient un nuage parfumé sur les musulmans en prières.

Le premier imâm de cette mosquée fut le qady *Bakkar*, fils de *Koteynah*, et le premier *khatib*, ou prédicateur, *Rabié*, fils de Souleymân, célèbre docteur de la secte chaféïte.

Ce même jour, *Mohammed*, fils de *Rabié*, ouvrit une école publique, dans la portion du portique qui était le plus proche de l'appartement (*Maksourah*) où se tenait *Ahmed ébn-Touloun*, et ce prince, ainsi que ses enfants et toute sa cour, n'en voulurent sortir qu'après que la leçon du professeur fut terminée. Tous les vendredis, *Rabié* enseignait les traditions dans cette école; les enfants d'*Ahmed* y assistaient avec exactitude, par l'ordre de leur père, et écrivaient les commentaires du maître, sous sa dictée.

Le soir du jour de l'inauguration, *Ahmed* revint à la Maison du Gouvernement, y fit une seconde fois ses ablutions légales, changea de vêtements, et

(1) S. XLVIII, v. 29.
(2) S. III, v. 104, 40.
(3) S. IX, v. 19.

(1) S. XXIV, v. 36, 37, 38.
(2) S. XXXVII, v. 180, 181, 182.

resta longtemps en prières dans la mosquée, rendant grâces à Dieu des bienfaits dont il l'avait comblé, et du succès dont il avait couronné toutes ses entreprises; puis il revêtit l'architecte d'un manteau d'honneur, lui fit donner 10,000 pièces d'or (1), et lui assigna une pension considérable pendant toute sa vie.

Ahmed fit ensuite construire auprès de la mosquée, mais hors de son enceinte, un réservoir et un bassin pour les ablutions légales; et il y ajouta une pharmacie, dans laquelle, tous les vendredis, se tenait un médecin, par ses ordres, pour donner des secours aux malades et aux infirmes qui viendraient à la mosquée.

Les historiens arabes racontent deux songes d'*Ahmed*, relativement à ce monument; dans le premier, il vit une lumière divine couvrir toute la ville qui entourait la mosquée, tandis que la mosquée elle-même restait dans l'obscurité. L'explicateur des songes, qu'il consulta dans son inquiétude, lui répondit : « Que « ce songe signifiait la destruction de tout « ce qui lui avait paru éclairé, et que la « mosquée seule serait conservée. » Cette explication fut appuyée de passages du Koran qu'il cita, et dont il fit l'application.

Bientôt un autre songe présenta à *Ahmed* un feu, descendant du ciel et consumant la mosquée entière, mais laissant intact tout ce qui l'entourait. L'explication de ce nouveau songe fut « que « ce temple était agréable à Dieu, et qu'il « en donnait la preuve par le feu descen- « dant du ciel qui l'avait consumé : » l'histoire des sacrifices de Caïn et d'Abel, rapportée également dans le Koran, servit de témoignage à ce nouveau commentaire, aussi favorable que le premier.

Au reste, l'événement sembla vouloir confirmer l'explication de ces songes; car tout le quartier qui entourait la mosquée fut détruit dans la suite; la Maison du Gouvernement, une partie du minaret placé auprès de la mosquée, et le pavillon magnifique qui était au milieu, furent consumés par l'incendie, mais la mosquée elle-même fut préservée et subsiste encore de nos jours.

(1) 15,000,000 de notre monnaie.

La construction entière coûta 120,000 dynars (1); et *Ahmed* assigna, pour son entretien, des propriétés et des revenus considérables.

Outre les deux trésors, déjà trouvés par *Ahmed êbn-Touloun*, et qui avaient fourni à ces dépenses étonnantes et à sa munificence, l'historien êl-Makryzy raconte qu'il en découvrit encore un troisième, contenant une quantité immense de pièces monnayées de l'or le plus pur; ce qui porta *Ahmed* à améliorer, autant que possible, le titre de ses propres monnaies, qui furent désignées dans la suite par le nom de *dynars Ahmedy*, et employées de préférence pour les dorures (2).

Pendant la construction de la mosquée, *Amagour*, gouverneur de la Syrie, était mort, et son fils *Aly* avait hérité de sa place. *Ahmed êbn-Touloun* jugea cette occasion d'autant plus favorable, pour se rendre lui-même maître de la Syrie, que *êl-Mouaffeq*, qui aurait pu y porter obstacle, se trouvait suffisamment occupé par la guerre contre les Zinges. Il annonça donc publiquement le projet de faire la guerre aux Grecs, et rassembla, pour cette expédition sacrée, une armée considérable, à laquelle le fanatisme religieux fit réunir un grand nombre de volontaires; il écrivit ensuite au fils d'*Amagour* pour l'inviter à l'aider dans cette guerre, et à lui prêter serment d'obéissance, prétendant que la Syrie venait d'être jointe par le khalyfe à son gouvernement.

Aly se soumit; et, vers le commencement de l'an 265 de l'hégire (3), *Ahmed êbn-Touloun* quitta l'Égypte, après en avoir laissé le gouvernement entre les mains de son fils aîné *Abbas*, alors âgé d'environ vingt-trois ans, et lui avoir adjoint pour l'administration, son vizir nommé comme lui *Ahmed*, mais plus connu sous le surnom de *êl-Ouasety* (4).

Son armée se grossit encore dans la Palestine; il y reçut la soumission de *Mohammed*, gouverneur de *Ramlêh*, et le

(1) Environ 150,000 francs de notre monnaie.

(2) Voyez ci-dessus une empreinte de ces dynars, page 65.

(3) Cette année a commencé le mercredi 3 septembre de l'an 878 de notre ère.

(4) C'est-à-dire natif ou originaire de la ville de Ouaset.

confirma dans son gouvernement. Arrivé à Damas, il y fut reçu par *Aly*, qui fit faire pour lui des prières publiques (1), et à qui il laissa ses fonctions : il en fit de même à l'égard d'*Yssa*, commandant de Hémesse, qui avait également reconnu son autorité; puis il s'empara, de vive force, d'*Hamah* et d'*Alep*, et invita à la soumission *Simâ-Taouil*, gouverneur de cette province, qui occupait *Antioche*, avec une troupe nombreuse de soldats turks.

Ses instances réitérées et ses promesses ayant été inutiles, *Ahmed* laissa s'avancer la tête de son armée jusqu'à *Skanderoun* (Alexandrette), et tout à coup se jeta sur Antioche. Ses attaques contre la porte de la ville, appelée *la Porte de la Mer*, furent quelque temps sans effet; il commençait à perdre espérance, lorsque quelques habitants, mécontents de *Simâ*, vinrent l'avertir que la porte opposée, du côté des montagnes, et appelée *Porte de la Perse*, était faible et sans défense. *Ahmed* aussitôt y porta ses troupes, et devint maître du rempart avant l'aurore. *Simâ*, qui était dans sa maison, réveillé par le bruit, voulut en vain combattre; il fut tué dans la mêlée; et, pendant une heure, la ville fut livrée au pillage et au massacre.

La tête de *Simâ* fut apportée à *Ahmed*, qui pleura sa mort; car il avait eu autrefois avec lui des liaisons d'amitié.

L'armée s'empara ensuite de Mopsueste, d'Adanah, de Tarse, et se préparait à pousser plus loin ses conquêtes, lorsque *Ahmed* reçut la nouvelle que son fils aîné *Abbas*, à qui il avait confié le gouvernement de l'Égypte, avait levé l'étendard de la rébellion, et s'était emparé de ses trésors.

Cependant, *Ahmed* ne voulut retourner en Égypte qu'après avoir affermi ses affaires en Syrie; il battit *Mohammed*, gouverneur de *Karra*, puis *Moussa* son frère, et ne revint en Égypte qu'à la fin de l'année 265 de l'hégire (879 de l'ère chrétienne), après avoir laissé des forces considérables à *Rakkah*, sous les ordres de *Loulou*, qu'il chargea du commandement de *Dyâr-Modar*, d'*Alep*, de *Hemesse* et de *Kinesseryn*.

Abbas, entraîné dans la révolte par de perfides conseillers, et redoutant l'arrivée de son père, s'était emparé de son trésor, qui renfermait environ 2,000,000 de dynars (1); il en avait de plus emprunté 300,000 (2), imputables sur les contributions à percevoir, et s'était retiré, avec ses partisans, à Gyzéh, sur la rive occidentale du Nil : il avait fait arrêter en même temps *Ahmed él-Ouasety*, l'adjoint que son père lui avait donné pour l'administration des affaires, et il le traînait à sa suite chargé de fers.

Ne se croyant pourtant pas assez en sûreté derrière le Nil, il laissa le gouvernement de la ville à son frère *Rabya*, et feignant de se rendre à Alexandrie, il se porta sur Barkah.

Ahmed, voulant détourner son fils de sa perte, lui écrivit des lettres pleines de douceur, dont il chargea *Bakkar*, fils de *Koteybah*; mais cette ambassade fut sans résultat; les partisans d'*Abbas* ne pouvant compter, comme lui, sur l'indulgence paternelle, et redoutant la juste colère d'un maître irrité, l'engagèrent à s'enfoncer davantage dans l'Afrique. Il prit avec eux ce parti, l'an 267 de l'hégire (3). Les efforts qu'il fit pour ranger à son parti les chefs des tribus arabes ne réussirent qu'auprès de quelques-uns; il écrivit aussi en vain à *Ibrahym*, prince aghlabite, qui régnait alors à *Keyrouân* (4), pour l'engager à reconnaître l'autorité qu'il prétendait avoir reçue du khalyfe sur toute l'Afrique.

La citadelle de *Leptis* (5), qu'il attaqua, lui ouvrit ses portes; ce qui ne l'empêcha pas de lui faire subir les horreurs du pillage, du viol et du massacre. Les habitants, désespérés, s'adressèrent au prince ébadite *Élias*, fils de *Mansour*, qui, indigné, leur promit secours et vengeance.

(1) L'insertion du nom d'un prince dans les prières publiques de la *Khotbah*, ou prédications solennelles du vendredi, était une reconnaissance de la suzeraineté.

(1) Environ 30,000,000 de notre monnaie.

(2) Environ 4,500,000 francs de notre monnaie.

(3) Cette année a commencé le vendredi 12 août de l'an 880 de notre ère.

(4) L'ancienne Cyrène, suivant quelques auteurs.

(5) Cette ville, appelée *Leptis Magna* par les Romains, était désignée par les Arabes sous le nom de *Lebdah* ou *Leboudah*.

Cependant *Ibrahym* avait envoyé une armée à Tripoli, avec ordre d'attaquer *Abbas*; le combat fut opiniâtre et dura jusqu'à la nuit.

Abbas était renommé à la fois comme brave guerrier et comme bon poëte; il combattit vaillamment toute la journée, et les historiens arabes nous ont conservé l'ode héroïque qu'il composa pendant la bataille.

Mais le lendemain, *Élias* arriva avec douze mille Ébadites, joignit ses troupes à celles d'*Ibrahym*, et renouvela le combat avec *Abbas*, qui y perdit ses meilleurs capitaines, ses plus braves soldats, ses bagages et presque tous les trésors qu'il avait emportés d'Égypte; il manqua lui-même d'être pris, et put à peine fuir jusqu'à Barkah.

Ce désastre d'un fils, quoique rebelle, affligea *Ebn-Touloun*. Cependant, vers la fin de l'an 267 de l'hégire, c'est-à-dire au printemps de l'an 881 de l'ère chrétienne, il envoya des troupes à Barkah, et quelques mois après, arriva lui-même à Alexandrie, avec une armée considérable et qu'on porte à cent mille hommes.

Ahmed él-Ouasety, qui s'était échappé des mains d'*Abbas*, vint l'y trouver, et fut renvoyé par lui, avec des troupes, à Barkah, pour y attaquer les révoltés. Ils furent battus, presque tous tués, et *Abbas* lui-même fut pris vivant et conduit à son père, au milieu de l'année 268 de l'hégire (1). Quelques jours après, *Ahmed* revint à Fostatt emmenant avec lui *Abbas*, qu'il garda prisonnier dans son palais.

Trois mois après, l'armée arriva avec les autres prisonniers, et *Touloun* les ayant rassemblés avec son fils, lui ordonna de couper lui-même les pieds et les mains aux principaux de ses complices; *Abbas* obéit. Alors son père lui fit les reproches les plus sanglants sur une conduite aussi indigne d'un prince, ajoutant qu'il aurait dû plutôt se prosterner aux pieds de son père, pour le supplier de l'envoyer au supplice lui-même, et de pardonner aux complices de son crime. Ensuite il ordonna, quoique les yeux remplis de larmes, qu'on lui donnât cent coups de bâton; puis le fit reconduire dans l'appartement qui lui servait de prison. Les autres révoltés eurent la tête coupée et leurs corps furent jetés dans le Nil.

(1) Cette année a commencé le mardi 1er août de l'an 881 de notre ère.

Il était temps que cette guerre intestine fût terminée, car l'Égypte était alors menacée d'une guerre étrangère.

L'inimitié entre *Ahmed* et *él-Mouaffeq*, qui, depuis quelque temps, paraissait comme assoupie, sembla se réveiller et éclater tout à coup. La perte des trésors d'*Ahmed êbn-Touloun* l'avait forcé de mettre quelque économie dans ses dépenses et d'imposer des bornes à sa munificence; cette diminution de ses largesses mécontenta quelques-uns de ses courtisans, et entre autres *Loulou*, qu'il avait comblé de tant de bienfaits, et à qui il avait confié le gouvernement de provinces si étendues: son mécontentement fut encore aigri par *Mohammed*, fils de *Souleymân*, qu'*Amed êbn-Touloun* n'aimait point, et que, malgré les injonctions de son maître, *Loulou* avait pris comme secrétaire à son service: aussi *Ahmed*, par la suite, accusait *Mohammed* de toutes les fautes que commettait *Loulou*.

Bientôt, en effet, celui-ci se laissa persuader, par son secrétaire, de cesser d'envoyer à *Ahmed* son tribut annuel, mais de le payer à *él-Mouaffeq*, en lui proposant de passer dans son parti et de reconnaître son autorité. *Él-Mouaffeq* accueillit avec joie cette défection; mais ceux des officiers de *Loulou* qui étaient restés fidèles à *Ahmed*, se hâtèrent de le prévenir de cette trahison. *Ahmed* sentit toutes les conséquences de cette démarche, et tâcha d'abord de rappeler *Loulou* à son devoir par des lettres pleines de bonté; mais ses invitations furent sans effet.

Ce fut alors que le génie d'*Ahmed ebn-Touloun* conçut un projet plus grand, et qui devait non-seulement le mettre à l'abri des tentatives hostiles de *él-Mouaffeq*, mais encore concentrer entre ses mains toute l'autorité souveraine sur le vaste empire du khalyfe, en retirant celui-ci de l'état de sujétion et de nullité presque absolue où son frère l'avait réduit. Il écrivit secrètement au khalyfe *él-Motamed*, qu'il craignait de nouveaux complots contre la sûreté de son souverain; qu'il l'engageait donc à se retirer en Égypte, où cent mille braves cavaliers étaient prêts à prendre sa défense, et à déjouer les projets de *él-Mouaffeq*, en retirant leur prince de l'état de servage, pour rendre à son trône tout son éclat légitime.

La lettre d'*Ahmed*, portée par un homme sûr, était accompagnée d'un présent de 100,000 dynârs (1). *Ahmed* partit lui-même, l'an 269 de l'hégire (2), et s'avança jusqu'à Damas, à la tête d'une armée nombreuse, emmenant avec lui son fils *Abbas* prisonnier, et laissant le gouvernement de l'Égypte entre les mains de son second fils *Khomarouyah*. Il annonçait le double projet de délivrer le khalyfe *él-Motamed*, et de punir la trahison de *Loulou* : celui-ci ne l'avait point attendu, et était allé se joindre à *él-Mouaffeq*, après avoir pris et pillé plusieurs villes, et les armées des deux chefs réunis pressaient de concert la guerre contre les Zinges.

Cependant, un corps de troupes qu'*Ahmed* avait envoyé en Cilicie s'était révolté contre Khala qui le commandait, et celui-ci put à peine éviter la mort, en s'enfuyant à *Damas*. Les habitants de *Tarses* profitèrent de cet échec pour méconnaître l'autorité d'*Ebn-Touloun* et cesser les prières publiques pour lui : *Ahmed* se préparait à aller punir cette révolte, lorsqu'il reçut des lettres de *él-Motamed*, qui arrêtèrent son départ.

En effet, le khalyfe, mécontent de voir sa souveraineté réduite au seul titre de khalyfe, et son autorité méprisée par *él-Mouaffeq*, entre les mains de qui se trouvaient toute la puissance, les trésors et les forces du khalyfat, avait reçu avec plaisir la lettre d'*Ebn-Touloun*, auquel il avait déjà fait parvenir des plaintes sur la position à laquelle son frère l'avait réduit. Il se hâta de répondre qu'il allait se jeter dans les bras de son libérateur, et en conséquence *Ahmed* fit passer son armée à *Rakkah* pour y attendre le khalyfe.

Ce prince, voulant saisir, pour son évasion, le moment où son frère était le plus occupé par sa guerre contre les Zinges, feignit de partir pour une grande partie de chasse; mais il arriva bientôt dans le gouvernement d'*Ishak*, qui commandait à Moussoul et dans toute la Mésopotamie, et que *Sayd*, vizir de *él-Mouaffeq*, avait déjà informé de la fuite du khalyfe, en lui ordonnant d'employer tous les moyens pour l'arrêter.

Ishak vint donc au-devant du khalyfe, lui fit sa cour et l'accompagna avec déférence jusqu'aux frontières des provinces soumises à *Ahmed ébn-Touloun*; là, il écarta adroitement une partie des gens du khalyfe, excita avec ruse la jalousie des autres contre *Ahmed*, et leur persuada de venir délibérer avec lui hors de la présence du khalyfe, avant de remettre entre les mains d'*Ahmed* leur sort et celui de leur souverain : il les conduisit donc dans sa tente; mais ils n'y furent pas plutôt entrés, qu'ils furent saisis et chargés de fers.

Ishak alla ensuite trouver le khalyfe : il vint à bout de persuader à ce prince faible de ne point changer le siége de son empire et de celui de ses pères, et de ne point abandonner son frère *él-Mouaffeq*, pour se confier à un étranger. Le khalyfe se laissa donc ramener par *Ishak* à Samarrah avec ceux de ses gens qui étaient restés libres.

Él-Mouaffeq, craignant que son frère ne tentât une nouvelle entreprise, lui donna des gardes et récompensa *Ishak* en lui donnant tous les gouvernements d'*Ebn-Touloun*, de manière que son autorité devait s'étendre sur toutes les provinces de l'empire, depuis Baghdad jusqu'à l'extrémité de l'Afrique; en signe de cette investiture, il lui donna deux épées avec le surnom de *Zou-Seyfeyn* (portant deux épées), indiquant par là son pouvoir sur l'Orient et l'Occident.

Ahmed ébn-Touloun, irrité de voir ses espérances trompées, rassembla à Damas, à la fin de l'an 269 de l'hégire (883 de l'ère chrétienne), tous les qadys, les ulémas et les scheryfs de ses provinces; il leur exposa que *él-Mouaffeq* avait violé la fidélité qu'il devait à son frère, attenté à sa liberté, et que le khalyfe, réduit au sort le plus misérable, passait ses tristes jours en proie au chagrin le plus profond. Il leur fit décider que tous les vendredis, après la prière solennelle, le khateb exposerait la situation malheureuse du khalyfe, en priant Dieu pour sa conservation et la perte de son oppresseur.

(1) 1,500,000 francs de notre monnaie.
(2) Cette année a commencé le samedi 21 juillet de l'an 882 de notre ère.

Une décision fut aussi rendue par l'assemblée pour déclarer *él-Mouaffeq* rebelle au khalyfe *él-Motamed*, et l'exclure de la succession au trône: en même temps, *Ahmed* fit proclamer que toute obéissance envers *él-Mouaffeq* devenait un crime, et qu'une *guerre sacrée* contre lui était un devoir général.

Quelques personnages de l'assemblée refusèrent cependant de souscrire ces actes, entre autres *Bakkar*, qui demanda qu'une lettre du khalyfe *él-Motamed* confirmât les faits allégués par *Ebn-Touloun*, et révoquât expressément l'acte par lequel il avait établi *él-Mouaffeq* son successeur.

Ahmed s'emporta, et répondit que *él-Motamed* n'était pas libre; qu'au reste *Bakkar* demeurerait en prison, jusqu'à ce qu'on pût recevoir du khalyfe cette lettre qu'attendait sa décision.

L'acte fut souscrit par les autres membres de l'assemblée, qui se gardèrent de persister dans leur première détermination, et la proclamation solennelle en eut lieu dans les principales mosquées de la ville.

Él-Mouaffeq, furieux à cette nouvelle, força le faible khalyfe, malgré son amitié pour *Ebn-Touloun*, à prononcer contre lui l'anathème et à le faire proclamer dans toutes les mosquées de *l'Irak*.

Ahmed, à son tour, fit publier dans ses provinces l'anathème contre *él-Mouaffeq*, et envoya une armée pour s'emparer de la Mekke. Le gouverneur de cette ville, *Haroun*, en prévint sur-le-champ *él-Mouaffeq*, qui se hâta d'envoyer des troupes dans l'*Irak* : leur général, *Djafar*, battit les Egyptiens, en tua un grand nombre, et fit leur chef prisonnier. Alors l'anathème contre *Ahmed ébn-Touloun* fut proclamé dans la mosquée de la Mekke.

Cet échec ne fut pas toutefois assez considérable pour détourner *Ahmed* de ses autres entreprises; il s'avança en Cilicie pour étouffer et punir les séditions qui y avaient éclaté. En passant à Damas, il fit rétablir et couvrir d'un dôme élevé le tombeau du khalyfe *Moaouyah*, que les Abbassides avaient détruit; il y fit placer des lampes, et y établit des lecteurs du Koran.

De là, il se rendit à Adanah, pour châtier *Bazmaz* qui en était gouverneur, et qui avait répondu avec dédain aux lettres par lesquelles il l'invitait à reconnaître son autorité. Le gouverneur d'Adanah avait fait arrêter les envoyés d'*Ebn-Touloun*, et celui-ci, irrité, se hâta d'assiéger la ville avec un nombreux corps d'armée; mais *Bazmaz* détourna les eaux du fleuve Cydnus, et les eaux ravageant, au milieu de l'hiver, le camp des assiégeants, un grand nombre de soldats périt par ce fléau imprévu, réuni aux rigueurs du froid et aux intempéries de la saison. *Ahmed* fut donc forcé de lever le siége; et, remettant à une autre époque sa vengeance contre *Bazmaz*, il courut au secours d'autres provinces que menaçait l'invasion des Grecs : il réunit donc ses troupes et les conduisit sur-le-champ à Mopsueste et à Antioche.

C'est à Antioche que l'attendait le décret fatal de sa destinée; ayant bu une grande quantité de lait de buffle, et sa santé en ayant souffert, il négligea les avis du médecin chrétien *Sayd Théophile* qui l'accompagnait : ayant refusé de garder une diète sévère, il tomba sérieusement malade: alors il laissa *Abd-allah*, fils de *Fatah*, pour commander à Alep, et se hâta de retourner en Égypte. Il voyagea d'abord, porté à bras, dans une litière; mais sa faiblesse ne lui permettant pas de continuer à se servir de cette espèce de transport, il s'embarqua, aborda à Faramah et de là remonta le Nil jusqu'à Fostatt, où il parvint vers la fin de l'année.

A son arrivée, il sentit encore son état empirer; et, ayant appelé auprès de lui les médecins de la ville, il les menaça de la mort, s'ils n'employaient tout leur soin pour le guérir.

Mais les troubles qui s'élevèrent bientôt en Égypte, vinrent détourner *Ahmed* des soins que réclamait sa santé. Un descendant du khalyfe *Aly*, *Ahmed-ébn-Abd-allah*, apprenant la maladie d'*Ebn-Touloun*, crut la circonstance favorable pour lever l'étendard de la révolte. Une partie du *Sayd* se laissa entraîner par ses insinuations et embrassa son parti; mais les troupes nombreuses qu'*Ahmed ébn-Touloun* se hâta d'envoyer dans cette province, y eurent bientôt étouffé la rébellion, et le chef des révoltés eut la tête tranchée.

Le rétablissement de l'ordre dans l'intérieur fut suivi de l'espoir d'une paix prochaine avec les ennemis extérieurs, qui avaient manifesté contre *Ahmed êbn-Touloun* une haine si violente, et, en apparence, si irréconciliable.

Él-Mouaffeq venait, après une guerre longue et fatigante, de terminer heureusement son expédition contre les Zinges. Dégoûté des combats et des vicissitudes de la guerre, peut-être aussi sentant affaiblir par le temps son inimitié envers *Ahmed êbn-Touloun*, il résolut de chercher à se préserver d'une nouvelle guerre par des négociations. La puissance d'*Ahmed* n'avait pas cessé de paraître redoutable à *él-Mouaffeq*; mais sa maladie, qui pouvait d'ailleurs n'être qu'une feinte, paraissait, si elle était réelle, avoir dû calmer ses sentiments haineux, et lui faire désirer enfin un repos auquel *él-Mouaffeq* aspirait tant lui-même : au surplus, la victoire remportée sur les Zinges ôtait à ces ouvertures pacifiques tout soupçon de crainte et de faiblesse.

Él-Mouaffeq chargea donc *Sayd ben-Mokhalled* et quelques autres de ses confidents, d'écrire à *Ahmed êbn-Touloun*, et, en lui faisant sentir légèrement les torts qu'il avait eus dans cette querelle, de l'amener adroitement à une réconciliation. Les lettres furent écrites dans ce sens; mais, quoiqu'elles fussent censées écrites à l'insu de *él-Mouaffeq* et sans son autorisation, *Ahmed êbn-Touloun* ne put se laisser tromper par cette précaution diplomatique. Il reconnut que le frère du khalife seul les avait dictées, et, regardant cette démarche comme une satisfaction suffisante, il se montra lui-même porté à accueillir favorablement les ouvertures qui lui étaient faites.

Ses réponses annoncèrent donc une disposition à l'oubli des torts respectifs, et au rétablissement de la bonne intelligence, si *él-Mouaffeq* déclarait publiquement qu'il renonçait à son ressentiment et à ses attaques. *Él-Mouaffeq*, en lisant cette correspondance, jugea bien qu'*Ahmed êbn-Touloun* avait reconnu qu'il était l'auteur des premières lettres : prenant alors le parti de les avouer, il ne mit plus aucune hésitation à écrire lui-même à *Ahmed* qu'il se repentait de ses anciens procédés envers lui, qu'il étouffait dans son cœur tout sentiment d'inimitié, et que, désirant trouver dans son ennemi réconcilié une réciprocité de sentiments, il le priait de lui en donner l'assurance par une réponse authentique à sa déclaration officielle.

Le khalyfe *él-Motamed* vit avec plaisir la réconciliation des deux rivaux, et écrivit lui-même à *Ahmed êbn-Touloun* une lettre, tracée de sa propre main, pour lui intimer l'ordre de vivre dorénavant en bonne intelligence avec son frère *él-Mouaffeq*, et lui annoncer qu'il levait solennellement l'anathème qui avait été précédemment lancé contre lui.

Ces dernières dépêches furent confiées à *Hassan*, fils d'*Itaf*; mais elles n'arrivèrent en Égypte qu'après la mort d'*Ahmed êbn-Touloun*. La santé de ce dernier déclinait de plus en plus; les douleurs d'estomac que lui avait causées l'excès de la boisson de lait de buffle, avaient été accompagnées d'une fièvre violente et d'un affaiblissement général; une cruelle dyssenterie se joignit bientôt à ces premiers symptômes de destruction, et abattit presque entièrement toutes ses forces vitales.

Voyant approcher le terme de sa vie, il eut recours aux prières de toutes les religions qui étaient établies dans les États soumis à sa puissance. Par ses ordres, les musulmans avec le Koran, les juifs avec le Pentateuque et les Psaumes, les chrétiens avec l'Évangile, sortirent de la ville et se rendirent sur le mont Mokattam pour y adresser à Dieu leurs supplications. Les maîtres d'école assistaient à ces cérémonies religieuses à la tête des enfants dont l'instruction était confiée à leurs soins; des lectures publiques du Koran avaient lieu sans interruption dans toutes les mosquées; d'abondantes aumônes étaient répandues sur les pauvres, avec la plus grande profusion.

Enfin, ne pouvant plus douter que sa dernière heure allait sonner, « Grand « Dieu! s'écria-t-il, ayez pitié de votre « serviteur; daignez apprécier celui qui « n'a jamais su s'évaluer lui-même, et « jugez-le dans votre clémence! »

Il répéta alors la formule sacrée « Il « n'y a point d'autre Dieu que Dieu, et « Mahomet est l'apôtre de Dieu. » Et aussitôt après il rendit le dernier soupir.

Peu d'instants avant de mourir, il avait fait sortir de prison le docteur *Bakkar ;* mais ce malheureux vieillard ne jouit pas longtemps de la liberté qu'il venait de lui rendre; environ un mois après la mort d'*Ebn-Touloun*, il mourut lui-même et fut enterré auprès de Fostatt, où son tombeau est encore vénéré.

La mort d'*Ahmed êbn-Touloun* eut lieu le dimanche dixième jour du mois de Dou-l-Kadéh, onzième mois des musulmans, dans l'an 270 (1) de l'hégire (11 mai de l'an 884 de l'ère chrétienne); et ce prince fut enterré sur le mont Mokattam.

Le khalyfe *él-Motamed* apprit sa mort par le retour de *Hassan ben-Itaf*, et en ressentit une vive affliction. Les historiens arabes rapportent même une élégie qu'il composa à cette occasion, et qui prouve qu'il était plus habile dans l'art de la poésie que dans la science du gouvernement.

Ahmed êbn-Touloun avait ainsi régné environ dix-huit ans, avec des succès divers; mais sa fortune, soutenue par son génie, n'avait fait que s'accroître par les obstacles mêmes qui semblaient devoir arrêter son agrandissement, et ses dernières années avaient été brillantes de tout l'éclat de la richesse et de la puissance. Son héritage renfermait des trésors immenses, s'élevant à plus de 10,000,000 de dynars (2), des amas considérables d'armes et de provisions militaires, sept mille esclaves armés, vingt-quatre mille autres esclaves, et un plus grand nombre de chevaux, de mulets, de chameaux et d'autres bêtes de somme.

S'il fallait en croire quelques historiens arabes, sous son règne, les produits de l'Égypte se seraient montés à 100,000,000 de pièces d'or (3); mais des auteurs, moins exagérés, réduisent cette évaluation à la dixième partie.

C'est lui qui fit bâtir à Jaffa la première citadelle qui ait défendu cette ville, avant lui dépourvue de fortifications; et la ville de *Sour,* l'ancienne *Tyr,* lui doit son entière reconstruction.

(1) Cette année a commencé le jeudi 11 juillet de l'an 883 de notre ère.

(2) 150, 000, 000 de notre monnaie.

(3) 1, 500, 000, 000 de notre monnaie.

Quoiqu'il ne fût âgé que de cinquante ans, il laissait après lui trente-trois enfants, dont dix-sept fils et seize filles; il avait fondé son pouvoir d'une manière assez solide pour qu'il dût espérer, en le transmettant à ses descendants, que ceux-ci sauraient le conserver et établir en Égypte et en Syrie sa dynastie d'une manière inébranlable.

Tout semblait, en effet, présager qu'une puissance, fondée sous ces heureux auspices, après avoir surmonté, contre toute attente, les premiers écueils de son établissement, ne pourrait pendant longtemps que marcher de succès en succès. Tout devait faire croire que, dans la vigueur de son âge politique, elle ne pouvait redouter qu'à une époque, encore bien reculée, les symptômes de cette décadence inévitable à tous les empires, qui avait détruit successivement les plus formidables monarchies pour en faire renaître d'autres de leurs ruines.

Cependant, à peine vingt-deux ans seront-ils écoulés depuis la mort d'*Ahmed êbn-Touloun,* que sa dynastie, fondée par tant de peine et de persévérance, se verra renversée du faîte de son pouvoir, et que sa nombreuse famille sera entièrement éteinte dans le massacre général de ses descendants.

CHAPITRE IX.

Khomarouyah succède à Ahmed êbn-Touloun. —Mort d'Abbas.— Ville d'Él-Qatayah. — Le patriarche Mikhayl. — Palais de Khomarouyah. — Trahison d'Abou-Abd-Allah. — Nouvelle guerre avec Él-Mouaffeq. — Mort du khalyfe Él-Motamed. — Él-Motadded lui succède. — Ambassade. — Traité. — Mariage de la fille de Khomarouyah avec le khalyfe. — Assassinat de Khomarouyah. — Son fils Geych lui succède. — Révoltes. — Meurtre de Geych. — Haroun, frère de Geych, lui succède.— Désordres dans les provinces. — Leur cession au khalyfe. — Invasion des Karmates. — Le khalyfe Él-Moktafy attaque l'Égypte. — Meurtre de Haroun. — Sinân. — Extinction de la dynastie des Toulonides. — Les khalyfes él-Moqtader, él-Qaher, él-Râddy, él-Motaqy, él-Mostakfy, él-Mothy.— Gouverneurs de l'Égypte, Yssa, Mohammed êbn-Aly, Mekny, Abou-l-Hassan, Teghin, Mohammed, Abou-Beker, Ahmed.— Khalyfes fatimites. — Él-Mahady, Qayem be-âmr-Illah. — Dynastie des Ekhchydites. — Mohammed él-Ekhchyd, Abou-Hour, Aly, Abou-l-Hassan, Kafour, Ahmed. — Fin de la dynastie des Ekhchydites.

Khomarouyah, fils d'*Ahmed ebn-Tou-*

loun, succéda à la puissance de son père, aussitôt après sa mort, dans le mois de Dou-l-Qadéh de l'an 270 de l'hégire (884 de l'ère chrétienne). Il était âgé de vingt ans et avait pris le surnom d'*Abou-l-Geych* (Père de *Geych*) à la naissance de *Geych*, son premier fils. Je remarquerai, en passant, que, par un heureux jeu de mot, ce surnom signifiait, en même temps, Père de *l'Armée*, surnom qui ne pouvait manquer d'être agréable aux troupes, sur lesquelles s'appuyait sa puissance, et auxquelles son règne fit concevoir les plus hautes espérances.

Il avait été appelé au trône, non-seulement par les derniers ordres de son père mourant, mais encore par les suffrages unanimes de l'armée, dont il était l'idole, et à laquelle son frère aîné *Abbas* n'inspirait aucun intérêt : *Abbas*, d'ailleurs, était encore dans la prison où son père l'avait fait renfermer après sa révolte; et le souvenir de cette criminelle entreprise lui attirait encore une haine générale.

Aussi, à peine *Khomarouyah* fut-il installé, que plusieurs de ses conseillers, et entre autres *Abou-Abd-Allah*, agirent avec tant de force auprès du nouveau souverain, qu'ils lui arrachèrent l'ordre de la mort de son frère.

Cependant, suivant quelques historiens arabes, *Ahmed êbn-Touloun*, avant de mourir, avait fait sortir *Abbas* de la prison où il le retenait, lui avait pardonné sa rébellion et l'avait revêtu d'un manteau d'honneur; on ajoute même qu'en déclarant *Khomarouyah* son héritier au trône d'Égypte, il avait accordé à *Abbas* le gouvernement général de la Syrie et des provinces circonvoisines, comme un fief relevant de son frère *Khomarouyah*, envers lequel il l'exhorta à toujours conserver une fidèle obéissance. Quoi qu'il en soit de ces deux versions, il paraît toujours certain qu'*Abbas* ne jouit jamais de cette faveur, et perdit la vie en Égypte, par les ordres qui furent extorqués à son frère.

Excepté cet acte de faiblesse barbare, tout annonça dans *Khomarouyah*, qu'*Ahmed êbn-Touloun* aurait en lui un digne successeur; il refusa d'établir le siége de son empire à Fostatt, et le fixa au milieu même de ses soldats, dans la nouvelle ville qu'*Ahmed* avait fait construire pour eux, et qui avait reçu de lui le nom d'*él-Qatayah*.

Un des premiers ordres qu'il donna, en s'occupant du gouvernement de l'Égypte, fut la réparation d'une injustice, commise par son père, ou par les agents de son administration.

L'église d'Alexandrie était gouvernée, depuis l'an 268 de l'hégire, par le patriarche *Mikhâyl :* il avait destitué un évêque, nommé *Saka*, pour sa mauvaise conduite et ses infractions à la discipline ecclésiastique; celui-ci ne respirant que la vengeance, était accouru à Fostatt réclamer l'autorité d'*Amed êbn-Touloun*, et avait accusé le patriarche de posséder secrètement des richesses immenses. *Ahmed* préparait alors son expédition de Syrie, et son trésor était épuisé : il fit venir le patriarche, et prétendant que les moines chrétiens ne devaient posséder que l'habit et la nourriture, il lui enjoignit de verser, dans les coffres de ses finances, les trésors considérables dont il était détenteur. Ce fut en vain que le patriarche attesta la fausseté de cette assertion, présentée par *Saka ;* il fut jeté, avec un de ses diacres, nommé *Ebn-él-Mondir*, dans une étroite prison, où il fut resserré pendant un an. *Yohanna* et *Ibrahym*, fils de *Moussa*, qui étaient secrétaires d'*Ahmed êbn-Touloun*, obtinrent cependant, sur leur caution, que le patriarche serait remis en liberté, sous la condition d'une somme considérable, qu'il devait faire payer par les chrétiens qui étaient sous sa juridiction. Le patriarche souscrivit donc une obligation de 20,000 dynars (1) qu'il s'engagea à verser en deux époques.

Le premier paiement ne put se faire qu'avec peine et au moyen d'emprunts et de ventes de terres appartenant aux églises; car les redevances et la contribution par tête, que le patriarche établit à cette occasion sur les chrétiens, étaient loin d'avoir fourni les sommes nécessaires. Le parti que prit le patriarche, d'après les conseils qu'il reçut, de conférer, moyennant des sommes fixées, les dix épiscopats qui étaient alors vacants, ne put avoir son exécution et fut regardé comme une simonie blâmable. Hors d'état de satisfaire à ses engagements,

(1) Environ 300,000 francs.

le patriarche, qui s'était retiré au couvent de Sainte-Marie, près *Kasr-él-chama,* dans les environs de Fostatt, fut reconduit en prison; et il y gémissait encore, lorsque la mort d'*Ahmed ébn-Touloun* arriva. *Khomarouyah* pensa qu'il était juste de lui rendre la liberté et de le décharger du reste de son obligation, qui fut annulée.

Ne voulant rien innover dans le gouvernement que son père avait établi, *Khomarouyah* confirma chacun dans son grade et dans son emploi, laissa le commandement des armées de Syrie à *Abou-Abd-Allah,* et celui des autres armées à *Saad-él-Aysar.* En même temps, et afin de mieux s'assurer des provinces de la Syrie, il y envoya des vaisseaux de guerre pour croiser sur les côtes.

Tranquille à l'extérieur, il s'occupa de l'intérieur de l'Égypte, et employa une partie des trésors qu'il avait hérités de son père à des constructions nouvelles et à des embellissements de son palais, dont la description, telle que nous l'ont transmise les écrivains arabes, surpasse absolument toute croyance.

En effet, s'il faut les en croire, outre un grand nombre de bâtiments élevés par ses ordres dans la ville, *Khomarouyah* avait fait construire le palais le plus magnifique, entouré de vastes jardins, plus admirables encore, où se trouvait réuni tout ce qui pouvait flatter la mollesse des princes orientaux. On y était entièrement à l'abri des chaleurs, si insupportables en Égypte; les fleurs des parterres présentaient, dans la disposition de leurs compartiments, des dessins agréables ou des passages du Koran. Le tronc des arbres était revêtu d'une enveloppe de cuivre doré, recélant des tuyaux qui formaient au dehors plusieurs fontaines autour de l'arbre. Ici une immense tour de bois, peuplée de toutes sortes d'oiseaux; là des salons, resplendissants d'or et d'azur, étaient ornés de statues portant des couronnes d'or, des pendants d'oreilles de même métal, couvertes de pierreries et habillées des étoffes les plus riches. Ces statues étaient les portraits du prince et de ses femmes (1).

Un belvédère élégant procurait la vue entière du palais, des jardins, de la ville, du Nil, de la campagne et du désert. Une ménagerie, dont chaque loge avait son bassin en marbre, renfermait toutes les espèces des animaux féroces, que le prince aimait à faire combattre les uns contre les autres, en présence de sa cour.

Enfin, on voyait, au milieu d'une colonnade de marbre, dont les chapiteaux étaient en argent, un vaste bassin de cinquante coudées (1) de dimension, rempli de vif argent. La lumière du soleil, de la lune et des étoiles produisait un effet merveilleux, en se réfléchissant dans ce lac extraordinaire. Des anneaux d'argent et des cordons de soie servaient à amener à sa surface un immense coussin, rempli d'air, sur lequel le prince sensuel était bercé avec délices.

Cependant, un orage grondait au loin et était prêt à fondre sur sa tête. *Abou-Abd-Allah,* qui avait pris possession de son gouvernement de Syrie, ne fut pas longtemps sans craindre que *Khomarouyah* ne se repentît de l'action cruelle à laquelle il avait été entraîné, et qu'il ne voulût un jour exercer, à son tour, une vengeance sur le principal conseiller du meurtre de son frère.

Quelque brillant que fût le poste qu'*Abou-Abd-Allah* avait conservé, il considéra que ce poste même, l'éloignant de la cour et de la faveur du prince, le laissait en butte aux attaques des ennemis qui pouvaient vouloir profiter de son absence: il crut que son intérêt lui commandait de chercher un nouvel appui dans *él-Mouaffeq*, dont il supposait l'ancienne inimitié plutôt assoupie qu'éteinte.

Il écrivit donc à ce prince; et, en parlant avec mépris du jeune *Khomarouyah,* qu'il représentait comme un efféminé, uniquement occupé de ses plaisirs, il réussit, par des suggestions perfides, à réveiller, dans le cœur de *él-Mouaffeq,* le désir de tenter une nouvelle attaque.

Les hostilités recommencèrent donc; et, l'an 271 de l'hégire (2), il y eut une grande bataille entre *Ahmed,* fils de *él-Mouaffeq,* et *Khomarouyah*, fils d'*Ah-*

(1) Cette particularité est remarquable, car les représentations de figures humaines sont sévèrement proscrites par la religion musulmane.

(1) Environ quinze toises (29 mètres.)

(2) Cette année a commencé le lundi 29 juin de l'an 884 de notre ère.

med ébn-Touloun, semblant hériter l'un et l'autre de la haine que leurs pères s'étaient portée. Ce fils de *él-Mouaffeq* devint par la suite khalyfe, sous le nom d'*él-Motadded-b-illah*.

Ce combat des deux princes ennemis eut lieu entre Damas et Ramléh (1); le succès en fut vraiment extraordinaire : en effet, pendant le combat, *Khomarouyah*, croyant ses adversaires vainqueurs et tout espoir perdu pour lui, prit la fuite avec le corps qui l'accompagnait, et ne se crut en sûreté que lorsqu'il arriva aux frontières d'Égypte. Cependant, le reste de l'armée, ignorant la terreur panique et la fuite de son général, tint ferme et battit les ennemis. *Ahmed*, fils d'*él-Mouaffeq*, ignorant également la retraite de *Khomarouyah*, prit lui-même la fuite.

Ces singulières circonstances ont porté quelques historiens arabes à attribuer la victoire de cette journée aux troupes d'*él-Mouaffeq*. Ce combat est appelé par les Orientaux *Ouaqat-él-Taouahyn*, combat des meules, ou donné dans un lieu où il y avait des meules.

Ahmed, fils d'*él-Mouaffeq*, revint avec quelques troupes à Damas et dès lors donna ordre à son secrétaire, *Khateb-Ahmed*, fils de *Mohammed-él-Ouasety*, de lui faire connaître et d'arrêter ceux qui s'étaient déclarés d'un parti opposé au sien. On amena donc devant lui *Yezyd*, fils d'*Abd-él-Samad*, et *Abou-Zarah-él-Demechqy*. Il leur fit de violents reproches d'avoir participé à l'anathème et à la déposition qui avaient été proclamés, dans la mosquée, contre son père *él-Mouaffeq*, par les ordres d'*Ahmed ébn-Touloun*; ensuite il les fit charger de fers et conduire en prison.

Cette guerre entre *Khomarouyah* et *él-Mouaffeq* n'eut pas d'autres suites : bientôt même la bonne intelligence se rétablit tellement entre ces deux princes qu'on trouve des monnaies de cette époque portant à la fois les noms du khalife *él-Motamed*, de son frère *él-Mouaffeq* et de *Khomarouyah* (2).

Le khalyfat étant devenu vacant par la mort d'*él-Motamed-ala-Allah*, arrivée dans la quarante-troisième année de son règne, l'an 279 de l'hégire (1), *Ahmed*, fils d'*él-Mouaffeq*, mort l'année précédente, monta sur le trône, sous le nom de *él-Motadded-b-illah*. *Khomarouyah* crut utile aux intérêts de sa politique de consolider sa paix avec le nouveau khalyfe; et, la même année, il envoya en ambassade d'Égypte à Baghdad, *Hosseyn*, fils d'*Abd-Allah*, plus connu par le surnom d'*Ebn-Gassar*. Cet envoyé apporta au khalyfe de grands présents de la part de son maître; il était chargé, en outre, de promettre que l'Égypte paierait au khalyfe un tribut annuel de 200,000 dynars (2), et d'en payer 300,000 (3) pour les années antérieures.

Le khalyfe, en retour, accorda à *Khomarouyah* l'investiture, pour trente ans, de toutes les provinces qui avaient été dans sa possession, ou dans celle de son père. Il lui envoya aussi le sabre, les vêtements d'honneur et les autres insignes qui étaient la marque de l'autorité qu'il lui confiait. Ce droit d'investiture était le seul qui restât alors aux khalyfes de leur ancienne autorité souveraine. Voyant toutes leurs provinces, occupées par des chefs audacieux, souvent même inconnus, qui se révoltaient contre leur puissance, ils croyaient la rétablir en leur accordant l'inféodation des pays dont ceux-ci s'étaient rendus les maîtres.

Les tributs qu'ils imposaient en même temps aux princes en faveur desquels ils se dessaisissaient ainsi de leurs droits, n'étaient que des stipulations de pure forme et leur étaient rarement payés autrement que par quelques présents.

Le premier paiement de *Khomarouyah* fut exact; les autres le furent

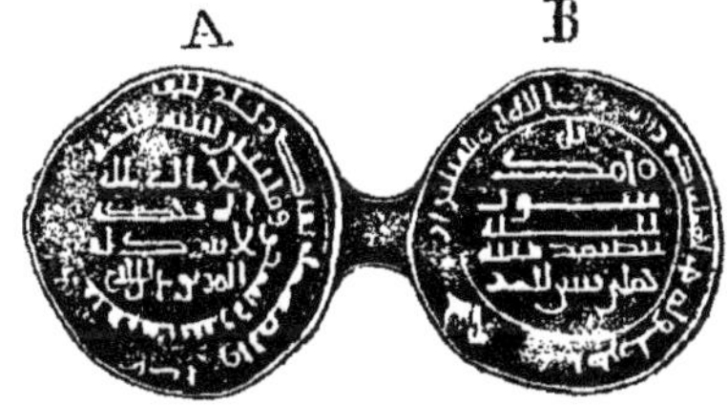

(1) Bourgade située près de Damas, et qu'il ne faut pas confondre avec une ville du même nom placée sur les frontières de la Palestine et de l'Égypte.

(2) Monnaie de l'an 276 de l'hégire (889 de l'ère vulgaire), portant le nom des trois princes.

(1) Cette année a commencé le lundi 3 avril de l'an 892 de l'ère vulgaire.

(2) Environ 3,000,000 de francs.

(3) 4,500,000 francs.

moins et s'arriérèrent de plus en plus.

Cependant *Khomarouyah*, désirant s'assurer qu'à l'avenir rien ne pourrait interrompre la bonne intelligence entre le khalyfe et lui, avait confié à son ambassadeur une autre mission, celle de proposer le mariage de sa fille *Qotr-ên-nedâ* (goutte de rosée) avec le fils d'*el-Motadded*.

Le khalife accepta la proposition pour lui-même : les noces se célébrèrent avec un luxe extraordinaire, et dont les historiens arabes font un récit merveilleux.

Ayant ainsi cimenté ses relations amicales avec le khalyfe, *Khomarouyah* pensa à s'agrandir du côté de l'empire des Grecs, et à employer contre eux les troupes que la paix dont il jouissait rendait inutiles. Par ses ordres, *Takadj ben-Djouf*, nommé aussi par quelques écrivains *Taghadj*, qu'il avait établi gouverneur de Damas, s'avança, avec un corps d'armée, de Tarses, sur les terres des Grecs, battit les troupes qu'il rencontra sur son passage, s'empara de plusieurs places, et revint chargé de dépouilles considérables.

La fin de l'année 282 de l'hégire (1), qui avait vu célébrer les heureuses noces du khalyfe et de *Qotr-ên-nedâ*, fut marquée par la mort fatale de son père *Khomarouyah*, assassiné à Damas; il avait appris que les femmes de son harem entretenaient des intrigues amoureuses avec quelques-uns des principaux domestiques de son palais, et les admettaient même à partager leur lit. Il annonça donc la résolution de vérifier les faits et de punir sévèrement les coupables; ceux-ci, effrayés de cette détermination, et voulant éviter les suites qu'ils en redoutaient, ne trouvèrent d'autre parti à prendre que celui de conspirer, avec les femmes leurs complices, contre la vie de leur souverain. Ce malheureux prince fut donc égorgé dans son lit, pendant une des nuits du mois de Doul-Hagéh.

Telle est la manière dont les historiens racontent la mort de *Khomarouyah*, mais les annales des Arabes chrétiens assignent à cet assassinat des causes bien différentes.

Un grand nombre de domestiques du palais fut soupçonné de complicité dans cet assassinat; plus de vingt, qui furent trouvés les plus coupables et à qui la torture arracha l'aveu de leur crime, furent condamnés à perdre la tête. Le corps de *Khomarouyah* fut transporté en Égypte, et inhumé sur le mont Mokattam, auprès du tombeau de son père *Ahmed êbn-Touloun;* son règne avait été de douze ans et dix-huit jours.

Aussitôt après la mort de *Khomarouyah*, les principaux de l'armée prêtèrent serment à *Geych* son fils, surnommé *Abou-l-asaker*, c'est-à-dire, père des soldats, jeune enfant qui n'avait pas encore atteint l'âge de la puberté; son règne ne fut pas long et ne dura que neuf mois.

L'an 283 de l'hégire (1), *Takadj ben-Djouf*, qui avait conservé le gouvernement de Damas, refusa de reconnaître l'autorité de *Geych* dans cette province; bientôt après, les soldats d'Égypte se révoltèrent à leur tour contre ce malheureux prince, mécontents de voir le trône d'*Ahmed êbn-Touloun* occupé par un enfant; et ils le rendaient responsable des fautes que commirent les imprudents conseillers qui s'étaient emparés de son jeune esprit et gouvernaient en son nom : on lui reprochait surtout d'avoir privé de leurs fonctions et de leurs dignités les officiers qui avaient eu la confiance d'*Ahmed* et que son père *Khomarouyah* avait conservés, et de les avoir remplacés par des hommes vils et méprisables, dont il s'était entouré, et qui seuls avaient le droit de l'approcher.

Geych fut massacré dans cette émeute; son palais fut dévasté et la ville pillée et incendiée.

Les chefs de la révolte proclamèrent cependant *Haroun*, fils de *Khomarouyah* et frère de *Geych*, comme successeur du prince qu'ils venaient d'immoler.

L'historien êl-Maray nous apprend que le khalyfe *êl-Motadded* confirma à *Haroun* l'investiture de l'Égypte et des autres provinces, moyennant la promesse d'un tribut annuel de 1,000,000 de dynars (2).

(1) Cette année a commencé le dimanche 2 mars de l'an 895 de l'ère chrétienne.

(1) Cette année a commencé le jeudi 19 février de l'an 896 de l'ère vulgaire.

(2) 15,000,000 de francs.

En cette année, le perfide *Loulou*, qui, par sa trahison, avait été le principal instigateur de la haine d'*él-Mouaffeq* contre *Ahmed ébn-Touloun*, et de la cruelle guerre qui en avait été la suite, osa reparaître en Égypte, où il mourut bientôt après; il était alors réduit à la plus profonde misère, et avait été dépouillé de tous ses biens par *él-Mouaffeq* lui-même.

Il avait, comme nous l'avons vu ci-dessus, réuni ses troupes à celles d'*él-Mouaffeq*, et cette réunion n'avait pas peu aidé celui-ci à terminer heureusement sa guerre contre les Zinges; le célèbre *Kemal-éd-dyn* assure même que le chef de ces peuples fut tué par la main même de *Loulou*.

Ahmed ébn-Touloun, à son arrivée en Syrie, n'avait pu réussir à s'emparer de *Loulou*; mais celui-ci, dans son évasion, avait laissé à Damas son harem et une grande partie de ses richesses. *Ahmed* s'en était emparé, et, à son retour en Égypte, avait fait vendre comme esclaves, au bazar de Fostatt, les enfants, les femmes et les concubines du traître qu'il n'avait pu saisir. Celui-ci, pleurant de chagrin et de rage en apprenant cette nouvelle, était allé trouver *él-Mouaffeq*, et lui avait demandé la permission d'emmener avec lui ses troupes, jurant de soumettre l'Égypte et de tirer d'*Ahmed ébn-Touloun* une cruelle vengeance.

Mais les négociations étaient déjà entamées entre *él-Mouaffeq* et *ébn-Touloun*; attendant leur issue et la réponse d'*Ebn-Touloun*, *él-Mouaffeq* se contenta d'accueillir *Loulou*, de le revêtir d'un manteau d'honneur, mais ne lui fit que des promesses vaines et illusoires. Un prince aussi habile que *él-Mouaffeq* devait, en effet, bien se garder de mettre des forces à la disposition d'un traître, dont la perfidie lui avait été profitable, mais pour lequel il ne pouvait s'empêcher de sentir le plus profond mépris et la défiance la plus fondée; il avait même l'intention de le livrer à *Ahmed ébn-Touloun* comme le gage d'une réconciliation sincère.

Après la mort d'*Ahmed ébn-Touloun*, *él-Mouaffeq* garda encore *Loulou* pendant trois ans à son service; mais ensuite il le mit entièrement dans sa disgrâce, le fit charger de fers, et le dépouilla de tous ses biens. *Loulou* fit de vaines remontrances, attestant que ses richesses étaient son seul crime. Il vécut, pendant quelque temps, dans un entier dénûment, et vint enfin en Égypte montrer le spectacle de la punition qui est immanquablement réservée à l'ingratitude et à la perfidie.

Haroun n'avait pas encore régné plus d'un an, lorsqu'en l'an 284 (1) la fortune commença à lui être contraire. Les généraux et les autres chefs de ses troupes et de son administration perdaient peu à peu de leur soumission et de leur obéissance; cessant enfin de respecter les ordres émanés du trône, ils troublaient le gouvernement au gré de leur caprice et de l'autorité arbitraire qu'ils s'arrogeaient. Cette insubordination et cet esprit de révolte avaient pour principal moteur et pour chef *Takadj*, fils de *Djouf*, qui s'était depuis si longtemps maintenu dans le gouvernement de Damas.

L'an 285 de l'hégire (2), les désordres qui déchiraient les provinces dont se composait la souveraineté de *Haroun*, ne purent rester inconnus au khalyfe *él-Motadded*; il conçut dès lors le projet de profiter de ces circonstances, pour faire rentrer sous son autorité immédiate cette portion de l'ancien domaine des khalyfes, que d'autres circonstances en avaient séparée : il s'avança donc vers la ville d'*Amidah*, l'an 285, s'en empara, et reçut le serment de fidélité du gouverneur *Mohammed ébn-Ahmed ébn-Yssa-ébn-Cheykh*, qui s'y était rendu indépendant; de là, il se porta sur *Kinesseryn* et s'en allait également rendre le maître.

Haroun, effrayé de ces démonstrations hostiles, et redoutant plus encore les ennemis intérieurs, dont les rébellions partielles le menaçaient continuellement de lui enlever quelque nouvelle province, prit le parti de s'adresser au khalyfe *él-Motadded* lui-même; il le supplia donc de vouloir bien recevoir en possession et de retenir, sous la puissance du khalyfat, ces provinces qui, chaque jour, échappaient de plus en plus à sa faible autorité.

(1) Cette année a commencé le mardi 8 février de l'an 897 de notre ère.

(2) Cette année a commencé le samedi 28 janvier de l'an 898 de notre ère.

Cette demande était accompagnée des ordres de *Haroun*, pour les gouverneurs qui commandaient en son nom à *Kinesseryn* et dans tout l'*Aouassen* (1), leur enjoignant de remettre ces places entre les mains du khalyfe. Celui-ci, acceptant cette transmission de droits, se hâta de prendre possession des remises qui lui étaient faites, et de s'y faire prêter serment de fidélité.

L'an 289 de l'hégire (2) ajouta encore aux embarras qui assiégeaient *Haroun*. Dépouillé d'une portion de ses États qu'il avait été obligé de céder lui-même, peu sûr de la portion qui lui restait fidèle en apparence, il y vit encore fondre les hordes des Karmates qui se répandirent, comme de nombreux essaims, sur la plus grande partie de la Syrie (3).

Takadj, fils de *Djouf*, gouverneur de Damas, s'efforça de les repousser et ne put les contenir qu'avec peine.

L'an 290 de l'hégire (4) vit s'augmenter la force de ces sectaires rebelles, qui battirent les troupes de *Takadj*, et osèrent assiéger la ville de Damas elle-même. A cette nouvelle les armées de la Syrie se rassemblèrent, et, attaquant les Karmates, elles vinrent à bout de les mettre en déroute, après avoir tué leur chef *Yahya*, qu'ils nommaient leur *cheykh*.

L'année 292 de l'hégire (5) fut marquée par les événements qui, mettant fin à la dynastie des Toulonides, firent rentrer entre les mains des khalyfes le reste de la Syrie et l'Égypte entière.

Le khalyfe qui était alors sur le trône, était *êl-Moktafy-b-illah* qui, depuis un an, avait succédé à *êl-Motadded ;* il voulut signaler le commencement de son règne par la prompte exécution des desseins formés sur l'Égypte et la Syrie par son prédécesseur. L'armée du khalyfe s'avança en Syrie sous le commandement de *Mohammed*, fils de *Souleymân;* ce général, devenu bientôt maître de Damas, ne tarda pas à attaquer l'Égypte elle-même et à pénétrer jusque sous les murs de la capitale.

Haroun se présenta pour la défendre, et livra plusieurs combats ; mais les partisans de *Haroun* étaient en petit nombre, et chaque jour les voyait encore diminuer, par la défection qui, après chaque combat, faisait passer de ses rangs dans ceux du khalyfe une multitude de gens faibles et peu affectionnés, que la crainte des événements ultérieurs entraînait facilement à la désertion et à la perfidie.

Plus malheureusement encore, le camp peu considérable qui resta réuni autour de ses drapeaux, devint le théâtre de la dissension et de la discorde : les haines qui s'y déclarèrent firent naître des querelles continuelles et l'ensanglantèrent chaque jour par des meurtres. *Haroun* monta à cheval pour réprimer ces désordres; mais, au milieu de ces scènes tumultueuses, il fut percé par la lance d'un *moghrebîn*, et il perdit la vie le 18e jour de safar, deuxième mois de l'an 292 de l'hégire (1).

Le règne de *Haroun* avait duré neuf années, toutes marquées par le malheur et par le désastre. S'il faut en croire *êl-Maray* et quelques autres historiens, son oncle paternel ne fut pas étranger au meurtre de ce malheureux prince; cet oncle était *Abou-l-Magaz-Sinân* que quelques historiens nomment *Chaybân;* il était frère de *Khomarouyah* et un des fils nombreux qu'avait laissés *Ahmed êbn-Touloun*.

Aussitôt après la mort de *Haroun*, *Sinân* le remplaça pour tenir les rênes du gouvernement; mais elles lui échappèrent presque aussitôt. Son autorité fut généralement méconnue, et les généraux de ses troupes traitèrent chacun en particulier avec *Mohammed êbn-Souleymân*, pour leur propre sûreté. Après un règne de quelques jours seulement, voyant toutes les troupes se débander, et perdant tout espoir de faire une défense utile, *Sinân*, à son tour, s'empressa de se soumettre à *Mohammed ;* et celui-ci

(1) *Aouassen* signifie *places frontières*.

(2) Cette année a commencé le mercredi 16 décembre de l'an 901 de l'ère chrétienne.

(3) C'est du nom de ces peuples que plusieurs orientalistes ont cru devoir dériver celui d'une modification introduite à cette époque dans l'ancien caractère koufique, qui fut alors tracé avec plus d'élégance et surchargé de traits d'ornement. Voyez un spécimen de ce genre d'écriture dans l'inscription de la planche 22.

(4) Cette année a commencé le dimanche 5 décembre de l'an 902 de l'ère chrétienne.

(5) Cette année a commencé le mardi 13 novembre de l'an 904 de notre ère.

(1) 31 décembre de l'an 904 de l'ère chrétienne.

lui accorda la vie et le pardon en recevant son serment.

Cependant, *Sinân*, ne se croyant pas en sûreté, tant qu'il resterait entre les mains de son vainqueur, s'échappa de son camp pendant la nuit, et ne put être découvert dans sa fuite, malgré les recherches qui en furent faites.

Au reste, ces derniers événements sont racontés avec quelques variantes par différents historiens; et, suivant *él-Maray*, *Sinân*, qu'il accuse de ne s'être placé sur le trône que par le meurtre de son neveu, aurait été puni de son crime par un autre assassinat, dont il aurait été la victime lui-même, dix jours seulement après le premier.

Ainsi se termina, en ce dernier prince, la dynastie brillante, mais éphémère, des Toulonides, qui avait duré en tout trente-sept ans et quelques mois.

Mohammed ébn-Souleymân se rendit maître, en peu de temps, de l'Égypte entière, et il fit arrêter tout le reste des descendants d'*Ahmed ébn-Touloun;* il les dépouilla de tous leurs biens; et, lorsqu'il écrivit au khalyfe *él-Moktafy-b-illah,* à Baghdad, pour lui faire part de ces heureux succès en Égypte, il lui envoya, en même temps, chargés de fers, dix des principaux de cette malheureuse famille. Tous ces événements furent terminés avant la fin de safar, second mois de cette année.

Pendant cette conquête de l'Égypte, les Karmates, profitant de l'éloignement des troupes envoyées à cette expédition, recommencèrent à se remuer en Syrie. A cette nouvelle, *Mohammed ébn-Souleymân* partit pour Baghdad en laissant la garde de l'Égypte à l'armée du khalyfe; mais les esprits n'étaient pas encore assez soumis au nouvel ordre de choses, et le pays ne pouvait pas être regardé comme entièrement pacifié.

Un rebelle, nommé *él-Kalandjy*, y excita beaucoup de troubles. Cette révolte fut étouffée par *Ahmed ébn-Kyglaq*, gouverneur de la Syrie, qui, pour y mettre ordre, partit de Damas, avec toutes les troupes du khalyfe qui étaient sous son commandement. Les Karmates profitèrent encore de son absence pour attaquer Damas et s'avancer jusqu'à *Tabaryéh* (Tybériade), qu'ils saccagèrent; mais, craignant de s'approcher trop de l'Égypte et d'y trouver des forces redoutables prêtes à les attaquer, ils revinrent sur leurs pas, et tournèrent leurs ravages du côté de Koufah. La guerre des Karmates se portant alors sur un théâtre éloigné de la Syrie et de l'Égypte, devint étrangère à ces deux provinces.

Él-Moktafy-b-illah, redevenu maître de l'Égypte, lui donna pour gouverneur *Yssa-él-Nouchary*. Trois ans après, ce khalyfe mourut le lundi 13 du mois de Dou-l-Qadéh (1), de l'an 295 de l'hégire (2), âgé de trente et un ans et trois mois, après avoir régné six ans, sept mois et vingt-deux jours.

Le frère d'*él-Moktafy*, âgé de treize ans seulement, fut proclamé comme khalyfe le jour même de la mort de son frère, sous le nom d'*él-Moqtader-b-illah*.

Ce jeune prince ne fit d'abord aucun changement dans l'administration des provinces. *Yssa-él-Nouchary* conserva donc pendant la première année du nouveau règne le gouvernement de l'Égypte, que lui avait donné le khalyfe *él-Moktafy*. Cependant, quelque temps après il fut obligé de céder la place à *Mohammed,* fils d'*Aly-él-Khalydjy;* rétabli peu de mois après, il administra de nouveau l'Égypte, pendant environ trois ans, et dans le mois de Chaabân de l'an 297 de l'hégire (3), le khalyfe le remplaça par *Mekny*, affranchi du khalyfe *él-Motadded-b-illah* et surnommé, par cette raison, *él-Motaddedy;* mais au bout de cinq ans, il le déposa, l'an 302 de l'hégire (4), et nomma, pour lui succéder au gouvernement de l'Égypte, *Aboul-Hassan-Zeky*, qui avait le double surnom d'*él-Aouar*, parce qu'il était borgne (5), et d'*él-Roumy*, parce qu'il était Grec d'origine.

Celui-ci administra également l'Égypte

(1) 12 septembre 908 de notre ère.

(2) Cette année a commencé le lundi 12 octobre de l'an 907 de notre ère.

(3) Cette année a commencé le mercredi 20 septembre de l'an 909 de notre ère.

(4) Cette année a commencé le mercredi 27 juillet de l'an 914 de notre ère.

(5) Les Orientaux n'ont aucune répugnance à recevoir leurs surnoms de quelque imperfection corporelle. Le vizir d'Al-Mamoun était surnommé *Ahoual* (le louche); le médecin de ce khalyfe *Koussedj* (l'imberbe). Plusieurs vizirs de l'empire ottoman n'ont été connus que sous le surnom de *Topal* (boiteux) et le nom du fameux *Tamerlan* est lui-même formé de son nom propre *Tymour* et de son surnom *Lenk* qui signifie *boiteux* en persan.

pendant cinq ans; mais il mourut dans le mois de Raby êl-Aouel de l'an 307 (1), et son prédécesseur *Mekny* fut rappelé une seconde fois au gouvernement de l'Égypte.

Ce gouverneur ne jouit de ce rappel que peu de temps; bientôt il fut dépossédé de ces hautes fonctions par *Teghin*, qui mourut quelque temps après. En mourant *Teghin* laissait un fils, nommé *Mohammed*, qui, profitant des troubles dont l'empire était agité, s'empara du gouvernement sans en avoir reçu l'autorisation du khalyfe.

Êl-Moqtader-b-illah venait d'être tué à Baghdad, pendant la prière du soir, le mercredi 28 du mois de Chaoual de l'an 320 de l'hégire (2). Il était âgé de trente-huit ans environ et avait régné vingt-quatre ans, onze mois et seize jours (3). Il avait eu pour successeur son frère *êl-Qaher-b-illah*, troisième fils du khalyfe *êl-Motadded-b-illah*.

Le nouveau khalyfe voulut punir l'usurpation de *Mohammed-êbn-Teghin*, et donna le gouvernement de l'Egypte à *Abou-Beker-Mohammed-êbn-Takadj*, qui, par la suite, y devint le fondateur d'une nouvelle dynastie, qui a régné sur l'Égypte et sur la Syrie.

Abou-Beker-Mohammed était fils de *Takadj*, alors gouverneur de Damas, et était né à Baghdad l'an 268 de l'hégire (4); son père, originaire de *Ferganah*, et dont la famille faisait partie d'une des tribus turkes, avait été l'un des principaux émirs des princes toulonides et, après la destruction de leur dynastie, il était resté en Égypte, où il occupait une charge dans le gouvernement : quelques intrigues l'avaient forcé de se retirer en Syrie, où il rassembla tous ceux qui lui étaient restés attachés.

Il avait pris d'abord du service dans les armées du khalyfe, et l'avait rendu maître de la ville de Ramléh. Ce fut alors qu'il avait obtenu pour récompense le gouvernement de Damas.

Son fils *Abou-Beker-Mohammed* n'alla point en Égypte prendre possession du gouvernement dont il venait d'être revêtu, et n'en posséda même le titre que pendant un mois. Le khalyfe nomma en sa place *Ahmed* fils de *Kyglag*, l'an 321 de l'hégire (1). Mais de grands troubles agitèrent l'empire à cette époque, et se firent sentir jusqu'en Égypte. Après un règne d'un an, six mois et six jours seulement, *êl-Qaher-b-illah* fut déposé du khalyfat, le mercredi 5 du mois de Gemady-êl-Aouel, de l'an 322 de l'hégire (2); et le lendemain, son neveu *Raddy-b-illah*, fils d'*êl-Moqtader*, fut proclamé khalyfe.

Le nouveau souverain déposa le gouverneur que son oncle avait nommé, et rétablit, l'an 323 de l'hégire (3), *Mohammed-êbn-Takadj*, qui, cette fois, se rendit dans son gouvernement. *Ahmed-êbn-Kyglag* refusa de le laisser entrer en possession, et la querelle entre les deux compétiteurs fut décidée par la force des armes. Battu en plusieurs rencontres, *Ahmed-êbn-Kyglag* fut forcé de se retirer avec ceux de son parti à Barkah, en Afrique, d'où il passa ensuite à Qayrouân (4).

Cette ville de la Cyrénaïque, et les côtes de la Mauritanie qui en dépendent, étaient alors sous la domination d'une dynastie indépendante des khalyfes abbassides de Baghdad, et qui portait le nom de *Fatymite*. Les Fatymites fai-

(1) Cette année a commencé le jeudi 3 juin de l'an 919 de l'ère chrétienne.

(2) Cette année a commencé le vendredi 13 janvier de l'an 932 de l'ère chrétienne.

(3) Monnaie du khalyfe *Êl-Moqtader-b-illah*, de l'an 316 de l'hégire (907 de l'ère chrétienne).

(4) Cette année a commencé le mardi 1er août de l'an 881 de l'ère chrétienne.

(1) Cette année a commencé le mardi 1er janvier de l'an 933 de l'ère chrétienne.

(2) Cette année a commencé le dimanche 22 décembre de l'an 933 de l'ère chrétienne.

(3) Cette année a commencé le jeudi 11 décembre de l'an 934 de notre ère.

(4) Remplaçant l'ancienne *Cyrène*, mais construite à quelque distance des ruines de cette première ville, sur l'emplacement même de l'ancienne *Aphrodiliam*, l'an 46 de l'hégire (666 de notre ère), sous le khalyfe Moaouyah qui avait conquis et détruit l'ancienne *Cyrène*.

saient partie de la tribu de *Koramah*, sortie des montagnes qui avoisinent la ville de Fez, à l'extrémité occidentale de l'Afrique; prétendant descendre en droite ligne d'*Ismayl*, sixième imâm de la race d'*Aly*, et par conséquent du Prophète par *Fatyme*, sa fille, dont ils avaient pris leur surnom (1), leurs chefs avaient, dès l'an 269 de l'hégire (2), commencé à étendre leur puissance, dans les parties occidentales de l'Afrique, sur les débris des dynasties des Aglabites et des Édrissites, qui, avant eux, avaient secoué le joug de l'obéissance, tant envers les khalyfes abbassides de Baghdad qu'envers les Ommyades d'Espagne.

Poussant leurs conquêtes de plus en plus vers l'orient, dès l'an 280 (3) de l'hégire, le chef des Fatymites, *Abou-Mohammed-Abd-Allah* (4), s'était rendu maître de Qayrouân; dès lors, se jugeant assez fort pour faire éclater ses hautes prétentions, l'an 296 (5) de l'hégire, il s'était déclaré khalyfe, sous le nom d'*Obeyd-Allah*, prenant en même temps le surnom d'*él-Mahady*, qui avait été celui du dernier des imâms alides dont il prétendait descendre, et appuyait, par les souvenirs de ce surnom, ses prétentions d'être le seul khalyfe légitime.

Ainsi, l'empire de l'islamisme se voyait partagé entre trois dynasties de khalyfes, régnant à la fois et s'attribuant chacun les droits exclusifs de la légitimité; les khalyfes Ommyades d'Espagne, les Abbassides de Baghdad, et les Fatymites de Qayrouân.

Dès lors, convoitant la possession de l'Égypte, le nouveau khalyfe fatymite avait formé le dessein d'arracher cette belle province à la suzeraineté de ses antagonistes les khalyfes abbassides de Baghdad.

Trois ans après son avénement, l'an 300 de l'hégire (6), il fit marcher contre l'Égypte quarante mille hommes, formant trois armées différentes. Cette réunion de forces lui donnait l'espérance de voir bientôt cette riche contrée réunie à ses précédentes conquêtes.

Mais le khalyfe *él-Moqtader-b-illah* avait prévu les desseins d'*él-Mahady*; des troupes avaient été réunies en assez grand nombre pour mettre l'Égypte à l'abri de cette formidable attaque : les trois armées d'invasion éprouvèrent trois défaites, et furent repoussées non-seulement des environs du Kaire, où une de ces divisions s'était portée, mais encore hors du territoire égyptien. Cependant, si les troupes abbassides garantirent l'intérieur de l'Égypte de l'invasion des Fatymites, elles ne purent empêcher ceux-ci de s'emparer d'Alexandrie, qui resta quelque temps entre leurs mains, mais qu'ils furent bientôt contraints d'évacuer.

Ce triple échec força *Obeyd-Allah-él-Mahady* à ajourner ses projets sur l'Égypte; mais, ne trouvant pas le siége de sa puissance convenablement placé à Qayrouân, il fonda une nouvelle ville qu'il appela de son nom, *Mahadyéh*: il fit de cette nouvelle ville la capitale provisoire de sa dynastie, qui ne devait pourtant pas tarder à réaliser ses projets, de ne prendre pour capitale que la capitale de l'Égypte elle-même.

Ces projets ne purent avoir leur accomplissement ni par les mains d'*Obeyd-Allah*, ni par celles de ses deux premiers successeurs.

Néanmoins, une seconde expédition, qu'il entreprit contre l'Égypte, fut plus heureuse et lui valut la possession définitive d'Alexandrie et du Fayoum.

Après un règne de vingt-six ans, *Obeyd-Allah-él-Mahady*, âgé de soixante-trois ans, était mort à *Roukadah*, l'an 322 de l'hégire (934 de l'ère chrétienne).

Son fils *Abou-l-Qassem-Mohammed*, qui prit le surnom d'*él-Qayem-be-amr-Illah*, c'est-à-dire, établi par l'ordre de Dieu, lui succéda dans ses grands desseins comme dans sa puissance.

Non-seulement le nouveau khalyfe fatymite avait conservé les conquêtes de son père, mais il les avait encore étendues, et semblait brûler du désir de les pousser plus loin encore.

Ce fut auprès de ce prince que *Ahmed ébn-Kiglag*, chassé de l'Égypte par *Abou-*

(1) On les a aussi nommés *Ismaëliens*, *Obeydiens*, *Alides*.

(2) Cette année a commencé le samedi 21 juillet de l'an 882 de notre ère.

(3) Cette année a commencé le vendredi 23 mars de l'an 893 de notre ère.

(4) *Abd-allah* signifie, comme on sait, serviteur de Dieu : il changea depuis ce nom en celui d'*Obeyd-allah* (petit serviteur de Dieu).

(5) Cette année a commencé le vendredi 30 septembre de l'an 908 de l'ère chrétienne.

(6) Cette année a commencé le mardi 18 août de l'an 912 de notre ère.

Beker-Mohammed-êbn-Takadj, vint chercher un asile : avide de vengeance, il pressa *él-Qayem-be-amr-Illah* de marcher sur l'Égypte et de s'en emparer; celui-ci, trouvant cette proposition conforme à ses desseins d'agrandissement, s'apprêtait à la mettre à exécution, lorsque *Mohammed-êbn-Takadj*, informé de ces préparatifs d'invasion, y mit obstacle par l'envoi de corps de troupes nombreuses sur toute la frontière occidentale. Cependant, il ne put empêcher les Fatymites de conserver Alexandrie, d'envoyer leurs partis jusqu'aux portes de Fostatt, et d'occuper une assez grande partie du Sayd.

Él-Qayem-be-amr-Illah, ne se sentant pas encore assez fort pour attaquer l'Égypte, fut obligé d'ajourner ses projets de destruction sur l'empire des khalyfes abbassides.

Les provinces de cet empire étaient, à cette époque, devenues la proie d'un grand nombre de petits princes qui avaient profité de la faiblesse du khalyfat pour se déclarer souverains indépendants : la Syrie, une partie de l'Arabie et les arrondissements voisins étaient ravagés par les Karmates; le Khorassân et le Mâouerâ-ên-nahar (l'ancienne Transoxiane) avaient été enlevés par les princes Samanides, l'Espagne par les Ommyades, l'Afrique par les Fatymites, la Mésopotamie et le Diar-bekir par les *Hamadanites*, la Perse par les *Bouides*; il ne restait donc plus aux khalyfes abbassides que Baghdad, quelques provinces voisines et l'Égypte.

Celle-ci ne tarda pas à leur échapper. Le gouverneur d'Égypte, *Abou-Beker-Mohammed-êbn-Takadj*, voyant la dissolution presque entière de l'empire de l'islamisme, voulut en tirer sa part à son tour; il se déclara indépendant; et, l'an 324 de l'hégire (1), le trop faible khalyfe fut obligé de le confirmer dans son usurpation, lui abandonnant en même temps la Syrie entière qu'il n'était plus en état de lui reprendre.

Abou-Beker-Mohammed êbn-Takadj prit alors le surnom d'*el-Ėkhchyd*, qui était le titre des rois de *Ferghanah*, dont il prétendait descendre, et qui signifie, dans la langue de cette contrée, *roi des rois*. C'est de ce surnom que la dynastie dont *Abou-Beker-Mohammed êbn-Takadj* fut le fondateur, a été appelée *dynastie des Ėkhchydites*.

Quatre ans après, l'an 328 de l'hégire (1), le khalyfe *él-Raddy-b-illah* ayant donné la charge d'*Émyr-él-Omrâ* (prince des princes) à *Mohammed ebn-Rayq*, cet officier, non content de la Palestine qui dépendait de son gouvernement, passa avec des troupes en Syrie, et en chassa *Badra*, lieutenant de *Mohammed-él-Ėkhchyd*. Celui-ci partit aussitôt de l'Égypte, où il laissa le gouvernement entre les mains de son frère *él-Hassan*, et vint camper à *Faramah*, dont les troupes de *Mohammed êbn-Rayq* s'étaient déjà approchées.

Cependant, par l'entremise de quelques émirs, un accommodement pacifique eut lieu entre eux; et *Mohammed-él-Ėkchyd* reprit le chemin de Fostatt; mais il y était à peine arrivé, qu'il apprit que *Mohammed ebn-Rayq* était sorti de nouveau de Damas, et se disposait à marcher vers l'Egypte avec son armée.

Cette rupture obligea *Mohammed-él-Ėkhchyd* de revenir promptement en Syrie; il rencontra l'avant-garde ennemie à *él-Arych*, et lui livra combat aussitôt : son aile droite fut mise en désordre; mais le centre, qu'il commandait, tint ferme, et *Mohammed-él-Rayq* prit la fuite vers Damas, laissant cinq cents prisonniers entre les mains de *Mohammed-él-Ėkhchyd*, qui prit possession de Ramléh.

Housséyn, second frère d'*él-Ėkhchyd*, avait perdu la vie dans le combat. Malgré l'état hostile qui subsistait entre les deux armées, *Mohammed êbn-Rayq* envoya à *Mohammed-él-Ėkhchyd* son propre fils, chargé de compliments de condoléance sur la perte qu'il venait de faire, et porteur de propositions de paix.

Mohammed-él-Ekhchyd accueillit le fils de son ennemi avec distinction, et le fit revêtir d'un manteau d'honneur; il consentit ensuite à faire la cession de Damas, moyennant un tribut annuel de 140,000 pièces d'or (2) et la remise entre ses mains de toute la partie de la Palestine qui s'étendait depuis Ramléh jusqu'aux frontières de l'Égypte.

(1) Cette année a commencé le lundi 30 novembre de l'an 935 de notre ère.

(1) Cette année a commencé le vendredi 18 octobre de l'an 939 de notre ère.

(2) Environ 2,100,000 francs de notre monnaie

Après avoir terminé tous les arrangements relatifs à ce traité, *Mohammed-él-Ekhchyd* rentra en Égypte, l'an 329 de l'hégire (1).

Le khalife *él-Rad y-b-illah* mourut le 6 du mois de Raby-él-Aouel de cette même année; il n'était âgé que de trente ans, et avait régné six ans, dix mois et dix jours (2); il eut pour successeur son frère *Abou-Ishaq-Ibrahym*, qui, en montant sur le trône, prit le surnom d'*él-Mottaqy-b-illah.*

Mohammed-él-Ekhchyd se fit reconnaître, l'an 330 de l'hégire (3), comme Prince d'Égypte par le nouveau khalyfe. Quelque temps après, il apprit que son ancien adversaire *Mohammed ébn-Rayq* venait d'être tué par les Hamadanites; profitant de cette occasion pour recouvrer les provinces dont il lui avait fait cession par son traité, il se hâta d'entrer en Syrie et ne revint en Egypte qu'après avoir repris Damas, les places qui en dépendaient, et tous les arrondissements dont il avait fait l'abandon.

Voyant alors sa puissance suffisamment affermie, l'an 331 de l'hégire (4), il fit reconnaître, par ses émirs et par toute la milice, son fils *Abou-l-Qassem Mahmoud*, surnommé *Abou-Hour*, pour son successeur.

L'année suivante, 332 de l'hégire (5), vit éclater de grands troubles à Baghdad : la charge d'*Émyr-él-Omrâ*, donnée, suivant le caprice des milices turkes, aux principaux d'entre eux, était devenue un pouvoir supérieur à celui des khalyfes. Un Turk, nommé *Touzoun*, qui en était alors revêtu, avait tellement opprimé le khalyfe *él-Mottaqy*, que celui-ci s'était vu obligé de quitter sa capitale et de se retirer à Moussoul : de là il implora le secours de *Nasser-ed-Doulah* et de *Seyf-éd-Doulah*, princes de la maison d'*Hamadân* (1). Ceux-ci rassemblèrent leurs forces et marchèrent, avec le khalyfe, contre Baghdad; mais ils furent battus par *Touzoun* et contraints de se retirer à Moussoul. Le khalyfe témoigna sa reconnaissance aux princes hamadanites, en les revêtant d'un manteau d'honneur; c'étaient, depuis longtemps, les seuls présents que ces souverains de l'islamisme pouvaient faire.

De là il passa à Rakkah, où il reçut de *Touzoun* l'invitation de revenir à Baghdad. Le khalyfe, voyant les Hamadanites, ses défenseurs, découragés, résolut d'accepter les offres de l'*Émyr-él-Omrâ*; mais, à cette nouvelle, *Mohammed-él Ékhchyd* se hâta de se rendre à Rakkah, et offrit à *él-Mottaqy* l'Égypte pour retraite. Le khalyfe refusa ces offres : seulement *Mohammed-él-Ékhchyd* obtint de lui, en lui promettant de lui fournir tout l'argent qui lui serait nécessaire, qu'il n'irait point à Baghdad se livrer entre les mains de *Touzoun*. Alors celui-ci, craignant que le khalyfe ne trouvât des défenseurs puissants, vint se jeter à ses pieds, lui rendit tous les respects dus au souverain de l'islamisme et le remmena à Baghdad; mais, à peine y fut-il arrivé, qu'il déposa le malheureux khalyfe, le 20 du mois de Safar de l'an 333 de l'hégire (2), après un règne de quatre ans et onze mois.

Touzoun remplaça *él-Mottaqy* par le fils de ce khalyfe, *Abou-l-Qassem-Abd-Allah*, qui prit, en montant sur le trône, le surnom de *él-Mostakfy-b-illah*, c'est-à-dire, celui qui trouve en Dieu sa suffisance. Ce jeune prince ne tarda pas à être déposé à son tour le 22 de Gemady-él-Tâny de l'an 334 de l'hégire (3), après avoir régné seulement seize mois et deux jours.

Il fut remplacé par son oncle *Abou-l-*

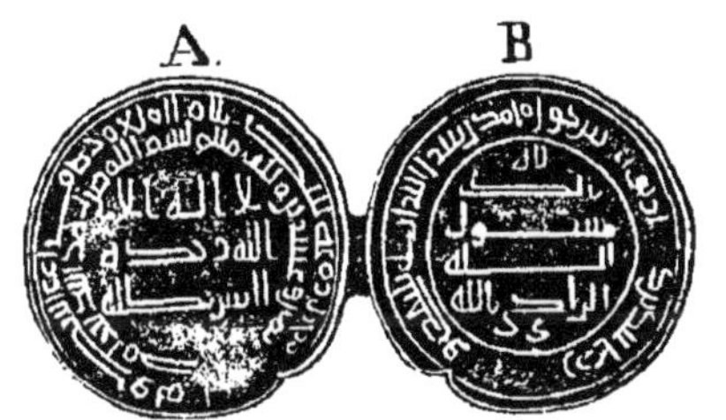

(1) Cette année a commencé le mardi 6 octobre de l'an 940 de notre ère.

(2) Monnaie du khalyfe *Él-Raddy-b-illah*, de l'an 328 de l'hégire (939 de notre ère).

(3) Cette année a commencé le dimanche 26 septembre de l'an 941 de notre ère.

(4) Cette année a commencé le jeudi 15 septembre de l'an 942 de notre ère.

(5) Cette année a commencé le lundi 4 septembre de l'an 943 de notre ère.

(1) Le nom du premier de ces princes signifie le *Défenseur de l'Empire*; celui du second, *l'Épée de l'Empire*.

(2) Cette année a commencé le samedi 24 août de l'an 944 de notre ère.

(3) Cette année a commencé le mercredi 13 août de l'an 945 de notre ère.

Abbas-él-Fâddel, troisième fils du khalyfe *él-Moqtader*. Le nouveau khalyfe prit, en montant sur le trône, le titre d'*él-Motty-b-illah*, et réussit à se maintenir sur ce trône pendant près de trente années (1); mais il fut le dernier des khalyfes abbassides dont l'Égypte reconnut la suzeraineté.

Après le départ de *él-Mottaqy* pour Baghdad, malgré ses instances auprès de ce prince faible, *Mohammed-él-Ékhchyd* avait séjourné quelque temps à Damas, et avait ensuite repris le chemin de l'Egypte; aussitôt *Seyf-éd-Doulah* marcha sur *Haleb* (Alep), où commandait, au nom de *Mohammed-él-Ékhchyd*, *Yanes-él-Mounnefy*; il prit cette ville, poursuivit ensuite *Ibrahym-él-Oukayly*, général des troupes égyptiennes, et le battit entre *Sarmyn* et *Maarrah* : il s'empara ensuite de Damas, qui appartenait aussi à *Mohammed-él-Ékhchyd*; mais ses vexations et ses violences indignèrent les habitants, qui sollicitèrent vivement *Mohammed-él-Ékhchyd* de venir à leur secours.

Aussitôt ce prince fit partir pour la Syrie *Kafour*, celui de ses affranchis dans lequel il avait le plus de confiance, et mit sous ses ordres un corps de troupes nombreuses. *Seÿf-éd-Doulah* marcha au-devant de lui, et les deux armées se rencontrèrent en présence l'une de l'autre un vendredi. Comme ce jour est la fête hebdomadaire des musulmans, les troupes hamadanites, prétextant qu'il n'était pas permis de combattre, abandonnèrent leur camp et se dispersèrent dans les campagnes environnantes: *Kafour*, moins scrupuleux, les surprit, les mit en déroute et leur enleva tous leurs bagages. *Seyf-éd-Doulah* s'enfuit à la hâte à Hemesse; mais, s'y voyant poursuivi, il décampa et arriva

(1) Monnaie du khalyfe *Él-Motty-b-illah*, de l'an 353 de l'hégire (945 de notre ère).

par *Hamah* à *Rostou* : *Kafour* l'y rejoignit; mais *Seyf-éd-Doulah*, attendant son ennemi de pied ferme, l'obligea à repasser le pont de *Rostou*, dans un tel désordre, que la plus grande partie des soldats égyptiens y fut noyée dans la rivière d'*Assy* : quatre mille prisonniers et tous les bagages restèrent entre les mains des Hamadanites, et *Kafour* s'enfuit à Hemesse et de là à Damas.

Informé de ces désastres, *Mohammed-él-Ekhchyd* quitta l'Égypte, et vint, avec une forte armée, à *Maarrah*. *Seyf-éd-Doulah*, déterminé à décider cette guerre par un coup de désespoir, mit d'abord en sûreté ses trésors, ses bagages, ses esclaves et son harem, en les renvoyant derrière lui en Mésopotamie; puis il marcha droit à *él-Ekhchyd*, qui avait pris position à *Kinesseryn*. *Mohammed-él-Ekhchyd* se tint prêt à repousser cette attaque : il partagea ses troupes en deux corps, mit à l'avant-garde tous ceux qui avaient des lances, et se tint lui-même à l'arrière-garde avec un corps de dix mille hommes d'élite. *Seyf-éd-Doulah* attaqua le premier corps et le mit en déroute; mais l'arrière-garde tint ferme; et sa résistance empêcha *Mohammed él-Ékhchyd* d'être entièrement battu. *Seyf-éd-Doulah* ne remporta d'autre avantage que la prise des bagages de son ennemi.

Les deux armées se séparèrent après un combat aussi peu décisif; et *Seyf-éd-Doulah* alla à *Maubedj*, en rompit le pont, et, entrant dans la Mésopotamie, il se porta sur *Rakkah*; mais *Mohammed-él-Ekhchyd* y était déjà en position, et les deux armées, n'étant séparées que par l'Euphrate, restèrent ainsi plusieurs jours en présence.

Quelques négociations s'entamèrent, et elles furent suivies de la conclusion de la paix. Les conditions de cet accommodement furent que Alep, Hemesse et la Mésopotamie appartiendraient à *Seyf-éd-Doulah*, et que tout le pays, depuis Hemesse jusqu'aux frontières de l'Arabie, resterait à *Mohammed-él-Ékhchyd*. Un fossé fut creusé entre *Djouchna* et *Lebouah*, pour déterminer la séparation des deux États, aux endroits où la disposition du sol ne présentait pas de limites naturelles.

Pour cimenter cette paix, solennellement jurée, *Seyf-éd-Doulah* épousa la fille de *Mohammed-él-Ekhchyd*, et les deux princes s'en retournèrent chacun dans leurs États. Cependant, cette paix fut presque aussitôt rompue par les Hamadanites, et *el-Ëhkchyd*, revenant sur ses pas, les battit en plusieurs rencontres, et leur reprit la ville d'Alep.

Ainsi, l'an 334 de l'hégire avait été fécond en événements importants et fut encore signalé par la mort de *Mohammed-él-Ekhchyd*. Ce prince mourut à Damas, dans le mois de Dou-l-Hagéh, dernier mois de cette année. Il était âgé de soixante ans, et avait régné onze ans, trois mois et deux jours. Il fut enterré à Jérusalem. *Mohammed-él-Ëkhchyd* se fit remarquer par de grandes qualités, surtout par ses talents militaires. Brave sans témérité, calculant ses chances avec perspicacité, il savait en profiter avec une habileté admirable; d'un autre côté, il était si défiant et si timide, dans l'intérieur de son palais, qu'il y avait réuni un corps de huit mille esclaves armés, dont mille montaient la garde chaque jour. Il ne passait jamais une nuit entière dans le même appartement ni dans la même tente, et l'on ignorait toujours l'endroit où il dormait.

Ce prince pouvait mettre, dit-on, sur pied quatre cent mille hommes. Quoique les historiens ne nous fassent pas connaître précisément les limites de son empire et qu'elles aient été variables à diverses époques, on peut, cependant, juger que son royaume, comme celui des Toulonides, ses prédécesseurs, s'étendait sur l'Égypte, la Palestine, la Syrie, la Mésopotamie, jusqu'à l'Euphrate, et comprenait même une grande portion de l'Arabie (1).

Les chrétiens orientaux l'accusent de n'avoir subvenu aux dépenses de ces armées si nombreuses, qu'en les persécutant et exigeant d'eux de grandes sommes, pour le payement desquelles ils furent obligés de vendre beaucoup de biens appartenant à leurs églises.

Mais, si nous en devons croire un historien, d'autant plus digne de foi qu'il était contemporain, ces dépenses furent couvertes par les trésors dont *Mohammed-él-Ëkhchyd* fit la découverte.

En effet, *él-Massoudy*, mort au Kaire l'an de l'hégire 346 (1), rapporte que *Mohammed-él-Ëkhchyd* s'occupait avec ardeur de la fouille des souterrains qui renfermaient les tombeaux des anciens rois égyptiens, afin d'en tirer les trésors. « Ce prince, ajoute-t-il, fit « creuser profondément; et on parvint « dans un endroit de ces tombeaux qui « offrait de vastes salles, magnifique- « ment décorées : on y trouva des figu- « res de vieillards, de jeunes gens, de « femmes et d'enfants, dont le travail « était merveilleux; leurs yeux étaient « des pierres précieuses; leurs visages, « aux uns étaient d'or, aux autres d'ar- « gent, etc. »

Ce fait, attesté par un témoin contemporain, paraît admissible, en faisant toutefois justice de l'exagération orientale.

Il eut pour successeur son fils *Abou-l-Qassem-Mohammed*, surnommé *Abou-Hour* (2). Ce prince n'était qu'un enfant, et *Kafour*, ministre favori de son père, fut obligé de prendre la régence.

Kafour était un esclave noir, que *Mohammed-él-Ëkhchyd* avait acheté pour la somme modique de dix-huit pièces d'or (3). *Kafour* avait de l'intelligence, du zèle et du dévouement; il sut bientôt se faire distinguer de son maître, dont il gagna les bonnes grâces. La noblesse de race n'est connue dans l'Orient que pour la famille du Prophète; le mérite, qui peut se rencontrer dans le sujet comme dans le prince, porte souvent aux premières places de l'État, et même sur le trône, celui qui est né dans la plus vile condition. Tel fut l'apanage de *Kafour*.

(1) Monnaie de *Mohammed-él-Ekhchyd* de l'an 332 de l'hégire (943 de notre ère).

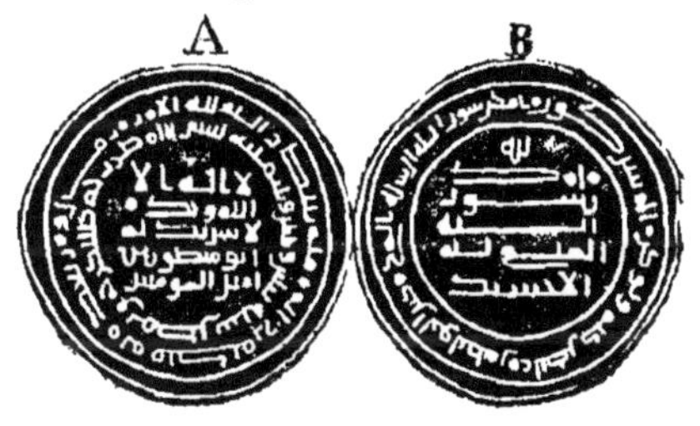

(1) Cette année a commencé le samedi 4 avril de l'an 957 de notre ère.

(2) Ce surnom est, dans un des dialectes orientaux de la langue turke, la traduction du nom de Mohammed et signifie *louable*.

(3) Environ deux cent soixante et dix francs de notre monnaie.

Il avait l'âme grande, aima les sciences et protégea les savants; il combla de bienfaits les poëtes, qui le louèrent outre mesure, tant que durèrent ses largesses, mais qui écrivirent contre lui de violentes satires, dès que sa munificence se ralentit.

Dépositaire de l'autorité suprême, *Kafour* se conduisit envers le jeune prince, son pupille, avec un dévouement et une fidélité véritablement dignes d'éloges. Le premier de ses actes fut de destituer *Abou-Beker-Mohammed*, receveur des tributs de l'Égypte, contre lequel les administrés avaient fait entendre de justes plaintes; et il nomma en sa place un autre administrateur, natif de Marédin, nommé aussi *Mohammed*, mais dont il connaissait l'humanité et l'intégrité; il conduisit ensuite le jeune prince en Égypte, où ils arrivèrent dans le mois de Safar de l'an 335 de l'hégire (1).

Cependant, *Seyf-êd-Doulah*, ayant appris la mort de *Mohammed-êl-Ékhchyd* et le départ d'*Abou-Hour*, crut l'occasion favorable de dépouiller son beau-frère : il marcha donc sur Damas et s'en rendit maître; mais le fidèle *Kafour* accourut promptement avec une puissante armée; il battit *Seyf-êd-Doulah*, qui s'était avancé jusques à Ramléh, le poursuivit jusqu'à *Rakkah*, et reprit Damas, avant que son ennemi eût eu le temps de s'y affermir.

Le reste du règne d'*Abou-Hour* fut tranquille, grâces à la vigilance et à la bonne administration de *Kafour*. L'an 345 de l'hégire (2), le roi de Nubie fit une irruption dans les contrées qui appartenaient à l'Égypte; il s'avança jusqu'à *Assouân* (l'ancienne *Syène*), qu'il ravagea et livra au pillage. *Kafour* expédia aussitôt ses troupes par terre et par des bâtiments sur le Nil; en même temps un corps, qu'il fit embarquer sur la mer de *Qolzoum* (la mer Rouge), devait descendre sur la côte méridionale, prendre l'ennemi à revers et lui couper toute retraite; les Nubiens, ainsi pris en tête et en queue, furent battus et forcés de se retirer, en laissant entre les mains des Égyptiens leur forteresse de *Rym* (maintenant Ibrim), située à cinquante lieues au-dessus d'*Assouân*.

(1) Cette année a commencé le dimanche 2 août de l'an 946 de notre ère.

(2) Cette année a commencé le mardi 15 avril de l'an 956 de notre ère.

Aucun autre événement ne signala le règne d'*Abou-Hour*, qui, après avoir occupé le trône pendant quatorze ans et dix jours, mourut dans le mois de Dou-l-Qadéh de l'an 349 de l'hégire (1), laissant pour successeur son frère *Aly*, surnommé *Abou-l-Hassan*.

Le règne d'*Abou-l-Hassan-Aly*, deuxième fils de *Mohammed-êl-Ékhchyd*, dura cinq ans, deux mois et deux jours. Son nom, comme celui d'*Abou-Hour*, son frère et son prédécesseur, est peu connu dans l'histoire, qui n'en fait mention qu'en disant qu'ils ont régné.

Kafour conserva sous ce prince la régence comme sous *Abou-Hour*. Les deux seuls événements de quelque importance qui se rattachent à son règne, sont les suivants.

L'an 352 de l'hégire (2), l'Égypte éprouva une famine cruelle. Le Nil, qui, l'année précédente, n'était monté qu'à quinze coudées, ne s'éleva, cette année, que de quatre doigts au-dessus de cette crue insuffisante, et baissa subitement, sans arroser les terres. La disette fit souffrir l'Égypte, ainsi que les provinces qui en dépendent, pendant neuf années consécutives. Pendant ce désastre, le pays lui-même était en proie aux agitations et aux craintes d'un funeste avenir, la désunion se déclarant entre le prince régnant *Abou-l-Hassan-Aly* et le régent *Kafour*.

A ces maux intérieurs vint encore se joindre la guerre étrangère. L'an 354 de l'hégire (3), les Grecs de Constantinople, où régnait alors l'empereur *Nicéphore Phocas*, entrèrent, sous la conduite de ce prince, en Syrie, avec des forces considérables. Ils se rendirent maîtres d'Alep, qui appartenait alors aux Hamadanites, et battirent *Seyf-êd-Doulah*, qui s'était jeté à leur rencontre.

Dalym-êl-Oukazly, gouverneur de Damas, au nom des Ekhchydites, accourut, avec dix mille hommes, au secours des Hamadanites; et Nicéphore, informé de l'ar-

(1) Cette année a commencé le samedi 3 mars de l'an 960 de notre ère.

(2) Cette année a commencé le vendredi 30 janvier de l'an 963 de notre ère.

(3) Cette année a commencé le samedi 7 janvier de l'an 965 de notre ère.

rivée de ce renfort, prit le parti de se retirer.

Abou-l-Hassan-Aly mourut dans le mois de Moharrem de l'an 355 de l'hégire (1). Le régent *Kafour* lui succéda sur le trône, et prit le surnom d'*Él-ekhchydy :* reconnaissant l'autorité suzeraine du khalyfe Abbasside *él-Motty-b-illah*, il se fit confirmer, par ce prince, dans la souveraineté du royaume d'Égypte.

Pendant son règne, qui ne dura que deux ans et quatre mois, il se vit enlever la majeure partie du Sayd par les Fatymites, déjà maîtres du Fayoum et d'Alexandrie; et ces nouveaux conquérants étaient sur le point d'envahir entièrement l'Égypte, lorsque *Kafour* mourut dans le mois de Gemady-êl-Aouel de l'an 357 de l'hégire (2).

Ahmed, surnommé *Abou-l-Faouaris,* fils d'*Abou-l-Hassan-Aly,* et petit-fils de *Mohammed-él-Ékhchyd,* succéda à *Kafour.* Ce jeune prince n'était âgé que de onze ans, et son bas âge le rendait incapable d'affermir son autorité sur l'Égypte, la Syrie et les autres provinces. Abusant de sa faiblesse, un de ses parents, *Housséyn*, s'était déjà rendu maître de la Syrie; mais, chassé à son tour par les Karmates, l'usurpateur revint en Égypte, dont il voulut déposséder *Ahmed.*

Ces divisions dans la famille régnante achevèrent de briser les liens qui retenaient unies les provinces du royaume d'Égypte. Pour mettre fin à ces désordres, les émirs se déterminèrent à recourir aux Fatymites. Ceux-ci, impatients de se saisir de la belle proie que depuis longtemps ils convoitaient, répondirent à l'appel. *Housséyn* fut forcé de repasser en Syrie, où il s'empara de la ville de Damas; et le malheureux *Ahmed*, fils d'*Abou-l-Hassan-Aly,* fut dépossédé du royaume d'Égypte.

En lui s'éteignit la dynastie des *Ékhchydites,* qui, plus éphémère encore que celle des Toulonides, n'avait régné que trente-quatre ans et vingt-quatre jours.

CHAPITRE X.

Khalyfes fatymites. — Él-Qayem-be-âmr-illah. — Al-Mansour-b-illah. — Él-Moëz-le-dyn-illah. — Conquête de l'Égypte. — Djouhar. — Conquêtes en Syrie. — Fondation du Kaire. — Arrivée du khalyfe él-Moëz en Égypte. — Mosquée él-Azhâr. — Él Azyz-b-illah. — Él-Hakem-be-âmr-illah. — Démence du khalyfe. — Il se fait proclamer Dieu; il brûle le Kaire. — Il est assassiné. — Dâher-le-Azaz-dyn-illah. — Él-Mostanser-b-illah. — Troubles, révoltes de Moëz-éd-doulah et de Moëz-êl-Badis. — Famine; comète; guerre en Syrie. — Mahmoud. — Le vizir Yazoury. — Trente-cinq autres vizirs. — Orgies du khalyfe. — Nouveaux troubles. — Combats entre les Turks et les noirs. — Nasser-éd-doulah s'empare de l'autorité. — Demandes exorbitantes des Turks. — Ils vendent le mobilier du khalyfe. — Horrible famine. — Nasser-éd-doulah est poignardé par Ildekouz. — Bedr-èl-Gemâly arrive au Kaire. — Il est revêtu de toute l'autorité civile et militaire. — Heureuse situation de l'Égypte sous son administration. — Il repousse Âtsiz. — Sa mort. — Mort du khalyfe èl-Mostanser.

Le khalyfe fatymite qui régnait alors à Mahadyéh, et dont l'empire embrassait l'Afrique proprement dite, la Cyrénaïque, le reste des côtes septentrionales de la Mauritanie, Malte, la Sardaigne, la Sicile, et la plupart des autres îles de la Méditerranée, était *Maad*, surnommé *Abou-Temym*, petit-fils d'*él-Qayem be-âmr-illah*, connu sous le nom d'*él-Moëz-le-dyn-illah.*

El-Qayem, dont le règne avait commencé avec éclat, n'avait pas eu, pendant toute sa vie, le même bonheur qui avait accompagné son père jusqu'à sa mort : il avait vu ses projets de conquêtes entravés par des troubles intérieurs : *Abou-Yezyd*, son principal ministre, s'était révolté contre lui, et avait rassemblé un parti assez redoutable pour forcer le khalyfe à se renfermer dans la citadelle de Mahadyéh, dont les fortifications le mettaient à peine à l'abri des attaques du rebelle.

Il y était assiégé depuis plusieurs mois, lorsqu'il y mourut, dans le mois de Chaouâl de l'an 334 de l'hégire (945 de l'ère chrétienne). Son règne avait été de douze ans.

Son fils *Ismayl-âbou-Taher,* qu'avant de mourir il avait déclaré son successeur, fut inauguré à sa place par le peu de partisans fidèles qui étaient restés au khalyfe.

Ismayl prit, en montant sur le trône, le surnom d'*âl-Mansour-b-illah* (victorieux par Dieu), ou, suivant quelques historiens, d'*âl-Mansour be-nasr-illah* (victorieux par le secours de Dieu), comme présage des succès qu'il espérait

(1) Cette année a commencé le jeudi 28 décembre de l'an 965 de notre ère.

(2) Cette année a commencé le samedi 7 décembre de l'an 967 de notre ère.

obtenir de la protection divine. En effet, ayant pris soin de ne pas laisser divulguer la mort de son père hors de la forteresse, il employa les talents oratoires, dans lesquels il avait la réputation d'exceller, à encourager ses partisans, et réussit à leur inspirer un tel dévouement et un tel courage, qu'attaquant à leur tête, à l'improviste, les assiégeants, il les mit en pleine déroute, et vengea la mémoire d'*él-Qayem be-âmr-illah* par la punition d'Abou-Yezyd et des complices de sa rébellion.

Cette même année, il jeta les fondements d'une ville, dans la partie orientale de la contrée qui composa depuis la province d'Alger. La nouvelle cité fut nommée *Mansouryah*, du nom de son fondateur.

Al-Mansour-b-illah occupa le trône des khalyfes fatymites pendant sept ans, et mourut dans la ville qu'il avait fondée, l'an 341 de l'hégire (1), dans le mois de Chaouâl, comme son père.

Il eut pour successeur son fils *Maad-âbou-Temym*, qui prit le surnom de *él-Moëz-le-dyn-illah* (donnant force à la religion de Dieu). Dès que ce prince eut pris les rênes de son empire, il s'occupa sérieusement de la conquête de l'Égypte, déjà tentée plusieurs fois sans succès par ses prédécesseurs.

Les troubles qui s'étaient élevés en Égypte, par la mésintelligence entre *Abou-l-Hassan-Aly* et le régent *Kafour*, lui avaient paru une occasion favorable. Cependant, l'avénement de *Kafour* lui-même au trône d'Égypte arrêta ses préparatifs; et ce ne fut que, vers la fin du règne de celui-ci, qu'il envoya une armée en Égypte : il en donna le commandement à un de ses généraux, Grec de nation, nommé *Djouhar*, jadis esclave affranchi par *âl-Mansour*, et il le chargea de pousser l'expédition avec vigueur.

Les ordres du khalife fatymite étaient d'autant plus pressants, qu'il voulait prévenir les projets de conquête déjà manifestés par le roi de Nubie : en effet, le colosse de l'empire musulman semblait tellement n'être plus qu'un cadavre prêt à être déchiré par les vautours, que le roitelet de Nubie avait cru pouvoir en prendre sa part, et s'était déjà avancé jusqu'à *Assouân* (Syène). La ville avait été détruite, les habitants massacrés ou emmenés comme esclaves (1).

(1) Cette année a commencé le samedi 29 mai de l'an 952 de notre ère.

La mort de *Kafour* et les débats entre le jeune *Ahmed* et l'usurpateur *Housséyn* facilitèrent les opérations de *Djouhar;* il avait déjà battu les détachements qui avaient voulu s'opposer à sa marche, et occupait les environs de Fostatt, quand les émirs lui offrirent de remettre en ses mains la ville et l'Égypte entière.

Ainsi, au mois de Ramadân de l'an 358 de l'hégire (2), *Djouhar* prit possession de Fostatt au nom de son maître le khalyfe *él-Moëz-le-dyn-illah*, et fit aussitôt faire le *Khotbah* (la prière publique) au nom de son prince, dans la principale mosquée, celle d'*Amrou;* ce qui constatait solennellement la prise de possession du pays.

Bientôt devenu maître de tout le reste de l'Égypte, qui se soumit sans aucune résistance, *Djouhar* envoya en Syrie un de ses lieutenants, nommé *Djafar*, à la poursuite de *Housséyn*, qui s'y était retiré. Ramléh, où *Housséyn* avait réuni ses forces, fut attaqué; quelques combats furent livrés; enfin, *Housséyn* fut fait prisonnier et envoyé au khalyfe *él-Moëz.*

Djouhar poussa ensuite ses conquêtes dans la plus grande partie de la Syrie, et soumit aux Fatymites tout le territoire jusqu'à la ville de Damas, qui avait fait partie du domaine des Ekhchydites, sous la suzeraineté des khalyfes abbassides de Baghdad.

Le trône de ces khalyfes était alors occupé par *él-Motty-b-illah*, dont le long règne n'avait été qu'une suite de dépouillements successifs.

Traçons, en peu de mots, l'état de décadence et de démembrement où se trouvait, à cette époque, l'empire des Arabes, qu'on avait vu si glorieux pendant ses trois premiers siècles : cet empire n'existait plus réellement dans cette nation : des étrangers, musulmans à la vérité, s'étaient rendus maîtres des différentes provinces, en sorte qu'il aurait été dès lors plus exact de l'appeler simplement l'empire des musulmans.

Le prédécesseur d'*él-Motty* avait perdu

(1) L'an 345 de l'hégire : cette année a commencé le mardi 5 avril de l'an 956 de notre ère.

(2) Cette année a commencé le mercredi 25 novembre de l'an 968 de notre ère.

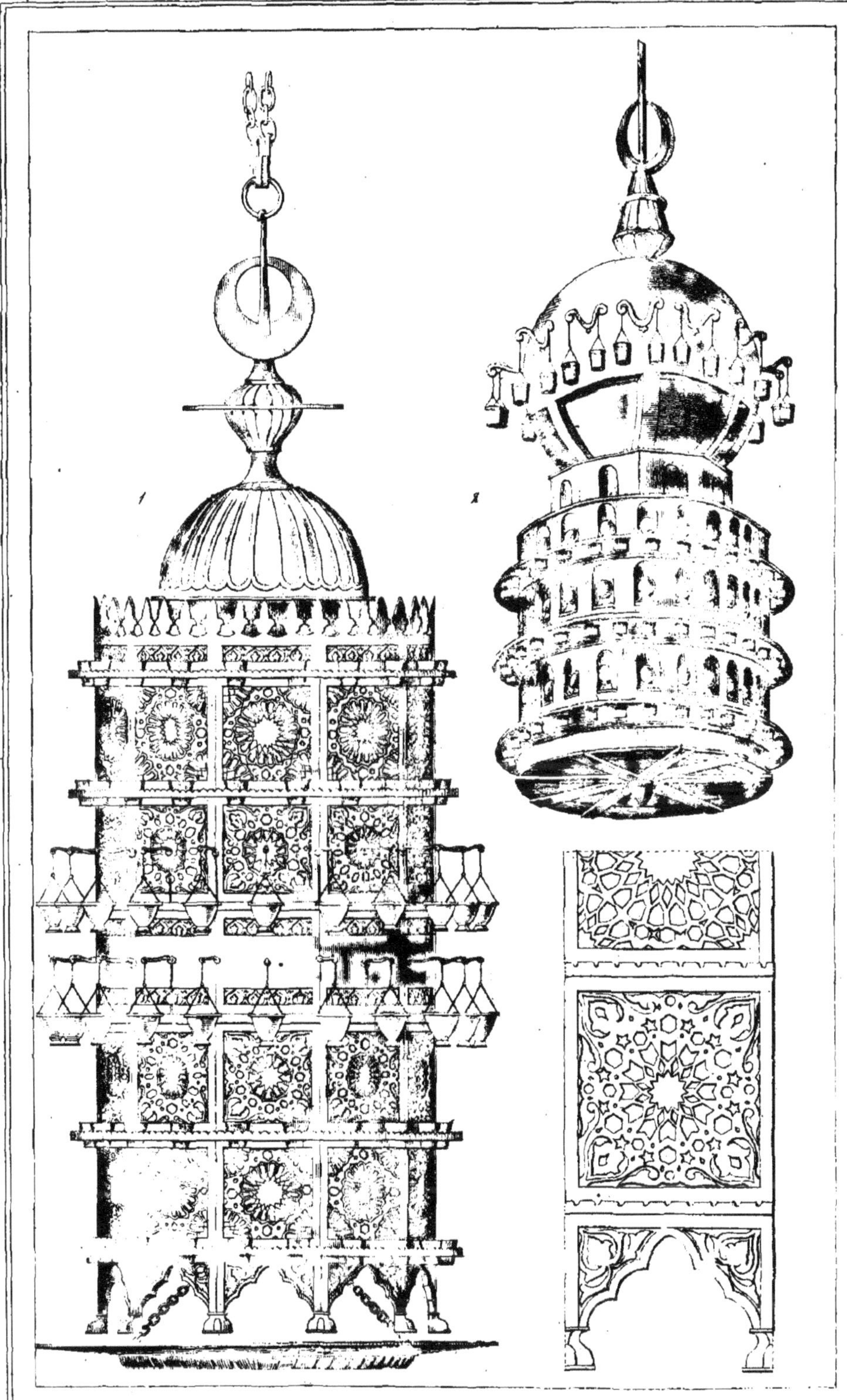

Lemaitre direxit

1 Lustre du Sanctuaire de la Mosquée du Sultan HASSÂN.
2 Lustre de la Mosquée du Sultan QÂYT-BÂY.

Baghdad, et il avait été jeté dans une prison, où il avait été mis à mort : plusieurs autres khalyfes avaient déjà été exposés aux mêmes traitements; les princes bouïdes leur avaient enlevé toutes les provinces de l'Asie du côté de la Perse. *Él-Motty*, quoique demeurant dans Baghdad, n'y jouissait d'aucun pouvoir : il n'avait pas même de vizir; un officier, placé par les Bouïdes, lui en tenait lieu, et exerçait en son nom le peu d'autorité apparente que ces princes avaient bien voulu lui laisser.

La seule marque de suprématie qui restait au khalyfat, était l'investiture des provinces, que ces prétendus souverains étaient forcés de donner, comme suprêmes pontifes de la religion, quand on la leur demandait : usage qui, dans l'esprit des musulmans, était devenu nécessaire pour maintenir les peuples dans l'obéissance du souverain; mais un refus entraînait la déposition et quelquefois le meurtre du khalyfe.

L'Espagne avait été arrachée aux khalyfes d'Orient par les khalyfes ommyades de l'Occident; la haute Asie appartenait aux Samanides; Basrah, Ouaset et l'Abouaz, usurpés d'abord par les Baridiens, maintenant étaient aux Bouïdes, déjà maîtres de la Perse; Moussoul, le Dyar-Araby et le Dyar-Bekir aux Hamadanites; la Syrie supérieure et l'Arménie ravagées ou en partie occupées par des sectaires nommés *Karmates ;* le reste de ces contrées, avec l'Égypte, qui avait jusqu'alors reconnu la suzeraineté des Abbassides, sous la domination des Ekhchydites, venait de leur échapper et de passer aux mains de leurs ennemis mortels, les Fatymites.

Ceux-ci ne perdaient pas de temps pour s'affermir dans leur nouvelle conquête. *Djouhar* s'occupait de rétablir l'ordre dans l'administration et dans les finances, qui, au milieu des guerres intestines et des révolutions successives, avaient été une source de vexations et de concussions improductives au trésor public; les impôts furent assis le plus régulièrement qu'il fut possible sur les produits. Les terres avaient été arbitrairement taxées; leurs redevances furent fixées à trois ardebs (1) seulement par feddân (1) de blé; et les canaux, nécessaires à l'agriculture, partout recreusés, doublèrent les revenus et l'abondance.

Voyant l'Égypte heureuse et tranquille sous son administration et ses ennemis extérieurs peu redoutables, *Djouhar* fit succéder à ces soins administratifs l'exécution d'un nouveau projet, la fondation d'une nouvelle capitale pour le royaume d'Égypte.

La fondation de nouvelles villes était alors, dans l'Orient, une mode générale. Les princes souverains, les vice-rois des provinces, laissaient les villes déjà existantes s'écrouler et devenir désertes; mais, près de la ville abandonnée, souvent même de ses débris, ils bâtissaient une nouvelle ville, qui portait le nom de son fondateur, jusqu'à ce que, tombée en ruine à son tour, elle fournît les matériaux d'une autre ville.

Les capitales des royaumes changeaient ainsi d'emplacement; ainsi l'Égypte avait vu sa Thèbes *aux cent portes* remplacée par Memphis, sous les rois de race égyptienne; Memphis avait ensuite partagé le titre de capitale avec la Babylone des Perses; puis l'une et l'autre l'avait cédé à l'Alexandrie du conquérant grec et des Ptolémées : l'invasion musulmane avait déshérité celle-ci en faveur de Fostatt, la ville d'Amrou; celle-ci, sous les Toulonides, avait été presque abandonnée pour les cités militaires d'*él-Qatayah*

(1) L'*ardeb* est une mesure de capacité qui varie beaucoup suivant les lieux, et qui dans le même lieu varie également pour les différentes espèces de grains. L'ardeb de blé au Kaire équivaut à 292 livres poids de marc; à Rosette il pèse 430 livres.

(1) Le *feddân* est l'unité de mesure agraire usitée dans toute l'Égypte : mais sa valeur est variable suivant les divers cantons et les emplacements divers.

On connaît principalement trois sortes de feddân; le feddân près du Nil, le feddân loin du Nil, et le feddân de Damiette.

Le premier, formant un carré dont le côté était égal à 18 *qassábs*, ou cannes, était évalué à un arpent 336 millièmes de Paris (45 ares 65 centiares);

Le second, formant un carré dont le côté égalait 24 *qassábs*, équivalait à deux arpents 375 millièmes (81 ares 16 centiares).

Le troisième enfin était une surface de 432 cannes carrées (la canne ayant 3 mètres 99 centimètres de long) et était égal à deux arpents 12 millièmes (68 ares et 77 centiares).

Il paraît d'après ces variations que le feddân désigne non une mesure fixe et constante, mais un espace qui rapporte au propriétaire un revenu déterminé, de sorte que la surface du feddân est moindre dans les contrées fertiles, et plus grande dans les autres.

et d'*él-Asker*. Le nouveau conquérant de l'Egypte, *Djouhar*, prétendait à son tour consigner aux siècles futurs la mémoire de sa conquête, par la fondation de la ville des *Fatymites;* et il résolut de la rendre capable de rivaliser avec Baghdad, la ville des *Abbassides*.

L'an 359 (1) de l'hégire (970 de l'ère chrétienne), fut exécuté le tracé de la nouvelle ville : il embrassait un espace bien plus considérable que celui des cités qu'elle devait remplacer, ou plutôt il les embrassait dans son enceinte; car ses murs, partant de ceux de Fostatt, remontaient, au nord, en s'éloignant du fleuve, et longeaient à gauche le Khalig; puis, après l'avoir traversé, s'écartaient de sa rive orientale, et redescendant au midi, jusqu'au-dessous du Mokattam, venaient se rattacher encore à Fostatt, enfermant ainsi les quartiers déjà habités d'*él-Qatayah*, d'*él-Asker* et de *Touloun*.

Le vaste terrain sur lequel la ville fut ainsi assise, avait autrefois appartenu aux Toulonides; confisqué, après leur désastre, par les khalyfes abbassides, il était devenu, par la victoire, la propriété des Fatymites.

Suivant l'usage de l'Orient, les fossés qui traçaient l'enceinte furent creusés avant qu'aucune construction fût commencée : l'instant précis de la première fondation devait être déterminé par les horoscopes des astronomes; d'après les ordres du khalyfe *él-Moëz-le-dyn-illah*, ce moment devait être celui de l'ascension de la planète de Mars, dont le nom arabe, *él-Kâher*, signifie *le vainqueur*. La nouvelle ville en prit le nom de *Mesr-él-Kahirah* (la capitale victorieuse), le nom de *Mesr*, ou *Masr*, qui est celui de l'Égypte elle-même, ayant toujours été commun au pays et à sa capitale : cette appellation fut bientôt abrégée par l'usage en celle de *él-Kahirah* (la victorieuse) qu'elle a conservée jusqu'à nos jours (2), « non-seulement, disent les « écrivains orientaux, comme témoi- « gnage de la victoire qui venait d'être « remportée par les Fatymites, mais en- « core comme présage de celles que le « ciel leur accorderait par la suite contre « leurs ennemis. » C'est ce nom d'*él-Kahirah* que nos historiens des croisades ont altéré en celui d'*Alcaïro*, et dont nous avons fait celui du *Kaire*, et même du *Grand-Kaire* que nous lui donnons vulgairement.

Le nom de *Mesr* fut cependant conservé par Fostatt, en y joignant toutefois l'épithète d'*Atyqah*, ou de *Qadyméh* (ancienne) : et maintenant encore les habitants l'appellent *Mesr-él-Atyqah* (l'ancienne capitale), nom mal à propos traduit dans les récits de nos voyageurs par celui de *Vieux-Caire*, puisque Fostatt n'a jamais porté ce dernier nom.

La fondation de la nouvelle ville fut une solennité remarquable : les matériaux, les ouvriers étaient prêts; les astronomes observaient avec leurs instruments le passage de Mars au méridien : le moment favorable fut annoncé par leur signal; à l'instant les matériaux furent mis en construction au milieu de mille cris d'allégresse.

Suivant quelques historiens arabes, le hasard seul avait présidé aux destinées de la nouvelle ville : des cordeaux avaient été tendus tout autour de l'enceinte garnis de sonnettes pour avertir les travailleurs simultanément du moment précis qui devait être fixé par les astronomes. Ceux-ci disputaient entre eux à ce sujet sans pouvoir s'accorder, lorsque des oiseaux de proie venant se percher sur les cordeaux firent retentir le signal attendu; les ouvriers, trompés, jetèrent en hâte les fondations, et l'on reconnut ensuite que cet instant indiqué par le hasard était celui de l'ascension de la planète de Mars.

Djouhar fit élever un palais pour le khalyfe et un autre pour son vizir dans le quartier qui se nomme encore *él-Qasreyn* (les deux palais) : des maisons furent désignés pour les principaux chefs de l'armée; et les officiers, ainsi que le reste des troupes, reçurent l'ordre de se construire des demeures autour des édifices dont s'ornait déjà la nouvelle capitale.

L'an 361 de l'hégire (1) vit encore consolider en Égypte la puissance fatymite, par les marques de la faveur céleste, que sa domination semblait attirer sur la contrée. Depuis cinq années aux

(1) Cette année a commencé le dimanche 24 novembre de l'an 969 de notre ère.

(2) Les écrivains et autres personnages célèbres natifs du Kaire en ont pris le surnom d'*él-Kahery*.

(1) Cette année a commencé le mardi 24 octobre de l'an 971 de notre ère.

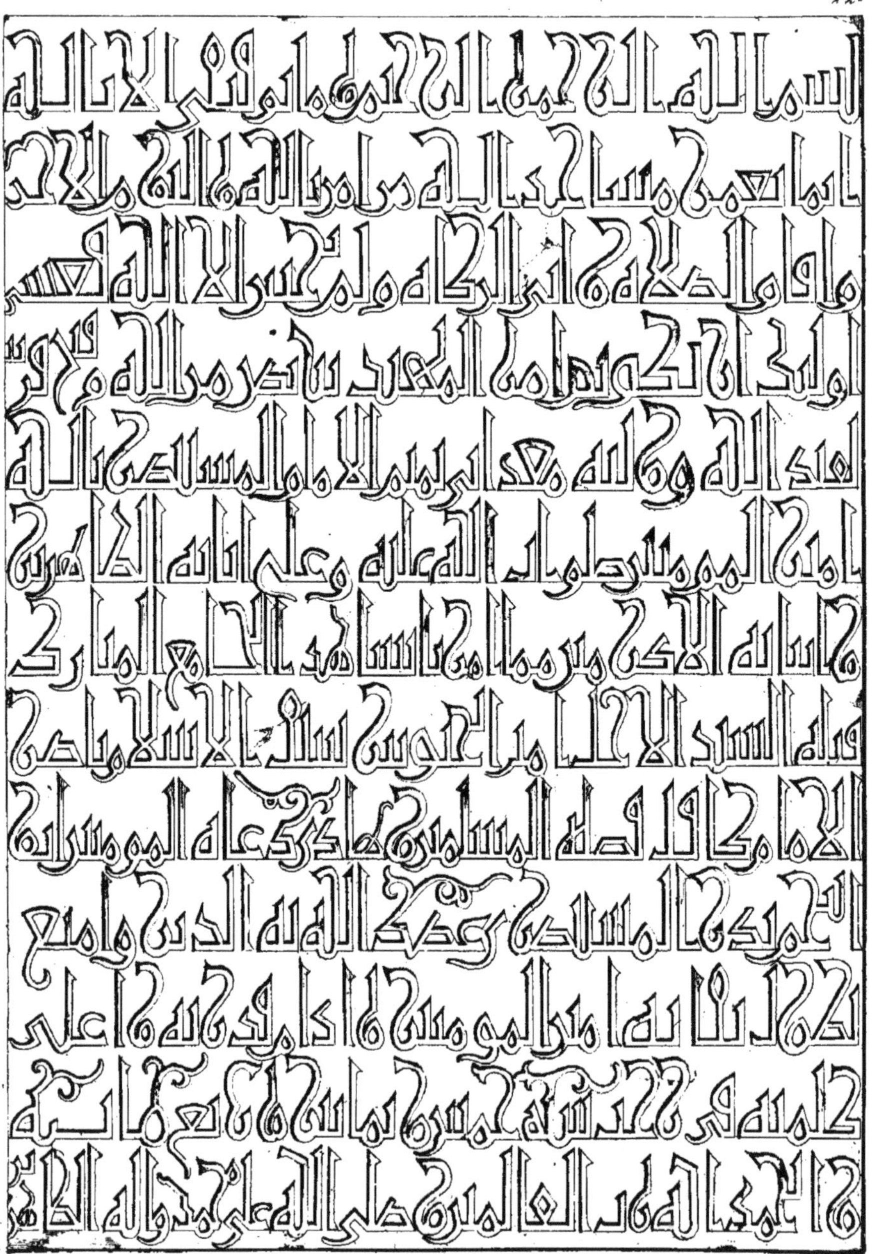

Lemaitre direxit

Inscription Karmatique du MEQYÂS

dévastations de la guerre s'était joint un fléau plus terrible encore, la famine et la plus désastreuse misère. Depuis l'an 356 de l'hégire (1) le Nil n'avait accordé à l'Égypte aucune inondation suffisante; mais l'année 361 présenta l'heureux phénomène d'un Nil complet (*ouafa*), ce qui n'était pas arrivé une seule fois depuis le renversement de la dynastie, si regrettée, des Toulonides et le rétablissement du gouvernement direct des Abbassides : le peuple en tira la conclusion que Dieu réprouvait ceux-ci et favorisait les Fatymites.

Trois ans après sa fondation, la ville du Kaire était déjà presque entièrement bâtie. Vers la fin de l'an 361 de l'hégire (971 de l'ère chrétienne) le khalyfe *él-Moëz-le-dyn-illah* se décida à quitter ses États barbaresques, pour venir jouir de sa conquête et de sa nouvelle capitale; il partit donc de la ville de *Mansouryah*, que son père avait fait construire, laissant l'Afrique à gouverner, en son absence, à son vizir *Youssouf ben-Zeyry ben-Menad.*

Le khalyfe s'embarqua sur une flotte, qui le conduisit d'abord dans l'île de Sardaigne, puis dans celle de Sicile, qui toutes deux faisaient partie de ses domaines (2). Après un séjour de plusieurs mois dans ces deux îles, dont il régla l'administration et organisa le gouvernement, il se rendit à Tripoli de Barbarie (*Taraboulous-el-Gharb*). Il ne fit que peu de séjour dans cette dernière ville, se hâtant d'aborder à Alexandrie : enfin, l'année 362 de l'hégire (3) vit le khalyfe faire son entrée solennelle au Kaire et y fixer définitivement le siége de son empire.

Il paraît qu'*él-Moëz* apporta d'Afrique au Kaire des richesses immenses : s'il faut en croire l'historien *Ben-Chonah*, « ce prince avait fait fondre, avant « son départ, tous ses trésors d'or et d'ar« gent en lingots énormes, dont la gros« seur égalait celle d'une meule de mou« lin (1), et chacun de ces énormes lin« gots suffisait pour la charge d'un cha« meau (2). »

La présence du khalyfe donna une nouvelle activité aux travaux. Le sol de la nouvelle ville se couvrit partout de constructions; les portes en furent édifiées : mais depuis, à plusieurs époques, le Kaire ayant reçu divers accroissements, en s'étendant vers le nord, l'enceinte a été successivement repoussée au delà de l'emplacement où elle avait été d'abord tracée; et la plupart des portes, construites à cette première époque, se trouvent maintenant, non à l'extrémité, mais dans l'intérieur même de la ville.

Cette même année, *Djouhar*, devenu le principal vizir du khalyfe, jeta les fondements de la mosquée célèbre qui fut nommée par lui *Gamèh él-Azhar* (la mosquée des fleurs ou fleurie), probablement par allusion au surnom de *Zaharah* (fleurie), que portait *Fatymeh*, fille du prophète, de laquelle le khalyfe *él-Moëz-le-dyn-illah* prétendait descendre.

Cette mosquée, la plus ancienne du Kaire après celle de Touloun, est encore une des plus remarquables par son étendue, sa magnificence et la richesse des fondations pieuses léguées en sa faveur : elle porte encore maintenant le nom de *Grande Mosquée*, et est, pour ainsi dire, la cathédrale de la ville (3).

Djouhar avait fait de cet établissement un véritable monument de munificence royale; il l'avait doté d'une riche bibliothèque, et y avait fondé un collége, qui devint bientôt le siége de l'université la plus illustre et la plus florissante de tout l'Orient : des professeurs, entretenus sur les revenus assignés à la mosquée, y enseignaient toutes les sciences cultivées alors par les Arabes, c'est-à-dire, la grammaire, la littérature, la théologie, la jurisprudence, la médecine, l'astronomie, les mathématiques et l'histoire (4) : le nombre des élèves, qui

(1) Cette année a commencé le lundi 17 décembre de l'an 966 de notre ère.

(2) La Sicile avait été conquise par la dynastie fatymite, dès l'an 308 de l'hégire (920 de l'ère chrétienne). Les vice-rois qui régnèrent sous leur autorité suzeraine dans cette île, s'étaient plu à en enrichir les villes de magnifiques palais, de mosquées, maintenant devenues des églises, de fontaines publiques, et d'autres monuments qui subsistent encore. (Voyez les planches 26, 27, 28, 29, 30, 31, 32 et 33.)

(3) Cette année a commencé le samedi 12 octobre de l'an 972 de notre ère.

(1) Les meules dans l'Orient n'ont guère que dix-huit pouces à deux pieds de diamètre; les seuls moulins employés étaient des moulins à bras, mus par une simple manivelle.

(2) Les grands chameaux portent ordinairement un millier pesant et les plus petits six à sept quintaux.

(3) Voyez la planche 3.

(4) On ne verra peut-être pas sans intérêt le tableau suivant de la division qui a lieu aujourd'hui encore dans les classes d'instruction

y accouraient de toutes les contrées musulmanes (1), s'est souvent élevé, suivant le témoignage des auteurs arabes, à plus de douze mille : les étudiants les plus pauvres recevaient, dans la mosquée, le logement, la nourriture et l'habillement.

L'Orient voyait ainsi deux khalyfes, se partageant les prétentions de légitimité et les droits de proclamation de leur nom à la prière solennelle du *Khotbah*, s'anathématiser mutuellement et se déclarer réciproquement hérétiques. *Él-Moëz*, voulant répandre de plus en plus l'influence que lui donnait sa descendance d'*Aly*, ordonna aux *mouezzins* d'ajouter à leur formule d'appel à la prière ces paroles : « *Yèhy Aly, kheyr-* « *él-amâl* (vive Aly, qui n'a fait que de « bonnes actions). » Après la formule « *Mohammed Resoul-Allah* (Mahomet « est l'Apôtre de Dieu), » il inséra de même ces mots : « *Ou-Aly-ouely-Allah* « (et Aly est le lieutenant de Dieu), » y joignant ensuite son propre nom, comme héritier des droits d'Aly son ancêtre.

Cette nouvelle proclamation obtint une telle faveur, qu'elle fut adoptée, non-seulement en Egypte, mais encore en Syrie, en Arabie, et jusqu'à Médine, la seule ville de la Mekke refusant de l'admettre.

Au reste, l'anecdote suivante, rapportée par l'auteur du *Raby-él-Abrar* (le printemps des Justes), semblerait prouver qu'*él-Moëz* n'était pas autant persuadé lui-même qu'il voulait le faire croire à ses prosélytes, de sa véritable descendance du gendre du Prophète.

de cette mosquée, suivant les différentes sciences qu'on y enseigne.

1° La lecture du Koran (*él-Qordn*).

2° L'interprétation et l'explication du Koran (*Tefsyr-él-Qordn*).

3° Les fondements de la Tradition (*Oussoul-él-Hadyth*).

4° Les dogmes de la Religion (*él-Aqayd*).

5° Les fondements de la Jurisprudence (*Oussoul-él-Feqyh*).

6° L'Arithmétique (*Elm-él-Hissâb*).

7° La Géométrie (*él-Hendesséh*).

8° L'Astronomie et l'Astrologie (*Elm-él-Negoum*).

9° La Grammaire et la Littérature (*Sarf ou-Nahou*).

10° La Rhétorique et l'art du Style (*Elm-él-Maany ou él-Beyân*).

11° La Logique (*él-Manteq*).

(1) Nous en avons vu, pendant l'expédition française, venus de Marok, d'Astrakhan et de l'Inde.

Un jour que le khalyfe fatymite passait la revue de ses troupes, un musulman, nommé *Thabathaba*, s'approchant de lui, osa lui demander de quelle branche des descendants d'*Aly* il prétendait sortir : *él-Moëz* tira son cimeterre hors du fourreau : « Voilà, dit-il, ma généa- « logie ; » puis, répandant l'or à pleines mains sur ses soldats, « voilà ma race et « ma famille. » En effet ce prince, en arrivant au Kaire, comptant au moins autant sur ses libéralités que sur ses armes pour affermir sa puissance en Égypte, s'était empressé de faire monnayer les immenses trésors qu'il avait apportés en lingots de ses anciens États (1).

Le khalyfe *él-Moëz-le-dyn-illah* n'habita pas longtemps le palais de sa nouvelle capitale. Après trois ans de séjour, il y mourut, l'an 365 de l'hégire (2), à l'âge de quarante-cinq ans, ayant régné vingt-quatre ans, tant en Mauritanie qu'en Égypte. Il fut inhumé au Kaire, auprès des corps de ses ancêtres, qu'il avait fait déterrer à son départ d'Afrique et qu'il avait emportés avec lui en Égypte.

La justice et la modération de ce prince sont vantées par tous les historiens orientaux, qui rapportent de lui plusieurs traits de vertus dignes d'éloges.

Un poëte célèbre, Arabe d'origine, mais Espagnol de naissance, nommé *Ebn-Hany*, l'avait accompagné dans la plupart de ses expéditions, et a consacré à sa louange plusieurs de ses ouvrages. Mais le khalyfe, n'ayant pas récompensé le poëte au gré de ses prétentions, celui-ci rétracta le panégyrique, et le remplaça par une violente satire.

Le successeur d'*él-Moëz* fut son fils *Nazar ben-Maad Abou-l-Mansour*, qui prit, en montant sur le trône, le surnom

(1) Je joindrai ici l'empreinte d'une pièce de monnaie qu'il fit frapper moins d'un an après son entrée au Kaire, c'est-à-dire l'an 363 de l'hégire (973 de notre ère).

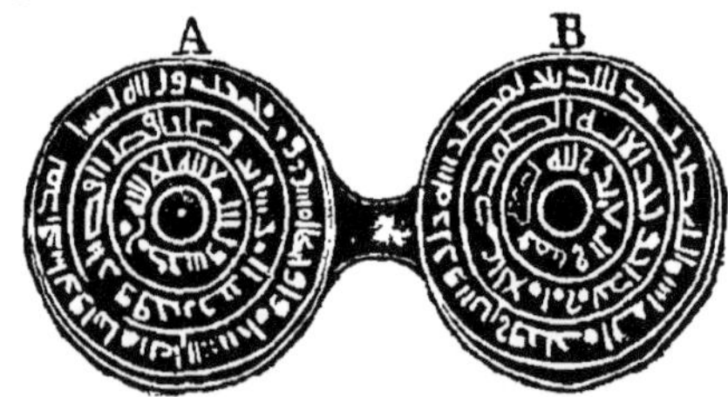

(2) Cette année a commencé le vendredi 10 septembre de l'an 975 de notre ère.

d'*él-Azyz-b-illah* (puissant par Dieu), ou, suivant quelques historiens, d'*él-Azyz le-dyn-illah* (puissant par la religion de Dieu). Le nom du nouveau khalyfe fut proclamé, non-seulement dans les provinces de ses domaines, mais encore jusque dans le temple même de la Mekke, qui reconnaissait comme khalyfes suzerains ses rivaux, les Abbassides.

Le jeune prince n'avait encore que vingt et un ans, et laissa la conduite des affaires à Djouhar, qui avait été le premier ministre de son père.

Une particularité de son avénement, qui a été remarquée par les historiens orientaux, c'est qu'il fut porté au trône par son oncle, son grand-oncle et l'oncle de son grand-père, circonstances qui ne s'étaient trouvées réunies pour aucun autre khalyfe, excepté pour *Hâroun-él-Rachyd.*

Le règne de ce prince, qui dura vingt-un ans et six mois, fut tranquille et n'est marqué par aucun événement majeur. Il avait épousé une femme chrétienne, de la secte des Melchites, dont il eut une fille, et qui prit sur lui beaucoup d'ascendant; à sa considération, il accorda sa faveur à plusieurs de ses coreligionnaires, entre autres à *Mansour ben-Mokacher,* qu'il choisit pour son médecin; elle obtint aussi du khalyfe, pour deux de ses frères, les patriarcats de Jérusalem et d'Alexandrie.

Du reste, les historiens orientaux représentent ce prince comme étant d'un excellent naturel, aimant son peuple, rempli de bonté, de modération et de clémence. On en cite le trait suivant :

Un poëte satirique avait composé des vers fort injurieux contre le vizir et le secrétaire des commandements du prince. Les offensés en portèrent plainte au khalyfe, et lui demandèrent le châtiment de l'auteur. *Él-Azyz* voulut lire la pièce de vers; et, y remarquant qu'il n'y était pas épargné lui-même, il répondit aux deux plaignants : « Comme j'ai part « avec vous à l'injure, je désire que « vous preniez part avec moi au pardon « que j'accorde à l'offenseur. »

Él-Azyz mourut à *Belbeys*, en prenant le bain, l'an 386 (1) de l'hégire (2).

(1) Cette année a commencé le samedi 25 janvier de l'an 996 de notre ère.

(2) Monnaie du khalyfe *Él-Azyz-b-illah,* frappée au Kaire l'an 376 de l'hégire (986 de l'ère chrétienne).

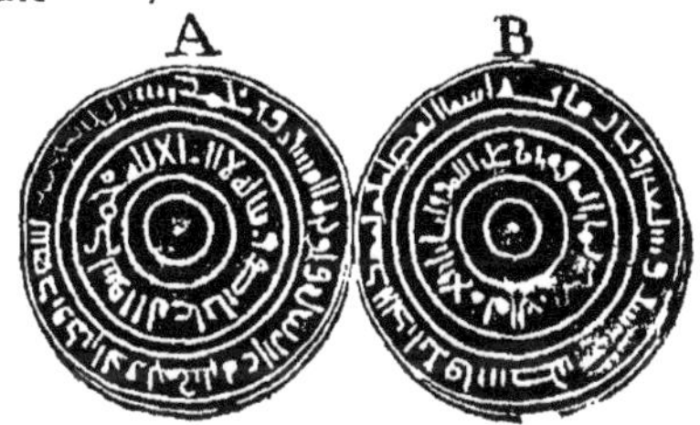

Il eut pour successeur son fils *él-Mansour Abou-Aly,* qui prit à son avénement le titre de *él-Hakem-be-amr-illah* (gouvernant suivant l'ordre de Dieu). Démentant ce surnom, le règne de ce prince, qui dura environ vingt-cinq ans, ne fut presque entièrement qu'une suite de désordres et de troubles.

Il n'avait qu'onze ans à la mort de son père, dont les ordres exprès l'avaient laissé sous la tutelle du vizir *Arghouân,* son gouverneur. Mais le nouveau khalyfe tarda peu à s'affranchir d'une tutelle qui retenait ses caprices dans de justes bornes; depuis cette époque, le seul acte utile et raisonnable d'*él-Hakem* fut d'avoir fait revêtir de dalles de marbre une portion du canal du Kaire, qui prit, à cette occasion, les noms de *Khalyg-él-Hakemy* (canal de Hakem) et de *Khalyg él-morakkham* (canal de marbre).

Les premières années de son règne furent agitées par la révolte d'un parti dont le chef prétendait descendre du khalyfe ommyade *Hechâm,* fils du khalyfe *Abd-él-Melek*, et petit-fils du khalyfe *Merouân.* Plusieurs combats furent livrés avec des succès différents de part et d'autre; enfin le chef des rebelles fut défait et fait prisonnier. *Él-Hakem* se le fit amener; et, affectant de le traiter comme un fou, il le fit attacher et promener dans toute la ville, sur un chameau, ayant derrière lui un singe ne cessant de frapper la tête du patient, qui mourut dans ce nouveau genre de supplice.

Mais bientôt le khalyfe devint fou lui-même, et, malheureusement pour son peuple, sa folie fut longue et ne finit qu'avec sa vie.

A cette époque, un nouveau sectaire venait de s'élever en Égypte; il se nommait *Darar,* et de son nom ses prosélytes avaient pris celui de *Dararyah*

(Darariens). Ce premier chef de secte avait eu ensuite pour successeur un de ses disciples nommé *Hamzeh ben-Ahmed*, qui prit le titre de *Hady* (Directeur spirituel). Ces sectaires proscrivaient différents dogmes et différentes pratiques du culte, entre autres la solennité du vendredi, les fêtes du grand et du petit Beyram et même le pèlerinage de la Mekke et le remplaçaient par celui du temple de *Thalab*, dans l'Yemen. Ils permettaient le mariage entre les frères et les sœurs, les pères et leurs filles, les mères et leurs fils, et admettaient des principes entièrement opposés à ceux du Koran.

Le jeune khalyfe, séduit par les nouveaux religionnaires, s'empressa d'adopter toutes leurs croyances; il oublia bientôt le zèle pour la religion de ses pères, dont il avait donné des preuves par l'érection d'une mosquée (1); tous les matins, avant le jour, on le vit aller, seul et sans suite, sur le mont Moqattam, où il prétendait avoir, comme autrefois Moïse, des entretiens avec Dieu même. On le vit bientôt, lui, qui se prétendait le chef légitime et le pontife de l'islamisme, proclamer une malédiction contre les premiers khalyfes, compagnons du Prophète, manifester l'intention d'abolir la religion musulmane et de s'ériger en nouveau législateur. Dès ce moment, sa conduite ne fut plus marquée que par des actes de délire et d'inconséquence; il persécuta d'abord les juifs et les chrétiens, les obligeant de porter sur leurs habits une marque qui les distinguait des musulmans; puis il les contraignit à abjurer leur religion; puis il leur permit de retourner à leur ancien culte et d'en faire profession ouverte; il fit démolir l'église de la Résurrection sur le Calvaire à Jérusalem; puis il la fit rebâtir à ses frais; par un édit, il exigeait qu'on maudît avec lui la mémoire des premiers khalyfes; bientôt une autre ordonnance interdisait ses malédictions, sous les peines les plus sévères : il enjoignit aux femmes, sous peine de mort, de ne jamais sortir de leurs maisons pour quelque cause que ce fût, défendant aux ouvriers de fabriquer aucune chaussure à leur usage, et ordonnant aux vendeurs des marchés d'aller leur présenter les comestibles, qui leur étaient nécessaires, dans une grande cuiller à long manche, et d'y recevoir le prix de leurs denrées, tandis qu'elles se tenaient cachées à tous les yeux derrière les portes entr'ouvertes.

(1) Cette mosquée, presque entièrement ruinée aujourd'hui, était située dans le quartier de *Bâb-en-Nasr;* voyez la planche 7.

Enfin, sa folie n'ayant plus de terme, *él-Hakem* se déclara lui-même Dieu, et fit ouvrir un registre, pour inscrire les noms de ceux qui reconnaîtraient sa divinité; la crainte y fit signer seize mille habitants du Kaire; et le *nouveau Dieu*, voulant célébrer dignement son inauguration divine, fit mettre le feu à la ville; une grande partie fut consumée, le reste livré au plus désastreux pillage par ses soldats.

L'Égypte et une partie de la Syrie gémissaient ainsi, avec la patience la plus inconcevable, sous le joug de ce dévastateur insensé. La terreur était telle qu'aucune main n'osa s'armer pour l'intérêt général et frapper l'ennemi public; l'intérêt particulier parla plus haut, et, faute d'une révolution populaire, une révolution de palais délivra enfin l'Égypte du fléau auquel elle était en proie. Soupçonnés par *él-Hakem* d'intelligences secrètes, la sœur du khalyfe et le chef de ses troupes apprirent que le prince avait ordonné leur mort : ils le prévinrent, et profitèrent, pour exécuter leur complot, des visites que leur proscripteur n'avait pas cessé de rendre, sans aucune escorte, sur le Moqattam. *Él-Hakem* y fut assassiné l'an 411 (1) de l'hégire (1021 de l'ère chrétienne).

Après la mort du khalyfe (2), sa sœur se rendit maîtresse des affaires, et elle fit proclamer pour successeur de son frère, son neveu *Aly-Abou-l-Hassan*, fils de *él-Hakem*, sous le nom de *Dâher-le-azaz-dyn-Illah* (illustre par la gloire de la religion de Dieu). Ce prince occupa le trône

(1) Cette année a commencé le mercredi 27 avril de l'an 1020 de notre ère.

(2) Monnaie, en or, du khalyfe *él-Hakem-be-âmr-Illah*.

d'Égypte pendant seize ans, sans que l'histoire ait trouvé aucun acte de son gouvernement digne d'être mentionné. Le seul fait remarquable de son règne est la vengeance qu'il tira des assassins de son père : en vain ils avaient espéré assurer leur impunité en le plaçant sur le trône ; le nouveau khalyfe les poursuivit, et leur fit expier dans leur sang le meurtre auquel il devait son avénement au pouvoir souverain.

Pendant son règne, le trône des Abbassides changea de maître. *Él-Qader-b-illah*, qui avait succédé, l'an 381 de l'hégire (1), au khalyfe *él-Tây-b-illah*, mourut l'an 422 de l'ère musulmane (2) laissant le khalyfat de Baghdad à un prince nommé *él-Qayem-be-amr-Illah*, comme le quadrisaïeul du khalyfe fatymite.

Le khalyfe *Dâher-le-azaz-dyn-Illah* mourut lui-même, l'an 427 (3) de l'hégire (4) ; et, le premier du mois de Chaabân, on proclama, comme son successeur, son fils *Maad Abou-Temym*, qui prit le surnom, plus modeste, que ceux de ses prédécesseurs, d'*él-Mostanser-b-illah* (celui qui réclame le secours de Dieu).

Le jeune khalyfe n'était encore âgé que de sept années ; sa mère était une esclave noire, qui avait été vendue au khalyfe *él-Dâher*, par un marchand juif nommé *Abou-Sayd-Sahal*. Dès qu'elle vit son fils sur le trône, elle fit venir à la cour son ancien maître, et le choisit pour son conseiller intime.

Le règne d'*él-Mostanser-b-illah* fut le plus long des khalyfes fatymites, et le plus fécond en événements historiques.

(1) Cette année a commencé le vendredi 20 mars de l'an 991 de notre ère.

(2) Cette année a commencé le mardi 29 décembre de l'an 1030 de notre ère.

(3) Cette année a commencé le mercredi 5 novembre de l'an 1035 de l'ère chrétienne.

(4) Monnaie, en or, du khalyfe *Dâher-le-azaz-dyn-Illah*, frappée au Kaire, l'an 425 de l'hégire (1033 de notre ère).

L'an 429 de l'hégire (1), une trêve avait été conclue avec l'empereur grec, qui, depuis quelques années, faisait de fréquentes incursions sur les frontières musulmanes. Alep avait été soumis ; et cette conquête avait entraîné celle de tout le reste de la Syrie ; plusieurs révoltes y avaient été successivement comprimées, et l'extérieur était pacifié, lorsque, l'an 434 de l'hégire (2), l'intérieur de l'Égypte vit tout à coup s'élever une nouvelle cause de trouble, l'apparition d'un homme qui prétendait s'y faire passer pour le khalyfe *él-Hakem*, aïeul du jeune *él-Mostanser*, et qui revendiquait son trône. Le pretendu khalyfe avait, en effet, des traits de ressemblance avec le prince assassiné ; beaucoup d'habitants de Fostatt, séduits par les apparences, suivirent celui qu'ils croyaient leur ancien maître et marchèrent vers le palais d'*él-Mostanser* en criant : « *Voici él-Hakem!* » Mais l'erreur fut bientôt découverte ; on reconnut que l'imposteur était un homme du peuple, nommé *Sikkin* ; abandonné de ses partisans improvisés, il fut pris et mis à mort avec quelques complices (3).

Cependant les intrigues de la mère du khalyfe et de son conseiller faisaient et défaisaient les vizirs. L'administration suprême avait passé des mains de *Ahmed ben-Aly* en celles de *Hassan ébn-él-Ambary*, puis en celles de *Sadakah-él-Fellahy*, qui avait fait mettre à mort son prédécesseur en l'an 440 de l'hégire (4), et qui, condamné ensuite lui-même à perdre la vie, avait été remplacé par *Housséyn-él-Djardjarây* : celui-ci, à son tour, avait été arrêté et relégué en Syrie, au mois de Chaouâl de l'an 441 de l'hégire (5). Il avait eu pour successeurs, dans ses hautes fonctions, *Abou-l-Fadl-ben-Massoud* et le qady *Yazoury*. Ce dernier parvint à un tel degré de faveur, que

(1) Cette année a commencé le samedi 14 octobre de l'an 1037 de l'ère chrétienne.

(2) Cette année a commencé le samedi 21 août de l'an 1042 de notre ère.

(3) Les Druses, qui ont conservé dans leurs croyances les dogmes de la religion qu'*Él-Hakem-be-Amr-Illah* avait voulu établir, et qui reconnaissent sa divinité, prétendent encore de notre temps que ce khalyfe n'est point mort, mais qu'il doit reparaître un jour sur la terre.

(4) Cette année a commencé le jeudi 16 juin de l'an 1048 de notre ère.

(5) Cette année a commencé le lundi 5 juin de l'an 1049 de notre ère.

él-Mostanser lui permit de prendre les mêmes surnoms honorifiques qui étaient attribués aux khalyfes, et de faire graver son nom sur les monnaies, conjointement avec celui du souverain.

Pendant ces intrigues de palais, l'extérieur devenait menaçant : *Moëz-ed-doulah*, à qui le khalyfe avait fait, en l'an 436 de l'hégire (1), concession de la ville d'Alep, s'y était déclaré indépendant. Envoyé pour le combattre, *Nasser-ed-doulah* avait éprouvé des échecs. L'émir *Tarak* et l'émir *Rafik*, qui l'avaient remplacé à la tête des troupes égyptiennes, n'avaient pas eu plus de succès.

Heureusement, *Moëz-ed-doulah*, au lieu de profiter de ses victoires pour attaquer l'Égypte, préféra faire sa paix avec le khalyfe; il envoya, pour en traiter au Kaire, son fils et son épouse *Seydah*; la beauté et l'esprit de la princesse subjuguèrent le jeune *él-Mostanser* : elle dicta elle-même les conventions qui assuraient à *Moëz-ed-doulah* la possession d'Alep et de ses dépendances.

Cet orage conjuré du côté de l'orient, un autre commença à gronder à l'occident. Une nouvelle révolte y était fomentée par un prince homonyme de celui dont la rébellion avait éclaté en Syrie. *Moëz ébn-Badis*, prince feudataire de l'Afrique, ayant eu des démêlés d'étiquette dans sa correspondance avec le vizir *Yazoury*, s'en vengea, en supprimant de la prière solennelle le nom du khalyfe *él-Mostanser*, et en y substituant celui du khalyfe abbasside *él-Qayem-be-amr-Illah*. C'était se déclarer en rébellion ouverte.

Le khalyfe fatymite n'avait pas en ce moment de troupes disponibles pour arrêter les progrès de cette révolte; l'intérieur de l'Égypte était, d'ailleurs, ravagé par les débats sanglants de deux puissantes tribus arabes, les *Beny-Zabeh* et les *Beny-Ryah*. Le vizir imagina d'opposer les ennemis de l'intérieur à ceux de l'extérieur, et de se débarrasser des uns par les autres. Il vint à bout de réconcilier les deux tribus rivales; et, les excitant, soit par quelques distributions d'argent, soit par l'espoir d'un riche pillage et la promesse de la concession de quelques portions des provinces dont elles se rendraient maîtresses, il les lança sur *Moëz ébn-Badis*.

Les Arabes s'emparèrent en effet du pays de Barqah, de Tripoli d'Afrique et infestèrent les autres provinces barbaresques par leur brigandage. *Moëz* alors, rassemblant trente mille cavaliers aguerris et bien armés, marcha aux Arabes, qui, ne comptant pas plus de trois mille combattants, se disposèrent à prendre la fuite. *Mounez*, leur chef, voulait en vain les retenir : « Où voulez-vous que nous « frappions des ennemis couverts de « casques et de cuirasses? » s'écriaient-ils : « Aux yeux! » leur dit *Mounez*; et depuis ce temps il fut surnommé *Abou-Ouyoun* (le père aux yeux). *Moëz* fut battu; et, pendant près de six années, la guerre continua entre lui et les tribus arabes, avec une alternative de victoires et de défaites.

Tandis que le khalyfe faisait ainsi faire ses affaires par d'autres dans l'occident, il s'occupait au Kaire d'embellissements et de constructions. La mosquée d'*Amrou* (1), qu'il avait déjà réparée, l'an 438 de l'hégire (2), vit, l'an 441 (1049 de l'ère chrétienne), ses parois intérieures se revêtir d'une couche d'or; les années suivantes l'enrichirent d'une tribune (*manbar*) en bois précieux (3), soutenue par des colonnes de sandal : puis un nouveau minaret y fut élevé.

Le khalyfe avait consacré à ces dépenses pieuses une partie des trésors du riche héritage qu'il venait de faire. L'an 442 de l'hégire (4) avait été marqué par la mort des deux princesses, les plus riches de tout l'empire, *Rachidah* et *Abdah*, toutes deux filles du khalyfe *él-Moëz-le-dyn-Illah*. La première laissait une succession évaluée à 2,700,000 dynars (40,500,000 francs de notre monnaie); la fortune de la seconde était presque égale à celle de sa sœur. Tous les khalyfes, successeurs de *Moëz-le-dyn-Illah*, avaient attendu avec impatience cette double mort, et avaient convoité avidement cet immense héritage; mais les princesses prolongèrent

(1) Cette année a commencé le dimanche 29 juillet de l'an 1044 de notre ère.

(1) Voyez planche 1re.

(2) Cette année a commencé le mardi 8 juillet de l'an 1046 de notre ère.

(3) Voyez la forme de ces sortes de tribunes, du haut desquelles le *Khateb* fait les prières publiques, planches 10, 12 et 13.

(4) Cette année a commencé le samedi 26 mai de l'an 1050 de notre ère.

leur vie sous cinq khalyfats, et l'héritage vint échoir à *él-Mostanser,* fils de leur arrière-neveu.

L'an 444 de l'hégire (1) apporta au Kaire deux nouvelles de nature bien différente. A Baghdad, le khalyfe abbasside, réduit aux protocoles diplomatiques, venait de publier, dans les diverses provinces, un manifeste signé des qadys et des chérifs, prouvant que les prétentions des khalyfes fatymites à la descendance d'*Aly* étaient dénuées de tout fondement. D'un autre côté, le prince de l'Yémen, *Aly-Ben-Mohammed-él-Salihy,* avait fait faire la prière solennelle au nom d'*él-Mostanser* et lui envoyait des présents.

Il était heureux pour le khalyfe que ces événements extérieurs se contre-balançassent l'un l'autre; car, à l'intérieur, il se trouvait dans de grands embarras : l'Egypte était désolée par la famine.

La crue du Nil de l'an 444 de l'hégire (1052 de l'ère chrétienne) ne s'était élevée qu'à une hauteur médiocre, et la disette commença à se faire sentir; jusqu'alors le khalyfe avait fait le monopole des grains : chaque année il achetait pour 100,000 dynars (1,500,000 francs) de froment, qui se tenait en réserve et se revendait avec bénéfice, lorsque les prix en étaient élevés. A l'occasion d'une baisse excessive dans les céréales, causée par une émeute, le vizir *Yazoury* avait fait changer d'objet à ces spéculations, et les avait fait porter sur les bois, les fers, les savons, le plomb, etc. Ainsi, lorsque, l'an 446 de l'hégire (2), l'état défavorable du Nil aggrava la disette, les greniers du khalyfe étaient vides; et on n'y trouva que les provisions nécessaires à la consommation du prince et du service de son palais. Alors le pain devint excessivement rare, et le blé monta à 8 dynars (120 francs) le sac de la petite mesure.

La famine augmenta alors : elle fut bientôt suivie de la peste; et ces deux fléaux se répandirent dans toute la Syrie et jusqu'à Baghdad. A ces maux ceux de la guerre vinrent encore se joindre.

Le khalyfe avait envoyé un ambassadeur à Constantinople, pour obtenir des grains de l'empereur grec : ce prince en accorda 400,000 ardebs, qu'il se disposait à faire transporter en Égypte, lorsque la mort le surprit. L'impératrice qui lui succéda, mit au départ du blé la condition d'un traité offensif et défensif entre elle et le khalyfe; celui-ci refusa, et le convoi fut retenu. *Él-Mostanser,* irrité, proclama la guerre contre les infidèles, et envoya *Nasser-éd-doulah* faire une incursion sur les territoires de *Ladykiah* (Laodicée) et d'Antioche. Celui-ci fut battu et fait prisonnier, et le khalyfe s'en vengea en saisissant toutes les richesses des chrétiens, déposées dans l'église de la Résurrection à Jérusalem; ainsi l'empire grec était en rupture ouverte avec l'Égypte.

Celle-ci avait vu ses terreurs augmentées encore, l'an 445 de l'hégire (1), par l'apparition d'une comète à queue très-longue, qui épouvanta le pays depuis le douzième jour du mois de Gemady él-Thâny jusqu'au quinzième jour de Regeb. Mais, grâces aux mesures prudentes du vizir, et à une crue favorable, la disette se calma et fit peu à peu place à l'abondance.

Cependant, la puissance d'*él-Mostanser* s'étendait de plus en plus au dehors; et l'émir *Aslân-él-Bessassyry,* général des troupes au service du khalyfe abbasside *él-Qayem-be-amr-Illah*, ayant chassé son souverain de Baghdad, y avait arboré les drapeaux blancs des Fatymites (2). Cet exemple fut suivi à Ouaset, à Koufah, et dans les principales villes orientales, le khalyfe abbasside ayant été forcé par l'émir rebelle de signer un acte par lequel il se reconnaissait, lui et tous les Abbassides, pour usurpateurs, et proclamait les droits des Fatymites à la légitimité.

L'autorité spirituelle des khalyfes d'Égypte fut reconnue jusque dans le Khorassan et le nord de la Perse; mais le sultan *Togrul-beyk*, qui y régnait alors, jugea dangereuse pour sa personne la propagation de la secte d'*Aly;* comprimant dans ses États la manifestation des doctrines fatymites, il poussa ses troupes vers Baghdad, battit les rebelles, et y rétablit le khalyfe abbasside, le 26 du

(1) Cette année a commencé le dimanche 3 mai de l'an 1054 de notre ère.

(2) Cette année a commencé le mardi 12 avril de l'an 1054 de l'ère chrétienne.

(1) Cette année a commencé le vendredi 23 avril de l'an 1053 de notre ère.

(2) Les drapeaux des Abbassides étaient noirs.

mois de Doul-Qadéh de l'an 451 de l'hégire (1).

El-Mostanser dut s'accuser lui-même de ce revirement de fortune; il avait envoyé d'abord à l'émir *Aslân* des secours en hommes et en argent, entre autres 500,000 dynars (7,500,000 francs), des provisions, des armes, des habits et des chevaux; mais, depuis la prise de Baghdad, il commença à redouter le génie entreprenant de l'émir et n'osa pas le mettre en état de poursuivre plus loin ses conquêtes. Sans cette défiance, disent les écrivains arabes, il est probable que l'Iraq et Baghdad seraient demeurés au pouvoir des Fatymites, et que leur domination se serait affermie sur la ruine totale de celle des Abbassides.

Pendant que l'Iraq était le théâtre de ces événements, d'autres combats étaient livrés en Syrie, et leur résultat eut une influence fatale sur le reste du règne d'*él-Mostanser-b-illah*.

La ville d'Alep était, à cette époque, le domaine de *Moëz-éd-doulah*. Ce prince, fatigué des prétentions exorbitantes de la tribu arabe des *Beny-Kelâb*, qui voyait ses trésors d'un œil de convoitise, offrit à *él-Mostanser* de lui livrer Alep, demandant, en échange, quelques places éloignées où il n'eût rien à craindre des Arabes.

Le khalyfe avait accepté la proposition et concédé les villes de Beyrout, d'Akkah (2) et de Djobayl : en conséquence, la ville et la forteresse d'Alep lui avaient été remises au mois de Doul-Qadéh de l'an 448 de l'hégire (3), entre les mains de *Mekin-éd-doulah*, général du khalyfe.

Moëz éd-doulah partit pour l'Égypte et y fut traité par *él-Mostanser* avec une munificence et des honneurs extraordinaires.

Nommé gouverneur d'Alep, *Mekin* y déployait, dans son administration, autant de douceur que de justice; le peuple était heureux et les denrées s'y vendaient à un prix modéré; mais bientôt les Beny-Kelâb prirent les armes : ils mirent à leur tête l'émir *Mahmoud*, neveu de l'ancien souverain, et qui s'était montré mécontent de la cession faite par son oncle au khalyfe des domaines de sa famille. Des complots furent ourdis dans la garnison d'Alep, et la ville fut livrée à *Mahmoud*, le 2 du mois de Gemady él-Thany de l'an 452 de l'hégire (1).

Mekîn, réfugié dans la forteresse, écrivit en Égypte pour demander des secours. *Nasser-éd-doulah*, qui avait précédemment échoué dans sa première expédition en Syrie, se fit donner la conduite de celle-ci et marcha sur Alep, à la tête d'une armée nombreuse. Il entra d'abord dans Alep, que les Arabes avaient abandonnée à son approche; mais le lendemain, mercredi, dernier jour du mois de Regeb, il fut encore battu et fait de nouveau prisonnier. L'émir *Mahmoud* rentra dans Alep. Ainsi, dans l'espace de trois jours, cette ville avait trois fois changé de maîtres.

Mahmoud rendit la liberté à *Nasser éd-doulah* et le laissa partir pour l'Égypte, après l'avoir comblé de présents. Cette campagne, malgré les échecs éprouvés par *Nasser-éd-doulah*, l'avait mis en évidence et à portée de se créer de nombreux partisans. A son arrivée au Kaire, le khalyfe crut devoir le dédommager de son mauvais succès en le nommant au gouvernement de Damas; il y fut remplacé, l'an 455 de l'hégire (2), par *Bedr-él-Gemaly*, Arménien de naissance, qui, après avoir été esclave de *Gemal-él-doulah*, d'où il avait pris son surnom, avait exercé successivement plusieurs emplois et s'était toujours distingué par sa fermeté et son courage. Ainsi, la destinée remettait successivement le gouvernement de Damas entre les mains des deux hommes qui devaient avoir le plus d'influence sur le règne d'*él-Mostanser*.

La Syrie ne tarda pas à être entièrement pacifiée, le faible khalyfe ayant permis à l'émir *Mahmoud* de garder Alep, et l'ayant même décoré, dans un diplôme impérial, des titres de *chef des émirs arabes*, de *bras de l'empire*, et d'*épée du khalyfat*.

L'Égypte était moins tranquille; le vizir *Yazoury* s'y montrait l'ardent per-

(1) Cette année a commencé le mercredi 17 février de l'an 1059 de notre ère.

(2) Saint-Jean d'Acre.

(3) Cette année a commencé le jeudi 21 mars de l'an 1056 de notre ère.

(1) Cette année a commencé le dimanche 6 février de l'an 1060 de notre ère.

(2) Cette année a commencé le samedi 4 janvier de l'an 1063 de l'ère vulgaire.

Lemaitre direxit

Cour intérieure de la Mosquée du Sultan BARQOUQ.

sécuteur des chrétiens; les avanies, les emprisonnements, les spoliations, les vexations de toute espèce signalaient sa haine contre eux, et provoquaient des soulèvements partiels dans les provinces. Le patriarche *Christodule*, arrêté par son ordre, avec d'autres évêques, et traîné au Kaire, y avait trouvé de puissants protecteurs (1), il avait obtenu sa liberté du khalyfe. Exaspéré de cet acte de justice souveraine, le vizir ordonna la fermeture générale de toutes les églises de l'Égypte, tant celles des *Jacobites* que celles des *Melchites*. Cet ordre tyrannique allait amener une révolte générale parmi les populations chrétiennes, lorsque le khalyfe mit un terme à tant d'excès, en disgraciant le vizir *Yazoury*, qui fut destitué, relégué à Tennis, et enfin mis à mort l'an 453 de l'hégire (2).

Les chrétiens regardèrent cette fin malheureuse comme une marque de la colère céleste, dont ils présentaient pour avant-coureurs différents phénomènes apparus dans le ciel, entre autres une aurore boréale et une éclipse totale de soleil, qui dura quatre heures, et pendant laquelle l'obscurité fut si grande, qu'on put distinguer les étoiles, et que les oiseaux se réfugièrent dans leurs nids.

Yazoury fut remplacé par *Abou-l-Faradj-él-Babely;* puis, au bout de soixante-douze jours, par *Abd-allah ébn-Yahia*, puis successivement par un grand nombre de vizirs, qui restaient peu de jours en place.

Dans l'espace de douze ans les historiens arabes donnent la liste de trente-cinq mutations dans le vizirat. L'Égypte ne cessa donc pas d'être mal gouvernée; et chaque mutation l'entraînait vers sa ruine. Aucun de ceux qui remplirent le poste de vizir n'était en état de tenir les rênes du gouvernement. D'ailleurs, à peine étaient-ils en place, qu'ils se voyaient en butte à des dénonciations continuelles, qui causaient bientôt leur destitution; quelques-uns même n'occupèrent le vizirat qu'un seul jour.

Au milieu de cette instabilité gouvernementale, le khalyfe admettait auprès de sa personne des hommes de toutes les classes, et ne trouvait pas mauvais qu'on lui écrivît; aussi recevait-il plus de huit cents lettres par jour. Des gens de la plus basse extraction avaient pris sur ce faible prince un tel ascendant, que leurs conseils étaient mieux suivis que ceux des premiers personnages de l'État: pendant ce temps, les troubles se multipliaient dans l'empire. Le khalyfe, embarrassé de la quantité d'avis contraires qui lui parvenaient de tous côtés, ne savait quelle mesure prendre; les vizirs ne faisaient que passer, et, étant entièrement occupés à se défendre contre les attaques de ceux qui cherchaient à les perdre dans l'esprit du prince, n'avaient ni le temps ni les moyens de réprimer les désordres: les différentes provinces étaient dépeuplées; les revenus de l'État diminuaient tous les jours, et les dépenses croissaient d'une manière effrayante.

Telle était la situation de l'Égypte quand de nouveaux malheurs vinrent fondre sur ce royaume et le mirent à deux doigts de sa perte.

Chaque année, *él-Mostanser*, feignant d'entreprendre le pèlerinage de la Mekke, sortait du Kaire, escorté d'une troupe d'hommes et de femmes portés par des chameaux; sa marche s'exécutait au son des instruments de musique. Arrivé au bord de l'étang nommé alors *Birket Omayra*, maintenant *Birket-él-Hadj* (le lac du pèlerinage), il s'arrêtait au lieu où la caravane sacrée avait coutume de camper à son départ et à son retour: là, au grand scandale des musulmans, il faisait abondamment distribuer à son cortége du vin dont les outres étaient remplies, au lieu d'eau. Son voyage se bornait à cette première halte, puis il retournait à son palais.

L'an 454 de l'hégire (1), pendant une de

(1) Déjà à Alexandrie le gouverneur *Hisn-éd-doulah* avait protégé les chrétiens contre les actes vexatoires du vizir; voici ce qu'en rapportent les historiens arabes: le gouverneur ayant reçu l'ordre d'enlever toutes les richesses des églises, il manda en secret dans la nuit les principaux chrétiens, et leur communiqua la mission d'*Yazoury*. « Voici, dit-il, « les ordres que je serai forcé de mettre demain « à exécution; partez, arrangez-vous en consé- « quence: surtout gardez-moi le secret sur ma « communication. » Les chrétiens se retirèrent, et le lendemain quand le gouverneur, entouré de ses gardes, se présenta à l'église principale avec le qady et les notaires, le procès-verbal constata qu'on n'avait trouvé dans l'église du Sauveur qu'une vieille natte et une souricière.

(2) Cette année a commencé le vendredi 26 janvier de l'an 1061 de notre ère.

(1) Cette année a commencé le mardi 16 janvier de l'an 1062 de l'ère chrétienne.

ces orgies, un Turk ivre tira son cimeterre contre un des soldats noirs de la garde du khalyfe : les autres nègres se jetèrent sur le Turk et le tuèrent; outrés de la mort de leur camarade, les Turks coururent en foule tumultueuse auprès de *él-Mostanser* : « Si ce meurtre a été or« donné par vous, lui dirent-ils, nous de« vons nous soumettre ; mais, s'il a été « commis sans votre aveu, nous ne le « laisserons pas impuni. »

Le khalyfe protesta qu'il n'y avait aucune part, et les Turks coururent attaquer les noirs; ceux-ci étaient nombreux; car la mère du khalyfe, négresse ellemême, aimait à s'entourer de ses compatriotes et en faisait acheter de tous les côtés : son palais en était rempli, et leur nombre au Kaire était de plusieurs mille, composant une milice dont la faveur excitait la jalousie des autres corps.

Les deux partis se livrèrent plusieurs combats sanglants. Enfin on parvint à conclure entre eux quelque accommodement : on convint que le meurtrier serait remis à la discrétion des Turks.

La haine réciproque fut néanmoins loin de s'éteindre. Des projets d'attaque fermentaient de part et d'autre : les noirs prévenus par le vizir se tenaient sur leurs gardes, renfermés dans leurs casernes; de leur côté les Turks attirèrent dans leur parti plusieurs tribus arabes, qu'ils lièrent à leur cause par des traités d'alliance offensive et défensive : puis ils mirent à leur tête cet émir *Nasser-éd-doulah* dont nous avons vu ci-dessus les expéditions peu heureuses en Syrie, et qui, destitué de son gouvernement de Damas, mécontent du khalyfe et de ses vizirs, attendait impatiemment, au Kaire, une occasion favorable pour donner enfin l'essor à son ambition démesurée.

Nasser-éd-doulah accépta ce commandement comme un instrument qui, entre ses mains, devait devenir l'arme la plus redoutable.

Les noirs se voyant trop faibles, sortirent du Kaire et se réfugièrent dans le Sayd : là leur troupe se grossit au point de compter au moins cinquante mille combattants; ces forces revinrent sur le Kaire et sur Alexandrie et attaquèrent les Turks à Koum-Cheryk (1) : les Turks, qui n'avaient que six mille hommes environ, furent d'abord enfoncés; mais, reprenant l'avantage, ils acculèrent leurs ennemis au bord du Nil, en jetèrent une partie dans le fleuve et firent du reste un carnage terrible. Les écrivains arabes prétendent que ce jour-là les tués et les noyés dépassèrent le nombre de trente mille.

La mère du khalyfe s'était hautement déclarée pour les noirs, ses compatriotes et ses favoris : sa haine était d'autant plus forte contre les Turks, qu'elle avait encore à venger sur eux le meurtre de son confident intime *Abou-Sayd*, qu'ils avaient massacré. Elle fit passer aux nègres des secours, qui leur permirent de reprendre l'offensive. Dès lors une longue suite de combats acharnés fit couler des flots de sang tant aux environs du Kaire que dans la haute et la basse Égypte. Cependant, au milieu de ce bouleversement général, renfermé dans son palais, ne s'occupant que de son harem, le faible khalyfe, à chaque plainte, à chaque nouvelle désastreuse qu'il recevait, ne savait que répondre : « Ceci se « fait sans mon aveu, et je n'en suis pas « responsable. »

Les hostilités furent quelque temps suspendues par la lassitude et les pertes des deux partis; mais chacun d'eux n'attendait que le moment de reprendre les armes. Restés maîtres du Kaire, les Turks, dont le pouvoir allait chaque jour en croissant, fatiguaient le khalyfe de leurs demandes, réclamant, sans cesse, une augmentation de solde. Ce prince avait beau épuiser son trésor, il se voyait hors d'état de les satisfaire, et se trouvait l'esclave de ceux qu'il soldait pour sa défense personnelle.

La mère du khalyfe ajoutait encore à la pénible position où ce prince se trouvait; elle demandait toujours et s'indignait qu'une seule de ses demandes pût être rejetée. Ses exigences et celles de ses gardes fatiguèrent enfin tellement *él-Mostanser*, que, l'an 457 (1) de l'hégire, il s'échappa de son palais, seul, à pied, sans aucune suite, se dirigeant vers la mosquée d'Amrou, protestant qu'il voulait abandonner le timon des affaires, pour

(1) Cette position sur la rive occidentale de la branche de Rosette est devenue célèbre dans l'histoire de l'expédition française en Égypte, par l'attaque et la défaite des Mamlouks.

(1) Cette année a commencé le lundi 13 décembre de l'an 1064 de l'ère vulgaire.

Lemaître direxit

Mosquée du Sultan QÂYT-BÂY

se retirer dans ce lieu sacré et s'y vouer le reste de sa vie au service de Dieu. Ce ne fut pas sans peine que ses principaux officiers, courant après lui, purent le détourner de cette résolution désespérée.

L'année 459 de l'hégire (1) vit les hostilités recommencer avec une nouvelle fureur. A l'instigation de la mère d'*él-Mostanser*, les nègres se réunirent à Gyséh; les Turks et *Nasser-éd-doulah* coururent les y attaquer : on se battit sur le Nil pendant plusieurs jours : puis, ayant réussi à aborder le rivage, les Turks mirent en déroute les noirs, qui furent encore forcés de s'enfuir dans la haute Égypte.

Nasser-éd-doulah, fier de sa victoire, rentra au Kaire, s'empara de l'autorité et, dès ce moment, ne traita plus le khalyfe qu'avec mépris et arrogance.

Cependant les noirs, après leur défaite, avaient réussi à gagner le Sayd et à s'y réunir au nombre de quinze mille. De là, ils menaçaient de descendre encore sur le Kaire; un corps de leurs troupes occupait déjà Alexandrie : ceux de Fostatt, excités par la mère du khalyfe, prirent les armes. Faisant face à tout, *Nasser-éd-doulah* rassembla ses Turks, massacra les nègres de Fostatt, courut au Sayd, y battit le gros de l'armée des noirs, et redescendant dans la basse Égypte, enleva Alexandrie; puis, revenant au Kaire, il extermina jusqu'au dernier des nègres que ses recherches purent lui faire découvrir dans la ville ou aux environs.

Le khalyfe voulait en vain s'affranchir du joug pesant que lui imposait *Nasser-éd-doulah;* en vain nommait-il parmi ses affidés, ou parmi ceux dont il voulait se faire des partisans, des gouverneurs de province ou de ville : aucun d'eux ne pouvait parvenir à se mettre en possession de ces gouvernements. *Bedr-él-Gemaly* avait profité de cet état de désordre, pour se rendre maître dans tous les gouvernements de la Syrie; le Sayd était occupé par les noirs, l'Égypte basse et moyenne n'obéissait qu'à *Nasser-éd-doulah*, depuis la prise d'Alexandrie; le Kaire et Fostatt étaient la proie des milices turkes : à peine si les ordres du khalyfe étaient reconnus dans l'enceinte de son palais.

(1) Cette année a commencé le mercredi 22 novembre de l'an 1066 de notre ère.

Si les affaires d'*él-Mostanser* étaient à l'intérieur dans un état déplorable, elles n'offraient pas, à l'extérieur, un aspect plus florissant. Le prince de l'Yémen, *él-Salihy*, qui avait reconnu l'autorité des Fatymites, venait d'être tué par un de ses généraux, et la Mekke avec l'Yémen était rentrée sous l'obéissance des khalyfes abbassides; des révoltes éclataient dans la plupart des villes frontières, ou bien elles étaient enlevées par l'invasion de quelque prince voisin; chaque jour on voyait arriver au Kaire des gouverneurs, ainsi chassés de leurs résidences, venir chercher un asile en Égypte : enfin les Grecs lui avaient déclaré la guerre.

Pour combler la mesure de ses échecs, *él-Mostanser* eut la maladresse, dans ces conjonctures, de se brouiller avec *Mahmoud*, prince d'Alep, que nous avons vu ci-dessus reconnaître la suzeraineté du khalyfe et recevoir de lui les titres les plus honorifiques.

Él-Mostanser écrivit à ce prince, pour lui enjoindre de lui envoyer de l'argent, de faire la guerre aux Grecs et de licencier les Turks qu'il avait à sa solde.

Mahmoud lui répondit : « De l'ar-
« gent, je n'en ai pas : j'ai emprunté de
« fortes sommes pour reprendre Alep,
« et on m'en réclame le payement. — Les
« Grecs, j'ai fait une trêve avec eux; ils
« m'ont aussi prêté de l'argent, et j'ai
« donné mon fils pour otage; je ne puis
« donc leur faire la guerre. — Les
« Turks, ils sont plus forts que moi :
« prétendre les chasser, ce serait vouloir
« me faire chasser moi-même. »

Le khalyfe devait bien, d'après sa propre position, apprécier combien cette dernière excuse était fondée; cependant, il s'en montra irrité et écrivit à *Bedr-él-Gemaly* que *Mahmoud* ayant levé l'étendard de la révolte, il le chargeait de l'en punir.

Bedr-él-Gemaly, déjà si puissant en Syrie, ne demandait pas mieux que d'avoir un prétexte pour attaquer le prince d'Alep.

Il marcha aussitôt contre lui, et la guerre fut de nouveau allumée dans cette partie de l'empire.

Cependant, le khalyfe respirait un peu plus librement au Kaire. *Nasser-éd-doulah* venait de quitter cette ville, pour aller attaquer les noirs dans le Sayd, où ils se livraient aux plus affreux ravages. Les détachements turks qu'il avait successivement envoyés avaient toujours été défaits; *Nasser-éd-doulah* le fut lui-même et repoussé jusqu'à Gyzeh. Outrés de leurs défaites multipliées, les Turks s'en prenaient au khalyfe, qu'ils accablaient de reproches injurieux, l'accusant de favoriser les noirs, comme sa mère, et de leur faire parvenir des secours en secret.

Le khalyfe, abandonnant la défense de sa mère, protestait avec serment, que, quant à lui, cette accusation était absolument fausse. Les Turks, après avoir réparé leurs pertes et réuni de nouveaux renforts, retournèrent derechef à l'attaque de leurs adversaires : plus heureux cette fois, ils les chargèrent avec tant de force et d'impétuosité, qu'ils les battirent complétement et en firent un affreux carnage. Ceux des noirs qui échappèrent à cette sanglante déroute, ne trouvèrent leur salut que dans la fuite; et, dès lors, la force de leur parti fut entièrement anéantie.

Cette victoire rivait les fers du khalyfe. Enorgueilli de plus en plus de ses succès, *Nasser-éd-doulah* ne garda plus de mesure envers *él-Mostanser,* et ne lui laissa plus rien de l'autorité suprême. A son exemple, les Turks sous ses ordres avaient perdu tout respect pour le khalyfe, ne tenaient aucun compte de ses ordres, et le moindre d'entre eux traitait le pontife souverain de l'islamisme avec insolence et mépris. L'assiégeant sans cesse, l'interrompant au milieu de ses repas, de ses prières ou de ses plaisirs, ils réclamaient impérieusement des augmentations de solde. Les vizirs, en butte à leurs outrages et à leurs attaques, ne pouvaient éviter une prompte destitution; et la place des vizirs, chaque fois, restait vacante plus de temps qu'elle n'avait été occupée. Les prétentions des Turks étaient si exorbitantes, que leurs traitements, qui, avant cette époque, n'avaient été que de 28,000 dynars (420,000 francs) par mois, furent portés à 400,000 dynars (6,000,000). Le trésor se trouva bientôt épuisé. Ils n'en réitérèrent pas moins leurs demandes; en vain *él-Mostanser* leur représentait-il qu'il était hors d'état de les satisfaire; cette excuse fut rejetée, et ils le contraignirent à vendre les objets précieux qui, depuis la fondation de la dynastie, étaient accumulés dans le palais.

Le faible khalyfe ne sut rien leur refuser : les Turks prétendirent insolemment alors se porter eux-mêmes pour appréciateurs et commissaires des ventes; et, pendant plusieurs années, ces brigands avides se partagèrent ces riches dépouilles, qu'ils se faisaient adjuger au dixième ou même au centième de leur valeur, et qu'ils prenaient en payement des sommes qu'ils prétendaient leur être dues, soit comme solde, soit comme gratifications.

Le khalyfe et l'intendant général du trésor, témoins forcés de ce pillage à l'encan, ne pouvaient y remédier, attendu qu'ils manquaient d'argent pour acquitter les sommes énormes que réclamaient les Turks, sans aucun droit et sans aucun titre.

L'historien *él-Maqryzy*, d'après des mémoires contemporains, nous a conservé les détails les plus minutieux de ces déprédations et des immenses trésors en or et en pierreries qu'elles dilapidèrent. Ces détails passent toute croyance; ils semblent des rêves des Mille et une nuits, et ne paraîtraient dignes d'aucune foi, s'ils n'étaient attestés par des témoignages aussi irrécusables que les rapports authentiques de l'inspecteur du trésor et le procès-verbal, article par article, d'*Abou-l-Hassan-Aly*, l'intendant de *Nasser-éd-doulah*, que rapporte textuellement *él-Maqryzy*. A voir cette énumération (1), on dirait que

(1) On trouve dans cette nomenclature curieuse je ne sais combien de *boisseaux* d'émeraudes, de rubis, de perles, de cornalines et autres pierreries.

Dix-huit mille vases de cristal de roche, dont quelques-uns valaient jusqu'à 1000 dynars (15,000 francs).

Trente-six mille autres pièces du même cristal.

Une natte d'or pesant cinquante-quatre marcs.

Quatre cents grandes cages d'or.

Six mille vases d'or à mettre des fleurs.

Vingt-deux mille bijoux d'ambre.

Un turban orné de pierreries, valant 130,000 dynars (1,950,000 francs.)

Des coqs, des paons, des gazelles de grandeur naturelle, en or, incrustés de perles, de rubis.

Des tables de sardoine assez grandes pour que plusieurs personnes pussent y manger à la fois.

Un palmier d'or dans une caisse d'or: les fleurs et les fruits de grandeur naturelle en perles et en rubis.

Un jardin dont le sol était d'argent doré et

toutes les richesses du monde entier se sont donné rendez-vous dans ce point du globe, et s'y étaient accumulées, depuis de longs siècles, pour être ainsi disséminées aux mains de la plus vile soldatesque.

Nasser-éd-doulah et les dix autres généraux des Turks eurent pour leur part en pierreries, en armures (1), en meubles précieux, des objets au-dessus de toute appréciation.

Après avoir ainsi pillé le palais, les Turks n'en obsédaient pas moins *él-Mostanser,* pour en réclamer de nouvelles sommes; voyant qu'ils ne pouvaient rien en obtenir, ils forcèrent l'entrée du tombeau des ancêtres du khalyfe, et en pillèrent tous les ornements d'or; de là ils se jetèrent sur la bibliothèque, riche de plus de cent vingt mille volumes, chefs-d'œuvre de calligraphie et renfermant les manuscrits les plus précieux; tout fut enlevé, partagé et détruit en partie : perte inestimable et aussi déplorable que celle de la bibliothèque d'Alexandrie. Une portion considérable de cette collection si précieuse, qui était échue à *Ebn-él-Mohtarek*, gouverneur d'Alexandrie, et qu'il faisait transporter dans cette ville, tomba en route, auprès d'Abyâr, entre les mains de la tribu berbère des *Leouatah.* Les Bédouins en brûlèrent une partie, prirent les couvertures des livres pour se faire des chaussures; le reste fut abandonné, entassé par monceaux, au milieu du désert. Les vents ne tardèrent pas à les recouvrir de sables et à en former plusieurs monticules, que l'on appelle encore maintenant *Tall-él-Koutoub* (la colline des livres.)

Non content d'avoir dépouillé le khalyfe de toutes ses richesses et de tout son pouvoir, *Nasser-éd-doulah* en vint bientôt à vouloir enlever à ce malheureux prince le peu d'influence que pouvait lui laisser son autorité spirituelle sur les musulmans : il résolut de faire un autre khalyfe à la place de *él-Mostanser;* il ne cherchait qu'un prétexte, il le trouva bientôt.

Le chef des Turks avait amassé contre lui des trésors de haine, même parmi ses milices, par son pouvoir insolent et ses exactions tyranniques. L'an 461 de l'hégire (1), en sortant de chez le vizir, il fut assailli par un homme de la ville de Siraf et blessé d'un coup de poignard. L'assassin fut sur-le-champ étranglé, mais *Nasser-éd-doulah*, qui fut bientôt guéri de sa blessure, prétendit que l'assassinat avait été commandé par le khalyfe et sa mère. Dès lors il affecta de dire hautement que *él-Mostanser,* livré au jeu, au vin et aux plaisirs du harem, était indigne du trône du khalyfat; mettant en avant un chérif, nommé *Abou-Taher-Hay-Darah*, que *Bedr-él-Gemaly* avait expulsé de Damas, et qui, retiré au Kaire, s'y était créé une popularité fondée sur sa piété et la ferveur de ses pratiques religieuses, il lui offrit le khalyfat, à la condition de le défaire auparavant de leur ennemi commun, *Bedr-él-Gemâly*. Celui-ci était toujours resté seul maître de la Syrie, et *Nasser-éd-doulah* pouvait craindre qu'il ne tournât ses regards du côté de l'Égypte.

Au chérif furent associés, dans ce complot, deux émirs des Arabes de Syrie; et 40,000 dynars (600,000 francs) furent remis pour faire face aux premières dépenses. Les trois conjurés partirent pour la Syrie, où ils se firent d'abord un assez grand nombre de partisans. Mais *Bedr-él-Gemâly* était sur ses gardes; les conspirateurs subalternes furent arrêtés, la confiscation de leurs biens servit à *Bedr-él-Gemâly* à acheter le plus redoutable des trois chefs du

la terre d'ambre, les arbres d'argent et les fruits d'or et de pierreries.

Une tente de cinq cents coudées (six cents vingt-cinq pieds) de circonférence, et de soixante-quatre coudées (quatre-vingt-dix pieds) de hauteur, toute en velours et satin brodé d'or, et dont les tentures furent la charge de cent chameaux.

Une autre tente, tissue d'or pur, soutenue par six colonnes d'argent massif.

Des cuves d'argent, du poids de trois quintaux.

Deux mille tapis enrichis d'or, dont l'un avait couté 22,000 dynars (330,000 francs) et les moindres 1,000 dynars (15,000 francs.)

Cinquante mille pièces de damas enrichies d'or.

Enfin *Ebn-Abd-él-Azyz*, inspecteur du trésor, déclare dans son rapport que plus de cent mille articles précieux et deux cent mille pièces d'armures ont été adjugés en sa présence.

(1) L'épée *Dou-l-fiqar* (à deux tranchants) d'Aly, les cimeterres de son fils *Housseyn*, d'*Amrou*, d'*Abd-allah*, d'*Obeyd-Allah*, de *Djafar;* le bouclier de *Hamzah*, la cuirasse et l'épée de *Moëz-le-dyn-illah*, etc.

(1) Cette année a commencé le vendredi 31 octobre de l'an 1068 de notre ère.

complot; il séduisit le second par des promesses brillantes, et se fit livrer le futur khalyfe, *Hay-Darah*, qu'il fit aussitôt écorcher vif.

Pendant que ces choses se passaient en Syrie, *Nasser-êd-doulah* n'en travaillait pas moins de tout son pouvoir à faire déclarer *êl-Mostanser* déchu du khalyfat : mais le chef des Turks avait soulevé contre lui tous les esprits, et l'armée s'était divisée en deux partis : l'un secondait les projets du général turk; mais l'autre restait fidèle au khalyfe. *Êl-Mostanser* se décida enfin à commencer une active défensive; sa première démarche fut d'écrire à *Nasser-êd-doulah*, et les historiens du temps nous ont conservé le texte de sa missive : elle est pleine de la dignité qui convenait au chef de l'islamisme, et qu'il paraissait depuis trop longtemps avoir mise en oubli.

« Lorsque tu t'es rendu auprès de « nous, réclamant notre protection, « nous t'avons accueilli et comblé de « bienfaits : tu nous as payé par l'in« gratitude : notre bonté et notre pa« tience t'ont enhardi; tu as débauché « nos troupes et comploté notre ruine. « Maintenant, sors de notre capitale; « nous te garantissons une entière sû« reté : nous te permettons d'emporter « tes richesses : ton refus d'obéir sera « suivi de ton châtiment. »

La lettre était fière, la réponse de *Nasser-êd-doulah* fut plus fière encore : elle fut dérisoire et insultante. Alors *êl-Mostanser* appela dans son palais plusieurs généraux turks, qu'il avait su intéresser à sa cause, et entre autres *Ildekouz*, ennemi juré de *Nasser-êd-doulah*, quoiqu'il fût son beau-père; les chefs des troupes moghrebines et de la tribu arabe des *Ketamah* s'y réunirent, et un nouveau serment de fidélité fut prêté au khalyfe.

Voyant ses partisans inférieurs en nombre, *Nasser-êd-doulah* quitta le Kaire et se retira à Gyzéh. Aussitôt sa maison et celles de ses partisans furent livrées au pillage, et plusieurs de ses affidés furent massacrés.

Le khalyfe se revêtit d'une cuirasse, monta à cheval, suivi des tambours et entouré des étendards.

Les milices et la population se réunirent auprès de lui, et il vit passer sous ses drapeaux un grand nombre des officiers de *Nasser-êd-doulah*.

Les deux partis en vinrent aux mains, sur le terrain qui sépare le Kaire de Fostatt, et la victoire se déclara pour *êl-Mostanser*. Complétement défait et ayant perdu beaucoup de monde, *Nasser-êd-doulah* fut forcé de s'enfuir à Alexandrie, dont il avait fait sa place d'armes et où il avait fait conduire ses femmes, ses enfants et ses trésors.

Les troupes que le khalyfe envoya pour l'en chasser ne purent en venir à bout; et, avec l'assistance de plusieurs tribus arabes, avec lesquelles il traita, *Nasser-êd-doulah* demeura maître de toute la basse Égypte, où il fit aussitôt faire la prière solennelle au nom du khalyfe abbasside *êl-Qayem-be-amr-Illah*.

Tandis que l'Égypte inférieure était en proie aux dévastations des troupes de *Nasser-êd-doulah* et des tribus arabes, ses alliées, l'état du Kaire et de Fostatt n'était pas moins déplorable. Ces deux villes étaient désolées par une horrible famine, qui durait depuis cinq années et qui se prolongea jusqu'à l'année 464 de l'hégire (1); mais l'année 462 de l'hégire (2) fut celle où ce fléau exerça les plus cruels ravages.

Depuis l'an 457 de l'hégire (3), le Nil ne s'était pas élevé à un niveau suffisant. Les troubles qui survinrent, le choc des factions, les ravages des brigands, le gaspillage des céréales, la négligence du gouvernement avaient rendu le blé tellement rare, que l'ardeb s'en payait 100 dynars (1500 fr.), un gâteau 15 dynars (225 fr.) On vendait à la criée un œuf 1 dynar (15 fr.), un chat 3 dynars (45 fr.), un chien 5 dynars (75 f.); et bientôt, à tout prix, il fut impossible de se procurer le moindre comestible.

Les détails que nous donnent de cette famine les historiens arabes, sont réellement effroyables; le khalyfe avait dans ses écuries dix mille chevaux, chameaux ou mulets; tous furent mangés; il ne lui resta plus que trois chevaux. Les habi-

(1) Cette année a commencé le jeudi 29 septembre de l'an 1071 de l'ère chrétienne.

(2) Cette année a commencé le mardi 20 octobre de l'an 1069 de l'ère chrétienne.

(3) Cette année a commencé le lundi 13 décembre de l'an 1064 de l'ère chrétienne.

tants se mangeaient les uns les autres; les enfants, les femmes, les hommes même étaient enlevés au passage dans les rues; une femme put s'échapper des mains de ces antropophages; le tiers des chairs de son corps avait été dépecé et dévoré elle vivante; elle survécut, et rendit elle-même témoignage de sa terrible aventure. Le vizir, se rendant au palais, fut jeté à bas de sa mule, qui fut enlevée et mangée sous ses yeux; trois des auteurs de cette violence furent saisis et suppliciés. Le lendemain on ne trouva que leurs os à la potence; leurs chairs avaient été dévorées pendant la nuit. Le khalyfe lui-même, pressé par la faim, s'était vu obligé de vendre, à vil prix, quelques bijoux précieux, échappés à la rapacité de la milice, et jusqu'aux vêtements de ses femmes, qui sortaient nues du palais pour aller tomber mortes de faim hors de la ville.

La peste, cette compagne inséparable de la famine, achevait de désoler Fostatt et le Kaire; dès qu'un homme était frappé, en vingt-quatre heures tous ceux qui habitaient la maison étaient morts, et la maison déserte. Ceux qui avaient conservé quelques moyens se précipitaient en foule hors de la ville, et se jetaient dans le désert, pour aller chercher un asile dans l'Iraq et la Syrie.

Él-Mostanser sortit un instant de son apathie; il fit venir l'oualy (1), et lui jura, sur sa vie, que, si la famine ne cessait, il lui ferait trancher la tête. Le chef de la police savait que des magasins considérables de blé étaient cachés et enfouis; mais comment les découvrir? la peur de mourir de faim faisait garder aux emmagasineurs un silence qu'aucun moyen ne semblait pouvoir rompre. L'oualy tira des prisons quelques criminels condamnés à mort, les costuma en riches marchands, et les fit publiquement décapiter comme *accapareurs* : chaque jour il recommençait ces exécutions, annonçant qu'il les continuerait jusqu'à la cessation de la famine. La crainte d'une mort immédiate fut plus forte que la peur d'une mort éventuelle; les magasins secrets s'ouvrirent et la famine diminua.

Nasser-éd-doulah avait concouru à augmenter la famine, en retenant tous les grains de la basse Égypte; et bientôt, profitant des désastres du Kaire, il vint en faire le siége, après avoir tout brûlé et dévasté sur son passage. *Él-Mostanser,* hors d'état de résister, fut obligé de se remettre à la discrétion de son ennemi.

Redevenu ainsi maître du Kaire, *Nasser-éd-doulah* osa venir redemander au khalyfe les sommes qu'il prétendait lui être redues sur l'ancien arriéré de sa solde; il trouva dans le palais dévasté et en ruine *él-Mostanser,* assis sur une natte grossière, sans aucun autre ameublement, couvert d'habits vieux et déchirés et ne conservant de toute son ancienne pompe que trois esclaves vieux et demi-nus. « Tu vois, dit le khalyfe, la « situation où tu m'as réduit : prends « encore ma pauvre natte, mes trois « vieux esclaves et ces haillons qui me « couvrent à peine. »

Nasser-éd-doulah fut ému, malgré lui; rougissant de honte, il renonça à ses demandes, et assigna à *él-Mostanser* une pension alimentaire de 100 dynars (1,500 francs) par mois.

Enfin, l'an 465 de l'hégire (1) délivra le khalyfe de son oppresseur. *Nasser-éd-doulah* s'était réconcilié avec son beau-père *Ildekouz;* cependant cette réconciliation n'avait pu éteindre une méfiance mutuelle; et *Ildekouz,* craignant les projets de son gendre contre sa vie, résolut de le prévenir. Il alla trouver *Nasser-éd-doulah* dans sa propre maison, l'y poignarda lui-même, lui fit couper la tête, ainsi qu'à *Fakhr-él-Arab,* frère de *Nasser-éd-doulah*, et porta ces deux hideux trophées aux pieds du khalyfe.

Mais cette catastrophe n'améliora en rien la situation d'*él-Mostanser;* et *Ildekouz* s'arrogea aussitôt tout le pouvoir qu'avait usurpé *Nasser-éd-doulah,* enchérissant même sur les mauvais traitements dont celui-ci s'était rendu coupable envers le khalyfe.

Ce prince prit enfin, l'an 466 de l'hégire (2), le parti désespéré de réclamer en secret le secours de *Bedr-él-Gemaly,* l'invitant à passer en Égypte et lui offrant de le mettre à la tête du gouvernement.

(1) Magistrat chargé de la police et de l'administration intérieure du Kaire.

(1) Cette année a commencé le lundi 17 septembre de l'an 1072 de notre ère.

(2) Cette année a commencé le vendredi 6 septembre de l'an 1073 de l'ère chrétienne.

Bedr-êl-Gemaly accepta, mais à la condition de remplacer par des troupes syriennes de son choix les milices d'Égypte, trop indisciplinées.

En conséquence, il partit de Syrie, accompagné de l'élite de ses soldats, dont la bravoure et la fidélité lui étaient depuis longtemps connues : s'embarquant à Akkah, il eut le bonheur de trouver des vents constamment favorables, dans une saison ordinairement contraire, et arriva en Égypte, sans que personne s'y doutât de son expédition. Débarqué entre Tennis et Damiette, il y fut accueilli avec empressement par *Souleymân*, gouverneur de la province de Bahyréh, se mit en marche aussitôt pour le Kaire et vint camper à Qelyoub.

S'arrêtant là, il exigea, avant d'entrer dans la capitale, l'emprisonnement d'*Ildekouz* : l'ordre en fut sur-le-champ donné par le khalyfe, et exécuté par les propres officiers du proscrit. Alors *Bedr-êl-Gemaly* fit son entrée dans la ville, le mercredi 29 du mois de Gemady-êl-Aouel, l'an 467 de l'hégire (1).

Les émirs turks ignoraient que *Bedr-êl-Gemaly* avait été appelé par le khalyfe : chacun d'eux s'empressa auprès de lui et lui offrit des festins. *Bedr-êl-Gemaly*, les voyant dans une entière sécurité, les invita à son tour à un banquet somptueux : ils y vinrent, y passèrent la journée entière en réjouissances; mais aucun ne sortit de la salle du banquet. Des officiers de *Bedr-êl-Gemaly* apostés par lui étaient chargés de les poignarder au signal donné; et il avait lui-même désigné à chacun particulièrement la victime que devait frapper son khandjar. A l'entrée de la nuit, l'ordre fut ponctuellement exécuté; et, avant le jour, les têtes des convives étaient amoncelées devant l'ordonnateur du massacre, et les maisons des émirs turks au pouvoir des officiers exécuteurs.

Dès ce moment, *Bedr-êl-Gemaly*, débarrassé de tout compétiteur, ne vit plus de bornes à sa puissance. Le khalyfe le revêtit d'une pelisse d'honneur, du titre d'*Émyr-êl-Gyouch* (prince des armées ou généralissime), et lui conféra la double dignité de vizir civil et de vizir militaire, réunissant ainsi, en sa personne, toute l'autorité gouvernementale.

El-Maqryzy nous a conservé le texte même du diplôme qui lui attribuait ces hautes fonctions. « Le Prince des fidèles « *êl-Mostanser-b-illah*, etc. (1), vous in- « vestit de toute sa puissance; il se re- « pose sur vous de tous les soins du gou- « vernement : allez remplir les fonctions « élevées auxquelles il vous appelle; « surveillez les différentes branches de « l'administration; pacifiez les troubles « et exterminez les factieux. »

Revêtu d'un si grand pouvoir, l'*Émyr-êl-Gyouch* s'attacha d'abord à poursuivre ceux qui avaient pris une part active aux troubles : il en extermina un grand nombre, parmi lesquels on comptait des vizirs, des qadys et des personnages du plus haut rang : *Ildekouz* fut du nombre de ceux qui furent ainsi mis à mort. La destruction des révoltés, qui occupaient encore les provinces de l'Égypte, fut ensuite opérée, les tribus arabes chassées des arrondissements de Bahyréh et de Charqyéh; Alexandrie et Damiette reprises aux Leouatah, qui s'en étaient rendus maîtres.

Alors, l'agriculture et le commerce purent reprendre vigueur : la famine disparut du territoire égyptien, où l'abondance commença à renaître; car *Bedr-êl-Gemaly* consacrait tous ses efforts à rendre le peuple heureux, et à lui faire oublier les maux qu'il avait si longtemps soufferts : rappelant les cultivateurs dans les champs abandonnés, il les encouragea à l'ensemencement des terres et les dédommagea de leurs pertes, en les déchargeant de tout impôt pendant trois années. L'Égypte, qui, peu auparavant, avait été dévastée par tant de fléaux, se repeupla et devint plus florissante que jamais.

Non-seulement au Kaire, mais encore dans toutes les principales villes, des constructions nouvelles s'élevèrent; des mosquées furent bâties à Alexandrie, au Kaire, dans l'île de Raouddah, auprès du Mekyas, qui fut alors réparé (2), et pres-

(1) Cette année a commencé le mercredi 27 août de l'an 1074 de l'ère chrétienne.

(1) Je passe ici tous les titres fastueux que s'attribuaient les khalyfes dans leurs actes diplomatiques et gouvernementaux.

(2) J'ai recueilli et publié toutes les inscriptions karmatiques de cette époque qui décoraient le Mekyas et sa mosquée; elles portent le nom et les titres honorifiques de *Bedr-êl-Gemaly* à la suite de ceux du khalyfe *êl-Mostan-*

que entièrement réédifié. A l'extérieur, les affaires du khalyfe reprenaient aussi honneur et dignité; ses armes étaient victorieuses sur les frontières. La Mekke qui, depuis quatre ans et cinq mois, avait reconnu l'autorité des khalyfes de Baghdad, proclamait de nouveau son obéissance aux Fatymites : on y enlevait de la *Kaabah* la couverture noire à la couleur des Abbassides, et on la remplaçait par le tapis blanc, sur lequel étaient brodés les noms et les surnoms du khalyfe *él-Mostanser-b-illah.*

Depuis cette époque, pendant vingt années, l'Égypte offrit peu d'événements historiques. Ces événements sont presque toujours des désastres; les peuples dont l'histoire parle le moins furent les peuples les plus heureux.

Cependant, une attaque imprévue vint, momentanément, troubler la tranquillité de l'Égypte, l'an 469 de l'hégire (1).

L'émir *Atsiz*, prince turkoman, avait fait quelques conquêtes en Syrie, profitant de l'absence de *Bedr-él-Gemaly*; depuis le départ de celui-ci, il s'était emparé de Jérusalem et de *Tabaryéh* (Tibériade); Damas était même tombé entre ses mains. Enflé de ses succès, il poussa une pointe sur l'Égypte, et, à la tête d'une armée de vingt mille hommes, il vint camper dans les plaines qui entourent le Kaire.

L'alarme fut grande : on ne savait comment faire résistance; car les troupes égyptiennes étaient à l'extrémité du Sayd, occupées à y soumettre les derniers restes des révoltés. *Bedr-él-Gemaly* entra en négociation avec le Turkoman, offrant de lui compter 150,000 dynars (2,250,000 francs), s'il consentait à quitter l'Égypte : *Atsiz*, avide d'argent, prêta l'oreille à ces propositions; mais les négociations, traînant en longueur, durèrent cinquante jours; *Bedr-él-Gemaly* profitait de cet intervalle pour faire redescendre en hâte ses troupes de la haute Égypte, et réussit à détacher du parti d'*Atsiz* plusieurs chefs de tribus arabes, dont les cavaliers faisaient la principale force de l'armée d'invasion; et même quelques centaines de Turkomans, séduits par lui, quittèrent le service de leur prince.

Enfin, l'armée rappelée de l'extrémité du Sayd approchait du Kaire. Ayant alors ses forces sous la main, *Bedr-él-Gemaly* s'adresse à une caravane de trois mille hommes, qui venait d'arriver au Kaire, pour se rendre à la Mekke : « La victoire sur les ennemis, leur dit-il, « est plus méritoire que le pèlerinage, « joignez-vous à nos troupes. » En même temps il distribuait aux pèlerins de l'argent et des armes. La jonction eut lieu; et, au point du jour, l'*Émyr-él-Gyouch*, tombant à l'improviste sur *Atsiz*, le culbute, le pousse sur une embuscade qu'il avait fait filer sur ses derrières, le met en pleine déroute, et le force à prendre la fuite après une grande perte d'hommes.

Les Arabes et les Égyptiens poursuivirent les fuyards : le carnage fut affreux et le butin immense. On reprit dans le camp des Turkomans dix mille enfants de l'un et de l'autre sexe qu'ils avaient enlevés dans les campagnes de l'Égypte; toutes les conquêtes qu'*Atsiz* avait faites en Syrie rentrèrent sous l'obéissance du khalyfe; et *Atsiz* périt misérablement à Damas, où il était arrivé lui dixième.

Dès ce moment, rien ne troubla plus l'exécution des projets de *Bedr-él-Gemaly* pour le bonheur de l'Égypte. Les années suivantes virent bien quelques émeutes partielles, quelques complots tramés par des mécontents, à la tête desquels on est étonné d'apprendre que se montrait le fils même de *Bedr-él-Gemaly*. Les complots furent déjoués et les révoltes étouffées.

Enfin, l'an 483 de l'hégire (1), *Bedr-él-Gemaly* fit faire le dénombrement territorial de l'Égypte, et fit constater que les impôts, qui, avant lui, n'étaient évalués qu'à 2,800,000 dynars (42,000,000 de notre monnaie), s'étaient élevés à 3,100,000 dynars (46,500,000 francs) par suite de l'état florissant de l'agriculture et du commerce et grâce à sa bonne administration.

Il continuait avec zèle le cours de ses améliorations, lorsqu'aux premiers jours

ser-b-illah. Voyez une de ces inscriptions datée du mois de Regeb de l'an 485 de l'hégire, 1092 de l'ère chrétienne, dans la planche n° 22.

(1) Cette année a commencé le vendredi 5 août de l'an 1076 de l'ère chrétienne.

(1) Cette année a commencé le mercredi 6 mars de l'an 1090 de notre ère.

du mois de Dou-l-Hagéh de l'an 487 de l'hégire (1), il mourut, au Kaire, à l'âge de quatre-vingts ans.

Il avait gouverné pendant vingt ans l'Égypte avec une autorité absolue. Craint et respecté universellement, il tint les rênes de l'administration avec autant de sagesse que de fermeté : grâces à lui, l'Égypte, désolée par une suite non interrompue de fléaux et de troubles, recouvra son ancienne splendeur, et devint plus florissante que jamais; il protégea également le commerce, l'agriculture, les lettres et les sciences. Le Kaire lui dut une nouvelle enceinte construite en briques, et de belles portes en pierres, parmi lesquelles on compte celles de *Zoueyléh*, la Porte de la Victoire (*Bâb-él-Nasr*) et la Porte des Conquêtes (*Bâb-él-Foutouh*), qui sont encore à présent les plus belles de la ville (2).

Même encore de nos jours les habitants de l'Égypte bénissent sa mémoire, et mettent son nom à côté de ceux d'*Amrou* et d'*Ahmed-êbn-Touloun*.

Le khalyfe *él-Mostanser-b-illah* ne survécut que peu de jours au ministre auquel il devait la tranquillité et le bonheur des vingt dernières années de son long règne. Il mourut, le huitième jour du même mois, à l'âge de soixante-sept ans et cinq mois, dont il avait passé soixante ans sur le trône (3).

Prince faible, indolent et uniquement occupé de ses plaisirs, il ne sut jamais tenir les rênes de son gouvernement. Jouet de tous les partis, prêt à subir la loi de tout ambitieux, qui avait assez d'audace pour s'emparer de l'autorité, le nom de khalyfe ne fut pour lui qu'un vain titre, qui ne lui donnait aucune puissance réelle; son règne, l'un des plus longs dont les annales de l'Orient fassent mention, n'est devenu historiquement mémorable que par les longs désastres qu'il attira sur l'Égypte.

L'Égypte ne fut pas la seule des provinces soumises au khalyfe *él-Mostanser-b-Illah*, qui fut, sous son long règne, le théâtre de malheurs, de désordres et de révolutions subversives.

Nous avons dit ci-dessus que la Sicile était devenue l'un des plus riches domaines de la dynastie fattymite, qui avait enlevé cette belle proie aux princes Aglabites (1). Cette île, éloignée du centre du gouvernement, ne fut jamais, pour les souverains qui l'avaient conquise, une possession tranquille et facile à gouverner. Les vice-rois eux-mêmes que les khalyfes y envoyaient exercer l'autorité en leur nom, ne tardaient pas à s'y montrer indépendants de leurs suzerains, et à exciter, par leur administration tyrannique, le mécon-

(1) Cette année a commencé le samedi 21 janvier de l'an 1094 de l'ère chrétienne.

(2) Voyez, pour la première de ces portes, la planche 18; et pour la seconde, la planche 92, placée par erreur à la fin du volume de l'Égypte ancienne.

(3) Monnaie, en or, du khalyfe *él-Mostanser-b-Illah*, frappée au Kaire, l'an 428 de l'hégire (1036 de l'ère chrétienne).

A B

Monnaie, en or, du même khalyfe, frappée à *Sour* (l'ancienne Tyr), l'an 442 de l'hégire (1050 de notre ère.)

A B

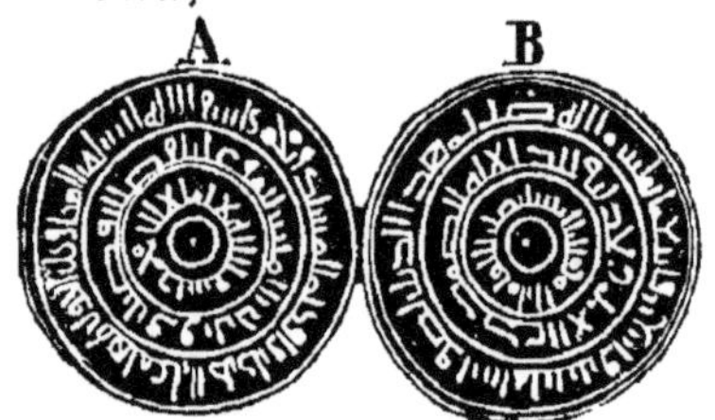

Monnaie, en or, du même khalyfe, frappée l'an 465 de l'hégire (1072 de l'ère chrétienne).

A B

(1) Cette dynastie est la première qui se soit établie en Afrique : avant elle cette partie de l'empire des khalyfes était sous l'administration d'un gouverneur, soumise à leur suzeraineté; *Ibrahym*, fils d'*Aglab*, nommé gouverneur par le khalyfe *Haroun-él-Rachyd*, se déclara indépendant l'an 184 de l'hégire (800 de l'ère chrétienne), et fut le fondateur de cette dynastie.

tentement et la révolte des populations tant chrétiennes que musulmanes.

Le khalyfe *él-Moëz-le-dyn-Illah*, dès les premiers temps de son règne sur la Sicile, avait été contraint de destituer et d'exiler en Afrique l'émir *Ahmed*, après dix ans d'abus et d'exactions intolérables; *Bays*, qui remplaça celui-ci, ainsi que ses successeurs, avaient suivi les mêmes traces : il en résulta les plus grands désordres, et les musulmans eux-mêmes, divisés entre eux, ne pouvaient plus offrir qu'une résistance impuissante aux attaques dont les menaçaient les chrétiens du continent, certains d'être appuyés dans leur agression par les intelligences secrètes qu'ils entretenaient avec les chrétiens habitants de l'île.

Ce fut sous *él-Mostanser-b-Illah* qu'éclata enfin l'orage qui grondait depuis longtemps, et dont la dernière catastrophe fut le renversement total de la puissance musulmane dans la Sicile.

Les musulmans de cette île s'étaient divisés en deux partis principaux, qui se faisaient une guerre acharnée : à la tête de l'un était l'émir *Ben-él-Themâmah*, qui, battu par ses adversaires, chercha un asile dans la ville de Catane, dont les Francs étaient maîtres depuis l'an 372 de l'hégire (1).

Les Francs, heureux de cette occasion d'intervenir, embrassèrent vivement la cause de l'émir réfugié; de son côté, le parti opposé avait réclamé l'assistance de *él-Moëz-ben-Badys*, prince de la dynastie des Zeyrites (2), qui avaient soumis à leur puissance une partie de l'Afrique septentrionale; et la guerre, dès lors, se ranima avec une ardeur plus irréconciliable, non-seulement entre les deux partis rivaux des musulmans, mais plus encore entre les troupes auxiliaires du Zeyrite *él-Moëz* et les chevaliers normands qui avaient suivi les drapeaux de Guillaume *Bras de fer* et de son frère Roger à la conquête de l'Italie méridionale. Leurs glorieux faits d'armes avaient déjà réussi à expulser les Sarrasins de la Pouille, de la Calabre, et des autres provinces occupées par les infidèles dans la péninsule italique; ils ne tardèrent pas à leur arracher l'île tout entière de la Sicile.

Secondé puissamment, dans sa nouvelle conquête, par *Ben-él-Themâmah*, après des combats multipliés et opiniâtres, Roger Ier du nom, que les écrivains arabes appellent *él-Qoumès Radjâr-él-Aouel* (le Comte Roger Ier), parvint à se rendre maître de toute l'île, et fut proclamé le premier roi normand de Sicile, l'an 453 de l'hégire (1), enlevant ainsi aux khalyfes fattymites le plus beau fleuron de leur couronne.

Roger II conserva les conquêtes de son père, lorsqu'il lui succéda, l'an 1101 de notre ère (2), sur ce trône acquis au prix du sang de ses valeureux compagnons d'armes. Sous son règne la Sicile, s'élevant au plus haut degré de prospérité et de splendeur, put cicatriser les blessures profondes que lui avaient faites, pendant tant d'années, et les exactions tyranniques des gouverneurs, et les luttes sanglantes des partis acharnés qui l'avaient déchirée.

Cependant, toute la population musulmane n'avait pas pris part à ces dissensions intestines et à ces combats d'extermination : cette partie de la population resta paisible dans ses foyers, et accepta volontairement la suzeraineté et la protection du prince chrétien qui venait d'expulser de l'île les soldats de l'islamisme. Roger II se montra, en effet, juste, tolérant et bienveillant envers les nouveaux sujets que lui donnait la victoire, et dont il sut, par ses bienfaits et sa bonne administration, s'assurer la soumission, et même l'affection, malgré l'obstacle qu'aurait pu opposer la différence du culte et des opinions religieuses.

Voici le tableau que trace de ces deux rois normands un écrivain contemporain, Arabe et musulman, le célèbre *él-Cheryf-él-Édryssy*, dans son traité de Géographie universelle (3), composé par

(1) Cette année a commencé le lundi 26 juin de l'an 982 de l'ère chrétienne.

(2) Le chef de cette dynastie, *Youssouf-ben-Zeyry*, descendait d'une tribu d'Hémyarites, qui avaient quitté l'Yémen pour se jeter dans le Moghreb. Ces princes ont possédé Bugie, Alger, *Hammad*, et les territoires qui en dépendent.

(1) Cette année a commencé le vendredi 26 janvier de l'an 1065 de notre ère.

(2) Cette année chrétienne correspond en partie à l'an 495, en partie à l'an 496 de l'hégire.

(3) Cet écrivain est celui qui a été longtemps mal à propos désigné sous le nom de *Géogra-*

l'ordre de Roger II, à la cour duquel il était admis avec distinction :

« L'illustre, sage, excellent et puis- « sant monarque, fils de Tancrède, « Roger Ier, l'élite des princes francs, « n'a cessé de disperser les ennemis de la « Sicile, de les poursuivre et de les dé- « truire, jusqu'à ce qu'il se soit rendu « maître par ses victoires de toute la « contrée, et qu'il l'ait conquise, pro- « vince par province, château par châ- « teau : lorsque le pays fut soumis, et « qu'il y eut établi sa puissance, il a ré- « pandu les bienfaits de sa justice sur « les habitants : il les a tranquillisés sur « l'exercice de leur religion et l'obser- « vation de leurs lois : il leur a assuré « la conservation de leurs biens, de « leur vie, de leurs femmes et de leurs « enfants : c'est ainsi qu'il a gouverné « jusqu'à sa mort, qui fut naturelle.

« Il a laissé pour héritier son fils, le « grand roi qui porte le même nom « que lui, et qui, adoptant les mêmes « principes de conduite, marche sur « ses nobles traces, Roger II, qui a « établi sa puissance sur des bases iné- « branlables, orné par ses vertus le « trône paternel, illustré la souverai- « neté, donné à son gouvernement une « impulsion équitable, et qui sera célé- « bré par tous les siècles, pour sa sur- « veillance et ses soins actifs au main- « tien de la justice, de la paix et de la « sécurité : sa gloire et sa grandeur sont « au-dessus de toutes limites..... (1) »

phe nubien. On ne possédait qu'un extrait incomplet de son livre, mais on doit la découverte du manuscrit entier de cet ouvrage important à mon savant ami M. Amédée Jaubert, qui en a publié la première traduction complète.

(1) Monnaies des rois normands de Sicile, frappées à Palerme.

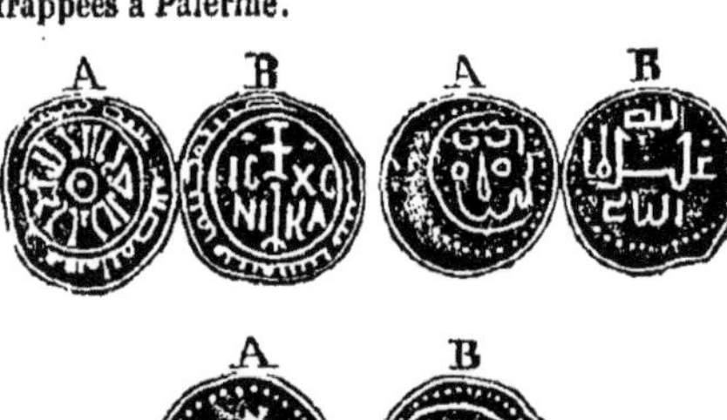

CHAPITRE XI.

Mort du khalyfe abbasside Èl-Moqtady. — Chahyn-Chah-èl-Afdal, fils de Bedr-èl-Gemaly, succède à son père. — Khalyfes fattymites, èl-Mostaaly-b-Illah, èl-Amer-be ahkam-Illah, èl-Hâfezz-le-dyn-Illah, èl Dhafer-be-amr-Illah, èl-Fayz-be-nasr-Illah, èl-Added-le dyn-Illah. — Sultans seldjoukides et ortokides. — Turkomans. — Première croisade. — État des chrétiens dans l'Orient. — Pierre l'Hermite. — Alexis Comnène. — Prise de Jérusalem. — Conquêtes des croisés en Syrie. — Royaume de Jérusalem. — Godefroi de Bouillon, Baudouin Ier, Baudouin II, Amaury. — Le Prince des Assassins — Débarquement en Afrique des Normands de Sicile. — Châouer, Dargham, grands vizirs. — Chyrkouéh entre en Égypte. — Les croisés l'y suivent. — Siége du Kaire, incendie de Fostatt. — Châouer est tué. — Chyrkouéh grand vizir. — Sa mort. — Son neveu Salah-éd-dyn le remplace. — Il attaque la Syrie chrétienne. — Mort du khalyfe fattymite èl-Added. — L'autorité des khalyfes abbassides est reconnue au Kaire.

L'année 487 de l'hégire (1094 de l'ère chrétienne) avait été fatale aux sommités de l'islamisme. Baghdad avait vu les funérailles de son vingt-septième khalyfe abbasside, *èl-Moqtady-b-Illah* (1), dans le premier mois de cette même année, dont le dernier mois enlevait à l'Égypte, à la fois, dans l'espace d'une seule semaine, le souverain titulaire de son khalyfat et le ministre suprême qui y exerçait tous les pouvoirs de cette souveraineté.

Cette double perte ne laissait pourtant pas le timon des affaires égyptiennes abandonné et sans maître; avant de mourir, *èl-Mostanser* y avait pourvu.

Son empire s'était trop bien trouvé de l'administration de *Bedr-èl-Gemaly* pour qu'il ne crût pas trop accorder à sa mémoire en faisant hériter le fils de l'*Émyr-èl-Gyouch* des titres éminents et des fonctions toutes-puissantes dont son père avait été revêtu.

Cette transmission de sa confiance entière était même moins un acquit de gratitude qu'un acte d'utilité indispensable pour son propre intérêt et pour celui du prince qui devait être son successeur.

Bedr-èl-Gemaly avait eu deux fils. L'aîné, dans son ambition effrénée, avait, comme nous l'avons vu, conspiré contre son père, qu'il espérait supplanter dans sa haute dignité; mais il avait trouvé sa perte dans sa tentative criminelle : son

(1) Petit-fils et successeur du khalyfe abbasside *èl-Qayem-be-amr-Illah.*

parti avait été écrasé, et le fils coupable lui-même avait disparu, sans qu'on ait su quel avait été son sort. Le second fils de l'*Émyr-él-Gyouch*, *Chahyn-Châh*, était loin de ressembler à son aîné, et offrait au contraire autant de vertus et de qualités recommandables que celui-ci de vices et de penchants désordonnés.

Au moment de la mort de son père il était depuis plusieurs années auprès de lui, l'aidant dans les fatigues de son administration, s'instruisant dans la science du gouvernement sous les yeux du grand ministre, et se montrant le digne disciple d'un tel maître.

Chahyn-Châh, qui depuis fut surnommé *él-Afdal* (l'excellent), fut donc investi par le khalyfe du titre et des fonctions d'*Émyr-él-Gyouch*, le jour même de la mort de son père.

Il était d'autant plus nécessaire que les rênes de l'État fussent remises à des mains fermes, qu'à peine le khalyfe expiré, des conjonctures difficiles se présentèrent à franchir.

En mourant, *él-Mostanser*, par des motifs sans doute fondés, mais que l'histoire ne nous a pas transmis, avait désigné pour son successeur au trône des khalyfes, non son fils aîné *Nezar*, mais son second fils *Ahmed*, surnommé depuis *Abou-l-Qassem*.

Chahyn-Châh-él-Afdal, fidèle aux instructions qu'il avait reçues, fit, aussitôt après la mort d'*él-Mostanser*, proclamer le jeune prince, sous le titre d'*él-Mostaaly-b-Illah* (celui qui veut s'élever par Dieu). *Nezar* voulut alors faire valoir ses droits d'aînesse, et revendiquer son héritage les armes à la main.

Mais *él-Afdal* fit respecter les décisions d'*él-Mostanser*, et les appuya d'un développement de forces imposantes. L'apparition armée de *Nezar* eut une fatale issue; les troupes qu'il avait rassemblées furent battues, et il fut lui-même fait prisonnier.

Cette catastrophe rétablit l'ordre et la tranquillité dans l'intérieur de l'Égypte. Alors *él-Afdal* songea à ressaisir les portions des provinces extérieures qui, depuis quelques années, avaient été enlevées aux khalyfes fattymites.

Ces spoliations successives étaient le résultat de la formation et de l'agrandissement d'une nouvelle puissance, qui venait de s'élever, dans l'Orient, sur les débris du khalyfat de Baghdad, et qui, ayant dépouillé ces chefs de l'islamisme de toutes leurs provinces et de toute leur autorité temporelle, les traitait en véritables esclaves, dont les volontés sont subordonnées aux caprices de leurs maîtres.

Le khalyfat d'Égypte était menacé du même sort : et peu s'en fallut, en effet, qu'il ne fût, dès cette époque, écrasé à son tour par le double colosse sous lequel le khalyfat abbasside avait déjà disparu presque entièrement, et dont la puissance, chaque jour accrue, semblait menacer à la fois toutes les contrées de l'islamisme.

Cette puissance, devenue si redoutable, était aux mains de deux dynasties rivales: celle des sultans *seldjoukides* et celle des sultans *ortokides;* les Turks seldjoukides, sortis de la Tartarie depuis un demi-siècle, s'étaient rendus maîtres de la Perse, que les khalyfes de Baghdad n'avaient pas su défendre : les conquérants avaient trouvé dans les provinces occidentales de la Perse des tribus de Turkomans, peuples pasteurs et paisibles, ne manifestant aucune inclination guerrière. L'invasion seldjoukide avait refoulé ces peuplades inoffensives des bords de la mer Caspienne aux frontières de la Syrie; là, forcés de se faire place à travers les populations de ces contrées, les Turkomans étaient devenus, à leur tour, guerriers et conquérants; mais, à peine établis dans la haute Syrie, l'extension rapide de l'empire seldjoukide était encore venue les en repousser. Cédant à ce torrent d'invasion, ils en suivirent le mouvement et se jetèrent, à leur tour, sur la basse Syrie et sur la Palestine.

L'émir des Turkomans, *Ortoq*, fils d'*Aksak*, s'était emparé de Jérusalem et avait pris le titre de roi. Il était mort, l'an 484 de l'hégire (1), laissant deux fils, *Yl-Ghazy* et *Soqmân*. Les deux frères régnaient ensemble sur Jérusalem, la Palestine et une partie de la basse Syrie, qu'ils avaient enlevée par portions successives au khalyfat d'Égypte.

Ce fut contre ces spoliateurs de la dynastie fattymite que *Chahyn-Châh-él-*

(1) Cette année a commencé le dimanche 23 février de l'an 1091 de notre ère.

Afdal tourna ses premiers efforts.

L'an 489 de l'hégire (1), l'*Émyr-el-Gyouch* vint à bout de chasser les Ortokides de Jérusalem : ceux-ci furent contraints de se replier sur la haute Syrie. *Soqmân* alla s'établir à *Rohâ* (Édesse) et s'empara du Dyar-bekir, tandis que *Yl-Ghazy* se rendait maître de l'*Iraq-Araby* et fondait à *Maredyn* un nouveau royaume.

Mais en vain ce succès éloignait des frontières de l'Égypte des voisins si dangereux ; le péril n'était qu'ajourné, et d'ailleurs il se formait, à l'occident, un orage bien autrement terrible, qui menaça d'engloutir, sous son débordement, et les deux khalyfats rivaux, et les dynasties ortokides et seldjoukides.

L'esprit des croisades venait d'apparaître dans les États chrétiens ; à sa voix, devenue tout à coup enthousiaste, fanatique même, l'Europe entière allait se ruer en armes sur l'Afrique et sur l'Asie.

Dans toutes les guerres et les déchiments des populations musulmanes, qui avaient si violemment bouleversé la Syrie, les chrétiens de ces contrées s'étaient trouvés sans cesse froissés entre les partis belligérants : chrétiens qu'ils étaient, quel que fût le drapeau qui l'emportât, ils ne pouvaient trouver que des ennemis dans les vainqueurs comme dans les vaincus, musulmans les uns et les autres.

De là, des désastres inévitables, des avanies journalières, des vexations tyranniques, des massacres en masse pour les populations chrétiennes : ceux qui échappaient au cimeterre ne pouvaient éviter les chaînes de l'esclavage. Ce sort cruel était commun à tous les chrétiens natifs de l'Orient, et même aux pèlerins, pieux et enthousiastes, que leur zèle poussait à venir en foule de l'Occident, visiter les lieux sanctifiés jadis par les prédications, les miracles et la mort du divin fondateur du christianisme, et maintenant dépositaires de son tombeau.

En l'an 488 de l'hégire (2), un pèlerin, Pierre l'Hermite, avait visité la terre sainte ; de retour en Europe, il racontait avec une éloquence aiguisée par ses ressentiments personnels, les maux épouvantables dont les chrétiens de ces contrées étaient les déplorables victimes : la foule s'émut ; à ces narrations pathétiques se joignait pour péroraison une invitation à une *croisade*, afin d'aller arracher aux infidèles et leurs victimes et les saints lieux teints du sang du Christ et de ses principaux apôtres.

L'appel ne retentit pas en vain dans toutes les provinces de la France : le projet de croisade, présenté par l'Hermite, prêché par lui de village en village, y fut reçu par les acclamations universelles des populations fanatisées.

L'indignation publique et l'entraînement général furent bientôt partagés par le roi Philippe-Auguste, qui régnait alors : embrassant avec ardeur l'entreprise, à la fois religieuse et militaire, que réclamait le vœu unanime de ses sujets, il crut devoir en demander l'autorisation au pape Urbain II, qui répondit en arborant solennellement l'étendard de la croix, et en promettant, au nom du ciel, aux croisés, toutes les bénédictions divines dans ce monde et dans l'autre.

Aussitôt le concile de Clermont, assemblé par l'ordre du souverain pontife, déclare la croisade obligatoire pour tous les chrétiens : les masses s'ébranlent en armée innombrable, s'élançant à la guerre sacrée, à la conquête de la Palestine, ou plutôt de toute l'Asie musulmane.

Voilà les ennemis contre lesquels l'Orient allait avoir à se défendre.

Le rendez-vous général de l'armée des croisés fut à Constantinople ; elle y était appelée par les cris d'alarme du vieil empereur grec, Alexis Comnène Ier. Les Turks, poussant leurs conquêtes dans l'Asie, de contrée en contrée, étaient parvenus dans l'Anatolie, d'où ils menaçaient en même temps l'Égypte musulmane et la ville chrétienne de Constantinople : Alexis ne s'en voyait plus séparé que par le Bosphore ; et le retentissement des cris *Allah !* de la rive asiatique venaient jusque sur la rive européenne troubler les hymnes religieux de la cathédrale de Sainte-Sophie.

Dès l'an 1092 (1), l'empereur grec avait réclamé les secours du pape Ur-

(1) Cette année a commencé le lundi 30 décembre de l'an 1095 de notre ère.

(2) Cette année a commencé le jeudi 11 janvier de l'an 1095 de notre ère.

(1) Cette année de l'ère chrétienne correspond à l'an 485 de l'hégire.

bain II, qui lui avait promis trois cent mille hommes; la croisade de l'année 1095 tripla ce nombre et au delà.

Le Bosphore fut traversé par l'armée chrétienne, et le premier prince musulman qui eut à soutenir son assaut fut le sultan seldjoukide d'Iconium *Daoud-Kilydj-Arselân*, fils de *Souleymân*, fondateur de cette dynastie. Les croisés battirent ses armées, lui prirent la ville de Nicée, puis Antioche; ils s'y virent alors assiégés par les troupes réunies de *Ketboghâ*, prince de Moussoul, de *Dekkak*, prince de Damas, et de *Djennah-ĕd-doulah*, prince de Hémesse.

Effrayés d'abord du nombre de leurs ennemis, les Francs avaient ensuite, dans une sortie désespérée, mis en pleine déroute les troupes musulmanes; et dès lors rien ne put arrêter leur marche victorieuse; *Maarrah* fut prise d'assaut, Hémesse ouvrit ses portes sans résistance; et l'armée chrétienne déborda comme un torrent dans la basse Syrie et dans la Palestine : elle y trouva les troupes du khalyfe d'Égypte.

Jérusalem, le but de l'expédition sacrée, était restée entre les mains de ce prince, depuis qu'il l'avait enlevée aux Ortokides. Après un siége de plus de quarante jours, la ville sainte lui fut enlevée par les croisés, le vendredi 22 du mois de Chaabân de l'an 492 (1) de l'hégire (14 juillet 1099 de notre ère). Le massacre dura une semaine. Les cadavres furent amoncelés dans la mosquée *ĕl-Aksa*; plus de soixante-dix mille musulmans y perdirent la vie; le butin fut immense, et les Francs, enivrés de leur victoire, rêvaient déjà la destruction entière de l'islamisme.

Témoin de ces désastres, un poëte arabe contemporain, *Modaffer*, s'écriait dans une élégie comparable aux chants de Tyrtée :

« O musulmans, vos frères de la Syrie, « en proie aux ravages des lances chré« tiennes, n'ont pour asile que le dos « de leurs chameaux infatigables, ou les « entrailles des vautours !

« O musulmans, de quels combats je « vous vois menacés encore! combats où « vos têtes rouleront dans la poussière « comme les pieds de vos chameaux! »

L'Égypte craignait une invasion de l'armée victorieuse, qui lui avait enlevé tout ce que les Fattymittes possédaient en Syrie; mais l'*Emyr-ĕl-Gyouch* envoya contre les chrétiens son général *Saad-ĕd-doulah*, qui les battit, cette même année, sous les murs d'*Asqalân*. Dès lors rejetés des frontières d'Égypte, les Francs se trouvèrent suffisamment occupés à repousser les attaques successives des petits princes musulmans qui s'étaient partagé, à cette époque, une portion de la Syrie et de la Mésopotamie; un de leurs généraux avait été battu par *Kemechtekyn*, prince de *Malathiah* et de *Siouâs* (Sébaste); ils avaient néanmoins poussé leurs conquêtes, d'un côté vers le *Dyar-bekir* jusqu'à *Seroudj*, tandis que, de l'autre, ils se rendaient maîtres de la côte maritime, où ils s'emparaient d'*Arsouf* et de *Césarée*.

Les années 493 et 494 de l'hégire (1) (1100 et 1101 de l'ère chrétienne) se passèrent dans ces combats divers. L'an 495 (2) n'avait pas commencé sous de meilleurs auspices pour l'islamisme, lorsque le khalyfe *ĕl-Mostaaly-b-Illah* mourut au Kaire, le 17 du mois de Safar (11 décembre 1101), après un règne de sept ans et deux mois, ne laissant qu'un fils, âgé d'un peu plus de cinq ans, nommé *Al-Mansour*.

Chahyn-Châh-ĕl-Afdal, qui avait été le tuteur *d'ĕl-Mostaaly*, et qui, pendant tout le règne de ce prince, avait conservé sa dignité d'*Émyr-ĕl-Gyouch*, fut encore chargé de la tutelle du fils de son premier pupille. Le jeune prince lui dut d'être proclamé khalyfe, sous le titre d'*ĕl-Amer-be-ahkam-Illah* (commandant pour l'autorité de Dieu), malgré les obstacles qui s'efforçaient de s'opposer à son intronisation.

En effet, à la mort d'*ĕl-Mostaaly* l'oncle du jeune khalyfe, *Berâr*, s'était saisi de la ville d'Alexandrie et s'y était fait proclamer khalyfe lui-même, sous le titre de *ĕl-Mostafâ-le-dyn-Illah* (choisi pour la religion de Dieu).

Ĕl-Afdal, défendant les droits de son jeune pupille, courut attaquer le prince rebelle, le battit complétement et le força de se soumettre.

(1) Cette année a commencé le dimanche 28 novembre de l'an 1098 de l'ère chrétienne.

(1) La première de ces deux années a commencé le jeudi 17 novembre de l'an 1099 de notre ère, et la seconde le mardi 6 novembre de l'an 1100.

(2) Cette année a commencé le samedi 26 octobre de l'an 1101 de notre ère.

Cependant les Francs avaient continué le cours de leurs conquêtes en Syrie; elles furent facilitées par la désunion qui régnait, à cette époque, entre les princes musulmans de ces contrées; ceux-ci, en effet, au lieu de se réunir en masse contre l'ennemi commun, s'abandonnaient à leurs haines particulières, et cherchaient à se dépouiller l'un l'autre. Les volontés étaient divisées, les vues divergentes, et les forces brisées par la discorde.

Les croisés avaient profité de ces circonstances, qui leur étaient si favorables. Maître de *Anthartous* (Tortose), de Hémesse et de *Gébayl* (1), le comte de Saint-Gilles, que les écrivains orientaux nomment *Sangyl*, après avoir échoué à Tripoli de Syrie (*Taraboulous-él-Châm*), avait marché contre *Akkah* (Saint-Jean d'Acre), l'an 497 de l'hégire (2), et il assiégeait cette place importante par terre et par mer.

Akkah était alors gouvernée au nom du khalyfe d'Égypte, par *Barâ-Zaher-éd-doulah*, surnommé *él-Gyouchy*, parce qu'il avait autrefois appartenu à l'*Emyr-él-Gyouch*. Le siége fut long: les Francs finirent toutefois par entrer dans la ville de vive force, et s'y montrèrent sans pitié pour les habitants. *Barâ* avait échappé aux mains des Francs et s'était sauvé à Damas, d'où il était revenu en Égypte.

On y vit arriver, presque en même temps, l'émir *Khalaf*, fils de *Molaéb* de la tribu arabe des *Beny-Kelâb;* possesseur de la principauté de Hémesse, il en avait fait le repaire des plus insupportables brigandages. Indigné, le prince de Damas, *Tanâch*, avait expulsé le noble brigand, en l'an 485 de l'hégire (3). Après avoir porté en plusieurs contrées ses courses aventureuses, *Khalaf* avait tourné ses pas en Égypte, où il désirait se fixer au service des Fattymites. L'occasion d'être utilisé se présenta bientôt. *Apamée*, dans la haute Syrie, appartenait alors à *Roddouân-Fakhr-él-moulouk*, sultan seldjoukide. Le gouverneur que ce prince avait établi, en son nom, pour commander à *Apamée*, avait une secrète inclination pour le parti fattymite : il fit savoir à l'*Émyr-él-Gyouch* qu'il était prêt à livrer sa ville à l'officier qui viendrait en prendre possession au nom du khalyfe d'Égypte.

Khalaf se présenta pour cette mission et fut accepté. Mais, à peine fut-il maître de la ville et de la citadelle d'*Apamée*, qu'il secoua le joug des Fattymites, refusa d'envoyer au prince ses contributions, et se livra de nouveau à ses brigandages.

La distance et l'état d'hostilités générales où se trouvait la Syrie empêchaient le khalyfe de punir ce nouveau rebelle. Ne pouvant plus supporter ses exactions oppressives, le qady d'Apamée et les principaux habitants se chargèrent d'y mettre fin, en s'adressant au prince d'Alep, et lui livrant la ville avec la citadelle. *Khalaf* fut massacré avec une partie de sa famille. Mais, à peine délivrés d'un fléau, les habitants d'Apamée en virent un autre fondre sur eux : les Francs arrivèrent, l'an 499 de l'hégire (1), prirent la ville et la citadelle, et tuèrent le qady libérateur.

Pendant ce temps, le comte de Saint-Gilles pressait de plus en plus le siége de Tripoli : l'émir qui y régnait s'était rendu à Baghdad pour réclamer les secours du khalyfe abbasside *él-Mostadher* et du sultan seldjoukide *Melek-Chah :* il n'avait rien pu en obtenir; et les habitants s'étaient jetés, l'an 501 de l'hégire (2), sous la protection du khalyfe d'Égypte.

L'*Émyr-él-Gyouch-él-Afdal* envoya à Tripoli un lieutenant prendre possession de la ville, au nom du khalyfe *él-Amer*, et expédia, peu de temps après, une flotte nombreuse pour la défendre : ce secours fut inutile, la flotte fut repoussée par des vents contraires. Le 11 du mois de Doul-Hagéh de l'an 503 (3) de l'hégire (2 juillet 1110 de l'ère chrétienne), les croisés prirent Tripoli d'assaut. Les habitants furent ou massacrés ou réduits en esclavage, et la ville subit tous les désastres les plus cruels que peut causer la guerre.

Sept années de combats sanglants se

(1) Ce nom signifie *le pays montagneux.*

(2) Cette année a commencé le lundi 5 octobre de l'an 1103 de l'ère chrétienne.

(3) Cette année a commencé le jeudi 12 février de l'an 1092 de notre ère.

(1) Cette année a commencé le mercredi 13 septembre de l'an 1105 de l'ère chrétienne.

(2) Cette année a commencé le jeudi 22 août de l'an 1107 de notre ère.

(3) Cette année a commencé le samedi 31 juillet de l'an 1109 de l'ère chrétienne.

succédèrent en Syrie. Les Francs, qui avaient fait de la ville sainte un royaume, dont le premier roi fut Godefroi de Bouillon, duc de Lorraine, créèrent des principautés dans les différentes villes dont ils avaient fait la conquête : la Syrie vit non-seulement des rois chrétiens de Jérusalem, mais encore des Tancrède, des Roger, des Boëmond, princes d'Antioche, des Josselin, princes d'Édesse, des Raymond, comtes de Saint-Gilles et de Tripoli, des Hugues, princes de Galilée et de Tibériade, des sires de Césarée, de *Sayde* (Sidon), de *Beyrout*, etc.

Épouvantés ou défaits, les princes musulmans étaient, ou dépouillés de leurs États, ou forcés de contracter des alliances avec ceux qu'ils appelaient *infidèles*, et qui leur donnaient à eux-mêmes le nom de *païens*.

L'Égypte avait évité de prendre une part trop active dans ces diverses catastrophes; se sentant impuissante à résister au torrent furieux de la chrétienté, s'il roulait sur elle ses flots d'hommes fanatisés, elle se trouvait heureuse d'être séparée de ce théâtre d'extermination par les remparts de sable dont l'entourait sa frontière du désert.

Ces remparts furent franchis, vers la fin de l'an 511 de l'hégire (1). Baudouin 1er, que les historiens arabes nomment *Bardouyl*, et qui avait succédé à Godefroy de Bouillon sur le trône de Jérusalem, fit, à l'improviste, une pointe sur l'Égypte : à la tête de troupes nombreuses, il s'avança jusqu'à *Faramah*, un peu à l'est des ruines de l'antique *Péluse*. Il s'en rendit maître, massacra les habitants, et la livra aux flammes avec toutes ses mosquées; mais une maladie aiguë qui vint le saisir le força, heureusement pour l'Égypte, à reprendre le chemin de son royaume; il mourut en route avant d'arriver à *él-Arych* (2).

Les officiers du roi chrétien transportèrent les restes de leur prince à Jérusalem, où ils les firent inhumer dans l'église de la Résurrection; mais ils ouvrirent son corps, et ils déposèrent ses entrailles au même endroit où il était mort, non loin d'*él-Arych*, élevant au-dessus un monceau de pierres pour lui servir de sépulcre : ce monument s'est conservé jusqu'à nos jours; on l'appelle encore *le Tombeau de Baudouin*, et, depuis ce temps, cette partie de terrain sablonneux, située au milieu du désert, sur la route de Syrie, a pris et conservé le nom de *Sables de Baudouin*.

La mort de Baudouin délivra l'Égypte d'une invasion redoutable; et pendant sept années les croisés, occupés par les attaques des princes musulmans du nord de la Syrie, ne purent pas songer à la renouveler.

Mais, l'an 518 de l'hégire (1), les Francs se présentent aux portes de Tyr, se rendent maîtres de cette ville par capitulation, permettant aux musulmans d'évacuer la ville avec tout ce qu'ils pourraient emporter. Tyr dépendait alors des khalyfes d'Égypte, dont elle avait reconnu l'autorité, l'an 487 de l'hégire (1094 de l'ère chrétienne). Cet acte d'hostilité avait renouvelé les craintes d'une irruption sur l'Égypte elle-même, lorsque l'attaque des Ortokides et de l'Atabek de l'Iraq, *Emad-éd-dyn-Zenguy*, que nos historiens des croisades nomment le *Soudan Sanguin*, rappela les troupes chrétiennes dans la haute Syrie.

Au milieu de ces bouleversements de l'Orient, une nouvelle secte s'y était formée; c'était celle des *Bathéniens*, plus connus de nos historiens sous le nom des *Assassins* (2). Leur chef, *Ismaël*, dont ils ont pris aussi le nom d'*Ismaéliens*, avait rassemblé autour de lui de nombreux prosélytes, dont le dévouement fanatique ne connaissait aucune borne; il avait profité des désordres de la guerre acharnée entre les divers partis pour se rendre maître de plusieurs châteaux dans les montagnes des environs de Damas; puis, tantôt combattant les chrétiens, tantôt faisant avec eux alliance, il avait fini par

(1) Cette année a commencé le samedi 5 mai de l'an 1117 de notre ère.

(2) Le nom de ce lieu signifie en arabe *une tente*, ou un *abri de feuillages* : il fut ainsi appelé, suivant les traditions orientales, à cause de la halte qu'y firent les frères de Joseph à leur sortie d'Égypte.

(1) Cette année a commencé le mardi 19 février de l'an 1124 de notre ère.

(2) Ce nom, tiré de l'arabe *Hachachyn*, est dérivé du mot *hachych* (chanvre), parce que ces sectaires employaient cette plante à fabriquer une liqueur spiritueuse dont ils s'enivraient avant et pendant leurs hasardeuses expéditions.

s'établir impunément au milieu même de leurs États.

De la forteresse inexpugnable qu'il y occupait, il s'était rendu redoutable, non-seulement aux princes chrétiens, mais même aux souverains musulmans, leur imposant des contributions payables sous peine d'assassinat; et ses émissaires enthousiastes couraient se dévouer à une mort certaine, pour exécuter ces arrêts de mort.

L'an 524 de l'hégire (1), le khalyfe d'Égypte *él-Amer-be-ahkam-Illah* fut désigné, par le prince des Assassins, aux coups de ses sicaires : le khalyfe perdit la vie, sous leurs poignards, au milieu même de sa capitale, le 2 du mois de Dou-l-Qadéh de cette même année (2).

Il était alors âgé de trente-cinq ans, et en avait régné près de trente. N'ayant pas eu d'enfants mâles, son héritier au khalyfat se trouva être son cousin *Abd-él-Megyd-êbn-él-Qassem*, fils de *Mohammed* et petit-fils du khalyfe *él-Mostanser-b-Illah*. Cependant, comme la veuve du khalyfe *él-Amer* s'était déclarée enceinte, *Abd-él-Megyd* ne prit d'abord que le titre de régent, attendant l'issue des couches de la princesse : elle ne mit au monde qu'une fille; alors le régent fut proclamé khalyfe; et il prit, en montant sur le trône, le surnom d'*él-Hafezz-le-dyn-Illah* (conservateur de la religion de Dieu).

Le nouveau souverain accorda d'abord sa confiance au vizir *Ahmed*, qu'on avait surnommé *Ebn-Émyr-él-Gyouch*, parce qu'il était fils de *él-Afdal*, que nous avons vu revêtu de cette dignité; *Ahmed* justifia le choix du khalyfe par son intégrité et par son zèle; mais ces vertus lui attirèrent la haine des courtisans; et bientôt il fut assassiné, ainsi qu'un autre vizir, son successeur, qui avait voulu marcher sur ses traces.

Irrité, le khalyfe remplaça ce dernier vizir par le fils du premier, *Hassan*, homme dont la cruauté et l'avarice étaient connues. La première opération du ministre fut de faire décapiter quarante des principaux de la cour. Cette exécution, désapprouvée par le khalyfe, mit en effervescence tous les esprits; et *él-Hafezz* allait être déposé, lorsqu'il se détermina à faire empoisonner le vizir *Hassan* par un de ses médecins, qui était juif.

Le khalyfe remplaça son premier ministre par un autre vizir, qui parut développer une grande habileté dans le maniement des affaires; mais ce vizir, nommé *Baharam*, fut, peu de temps après, supplanté par les intrigues de *Roddouân-Ouahachy;* celui-ci se rendit odieux par ses cruautés envers les chrétiens, et périt, dans une émeute, à la fin de l'an 543 de l'hégire (1). Dès lors le khalyfe se passa de vizir et gouverna par lui-même.

Du reste, aucun événement majeur ne signala à l'extérieur la plus grande partie de son règne, sous lequel l'Égypte conserva son système politique de non intervention dans les guerres de Syrie.

Mais, pendant que les regards de la politique égyptienne étaient tournés vers les dangers qui pouvaient la menacer à l'orient, un nouveau péril surgissait à l'occident, plaçant entre deux feux, également redoutables, la monarchie des Fattymites.

Les khalyfes d'Égypte semblaient avoir pris leur parti sur la perte définitive de la Sicile, longtemps un de leurs plus beaux domaines, et ils s'étaient résignés à abandonner cette riche proie à la bravoure des chevaliers normands, cette troupe d'aventuriers qui, y cherchant fortune, y avaient trouvé un trône; mais l'ambition de ces conquérants chrétiens ne se contentait pas des succès brillants qui avaient couronné leur entreprise téméraire. Roger deuxième du nom, fils de celui qui était devenu par ses victoires le premier roi de Sicile, avait conçu le projet d'étendre ses conquêtes jusque sur le con-

(1) Cette année a commencé le dimanche 15 décembre de l'an 1129 de notre ère.

(2) Monnaie du khalyfe *él-Amer-be-ahkam-Illah*, frappée à Alexandrie l'an 512 de l'hégire (118 de l'ère chrétienne).

(1) Cette année a commencé le samedi 22 mai de l'an 1148 de l'ère chrétienne.

tinent africain : il avait expédié une flotte de deux cent cinquante voiles, qui, l'an 539 de l'hégire (1), fit une descente en Afrique et s'y empara de la ville de *Borsah*, dont les habitants furent massacrés et les femmes emmenées en esclavage.

Moins de deux ans après, l'an 541 de l'hégire (2), Tripoli de Barbarie, en proie aux discordes de deux factions ennemies, était de même tombée au pouvoir des Normands, qui, l'an 543 de l'hégire (3), avaient encore pris possession de la ville de *Mahadiéh*, berceau de la dynastie fattymite, alors abandonnée de ses habitants, fuyant les désastres de la plus cruelle famine.

De là, le roi Roger menaçait Alexandrie; et ce nouveau péril était bien autrement à craindre pour l'Égypte que l'attaque éventuelle des chrétiens de Syrie : car, à cette époque, ceux-ci n'avaient pas trop de toutes leurs forces pour résister aux armes victorieuses du fils de *Zenguy*, l'atabek *Mahmoud*, portant le double surnom de *êl-Melek-êl-Adel* et de *Nour-êd-dyn*, que nos historiens des croisades nomment *Noradin*.

L'Égypte était dans cet état de crise et d'alarme, lorsque le khalife *Hafezz-le-dyn-Illah* y mourut dans le mois de Gemady-êl-Thany de l'an 544 de l'hégire (4), laissant pour successeur son fils *Ismayl-Abou-l-Mansour*, qui prit, à son avénement, le titre d'*êl-Dhafer-be-amr-Illah* (victorieux par l'ordre de Dieu), mais dont le règne fut bien loin de justifier ce présomptueux présage.

Êl-Hafezz-le-dyn-Illah avait atteint presque l'âge de quatre-vingts ans, dont il avait régné dix-neuf ans et sept mois (5); ou plutôt ses ministres avaient régné pour lui; car, à cette période de décadence du khalyfat fattymite, les souverains titulaires, renfermés dans l'intérieur de leur harem, y traînaient leur vie lâche et efféminée dans la mollesse et l'indolence, se contentant de l'autorité spirituelle, que la religion de l'islamisme avait consacrée dans leur personne, et n'ayant conservé de leur puissance temporelle que la signature des diplômes qui investissaient leurs ministres de la toute-puissance : ces mutations des patentes des vizirs leur donnaient seules quelque connaissance des révolutions de pouvoir qui s'exécutaient autour d'eux et sans eux.

Depuis la mort de l'*Émyr-êl-Gyouch-êl-Afdâl*, fils de *Bedr-êl-Gemâly*, le suprême vizirat avait passé successivement en diverses mains, toutes de plus en plus incapables de tenir les rênes de l'État avec la vigueur et les talents qu'avaient déployés pour le bien de l'Égypte ces deux grands ministres.

Êl-Dhafer-be-amr-Illah n'avait que dix-sept ans, quand il fut proclamé khalyfe, et il ne possédait aucune des qualités qui doivent décorer un prince. Livré sans réserve et sans frein au goût des plaisirs, avide des jouissances de toute espèce, il ne s'occupa aucunement, pendant son court règne, des affaires de son empire : c'est avec une égale indifférence qu'il voyait les courtisans de son palais troubler de leurs intrigues et de leurs factions l'intérieur de l'Égypte, les Normands de Sicile prêts, de leurs avant-postes d'Afrique, à fondre sur elle, comme sur une proie assurée, et les armées des chrétiens de Syrie resserrer de plus en plus l'espace qui le séparait encore de ses redoutables ennemis; il semblait, dans son indolence apathique, prévoir dès lors qu'il resterait trop peu d'années sur le trône pour en voir l'entier renversement, et que, minée qu'elle était de toute part, sa monarchie, à moitié écroulée, ne durerait guère plus que lui-même.

La quatrième année de son règne, 548 de l'hégire (1), les Francs vinrent

(1) Cette année a commencé le mardi 4 juillet de l'an 1144 de l'ère chrétienne.

(2) Cette année a commencé le jeudi 13 juin de l'an 1146 de notre ère.

(3) Cette année a commencé le samedi 22 mai de l'an 1148 de l'ère chrétienne.

(4) Cette année a commencé le mercredi 11 mai de l'an 1149 de notre ère.

(5) Monnaie du khalyfe *êl-Haffezz-le-dyn-Illah*, frappée à Alexandrie l'année même de la mort du khalyfe, 544 de l'hégire, 1149 de l'ère chrétienne.

(1) Cette année a commencé le dimanche 29 mars de l'an 1153 de l'ère chrétienne.

mettre le siége devant *Asqalân* (Ascalon).

Cette ville appartenait au khalyfe d'Égypte : comme elle se trouvait à l'extrême frontière, la plus exposée à l'attaque des Francs, sous les règnes précédents les vizirs avaient toujours mis leurs soins à la fournir de tout ce qui était nécessaire à sa défense; mais, au commencement du nouveau règne, le vizir *Adel*, fils de *Sallar*, étant mort, la discorde s'était mise entre les membres du conseil du khalyfe ; et, tout entiers à leurs querelles personnelles, ils avaient négligé l'entretien et l'approvisionnement des frontières attaquables. Les croisés mirent à profit une circonstance si favorable pour eux, et, bientôt, ils se furent rendus maîtres d'*Asqalân*.

A peine apprenait-on au Kaire cette perte fatale, qu'une nouvelle plus alarmante encore vint y semer l'épouvante. Des navires, sortis des ports de Sicile, venaient d'opérer un débarquement sur la plage d'Égypte, et avaient mis à feu et à sang la ville de *Tennys*, située au milieu du lac *Menzâléh*.

Ce débarquement n'eut pas d'autres suites, et les navires siciliens se retirèrent bientôt, chargés de captifs et d'un butin immense. Mais, les premiers jours de l'année 549 de l'hégire (1) virent terminer à la fois le règne et la vie du khalyfe *Dhafer-be-amr-Illah*.

Livré à toute l'effervescence des passions les plus déréglées et les plus brutales, sa débauche effrénée avait pris pour victimes de ses plaisirs criminels le jeune *Nasr*, fils de *Abbas* lui-même, grand vizir, et plus souverain dans l'Égypte que le khalyfe. L'attentat appelait la vengeance : le vizir ne la fit pas longtemps attendre.

Le lendemain même, premier jour du mois de Moharrem, il lava son outrage et le déshonneur de son fils dans le sang du khalyfe : invité à une fête par son vizir, *él-Dhafer-be-amr-Illah* y fut poignardé, avec ses deux frères, au milieu de sa cour, par le père offensé. Il n'avait régné qu'environ quatre ans (2).

Le vizir est accusé par les historiens arabes d'avoir satisfait sa cupidité en même temps que sa vengeance, et d'avoir profité du trouble que causa cette catastrophe, pour s'emparer de la plus grande partie des richesses que renfermait le palais.

Quoi qu'il en soit, deux jours après, le vizir *Abbâs* proclama comme khalyfe, sous le titre d'*él-Fayz-be-nasr-Allah* (abondant dans le secours de Dieu), le jeune *Yssa*, fils du khalyfe assassiné.

Cette révolution avait été vue d'un mauvais œil par les troupes, et surtout par les nègres, qui composaient la garde du palais : ils appelèrent au Kaire *Thelây-abou-Rezyq*, qui gouvernait alors la province de Minyéh, dans la haute Égypte. *Thelây* accourut et s'empara sans peine du gouvernement. *Abbâs* prit la fuite, avec son fils *Nasr*, emportant avec lui des trésors immenses : il avait déjà atteint la Syrie, lorsqu'il tomba, en route, entre les mains des Francs : il fut massacré, dépouillé de toutes ses richesses, et son fils retenu prisonnier.

Cependant, *Thelây* avait été proclamé au Kaire comme vizir suprême, et avait pris le titre de *él-Melek-él-Saléh* (le bon roi); car, à cette époque, tel était le pouvoir des vizirs, qu'ils s'arrogeaient ces titres de royauté, ne laissant aux khalyfes que celui d'*Imâm* (pontife).

Aussitôt que *Thelây* eut consolidé sa puissance, il s'empressa de réclamer l'extradition du fils d'*Abbâs*, et il l'obtint des croisés à force d'argent. En vain, pour éviter d'être remis au pouvoir de son ennemi, *Nasr* avait abjuré l'islamisme et embrassé la religion des chrétiens; les chrétiens vendirent et livrèrent au vizir musulman le nouveau prosélyte du christianisme. Dès que *Thelây* eut *Nasr* entre les mains, il lui fit couper la tête.

Dès lors délivré de la crainte de tout

(1) Cette année a commencé le jeudi 18 mars de l'an 1154 de notre ère.

(2) Monnaie du khalyfe *Él-Dhafer-be-Amr-Illah*, frappée à Alexandrie l'an 545 de l'hégire, (1150 de notre ère).

compétiteur, le vizir ne ménagea plus rien, et ne conserva aucun égard pour les personnages les plus importants de l'État, s'arrogeant, sans opposition, la plénitude de la puissance souveraine.

Le nouveau khalyfe, *él-Fayz-be-nasr-Illah,* n'avait que cinq ans, et les historiens arabes rapportent qu'à la cérémonie de son inauguration, le vizir *Abbâs* l'avait porté sur ses épaules, en allant le déposer sur le trône.

Ce jeune prince ne régna que six ans environ, et mourut, dans sa onzième année, l'an 555 de l'hégire (1).

Pendant son règne, l'Égypte était réduite à un tel état de faiblesse, que, pour faire cesser les incursions des garnisons chrétiennes d'*Asqalân* et de *Ghazzah* sur les frontières, ce khalyfe fut obligé de se soumettre à payer des sommes considérables en tribut annuel au roi de Jérusalem.

A la mort du khalyfe *él-Fayz*, le vizir *Theláy* s'occupa de lui donner un successeur. Il se rendit au palais, où on lui présenta un prince de la famille des Fattymites, déjà avancé en âge, comme étant le plus proche collatéral du khalyfe défunt : le vizir allait en conséquence le faire proclamer comme khalyfe, lorsqu'un de ses confidents s'approcha de son oreille : « Votre prédécesseur « au vizirat, lui dit-il à voix basse, s'est « montré plus fin politique que vous, « quand il ne s'est donné qu'un khalyfe « âgé à peine de cinq ans. »

Frappé de cette observation, le vizir rejeta le prince qu'on lui avait présenté, et fit choix d'un petit-fils du khalyfe *él-Hafezz-le-dyn-Illah,* nommé *Abd-allah,* fils de l'émir *Youssouf.* Ce jeune prince ne venait que d'atteindre l'âge de la puberté. Le vizir le fit inaugurer solennellement sous le nom de *él-Added-le-dyn-Illah* (secourant la religion de Dieu); et, pour mieux s'en assurer, il lui donna en mariage sa fille, à laquelle il assigna une dot qui surpassait en richesses tout ce qu'on avait vu jusqu'alors.

Ainsi fut appelé à la succession du khalyfat, malgré ses droits éloignés, le quatorzième khalyfe fattymite (2), qui ne devait lui-même la transmettre à aucun héritier, et entre les mains duquel devait s'éteindre la dernière lueur de la puissance de sa dynastie.

Devant ainsi le khalyfat à la protection du vizir, *él-Added-le-dyn-Illah* devint encore plus esclave du ministre suprême que son prédécesseur; au titre de *Melek* (roi) que s'était déjà arrogé *Thelây,* il ajouta encore celui de *Soultân* (sultan). Mais l'insolence du vizir lui suscita dans la cour des ennemis dangereux, et, l'an 556 de l'hégire (1), la tante du khalyfe le fit assassiner au moment même où il entrait dans le palais : avant de mourir toutefois, il eut le temps de faire mettre à mort cette femme, que le khalyfe lui abandonna sans hésiter. Il parvint même à transmettre son vizirat à son fils *Rezyq*, qui prit le titre de *él-Melek-él-Adel* (le roi juste).

Rezyq eut pour successeur au suprême vizirat *Châouer* (2), qui ne conserva pas longtemps ce poste éminent : il fut supplanté par *Dargham-abou-l-Achbal.*

Châouer passa en Syrie et implora le secours de l'Atabek *Nour-éd-dyn* pour reconquérir le pouvoir dont il avait été dépouillé. L'Atabek n'avait garde de négliger une occasion aussi heureuse de s'immiscer dans les affaires d'Égypte. Il consentit à charger un de ses émirs de reconduire le vizir expulsé en Égypte, afin de le rétablir comme grand vizir et *Émyr-él-Gyouch.*

Un des principaux émirs de sa cour était *Assad-éd-dyn Chyrkouéh* (3), fils de *Chady,* Kurde d'origine, de la tribu des *Raouâdys*, une des plus illustres de cette nation. Il était depuis longtemps, avec son frère aîné *Negm-éd-dyn-Ayoub,* attaché au service de l'Atabek, et ces deux frères y avaient été élevés aux plus hautes dignités.

Ce fut sur *Chyrkouéh* que *Nour-éd-dyn* jeta les yeux pour l'importante expédition d'Égypte.

En effet, le motif patent était seule-

(1) Cette année a commencé le mardi 12 janvier de l'an 1160 de notre ère.

(2) Ce prince n'était que le onzième des khalyfes fattymites qui ont régné au Kaire, les trois premiers princes de cette dynastie ayant régné non en Égypte, mais en Mauritanie.

(1) Cette année a commencé le samedi 31 décembre de l'an 1160 de notre ère.

(2) Nommé par Guillaume de Tyr *Sauar,* et *Sanar* par le P. Maimbourg.

(3) Nos historiens des croisades le nomment *Siracon.*

ment d'attaquer le vizir *Dargham* et de rétablir par la force des armes en sa place *Châouer*, qui s'était engagé, pour prix de son rétablissement, à payer à *Nour-éd-dyn* le tiers des revenus de l'Égypte; mais le véritable but de l'Atabek était de connaître à fond les forces de l'Égypte, et d'établir sa prépondérance de manière à pouvoir se créer les moyens de s'y rendre entièrement maître par la suite.

Chyrkouéh partit pour l'Égypte à la tête d'une armée, et emmena avec lui son neveu *Youssouf*, le jeune fils de son frère *Negm-éd-dyn-Ayoub*. Ce neveu, que son âge avait empêché jusque-là de se faire remarquer, ne suivait son oncle qu'avec quelque répugnance : les ordres de son père et de l'Atabek durent intervenir, et cependant il marchait sans le savoir à la conquête d'un trône, sur lequel il devait asseoir une puissante dynastie. Ce Youssouf devait peu d'années après devenir le souverain de l'Égypte et de presque tout l'Orient, sous le glorieux nom de *Salah-éd-dyn* (Saladin).

Nour-éd-dyn, à la tête d'un autre corps de troupes, accompagna *Chyrkouéh* jusqu'à la frontière de l'Égypte, afin de persuader aux Francs que c'était contre eux que l'expédition en marche était destinée. Ceux-ci le crurent en effet, ne songeant qu'à se fortifier dans leurs villes, et laissèrent librement passer le corps de troupes qui entrait en Égypte.

La position de *Dargham* n'était pas favorable à une défense. Il avait fait périr plusieurs émirs, et le nombre des mécontents augmentait chaque jour : d'un autre côté, les Francs ne cherchaient qu'une occasion favorable pour attaquer le pays et en faire la conquête; Amaury, roi de Jérusalem, qui venait de succéder à Baudouin II, réclamait avec menaces le payement du tribut annuel auquel l'Égypte s'était engagée envers son prédécesseur. *Dargham* en étant venu aux mains avec les croisés, avait été battu par eux, et, réfugié dans la ville de *Belbeys*, n'avait pu se défendre contre eux qu'en coupant les digues et inondant le pays.

Les Francs, ajournant leur conquête, venaient de quitter l'Égypte, lorsque l'armée de *Nour-éd-dyn* y pénétra. *Dargham*, à cette nouvelle, eut recours aux ennemis même contre lesquels il venait de combattre; il s'adressa aux Francs, leur offrant le double des tributs qu'il leur payait auparavant. Mais, avant que le traité pût être conclu, *Dargham* avait déjà été attaqué, battu par *Chyrkouéh*, et tué dans le faubourg du Kaire, auprès de la mosquée de *Sittéh-Nefysséh : Châouer* avait été aussitôt rétabli au Kaire dans toutes ses dignités.

Cependant ce vizir ne tarda pas à pénétrer les desseins cachés de ses protecteurs armés, et il chercha les moyens de les chasser de l'Égypte.

Refusant de remplir les promesses qu'il avait faites à *Nour-éd-dyn*, et que *Chyrkouéh* le pressait d'acquitter, il se crut assez fort pour ordonner à celui-ci de retourner en Syrie. *Chyrkouéh* était campé près du Kaire : il répondit à la sommation, en détachant un corps de troupes qui s'empara de Belbeys et de toute la province de *Chargyéh* : cette démarche intimida *Châouer*, et il se hâta de renouveler les négociations que *Dargham* avait entamées avec les chrétiens, leur proposant de réunir leurs efforts pour chasser de l'Égypte un ennemi aussi redoutable pour eux que pour lui.

Le roi Amaury vit dans ces propositions un acheminement à la conquête de l'Égypte, qui était toujours le projet favori de la croisade; il les accepta, passa en Égypte à la tête d'une armée, et joignit ses troupes à celles de *Châouer*; réunis ils allèrent attaquer à Belbeys *Chyrkouéh*, qui s'y était retranché et y avait réuni toutes ses forces. L'armée franco-égyptienne resta devant cette place, depuis le commencement du mois de Ramaddân jusqu'au mois de Dou-l-Qadeh, c'est-à-dire plus de deux mois.

Mais, apprenant que *Nour-éd-dyn*, à la tête d'armées considérables, soumettait toute la Syrie, et s'avançait au secours de son lieutenant, les coalisés ne songèrent plus qu'à se mettre en défense contre ce terrible ennemi. En conséquence, ils offrirent à *Chyrkonéh* de le laisser sortir de l'Égypte, à la seule condition qu'il rendrait ses prisonniers.

Celui-ci, ignorant l'approche de l'Atabek, consentit, à cette condition, d'évacuer Belbeys, et retourna en Syrie; il y trouva *Nour-éd-dyn* partout combattant, partout victorieux des croisés, et il se hâta lui-même de prendre sa part de ces combats et de ces victoires.

Ces succès brillants ne faisaient pas perdre de vue à *Chyrkouéh* ses vues sur l'Égypte. Dans l'expédition qu'il y avait faite, il avait pu connaître, par lui-même, la situation et les forces de ce pays; et, depuis ce temps, il ne cessait de présenter à *Nour-éd-dyn* les moyens assurés d'en faire la conquête.

Guillaume de Tyr nous apprend même que *Chyrkouéh* se rendit à Baghdad, et qu'il soumit au khalyfe abbasside son projet de renverser les khalyfes fattymites, ses rivaux.

L'Abbasside approuva ces vues et rassembla des troupes pour en appuyer l'exécution. Le projet devint public, et *Châouer* vit bien que, s'il ne faisait les derniers efforts, l'Égypte allait passer dans les mains des Atabeks, déjà maîtres de la plus grande partie de la Syrie. D'un autre côté, les Francs, toujours rêvant la conquête de l'Égypte, ne pouvaient se résoudre à se voir enlever cette riche proie par *Nour-éd-dyn;* ils arrêtèrent, dans une assemblée générale, que tous les croisés, sans exception, iraient au-devant de *Chyrkouéh,* pour lui couper le passage.

Mais celui-ci, traversant le désert, était déjà sur la frontière de l'Égypte, et il venait d'y pénétrer, au mois de Raby-êl-Aouel de l'an 562 de l'hégire (1).

En vain le roi de Jérusalem s'était avancé jusqu'à *Kades-Barnéh*, dans le désert; il n'avait pas rencontré son ennemi sur cette route; prenant alors la route de *Ghazzah,* dernière possession des Francs de ce côté, il s'était porté à *él-Arych,* et de là s'était avancé jusqu'à Belbeys. *Chyrkouéh,* toujours poussant en avant, l'avait continuellement devancé, et, déjà campé à *Attâs,* il menaçait le Kaire.

Châouer redoutait avec raison autant l'approche des Francs que celle de *Chyrkouéh.* Mais, voyant ce dernier prêt à s'emparer du Kaire, il prit le parti extrême d'y faire entrer les croisés et de les jeter entre lui et *Chyrkouéh,* qui n'était plus qu'à douze milles de la capitale.

Le général de *Nour-éd-dyn,* dont les troupes avaient beaucoup souffert dans la traversée du désert, ne jugea pas convenable d'attendre cette attaque : il traversa le fleuve et se fortifia sur le bord opposé.

Mais les Francs ne prétendaient pas prêter gratuitement à *Châouer* leur assistance. Le vizir fut forcé de renouveler les anciens traités, et d'augmenter le tribut annuel promis à Amaury : des plénipotentiaires chrétiens, au nombre desquels étaient Hugues de Césarée et Geoffroy Foulques, chevalier du Temple, réglèrent ces nouvelles conventions au Kaire, les firent ratifier par le khalyfe, et reçurent un à-compte de 200,000 dynars (3,000,000 de notre monnaie), avec la promesse d'un payement pareil sous un court délai.

Pendant ces accords diplomatiques, *Chyrkouéh* était venu, pendant la nuit, asseoir son camp à Gyzéh, en face du Kaire, sur la rive occidentale du Nil.

Le roi Amaury, voulant l'y attaquer, rassembla des barques, dont il commença à construire un pont sur le fleuve; mais *Chyrkouéh* détruisait les ouvrages des croisés à mesure qu'ils les exécutaient; et les deux armées restèrent ainsi en présence pendant cinquante jours.

Chyrkouéh avait profité de ce délai pour soumettre toute la rive occidentale du fleuve; mais les Francs réussirent à le traverser auprès de *Mehalléh* à la pointe du Delta. Alors *Chyrkouéh* décampa, et s'enfonça dans la haute Égypte: les Francs l'y suivirent, après avoir laissé au Kaire de fortes garnisons dans toutes les fortifications et même dans le palais du khalyfe.

Arrivé à un défilé nommé *Bâbayn* (les deux portes), *Chyrkouéh* s'y arrêta, attendant de pied ferme l'armée des croisés et des Égyptiens. Ceux-ci accoururent avec des forces tellement nombreuses, que le découragement commençait à se mettre dans les troupes de Syrie; cependant la bataille, qui dura un jour entier, fut fatale aux armées alliées.

Les Francs retournèrent au Kaire, et *Chyrkouéh,* victorieux, maître de toute la haute Égypte, courut soumettre la basse et se fit ouvrir les portes d'Alexandrie.

Une succession de combats, où les

(1) Cette année a commencé le vendredi 28 octobre de l'an 1166 de l'ère chrétienne.

avantages furent balancés, se prolongea alors; les Francs de Syrie voyant l'armée du roi Amaury en force au milieu du cœur de l'Égypte, coururent lui offrir leurs bras et demander le partage du butin. Hors d'état de résister à cette nuée d'ennemis, qui le séparaient de tous les renforts que pouvait lui envoyer la haute Syrie, *Chyrkouéh* consentit à terminer les hostilités par un traité.

Les clauses en étaient, que les croisés et les troupes syriennes évacueraient également l'Égypte, sans être inquiétés, et qu'Alexandrie, dont *Chyrkouéh* avait donné le commandement à son neveu *Youssouf-Salâh-éd-din*, rentrerait au pouvoir du vizir *Châouer*.

Ces conventions furent exécutées : *Chyrkouéh* et son neveu *Salâh-éd-dyn* retournèrent à Damas; mais les Francs ne voulurent quitter le Kaire qu'à la condition que 100,000 dynars (1,500,000 francs de notre monnaie) leur seraient payés, et qu'une garnison de Francs resterait au Kaire; ces conditions furent acceptées par le vizir, impatient de voir s'éloigner, et ses ennemis, et ses dangereux défenseurs.

Cependant, les chefs de la garnison chrétienne du Kaire conservaient, malgré les traités, l'espoir de s'y rendre entièrement les maîtres : Amaury, qui était retourné à Jérusalem, fut si vivement pressé par eux, que, profitant de l'éloignement des troupes syriennes, il rentra à l'improviste en Égypte, et arriva en dix jours devant *Belbeys*. Après trois jours de siége, la ville fut prise, livrée au pillage et tous les habitants massacrés.

Instruit de cette rupture imprévue, *Châouer* resta quelque temps indécis sur le parti qu'il avait à prendre : enfin, il se décida à envoyer demander du secours à *Nour-éd-dyn*.

L'Atabek aurait bien voulu se rendre lui-même en Égypte; mais, craignant que son absence n'encourageât quelque attaque contre ses États de Syrie, il se contenta de renvoyer de nouveau *Chyrkouéh* au Kaire.

Cette ville voyait alors devant ses portes l'armée d'Amaury; non que ce prince eût l'intention de lui faire éprouver le sort de *Belbeys;* mais, ne partageant pas entièrement les projets de conquête de ses principaux chevaliers, il espérait que son approche déterminerait *Châouer* à acheter chèrement son éloignement au prix de beaucoup d'or. En effet, il avait mis de la lenteur dans sa marche et avait employé dix jours à faire le chemin d'une seule journée.

Mais la combinaison cupide du roi de Jérusalem n'eut pas le succès qu'il s'en était promis.

Effrayés du sort qu'avait subi la ville de *Belbeys*, les habitants du Kaire avaient juré de se défendre jusqu'aux dernières extrémités : les flammes de la ville de Fostatt, à laquelle le vizir venait de faire mettre le feu, pour empêcher les Francs d'y prendre position, et dont l'incendie dura cinquante-quatre jours, prouvaient suffisamment combien cette détermination était fortement prise. Les vaisseaux qui de la Syrie amenaient des renforts aux croisés, ne purent remonter le Nil, et trouvèrent les passages fermés par les populations soulevées. En même temps *Chyrkouéh* approchait de nouveau avec des forces redoutables.

Châouer gagnait du temps, en amusant les croisés par des négociations fallacieuses; il leur protestait qu'il était leur ami, que les populations musulmanes seules s'armaient contre eux sans son aveu : il témoigna des craintes que les hostilités des chrétiens n'attirassent en Égypte leur ennemi commun *Nour-éd-dyn*, et offrait des sommes considérables au roi Amaury, s'il consentait à retourner immédiatement en Syrie.

Les troupes chrétiennes ne rêvaient que le pillage de la grande et riche ville du Kaire, le massacre des sectateurs de Mahomet, le viol des musulmanes; mais Amaury, dont l'avarice était depuis longtemps connue, ne songea qu'à ses intérêts particuliers, et se laissa tenter par l'or qu'on lui offrait; il convint de se retirer, moyennant 1,000,000 de dynars (15,000,000 de notre monnaie), dont partie devait être payée comptant, partie dans un délai convenu. Le vizir donna sur-le-champ 100,000 dynars (1,500,000 francs), promit le reste, et les croisés décampèrent des portes du Kaire, sans cependant renoncer à l'intention d'y revenir.

Mais, pendant que *Châouer* traitait ainsi avec les croisés, le khalyfe, de son côté, nouait aussi des négociations secrètes avec *Nour-éd-dyn*. Il offrait à l'Atabek le tiers des revenus de l'Égypte, s'il voulait le délivrer de la tyrannie de son vizir, qu'il consentait à voir remplacer par *Chyrkouéh*. Celui-ci hâta sa marche, attaqua les chrétiens à *Belbeys*, les battit, et les eut bientôt chassés de tout le territoire de l'Égypte.

Vainqueur des croisés, *Chyrkouéh* fit son entrée au Kaire le septième jour du mois de Raby-êl-Thany de l'an 564 de l'hégire (1), au milieu des acclamations d'allégresse de tous les habitants : sur-le-champ il alla présenter ses hommages au khalyfe *él-Added*, qui le revêtit d'un manteau d'honneur, le combla de riches présents et répandit ses largesses sur les troupes syriennes.

Ce fut avec un vif déplaisir que *Châouer* vit ces rapports s'établir entre le général de *Nour-éd-dyn* et le khalyfe; mais la présence de l'armée de Syrie le forçait à cacher son ressentiment : il affectait même, avec une politesse étudiée, d'aller rendre des visites à *Chyrkouéh;* mais il projetait secrètement de l'attirer chez lui avec ses principaux émirs, et de s'en débarrasser par le poignard.

Ce projet de guet-apens fut pénétré par *Salâh-éd-dyn* et par les principaux émirs syriens : ils résolurent de le déjouer par un contre-projet de même nature, et ils en brusquèrent l'exécution.

Un jour que *Châouer* se rendait en cérémonie au camp des Syriens, il y fut entouré, saisi par eux et chargé de chaînes. *Chyrkouéh,* instruit de cet acte de vigueur, ne le désapprouva pas, et défendit seulement qu'on attentât à la vie du grand vizir; mais le khalyfe *él-Added* venait d'apprendre l'arrestation de son premier ministre : il se hâta de demander sa tête, et on la lui porta aussitôt.

La populace pilla le palais de *Châouer*, et le khalyfe, heureux d'être enfin délivré de celui dont la tyrannie l'avait si longtemps réduit au rôle d'esclave, nomma *Chyrkouéh* vizir suprême, généralissime (*Émyr-él-Gyouch*), et lui conféra le titre honorifique d'*él-Melek-él-Mansour* (le roi secourable).

(1) Cette année a commencé le samedi 5 octobre de l'an 1168 de notre ère.

Chyrkouéh prit possession de ses hautes fonctions, sans rencontrer aucun compétiteur : il alla loger dans le palais du grand vizir et commença l'exercice de son pouvoir, en répandant ses largesses sur les troupes qui l'avaient accompagné en Égypte.

Mais, à peine fut-il en jouissance de ce poste éminent, qu'il tomba malade et mourut, au Kaire, le 22 du mois de Gemady-êl-Thany de l'an 564 de l'hégire (1169 de l'ère chrétienne).

Il n'avait gouverné l'Égypte, en qualité de grand vizir, que deux mois et cinq jours; et, malgré cette dignité égyptienne, il n'avait pas cessé de se regarder comme le sujet de *Nour-éd-dyn,* et comme son lieutenant en Égypte.

Après la mort de *Chyrkouéh*, ses principaux émirs briguèrent sa place auprès du khalyfe; mais ce prince voulut payer la dette de sa reconnaissance envers le général syrien, en transmettant l'héritage de ses hautes fonctions au neveu de son libérateur. Peut-être aussi pensa-t-il devoir préférer un jeune homme jusqu'alors peu marquant, qu'il crut sans influence sur les troupes et sans moyens de conserver l'autorité dont il le revêtait, espérant alors de trouver bientôt une occasion favorable pour ressaisir son pouvoir tout entier, en détruisant pour toujours celui des grands vizirs.

Quoi qu'il en soit, *Youssouf-Salâh-éd-dyn* fut proclamé vizir suprême de l'Égypte, sous le titre d'*él-Melek-él-Nasser* (le roi victorieux); et, si ce titre lui fut alors donné sans motif, sa destinée se chargea, par la suite, d'en faire une appellation suffisamment réalisée.

Au reste, les prévoyances du khalyfe furent bientôt à demi justifiées : les émirs de l'armée syrienne refusèrent d'abord de se soumettre à l'autorité de *Salâh-éd-dyn;* mais le jeune vizir sut, par son adresse, rappeler à lui les esprits des plus mécontents : ses largesses lui assurèrent les bras de l'armée. Il ne laissa échapper aucune portion de l'autorité que sa charge lui attribuait, et le khalyfe *él-Added* ne conserva pas plus de pouvoir sous son nouveau ministre que sous ses prédécesseurs.

L'établissement de *Salâh-éd-dyn* en

Égypte porta l'alarme parmi les Francs; ainsi *Nour-éd-dyn* se trouvait maître de faire, à son gré, partir des flottes de l'Égypte, pour croiser sur toutes les côtes de Syrie, empêcher le passage des pèlerins de la Terre sainte, arrêter tous les convois, tous les secours expédiés d'Europe, et par là rendre inévitable la ruine du royaume de Jérusalem. Les croisés tinrent un grand conseil, dont le résultat fut d'envoyer l'archevêque de Tyr, Frédéric, avec Jean, évêque de Saint-Jean d'Acre, réclamer les secours des rois de France, d'Angleterre, de Sicile, et des autres princes chrétiens.

L'ambassade ne put rien obtenir dans l'Occident; mais l'empereur de Constantinople envoya une flotte de cent cinquante grandes galères, chargées de munitions, de machines de guerre et de troupes nombreuses.

L'armée franco-grecque se réunit à *Asqâlan*, et se mit en marche sur l'Égypte : elle arriva à *Faramah*, petite ville, dès lors presque entièrement déserte, située près d'une nouvelle embouchure, que l'effort de la mer venait, peu de temps auparavant, d'ouvrir au Nil à travers les dunes de sables.

Les croisés y trouvèrent la flotte grecque, qui était partie de Saint-Jean d'Acre; elle leur servit à traverser le fleuve, et le camp chrétien fut établi entre Damiette et la mer au mois de Safar de l'an 565 (1) de l'hégire (novembre 1169 de l'ère chrétienne).

Les Francs, à la tête desquels .était Amaury, comptaient emporter la ville d'assaut; mais ils y trouvèrent une telle résistance, qu'ils se virent forcés d'en former le siége en règle. Le siége ne réussit pas mieux que l'assaut : aux machines de guerre des chrétiens les musulmans opposèrent d'autres machines supérieures en force; les vivres manquèrent, et la flotte ne put s'en procurer en remontant le fleuve : elle se trouvait arrêtée par une forte chaîne, barrant le Nil, attachée d'un côté aux remparts de Damiette et de l'autre à une grosse tour dont les fortifications semblaient inexpugnables. Les assiégés, protégés par ce barrage, communiquaient librement avec l'intérieur du pays et recevaient du Kaire les vivres et les secours de tout genre, tandis que les assiégeants en attendaient en vain de la Syrie : la disette augmenta dans le camp chrétien, et, y devenant une véritable famine, elle amena les dissensions, les querelles, et enfin une complète scission entre les Grecs et les Francs de la Syrie, se disputant les uns aux autres le moindre aliment et réduits à dévorer les extrémités molles des branches des palmiers. Pour ajouter à tous ces maux, des pluies d'ouragans fondaient sans relâche sur le camp et l'avaient inondé comme d'un nouveau déluge : un vent de tempête ne cessait de souffler du midi, doublant la rapidité des eaux du Nil et forçant les vaisseaux grecs à se serrer les uns contre les autres, le long du rivage, pour ne pas être entraînés. La tempête et le courant les avaient refoulés et, pour ainsi dire, entassés en une seule masse : les assiégés profitèrent de leur position fâcheuse : un brûlot, lancé à propos, incendia la flotte et détruisit le peu qui restait de vivres et de munitions. Enfin, après cinquante jours de siége et de fatigues intolérables, les croisés se virent forcés d'abandonner l'entreprise et de se retirer en Syrie, ne devant qu'à l'entremise de quelques émirs égyptiens de ne pas être inquiétés dans leur retraite.

L'expédition désastreuse des croisés avait été trop promptement terminée pour que *Salâh-éd-dyn* eût le temps de conduire contre eux les troupes qu'il venait de rassembler : lorsqu'il arriva à Damiette, il n'y trouva plus d'ennemis : les chrétiens avaient déjà quitté l'Égypte. Il témoigna son mécontentement aux émirs qui les avaient laissé échapper, et ramena au Kaire les troupes dont les éléments s'étaient chargés de rendre la présence inutile à la défense de la basse Egypte.

L'année suivante, il voulut prendre sa revanche, et porter à son tour la guerre sur le territoire de la Syrie chrétienne. Se mettant à la tête d'un corps de troupes considérables, il entra en Palestine, l'an 566 de l'hégire (1).

Le roi Amaury, à la nouvelle de l'agression, s'était rendu à *Asqalân* : il

(1) Cette année a commencé le jeudi 25 septembre de l'an 1169 de notre ère.

(1) Cette année a commencé le lundi 14 septembre de l'an 1170 de l'ère chrétienne.

y apprit que *Salâh-êd-dyn* faisait le siége de la citadelle de *Dâroun*, ancien couvent chrétien, fortifié par les croisés et situé sur le sommet d'une montagne escarpée, à quatre milles de *Ghazzah :* aussitôt le roi de Jérusalem partit pour aller y attaquer l'armée assiégeante; mais *Salah-êd-dyn*, s'avançant à sa rencontre, tomba sur lui à la moitié du chemin, le battit, et se rendit en même temps maître de la ville de *Ghazzah* elle-même. Se contentant de ces succès pour représailles, l'armée musulmane, laissant à *Ghazzah* une forte garnison, ne tarda pas à reprendre le chemin de l'Égypte.

Salâh-êd-dyn était de retour au Kaire vers la fin de cette année : il continuait à y exercer un pouvoir absolu, ne laissant au khalyfe que l'autorité spirituelle, lorsque *Nour-êd-dyn* crut qu'enfin il était temps de dépouiller le khalyfat fattymite de la seule et dernière marque de puissance qui lui restait encore en Égypte. Il y envoya l'ordre de faire retrancher le nom du khalyfe *êl-Added-le-dyn-Illah* de la prière solennelle du vendredi, et d'y substituer celui d'*êl-Mostaddy-be-amr-Illah*, trente-troisième khalyfe abbasside de Baghdad.

A la réception de cet ordre, *Salâh-êd-dyn* s'excusa d'abord de l'exécuter, alléguant la crainte que les populations égyptiennes, qui étaient attachées à la secte d'*Aly*, dont les Fattymites avaient établi la doctrine dans leur empire, ne se révoltassent contre une innovation aussi capitale dans leur situation politique et religieuse.

Mais l'Atabek envoya de nouveaux ordres, avec l'injonction précise et expresse que l'autorité spirituelle des Fattymites cessât en Égypte avec l'année courante : or, quand ces derniers ordres parvinrent au Kaire, on était déjà au milieu de Dou-l-Hagéh, dernier mois de l'année musulmane.

Salâh-êd-dyn assembla donc ses émirs en conseil, et leur demanda avis sur une affaire aussi importante et aussi urgente. Quelques-uns jugèrent l'entreprise trop téméraire, et reculèrent devant son exécution : d'autres promirent de la soutenir; mais nul n'indiquait le moyen d'amener l'affaire à une heureuse réussite; personne surtout ne consentait à être le premier qui en hasarderait la tentative; enfin, se présenta un émir persan, nommé *Émyr-Alam*, disant qu'il se chargeait de la première démarche.

En effet, le premier vendredi du mois de Moharrem de l'an de l'hégire 567 (1), *Émyr-Alam* se rendit à la principale mosquée, à l'heure de la prière, monta à la tribune sacrée (*manbar*), avant que le *khateb* (prédicateur) s'y présentât lui-même, et fit solennellement le *Khotbah* (prière sacramentelle) au nom du khalyfe abbasside de Baghdad.

Personne ne parut s'opposer à cette proclamation, qui était pourtant, en réalité, celle de la déposition des Fattymites et de l'inauguration des Abbassides, leurs rivaux.

Salah-êd-dyn, instruit de l'indifférence avec laquelle était reçu un acte aussi décisif, envoya l'ordre de s'y conformer le vendredi suivant à tous les *khatebs* de Fostatt et du Kaire : toute l'Égypte obéit ensuite, et rentra ainsi sous la juridiction spirituelle des khalyfes abbassides de Baghdad, dont elle avait été séparée pendant deux cent sept ans.

Le khalyfe *êl-Added* était alors grièvement malade, et se tenait renfermé dans une des chambres intérieures de son palais : aucun de ceux qui l'entouraient ne jugea à propos de l'instruire de la révolution qui venait de s'opérer, ne voulant pas inutilement troubler le peu de jours qui, suivant les apparences, lui restaient encore à vivre : *êl-Added*, en effet, mourut, comme on l'avait prévu, quelques jours après, ne se doutant pas qu'il avait cessé d'être khalyfe.

Cette mort vint à propos tirer *Salâh-êd-dyn* de l'embarras où le jetait sa double position à l'égard des deux khalyfes; il put prévoir une pareille issue, la désirer même; mais l'assertion de l'historien chrétien Guillaume de Tyr, qui accuse *Salâh-êd-dyn* d'avoir fait tuer le malheureux khalyfe *êl-Added*, est mensongère et démentie par le récit unanime de tous les écrivains orientaux. La haine religieuse de l'historien des croisades a seule pu lui dicter une telle calomnie, comme supplément aux armes des che-

(1) Cette année a commencé le samedi 4 septembre de l'an 1171 de l'ère chrétienne; par conséquent, le premier vendredi de Moharrem correspondait au 10 septembre.

valiers, que la bravoure du guerrier musulman rendait impuissantes.

Mais, si *Salâh-ëd-dyn* n'attenta pas à la vie du malheureux prince, auquel il avait enlevé le pouvoir et la liberté, nous ne pouvons le disculper d'une autre accusation plus fondée, et nous devons avouer qu'il ne fut pas assez généreux pour accorder au moins à son royal prisonnier la tranquillité et les égards que devait attendre de lui sa victime.

Salâh-ëd-dyn, en effet, paraît avoir abusé de son pouvoir pour dépouiller personnellement le malheureux prince, avec une avidité véritablement insatiable. *Él-Added*, dans les derniers mois de sa vie, ne possédait plus qu'un seul cheval, sur lequel il se promenait dans ses jardins, dont il lui était interdit de sortir. *Salâh-ëd-dyn* lui demanda ce cheval, qui était de la plus grande beauté et de la plus noble race; le khalyfe, forcé de céder à cette demande, se vit ainsi privé de l'exercice et de la promenade.

Tel était *Salâh-ëd-dyn*, tantôt avide et avare, tantôt libéral jusqu'à la prodigalité, tantôt poussant le courage jusqu'à la témérité, l'audace jusqu'à l'imprudence, tantôt dissimulant et poursuivant ses projets cachés, avec la ténacité prudente d'un vieux courtisan : tel il fut dans le temps qu'il n'était que simple émir; il se montra grand prince, quand il fut assis sur le trône d'Égypte.

Aussitôt que la mort du khalyfe *él-Added* eut été annoncée à *Salâh-ëd-dyn*, il prit possession du palais impérial. Avant même que le khalyfe fût expiré, il avait déjà chargé l'eunuque *Bohâ-ëd-dyn* (depuis surnommé *Qara-qouch*), qui possédait toute sa confiance, de veiller sur toutes les richesses qui y étaient rassemblées. Les parents et les enfants du khalyfe *él-Added* furent arrêtés et renfermés dans un endroit retiré du palais. Ses esclaves furent vendus en partie, en partie donnés aux principaux officiers de *Salâh-ëd-dyn*.

On assure que le vizir recueillit dans le palais du khalyfe des richesses immenses en perles, pierreries et autres objets précieux. Les historiens orientaux rapportent que *Salâh-ëd-dyn* y trouva, entre autres trésors, une bibliothèque de cent mille volumes, tous choisis et remarquables par leur exquise calligraphie (1).

Salâh-ëd-dyn s'empressa d'annoncer à l'Atabek *Nour-ëd-dyn* l'entière exécution de ses ordres, ainsi que la mort du khalyfe, qu'il avait eu la mission de dépouiller.

Ces deux grandes nouvelles furent aussitôt transmises à Baghdad. Le khalyfe de cette ville, devenu, par ces événements, le seul maître de l'islamisme dans l'Orient, envoya à l'Atabek *Nour-ëd-dyn* un manteau d'honneur avec deux épées, insignes de sa puissance sur la Syrie et sur l'Égypte. *Salâh-ëd-dyn* reçut de même un manteau d'honneur, avec une pièce d'étoffe noire, destinée à décorer la tribune sacrée des couleurs adoptées comme livrée armoriale par les Abbassides.

Ainsi s'éteignit, caduque, énervée, avilie, sans même avoir l'honneur d'une résistance et d'une catastrophe, cette dynastie des Fattymites, qui, deux siècles et demi auparavant, s'était élancée si vigoureuse et si redoutable des rochers de l'Atlas.

Partie des rivages les plus lointains de l'océan occidental pour venir, à l'autre extrémité de l'Afrique, fonder un puissant empire, assis à la fois sur deux parties du monde, et y créer une magnifique capitale, *la cité Victorieuse* (*él-Kahirah*), la seconde ville de l'islamisme, elle y mourait honteusement, comme étouffée par un ignoble suicide, dans les mains d'un soldat kurde, issu des tribus les plus orientales de la haute Asie : l'arrêt suprême des destinées s'étant fait un jeu, dans ses caprices inexplicables, d'appeler, pour les mettre en présence sur ce théâtre des révolutions, les deux acteurs principaux de ce drame imprévu, des deux extrémités presque diamétralement opposées du globe terrestre.

CHAPITRE XII.

Dynastie des Ayoubites. — Salah-ëd-dyn. — Mort de Nour-ëd-dyn. — Usurpation de Salah-ëd-dyn. — Ses conquêtes en Syrie. — Guerre avec les Francs. — Le gouverneur d'Égypte Bohâ-ëd-dyn. — Construction de la citadelle du Kaire. — Hostilités avec le

(1) Quelques manuscrits conservés à la Bibliothèque de Leyde portent des annotations arabes qui semblent prouver qu'ils ont fait partie de cette Bibliothèque du dernier khalyfe fattymite.

prince de Moussoul. — Campagne contre les chrétiens. — Prise de Jérusalem. — Mort de Salah-ĕd-dyn. — Avénement de son fils ĕl-Melek-ĕl-Azyz. — Son petit-fils ĕl-Mélek-ĕl-Mansour, ĕl-Melek-ĕl-Âdel Ier, son frère, sont tour à tour sultans d'Égypte. — Débarquement des croisés à Rosette. — Sixième croisade. — Siége de Damiette. — Ĕl-Melek-ĕl-Kâmel, sultan d'Égypte. — Évacuation de l'Égypte par les croisés. — Ĕl-Melek-ĕl-Adel II, ĕl-Melek-ĕl-Sâleh, sultans d'Égypte. — Garde de Mamlouks. — Guerres en Syrie. — Septième croisade. — Louis IX. — Siége et prise de Damiette. — Mort d'ĕl-Melek-ĕl-Sâleh. — Combat de Mansourah. — Défaite des chrétiens. — Avénement d'ĕl-Melek-ĕl-Moazzem. — Sa mort.

Nour-ĕd-dyn, déjà maître de la Syrie presque entière, d'une partie de l'Arabie, de l'Asie Mineure et de la Mésopotamie, était ainsi devenu également souverain de l'Égypte : la mort du khalyfe *ĕl-Added,* en mettant fin avec lui à sa dynastie, et en anéantissant l'autorité nominale des Fattymites, n'avait réellement rien ajouté au pouvoir de l'Atabek sur cette contrée; car *Salâh-ĕd-dyn,* tout gouverneur qu'il était au nom de ce khalyfe, n'avait pas cessé de se regarder comme le simple lieutenant du sultan de Syrie.

Si tout concourt à prouver que ce lieutenant ne tarda pas à concevoir des pensées d'indépendance, il les tenait pourtant encore secrètes et semblait ne s'occuper que de consolider dans le royaume, qu'il administrait maintenant au nom du souverain de Damas, l'autorité temporelle de ce prince et la puissance spirituelle du khalyfe de Baghdad.

Les partisans des Fattymites n'avaient osé opposer la moindre résistance publique à la proclamation du nom de ce khalyfe dans la prière solennelle : cependant leur parti était loin de pouvoir être regardé comme entièrement vaincu : ils s'étaient réunis en assemblées secrètes et, déclarant hérétique le khalyfe de Baghdad, ils avaient nommé un khalyfe de la famille des Fattymites pour succéder à *ĕl-Added-le-dyn-Illah.*

Les voix s'étaient réunies en faveur d'un imam nommé *Amarah-ben-Aly,* et surnommé *ĕl-Yemeny* parce qu'il était originaire de l'Yémen. Livré entièrement à l'étude et aux compositions poétiques, dans lesquelles il s'était illustré, *Amarah* était loin d'avoir recherché le poste si élevé, mais si dangereux, auquel venait de l'appeler la faction fattymite : il eut bientôt compté le petit nombre de ses partisans, apprécié leur faiblesse, les forces de *Salâh-ĕd-dyn,* et le péril imminent qui menaçait inévitablement sa tête, s'il s'asseyait sur le trône dont *ĕl-Added* avait été si facilement dépossédé avant de mourir : il alla lui-même porter son abdication à *Salâh-ĕd-dyn*, et retourna dans sa retraite studieuse, jouir d'une vie tranquille et ignorée au milieu de ses livres.

Cette velléité de résistance de l'opposition fattymite n'avait causé à *Salâh-ĕd-dyn* aucune inquiétude : il se sentait dès lors trop fortement appuyé, soit sur ses propres forces, soit sur celles de l'Atabek *Nour-ĕd-dyn,* pour pouvoir craindre des populations égyptiennes un mouvement qui eût quelque importance.

Cependant il prit toutes les mesures nécessaires pour affaiblir de plus en plus l'influence des Fattymites, et accroître celle des Abbassides. Toutes les places et les fonctions publiques furent successivement enlevées aux créatures des Fattymites, qu'il remplaça par des hommes sur le dévouement desquels il pouvait compter.

Voulant surtout déraciner des esprits du peuple les principes de la secte d'Aly, que les Fattymites avaient fait adopter à toute l'Égypte, *Salâh-ĕd-dyn* avait appelé au Kaire les plus habiles docteurs de l'islamisme, chargés d'y prêcher les dogmes orthodoxes; des colléges, des séminaires furent fondés dans le même but; la secte des Chaféytes surtout reçut de lui un appui et des encouragements particuliers; dès l'an 569 de l'hégire (1), il fonda auprès du tombeau de l'imam *Chafey* (2) un magnifique collége pour la

(1) Cette année a commencé le dimanche 12 août de l'an 1173 de notre ère.

(2) Le nom entier de ce docteur illustre, fondateur d'une des quatre sectes orthodoxes musulmanes, était *Abou-Abd-Allah-Mohammed-ben-Edris ;* il prit le surnom d'*ĕl-Châféy*, à cause de *Chafé*, un de ses ancêtres, qui descendait lui-même d'*Abd-ĕl-Motaleb,* aïeul de Mahomet. Ses disciples lui donnèrent le titre d'*Aref-b-Illah* (savant en Dieu).

Il était né à Ghazzah en Palestine l'an 150 de l'hégire, (767 de notre ère) vint à Baghdad l'an 195, et l'an 198 passa en Égypte, où il mourut, l'an 204, à l'âge de 54 ans.

Cet imâm est le premier qui ait écrit sur la jurisprudence tant civile que canonique des musulmans, et ses décisions sont encore de nos jours adoptées en Égypte.

théologie et la jurisprudence musulmane, où il était interdit d'enseigner aucune autre doctrine que celle de cet imam, entièrement dévoué aux khalyfes de Baghdad.

Mais, en semblant ne s'occuper que de l'affermissement de l'autorité des Abbassides, *Salâh-êd-dyn* travaillait en même temps à la réalisation de ses projets cachés : le nombre de ses créatures était devenu tellement considérable, qu'il se trouvait en position de refuser toute obéissance à *Nour-êd-dyn*, et de lui résister avec chance de succès, si une rupture eût éclaté entre eux.

Il paraît que ces desseins secrets n'avaient pas échappé à la perspicacité de l'Atabek *Nour-êd-dyn* lui-même.

Dès l'an 567 de l'hégire (1), à peine un mois s'était écoulé depuis la mort du khalife *êl-Added*, que *Salâh-êd-dyn* reçut de *Nour-êd-dyn* l'ordre de se rendre auprès de lui, avec une portion des forces qui étaient sous ses ordres.

Nour-êd-dyn faisait alors aux chrétiens une guerre active, et il marchait pour faire le siége de *Karak*, capitale de la seconde Arabie, et que les historiens des croisades appellent *la pierre du désert* (2) : cependant le but véritable de cet appel de *Nour-êd-dyn* était, moins d'augmenter ses forces pour ce siége, que de tirer *Salâh-êd-dyn* de l'Égypte, et d'avoir sous sa main celui dont il soupçonnait les projets d'indépendance.

Salâh-êd dyn, de son côté, devina les intentions réelles de *Nour-êd-dyn*; ne jugeant pas utile à ses intérêts de rompre dès lors avec lui, il lui écrivit qu'il était disposé à obéir et partit même du Kaire avec un corps de troupes, qu'il annonçait devoir faire, à *Karak* même, leur jonction avec celles de *Nour-êd-dyn* : mais, arrivé à Karak, *Nour-êd-dyn* ne trouva aucun des soldats égyptiens, et les y attendit inutilement; *Sâlah-êd-dyn*, prétextant quelques apparences de troubles en Égypte, fit savoir par un courrier qu'il avait été obligé à moitié route d'y retourner à la hâte. Forcé de renoncer au siége projeté, *Nour-êd-dyn*, appréciant le vrai motif de la désobéissance de son lieutenant, ne fut pas abusé par cette vaine excuse; il lui répondit par la menace d'aller lui-même en Égypte et de l'en déposséder.

Aussitôt *Salâh-êd-dyn* convoqua une assemblée générale de tous les princes de sa famille et de tous ses émirs, pour délibérer sur ce qu'il avait à faire dans une circonstance aussi délicate; son neveu *Taqy-êd-dyn-Omar*, fils de *Chahyn-chah*, à qui depuis échut la souveraineté de *Hamah*, s'écria qu'il fallait prendre les armes contre *Nour-êd-dyn*.

Mais le grand-père du jeune prince, *Negm-êd-dyn-Ayoub*, père de *Salâh-êd-dyn*, imposa silence à ce courage bouillant; puis se tournant vers *Salah-êd-dyn*, « Je suis votre père, » lui dit-il, « et voici « auprès de moi votre oncle *Chehâb-êd-* « *dyn-êl-Haremy*: croyez-vous que, dans « toute cette assemblée, il y ait quelqu'un « qui vous aime plus sincèrement et plus « ardemment que nous? » — « Non cer- « tes! répondit *Salâh-êd-dyn*. » — Eh « bien! continua *Ayoub*, sachez que, si « votre oncle et moi nous étions en pré- « sence du sultan *Nour-êd-dyn*, nous « nous prosternerions à ses pieds; s'il « nous commandait de vous trancher la « tête, nous lui obéirions sans hésiter; « jugez par là quels doivent être les senti- « ments de ceux qui nécessairement vous « sont moins attachés que nous. Aucun « des émirs ici présents, aucun de ceux « qui sont à la tête des troupes, n'oserait « s'opposer à l'Atabek *Nour-êd-dyn* : ce « pays lui appartient; c'est lui qui vous « y a établi son lieutenant; il est le maî- « tre de vous déposer ou de vous con- « server à son gré au pouvoir qu'il vous « a confié. »

Se tournant ensuite vers les émirs de l'assemblée, « Nous sommes, leur dit- « il, les esclaves de *Nour-êd-dyn*, il peut « disposer de nos vies. »

L'assemblée se sépara; mais resté seul avec son fils, *Ayoub* lui fit connaître toute sa pensée; « Vous avez man- « qué de prudence, lui dit-il, en laissant « paraître vos sentiments devant tous « ces émirs : croyez qu'ils vous trahiront, « et que *Nour-êd-dyn*, instruit par eux, « ne tardera pas à venir en Égypte, pour « vous en chasser : n'engageons pas une « lutte prématurée; écrivez-lui promp- « tement des assurances de soumission « et de fidélité. »

(1) Cette année a commencé le samedi 4 septembre 1171 de l'ère chrétienne.

(2) *Rupes deserti*.

Ayoub ne s'était pas trompé; *Nour-éd-dyn* avait été informé de tout; tout entier à sa colère et à sa vengeance, il abandonnait toute autre expédition, et s'apprêtait à fondre sur l'Égypte.

Les lettres de *Salâh-éd-dyn*, rédigées par Ayoub lui-même, le désarmèrent, et il ne s'occupa plus que du soin de garantir ses Etats des invasions des croisés; en effet, leurs attaques se multipliant, et la vaste étendue de son empire ne lui permettant pas d'être instruit de la marche des troupes chrétiennes, assez promptement pour s'y opposer, il employa alors un moyen d'accélérer ces nouvelles, malgré les distances. Des postes de pigeons furent établies dans tous ses États, et les courriers ailés lui apportaient, de tous les points attaqués, des nouvelles, souvent le jour même de l'attaque (1).

Les croisés, qui avaient successivement battu et forcé à leur alliance tous les petits princes de la Syrie, n'y avaient plus que deux ennemis redoutables, *Nour-éd-dyn* et *Salâh-éd-dyn*; car celui-ci cherchait alors à faire sa cour à *Nour-éd-dyn*, et secondait ses conquêtes par des diversions, qui, d'ailleurs, étaient dans ses intérêts, puisqu'il espérait que ses conquêtes lui appartiendraient un jour à lui-même.

Cependant, craignant de se remettre sous la main de *Nour-éd-dyn*, il choisissait, pour ses expéditions en Syrie, les moments où la guerre attirait ce prince du côté de la Mésopotamie, et rentrait en Égypte, dès qu'il apprenait que les troupes de l'Atabek se rapprochaient de la basse Syrie.

Cet état de défiances réciproques allait aboutir à une catastrophe, et *Nour-éd-dyn*, voulant en finir, avait déjà rassemblé une armée considérable, dont une partie devait couvrir les frontières de ses États attaquables par les Francs, tandis qu'à la tête du reste il irait chasser *Salâh-éd-dyn* de l'Égypte.

La mort arrêta *Nour-éd-dyn* dans l'exécution de ce projet. Ce prince mourut d'une esquinancie à Damas, le 8 de Ramaddân de l'an 569 (1) de l'hégire (12 avril 1174 de l'ère chrétienne).

Ce sultan s'était élevé, non-seulement par des qualités brillantes, mais encore par des vertus remarquables, qui lui avaient mérité l'estime de tous les musulmans, et même des chrétiens, ses ennemis.

Il était âgé de soixante ans, dont il avait régné vingt-neuf environ. L'empire de cet Atabek embrassait presque toute la haute Syrie, une partie de la basse, l'Égypte, Moussoul, le *Dyâr-Gezyreh*; les rois de *Dyar-bekir* étaient ses vassaux, et *Tourân-chah*, frère de *Salâh-éd-dyn*, venait de lui soumettre l'Yémen tout entier.

Cet empire passa entre les mains du fils de *Nour-éd-dyn*, âgé seulement de onze ans, et nommé *él-Melek-él-Sâléh* (2), *Ismayl*: l'émir *Chems-éd-dyn-Mohammed-ébn-él-Mokaddem* fut nommé régent du royaume.

Le bas âge du nouveau sultan fut comme un signal, non-seulement pour ses ennemis, mais encore pour les princes de sa famille, de prétendre à ses dépouilles. Le roi Amaury avait tenté une incursion qui fut sans succès; mais plusieurs émirs s'étaient mis en possession des principales provinces. Le régent voulait s'adresser à *Salâh-éd-dyn*, pour lui demander avis et secours; les émirs l'en détournèrent. Pendant cette discussion, arrivèrent des lettres de condoléance de *Salâh-éd-dyn*, protestant que sa soumission serait la même que du temps de *Nour-éd-dyn*, et envoyant des dynars, frappés en Égypte, au nom du nouveau sultan (3).

(1) Nous avons vu ci-dessus, page 71, que ce moyen de correspondance avait déjà été employé par Ahmed ébn-Touloun : *Mikhayl-Sabbagh*, neveu du ministre du célèbre *Djezzar*, et que j'avais attaché en Égypte à l'Imprimerie Nationale que je dirigeais, a publié en 1805, à Paris, un ouvrage intitulé : *La colombe messagère plus rapide que l'éclair, plus prompte que la nue* : dans ce traité spécial, qui a été traduit de l'arabe en français par M. Silvestre de Sacy et imprimé par mes soins, il fait remonter jusqu'au patriarche Noé l'invention de ce système télégraphique.

(1) Cette année a commencé le dimanche 12 août de l'an 1173 de notre ère.

(2) C'est-à-dire *le Roi vertueux*.

(3) *Salâh-éd-dyn* avait, en effet, fait frapper à cette époque un assez grand nombre de nouvelles monnaies, soit en or, soit en argent, pour retirer de la circulation les *monnaies de verre*, espèce d'assignats que la pénurie progressive des finances avait forcé les khalyfes fattymites d'émettre sous divers règnes, et dont *Salâh-éd-dyn* annula l'usage.

Les nouvelles monnaies, frappées par l'ordre de *Salâh-éd-dyn*, reçurent le nom de *Nas-*

A ces dépêches pour *él-Melek-él-Salèh* étaient jointes d'autres lettres, adressées aux émirs : *Saláh-éd-dyn* s'y plaignait de leur manque d'égards et de confiance envers lui : « Si *Nour-éd-* « *dyn*, leur écrivait-il, eût connu parmi « vous quelqu'un qui fût plus capable « que moi de remplir la place que j'oc- « cupe, et en qui il pût avoir plus de « confiance, je ne doute point qu'il ne « lui eût remis la vice-royauté de l'É- « gypte, la plus belle portion de ses « États : croyez bien que s'il n'eût été « prévenu par la mort, il m'eût confié la « tutelle de son fils. Je vois que vous « cherchez à vous séparer de moi; mais « j'irai moi-même à Damas, rendre « hommage à mon jeune souverain, et « reconnaître en lui les bienfaits dont

seryeh, c'est-à-dire, *monnaie du sultan él-Melek-él-Nasser*.

Je joindrai ici l'empreinte de quatre de ces monnaies fictives en verre, dont l'émission présente une phase bien singulière et bien remarquable dans l'histoire de l'administration financière en Orient.

A B

« son père m'a comblé : quant à vous, « j'agirai suivant la conduite que vous « tiendrez à mon égard, et je vous trai- « terai comme des gens qui cherchent à « exciter des troubles dans l'État. »

Saláh-éd-dyn arriva, en effet, à Damas presque aussitôt que ses dépêches, en chassa *Séyf-éd-dyn-él-Ghazy*, neveu de *Nour-éd-dyn*, qui s'en était emparé, et y rétablit l'autorité d'*él-Melek-él-Salèh*.

Aussitôt, il courut reprendre les différentes places de la haute Syrie, dont quelques petits princes de la famille de *Nour-éd-dyn*, abusant de la faiblesse du jeune *él-Melek-él-Salèh*, s'étaient rendus les maîtres.

Il leur enleva successivement *Hémesse*, *Hamah*, *Baryn*, *Salamyah*, *Tell-Khated*, *Baalbek* (l'ancienne Palmyre) et *Rohâ* (Édesse).

Ces conquêtes successives étaient loin de profiter à *él-Melek-él-Salèh*, car *Saláh-éd-dyn* les retenait pour lui seul, et n'en rendait aucune au fils de *Nour-éd-dyn*, sur lequel elles avaient été usurpées. Bien plus, *Salâh-éd-dyn* prétendait se rendre maître d'Alep, où s'était établi *él-Melek-él-Salèh*, et prétendait le forcer à se retirer dans les provinces orientales.

Él-Melek-él-Salèh avait imploré le secours de son cousin, *Séyf-éd-dyn-él-Ghazy*, alors roi de Moussoul : leurs armées réunies attaquèrent *Salâh-éd-dyn* près de *Hamah*, le 19 du mois de Ramaddân de l'an 570 de l'hégire (1), elles y furent complétement battues, et y perdirent tous leurs bagages.

Alors *Saláh-éd-dyn*, devenu maître d'Alep, y fit remplacer par son propre nom celui de *él-Melek-él-Salèh* dans la prière solennelle. Il voyait enfin se présenter au gré de ses espérances l'occasion favorable, qu'il attendait depuis longtemps, de se soustraire à tout joug de suzeraineté; et par cet acte il se déclarait lui-même souverain indépendant de la Syrie et de l'Égypte.

Les croisés devinrent alors ses ennemis directs et personnels.

La suite non interrompue des victoires de *Saláh-éd-dyn* les alarmait d'autant plus, qu'ils le voyaient par là se frayer rapidement le chemin qui devait

(1) Cette année a commencé le vendredi 2 août de l'an 1174 de l'ère chrétienne.

l'amener avec eux sur le même champ de bataille. Voulant le prévenir, ils se hâtèrent de profiter de son éloignement vers Alep, pour entrer dans le territoire de Damas, ravageant les terres, pillant et massacrant les habitants, ou les emmenant prisonniers ; le frère de *Salâh-éd-dyn*, *Tourân-chah*, à qui il avait confié le gouvernement de Damas, fut battu.

Mais *Salâh-éd-dyn* avait fait venir de nouvelles troupes d'Égypte ; il envoya des détachements qui forcèrent les chrétiens de se retirer ; puis, continuant le cours de ses conquêtes, il combattit avec succès *Séyf-éd-dyn-él-Ghazy*, s'emparant de *Bouzaa*, de *Manbedj*, d'*Éraz*, y arrêtant et tuant de sa main deux *Bathéniens*, que le Prince des Assassins avait envoyés le poignarder, et termina sa glorieuse campagne en accordant la paix à *Séyf-éd-dyn-él-Ghazy* et à *Melek-él-Salèh* : il eut soin d'imposer à celui-ci des conditions qui lui garantissaient l'entière possession de ses conquêtes.

Il était de retour en Égypte le 20 du mois de Moharrem de l'an 572 de l'hégire (1).

Pendant chacune des absences longues et multipliées auxquelles l'avaient forcé les guerres nombreuses qu'il avait eues à soutenir, le nouveau souverain de l'Égypte avait confié le gouvernement de ce pays à son fidèle agent, l'émir *Bohâ-éd-dyn-él-Assady*, eunuque nubien, que nous avons déjà vu investi de sa confiance, dès l'époque du khalyfe *él-Added le-dyn-Illah*.

Salâh-éd-dyn lui avait laissé les ordres les plus précis d'y améliorer l'administration, et d'y faire les établissements ou les constructions nécessaires, soit au bien-être du pays gouverné, soit à la sûreté du gouvernement lui-même.

Bohâ-éd-dyn avait rempli avec zèle les intentions de son prince. Depuis longtemps les digues régulatrices de l'inondation avaient été tellement négligées par la dynastie détrônée, que les eaux du fleuve, se répandant partout sans direction, avaient ruiné les chemins et laissé incultes une grande partie des terres susceptibles de produit.

Le vizir de *Salâh-éd-dyn* s'était occupé avec activité des travaux que réclamait le rétablissement des chemins et des canaux : il en avait trouvé les matériaux dans la démolition d'un grand nombre de petites pyramides qui entouraient les grandes pyramides de Gyzéh ; indépendamment du revêtement en pierre des digues les plus exposées, et des principales branches des canaux, il avait de plus fait construire un chemin, large et solide, longeant la rive du Nil, défendant ses bords de l'envahissement des eaux du fleuve et facilitant les communications de la capitale, tant avec la basse Égypte qu'avec l'Égypte supérieure : le canal qui coulait entre Gyzéh et les pyramides fut traversé par un pont magnifique de quarante arches, dont quelques-unes subsistent encore.

Depuis longtemps les monuments des antiques Égyptiens servaient, pour ainsi dire, de carrières aux constructions nouvelles : la vieille Memphis avait déjà fourni à la fondation et à l'embellissement d'Alexandrie, de Fostatt et du Kaire. Les matériaux produits par la démolition des petites pyramides furent tellement abondants que le vizir *Bohâ-éd-dyn* conçut un nouveau projet de les utiliser, et ce projet, soumis à *Salâh-éd-dyn*, reçut son approbation.

Ce prince n'avait eu jusqu'alors pour habitation que les deux palais de l'ancien vizir et de l'ancien khalyfe ; ces édifices, peu susceptibles d'une défense sérieuse en cas d'événement, étaient d'ailleurs encombrés par la quantité d'officiers de l'armée et d'employés du gouvernement qui avaient obtenu de les habiter : le plan proposé par *Bohâ-éd-dyn* était d'élever, à l'extrémité de la croupe septentrionale du mont Moqattam, une forte citadelle, qui assurerait la soumission de la ville et renfermerait le palais du souverain.

Ce plan fut exécuté ; l'emplacement indiqué fut celui d'une ancienne construction du temps des Toulonides, portant le nom de *Qasr-él-Haouâ* (Château de l'air) ; et les historiens arabes contemporains rapportent que *Salâh-éd-dyn*, voulant s'assurer de la salubrité de son habitation future, constata par des expériences répétées, que la viande exposée à l'air libre s'y conservait sans putréfaction vingt-quatre heures de plus que

(1) Cette année a commencé le samedi 10 juillet de l'an 1176 de notre ère.

dans tout autre endroit du Kaire ou des environs.

La citadelle qui fut alors construite est celle qui existe encore à présent; elle a gardé le nom qui lui fut donné alors, de *Qalah-él-Gebel* (Forteresse de la montagne). Un puits immense y fut creusé dans le roc vif, à une profondeur extraordinaire, pour les besoins de la garnison, et un magnifique palais y fut élevé pour servir de demeure habituelle au souverain : le puits et le palais ont conservé jusqu'à nos jours le nom du prince aux ordres duquel est due leur construction : le puits s'appelle le *Puits de Joseph* (1); les débris de l'habitation royale, qui y subsistent encore, sont *le Divan de Joseph* (2), du nom de *Yous-souf* (Joseph) qui était particulièrement celui du prince, dont *Salâh-éd-dyn* (le salut de la religion) n'était que le titre honorifique.

Ces deux noms ont induit en erreur plusieurs de nos voyageurs modernes, dont quelques-uns n'ont pas craint, en citant cette qualification, d'en rapporter la cause au patriarche Joseph, que leur ignorance présente comme le véritable auteur de ces monuments.

Ces mêmes voyageurs ont également regardé comme l'ouvrage du ministre de Pharaon les vastes enclos appelés *Greniers de Joseph*, que le même vizir fit également construire à Fostatt (le Vieux Kaire) pour y recevoir les contributions en nature que payaient annuellement les diverses provinces de l'Égypte.

Les canaux, les digues, les chemins réparés, la citadelle construite, les matériaux ne manquant pas encore, un nouveau plan fut destiné à en faire un emploi utile; il s'agissait de clore d'une muraille fortifiée la capitale de l'Égypte.

Le plan d'abord adopté était immense : l'enceinte devait avoir une vaste étendue, et renfermer Fostatt, l'ancienne capitale, en même temps que la nouvelle, et *Qasr-él-chema* (l'antique Babylone des Perses), avec tout le terrain qui se trouve entre ces différents emplacements. On fut obligé de se restreindre, et la seule partie que fit exécuter *Salâh-éd-dyn* se borna à l'enceinte du Kaire proprement dit et à sa liaison avec la nouvelle citadelle.

Ces travaux nécessitèrent la démolition de plusieurs mosquées et de quelques tombeaux, ainsi que l'expropriation des maisons et des terrains qui se trouvaient dans le tracé; des contributions furent frappées pour subvenir à ces débours extraordinaires : la population, qui n'avait pas encore eu le temps de s'affectionner à son nouveau maître, et qui par habitude tenait encore à ses anciens khalyfes fattymites, cria à la profanation et à la tyrannie; mais si la résistance se borna à ces plaintes inoffensives contre le souverain, la vindicte populaire s'est pour ainsi dire éternisée contre le ministre instrument direct des actes du pouvoir qui excita le mécontentement, et prit pour arme, au défaut de toute autre, le sarcasme et la plaisanterie la plus amère.

Le vizir *Bohâ-éd-dyn* avait déjà été surnommé généralement par le peuple *Qarâ-qouch* (*l'oiseau noir*), surnom que l'histoire a consacré, et sous lequel le désignent tous les historiens des annales musulmanes : dès lors l'opposition égyptienne choisit l'eunuque *Bohâ-éd-dyn Qarâ-qouch* pour en faire le héros idéal des spectacles burlesques de marionnettes, dont la population du Kaire fait un de ses principaux amusements; le vouant ainsi d'âge en âge à la risée et aux huées publiques.

Léguée comme un héritage de haine, passant de génération en génération aux mains des bateleurs, la vengeance rancuneuse du peuple a survécu au vizir odieux, à *Salâh-éd-dyn*, à sa puissante dynastie, et aux dynasties successives qui se sont tour à tour arraché le suprême pouvoir en Égypte : maintenant encore le *Polichinelle* égyptien, que nous avons vu fonctionner dans des scènes aussi burlesques que licencieuses, sur la place de *Roumelyéh*, au Kaire, s'appelle *Qarâ-qouch* (1).

(1) Voyez planche 17.
(2) Voyez planche 16.

(1) Les pauvres directeurs de ce spectacle forain et populacier, établi temporairement sur la grande place au-dessous de la citadelle, le long des murs extérieurs de la magnifique mosquée du sultan *Hassan*, ne manquent jamais, dans leurs actes plus ou moins spirituels, de faire de *Qarâ-qouch* un héros de sottise et d'ineptie : ils exploitent même au profit des événements contemporains la réputation séculaire

L'année 573 de l'hégire (1) fut occupée par des hostilités entre *Salâh-êd-dyn* et les chrétiens : les troupes égyptiennes furent battues à Ramléh par Reynaud de Châtillon ; mais les succès des croisés furent arrêtés par la discorde qui se mit entre leurs chefs, le comte de Flandre et celui de Tripoli.

Une nouvelle expédition appela en Syrie *Salâh-êd-dyn*, l'an 578 de l'hégire (2) : l'Atabek *Melek-êl-Saléh* était mort, en laissant pour successeur *Azz-êd-dyn*, roi de Moussoul ; ce prince paraissait disposé à se renfermer avec fidélité dans l'exécution du traité fait précédemment avec *Salâh-êd-dyn ;* mais celui-ci apprit que les émirs et les habitants de Moussoul traitaient sourdement avec les Francs, pour réunir leurs efforts communs contre lui : prompt à déjouer ces projets de coalition, *Salâh-êd-dyn* vint en Syrie mettre le siége devant Alep, qu'il prit par capitulation ; ensuite il se rendit maître d'*Edesse*, de *Rakkah*, de *Nisibym*, de *Saroudj*, de *Khabour*, de *Sandjar* et de *Haran*, puis vint camper devant Moussoul, seule ville qui restât aux Atabeks.

Le siége de Moussoul fut interrompu par diverses autres expéditions, et repris définitivement l'an 581 de l'hégire (1). *Salâh-êd-dyn* y fut attaqué d'une maladie si dangereuse, que le bruit de sa mort se répandit dans toute la Syrie. Contraint de se retirer à Hamah, il y reçut des propositions de paix d'*Azz-êd-dyn.*

Cette paix fut bientôt conclue, et elle fut religieusement observée de part et d'autre : les principales conditions en étaient que le nom de *Salâh-êd-dyn* serait proclamé comme suzerain, à la prière solennelle, tant à Moussoul que dans tout le territoire dont Azz-êd-dyn obtenait la restitution, et que le roi de Moussoul, se déclarant vassal de *Salâh-êd-dyn*, s'obligeait à lui fournir des troupes et des contributions dans ses guerres contre les croisés.

Dès lors *Salâh-êd-dyn* n'eut plus que les Francs à combattre. Il leur enleva successivement, l'an 583 de l'hégire (2) et dans les années suivantes, *Tabaryéh* (Tibériade), *Kaysaryéh* (Césarée), *Hayffah*, *Safouryéh*, *Chokayl*, *Foulah*, *Yafâ* (Jaffa), *Talnyn*, *Sayd* (Sidon), *Beyrout*, *Dyak* et *Djobayl ;* il réduisit aussi dans le mois de Chaabân la forte ville d'*Akkah* (Acre), après une grande bataille livrée à *Hirthyn*, le samedi 24 du mois de Raby-êl-Thâny, et dans laquelle il reçut un puissant secours des troupes de Moussoul, commandées par *Daher-êd-dyn-êl-Yahankery ; Salâh-êd-dyn* y fit prisonniers le roi de Jérusalem, Guy de Lusignan, et les grands maîtres des Templiers et des Hospitaliers.

De là il marcha sur Jérusalem ; la ville sainte fut enlevée aux chrétiens, après avoir fait pendant quatorze jours la plus vigoureuse résistance. Jérusalem fut forcée de se rendre par capitulation : un rachat fut imposé aux habitants ; chaque homme paya 10 dynars (3), chaque femme cinq (4), et les enfants furent taxés à deux (5) ; quiconque ne pouvait payer devait rester esclave du vainqueur. Le traité signé, le royaume de Jérusalem cessa d'exister : les chrétiens sortirent de

de cet ancien vizir. Pour peu que les gouvernants, les qadys, ou tous autres personnages éminents du Kaire aient commis quelque acte de maladresse, d'injustice, ou de tyrannie, le même soir *Qard-gouch* s'en empare et reproduit sur sa scène satirique l'acte ridicule ou condamnable qu'il sait avoir encouru l'animadversion secrète du public. Les Français eux-mêmes, pendant leur domination en Égypte, n'ont pas été à l'abri des sarcasmes de *Qard-gouch ;* et il est à remarquer que les gouvernements les plus tyranniques de l'Égypte, souvent mis sur la sellette par *Qard-gouch*, n'ont jamais imposé silence à cette espèce de journal d'opposition toujours privilégié pour dire des vérités dures sans rien craindre : ces actes improvisés renferment souvent des scènes qui ne manquent pas de plaisanterie, et qui sont assaisonnées de lazzis accueillis par le rire universel des spectateurs. J'avoue que moi-même, passant à cheval sur la place de la *Roumeliéh*, plus d'une fois je me suis arrêté non sans quelque plaisir devant la baraque de *Qard-gouch*, et j'ai involontairement mêlé mes éclats de rire à ceux du parterre en plein vent. J'ajouterai que parmi les scènes plus ou moins décentes que j'y ai vues ou entendues, je me suis plu à recueillir par écrit celles dont un cynisme révoltant ne m'interdisait pas la conservation, et je me propose de les publier quelque jour comme spécimen du *théâtre comique* et *satirique* des Egyptiens modernes.

(1) Cette année a commencé le jeudi 30 juin de l'an 1177 de l'ère chrétienne.

(2) Cette année a commencé le vendredi 7 mai de l'an 1182 de notre ère.

(1) Cette année a commencé le jeudi 4 avril de l'an 1185 de l'ère chrétienne.

(2) Cette année a commencé le vendredi 13 mars de l'an 1187 de notre ère.

(3) Environ 150 francs de notre monnaie.

(4) Environ 75 francs.

(5) Environ 30 francs.

la ville qu'ils avaient possédée pendant quatre-vingt-huit ans, et *Salâh-éd-dyn* y entra triomphant le vendredi 17 du mois de Régeb de l'année 583 de l'hégire (2 octobre 1187 de l'ère chrétienne).

Salâh-éd-dyn tenta ensuite de s'emparer de *Sour* (Tyr); mais il y échoua, et s'en dédommagea par la prise de *Djabalah*; d'*Asqalân*, de *Ghazzah*, de *Ramléh*, de *Beyt-Gebrayl*, etc. La plupart des autres places de la Palestine tombèrent bientôt en son pouvoir, telles que *Ladakyéh* (Laodicée), *Chahyroun*, *Chogr-bakas*, *Derbesak*, *Batroun*, *Baghrâs*, *Karak*, *Safed*, *Naplouse*, *Sebaste*, etc.

Les chrétiens arrêtèrent ce débordement de victoires, en proposant une trêve, qui fut acceptée l'an 587 de l'hégire (1); des négociations s'en suivirent; le mariage d'*él-Melek-él-Adel-Seyf-éd-dyn* (le Safadin de nos historiens), frère de *Salâh-éd-dyn*, avec la sœur du roi d'Angleterre, Richard, que l'écrivain arabe *ébn-Chonah* nomme *Melek-él-Anketar*, fut proposé et arrêté : le frère du sultan d'Égypte recevait en présent de son frère le royaume de Jérusalem. La nouvelle reine apportait en dot Saint-Jean d'Acre que les chevaliers venaient de reprendre.

Le 22 du mois de Chaabân, l'an 588 de l'hégire (2), *Salâh-éd-dyn* et Richard avaient scellé leur promesse, en se serrant mutuellement la main; tous les princes chrétiens, tous les Francs, les neveux et les fils de *Salâh-éd-dyn* avaient juré ce traité, qui devait faire cesser toute guerre en Syrie et y fonder une paix durable; mais les évêques croisés refusèrent tout consentement, à moins que le frère de *Salâh-éd-dyn* n'abjurât l'islamisme et ne se fît baptiser : tout accord fut dès lors rompu, et *Salâh-éd-dyn* marcha à de nouvelles victoires.

Ce fut au milieu de ces derniers succès que mourut à Damas ce grand conquérant, enlevé par une maladie aiguë, ou, suivant d'autres, attaqué de phthisie, le vendredi 27 du mois de Safar, l'an 589 de l'hégire (3).

(1) Cette année a commencé le mardi 29 janvier de l'an 1191 de l'ère chrétienne.

(2) Cette année a commencé le samedi 18 janvier de l'an 1192 de notre ère.

(3) Cette année a commencé le jeudi 7 janvier de l'an 1193 de l'ère chrétienne.

Il était âgé de cinquante-sept ans, ayant régné vingt-quatre ans en Égypte et environ dix-neuf en Syrie (1).

Sa mort fut déplorée par un deuil public, ce qui n'avait encore eu lieu pour aucun autre prince. Suivant le témoignage d'*Abd-el-lattyf*, écrivain contemporain, « gens de bien ou méchants, musulmans ou infidèles, tous le regrettèrent sincèrement. »

Son fils aîné *Nour-éd-dyn-Aly*, qui était auprès de lui dans ses derniers moments, fit annoncer cette perte par des courriers à ses deux frères, *Emad-éd-dyn-Othmân*, qui avait été chargé du gouvernement de l'Égypte, et *Ghayath-éd-dyn-él-Ghazy*, qui commandait à

(1) Monnaie du sultan *Salâh-éd-dyn*, frappée à Damas, l'an 583 de l'hégire, 1187 de l'ère chrétienne, et dans laquelle, après son surnom *d'él-Melek-él-Nasser*, il ajoute le titre de *Soulthân-él-Islamou-él-Mouslemyn* (sultan de la religion et des fidèles). Cette monnaie porte, au revers A, le nom de l'*Imâm-él-Nasser*, 34e khalyfe abbasside de Baghdad.

Autre monnaie de cuivre du même prince, frappée l'an 584 de l'hégire et portant de même, au revers B, le nom du khalyfe *él-Nâsser*.

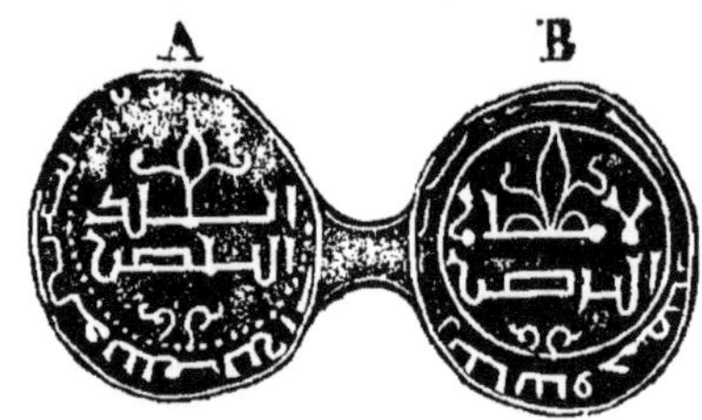

Autre monnaie du même prince, portant également son nom à la face A, et au revers B, celui du même khalyfe.

Alep, ainsi qu'à son oncle *Séyf-éd-dyn-Mohammed*, occupant alors la ville de Karak en Arabie.

Ces princes accoururent assister aux funérailles, pendant lesquelles la sœur du sultan mort, *Sittéh-él-Châm* (la Dame de la Syrie), distribua des aumônes considérables de ses propres deniers; car les historiens contemporains rapportent que *Salâh-éd-dyn*, à sa mort, n'avait laissé dans son trésor particulier que quarante-sept dirhems d'argent (moins de soixante francs de notre monnaie). On ne trouva dans tous ses coffres, ni une seule pièce d'or, ni aucun autre objet précieux.

Salâh-éd-dyn laissait en mourant seize enfants mâles et une fille : celle-ci, nommée *Monyssa-Khatoun*, épousa son cousin *Nasser-éd-dyn-Mohammed*, fils de *Séyf-éd-dyn*, et depuis surnommé *él-Melek él-Kamel*. Les fils du conquérant partagèrent son vaste empire avec ses frères et ses neveux; mais, dans cette répartition de l'héritage, les lots furent inégaux; trois seuls des fils de *Salâh-éd-dyn* obtinrent des parts considérables; la plupart des autres furent obligés de se contenter de quelques villes et de quelques petites principautés pour leurs apanages.

L'aîné de tous, *Nour-éd-dyn-Aly*, prit le surnom de *él-Melek-él-Afdal*, et eut en partage le royaume de Damas, les côtes maritimes, Jérusalem, Bosrah, Baneas et la basse Syrie.

A *Ghayath-éd dyn-él-Ghazy*, qui fut surnommé *él-Melek-él-Daher*, échut Alep, et toute la partie de la haute Syrie qui en dépend, avec *Haran*, *Tell-Bâcher*, *Ezaz* et *Manbedj*.

Emad-éd-dyn-Othmân, conserva l'Égypte, où il régna sous le nom d'*él-Melek él-Azyz* (le roi majestueux).

Ces trois princes furent les fondateurs de trois dynasties différentes, branches de celle des Ayoubites, dès lors séparées en Ayoubites de *Damas*, d'*Alep* et d'*Égypte*.

Les autres princes de cette famille conservèrent en souveraineté les territoires dont *Salâh-éd-dyn* leur avait conféré le gouvernement; mais ils reconnurent la suzeraineté de l'un des trois princes, chefs des nouvelles dynasties.

Séyf-éd-dyn-Abou-beker, surnommé *él-Melek-él-Adel* (le roi juste), fils d'Ayoub et frère de *Salâh-éd-dyn*, garda Karak et Choubek.

Sous le nom d'*él-Melek-él-Mansour* (le roi à qui Dieu donne la victoire), *Nasser-éd-dyn-Mohammed*, fils de *Taqy-éd-dyn-Omar*, et petit-fils de *Chahyn-chah*, l'un des frères de *Salâh-éd-dyn*, fut prince de *Hamah*, de *Salamyah* et de *Mara*; *él-Melek-él-Amjad* (le roi très-louable) *Beheram-chah*, également petit-fils de *Chahyn-chah*, prince de *Baalbek-él-Melek-él-Moudjehed* (le roi belliqueux) *Chyrkouéh*, petit-fils de l'oncle de *Salâh-éd-dyn*, qui portait le même nom, conserva le titre de roi d'*Édesse* et de *Palmyre*, titre que son père *Nasser-éd-dyn-Mohammed* avait pris huit ans auparavant par une concession de *Salâh-éd-dyn*.

Chems-éd-doulah-Touran-chah, qui, dès l'an 569 de l'hégire (1173 de l'ère chrétienne), avait conquis l'Yémen par l'ordre de son père *Salâh-éd-dyn*, y avait fondé un royaume, et son frère *Toghteghin* y régnait sous le nom de *él-Melek-él-Moëzz*.

Ainsi divisé l'empire ayoubite formait encore une masse compacte : attaqués par *Azz-éd-dyn*, et par d'autres princes que *Salâh-éd-dyn* avait vaincus, les copartageants s'étaient réunis pour défendre solidairement leurs propriétés nouvelles; mais bientôt cet accord cessa : l'ambition, plus forte que les liens du sang, faisant naître des querelles particulières entre les diverses branches ayoubites, elles devinrent, d'alliées, ennemies.

Dès l'an 592 de l'hégire (1), *él-Melek él-Adel-Abou-beker*, mécontent de la médiocrité de son apanage et de sa position de vassal, complota avec son neveu *él-Melek-él-Azyz-Othmân*, sultan d'Égypte, de dépouiller *él-Melek-él-Afdal Nour-éd-dyn-Aly* de son royaume de Damas.

Attaqué à l'improviste par les troupes réunies de son frère et de son oncle, et dépossédé par eux de sa portion d'héritage, le malheureux prince eut recours à la protection du khalyfe *él-Nâsser-le dyn-Illah*, qui régnait alors à Baghdad; le prince suppliant et le prince protecteur

(1) Cette année a commencé le mercredi 6 décembre de l'an 1195 de notre ère.

étaient tous les deux également bons poëtes, et les historiens arabes nous apprennent que la correspondance de leurs négociations eut lieu en deux pièces de vers qu'ils nous ont conservées.

Nour-éd-dyn-Aly écrivait dans sa supplique poétique :

« A peine l'apôtre de Dieu avait-il « fermé les yeux, que la trahison d'Abou-« beker et d'Othmân chassait du trône, « malgré ses droits, Aly, le gendre du « Prophète, le plus noble guerrier de l'is-« lamisme. »

« Je me nomme aussi Aly : à peine le « grand *Salâh-éd-dyn*, mon père, est-il « au tombeau, qu'un autre *Abou-beker* « et un autre *Othmân* m'ont de même « chassé de mon trône. »

Le khalyfe renvoya les vers suivants, comme apostille à la requête :

« Si Aly fut dépossédé par des usurpa-« teurs, c'est qu'aucun *défenseur* n'osa « se lever pour sa cause dans Médine. »

« Moi, je me nomme *él-Nasser* (le dé-« fenseur) : prends courage! car Dieu, « qui m'a chargé de défendre la cause des « opprimés, leur fera rendre un compte « rigoureux. »

Cette réponse poétique fut le seul secours qu'envoya le khalyfe, qui craignait de s'attirer deux ennemis aussi puissants que l'étaient devenus *él-Mélek-él-Adel* et *él-Mélek-él-Azyz*, par le partage du royaume qu'ils venaient d'envahir. Cependant *él-Mélek-él-Azyz* ne jouit pas longtemps des fruits de l'acte d'iniquité auquel il n'avait pas craint de concourir, et il ne tarda pas à aller, suivant les vers presque prophétiques du khalyfe, rendre ses comptes devant le juge suprême des frères dénaturés et des rois oppresseurs.

Après avoir été forcé par son complice d'envahissement, *él-Mélek-él-Adel* de renoncer à la possession de Jérusalem, et des autres territoires qui lui étaient échus dans le partage des dépouilles de son frère, il mourut au Kaire, à l'âge de vingt-sept ans, le 21 du mois de Moharrem, l'an 595 de l'hégire (22 novembre 1198 de l'ère chrétienne), après un règne de moins de six années (1).

Les historiens orientaux ont vanté la bravoure et la générosité *d'él-Mélek-él-Azyz*. Réglé dans ses mœurs malgré sa grande jeunesse, il ne montra jamais la moindre avidité pour l'argent et ne savait jamais rien refuser : impétueux, irréfléchi, et cependant faible de caractère, il se laissa entraîner par son oncle dans une entreprise blâmable; il en fut puni le premier, car les fruits de cet acte de spoliation qui lui échappèrent donnèrent à son oncle *él-Mélek-él-Adel* les moyens de chasser quelques années après sa dynastie du royaume d'Égypte.

La faiblesse avec laquelle ce prince se laissait aller aux propositions qui lui étaient faites, se manifesta dès les premières années de son règne; quelques gens de sa cour, « gens dépourvus de « bon sens, » dit l'historien arabe contemporain, lui persuadèrent de démolir les grandes pyramides, et sur-le-champ il en donna l'ordre. On commença par la troisième pyramide, nommée par les Arabes *él-Ahmar* (la rouge) et qui est la moins considérable.

Des sapeurs, des mineurs et des carriers y furent donc envoyés, sous la conduite de quelques-uns des principaux émirs de la cour; ils établirent leur camp auprès du monument, rassemblèrent un grand nombre de travailleurs parmi les fellahs des villages environnants, et les entretinrent à grands frais : ils y demeurèrent ainsi huit mois entiers, ne parvenant chaque jour, à force de travail et de peine, qu'à enlever une ou deux pierres.

Après avoir épuisé les forces des ouvriers et les fonds qui leur avaient été assignés, les émirs furent contraints de renoncer à leur entreprise, l'an 593 de l'hégire (1) : le seul résultat de cette folle entreprise fut de gâter la pyramide, de détruire une partie du revêtement, et d'y

(1) Monnaie de cuivre du sultan ÉL-MÉLEK-ÉL-AZYZ *Othmân*, fils de *Salâh-éd-dyn*, et son premier successeur sur le trône d'Égypte.

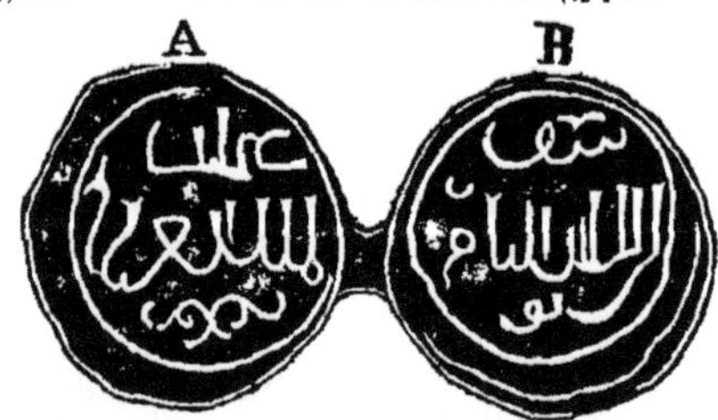

(1) Cette année a commencé le dimanche 21 novembre de l'an 1196 de l'ère chrétienne.

Lemaitre direxit

Ancienne mosquée du Khalyfe EL-HAKEM, située près de la porte Bâb-el-Nasr.

faire la brèche peu profonde que les voyageurs y voyent aujourd'hui (1).

Cette entreprise dispendieuse et inutile n'était que ridicule; mais un autre acte de l'administration impolitique et maladroite de *él-Mélek-él-Azyz* excita des mécontentements au Kaire, et fut sur le point d'y soulever les populations.

L'époque de la grande crue du Nil est un temps de fêtes et de réjouissances par toute l'Égypte, et surtout au Kaire, lorsque le canal qui traverse la ville est rempli, que les vastes places publiques sont inondées par les eaux du Nil.

L'inondation est couverte nuit et jour de barques nombreuses, portant des musiciens, des chanteurs, des chanteuses, et les habitants de la ville, qui se livrent tout entiers au plaisir de ces divertissements. Plus d'une fois la licence avait fini par présider à ces parties de plaisir, devenues peu à peu des parties de débauches effrénées : plusieurs fois aussi des règlements étaient intervenus pour arrêter ces excès, et le khalyfe *él-Hakem-be-amr-Illah* avait même interdit entièrement ces promenades aquatiques, soit le jour, soit la nuit. L'ordonnance, d'abord éludée, puis hardiment enfreinte au milieu des troubles, était tombée en désuétude, et les eaux du canal, ainsi que les places inondées du Kaire, voyaient chaque année s'y renouveler les anciens désordres, auxquels le peuple se livrait avec une sorte de fureur.

Él-Mélek-él-Azyz, qui professait au contraire une grande sévérité de mœurs, rétablit, l'an 594 de l'hégire (2), les règlements prohibitifs du khalyfe *él-Hakem*, et les fit exécuter avec la rigueur la plus intolérante. Ces mesures mécontentèrent tellement les habitants, que peut-être un soulèvement général allait se déclarer dans la ville, lorsqu'on y apprit la mort d'*él-Mélek-él-Azyz*.

(1) On sait que nos antiquaires modernes ont été plus heureux que le sultan ayoubite, dans leur exploration des trois grandes pyramides; indépendamment des découvertes si importantes faites dans l'intérieur de la grande, par le capitaine Cavilia, le 2 mars 1818, la seconde a été ouverte par l'entreprenant Belzoni, et, le 20 juillet 1837, l'entrée de la troisième, laborieusement cherchée par le colonel Howard Wyse, a enfin été découverte par les travaux les plus opiniâtres et les plus infatigables.

(2) Cette année a commencé le jeudi 13 novembre de l'an 1197 de notre ère.

Le sultan défunt laissait en ce moment, pour héritier de son trône, un fils, âgé à peine de huit ans, nommé *Nasser-éd-dyn-Mohammed*. Le jeune prince fut inauguré sous le surnom d'*él-Mélek-él-Mansour* (le roi victorieux), surnom ridicule pour un roi encore enfant.

Il fallait un tuteur au sultan *él-Mansour*; un parti que *él-Mélek-él-Afdal*, roi détrôné de Damas, s'était créé en Égypte, l'appela et lui offrit cette tutelle : *él-Mélek-él-Afdal* accepta avec empressement, se rendit au Kaire, et se déclara *Atabek*, c'est-à-dire tuteur de son neveu.

Mais il n'eut pas le temps d'en remplir les fonctions. Son ennemi, son spoliateur, *él-Mélek-él-Adel*, accourut lui-même de Damas au Kaire, réclamant, à la tête d'un corps nombreux de troupes, ses droits à la tutelle, comme grand-oncle du pupille et oncle du tuteur lui-même : *él-Mélek-él-Afdal* voulut en vain résister : assiégé dans son palais du Kaire, il fut heureux de pouvoir s'en échapper, et de retourner à une vie ignorée dans sa précédente retraite.

Devenu tuteur de *él-Mélek-él-Mansour*, *él-Mélek él-Adel* se lassa bientôt de jouer ce rôle : il déposa son pupille, après un règne de vingt et un mois, dans le mois de Chaouâl de l'an 596 (1) de l'hégire (2), et prit lui-même le titre de sultan d'Égypte et de Syrie.

Él-Mélek-él-Adel était enfin parvenu au faîte de la puissance qu'il avait depuis si longtemps ambitionnée, et dont tant de circonstances défavorables semblaient devoir l'éloigner pour toujours : son neveu *él-Mélek-él-Afdal* avait été dépouillé par lui du royaume de Damas, son petit-neveu *él-Mélek-él-Mansour* de celui d'Égypte; les autres princes de la famille des Ayoubites, qui ne possédaient

(1) Cette année a commencé le samedi 23 octobre de l'an 1199 de notre ère.

(2) Monnaie en cuivre du sultan *él-Mélek-él-Mansour*.

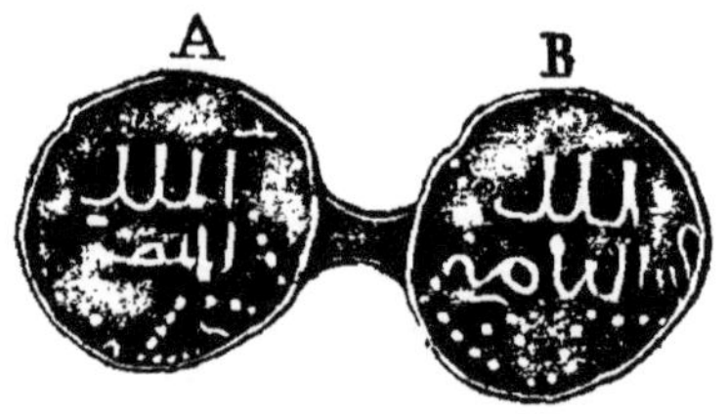

10.

que de petits apanages, s'étaient empressés de se reconnaître ses vassaux. Le seul qui avait semblé d'abord vouloir lui résister, son autre neveu, *él-Mélek-él-Daher,* roi de *Haleb,* venait de lui envoyer son hommage comme à son suzerain, s'engageant à tenir toujours ses meilleures troupes à sa disposition. Ainsi s'était réuni, entre les mains de *él-Mélek-él-Adel,* l'empire entier de *Salâh-éd-dyn,* d'abord morcelé par ses héritiers.

Croyant pouvoir profiter des secousses qui ébranlaient la dynastie des Ayoubites, les Francs avaient pris une attitude hostile : *él-Mélek-él-Adel* part de Damas, et va camper sur le mont *Thabor,* en face des positions des chrétiens : ceux-ci venaient de recevoir de puissants renforts de l'Europe. La troisième croisade, proclamée par le roi de France Philippe-Auguste et Henri II, roi d'Angleterre, l'an 1188 de l'ère chrétienne (584 de l'hégire), avait alors échoué devant le terrible *Salâh-éd-dyn;* une quatrième, entreprise par le pape Célestin III et l'empereur Henri VI, l'an 1195 de l'ère chrétienne (592 de l'hégire), n'avait pas eu plus de succès.

Une cinquième fut décidée, par ordre d'Innocent III, l'an 1198 de l'ère chrétienne (595 de l'hégire), et les Français, les Allemands, les Vénitiens réunis, portèrent en Syrie tous les éléments d'une guerre formidable contre les musulmans.

Les croisés croyaient, à leur arrivée, trouver l'Égypte sans force, sous un roi mineur, la Syrie déchirée par des guerres intestines, la famille des Ayoubites divisée par des querelles et des agressions usurpatrices, les musulmans partout désunis, découragés; ils y trouvèrent le redoutable *él-Mélek-él-Adel-Seyf-éd-dyn :* partout il était maître suprême, partout il écrasait leurs efforts imprudemment hasardés, et rendait leurs entreprises impuissantes.

Préparant une attaque décisive, *él-Mélek-él-Adel* tenait ainsi depuis plus d'un mois les chrétiens en échec, quand des nouvelles d'une nature menaçante le rappelèrent en Égypte.

Un terrible tremblement de terre venait de ravager cette contrée, l'an 600 de l'hégire (1), ses effets désastreux s'étaient fait sentir aussi en Syrie, dans l'île de Chypre, dans l'Asie Mineure, et jusque dans l'Iraq et la Mésopotamie : les secousses avaient fait écrouler les remparts de *Sour* (Tyr); mais l'Égypte réclamait un secours immédiat contre un autre désastre d'une spécialité plus urgente : une flotte chrétienne, par une diversion bien calculée, venait d'opérer un débarquement sur les côtes d'Égypte : les croisés avaient pénétré jusqu'à *Faouéh* sur la branche de Rosette, en avaient massacré les habitants, et livré pendant cinq jours la ville à toutes les horreurs de la guerre.

Le sultan d'Égypte crut devoir acheter par un traité l'évacuation de cette contrée; il rendit aux chrétiens, l'an 601 de l'hégire (1), la ville importante de *Yafâ* (Jaffa) : *Lydda* et *Ramléh,* occupées alors moitié par les musulmans, moitié par les chrétiens, furent accordées en entier à ceux-ci.

Le traité de paix ne concernant que l'Égypte et laissant le *statu quo* belligérant en Syrie, les chrétiens avaient usé de ce droit d'hostilité pour y attaquer *Hamah* et ravager le territoire de plusieurs autres villes. *Taqy-éd-dyn* avait été à leur rencontre, et le sultan d'Égypte partit de sa capitale, pour concourir à la défense de cette partie de la Syrie.

Une longue suite de combats sanglants s'engagea alors entre *él-Mélek-él-Adel* et les chrétiens : la sixième croisade, résolue par le même pape Innocent III, promoteur de la cinquième, commença tumultueusement, l'an 1213 de l'ère chrétienne (610 de l'hégire), et jeta, sur les côtes de Syrie, aux musulmans, la tourbe armée d'innombrables adversaires.

Le principal débarquement s'était opéré à Saint-Jean d'Acre : *él-Mélek-él-Adel* courut se mettre en position à *Naplouse;* mais il en fut repoussé, et acculé dans la plaine de *Safar.*

Les croisés alors coupèrent toutes ses communications avec l'Égypte, et renouvelèrent le massacre de la croisade précédente. Puis ils allèrent porter la guerre en Égypte même, et mirent le siége devant Damiette, au mois de Ra-

(1) Cette année a commencé le mercredi 10 septembre de l'an 1203 de notre ère.

(1) Cette année a commencé le dimanche 29 août de l'an 1204 de notre ère.

Lemaître direxit

Inscription funéraire de l'an 589 de l'Hégire.

(1193 de l'ère Chrétienne)

by-êl-Aouel de l'an 615 de l'hégire (1).

Le sultan, en quittant ce royaume pour se porter en Syrie, en avait laissé le gouvernement entre les mains de son fils, *Násser-êd-dyn-Mohammed-Aboul-Fatah*, surnommé *êl-Mélek-êl-Kâmel* (le roi parfait) : ce jeune prince courut à la défense de Damiette, demanda du secours à son père, et tint en échec les Francs pendant quatre mois

Pendant ce temps, *êl-Mélek-êl-Ádel* faisait filer sur l'Égypte toutes les troupes disponibles, et *êl-Mélek-êl-Kamel* n'attendait que la réunion de forces suffisantes pour reprendre l'offensive contre l'armée des Francs, qui, à la fin du mois de Gemady-êl-Aouel, venaient de s'emparer de la grosse tour appelée *Bourg-êl-Setseléh*, c'est-à-dire *la tour de la chaîne* (2), lorsqu'il apprit la mort de son père.

Él-Mélek-êl-Adel s'était mis lui-même en marche pour l'Égypte; sorti enfin des plaines de *Safar*, il s'était porté sur *Alekyn*, non loin de la colline d'*Afyk*, lorsqu'il fut surpris par la mort, à l'âge de soixante-quinze ans, le 7 du mois de Gemady-êl-Thâny de l'an 615 de l'hégire (1218 de l'ère chrétienne).

Ce sultan, que nos historiens appellent *Safadin*, avait régné environ dix-neuf ans sur l'Égypte (3). Ambitieux, audacieux, infatigable, inébranlable dans ses desseins, et trouvant tous les moyens bons pour en assurer l'exécution, les écrivains orientaux louent cependant ses mœurs douces, sa bonté envers tous ceux qui l'approchaient et sa tendre affection pour ses nombreux enfants : en effet, outre un grand nombre de filles, il avait seize fils, tous recommandables par des qualités brillantes, et la plupart déjà illustres par des victoires, ou éprouvés dans l'administration des provinces.

Ainsi un bonheur domestique, inconnu jusque-là, s'était joint pour lui à la prospérité véritablement extraordinaire qui, pendant de longues années, au dedans de son empire, avait couronné toutes ses entreprises. Les derniers échecs qu'il venait d'éprouver contre les chrétiens, allaient être changés en de nouvelles victoires, dont il venait de se créer les moyens, quand la mort vint rendre vains les hauts projets qu'il avait mûris.

Cette perte consterna *êl-Mélek-êl-Kamel*, déjà vivement pressé par les Francs; et, pour augmenter les dangers de sa position, ses troupes, se mutinant, voulurent le rejeter de la succession du trône, et proclamer sultan d'Égypte un émir kurde, nommé *Émad-êd-dyn-Ahmed*. Cette révolution allait s'accomplir au milieu de la confusion générale, lorsque le frère du jeune sultan, *êl-Mélek-êl-Moazzem-Khayr-êd-dyn-Yssa*, que nos écrivains nomment *Coradin*, et qui venait d'hériter par la mort d'*êl-Mélek-êl-Adel* du royaume de Damas, accourut en Égypte, comprima la révolte, força à fuir les chefs des séditieux, et battit les

(1) Cette année a commencé le vendredi 3 mars de l'an 1218 de l'ère chrétienne.

(2) Cette tour, placée sur la rive du fleuve en face de Damiette, était ainsi nommée à cause d'une forte chaîne de fer, qui partant des murs de Damiette, allait se rattacher à sa base et barrait entièrement l'entrée de cette branche du fleuve.

(3) Monnaie d'argent du sultan *êl-Mélek-êl-Adel*, quatrième sultan ayoubite d'Égypte, portant au revers le nom du khalyfe abbasside *êl-Násser-le-dyn-Illah*.

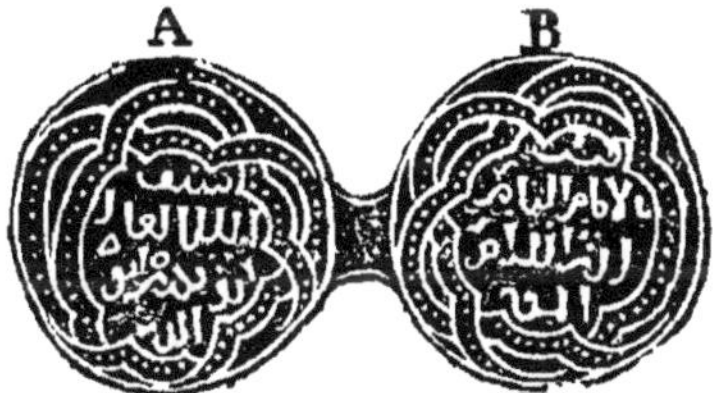

Autre monnaie en cuivre du même sultan.

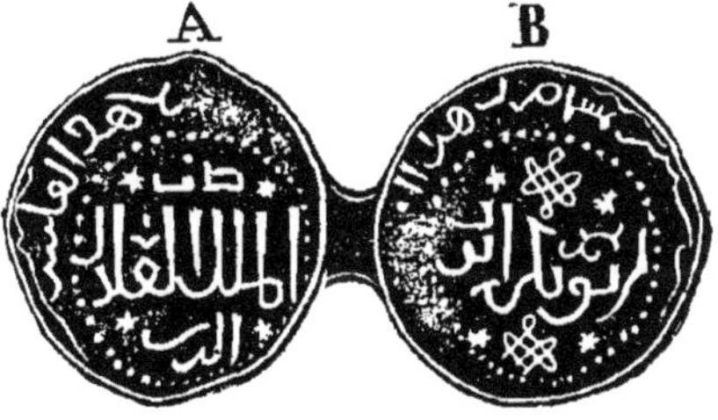

Autre monnaie du même sultan, portant également le nom du khalyfe *êl-Násser*, frappée l'an 601 de l'hégire 1204 de l'ère (chrétienne).

Francs qui avaient profité de ces désordres pour renforcer leurs attaques.

Ce succès ne put cependant forcer les Francs à abandonner le siége de Damiette, et *él-Melek-él-Moazzem,* qui était retourné en Syrie, craignant que, cette ville prise, ils ne s'emparassent de Jérusalem, crut nécessaire, pour qu'ils ne s'en fissent pas un poste inexpugnable, de démanteler les fortifications dont *Salâh-éd-dyn* avait entouré cette ville.

En vain *él-Melek-él-Kâmel* appela-t-il tous ses frères à son secours, Damiette succomba enfin, et les Francs y entrèrent en vainqueurs, le 10 du mois de Ramaddân de l'an 616 (1) de l'hégire (novembre 1219 de l'ère chrétienne).

Les habitants furent massacrés ou mis en esclavage, et la grande mosquée convertie en église.

Ce succès enfla les espérances des chrétiens; déjà ils se croyaient maîtres de l'Égypte entière, et le sultan *él-Melek-él-Kamel* put à peine couvrir sa capitale et l'Égypte moyenne, en prenant position, avec tout ce qu'il put rassembler de troupes, au point où se séparent les deux branches orientales du Nil, dont l'une a son embouchure à Damiette et l'autre à *Tynéh.*

Jamais année ne fut plus désastreuse pour l'islamisme : tandis que Damiette tombait sous les coups des Francs, les hordes tartares conduites par *Tchingis-Khân* (Gengiskan) commencèrent leurs sanglantes expéditions contre les États musulmans de l'Asie orientale.

L'armée des Francs laissa ses bagages et ses provisions, avec une forte garnison, à Damiette, et se mit en marche sur le Kaire. Ils rencontrèrent le sultan à *Mansourah,* et l'on se battit sur le fleuve et sur sa rive avec un égal acharnement, mais sans résultat positif. Cependant les pertes des musulmans avaient été considérables, et un second combat pouvait ouvrir aux chrétiens les portes de la capitale. Heureusement l'appel de *él-Melek-él-Kamel* dans sa détresse avait été entendu en Syrie : il vit arriver à son camp de *Mansourah* ses frères, *él-Melek-él-Moazzem,* roi de Damas; *él-Melek-él-Achraf,* prince de *Haman;* ses cousins, *él-Melek-él-Nasser-Kilyg-Arslân,* qui venait de succéder à son père *él-Melek-él-Mansour-Nasser-éd-dyn* dans la principauté de *Hamah*, *Beheram-chah,* prince de *Baalbek; él-Melek-él-Moudjehed - Chyrkouéh*, prince de *Hémesse,* avec des forces considérables.

Le sultan, de l'avis de ses nouveaux alliés, profita du changement de sa position, pour faire aux Francs des ouvertures d'arrangement : il leur offrait l'abandon de *Jérusalem*, d'*Asqalân*, de *Tabaryéh*, de *Latakyéh*, de *Djebeléh,* et de toutes les autres places que *Salâh-éd-dyn,* son aïeul, avait conquises à l'islamisme, à l'exception de *Choubek* et de *Karak,* qui avaient été le domaine particulier de son père dans le partage de l'héritage de *Salâh-éd-dyn :* il ne demandait en retour que la reddition de Damiette et l'évacuation de l'Égypte par les croisés.

Ceux-ci néanmoins se montrèrent intraitables; ils prétendaient avoir de plus les deux places réservées, et exigeaient en outre une somme de 300,000 dynars (4,000,000 et demi de francs) en indemnité pour la reconstruction des fortifications de Jérusalem, qui venaient d'être détruites.

Ces négociations difficultueuses allaient finir par être rompues, lorsqu'un corps musulman, tournant en secret le camp des croisés, alla camper derrière eux, et couper la digue du canal de *Mehalléh.* Le Nil était alors au plus haut point de sa crue; il se répandit sur toute la contrée qui séparait Damiette du camp des croisés; ceux-ci, qui ignoraient les effets des inondations annuelles, virent leur camp envahi par le nouveau déluge, leurs communications avec leurs magasins et leurs renforts coupées; assiégés à la fois par les eaux et la famine, il leur fallut à leur tour demander la paix en suppliants. Les rôles étaient changés : ils furent forcés de sacrifier Damiette sans aucune des compensations qui leur avaient été offertes. Bien plus, les émirs voulaient exiger la remise de vingt des plus qualifiés d'entre eux, comme otages de la reddition de toutes les places que les chrétiens possédaient encore en Syrie : mais, les deux partis étant également épuisés et fatigués d'une longue guerre, on n'insista pas

(1) Cette année a commencé le mardi 19 mars de l'an 1119 de notre ère.

sur cette dernière condition, et le traité d'évacuation fut conclu le 7 du mois de Regeb de l'an 618 (1) de l'hégire (fin d'août 1221 de l'ère chrétienne).

Des otages furent réciproquement donnés par les contractants; parmi ceux du sultan, était son propre fils, *él-Melek-él-Salèh,* alors âgé de quinze ans seulement : parmi ceux des croisés, furent le gouverneur de Saint-Jean d'Acre et le légat du pape.

Le 19 du même mois, Damiette fut remise aux musulmans, avec toutes les fortifications nouvelles que les Francs y avaient élevées ; *él-Melek-él-Kâmel* y fit son entrée solennelle, et retourna ensuite au Kaire.

Depuis cette époque, le sultan ne s'occupa plus que de négociations et d'intrigues diplomatiques. L'affaiblissement des chrétiens les rendait impuissants contre lui ; il songea à s'en faire des alliés utiles à ses projets d'agrandissement, qu'il prétendait exécuter contre le frère même dont le secours lui avait été si utile dans sa détresse.

Résolu d'attaquer *él-Mélek-él-Moazzem* et de lui enlever son royaume de Damas, il crut pouvoir faire faire une diversion, conforme à ses intérêts, en déterminant l'empereur Frédéric à attaquer le sultan de Damas. Des présents considérables appuyaient réciproquement ces négociations étranges. Frédéric accourut à Acre avec des forces considérables.

Mais, avant son arrivée dans cette place, l'état des choses avait changé ; *él-Melek-él-Moazzem*, qu'il devait attaquer, sur l'invitation du sultan d'Égypte, venait de mourir; son jeune fils, *él-Mélek-él-Nasser-Salâh-éd-dyn-Daoud*, s'était vu enlever par son oncle *él-Mélek-él-Kamel* les villes de *Choubek*, de *Jerusalem* et d'autres places importantes; il avait appelé à son secours son oncle *él-Mélek-él-Achraf*, qui régnait en Mésopotamie. L'oncle était accouru; mais, au lieu de protéger son neveu contre le sultan d'Égypte, il avait fait alliance avec celui-ci, et consommé de concert la ruine du malheureux prince, dont ils s'étaient partagé les dépouilles à l'amiable.

En arrivant à Acre, l'empereur Frédéric ne voulut rien entendre à ces arrangements de famille. On l'avait appelé pour attaquer le royaume de Damas; il l'attaqua, et commença par se rendre maître de Tyr, malgré toutes les observations des nouveaux possesseurs, auxquels son intervention n'était plus nécessaire, puisque l'acte d'iniquité auquel devait concourir son attaque se trouvait déjà consommé sans sa coopération.

Des négociations s'en suivirent ; elles se prolongeaient et elles s'étaient compliquées par la mort de *él-Mélek-él-Achraf*, qui semblait offrir au sultan d'Égypte une occasion favorable de réunir en ses mains les deux parts des dépouilles partagées, lorsqu'il mourut lui-même à Damas, un mercredi du mois de Regeb de l'an 635 de l'hégire (1), âgé d'environ soixante ans, après un règne d'environ vingt années (2).

Ce prince, que nos historiens nomment *Mélédin*, est représenté par les écrivains orientaux comme aimant la magnificence, maintenant exactement l'ordre dans ses États, dirigeant lui-même toutes ses affaires : il aimait les lettres, protégeait les savants, se plaisait même à discuter familièrement avec eux ; l'Égypte lui dut la diminution du

(1) Cette année a commencé le jeudi 25 février de l'an 1221 de notre ère.

(1) Cette année a commencé le lundi 24 août de l'an 1237 de notre ère.

(2) Monnaie en or du sultan *él-Melek-él-Kâmel*, frappée au Kaire, l'an 627 de l'hégire (1229 de l'ère chrétienne), et portant au revers B le nom du trente-sixième khalyfe abbasside *él-imâm-él-Mansour él-Mostanser-b-Illah.*

A B

Autre monnaie en cuivre, du sultan *él-Melek-él-Kâmel* et portant de même au revers B le nom du khalyfe *él-Mansour,* frappée à Alep.

A B

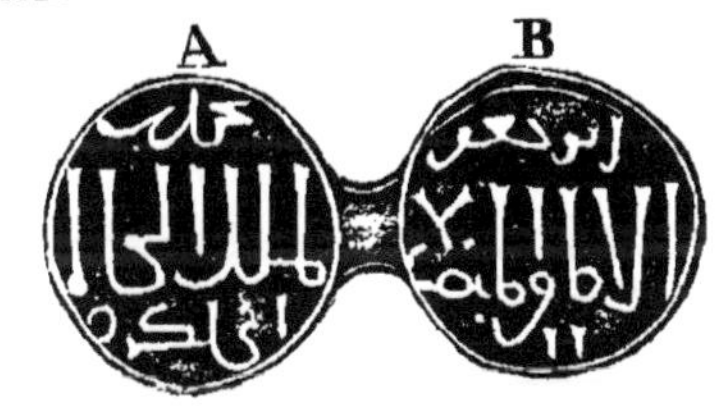

tiers de ses impôts, et le Kaire plusieurs de ses embellissements.

Dès que la mort d'*él-Mélek-él-Kâmél* fut connue au Kaire, les émirs prêtèrent serment de fidélité à son fils *Seyf éd-dyn-Abou-beker*, surnommé *él-Mélek-él-Adel,* second du nom, entre les mains duquel son père avait laissé l'administration de l'Egypte pendant son absence. L'émir *Younous*, surnommé *él-Mélek-él-Djouad* (le roi brave), fut nommé prince de Syrie, au nom et sous l'autorité du sultan.

Mais cet émir n'y resta pas longtemps: l'année suivante, il consentit à échanger sa principauté avec les places que possédait en Mésopotamie le second fils de *él-Mélek-él-Kâmel,* nommé *él-Mélek-él-Salèh-Nedjm-éd-dyn-Ayoub.* Le but de celui-ci, en s'établissant en Syrie, était de se mettre à portée de pratiquer des intelligences en Égypte, afin d'y supplanter son frère aîné *él-Mélek-él-Adel II.*

Les démarches d'*él-Mélek-él-Salèh* inquiétèrent le sultan d'Égypte, son frère, qui s'avança, à la tête de ses troupes, jusqu'à *Belbeys*, pour l'arrêter, s'il entrait en Égypte; mais, arrivé auprès de cette ville, il fut saisi, dans sa tente, par ses émirs, le vendredi 8 du mois de Dou-l-Hagéh, l'an 637 de l'hégire (1). Sa déposition fut proclamée aussitôt, et son frère, *él-Mélek-él-Salèh*, fut invité à venir prendre possession du trône. Celui-ci ne se fit pas attendre, et fit son entrée au Kaire, au milieu d'un immense concours de peuple et au bruit des acclamations générales.

Ainsi se termina, après une durée de deux ans et quelques mois seulement, le règne éphémère du fils aîné de *él-Mélek-él-Kamel.*

Él-Mélek-él-Salèh, en montant sur le trône qu'il venait d'usurper, s'occupa d'abord de s'y bien affermir; puis, l'année suivante, 638 de l'hégire (2), punissant dans les traîtres la trahison qu'il avait provoquée et dont il profitait, il fit arrêter tous les mamlouks et les émirs, auteurs de la révolution dont son frère avait été la victime, et créa un nouveau corps de mamlouks, à la fidélité desquels il confia la garde particulière de sa personne.

Comme s'il eût voulu punir ceux même qui avaient été les instruments indirects et involontaires de son usurpation, le nouveau sultan d'Égypte dépouilla, cette même année, *él-Mélek-él-Djouad* des possessions de Mésopotamie, qu'il lui avait données en échange de la Syrie.

Le prince exproprié ne put même obtenir la permission de se retirer en Égypte. Outré de ces procédés odieux, il se jeta dans Saint-Jean d'Acre et demanda un asile aux Francs. Ceux-ci le reçurent pour son argent, et pour de l'argent le livrèrent ensuite à *Ismayl*, prince de Damas, qui le fit étrangler.

Ce commencement de relations d'intérêts, entre le prince de Damas et les Francs, amena bientôt entre eux, contre l'Égypte, une coalition, à laquelle prirent part *él-Mélek-él-Mansour-Ibrahym,* prince de Hémesse, et le prince de Karak.

Ils promettaient aux Francs le partage de l'Égypte, quand elle serait conquise, et leur cédaient dès à présent *Sayd*, *Chakyf*, *Tabaryéh*, *Asqalân* et *Jérusalem :* les Francs, accédant avec empressement à ces conventions, se mirent en possession des places concédées, et se hâtèrent de relever les fortifications de *Tabaryéh* et d'*Asqalân.*

Une longue guerre s'ensuivit entre les confédérés et l'Égypte : les succès étaient indécis, lorsqu'une horde de conquérants nomades vint jeter son poids dans la balance.

Les *Kharizmiens* ou habitants du *Khouarezm*, que les écrivains des croisades nomment les *Corasmins,* chassés de la haute Asie par les conquêtes de *Tchingis-Khân,* avaient été refoulés sur la haute Syrie, dont ils occupaient les frontières; le sultan d'Égypte s'en fit des alliés, l'an 642 de l'hégire (1), et les lança à la fois sur les Francs et sur les princes de Syrie coalisés.

Les Kharizmiens répondirent à cet appel, et, traversant la Syrie entière, vinrent attaquer les Francs et leurs alliés, sous les murs mêmes de *Ghazzah.* Le sultan d'Égypte réunit ses troupes aux hordes des barbares, et, après un combat

(1) Cette année a commencé le mercredi 3 août de l'an 1239 de notre ère.

(2) Cette année a commencé le lundi 23 juillet de l'an 1240 de notre ère.

(1) Cette année a commencé le jeudi 9 juin de l'an 1244 de l'ère chrétienne.

acharné, la victoire se déclara en sa faveur.

Les coalisés furent poursuivis l'épée dans les reins, et *Ghazzah, Jérusalem,* avec toute la côte, rentrèrent sous la domination d'*él-Melék-él-Salèh,* qui envoya au Kaire un nombre considérable de prisonniers et des monceaux de têtes.

Poursuivant ses avantages, le sultan d'Égypte fit venir de nouveaux renforts, et courut assiéger à Damas *Ismayl* et le prince de *Hémesse.*

D'autres combats se prolongèrent, de l'an 643 (1) à l'an 645 (2) de l'hégire (1245 à 1247 de l'ère chrétienne). Damas avait cédé aux troupes égyptiennes, mais *Hémesse* avait résisté. Voulant en finir, l'an 646 de l'hégire (3), *él-Mélek-él-Salèh* avait quitté le Kaire pour aller diriger lui-même les opérations militaires; mais il était déjà attaqué de la maladie dont il mourut : c'était une tumeur au jarret, qui était dégénérée en ulcère, et qui le força de s'arrêter à Damas ; chaque jour sa maladie prenait un caractère plus grave, lorsque les nouvelles qu'il reçut du Kaire l'obligèrent de se faire transporter en hâte, sur une litière, en Égypte. Il y trouva les Francs maîtres de Damiette.

Pour la septième fois, l'Europe chrétienne venait fondre en armes sur l'islamisme. Une septième croisade avait été résolue par le concile de Lyon, l'an 1245 de l'ère chrétienne (643 de l'hégire). Cette croisade, destinée à réparer les désastres qui avaient terminé la précédente si malheureusement pour les chrétiens alliés aux princes musulmans de Syrie, était armée de tous les moyens d'exécution qui pouvaient en attirer le succès : cinquante mille guerriers, des approvisionnements considérables, des vaisseaux nombreux et bien équipés, l'élite des chevaliers d'une valeur éprouvée, une jeunesse bouillante avide de gloire, exaltée par le fanatisme religieux et la honte des précédentes défaites : à leur tête marchait le roi de France lui-même, le jeune Louis IX, qu'auraient dû enorgueillir les lauriers de Saintes et de Taillebourg, si son esprit profondément religieux avait pu reconnaître une autre gloire que celle d'enlever les lieux saints aux profanations des infidèles.

Voilà les ennemis redoutables que le sultan devait voir devant lui à son arrivée en Égypte.

Rien n'avait été épargné pour la défense de Damiette : armes, provisions, machines de guerre, tout s'y trouvait en abondance; tout fut inutile. En vain la plus aguerrie des tribus arabes, celle des *Beny-Kenânéh* avait été chargée de la défense des remparts; en vain l'émir *Fakhr-éd-dyn,* à la tête d'une forte armée, avait-il tenté de s'opposer à la descente : les troupes de l'émir furent écrasées par la *furia francese :* épouvantés de la déroute de cette avant-garde, les *Beny-Kenânéh* désertèrent les remparts, cherchant leur sûreté dans le désert : les habitants les suivirent dans leur fuite, et le 22 du mois de Safar (29 juin 1247), les croisés français entrèrent dans Damiette, portes ouvertes, sans coup férir. Approvisionnements, armes, munitions, machines de guerre, trésor, tout fut à eux : c'était pour le sultan d'Égypte une perte irréparable.

Transporté de colère, *él-Mélek-él-Salèh* fit pendre jusqu'au dernier tous les *Beny-Kenânéh,* et, le mardi 24 de Safar, il prit position à *Mansourah.* Cependant son état empirait de jour en jour, et l'on commençait à désespérer de sa vie. Le 14 du mois de Chaabân (novembre), il expira à l'âge de quarante ans.

Les écrivains arabes attribuent à ce prince un génie élevé, un caractère grave, un maintien imposant : il parlait peu, et chacun tremblait en sa présence. Jamais prince avant lui n'avait réuni autant de mamlouks autour de sa personne. Il fut ainsi la première cause de l'extinction de sa dynastie, que ces gardes prétoriennes devaient peu de mois après renverser.

En mourant *él-Mélek-él-Salèh* n'avait pas désigné son successeur, et le seul fils qui lui restait, *Ghayath-éd-dyn-Tourân-chah* avait été laissé par lui en Syrie, à *Housn-Kayfah.* *Chageret éd-dorr* (arbre de perle), esclave favorite du sultan et mère du jeune prince, se concerta avec l'émir *Fakhr-éd-dyn* et le chef des eunu-

(1) Cette année a commencé le lundi 29 mai de l'an 1245 de notre ère.

(2) Cette année a commencé le mercredi 8 mai de l'an 1247 de notre ère.

(3) Cette année a commencé le dimanche 26 avril de l'an 1248 de l'ère vulgaire.

ques *Gemal-él-éd-dyn-Mohassen* pour conserver le trône à son fils. *Chageret-éd-dorr* n'était pas étrangère à la politique et aux fonctions du gouvernement : plus d'une fois le sultan, qui, s'il faut en croire quelques écrivains, l'avait solennellement épousée, avait laissé entre ses mains la haute administration de l'Égypte, pendant les nombreuses absences que nécessitaient ses expéditions militaires.

La mort de *él-Mélek-él-Saleh* fut tenue secrète et l'assemblée des émirs convoquée : Le sultan, leur dit *Chageret-éd-*« *dorr*, vous ordonne de lui jurer fidélité, « et, après lui, à son fils *él-Mélek-él-Moaz-*« *zem Ghayath-éd-dyn-Tourân-chah* : « il confie les fonctions d'*Atabek* (tu-« teur du prince, généralissime et premier « ministre), à l'émir *Fakhr-éd-dyn*. »

Le serment fut prêté sans hésitation par les émirs, par le *Kaym-maqâm* (gouverneur) du Kaire, par toutes les milices et par tous les personnages marquants de l'État. Les dépêches et les ordonnances étaient expédiées au nom d'*él-Mélek-él-Saleh*, et avec son *élamet* (sa signature) qu'un esclave avait su contrefaire. Chacun croyait au Kaire *él-Mélek-él-Saleh* encore vivant : néanmoins des soupçons de sa mort s'élevèrent, quand on apprit qu'*él-Mélek-él-Moazzem* était mandé en toute hâte au Kaire.

Cependant les Francs s'avançaient vers *Mansourah*, que nos historiens appellent *la Massoure*; sur la route un combat s'engagea, au commencement du mois de Ramaddân (décembre), et les musulmans y firent des pertes considérables; les Francs stationnèrent quelque temps à *Charmessah*, puis ils continuèrent leur marche; enfin, le mardi 5 du mois de Dou-l-Qadéh 647 (1) de l'hégire (8 février 1250), ils surprirent les musulmans dans *Mansourah*, et en firent d'abord un grand massacre.

Dès la première attaque, l'émir *Fakhr-éd-dyn*, qui s'était jeté au-devant d'eux avec le plus grand courage, fut tué en combattant, et les chrétiens allaient remporter une victoire complète, si le corps entier des mamlouks n'était accouru changer la face du combat et repousser les terribles assaillants.

Les armées chrétiennes et musulmanes s'observaient mutuellement dans leurs positions respectives, sans oser tenter aucune entreprise nouvelle, lorsque *él-Mélek-él-Moazzem* arriva de Syrie à *Mansourah*. Sa présence ranima le courage des musulmans; une attaque générale eut lieu : on s'y battit avec fureur, tant sur le Nil que sur le rivage, et la flotte égyptienne réussit à capturer trente-deux navires de la flotte des croisés.

Ceux-ci, découragés par cet échec, proposèrent de se retirer et d'évacuer Damiette, si les musulmans consentaient à leur rendre Jérusalem et une partie de la Palestine : ces offres furent rejetées.

Bientôt pourtant les chrétiens, qui s'étaient opiniâtrés à garder leurs positions devant *Mansourah*, eurent épuisé leurs vivres; ils ne recevaient plus rien de Damiette, leurs communications avec cette ville ayant été coupées, et, le mercredi 2 du mois de Moharrem de l'an 648 (1) de l'hégire (6 avril 1250), ils se décidèrent à s'y replier; mais les musulmans, s'attachant à leur poursuite, les atteignirent dans cette retraite le lendemain matin, auprès de *Fareskour*; on s'attaqua, on se défendit avec fureur : il y eut là un horrible carnage : trente mille Français, disent les écrivains arabes, y furent tués ou noyés : le roi de France lui-même, avec ses principaux chevaliers et ses princes, qui s'étaient retirés à *Minyet-Abou-abd-allah*, furent, après les efforts de la plus noble défense, forcés de se rendre prisonniers à l'eunuque *él-Mohassen*.

Après cette victoire décisive, la mort d'*él-Mélek-él-Saleh* fut publiquement déclarée et *él-Mélek-él-Moazzem-Tourân-chah* proclamé solennellement son successeur.

Le jeune sultan, à la fois enivré de la gloire de ses armes et du rang suprême où il venait d'être élevé, vint asseoir son camp à *Fareskour*, et voulut donner une fête magnifique sur le champ de bataille même, si fatal à la valeur française, où Louis IX avait subi la défaite et l'esclavage.

El-Mélek-él-Moazzem y trouva la mort. A peine avait-il régné deux mois, que déjà sa conduite inconsidérée envers les émirs et les mamlouks lui avait

(1) Cette année a commencé le vendredi 16 avril de l'an 1249 de notre ère.

(1) Cette année a commencé le mardi 5 avril de l'an 1250 de notre ère.

aliéné tous les esprits : il avait maladroitement débuté par des rigueurs impolitiques et intempestives, contre ceux qu'il accusait de la perte de Damiette et des premiers désastres de la campagne ; quarante émirs avaient été mis à mort, et les autres se voyaient éloignés de toute fonction et de toute dignité ; car le sultan n'accordait plus sa confiance qu'aux courtisans qu'il avait amenés avec lui de *Mésopotamie.* L'irritation fermentait au milieu de tous ces mécontentements ; l'explosion ne tarda pas à éclater.

Le lundi, dernier jour du mois de Moharrem (4 mai 1250), les mamlouks révoltés assaillirent en tumulte *él-Mélek-él-Moazzem-Tourân-chah ;* l'un d'eux, *Beybars,* qui plus tard devait occuper le trône, lui porta le premier coup : en vain le sultan se réfugia-t-il dans une tour en bois, qu'il avait fait construire à *Fareskour* pour fortifier cette position, les rebelles y mirent le feu : chassé par les flammes, il courut vers le Nil, espérant y trouver l'asile de quelque barque : une nuée de flèches l'arrêta sur le rivage, et le couvrit d'innombrables blessures : les cimeterres et les poignards des mamlouks l'achevèrent.

Ainsi périt misérablement, à la fleur de son âge, des mains de ses propres gardes, le sultan *él-Mélek-él-Moazzem-Ghayath-éd-dyn-Tourân-chah,* dernier roi d'Égypte de la branche collatérale du grand *Salâh-éd-dyn.* Avec lui s'éteignit la puissance de la dynastie ayoubite.

CHAPITRE XIII.

Dynastie des mamlouks *baharites* ou *turkomans.* — Leur origine. — Chageret-éd-dorr. — Ybek-azz-éd-dyn. — Él-Mélek-él-Achraf. — Nour-éd-dyn-Aly. — Qottouz. — Beybars Ier — Sangar. — Barkah-Khân. — Selâmech. — Qelâoun. — Khalyl. — Baydarâ. — Él-Mélek-él-Nasser Ier. — Ketboghâ. — Lâgyn. — Beybars II. — Seyf-éd-dyn-Abou-beker. — Alâ-éd-dyn-Koutchouk. — Él-Mélek él-Nasser II. — Émad-éd-dyn-Ismâyl. — Él-Mélek-él-Kâmel. — Chaabân. — Zeyn-éd-dyn-Hâgy. — Él-Mélek él-Nasser-Hassan — Salâh-éd-dyn. — Él-Mélek-él-Mansour-Mohammed. — El-Mélek-él-Achraf-Chaabân II. — Él-Mélek-él-Mansour-Aly. — Él-Mélek él-Salèh-hagy II. — Barqouq. — Extinction de la dynastie des *Baharites.*

Le meurtre de *él-Mélek-él-Moazzem-Tourân-chah* venait de faire tomber le pouvoir des mains de la famille de *Salâh-éd-dyn* en celles des mamlouks, meurtriers du sultan.

Les nouveaux maîtres, dont l'Égypte subissait la toute-puissance, étaient Turkomans ou Turks de naissance, et originaires du *Kaptchak,* contrée immense de l'Asie septentrionale, dont les souverains musulmans ont eu longtemps pour vassaux les princes slaves qui régnaient en Russie.

L'irruption que les Mogols avaient faite dans la haute Asie, sous la conduite de *Batou-Khân,* petit-fils de *Tchingis-Khân,* avait chassé au loin devant eux les habitants des régions caspiennes et caucasiennes : leurs tribus s'étaient dispersées devant ce débordement des hordes tartares, et s'étaient répandues jusque dans les contrées les plus éloignées de leur première résidence.

Au midi, les Kharizmiens étaient venus s'établir en Syrie et en Mésopotamie ; à l'occident, d'autres tribus fugitives étaient parvenues jusques en Hongrie : il y avait hâte à fuir, car les retardataires étaient ou massacrés ou réduits en esclavage.

Les marchands d'esclaves de tout l'Orient étaient accourus au-devant des conquérants nouveaux, fournisseurs abondants de leur commerce, et avaient transporté dans tous les marchés de l'Asie méridionale la marchandise humaine dont les Tartares venaient de les approvisionner : la marchandise était de défaite, et la vente ne s'en fit pas attendre.

C'étaient généralement des esclaves d'élite, forts, vigoureux, bien faits, jeunes : tout ce qui était d'une qualité inférieure avait été massacré. Tous les petits princes de l'Asie profitèrent de l'occasion, et le sultan d'Égypte *él-Mélek-él-Salèh* plus que tout autre : nous avons vu qu'il avait composé de ces esclaves (*mamlouks*) sa garde particulière ; cette garde était appelée *halqah* (ceinture), et, en effet, elle était destinée à *ceindre* le prince et à l'entourer partout comme un vêtement ou plutôt comme une armure.

Partagés en plusieurs corps de milices, les mamlouks de chaque classe se distinguaient par différents insignes, brodés sur leurs habits, ou incrustés en or sur leurs armures. Ces insignes étaient, pour les uns des roses, pour les autres des oiseaux ou des griffons : des bandes d'étoffe de différentes couleurs étaient spécialement affectées à chacun des corps différents. C'est à l'imitation de ces insignes que les chevaliers croisés inventèrent les armoiries et les livrées.

La création de ces milices, envahissant à la fois le service intérieur et le service extérieur du palais, ne fut pas vue de bon œil par le reste de l'armée et par les habitants de l'Égypte et de la Syrie. L'historien *Abou-l-Mahassen* nous a conservé les vers d'un poëte contemporain, qui reproche à *él-Mélek-él-Saléh Negm-éd-dyn* son imprudence, y voit la source de mille maux pour l'Égypte et le présage de la destruction de la dynastie régnante par les mains mêmes appelées à la défendre. « Imprudent Mo« narque, dit-il, dans le nid de l'aigle « tu appelles les vautours;

« Les fils du grand *Salâh-éd-dyn* ont « acheté des esclaves pour se vendre à « eux comme esclaves eux-mêmes. »

Quoi qu'il en soit, ces milices étaient nombreuses, bien armées, sentant leur force, disposées à en abuser de toutes les manières, et désormais incapables de se plier au joug d'aucune discipline, même en faveur du souverain de leur choix. Leurs chefs occupaient les principales dignités de l'État; leurs troupes, les principales forteresses de l'Égypte : lorsque *él-Mélek-él-Salèh* eut si inconsidérément accru leur nombre, les casernes jusqu'alors consacrées au logement des gardes du prince n'avaient pu les contenir, et il avait fait construire pour eux, à l'extrémité méridionale de l'île de *Râoudhah*, près du Meqyâs et le long du bras oriental du Nil, de vastes quartiers fortifiés, tant par des constructions que par leur position entre les deux bras du fleuve, dont ils étaient entourés : or le fleuve du Nil reçoit en Égypte le nom de *él-Bahar,* qui en arabe signifie proprement *la mer;* et de ce nom est venu celui de *Baharites,* par lequel la première dynastie des mamlouks est désignée.

Après quelques jours d'anarchie et de désordres de toute espèce, il fallut songer à régler et organiser ce pouvoir de souveraineté, que venaient de s'arroger les milices rebelles : il était naturel de penser que le trône vacant deviendrait la proie du premier ambitieux assez hardi pour oser prétendre à ce poste, devenu si glissant et si dangereux. Le nouveau roi d'Égypte semblait devoir être celui des chefs des mamlouks qui saurait le mieux réussir à capter la faveur de ces milices effervescentes : il n'en fut pourtant pas ainsi d'abord.

Pendant le tumulte au milieu duquel le sultan *él-Mélek-él-Moazzem-Tourân-chah* avait été assassiné, le roi de France Louis IX et les princes et les chevaliers de sa suite étaient encore entre les mains des musulmans et enfermés dans la même tour en bois où le sultan avait vainement cherché un asile. Dès le commencement de l'incendie, les croisés en étaient sortis, et, sans être inquiétés par les révoltés, avaient pu aller à travers les groupes, hostiles pour le sultan seul, se réfugier sur les galères qui, d'après le traité, devaient les transporter à Damiette.

Du haut de ces navires, ils avaient vu toute la scène sanglante, et le malheureux *Tourân-chah* avait succombé auprès même de la galère que montait le sire de Joinville. L'un des meurtriers, *Fares-Oktay,* que Joinville nomme *Pharacatail,* avait arraché le cœur de sa royale victime, et vint présenter cette offrande à Louis IX, témoin de la catastrophe, lui demandant une récompense pour avoir tué son ennemi; bien plus, s'il faut en croire des récits affirmés par les uns, démentis par les autres, la couronne d'Égypte fut alors offerte par les émirs au roi de France, qui la refusa.

En effet, les conspirateurs étaient embarrassés dans le choix du nouveau souverain qu'ils allaient se donner; chacun d'eux avait une semblable répugnance à choisir pour maître un de ceux qui étaient encore leurs égaux. Toutes les prétentions marchaient de front, se heurtaient, se croisaient, et semblaient ne pouvoir se décider que par le sabre : l'intrigue et l'habileté d'une femme surent dénouer ces difficultés, et les amener à une solution sans déchirements sanglants et sans guerres intestines.

Cette femme était *Chageret-éd-dorr,* femme de l'avant-dernier sultan, mère, ou, suivant quelques écrivains, seulement

Mosquée du Sultan HASSAN

belle-mère du sultan massacré par les rebelles. Du fond de son palais, elle veillait sur les événements, prête à en tirer parti, avec la même dextérité politique qu'elle avait déjà déployée à la mort d'*él-Mélek-el-Salèh-Negm-éd-dyn*, pour conserver le trône à *Tourân-chah*, qui ne lui en avait marqué aucune reconnaissance.

Turke de naissance, esclave achetée par le sultan, *Chageret-éd-dorr* avait des sympathies naturelles avec les mamlouks, Turks comme elle, comme elle esclaves achetés : elle était d'ailleurs liée avec les principaux d'entre eux par les relations du palais aussi bien que par leur coopération commune aux manœuvres et aux intrigues intérieures de la cour. Elle sut employer à propos ces diverses influences, et elle fut déclarée reine d'Égypte par une décision qui n'avait pas d'antécédents dans les dynasties musulmanes précédentes, et dont l'exemple unique ne fut suivi à aucune des époques qui lui succédèrent.

Les émirs, dans une assemblée générale, lui prêtèrent serment de fidélité; elle s'était attaché *Ybek-Azz-éd-dyn*, le plus considérable d'entre eux, par des liens plus intimes, même avant la mort de *él-Mélek-él-Salèh*. Son nom fut proclamé dans les tribunes sacrées à la prière solennelle : on lui donna pour *Atabek* (tuteur ou régent) l'associé de ses intrigues, cet *Azz-éd-dyn-Ybek*, qui partageait déjà secrètement son lit, suivant la plupart des historiens, et qui fut soupçonné d'avoir trempé dans le meurtre d'*él-Mélek-él-Moazzem*.

Les commencements du nouveau règne se présentèrent sous d'heureux présages : la meilleure intelligence se manifestait entre la sultane et le régent, les émirs étaient comblés d'honneurs par leur reconnaissance; la diminution des impôts avait conquis l'affection du peuple : cette situation favorable ne tarda pas à être troublée par de nouveaux orages.

Les émirs s'étaient empressés de faire connaître la nouvelle organisation du royaume d'Égypte aux détachements de mamlouks qui occupaient la Syrie, les invitant à suivre l'exemple de leur soumission. Des dépêches avaient, en même temps, été envoyées à Baghdad, au khalyfe *él-Mostanser-b-illah*, pour en réclamer le diplôme d'investiture en faveur de la souveraine qu'ils venaient d'élever au trône.

La réponse du khalyfe fut indignée et menaçante; il écrivait aux mamlouks : « Puisqu'il ne se trouve parmi vous aucun homme capable d'être votre sultan, j'irai moi-même vous en donner un de ma main. Ignorez-vous que notre vénéré Prophète a dit : *Malheur aux peuples gouvernés par des femmes!* »

D'un autre côté, les mamlouks de Damas refusèrent l'obéissance à la reine d'Égypte, et livrèrent leur ville, le 8 du mois de Raby-êl-Thany, au sultan d'Alep, *él-Mélek-él-Nasser-Youssouf*, arrière-petit-fils de *Salâh-éd-dyn*. Ceux des mamlouks qui avaient embrassé le parti de *Chageret-éd-dorr* avaient été massacrés; les villes de *Baalbek*, de *Chamymis* et d'*Adgeloun* avaient suivi l'exemple de Damas : de sanglantes représailles avaient eu lieu, de la part des mamlouks d'Égypte, contre les mamlouks de Syrie.

L'Atabek *Azz-éd-dyn-Ybek* profita de ces conjonctures difficiles pour séparer ses intérêts de ceux de son associée : les émirs forcèrent *Chageret-éd-dorr* d'abdiquer, après quelques mois de règne, et, l'an 648 de l'hégire (1), *Azz-éd-dyn-Ybek* fut proclamé souverain de l'Égypte, sous le titre de *él-Mélek-él-Moëz-él-Djachenkyr*; il prit aussi le surnom d'*él-Tourkomany*, parce qu'il était en effet de race turkomane.

Ybek épousa alors *Chageret-éd-dorr*, afin de réunir à son parti celui que pourrait conserver encore la reine déposée, et il sortit du palais, en faisant porter devant lui le *Sandjaq* (étendard) impérial, entouré de tous les corps de milices; mais à peine eut-il été reconnu pour sultan, que ces mêmes milices, inconstantes et insubordonnées, changèrent tout à coup de sentiment, et lui donnèrent un associé à l'empire.

Les mamlouks s'étaient partagés en deux partis ayant des vues opposées et des intérêts différents.

Les uns prirent le nom de *Moèzzites*, parce qu'ils avaient été achetés par *él-*

(1) Cette année a commencé le mardi 5 avril de l'an 1250 de notre ère.

Mélek-él-Moèz-Ybek, ou qu'ils lui étaient dévoués; les autres avaient fait partie de l'ancienne maison de *él-Mélek-él-Salèh-Negm-éd-dyn*, et s'appelaient par cette raison *Salèhites*. Ceux-ci se soulevèrent contre *Ybek*, et leforcèrent à associer à son trône un jeune prince, âgé de huit ans seulement, de la famille ayoubite, qu'ils avaient fait venir de l'Yémen.

Ce jeune prince, nommé *Moussa-Mouzzaffer-éd-dyn*, était fils de *Youssouf*, petit-fils de *Youssouf-Aqsys*, roi de l'Yémen, et arrière-petit-fils de *él-Mélek-él-Kâmel*, troisième roi d'Égypte. Il fut inauguré, le 5 du mois de Gemady-él-Aouel, sous le titre de *él-Mélek-él-Achraf* (le roi très-noble).

Ybek fut obligé de reprendre le titre d'*Atabek*; mais il continua d'exercer en entier le pouvoir, dont il partageait nominativement l'autorité avec le jeune prince. L'on vit ainsi, par une bizarrerie du sort, placés sur le même siége royal, le descendant de l'illustre famille de *Salâh-éd-dyn*, et l'esclave de *él-Mélek-él-Salèh*, assassin de *él-Mélek-él-Moazzem-Tourân-chah* : leurs noms furent ensemble prononcés aux prières solennelles des mosquées, et gravés sur les monnaies (1).

Cependant le nouveau sultan de Damas *Nasser-éd-dyn-Youssouf*, de la race des Ayoubites, s'apprêtait à venger la mort d'*él-Mélek-él-Moazzem*, son parent, et avait appelé le concours de tous les autres princes de sa famille : pour assurer davantage le succès de son expédition, il proposa au roi de France Louis IX, alors à Saint-Jean d'Acre, de réunir leurs forces pour attaquer les mamlouks d'Égypte, offrant, pour condition du traité, la restitution aux croisés du royaume de Jérusalem. Des négociations s'entamèrent; le moine *Yves le Breton*, de l'ordre des Frères prêcheurs, fut chargé par le roi de France d'aller trouver *Nasser-éd-dyn*; mais en même temps le chevalier Jean de Valenciennes fut envoyé aux *Baharites*, pour demander réparation des violences qu'ils avaient commises contre les chrétiens depuis le traité de trêve.

Les mamlouks, désirant avoir les croisés pour auxiliaires contre le sultan de Damas, promirent tout, et rendirent la liberté à un grand nombre de prisonniers chrétiens, qu'ils renvoyèrent à *Akkah*, avec des ambassadeurs chargés de négocier cette alliance. Pour conditions préalables, Louis IX exigea, 1° la remise de toutes les têtes de chrétiens qui étaient plantées sur les remparts du Kaire; 2° le renvoi de tous les enfants qui avaient été enlevés et contraints de faire abjuration; 3° enfin, la renonciation des Égyptiens aux 200,000 dynars (3,000,000) que les croisés devaient encore payer, pour solde des conventions d'*él-Mansourah*.

Les *Baharites* satisfirent à toutes ces demandes, et y ajoutèrent le présent d'un éléphant, qui, transporté en France, fut le premier qu'on y eût vu jusqu'alors, et, de plus, la promesse de la restitution du royaume de Jérusalem, après la défaite du sultan de Damas.

Celui-ci avait été informé des négociations de Louis IX avec les mamlouks d'Égypte : il envoya un corps de troupes de vingt mille hommes pour empêcher la jonction des forces des deux parties contractantes : ces troupes battirent les Égyptiens à Ghazzah, et les repoussèrent d'abord jusqu'à *Salahyéh*: rejetées ensuite en Syrie par l'émir *Fares-Oqtay*, elles revinrent quelque temps après, avec de nombreux renforts, ayant à leur tête *Chems-éd-dyn-Loulou*, gouverneur du royaume de Damas, et le sultan de Damas lui-même.

Les *Baharites*, commandés par *Ybek* et *Fares-Oqtay*, accoururent à sa rencontre, et, le jeudi 10 du mois de Doul-Qadéh de l'an 649 de l'hégire (1), les

(1) Monnaie en cuivre du sultan *él-Mélek-él-Achraf-Moussa*, portant en même temps le nom du dernier khalyfe abbasside *él-Mostasem-b-Illah-Abou-Ahmed*, qui fut le dernier souverain de Baghdad.

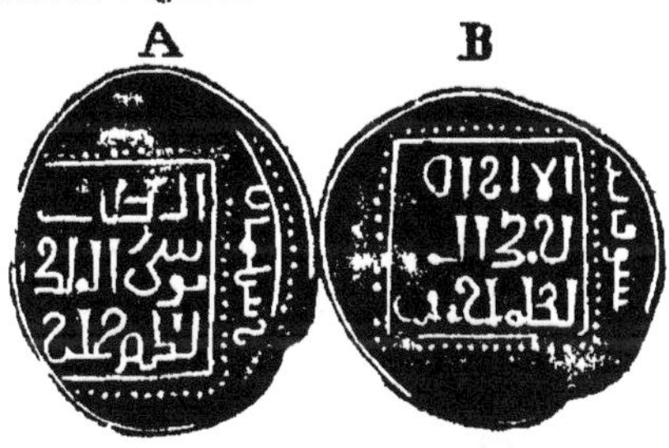

(1) Cette année a commencé le dimanche 26 mars de l'an 1251 de notre ère; le 10 de Dou-

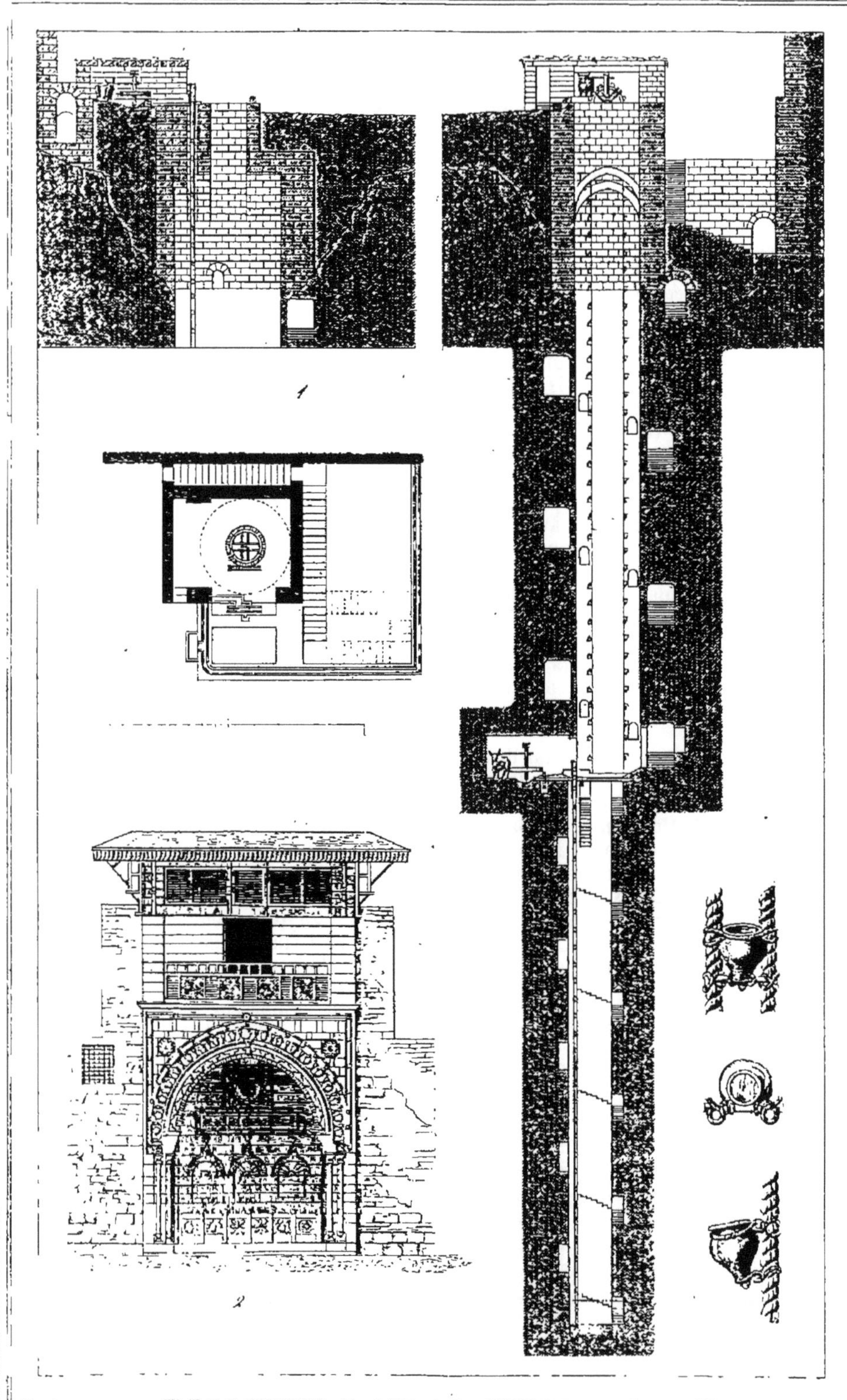

Lemaître direxit.

1. Puits de la citadelle du Kaire. 2. Abreuvoir public.

deux armées se livrèrent bataille à *Abbassah.*

Les Égyptiens furent d'abord mis en déroute, et les Syriens se mirent à leur poursuite; mais *Ybek* et *Fares-Oktay,* qui avaient opéré leur retraite vers l'intérieur de la Syrie avec un gros de cavaliers, y rencontrèrent, peu accompagné, le général des Syriens *Chems-éd-dyn-Loulou,* taillèrent en pièces son escorte, le tuèrent, puis coururent attaquer le sultan de Damas lui-même : ce prince était resté sur le champ de bataille avec peu de monde autour de lui, presque tous ses soldats étant occupés à poursuivre l'épée dans les reins les débris de l'armée égyptienne, jusqu'aux portes du Kaire. La chance tourna alors : le sultan de Damas eut à peine le temps de se dérober à la mort par une prompte fuite; *Ybek* et *Fares Oqtay* eurent bon marché des corps isolés, ou dispersés en désordre à la poursuite des fuyards, et à leur tour les Égyptiens se trouvèrent vainqueurs.

Après sa victoire, *Ybek* rentra au Kaire; il trouva que les fuyards y avaient déjà porté la nouvelle de sa première défaite : les habitants avaient dès lors cru la puissance des mamlouks anéantie, et s'étaient hâtés de se déclarer en faveur du vainqueur *Nasser-éd-dyn :* on avait fait la prière publique, au nom de ce prince, dans les mosquées de la citadelle et dans celles de *Mesr-él-Qadyméh* (le vieux Kaire) : plus prudents, les imâms du Kaire lui-même ne l'avaient faite pour personne. Malgré cette réserve, *Ybek* les confondit dans sa vengeance. Le Kaire, la citadelle et *Mesr-él-Qadyméh* furent également livrés au pillage.

Nasser-éd-dyn était mis par son dernier échec hors d'état de continuer la guerre : la paix fut conclue entre lui et les Égyptiens. Les mamlouks gardèrent l'Égypte, *Ghazzah* et Jérusalem : le roi de Syrie eut tous les pays au delà du Jourdain. Par ce traité, *Nasser-éd-dyn* obtenait ce qu'il avait cherché à obtenir par la guerre, la rupture de toute alliance entre l'Égypte et les croisés : les Baharites et les Syriens se réunirent pour attaquer les chrétiens.

l-qadéh de cette année correspond au 19 janvier de l'an 1252 de notre ère.

Fares-Oqtay était celui de tous les émirs auquel l'Égypte était le plus redevable des derniers succès obtenus : sa puissance s'en accrut, et ses partisans lui donnaient publiquement le titre de *Roi.* Il venait d'épouser la sœur de *él-Mansour,* sultan de *Hamah,* et exigea que cette princesse, comme fille de souverain, fût logée à la citadelle. *Ybek* y acquiesça; mais il sentit qu'il était temps de se défaire de celui qui pouvait devenir un dangereux rival : d'ailleurs depuis longtemps il nourrissait contre *Fares-Oqtay* des projets de vengeance : cet émir était à la tête du parti des mamlouks *salèhites,* qui lui avaient imposé le partage du trône avec le jeune *él-Mélek-él-Achraf :* il aposta plusieurs de ses affidés, parmi lesquels était *Séyf-éd-dyn-Qottouz,* qui depuis monta sur le trône.

Fares-Oqtay fut poignardé, au moment où il entrait dans son palais de la citadelle. Craignant les suites de ce guet-apens, *Ybek* fit fermer les portes de la citadelle et de la ville, et se tint prêt à tous les événements.

Ils ne se firent pas attendre : les émirs des *Salèhites,* avec *Beybars* à leur tête, vinrent aux portes de la citadelle, redemander avec menaces leur émir *Fares-Oktay,* qu'ils croyaient seulement arrêté : la tête de l'émir, jetée du haut des murailles, leur apprit, en roulant à leurs pieds, que leur réclamation n'avait plus d'objet, et leur inspira une telle épouvante, que, s'enfuyant vers la porte appelée *Bâb-él-Qarratyn,* ils l'enfoncèrent et prirent la fuite du côté de la Syrie. Les partisans de la faction des *Salèhites,* qui restaient au Kaire, furent arrêtés et jetés dans les prisons.

Ayant ainsi renversé le parti qui lui était opposé, *él-Mélek-él-Moëz-Ybek* s'empara du jeune *él-Mélek-él-Achraf* et le fit jeter dans un cachot, où ce malheureux prince mourut, après un an et un mois de règne.

Ce prince fut le dernier de la dynastie ayoubite en Égypte. Des rejetons de cette famille régnaient encore à Damas et à Alep, à *Hémesse,* à *Myafarekyn*; mais, moins de dix années après, ils devaient à leur tour s'éteindre, ne laissant qu'une seule branche, celle des sultans de *Hamah*, moins illustrée par la petite principauté qu'elle conserva pendant près d'un siècle que par l'honneur d'avoir produit le célèbre et savant *Abou-l-Féda,* sultan de *Hamah,* depuis l'an 718 de l'hégire (1) jusqu'à l'an 732 (2), auteur d'une Géographie et d'une histoire justement renommées.

Les peuples ont depuis longtemps oublié les noms de tous les sultans, fils ou collatéraux du grand *Salâh-éd-dyn,* qui ont passé sur la terre, en la foulant, ou marquant leurs pas par des ravages : la mémoire du sultan *Abou-l-Féda,* historien et géographe, vit encore de nos jours, et a acquis une gloire populaire et méritée.

Seul sultan sur le trône, sans égal au présent, sans rival à redouter à l'avenir, *Ybek* ne régnait pourtant pas par lui-même : il avait trouvé un maître dans la femme qu'il avait épousée : *Chageret-éd-dorr* lui intimait ses volontés, et *Ybek* n'osait leur résister. Ainsi *Chageret-éd-dorr,* toute déposée qu'elle était, régnait encore réellement, et avec plus de despotisme, sous le nom de son successeur devenu son époux. Cette domination lui devint intolérable, et il tenta de s'en affranchir ; mais il éprouva que se soustraire aux piéges cachés d'une femme est plus difficile que combattre en face les hommes.

Prétextant la stérilité de *Chageret-éd-dorr,* il lui donna des rivales dans ses concubines, et accorda ses préférences à une d'elles qui l'avait rendu père d'un fils, nommé *Nour-éd-dyn-Aly.* Il avait cessé depuis quelque temps ses visites à *Chageret-éd-dorr,* lorsqu'elle apprit qu'il était sur le point d'obtenir en mariage la fille de *Bedreddyn-Loulou,* roi de Moussoul. La jalousie de la reine d'Égypte s'était contenue, tant qu'elle n'avait eu que des rivales d'un rang inférieur ; sa vengeance ne connut plus de frein dès qu'elle sut qu'une fille de roi allait occuper sa place. La mort de *Ybek* fut résolue.

Chaque harem a un endroit secret destiné aux ablutions ; cinq eunuques blancs y furent cachés ; dès qu'*Ybek* y fut entré, se jetant sur lui, ils l'étranglèrent avec le châle de son turban, le mardi 23 du mois de Raby-êl-Aouel, l'an 655 de l'hégire (1). On répandit le bruit qu'il était mort d'un accès d'épilepsie.

Chageret-éd-dorr n'eut pas le temps de jouir de sa vengeance : effrayée elle-même de son attentat, elle fit venir deux des principaux émirs, *Gemal-éd-dyn Ydoughedy* et *Azz-éd-dyn-él-Haleby :* elle leur remit le sceau du sultan mort, en leur offrant, devant le cadavre de son mari, sa main avec l'empire. L'un et l'autre refusèrent.

La catastrophe s'était passée la nuit dans l'intérieur du palais : rien n'avait transpiré dans le Kaire avant le point du jour. Mais à cette heure la nouvelle fatale s'en répandit dans tous les quartiers : les mamlouks partisans d'*Ybek* jurèrent de le venger : le fils du sultan assassiné, *Nour-éd-dyn-Aly,* âgé de quinze ans seulement, fut placé sur le trône, sous le titre d'*él-Melek-él-Mansour* (le roi victorieux).

Le premier acte du jeune roi d'Égypte fut de faire saisir la meurtrière de son père, et de la livrer à l'odalisque dont il avait lui-même reçu le jour ; celle-ci abandonna la prisonnière à la barbarie de ses femmes, qui lui firent subir un supplice nouveau. Elles l'assommèrent à coups de leurs chaussures de bois appelées *Qobqab*, espèce de galoches ou sandales que portent les femmes dans l'intérieur du harem. Son cadavre, jeté nu dans les fossés de la citadelle, fut à demi dévoré par les chiens, puis déposé dans une tombe auprès de celle de *Sittéh-Nefysséh.*

Ainsi périrent misérablement, l'un par l'autre, en même temps, *Ybek* et *Chageret-éd-dorr,* comme si la destinée avait voulu punir, par leurs propres mains, les complices du meurtre de l'infortuné sultan *él-Melek-él-Moazzem.*

Le règne d'*Azz-éd-dyn-Ybek* avait été de six ans et onze mois. Le Kaire lui doit l'érection de plusieurs monuments, et entre autres d'un collége portant son nom (*él-Medresséh-él-Moëzyéh*), sur le bord du Nil au vieux Kaire, auquel il avait assigné des revenus considérables.

Nour-éd-dyn-Aly n'eut qu'un règne de courte durée ; il fut placé sous la tutelle de *Charf-éd-dyn,* Cophte d'origine,

(1) Cette année a commencé le dimanche 5 mars de l'an 1318 de l'ère chrétienne.

(2) Cette année a commencé le vendredi 4 octobre de l'an 1331 de l'ère chrétienne.

(1) Cette année a commencé le vendredi 19 janvier de l'an 1257 de l'ère chrétienne.

qui avait été médecin et favori du cinquième sultan ayoubite, puis vizir sous ce prince et ses successeurs. Nommé d'abord *Hebat-Allah* (Dieu-donné), il avait changé ce nom chrétien (1) pour le nom musulman de *Charf-êd-dyn* (gloire de la religion), et développa autant de talents comme vizir que comme médecin.

Malgré son habileté, l'émir *Séyf-êd-dyn Qottouz* ne tarda pas à le supplanter, et à se faire nommer *Atabek* (tuteur ou régent) du jeune prince. Cette nomination fut le signal d'un complot contre *Nour-êd-dyn-Aly*. *Qottouz* rappela au Kaire les émirs du parti *salèhite* qui s'étaient enfuis en Syrie; fort de leur appui, il assembla un divan général, et fit déclarer *Nour-êd-dyn-Aly* inhabile à régner, vu son jeune âge. Le jeune prince fut unanimement déposé, après un règne de deux ans et huit mois, le 4 du mois de Dou-l-Qadéh, de l'an 657 de l'hégire (2), et *Qottouz* proclamé sultan en sa place.

Séyf-êd-dyn-Qottouz était d'une origine plus noble que ses deux prédécesseurs : issu de race royale, il était fils de *Maoudoud-Chah*, neveu du souverain du Khouarezm : l'invasion des Tartares avait dispersé sa famille, et l'avait réduit à l'esclavage : il prit en montant sur le trône le nom d'*êl-Melek-êl-Mozzaffer* (le roi triomphant), et signala le commencement de son règne par l'emprisonnement et la mort du jeune prince qu'il venait de dépouiller : *Charf-êd-dyn*, qui avait voulu défendre les intérêts de son pupille, fut mis en croix à la porte de la citadelle.

Mais à peine *Qottouz* était-il inauguré, qu'on vit arriver au Kaire un officier tartare, porteur d'une proclamation de *Houlakou*, petit-fils de *Tchingis-Khân*. Les Tartares avaient déjà débordé dans toute l'Asie méridionale et orientale : *Houlakou*, frère de *Mangou-Khân*, empereur des Mogols, à la tête d'une armée innombrable, avait ravagé les deux provinces d'*Iraq*, saccagé les grandes villes de *Moussoul* et d'Alep; pris d'assaut Baghdad, l'an 656 de l'hégire (1), et mis à mort le khalyfe *êl-Mostassem-b-Illah*, dans lequel s'éteignit le khalyfat abbasside.

A la suite de ces invasions rapides, *Houlakou* s'était rabattu sur la Syrie; maître de Damas, des côtes maritimes et des principales villes syriennes, il s'avançait sur l'Égypte. L'historien *A'yny*, dans son opuscule intitulé : *Djouhar-êl-bouhour* (les perles des mers), nous a conservé le texte de cette proclamation, remarquable par son orgueil et son laconisme.

« De la part du roi de tous les rois, « qui règnent du couchant à l'aurore, « du plus puissant de tous les *Khans ;*

« *Houlakou-Khân*, dont les conquêtes « sont inouïes et les troupes innombra-« bles,

« Peuples de *Mesr* (l'Égypte), ne vous « hasardez pas à combattre contre moi : « vos efforts seraient impuissants : gar-« dez-vous d'imiter les peuples d'*Alep* et « de *Moussoul.* »

Cette sommation et les événements qui la précédaient apprirent à *Qottouz* quel terrible orage menaçait et son trône et l'Égypte. Ses armées venaient de combattre les croisés avec succès; profitant de l'enthousiasme que leur inspirait leur victoire, il les réunit, les augmenta de renforts nouveaux, appela à lui les tribus arabes, leva une contribution de 600,000 dynars (9 millions), les distribua à ses troupes, et partit du Kaire pour aller au-devant des Tartares, le dernier jour du mois de Chaabân de l'an 658 de l'hégire (2).

Les deux armées allaient se heurter, lorsqu'un courrier vint, du fond de la Tartarie, arrêter ce choc décisif. L'empereur *Mangou-Khân* venait de mourir, et *Houlakou*, ajournant ses projets de conquête sur l'Égypte, courut avec la plus grande partie de ses troupes saisir son héritage. Il ne laissa en Syrie que dix mille cavaliers d'élite, commandés par son parent et son lieutenant *Kelboghâ*. Celui-ci n'en continua pas moins sa marche contre le sultan d'Egypte. La rencontre eut lieu en Palestine, à *Ayn-êl-*

(1) Ce nom dans la langue arabe répond à ceux de *Théodosios*, *Théodoros* et *Théodotos* en grec, comme à celui de *Deodatus* en latin.

(2) Cette année a commencé le dimanche 29 décembre de l'an 1258 de notre ère. Le 4 du mois de Dou-l-Qadéh correspond au 22 octobre de l'an 1259 de notre ère

(1) Cette année a commencé le mardi 8 janvier de l'an 1258 de notre ère.

(2) Cette année a commencé le jeudi 18 décembre de l'an 1259 de notre ère.

Gâlout (la fontaine de Goliath) ; le combat fut sanglant, les Tartares périrent presque tous dans les rangs égyptiens. *Ketboghâ* fut trouvé parmi les morts, et son fils emmené comme esclave. D'ailleurs le butin fut immense : les bagages des Tartares renfermaient les riches dépouilles de tout l'Orient.

Fier de sa victoire sur les Tartares, jusqu'alors réputés invincibles, *él-Melek él-Mozzaffer-Qottouz* s'était mis en route pour le Kaire, lorsqu'un complot, depuis longtemps tramé contre lui, éclata tout à coup, le samedi 17 du mois de Dou-l-Qadéh de l'an 658 de l'hégire (1260 de l'ère chrétienne), par une occasion bien minime et bien imprévue, et lui fit perdre le trône et la vie, après un règne seulement de onze mois et treize jours.

Dans sa marche, le bruit de la cavalerie qui l'entourait fit lever un lièvre sous les pieds de son cheval : le sultan s'élança à sa poursuite, à travers le désert : il revenait seul de sa chasse inutile, quand l'un des émirs, *Roukn-éd-dyn-Beybars-él-Bondokdary,* arrive à sa rencontre, saisit sa main comme pour la baiser, et lui plonge son yataghân dans le cœur. Les autres émirs qui étaient du complot accoururent et l'achevèrent. Son corps fut déposé dans un petit tombeau, qu'on lui éleva auprès de celui du cheykh *Khalaf.* Les mamlouks de sa maison, épouvantés de ce meurtre, et craignant pour leur propre vie, se dispersèrent en différents villages de la basse Égypte.

L'Atabek du royaume se trouvait alors à *Salahyéh* avec la plus grande partie de l'armée : les meurtriers de *Qottouz* allèrent se présenter devant lui. « Qui a « porté le premier coup au sultan? » leur dit l'Atabek. — « C'est moi, dit hardiment « *Beybars.* — Eh bien, répondit l'A- « tabek, régnez donc en sa place. »

Beybars fut aussitôt proclamé sultan sous le titre d'*él-Melek-él-Qâher* (le roi vainqueur); mais ce titre lui déplut, comme de mauvais présage, ayant été jadis porté par un prince malheureux, et il le changea en celui de *él-Melek-él-Daher* (le roi illustre), y ajoutant encore celui d'*Abou-l-foutouh* (le père des victoires). Les surnoms d'*él-Alây* et d'*él-Bondokdary* lui furent aussi donnés, d'après les noms de son premier maître, *Ala-éd-dyn-Bondokdar*.

Parvenu à la couronne par un crime, *Beybars* se montra digne du trône, quand il y fut assis : il se rendit aussitôt au Kaire, nomma *Bohâ-éd-dyn* vizir, et le plus aimé de ses mamlouks, *Bily-bey,* grand trésorier. Il rappela les mamlouks de la maison de son prédécesseur, et les incorpora dans la sienne ; fit sortir des prisons tous ceux qui y étaient renfermés ; répandit ses largesses sur les milices; abolit les impôts exorbitants dont ses prédécesseurs avaient grevé l'Égypte, fit publier à la tribune de la prière solennelle les ordres les plus sévères contre les exacteurs tyranniques, et mérita par ces mesures paternelles les bénédictions du peuple.

Cependant son avénement trouva des opposants parmi les habitants de la Syrie : ils se révoltèrent, et se donnèrent pour roi l'émir *Sangar,* gouverneur d'Alep, à qui ils conférèrent le titre de *él-Melek-él-Moudjehed* (le roi guerrier). *Beybars* marcha aussitôt sur Damas et contre les Tartares qui venaient au secours de cette ville.

Damas fut assiégée, et *Houlakou* battu dans trois batailles successives. Damas, n'ayant plus d'espoir de secours, se rendit à discrétion à *Beybars,* qui y exerça des vengeances sanglantes, et soumit bientôt par ses armes tout le reste de la Syrie.

De retour au Kaire, *él-Melek-él-Daher-Beybars* s'occupait des soins d'amélioration de son administration intérieure, lorsqu'il y vit arriver, l'an 660 de l'hégire (1), les débris de la famille des Abbassides, qui, dans le désastre de leur ville capitale, avaient échappé au fer des Tartares : ces nobles fugitifs trouvèrent un asile à la cour de *Beybars,* qui voulut ressusciter le khalyfat abbasside, anéanti sous les ruines de Baghdad.

Parmi les réfugiés était le fils du khalyfe *él-Daher-be-amr-Illah,* arrière-prédécesseur du khalyfe *él-Mostassem-b-Illah,* massacré par les Tartares : *Beybars* le combla d'honneurs, fit vérifier sa descendance, et le proclama khalyfe sous le titre d'*él-Mostanser-b-Illah* (celui qui réclame le secours de Dieu). Dès lors le khalyfat abbasside eut pour siége le Kaire, dans cette seconde branche; mais tout

(1) Cette année a commencé le samedi 26 novembre de l'an 1261 de l'ère chrétienne.

pouvoir temporel était perdu pour lui : ce ne fut plus qu'une dignité purement spirituelle, dont l'autorité s'exerça obscurément encore pendant environ trois siècles, sous la protection des sultans d'Égypte.

Toutefois, ce rétablissement du khalyfat abbasside, au Kaire, sembla d'un mauvais augure pour la ville qui devait sa fondation aux Fatymites, et pour l'Égypte entière. Une famine affreuse vint la désoler. Cette année vit les pauvres se traîner sur la voie publique, implorant la pitié, pour en obtenir un peu de nourriture : mais elle vit aussi la généreuse commisération de *Beybars*, qui fit rassembler tous ces malheureux dans de vastes asiles, où chaque jour il leur faisait distribuer les vivres et les secours nécessaires : acte de bienfaisance qui sauva la vie à des milliers d'indigents. De plus, il ouvrit au public les greniers de l'État, fit venir en hâte des blés de la Syrie et d'autres contrées, et, grâce à ses soins, l'abondance ne tarda pas à reparaître.

Le sultan voulut célébrer ce retour de la prospérité publique par une solennité remarquable. Il prit pour occasion la circoncision de son fils, et sept jours entiers se passèrent en réjouissances : six cent quarante-cinq enfants, non compris ceux des grands de la cour, furent circoncis en même temps aux dépens du prince ; chacun d'eux reçut en don un vêtement complet, un mouton et cent *dirhems* (environ 120 francs de notre monnaie).

La présence du nouveau khalyfe avait donné plus de solennité à cette cérémonie religieuse : *Beybars* voulut lui en témoigner sa reconnaissance, en lui donnant une petite armée, qui devait le rétablir sur le trône de ses ancêtres. Mais, sur la route de Baghdad, l'escorte fut surprise par un fort parti de Tartares, et exterminée, sans qu'un seul des soldats échappât. *Él-Mostanser-b-Illah*, après avoir été khalyfe cinq mois et vingt jours, y périt de la même main qui avait égorgé son prédécesseur. Il fut remplacé au Kaire par le khalyfe *él-Hakem-be-amr-Illah.*

Après ce massacre, les Tartares s'étaient repliés, se dérobant ainsi aux représailles : une autre expédition fut consacrée par *Beybars* à la vengeance. Avant de monter sur le trône d'Égypte, il avait, pendant des années d'exil et de disgrâce, laissé sa femme à *Karak* sous la protection de *Fatah-éd-dyn,* maître de cette citadelle. *Fatah-éd-dyn* avait, au mépris des droits sacrés de l'hospitalité, abusé de son pouvoir, et violé indignement la femme confiée à son honneur.

Beybars se voyait en position de punir l'attentat, et courut à la vengeance. La citadelle était imprenable ; elle avait résisté, sous le brave Renaud de Châtillon, à toutes les forces du puissant *Saláh-éd-dyn; Fatah-éd-dyn* fut attiré dans une embuscade, et tomba au pouvoir du sultan. Le coupable fut aussitôt livré par lui à sa femme outragée, et elle le fit mourir du même supplice qui avait terminé la vie de *Chageret-éd-dorr.*

Karak, n'ayant plus de maître, se livra au sultan d'Égypte.

De retour au Kaire, *Beybars* préparait une nouvelle expédition contre les chrétiens de Syrie, qu'il voyait à regret posséder encore plusieurs des principales places de la Palestine, lorsqu'il se déclara au Kaire un incendie considérable, qui en dévora les plus beaux quartiers : les chrétiens en furent accusés, et ne purent se soustraire à une persécution cruelle, qu'en se soumettant à payer 50,000 dynars (750,000 francs) destinés à la réparation des dommages, mais qui furent plutôt employés aux frais de la guerre contre leurs frères de Syrie.

Les années 663 et 664 de l'hégire (1) furent tout entières employées à cette guerre. *Beybars* s'empara de Césarée, mit le siége devant Saint-Jean d'Acre, et fut obligé de le lever, pour marcher contre les Tartares, qui, réunis aux Arméniens, avaient pris Damas et menaçaient la Syrie.

Arrivé devant Damas, il n'y trouva plus d'ennemis; la mort de *Houlakou-Khân* ayant occasionné la retraite de ses troupes. Alors *Beybars* se jeta sur l'Arménie, dont *Haython,* roi chrétien, était souverain, fit tomber en son pouvoir *Sis*, sa capitale, et les principales places du royaume, étendant ses conquê-

(1) La première de ces deux années a commencé le vendredi 24 octobre de l'an 1264 de l'ère chrétienne ; la seconde, le mardi 13 octobre de l'an 1265.

tes jusqu'à l'Anatolie. *Abakah-Khân*, fils et successeur de *Houlakou-Khân*, vint l'y attaquer, et le força à la retraite; mais, rentrant en Syrie, il prit *Safet*, dont il massacra les habitants, et rentra dans sa capitale, après s'être rendu maître de *Eylah* sur la mer Rouge.

Beybars passa l'année 665 de l'hégire (1) au Kaire, y préparant une nouvelle armée, et s'occupant d'administration intérieure. Attribuant ses derniers revers à la colère céleste irritée par la dépravation des mœurs, il ferma les lieux de prostitution et les tavernes où l'on vendait le *hachych*, liqueur enivrante tirée du chanvre fermenté (2).

L'an 666 de l'hégire (3) revit encore le sultan en Palestine : *Yaffâ* (Jaffa), *Cheqyf-Arnoum, Tabaryéh* (Tibériade), *Arsouf* (Antioche), *Antakyéh, Bogrâs, Qareyn, Safyna, Moraqyéh, Aybas* tombent entre ses mains : la prise de Baghdad couronne la campagne. De retour au Kaire, il en part pour le pèlerinage de la Mekke, avec son fils *Barkah-Khân*, court chasser les Tartares d'Alep, visite à Hébron le tombeau d'Abraham, va à Jérusalem se prosterner dans la cité sainte, et rentre au Kaire, mêlant ainsi les expéditions guerrières et religieuses.

L'an 670 de l'hégire (4), *Beybars* tourne ses armes contre les derniers restes de la secte des Assassins (5), que *Houlakou-Khân* avait déjà détruite dans l'*Irâq*. La prise du château des Kurdes, leur dernier repaire, mit le dernier sceau à l'anéantissement de cette infâme corporation, la terreur des rois.

La même année, le sultan d'Égypte reçut de riches présents du comte de Tripoli, auquel il accorda son amitié et la paisible possession de ses domaines.

Cependant les Tartares venaient encore de se jeter en Syrie, et ils assiégeaient la ville de *Byrah* (l'ancienne *Virta*). *Beybars* quitte la Palestine, court en Mésopotamie, de Mésopotamie en Égypte, d'Égypte à Damas, où il arrive avec deux armées commandées, l'une par lui-même, l'autre par l'émir *Qalâoun-él-Elfy*, et y livre la bataille de *Byrah* : les Tartares et les musulmans se précipitèrent les uns sur les autres, avec la fureur et le fanatisme de deux ennemis rivaux, de cultes différents.

Le combat, d'abord incertain, fut décidé en faveur du sultan d'Égypte par la tactique qu'il employa en tournant habilement son ennemi. Les fruits de la victoire furent la délivrance de *Byrah* et la conquête de toute l'Arménie, qui fut livrée au pillage.

A sa rentrée au Kaire, *Beybars* trouva les rues tendues de tapisseries et richement pavoisées, pour la réception triomphale du vainqueur des Tartares et de l'exterminateur des *Assassins*.

Aux fêtes solennelles succéda la peste : heureusement l'été survint et arrêta les progrès du fléau.

Un autre fléau, la guerre, régna de nouveau pendant les deux années 672 et 673 de l'hégire (1). *Abakah-Khân* était revenu assiéger *Byrah*; mais il en fut chassé par les armées égyptiennes, que commandait l'émir *Qalâoun*. Beybars récompensa son général, en lui donnant pour gendre son propre fils, croyant d'ailleurs qu'un jour celui-ci trouverait dans son beau-père le plus ferme soutien de son trône.

Ces dernières victoires avaient ôté toute crainte du côté de la Syrie : libre de se livrer à d'autres entreprises, l'an 674 de l'hégire (2), le sultan d'Egypte envoya l'émir *Aqsonqor-él-Farghâny* conquérir la Nubie : la bataille d'*Assouân* décida du sort de cette contrée, et donna à l'Égypte toute la vallée du Nil supérieur : cette même année, les armes de *Beybars* triomphèrent également à l'occident, et le royaume de *Barqah* fut heureusement conquis.

C'est au milieu de cet apogée de prospérité croissante que la mort attendait

(1) Cette année a commencé le samedi 2 octobre de l'an 1266 de notre ère.

(2) Voyez ci-dessus la note, page 125. Pendant notre expédition d'Égypte on fut obligé d'interdire absolument la fabrication de cette boisson dont l'usage causait une ivresse furieuse, souvent signalée par l'assassinat de nos soldats.

(3) Cette année a commencé le jeudi 22 septembre de l'an 1267 de notre ère.

(4) Cette année a commencé le dimanche 9 août de l'an 1271 de notre ère.

(5) Voyez la note ci-dessus page 125.

(1) La première de ces deux années a commencé le mardi 18 juillet de l'an 1273 de l'ère chrétienne; la seconde, le samedi 7 juillet de l'an 1274.

(2) Cette année a commencé le jeudi 27 juin de l'an 1275 de notre ère.

Beybars. L'an 675 de l'hégire (1) les Tartares ayant menacé de nouveau la haute Syrie, le sultan se rendit à *Hémesse*, pour diriger lui-même les opérations militaires, en cas d'invasion.

A cette époque il y eut une éclipse totale de lune, où les astrologues lurent la mort d'un grand prince : Beybars crut au pronostic, et s'imagina en être personnellement menacé. Persuadé que sa mort serait l'effet d'un complot tramé par quelque rival, il voulut se défaire du seul dont il pensait avoir à redouter les droits au trône d'Égypte, c'est-à-dire du prince *Dâoud-Nasser-éd-dyn*, petit-fils du sultan *Tourân-Châh* et dernier rejeton de la race des *Ayoubites*. Il présenta une coupe empoisonnée à *Dâoud*, qui ne but qu'une portion de la liqueur : croyant la coupe entièrement vidée du poison, et sans danger pour lui, *Beybars* la fit remplir de nouveau pour lui-même, but, et expira à côté de sa victime. Au lieu d'un grand prince mort, les astrologues en eurent deux pour justifier leur prédiction.

El-Mélek-él-Daher-Beybars mourut ainsi, le 27 du mois de Moharrem de l'an 676 de l'hégire (1), après avoir régné dix-sept ans, deux mois et dix jours (2).

Son règne fut également remarquable par de grands désastres et par des victoires brillantes; mais sa plus grande illustration se tire des monuments nombreux et des constructions utiles que l'Égypte doit à sa munificence.

A Damiette, la réédification de la ville presque entière, les travaux de défense du *Boghâz* (3), le rétablissement de la chaîne qui ferme le port; à Alexandrie, la construction des murailles, la réparation du phare, le curage à fond et le recreusement du canal; à Rosette, des fortifications et des travaux d'assainisse-

(1) Cette année a commencé le lundi 15 juin de l'an 1276 de notre ère.

(1) Cette année a commencé le vendredi 4 juin de l'an 1277 de l'ère chrétienne.

(2) Monnaies du sultan *él-Mélek-él-Daher Beybars*, remarquables en ce qu'elles portent ses armoiries représentant un lion passant.

(3) C'est par ce nom que l'on désigne les embouchures du Nil.

ment; à *Tahah* dans la basse Égypte, l'excavation d'une source chaude d'eaux minérales; les ponts de *Chobrament* près de Gyzéh, d'immenses greniers publics au vieux Kaire; près de cette dernière ville, la mosquée d'*Athâr-ên-Naby* (les traces du Prophète), où une pierre, portant, dit-on, l'empreinte des pieds de Mahomet, attire encore de nos jours, tous les mercredis, un nombreux concours de dévots musulmans; au Kaire, la réparation à neuf de la célèbre mosquée d'*él-Azhar,* des ponts sur le canal nommés d'*Abou-Menedjéh* et d'*él-Sabaâ,* c'est-à-dire des lions (1), de la grande tour de la citadelle qui tombait en ruine; plusieurs mosquées, et entre autres celle qui, située hors la ville vers le nord, fut convertie en poste militaire par les Français et nommée le *fort Shulkowsky;* en Syrie enfin, la reconstruction des villes ruinées par les Tartares; toutes ces dépenses exécutées sans fouler les peuples de nouveaux impôts, avec le seul produit du butin fait sur les ennemis; voilà les titres qui recommandent réellement *él-Mélek-êl-Daher-Beybars* à la reconnaissance de l'Égypte et à la mémoire de la postérité.

Il laissa après lui sept filles et trois fils, dont deux lui succédèrent l'un après l'autre; *Mohammed-Nasser-êd-dyn-Barkah-Khân* fut le premier.

Les émirs décidèrent en grand conseil de tenir cachée la mort de *Beybars,* de peur que les ennemis ne cherchassent à en profiter. Son corps fut inhumé secrètement à Damas, et ils annoncèrent que le sultan malade se faisait transporter au Kaire dans une litière et rappelait l'armée en Égypte. Les troupes se mirent en marche pour le Kaire, et à peine la litière était-elle introduite dans la citadelle, que *Barkah-Khân* fut proclamé sous le titre d'*él-Mélek-êl-Sayd* (le roi fortuné). L'heureux présage de ce nom ne devait pas être réalisé.

Byli-bek fut créé *Atabek* (lieutenant général du royaume). *Byli-bek,* acheté en bas âge par *Beybars,* était devenu son favori et son grand trésorier; l'intégrité et les qualités qu'il avait déployées dans ses fonctions justifièrent cette faveur, et le firent juger digne d'être le tuteur du jeune prince. Celui-ci conçut le plus vif attachement pour *Byli-bek* et se laissa entièrement conduire par lui.

L'Égypte fut heureuse sous cette administration bien dirigée; mais ce bonheur ne fut pas de longue durée. *Byli-bek* mourut; *Barkah-Khân* soupçonna les émirs d'être les auteurs de cette mort et, à tort ou à raison, il sévit contre eux. *Aqsonqor,* le vainqueur de la Nubie, élu pour remplacer *Byli-bek,* fut relégué et étranglé dans une des tours d'Alexandrie; les autres émirs, craignant le même sort, conspirèrent contre le sultan.

Une révolte, qui éclata alors à Damas, suspendit les effets de cette conspiration.

Charf-êd-dyn-Sangar, surnommé *êl-Achqar,* c'est-à-dire *le Roux,* venait de se faire reconnaître en Syrie comme souverain sous le titre d'*él-Mélek-êl-Kamel* (le roi parfait). *Barkah-Khân* accourut à Damas, et fixa son quartier général au palais d'*Ablaq,* construit par son père.

Là il éventa le complot tramé contre lui par les émirs, qui eurent à peine le temps de se soustraire à sa vengeance, en abandonnant le camp, à la tête de leurs Mamlouks; ils prirent la route du Kaire et s'y fortifièrent. Le sultan vint pour les attaquer, mais, déconcerté par leur attitude menaçante, il se retrancha lui-même dans la citadelle. Les rebelles l'y bloquèrent et le réduisirent à capituler. Ses propositions furent reçues avec insolence, et l'entremise du khalyfe *él-Hakem-be-amr-Illah* put à peine lui faire accorder la vie; mais il fut déposé au mois de Raby-êl-Aouel de l'an 678 de l'hégire (1) après avoir régné seulement deux ans et trois mois.

Les émirs l'exilèrent à *Karak,* et l'enfermèrent dans cette citadelle; mais peu de temps après, ils revinrent à des décisions plus violentes, et prononcèrent sa mort; l'arrêt allait être exécuté, lorsqu'on apprit qu'il venait de mourir d'une chute de cheval.

(1) Ainsi nommé à cause de deux grands lions en marbre qui le décorent, ce qui est d'autant plus remarquable, que la religion musulmane interdit à ses sectateurs les représentations d'hommes et d'animaux. Nous avons vu dans une note précédente que le sultan Beybars avait pris le lion pour emblème dans ses armoiries.

(1) Cette année a commencé le dimanche 14 mai de l'an 1279 de l'ère chrétienne.

Il avait été remplacé sur le trône par son frère *Bedr-éd-dyn-Salâmech*, âgé seulement de sept ans et quelques mois. Le jeune sultan prit le titre d'*él-Mélek-él-Adel* (le roi équitable), et on lui adjoignit comme *Atabek* ou régent, l'émir *Seyf-éd-dyn-Qaláoun-él-Élfy*, dont la fille était sa belle-sœur.

Placé si près du trône, *Qalâoun* ne s'occupa qu'à en renverser son pupille. Il y parvint en captant les suffrages des émirs et du khalyfe lui-même. Après quatre mois et quelques jours de règne, dans le mois de Regeb de cette même année, *él-Mélek-él-Adel-Salâmech* fut déposé, relégué dans la forteresse de Karak, et *Qalâoun* proclamé sultan d'Égypte sous le titre d'*él-Mélek-él-Mansour* (le roi victorieux), titre qui avait déjà été porté par le second sultan de cette dynastie.

Le nouveau sultan nomma au vizirat *Fakhr-éd-dyn*, son secrétaire particulier, et chargea l'émir *Tarta-Bây* d'aller réduire les rebelles de Damas. *El-Mélek-él-Kamel* s'y défendit avec courage, mais, l'an 680 de l'hégire (1), il fut forcé de se rendre à discrétion au vainqueur, qui le fit conduire au Kaire, où il vécut depuis dans l'obscurité. L'émir *Houssam-éd-dyn-Lagyn* fut créé gouverneur de Damas et de toute la Syrie.

Cette même année fut signalée par le mariage du sultan avec la fille de l'émir *Zakkây* : les fêtes nuptiales furent célébrées avec le faste le plus magnifique.

L'année suivante, 681 de l'hégire (2), les Tartares revinrent encore en Syrie, en deux corps d'armée, l'un commandé par *Abakah-Khân*, l'autre, de quatre-vingt mille cavaliers, par son frère *Mangou-Tymour*. Les Égyptiens, malgré l'infériorité de leur nombre, battirent les Tartares, *Mangoul-Tymour* fut tué, et *Abaka-Khân* contraint de se retirer à *Hamadân*, où il mourut empoisonné par son troisième frère, *Nikoudar-Oghlân*, qui s'empara du trône et embrassa l'islamisme sous le nom d'*Ahmed-Khân*.

Le nouveau musulman écrivit à *Qalâoun* et entretint avec l'Égypte une bonne intelligence. Ces relations d'amitié se conservèrent entre les deux États, même lorsque *Arghoun* eut tué et remplacé *Ahmed-Khân* sur le trône de Tartarie.

Mais, tandis que l'Égypte n'avait à redouter aucun ennemi au dehors, un désastre public vint en affliger l'intérieur, l'an 682 de l'hégire (1). Un refus d'obéissance contre quelques-unes de ses ordonnances courrouça tellement le sultan contre les habitants du Kaire, qu'il livra la ville au sabre de ses Mamlouks : l'innocent comme le coupable furent enveloppés dans cette exécution sanglante; les rues furent inondées de sang et jonchées de cadavres d'hommes, de femmes et d'enfants. Le carnage dura trois jours entiers. Enfin les *Ulémâs* (2) vinrent à bout de calmer la fureur du prince : il se repentit de s'y être abandonné, et les historiens arabes prétendent que c'est en expiation de ces excès qu'il conçut le projet d'élever un hospice destiné au soulagement de l'humanité souffrante. Cet édifice achevé, ou plutôt reconstruit quelques années après par son fils *él-Mélek-él-Nasser*, devint le célèbre hôpital du *Moristân* (3).

L'an 683 de l'hégire (4) fut marqué par le changement que *Qalâoun* imposa au costume des Mamlouks : il supprima les broderies et les ornements en or, leurs longues tresses de cheveux renfermées dans des bourses de soie, leur enjoignant la simplicité qui convient aux guerriers. Puis il alla prendre le fort de *Merfed*, après trente-trois jours de siége, et, l'an 684 de l'hégire (5), força le château de *Karak*, et y fit prisonnier *Sa-*

(1) Cette année a commencé le mardi 22 avril de l'an 1281 de notre ère.

(2) Cette année a commencé le samedi 11 avril de l'an 1282 de notre ère.

(1) Cette année a commencé le jeudi premier avril de l'an 1283 de notre ère.

(2) On donne ce nom à la corporation des gens de loi et des savants : c'est toujours parmi eux que sont choisis les qâdys et les autres magistrats.

(3) Voyez pour la description et l'historique de ce magnifique établissement, la notice détaillée que j'en ai publiée dans le second volume des Contes du Cheyk él-Mohdy, que j'ai traduits de l'arabe sur le manuscrit autographe de l'auteur. Il y a aussi à la citadelle du Kaire une belle mosquée qui porte le nom du sultan Qalâoun.

(4) Cette année a commencé le lundi 20 mars de l'an 1284 de notre ère.

(5) Cette année a commencé le vendredi 9 mars de l'an 1285 de l'ère chrétienne.

lâmech, qui avait tenté de s'y faire reconnaître pour souverain.

Le prince vaincu fut ramené au Kaire, où il vécut dans l'obscurité, jusqu'aux temps qui suivirent la mort de *Qalâoun*.

Libre de tout ennemi qui pût occuper son activité au dehors, le sultan *Qalâoun* se mit, l'an 685 de l'hégire (1), à faire la guerre à ses vizirs; il les déposa, les remplaça, les renomma, et les destitua alternativement : enfin, après une longue série de destitutions, cette charge échut à *Chems-êd-dyn*, qui réussit à la conserver assez longtemps.

Le sultan fit alors reconnaître son premier fils, *Aly*, pour son successeur au trône, sous le nom de *él-Mélek-êl-Salèh* (le roi vertueux), et l'associa à son pouvoir, dans l'intention de laisser entre ses mains l'administration, lorsque quelque expédition militaire nécessiterait son absence. Il n'eut pas la satisfaction de voir longtemps son fils décoré de ce titre. *Aly* mourut d'une fièvre chaude, l'an 687 de l'hégire (2).

Cette perte affligea profondément *Qalâoun;* il crut se distraire de sa douleur, en allant fondre sur Tripoli de Syrie, au pouvoir des chrétiens depuis cent quatre-vingts ans, et dont les richesses s'étaient accrues par cette longue période de possession paisible. Malgré sa résistance, la ville fut prise et rasée, les habitants égorgés, et une nouvelle ville fut fondée par le sultan sur les ruines de l'ancienne.

De retour au Kaire, *Qalâoun* y reçut des ambassadeurs du roi d'Aragon Alphonse, et conclut avec eux un traité, le 13 du mois de Raby-êl-Aouel de l'an 689 (3) de l'hégire (24 avril de l'an 1290 de l'ère chrétienne.) Il survécut peu à ces négociations; consumé de chagrins, il s'éteignit le samedi 6 du mois de Dou-l-Qadéh de cette même année (9 décembre 1290 de l'ère chrétienne). Ses obsèques furent magnifiques : tous les corps religieux, civils et militaires, l'accompagnèrent jusqu'au *Moristân*, où il fut inhumé et où l'on voit encore son tombeau. Il avait régné onze ans, trois mois et six jours (1).

Son règne fut illustré par des victoires et la fondation d'établissements utiles : il fut la tige d'une longue suite de rois, dont la succession fut peu interrompue, jusqu'au renversement de sa dynastie par celle des Mamlouks *Circassiens*. Aussi les écrivains orientaux lui ont-ils décerné le titre d'*Abou-l-moulouk* (le Père des rois), comme précédemment ils avaient donné à *Abd-êl-Mélek* celui de Père des hhalyfes (*Abou-l-Kholefa*).

Mais il fut lui-même la première cause du détrônement de sa postérité; car c'est lui qui, sans profiter de l'avertissement que lui donnait l'exemple fatal de son prédécesseur le sultan ayoubite *él-Mélek-êl-Salèh*, créa ce corps militaire de douze mille esclaves circassiens, dont la révolte fut ensuite si funeste à ses descendants. Il avait joint à ses noms et surnoms celui d'*él-Élfy* et celui d'*Abou-l-maaly*, qu'avait porté le successeur de *Beybars*.

Le surnom d'*Elfy* vient du mot arabe *Alf* ou *Elf* (mille), et il le prenait parce qu'il se vantait d'avoir été acheté 1,000 dynars (15,000 francs.)

Les oiseaux du ciel éprouvèrent eux-mêmes les effets de sa bienfaisance particulière. C'est lui qui fit placer dans plusieurs mosquées ces vases, qu'on y voit encore, et qu'on remplit journellement de grains pour leur subsistance.

Son fils aîné, *Salah-êd-dyn-Khalyl*, lui succéda, sous le nom de *él-Mélek-êl-Achraf* (le roi très-noble).

Le nouveau sultan choisit *Bedr-êd-dyn* pour son vizir, et proclama la *guerre sacrée* contre les Francs.

L'an 690 de l'hégire (2), il alla assiéger Saint-Jean d'Acre, dernier et unique retranchement des chrétiens, qui le défendirent en désespérés. La place fut

(1) Monnaie du sultan *él-Mélek-êl-Mansour-Qalâoun* frappée à Alep.

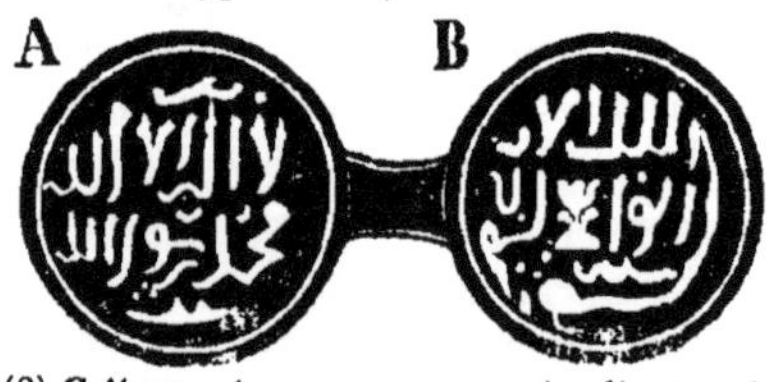

(1) Cette année a commencé le mercredi 27 février de l'an 1286 de notre ère.

(2) Cette année a commencé le vendredi 6 février de l'an 1288 de notre ère.

(3) Cette année a commencé le samedi 14 janvier de l'an 1290 de notre ère.

(2) Cette année a commencé le jeudi 4 janvier de l'an 1291 de notre ère.

prise et pillée, les habitants massacrés, les murailles démolies. De retour au Kaire, l'an 691 de l'hégire (1), il envoya en exil à Constantinople *Salâmech,* dont la présence en Égypte lui causait quelque ombrage.

Tranquille de ce côté, il se porta en Arménie, ravagea le territoire, prit la ville d'*Erzeroum* (2), réputée imprenable, et revint au Kaire, où la mort, qui l'avait respecté sur les champs de bataille, l'atteignit dans son harem. Une de ses femmes, complice du Mamlouk *Beydara,* qui aspirait au trône, le frappa d'un coup de poignard dans l'abdomen, et l'étendit mort à ses pieds, au mois de Moharrem de l'an 693 de l'hégire (3). Il avait régné trois ans, deux mois et quatre jours.

Beydara ne régna qu'un seul jour sous le nom de *él-Mélek-él-Qâher* (le roi vainqueur); les Mamlouks l'immolèrent avec ses complices à la vengeance du sultan assassiné.

Le frère d'*él-Mélek-él-Achraf, Mohammed-ben-Qalâoun,* âgé seulement de neuf ans, fut aussitôt proclamé sultan, et revêtu du titre de *él-Mélek-él-Nasser* (le roi protecteur). Le règne de ce prince est, de tous ceux que nous présente l'histoire d'Égypte, le plus remarquable par les vicissitudes variées et les révolutions successives qui en agitèrent la longue durée.

Le bas âge d'*él-Mélek-él-Nasser* fit la fortune de l'émir *Zeyn-éd-dyn-Ketboghâ,* surnommé *él-Mansoury,* parce qu'il avait été esclave du sultan *él-Mélek-él-mansour-Qalâoun.* Nommé, comme celui-ci, régent du royaume, il voulut aussi comme lui être plus encore, et aspira au trône de son pupille.

Il trouva d'abord un obstacle à ses projets dans l'émir *Elm-éd-dyn-Changar,* surnommé *él-Chagây* (serpent), qui, devenu vizir, nourrissait un dessein semblable, mais qui fut mis à mort par l'ordre de son rival, avant d'en avoir pu assurer l'exécution.

Débarrassé de ce compétiteur, *Ketboghâ* se déclara ouvertement, renversa du trône le jeune *él-Mélek-él-Nasser,* après environ un an de règne, le fit reléguer à *Karak,* exil ordinaire des sultans déchus, et au mois de Moharrem de l'an 694 de l'hégire (1) se fit proclamer sultan, sous le titre d'*él-Mélek-él-Adel* (le roi équitable), titre qui avait déjà été porté par l'un de ses prédécesseurs, *Salâmech,* fils de *Beybars* 1er du nom. *Fakhr-éd-dyn,* l'ancien vizir du sultan *Qalâoun,* devint le premier ministre de l'usurpateur qui venait de chasser du trône le fils de son ancien maître.

L'usurpation de *Ketboghâ* sur le trône de l'Égypte fut comme le signal donné à tous les fléaux, pour fondre sur cette malheureuse contrée. La peste, puis la famine, en décimaient les populations, et la guerre vint mettre le comble à ces désastres; l'avénement de *Ghâzân-Khân* à l'empire de l'Asie réveillait les haines des Tartares et les rappelait aux hostilités.

Ghazân-Khân, fils d'*Arghoun-Khân,* en prenant possession de la couronne de son père, après les règnes de son oncle, *Kaykhtou-Khân,* et de *Baydou-Khân,* jeta ses regards sur la Syrie, dont il convoitait la conquête. Il accusa *Ketboghâ,* sur un prétexte peu fondé, d'avoir enfreint les traités, et envoya contre lui une armée commandée par *Koutlouk.*

Forcé à la guerre, *Ketboghâ* leva des troupes de son côté, et, craignant de s'absenter du Kaire, en donna le commandement à un de ses lieutenants.

Les musulmans ne purent tenir devant le torrent tartare; leur armée fut taillée en pièces, la Syrie entière dévastée : dix mille familles, échappées avec peine au fer et à l'incendie, vinrent se réfugier en Égypte, ayant à leur tête leur gouverneur, l'émir *Hossam-éd-dyn-Lâgyn,* dont l'arrivée fut plus fatale à *Ketboghâ* que la défaite de ses troupes et la perte de ses provinces.

Lâgyn, surnommé *él-Mansoury,* comme *Ketboghâ* et par la même raison, fut à peine au Kaire, que, de concert avec *Qara-Songor,* il convoqua les émirs en grand divan, et l'on y arrêta spontanément qu'un sultan qui ne voulait pas se mettre lui-même à la tête de ses armées, était indigne du trône.

Au mois de Ramaddân de l'an 696 de l'hégire (2), après environ deux ans de

(1) Cette année a commencé le lundi 24 décembre de l'an 1291 de notre ère.

(2) L'ancienne *Arze,* nommée *Artze* par les écrivains du Bas-Empire.

(3) Cette année a commencé le mercredi 2 décembre de l'an 1293 de l'ère chrétienne.

(1) Cette année a commencé le dimanche 21 novembre de l'an 1294 de l'ère chrétienne.

(2) Cette année a commencé le mardi 30 octobre de l'an 1296 de notre ère.

règne, *él-Mélek-él-Adel-Ketboghâ* fut déclaré déchu du sultanat, et *Hossam-éd-dyn-Lâgyn-él-Mansoury*, inauguré en sa place, prit le titre d'*él-Mélek-él-Mansour* (le roi victorieux), comme le prince dont il avait été l'esclave. On permit à *Ketboghâ* de se retirer à *Ser-khad* en Syrie.

Le règne de ce second usurpateur ne fut pas plus long que celui du premier : deux ans après, le onzième jour du mois de Raby-él-Thâny de l'an 698 de l'hégire (2) *él-Mélek-él-Mansour-Lâgyn*, après un règne de deux ans et trois mois, fut poignardé par un de ses Mamlouks.

Le trône était vacant; il y eut un interrègne de quarante et un jours, pendant lequel l'émir *Seyf-éd-dyn-Taadjy* se fit proclamer sultan par quelques partisans, sous le titre de *él-Mélek-él-Qaher*, qu'avait déjà porté avant lui l'usurpateur *Beydarâ*. Ce nom leur fut également fatal : comme *Beydarâ*, *Seyf-éd-dyn-Taadjy* ne régna qu'un jour, et, comme lui, fut massacré par les Mamlouks.

Enfin les émirs procédèrent à l'élection d'un sultan, et le jeune *él-Mélek-él-Nasser*, fils de *Qalâoun*, alors âgé d'environ quinze ans, fut rappelé à la possession de l'héritage paternel.

Les émirs députèrent plusieurs d'entre eux à *Karak*, pour ramener ce prince au Kaire : sa mère, qui était auprès de lui, effrayée, et craignant que cette mission ne cachât quelque projet funeste à son fils, refusait de le laisser partir; elle ne fut rassurée qu'en voyant les émirs se prosterner devant lui et le proclamer sultan d'Égypte.

Quelques opposants au rappel de *él-Mélek-él-Nasser* tentèrent de prendre les armes; mais ils furent bientôt forcés à la soumission.

Un danger plus réel vint menacer le sultan. Les Tartares, sous la conduite de *Ghâzân-Khân*, étaient de nouveau rentrés en Syrie, et l'avaient rapidement conquise : *él-Mélek-él-Nasser* rassembla ses forces, et courut aux Tartares, l'an 700 de l'hégire (2). Les deux armées se rencontrèrent à *Hémesse;* les musulmans furent battus, et prirent la fuite jusqu'en Égypte; mais le sultan les rallia, leur joignit des renforts considérables et marcha de nouveau aux Tartares.

Ceux-ci, se croyant définitivement maîtres de la Syrie, avaient levé des contributions considérables et y avaient organisé des gouvernements : suivant l'expression de l'écrivain arabe *Gemal-éd-dyn-ben-Toghry-Bardy*, « ils couvraient les villes et les campagnes « comme les nuées d'une nuit orageuse. »

Les deux armées se livrèrent bataille dans la plaine d'*él-Safer*, auprès de Damas : les Egyptiens plièrent d'abord; mais, revenant à la charge, ils reprirent un tel avantage, que les Tartares furent taillés en pièces; peu d'entre eux échappèrent au cimeterre des soldats de *él-Mélek-él-Nasser*.

Le sultan vainqueur rentra en triomphe au Kaire, par la porte de la Victoire (*Bâb-él-Nasr*), et des fêtes magnifiques célébrèrent son heureux succès.

N'ayant plus rien à redouter du côté de la Syrie, il employa ses troupes, l'an 701 de l'hégire (1), à soumettre les tribus arabes de la haute Égypte; l'expédition fut également heureuse : les Arabes-Bedouins furent rejetés dans les déserts, et la victoire mit au pouvoir des troupes égyptiennes, s'il faut en croire un auteur contemporain, cinq mille chevaux, cent mille moutons, trente mille têtes de gros bétail, bœufs ou buffles, et des armes innombrables. Les femmes et les enfants pris aux ennemis furent vendus au Kaire.

L'an 702 de l'hégire (2) fut une année désastreuse pour les contrées orientales; un violent tremblement de terre répandit la désolation en Égypte et en Syrie; les maisons furent renversées, les eaux des puits élevées jusque hors de leurs margelles; la mer abandonna ses rivages, qu'elle inonda ensuite de nouveau avec furie, renversant les habitations et noyant les habitants.

Le désordre des éléments semblait s'être communiqué aux sociétés humaines. Les émirs s'étaient séparés en partis ennemis les uns des autres; bientôt ces fractions, divisées par la haine et les intérêts, se réunirent dans un sentiment commun d'hostilité envers le sultan qu'ils avaient deux fois placé sur le trône.

(1) Cette année a commencé le jeudi 9 octobre de l'an 1298 de notre ère.

(2) Cette année a commencé le vendredi 16 septembre de l'an 1300 de l'ère chrétienne.

(1) Cette année a commencé le mercredi 6 septembre de l'an 1301 de notre ère.

(2) Cette année a commencé le dimanche 26 août de l'an 1302 de notre ère.

Redoutant leur violence, *él-Melek-él-Nasser* se détermina à s'y soustraire avant l'explosion.

Il feignit d'entreprendre un pèlerinage à la Mekke, et, partant sous ce prétexte du Kaire, avec une nombreuse escorte, sur la fidélité de laquelle il pouvait compter, il se rendit à *Karak :* il s'y fortifia, y fit saisir le trésor qui y était renfermé, et qui contenait 27,000 dynars (environ 450,000 francs) et 1,700,000 dirhems (près de 2,000,000 de francs); puis, renvoyant au Kaire les insignes de la royauté, il écrivit aux Mamlouks qu'il abdiquait, et qu'ils pouvaient nommer qui ils voudraient pour occuper le trône en sa place.

A la réception de cette missive, le 25 du mois de Ramaddân de l'an 708 de l'hégire (1), les Mamlouks proclamèrent sultan d'Égypte, sous le titre d' *él-Mélek él-Mozzaffer* (le roi triomphant), l'émir *Rokn-éd-dyn-Beybars,* second du nom, et surnommé *él-Djachenqyr*, comme le fondateur de la dynastie des *Baharites.*

Cette nomination déplut à *él-Mélek él-Nasser ;* il se repentit d'avoir, par son abdication, laissé asseoir sur le trône de son père un de ses anciens esclaves (2).

Au mois de Chaabân de l'an 709 de l'hégire (3), il partit de *Karak,* dont il laissa le gouvernement à *Arghoun,* son Mamlouk favori, arriva à Damas, s'y fit reconnaître pour souverain par les émirs, puis se mit en marche pour l'Égypte.

Il y fut joint par de nombreux partisans; l'émir *Berlak,* l'un des principaux chefs des Mamlouks, se rangea avec ses troupes sous ses drapeaux; alors, sûr du succès, il s'avança sur le Kaire.

Beybars II s'y trouvait sans moyens de résistance. La défection de l'émir *Berlak* avait entièrement perdu son parti : il ne crut donc pas devoir attendre son compétiteur au trône; se hâtant d'en descendre, il abdiqua dans la première nuit du mois de Chaouâl, prit dans le trésor 300,000 dynars (4,000,000 et demi), les meilleurs chameaux et les plus beaux chevaux des écuries royales; puis chercha à gagner en fuyant la haute Égypte : à son départ de la ville, il fut arrêté par la populace, qui l'assaillit d'invectives et de pierres.

Il ne put se débarrasser de ces groupes acharnés qu'en faisant répandre à pleines mains sur eux l'argent qu'il emportait. Arrivé à *Akhmym,* il fut forcé de s'y arrêter.

Il était temps pour Beybars II d'évacuer la citadelle du Kaire; le lendemain même de son départ, jour de la fête du petit *Beyram* (1), *él-Mélek-él-Nasser* y faisait son entrée et ressaisissait pour la troisième fois l'héritage de son père *Qalâoun.*

Aussitôt il envoya à la poursuite des fugitifs, leur reprit tout ce qu'ils avaient emporté, et condamna *Beybars* à être étranglé.

El-Mélek-él-Nasser avait alors atteint sa vingt-cinquième année. Instruit par les seize années de révolutions si contraires qui l'avaient ballotté, il prit, cette fois, des mesures pour rester plus longtemps sur le trône qu'il n'avait pu le faire jusqu'alors; et cette fois il réussit à s'y maintenir jusqu'à sa mort, c'est-à-dire pendant trente-trois années encore.

Ces années furent des années de paix, tant à l'intérieur qu'à l'extérieur : les seules expéditions qu'entreprit *él-Mélek él-Nasser* pendant cette longue période, furent deux pèlerinages à la Mekke; et

(1) Cette année a commencé le vendredi 21 juin de l'an 1308 de l'ère chrétienne.

(2) *Beybars* second du nom avait été en effet acheté par le sultan *él-Mélek-él-Mansour-Seyf-éd-dyn-qalâoun,* comme le prouve le double surnom d'*él-Mansoury* et d'*él-Seyfy*, joint aux noms d'*él-Mélek-él-Mozzaffer-Beybars-él-Djachenqyr,* dans le double écusson suivant.

Ces deux écussons sont gravés sur la lame d'un sabre, qui paraît avoir appartenu au sultan *Beybars*, second du nom, et que j'ai rapporté d'Égypte.

(3) Cette année a commencé le mercredi 11 juin de l'an 1309 de l'ère chrétienne.

(1) Cette fête est célébrée par les musulmans le dixième jour de Dou-l-Hagéh, dernier mois de leur année lunaire; ce jour correspond au 12 mai de l'an 1310 de notre ère.

la seule relation importante qu'il eut avec les Tartares, fut son mariage, conclu, avec la fille d'*Ezbek-Khân*, l'an 720 de l'hégire (1).

Cette tranquillité lui permit de s'occuper d'améliorer le sort de l'Égypte; le Kaire lui doit un grand nombre d'établissements utiles, la réparation du canal appelé de son nom *él-Khalyg-él-Nassery*, qu'il fit recreuser et reconstruire l'an 724 de l'hégire (2): sept ponts élevés l'année suivante; un observatoire érigé au *Meydân* l'an 729 (3), la reconstruction d'un nouveau palais sur les ruines de celui d'*él-Mélek-él-Achraf*, achevée l'an 734 (4), les ponts de *Cheybeyn* bâtis l'an 735 (5), une belle mosquée appelée de son nom *él-Nasseriéh*; un palais de justice (*Dâr-él-Adel*); plusieurs fontaines, plusieurs colléges ou écoles publiques; enfin le magnifique hôpital du *Moristân*, commencé par son père *Qalâoun*, mais agrandi et presque entièrement reconstruit par *él-Mélek-él-Nasser*, qui le dota de revenus considérables (6).

Ses dernières années ne furent troublées que par les intrigues des ministres, qui se disputèrent le vizirat, et qui forcèrent enfin le sultan à abolir ce haut emploi.

Peu après, l'an 738 de l'hégire (7), *él-Mélek-él-Nasser* perdit le plus chéri de ses fils, l'émir *Anouq*. Le chagrin qu'il en éprouva lui fit contracter une maladie, dont il mourut le jeudi 21 du mois de Dou-l-Hagéh de la 741ᵉ année de l'hégire (8), dans la cinquante-septième année de son âge, après un règne de quarante-quatre ans et quelques mois; règne plus long qu'aucun de ceux qui l'avaient précédé ou qui lui succédèrent (1).

El-Mélek-él-Nasser laissa en mourant huit fils, qui tous montèrent successivement après lui sur le trône d'Égypte; mais leur règne fut éphémère, sans éclat, leur avénement voisin immédiat de leur catastrophe : l'histoire n'a guère enregistré que ces deux dernières circonstances de leur vie politique. Avec *él-Mélek-él-Nasser* mourut le tronc vivace de la famille de *Qalâoun*. Ses rejetons sans force allaient, en peu d'années, dépérir et disparaître, pour faire place à une nouvelle dynastie d'une séve plus active et d'une végétation plus vigoureuse.

Les élections de ces monarques éphémères, ainsi que leurs dépositions successives, semblaient avoir rendu le trône d'Égypte un véritable jouet entre les mains des divers partis qui y appelaient ou en renversaient ces princes; et il est à remarquer que la priorité de l'âge ne fut aucunement un titre de préférence dans la succession des huit frères à l'héritage paternel, qui devait leur échapper tour à tour.

L'aîné des fils d'*él-Mélek-él-Nasser, Seyf-éd-dyn-Abou-beker*, fut le premier qui subit cet arrêt rigoureux de la destinée. A peine quarante jours s'étaient écoulés depuis qu'il avait été ceint du sabre des sultans, sous le titre de *él-Mélek-él-Mansour*, quatrième du nom, et déjà il était déposé, exilé à *Qous* dans la haute Égypte, où il mourut à la fin du mois de Safar, l'an 742 de l'hégire (2). Le jour de son expulsion du trône, le harem de son père fut violé et pillé par les Mamlouks.

Son plus jeune frère, *Alâ-éd-dyn*, surnommé *Koutchouk* (c'est-à-dire *le petit* en langue turke), âgé de six ans seulement, fut inauguré après lui, sous le titre de *él-Mélek-él-Achraf*, IIᵉ du nom.

(1) Cette année a commencé le mardi 12 février de l'an 1320 de notre ère.

(2) Cette année a commencé le vendredi 30 décembre de l'an 1323 de notre ère.

(3) Cette année a commencé le samedi 5 novembre de l'an 1328 de notre ère.

(4) Cette année a commencé le dimanche 12 septembre de l'an 1333 de notre ère.

(5) Cette année a commencé le jeudi 1er septembre de l'an 1334 de notre ère.

(6) Le nom de cet hôpital est d'origine persane, et lui a été donné à l'imitation du grand hôpital de Damas, connu sous le nom de *Bimâristân*, qui en persan signifie *habitation des malades*. Voyez, planche II, la vue de la mosquée qui fait partie de ce magnifique hospice. Voyez aussi ci-dessus la note 3 de la page 167.

(7) Cette année a commencé le mercredi 30 juillet de l'an 1337 de notre ère.

(8) Cette année a commencé le mardi 27 juin de l'an 1340 de notre ère; le 21 du mois de *Dou-l-Hagéh* correspondait au 9 mai de l'an 1341 de notre ère.

(1) Monnaie en cuivre du sultan *él-Mélek-él-Nasser-ébn Qalâoun.*

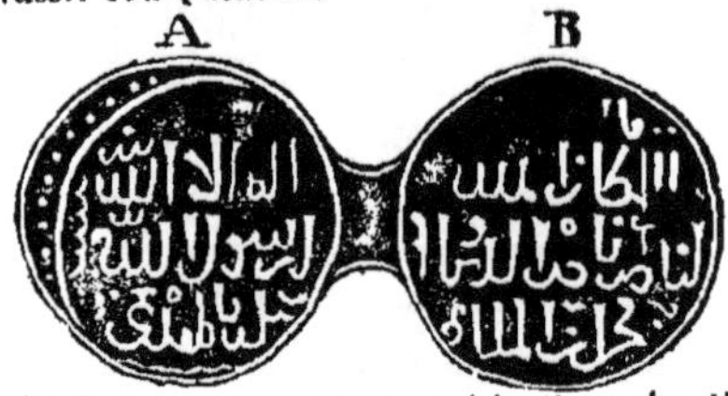

(2) Cette année a commencé le dimanche 17 juin de l'an 1341 de l'ère chrétienne.

Cinq mois après, au mois de Ramaddân de la même année, ce jeune prince fut déposé comme son frère, et renfermé à la citadelle du Kaire, où il mourut.

Chahab-êd-dyn-Ahmed, troisième fils d'*êl-Mélek-êl-Nasser*, ramené de *Karak* par les soins du vizir *Taqy-êd-dyn* et l'entremise du khalyfe, y fut renvoyé le 12 du mois de Moharrem de l'an 743 de l'hégire (1), moins de trois mois après avoir été salué, comme sultan d'Égypte, du titre d'*êl-Mélek-êl-Nasser*, deuxième du nom.

Son frère, *Emad-êd-dyn-Ismâyl*, qui fut ensuite inauguré, sous le titre de *êl-Mélek-êl-Salèh*, conserva le trône un peu plus longtemps que ses trois frères : il s'y maintint pendant trois ans, deux mois et quelques jours. Le rétablissement du vizirat, l'an 744 de l'hégire (2), l'assassinat de *Chahab-êd-dyn-Ahmed*, son frère et son prédécesseur, l'an 745 de l'hégire (3), sont les seuls événements remarquables de son règne, qui se termina par sa mort, l'année suivante, le 4 du mois de Raby-êl-Thâny de l'an 746 de l'hégire (4).

Après sa mort, les émirs proclamèrent le cinquième des fils d'*êl-Mélek-êl-Nasser*, *Zeyn-êd-dyn-Chaabân*, sous le titre d'*êl-Mélek-êl-Kamel* (le roi accompli). Ce fut un despote cruel, qui s'attira la haine universelle : un poëte contemporain, *Sefady*, jouant sur son nom d'*êl-Kamel*, fit contre lui les deux vers suivants :

« Avec quelle rapidité déplorable s'est « éclipsé le bonheur qui accompagnait « la famille de *Qalâoun!*

« Le malheur de l'Égypte voit son *ac-* « *complissement* dans le règne du *roi* « *accompli*. »

Ce règne tyrannique dura un an et quelques mois : *êl-Mélek-êl-Kamel* fut déposé dans le mois de Gemady-êl-Aouel de l'an 747 de l'hégire (5).

Son frère, nommé comme lui *Zeyn-êd-dyn* et distingué par le surnom de *Hâgy*, le remplaça, sous le titre de *êl-Mélek-êl-Mozzaffer*, troisième du nom. Plus cruel encore que son prédécesseur, il ne régna comme lui qu'un an et trois mois, et fut massacré le 12 du mois de Ramaddân de l'an 748 de l'hégire (1).

Le septième fils de *êl-Mélek-êl-Nasser*, nommé *Nasser-êd-dyn-Hassan*, fut, après le meurtre de son frère *Hagy*, inauguré à son tour, sous le titre de *êl-Mélek-êl-Nasser*, troisième du nom. Sa fortune eut quelque analogie avec celle du sultan son père et son homonyme : comme lui il descendit du trône pour y remonter ensuite : il s'y soutint d'abord pendant trois ans et dix mois, grâce à l'habileté de l'émir *Altemych*, son régent ; mais au commencement du mois de Régeb de l'an 752 de l'hégire (2) il fut déposé et emprisonné à la citadelle du Kaire.

Son dernier frère, huitième fils de *êl-Mélek-êl-Nasser*, et nommé *Salèh-Salâh-êd-dyn*, lui succéda avec le titre d'*êl-Mélek-êl-Salèh*, deuxième du nom. Il eut pour régent l'émir *Cheykhoun*, et il resta sur le trône pendant trois ans, trois mois et quatorze jours.

L'année 754 de l'hégire (3) fut signalée par une peste cruelle, qui ravagea l'Égypte entière, et emporta l'imâm *êl-Hakem be-amr-Illah*, deuxième du nom, alors titulaire du khalyfat ; il fut remplacé par son oncle *êl-Motadded-b-Illah*. La discorde déchira ensuite le ministère ; les intrigués de deux renégats cophtes, *Mouaffyq-êd-dyn* et *Élm-êd-dyn*, qui cherchaient mutuellement à se supplanter dans le vizirat, mettant en jeu les différents partis, finirent par entraîner le renversement du sultan lui-même. *El-Mélek-êl-Salèh II* fut déposé le 22 du mois de Chaouâl de l'an 755 de l'hégire (4). Cette déposition du sultan fut faite au profit de son prédécesseur, *êl-Mélek-êl-Nasser-Hassan*, qui, de concert avec l'émir *Tag-êd-dyn*, avait tramé cette révolution du fond de sa prison, et réussit à en sortir, pour s'y faire remplacer par son frère.

Remonté ainsi sur le trône, *êl-Mélek-êl-Nasser-Hassan* s'y maintint pendant six ans, sept mois et quelques jours, par les soins de l'émir *Tagê-d-dyn*, qu'il avait

(1) Cette année a commencé le jeudi 6 juin de l'an 1342 de notre ère.

(2) Cette année a commencé le lundi 25 mai de l'an 1343 de notre ère.

(3) Cette année a commencé le samedi 15 mai de l'an 1344 de notre ère.

(4) Cette année a commencé le mercredi 4 mai de l'an 1345 de notre ère.

(5) Cette année a commencé le lundi 24 avril de l'an 1346 de l'ère chrétienne.

(1) Cette année a commencé le vendredi 13 avril de l'an 1347 de notre ère.

(2) Cette année a commencé le lundi 28 février de l'an 1351 de notre ère.

(3) Cette année a commencé le mercredi 6 février de l'an 1353 de l'ère chrétienne.

(4) Cette année a commencé le dimanche 26 janvier de l'an 1354 de notre ère.

récompensé en le choisissant pour son vizir; mais le 9 du mois de Gemady-ël-Aouel de l'an 762 de l'hégire (1), il périt victime d'un complot des principaux émirs (2).

C'est à ce prince que le Kaire doit la plus magnifique de ses mosquées, celle qui décore la place de Roumelyéh, en face de la citadelle, et qui est connue sous le nom de *él-Gâmè-él-Hassanyéh*, ou de mosquée du sultan *Hassan* (3).

L'assassinat du sultan *él-Mélek-él-Nasser-Hassan* valut le trône à son neveu *Mohammed*, fils du sultan *él-Mélek-él-Mozzaffer-Hagy*, et qui était alors âgé de quatorze ans.

Il prit à son inauguration le titre d'*él-Mélek-él-Mansour* (cinquième du nom); mais, deux ans environ après, au milieu du mois de Chaabân de l'an 764 de l'hégire (4), il fut obligé de remettre le sabre royal et les autres insignes du sultanat (5) à son cousin *Chaabân-ben-Housseyn*, arrière-petit-fils du sultan *Qalâoun* (6) : celui-ci, âgé de dix ans

(1) Cette année a commencé le mercredi 11 novembre de l'an 1360 de notre ère.

(2) Monnaie en or du sultan *él-Mélek-él-Nasser-éd-dyn-Hassan*.

(3) Voyez pour cette mosquée les planches 8, 9, 10 et 14.

(4) Cette année a commencé le vendredi 21 octobre l'an 1362 de notre ère.

(5) On sait que les cérémonies du couronnement, dans l'Orient, consistent à ceindre solennellement le sabre royal.

(6) Depuis sa déposition ce prince vécut dans la retraite et l'obscurité jusqu'à l'âge de plus de cinquante ans : il ne mourut que l'an 801 de l'hégire (1398 de l'ère chrétienne).

Monnaie en or du sultan *él-Mélek-él-Mansour-Mohamed*, frappée au Kaire, l'an 764 de l'hégire (1362 de l'ère chrétienne).

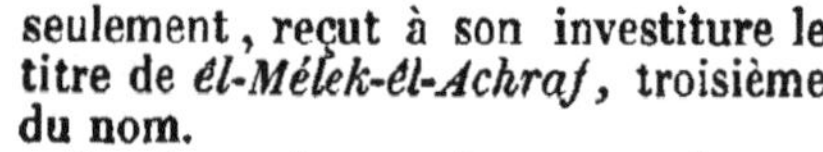

seulement, reçut à son investiture le titre de *él-Mélek-él-Achraf*, troisième du nom.

Le règne de ce sultan se prolongea pendant quatorze ans, deux mois et quelques jours. Les onze premières années furent assez paisibles (1); mais le reste de son règne ne fut qu'une suite non interrompue de désordres, de troubles et de catastrophes sanglantes.

Yl-Boghâ-él-Amry, principal émir des Mamlouks, avait été nommé régent; l'an 776 de l'hégire (2), il fut assassiné dans son propre palais et coupé en morceaux par ses Mamlouks eux-mêmes, ayant à leur tête l'émir *Assendimer* : de là la tourbe furieuse osa aller attaquer le sultan lui-même : leur agression fut repoussée après un violent combat, et leur chef périt dans la mêlée.

El-Gay-él-Youssoufy devint alors régent : cachant avec adresse ses visées ambitieuses, il capta la faveur de son maître, et parvint même à en épouser la mère.

Devenu par ce mariage maître de trésors considérables et se croyant dès lors en état de se placer lui-même sur le trône, il leva audacieusement le masque, poignarda l'épouse qu'il venait d'obtenir, se mit à la tête des meurtriers d'*Yl-Boghâ*, et courut avec eux assaillir le sultan, qu'il espérait surprendre sans défense; mais celui-ci se tenait sur ses gardes : les conspirateurs et leur chef furent repoussés avec perte, et poursuivis jusqu'au Nil, où tous se noyèrent.

(1) Il y eut pourtant, la troisième année du règne de ce prince, une grande famine en Égypte et en Syrie. Les habitants, au rapport des historiens, mangèrent les charognes, les chiens, quelques-uns même leurs propres enfants : il y eut des localités où la disette dura trois années; mais ce fléau n'amena aucun trouble politique.

(2) Cette année a commencé le lundi 12 juin de l'an 1374 de notre ère.

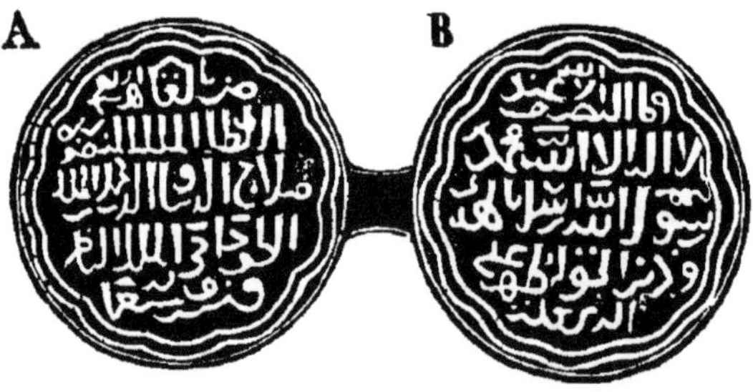

D'autres complots se succédèrent encore : *él-Mélek-él-Achraf III* était parti pour le saint pèlerinage de la Mekke ; les émirs le guettèrent sur la route, et lui dressèrent une embuscade dans les gorges d'*Oqbah*.

L'escorte du prince fut entièrement massacrée et lui-même réputé au nombre des morts.

Les assassins revinrent au Kaire, et offrirent la couronne vacante au khalyfe *él-Motouakkel-ala-Allah*, qui, l'an 763 de l'hégire (1), avait succédé à *él-Motadded-b-Illah*. Le khalyfe se garda bien d'accepter un présent aussi dangereux. « Choisissez qui vous voudrez, dit-il, je « lui assure d'avance ma sanction. »

Mais les émirs apprirent bientôt que leur royale victime avait heureusement échappé à leurs coups et que, rentrée secrètement au Kaire, elle s'y tenait cachée chez quelques amis fidèles : *él-Mélek-él-Achraf-Chaabân* fut recherché, mis à prix, découvert, arraché de son asile, et impitoyablement étranglé, le 15 du mois de Dou-l-Qadéh de l'an 778 de l'hégire (2).

Le jeune fils d'*él-Mélek-él-Achraf III*, nommé *Aly*, et âgé de sept ans, fut placé par les meurtriers sur le trône ensanglanté de son père : son bas âge lui laissait ignorer que ce trône était la tombe paternelle, et devait bientôt devenir la sienne. On décora le roi enfant du titre de *él-Mélek-él-Mansour* (sixième du nom), titre déjà si fatal à quatre de ses prédécesseurs. L'émir *Layn-Beyk* lui fut donné pour régent.

Layn-Beyk fut bientôt remplacé par l'émir *Qartay*, puis par l'émir *Barqouq* : *Barqouq* prédestiné à anéantir cette dynastie, et à devenir lui-même la tige d'une nouvelle. Cependant le régent, ajournant ses plans, quels qu'ils fussent,

(1) Cette année a commencé le dimanche 31 octobre de l'an 1361 de notre ère.

(2) Cette année a commencé le mercredi 21 mai de l'an 1376 de l'ère chrétienne.

Monnaie du sultan *él-Mélek-él-Achraf-Chaabân*.

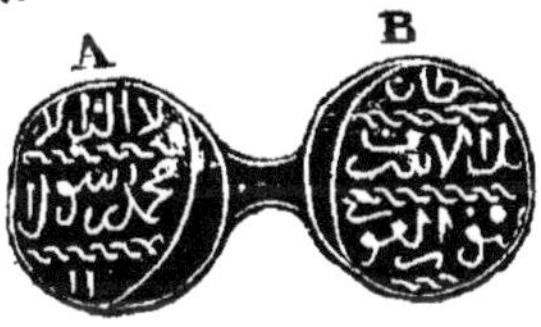

gouverna pour et au nom de *él-Mélek-él Mansour-Aly* jusqu'à la mort du jeune prince, arrivée au mois de Raby-êl-Aouel de l'an 783 de l'hégire (1), après un règne de quatre ans et quatre mois.

Son frère *Hâgy*, second fils d'*él-Mélek-él-Achraf-Chaabân*, âgé de six ans seulement, fut proclamé comme son successeur, sous le titre d'*él-Mélek-él-Salèh*, troisième du nom. A peine avait-il occupé le trône dix-huit mois et demi, que *Barqouq*, ne déguisant plus ses projets d'usurpation, le fit déposer et exiler, le 18 du mois de Ramaddân de l'an 784 de l'hégire (2), et s'empara lui-même du pouvoir.

Avec l'autorité de ce dernier rejeton de la famille du sultan *Qalâoun*, s'éteignit la domination de la première dynastie des Mamlouks, dite des *Baharites* ou *Turkomans*, qui avait occupé le trône d'Égypte pendant l'espace de cent trente-six années.

Elle périt par les mêmes causes qui avaient amené le renversement de la dynastie des *Ayoubites* ; tant il est vrai que les exemples des catastrophes antérieures sont inefficaces pour l'instruction des générations qui les suivent, malgré cet axiome si sage du khalyfe *Aly-ben-aby-Taleb* : « Heureux celui qui s'ins- « truit par le malheur d'autrui, et qui par « les catastrophes passées apprend à ne « pas fournir à ceux qui le suivront « l'exemple de ses propres infortunes. »

CHAPITRE XIV.

Dynastie des Mamlouks-Circassiens. — Barqouq. — Él-Mélek-êl-Nasser-Farag. — Zeyn-êd-dyn. — Azz-êd-dyn. — Le khalyfe êl-Mostayn-b-illah. — Abou êl-nasr-Cheykh. — Chahâb-êd-dyn. — Séyf-êd-dyn-Tattar. — Nasser-êd-dyn. — Barsebay. — Djemal-êd-dyn. — Djaqmaq. — Fakhr-êd-dyn. — Ynâl. — Chahab-êd-dyn. — Abou-l-fetah. — Khoch-qadam. — Yelbây. — Tamar-boghâ. — Qâyt-Bây. — Abou-l-Saâdât-Mohammed. — Qânsou Ier. — Djânbelâtt. — Toumân-Bay Ier. — Qânsou-êl-Ghoury. — Touman-Bây IIe. — Renversement de la dynastie des Mamlouks-Circassiens, et conquête de l'Égypte par les Ottomans.

La nouvelle dynastie, qui, avec *Barqouq*, prenait possession du trône de

(1) Cette année a commencé le jeudi 28 mars de l'an 1381 de notre ère.

(2) Cette année a commencé le lundi 17 mars de l'an 1382 de notre ère.

l'Égypte et de la Syrie, est désignée par les historiens sous le titre des *Mamlouks-Circassiens*. Ce nom leur venait du pays dont ils étaient en effet originaires.

Les peuples de la Circassie, nommés *Kirkess, Tchirkess*, ou *Kerghiz*, ne font point partie des nations *turkes* de la haute Asie; ils tirent leur origine de la Sibérie et des environs du lac *Baykal*, où ils étaient déjà établis au sixième siècle de l'ère chrétienne. On ignore l'époque précise de leur émigration à l'ouest de la mer Caspienne, où leurs hordes demeurent encore sur le revers septentrional des extrêmes ramifications du Caucase.

Les derniers sultans de la dynastie des *Mamlouks-Baharites*, Turks d'origine, accablés sous le joug de leurs milices et de leurs émirs, Turks comme eux, avaient cherché dans l'acquisition de Mamlouks-Circassiens, un contre-poids qui pût contre-balancer la prépondérance des Turks; élevés par la faveur des princes, et par le jeu de bascule de ce nouveau système politique, aux charges les plus importantes de l'État, ces nouveaux Mamlouks avaient surtout été chargés de la défense des forteresses, et c'est par cette raison qu'on leur donne aussi le nom de *Bourgites*, le mot arabe *Bourdj* ou *Bourg* (1) signifiant *une tour* ou *un fort*.

Mais l'équilibre entre les deux contrepoids n'avait pas été longtemps sans être rompu; les Mamlouks derniervenus n'avaient pas tardé à l'emporter sur les anciens. Adoptant à leur profit le système et les principes des antagonistes auxquels on les opposait, les corps circassiens, à peine formés, nourrirent la prétention de faire passer la couronne d'Égypte aux mains de leur nation. Nous avons vu dans le chapitre précédent comment ils y réussirent, et comment l'accomplissement de leurs projets dynastiques porta leur chef *Barqouq* au souverain pouvoir.

Cette nouvelle dynastie ne différa de la précédente que par la seule dénomination et par la nationalité des souverains qui s'y succédèrent; elle est la suite de celle des *Baharites* : les événements y ont la même marche, portent la même couleur, suivent le même système politique : ce sont toujours des émirs turbulents, formant sous chaque prince une opposition armée, qui ne connaît d'autre droit que la force, et qui s'en sert pour arracher du trône celui que chacun d'eux veut remplacer.

Barqouq était fils d'un renégat circassien nommé *Ans*, de la horde de *Kesa*; fait esclave en Circassie, et conduit en Krimée, il y fut acheté par un musulman nommé *Othmân*, qui l'amena en Égypte en l'année 762 de l'hégire (1364 de l'ère chrétienne): il fut vendu à l'émir *Yl-Boghâ*, qui le mit au nombre de ses Mamlouks. Ses dispositions brillantes et sa beauté, qualité nullement indifférente à la faveur des émirs, lui valurent les bonnes grâces de son maître, qui l'avança dans sa maison militaire, et le fit instruire avec soin : le titre de *Cheykh* (docteur), qu'il ajouta à ses deux autres surnoms d'*él-Othmany* et d'*Yl-Boghây*, pris des noms de ses maîtres, donne à croire qu'il se distingua dans la science du droit et de la théologie musulmane.

Il fut élevé au rang d'émir, quand son maître *Yl-Boghâ* parvint à la régence, et il le servit fidèlement jusqu'à la catastrophe qui enleva au régent le pouvoir et la vie.

Après la mort de celui-ci, ses Mamlouks furent dispersés, et les deux principaux d'entre eux, *Barqouq* et *Berékéh*, jetés dans les prisons. Remis en liberté quelque temps après, ils passèrent au service de l'émir *Mandjak*, gouverneur de Damas; puis ils rentrèrent en Égypte, lorsque le sultan *él-Mélek-él-Achraf-Chaabân* y rappela les Mamlouks d'*Yl-Boghâ*.

Il fut placé alors au service des enfants du sultan; unissant ses intrigues à celles de *Berékéh*, il parvint bientôt à un commandement de mille hommes, et au poste de grand écuyer. Dès lors il se mit sur les rangs de ceux qui prétendaient à la régence, et succéda à deux de ses rivaux qui avaient été successivement renversés de ce poste suprême. Il prit alors le titre d'*Atabek* des armées; son associé *Berékéh* devint le chef de tous les gouvernements des provinces.

(1) Ce mot est le même que celui de Πυργος en grec, qui a formé dans la basse latinité le mot *Burgus*, dont nous avons fait celui de *bourg*.

Les affaires restèrent ainsi entre ses mains, tant que dura la vie du sultan *él-Mélek-él-Mansour-Aly*. Enfin, après la mort de ce prince, avec le secours de ses partisans il s'empara lui-même du trône le 19 du mois de Ramaddân de l'an 784 de l'hégire (1382 de l'ère chrétienne). Le khalyfe alors régnant *él-Motouakkel-b-illah*, les qadys, les ulémâs, le *Cheykh-el-islâm*, ou Moufty, tous les émirs réunis, donnèrent leur assentiment à l'avénement de *Barqouq*, qui prit le titre d'*él-Mélek-él-Daher* (le roi illustre), titre qui avait déjà été porté par le plus illustre des princes de la dynastie précédente, *Rokn-éd-dyn-Beybars-él-Bondoqdary*.

A cette époque, le célèbre *Tymour-Lenk* (Tamerlan) remplissait la terre du bruit de ses conquêtes et de la terreur de son nom; ses hordes tartares, après avoir envahi l'Asie orientale, menaçaient les frontières de la Syrie, et cette circonstance n'avait pas peu influé sur la détermination prise d'ôter le gouvernail de l'État à un prince encore impubère, pour le confier à des mains fermes, capables de résister aux tempêtes prêtes à fondre sur l'Égypte.

En effet, *Barqouq*, réunissant ses meilleures troupes, tint en respect, pendant les premières années de son règne, le conquérant de l'Asie; mais, tandis qu'il neutralisait les efforts de l'ennemi extérieur, il découvrit un complot tramé dans sa capitale, et à la tête duquel était le khalyfe lui-même: assemblant aussitôt les cheykhs, les imâms et les ulémâs, il destitua le khalyfe conspirateur, le jeta dans une prison de la citadelle, et fit proclamer à sa place, l'an 787 de l'hégire (1), *Omar*, fils d'*Ybrahym*, sous le nom de *él-Ouatheq-b-illah* (celui qui se confie en Dieu).

Le nouveau khalyfe mourut environ un an après, le 19 du mois de Chaouâl de l'an 788 de l'hégire (2), et fut remplacé par le fils du khalyfe *él-Mostassem-b-illah*, nommé *Abou-Yahia-Zakaryâ-Omar;* mais celui-ci ne tarda pas à mécontenter à son tour le sultan *Barqouq*, qui le déposa également, dans le mois de Gemady-êl-Aouel de l'an 791 de l'hégire (1).

Barqouq consentit alors à réintégrer *él-Motouakkel* au khalyfat; mais peu après il eut à s'en repentir : au lieu de lui savoir gré de sa restauration, à peine rétabli depuis un mois, le khalyfe noua de nouvelles trames avec un émir nommé *Mantach :* leurs menées réussirent à soulever le peuple; *Barqouq* fut arrêté par les révoltés, déposé après un règne de six ans, sept mois et quelques jours, et envoyé à la forteresse de *Karak* qui avait déjà vu, sous les deux dynasties précédentes, tant de souverains prisonniers.

Le dernier sultan de la dynastie des *Baharites, él-Hagy*, que *Barqouq* avait fait descendre du trône, y fut rappelé pour remplacer l'usurpateur, le mardi 6 du mois de Gemady-êl-Thâny de l'an 791 de l'hégire (1389 de l'ère chrétienne).

Le sultan rétabli changea alors son titre de *él-Mélek-él-Salèh* (le bon roi), sous lequel il avait déjà régné, en celui d'*él-Mélek-él-Mansour* (le roi victorieux.)

La seconde phase du règne de *él-Hagy-él-Mansour* ne fut pas de longue durée : les proscriptions et les concussions de l'émir *Mantach* et du khalyfe *él-Motouakkel* firent bientôt abhorrer l'un et l'autre et regretter *él-Mélek-él-Daher Barqouq;* on compara avec le règne du souverain légitime le gouvernement juste et modéré de l'usurpateur. A peine *él-Mélek-él-Mansour* eut-il régné huit mois, qu'il fut de nouveau déposé, le 14 du mois de Safar de l'an 792 de l'hégire (2).

Barqouq, rappelé de *Karak*, et rétabli sur le trône, se hâta de s'y assurer contre une nouvelle chute, par la mort de *él-Mélek-él-Mansour-Hagy* et de tous ses adhérents.

Ressaisissant ainsi les rênes du gouvernement, *él-Mélek-él-Daher-Barqouq* s'occupa principalement à asseoir la tranquillité extérieure de l'Égypte, en entretenant les troubles qui agitaient les États voisins; intervenant par ses intrigues diplomatiques dans les querelles de

(1) Cette année a commencé le dimanche 12 février de l'an 1385 de notre ère.

(2) Cette année a commencé le vendredi 2 février de l'an 1386 de notre ère.

(1) Cette année a commencé le jeudi 31 décembre de l'an 1388 de notre ère.

(2) Cette année a commencé le lundi 20 décembre de l'an 1389 de notre ère; le 14 de safar correspond au 2 février de l'an 1390.

ces divers princes, il s'alliait tantôt avec eux, tantôt contre eux. L'an 794 de l'hégire (1). *Qarâ-Youssouf,* premier prince de la dynastie de Médie, dite du *Mouton noir* (2), lui fit hommage de la ville de Tauris (*Tebryz*) : en échange, *Barqouq* lui envoya un manteau d'honneur, et le créa son lieutenant dans les pays qu'il pourrait envahir.

Mais l'année suivante, le sultan *Barqouq* vit arriver au Kaire ce même *Qarâ-Youssouf* et un autre de ses alliés, *Ahmed,* fils d'*Aouys*, que nos historiens nomment *Avis,* et qui pendant quelque temps avait été souverain de Baghdad. *Ahmed* et *Qarâ-Youssouf* avaient été chassés de leurs États par Tamerlan, et avaient d'abord cherché un asile auprès de *Manuel,* empereur de Constantinople; mais ils avaient bientôt quitté cette retraite et cherché une plus sûre protection à la cour du sultan d'Égypte.

En effet, à cette époque, *Manuel* était lui-même sur le point de voir son empire renversé par une nouvelle dynastie qui s'élevait dans l'Asie Mineure. Cette dynastie, qui devait bientôt avoir pour siége de sa puissance la ville même de Constantinople, était celle des *Ottomans,* ainsi nommés d'*Othmân,* leur premier prince.

Le quatrième sultan de cette famille, *Bayazyd-ben-Mourâd* (Bajazet Ier), avait déjà dépouillé l'empire d'Orient d'une partie de ses plus belles provinces, et menaçait la capitale. La destruction totale de l'empire d'Orient fut heureusement retardée par un ennemi terrible, qui arrêta Bajazet au milieu de ses victoires, et, tandis que Bajazet méditait l'invasion de l'empire des Grecs, les Tartares arrivèrent derrière lui et le forcèrent à se retourner contre eux. Tamerlan était à leur tête.

L'Asie entière voyait alors son sort dépendre de deux rivaux de conquêtes et de gloire, *Tymour-Lenk* (Tymour le boiteux) et *Bayazyd*, le borgne. Les deux ouragans allaient s'entre-choquer, et décider auquel appartiendrait le droit de ravager le monde.

Chacun des deux rivaux venait d'envoyer une députation au Kaire; l'une, de la part de *Bayazyd,* réclamait du sultan *Barqouq* un traité d'alliance, et du khalyfe résidant au Kaire l'investiture officielle du sultanat d'*Anatolie.* Le traité fut conclu, et le khalyfe, avide d'or, délivra toutes les patentes et toutes les bénédictions que les ambassadeurs ottomans voulurent acheter.

Les députés de *Tymour* avaient une tout autre mission : ils venaient sommer avec les plus insolentes menaces le sultan d'Égypte de se reconnaître vassal des Tartares (1) et de remettre entre leurs mains les deux réfugiés *Ahmed* et *Qarâ-Youssouf. Barqouq* leur avait promis aide et protection ; il répondit à la réclamation par l'assassinat des députés (2).

Les hordes tartares coururent à la vengeance; elles se jetèrent sur Édesse, et en passèrent les habitants au fil de l'épée. Alep allait subir le même sort lorsque, heureusement pour le reste de la Syrie, la conquête des Indes appela *Tymour* et lui fit remettre à un autre temps son expédition contre l'Égypte.

Cet éloignement de son ennemi n'endormit pas la vigilance du sultan d'Égypte : comprenant que ce n'était qu'un simple retard à l'envahissement de ses États, il eut toutes ses troupes sur pied, et se tint prêt à une vigoureuse résistance. Mais au milieu de ces préparatifs, et avant l'attaque qu'il prévoyait, il mourut âgé de soixante ans, à la suite d'une attaque d'épilepsie, le vendredi 15 du mois de Chaouâl de l'an 801 de

(1) Cette année a commencé le mercredi 29 novembre de l'an 1391 de notre ère.

(2) Deux familles turkomanes régnaient alors dans le Turkestan et dans l'ancienne Médie : l'une se distinguait par le titre de *Qarâ-Qouyounly* (du Mouton noir); l'autre par celui de *Aq-Qouyounly* (du Mouton blanc), emblêmes que ces deux dynasties portaient dans leurs drapeaux.

(1) *Tymour* avait rêvé la monarchie universelle; sa lettre à *Barqouq* renfermait ce passage : « Il ne doit y avoir qu'un seul maître sur « la terre, comme il n'y a qu'un seul maître « au ciel. »

(2) Les historiens contemporains rapportent que *Barqouq* avait dit dans son conseil : « Ce « boiteux ne m'inspire aucune crainte, malgré « son arrogance et ses menaces insolentes : « sa barbarie lui fera assez d'ennemis, avant « qu'il puisse venir à moi, et chacun s'armera « pour m'aider à le repousser; je ne crains véritablement pour l'Égypte que les fils d'Othmân, « malgré leur démarche affectueuse et insinuante. »

Sa prévision devait devenir par la suite une prédiction, accomplie un siècle après, d'une manière bien fatale pour sa dynastie.

l'hégire (1), regretté des peuples, qu'il avait gouvernés avec justice, et dont il avait écarté l'invasion et la destruction.

Barqouq avait encore d'autres titres à l'attachement des peuples; par ses soins la plupart des impôts avaient été dégrévés, les droits sur la douane et le commerce de Boulaq supprimés; il abrogea aussi les taxes sur les blés, sur les poulets éclos artificiellement, sur le sel, sur la vente des légumes, etc. Des distributions d'aumônes abondantes et d'aliments de toute espèce étaient faites aux pauvres chaque jour: les savants surtout furent l'objet particulier de ses libéralités, et il fit bâtir pour eux, au Kaire, le collége nommé *él-Medresséh-él-Daheryéh,* d'après le titre que portait son fondateur (2).

Cependant, ses principales dépenses eurent pour but des achats d'armes, de chevaux, et l'accroissement du nombre de ses Mamlouks, tous tirés comme lui de la Circassie. Il réorganisa ce corps, qu'il regardait comme son plus ferme appui, et, donnant une nouvelle forme à son gouvernement, établit à la tête les grands officiers de son royaume, dont il régla ainsi la hiérarchie :

1° *Atabek-él-Assâker* (Tuteur des armées), généralissime ou connétable.

2° *Râs-Noubét-él-Omrâ* (le Chef de l'Ordre des Princes).

3° *Emyr-él-selâh* (Prince des armes), charge à peu près équivalente à celle qu'a exercée en France le grand maître de l'artillerie.

4° *Emyr-meglis* (le Prince de la résidence), grand maréchal du palais.

5° *Emyr-Akhour* (Prince des écuries), le grand écuyer.

6° *Daouadâr* (le Chancelier).

7° *Râs-Noubét-él-Thâny* (le Chef du second Ordre).

8° *Hageb-él-Hogab* (le Chambellan des chambellans), le grand chambellan.

9° *Nayb*, le Gouverneur du Kaire.

Ces neuf grands officiers dirigeaient le gouvernement, et, concurremment avec le khalyfe et l'assemblée des émirs et des qadys, décidaient de toutes les mesures administratives que le sultan était obligé de leur soumettre. Cette même assemblée, à la mort du sultan, nommait son successeur, sans que les droits d'hérédité et de descendance fussent suffisants pour forcer leur choix. Aussi plusieurs des écrivains orientaux donnent au gouvernement de l'Égypte, sous la dynastie des Circassiens, non le nom de *moulk* (royaume), mais celui de *gemhour* (république).

Farag-zeyn-éd-dyn, surnommé *Abou-Saadât*, fils aîné de *Barqouq*, âgé de vingt-six ans, lui succéda, avec le titre d'*él-Mélek-él-Nasser*. Le règne de ce prince eut un commencement difficile et une fin sinistre; il commença par la révolte de l'Atabek *Ytmâch* et de *Tenem-él-Frassany*, gouverneur de Syrie, qui, de concert avec *Yl-Boghâ*, gouverneur d'Alep, s'empara des défilés de la Palestine, résolu de les disputer à son souverain jusqu'à la dernière extrémité. Ses efforts furent vains; les défilés furent emportés, et *Tenem* lui-même, fait prisonnier, fut mis à mort avec ses partisans.

Mais ce succès était peu de chose au prix du danger imminent qui menaçait l'Égypte.

Tymour avait terminé la conquête des Indes; Baghdad, *Syouâs* (l'ancienne Sébaste), *Malatyéh,* venaient pour la seconde fois, en l'an 803 de l'hégire (1), d'être prises par les Tartares, qui se répandaient déjà dans la Syrie. *Farag* courut au-devant d'eux; mais il fut battu, et *Tymour* entra dans *Alep* et dans *Hémesse.*

Les émirs avaient ramené malgré lui le sultan *Farag* en Égypte, après cette fatale campagne; il y concentra ses forces, attendant *Tymour;* mais le conquérant tartare avait trouvé, dans l'Anatolie, un rival plus digne de lui. Il s'était lancé sur *Bayazyd,* et après lui avoir enlevé *Yarmat*, *Herouk*, *Qalat-él-Roum,* il l'avait battu et fait prisonnier, l'an 804 de l'hégire (2), à la bataille d'*Anqorah*, l'ancienne Ancyre, célèbre quinze siècles auparavant par la déroute de Mithridate.

(1) Cette année a commencé le vendredi 13 septembre de l'an 1398 de notre ère.

(2) Le sultan *Barqouq* fit aussi bâtir au Kaire une mosquée qui est encore un des plus beaux ornements de la ville. Voyez les planches 4, 6 et 13.

(1) Cette année a commencé le dimanche 22 août de l'an 1400 de notre ère.

(2) Cette année a commencé le jeudi 11 août de l'an 1401 de notre ère.

La victoire de *Tymour*, son ennemi naturel, et la catastrophe de *Bayazyd*, son allié, abattirent toutes les espérances de résistance qu'avait pu concevoir *Farag*. Il n'était pas encore arrêté sur le parti qu'il avait à prendre, quand des ambassadeurs de *Tymour* vinrent fixer ses irrésolutions: ils apportaient quelques présents; mais ils insistaient sur la reconnaissance de la suzeraineté tartare et sur l'extradition des deux princes réfugiés, *Ahmed* et *Qarâ-Youssouf*.

Hors d'état de se refuser à ces injonctions du conquérant de l'Asie, *Farag* déclara *qu'il était impossible de résister aux décrets de la Providence;* il signa sa reconnaissance de vasselage, et fit don à *Tymour* d'une girafe d'Éthiopie, en retour d'un éléphant indien qu'il en avait reçu: quant aux deux réfugiés, mettant en avant les droits de l'hospitalité, il obtint de ne pas les livrer aux Tartares, à condition de devenir lui-même leur geôlier.

Dès lors *Tymour* accorda sa protection au sultan d'Égypte; et sa mort, arrivée deux ans après, à *Otrar*, le 17 du mois de Chaabân de l'an 807 de l'hégire(1), acheva de rassurer *Farag*. Les divisions qu'occasionna parmi les enfants de *Tymour* le partage de son immense succession permirent à *Farag* d'ouvrir la prison où il retenait *Ahmed* et *Qarâ-Youssouf* pour le compte des Tartares.

Ces deux princes rentrèrent dans leurs États; et *Farag* s'apprêtait lui-même à reconquérir la Syrie, quand tout à coup il vit son palais assailli par une émeute.

Le sacrifice qu'avait fait *Farag* de son honneur au repos de son trône n'avait été apprécié, par ses sujets, que comme une lâcheté déshonorante. Du mépris général qu'il avait encouru, on passa facilement au projet d'asseoir sur le trône un prince plus digne de l'occuper. Le frère du sultan, *Azz-êd-dyn-Abd-êl-Azyz*, s'offrit au choix du peuple et fut accepté.

A la tête des révoltés, *Azz-êd-dyn-Abd-el-Azyz* vint assiéger son frère dans son palais, le 16 du mois de Raby-êl-Aouel de l'an 808 de l'hégire (2), et le força d'abdiquer, pour conserver sa vie, après un règne de six ans, cinq mois et onze jours.

Farag, depuis son abdication forcée, avait disparu, et se tenait caché dans une retraite ignorée: on le crut tué dans le tumulte, et on inaugura solennellement son frère *Azz-êd-dyn-Abd-êl-Azyz*, sous le titre d'*êl-Mélek-êl-Mansour*: mais deux mois de règne suffirent pour apprécier le nouveau sultan, et ramener les esprits au prince détrôné. *Farag* reparut, et reprit place sur son trône, rappelé par les autorités et par le peuple, au mois de Gemady-êl-Thâny. *Azz-êd-dyn-Abd-êl-Azyz* fut exilé à Alexandrie, et il y mourut quelques mois après, le 7 du mois de Raby-êl-Thâny de l'an 809 de l'hégire (1).

Après son second avénement, *Farag* réhabilita un peu son honneur, en reprenant Damas et quelques places de Syrie; jusqu'en l'an 813 de l'hégire (2), il resta en paix sur le trône: cette année, une révolution sacerdotale l'en fit descendre.

Un des principaux chefs des Mamlouks était un émir, nommé *Abou-Nasr* et surnommé *Cheykh-êl-Mahmoudy êl-Dahery*, parce qu'il avait eu pour maîtres successivement l'émir *Mahmoud* et le sultan *êl-Mélek-êl-Daher-Barqouq*, qui l'avait affranchi et promu aux dignités militaires.

Cet émir, dont l'ambition s'était enivrée de son élévation successive aux premiers postes du royaume, forma le projet de devenir, à son tour, sultan d'Égypte; et il se servit pour y parvenir du khalyfe *êl-Mostayn-b-illah*, qui avait succédé, cinq ans auparavant, au khalyfe *êl-Motouakkel-ala-Allah*, deux fois déposé, et deux fois réhabilité.

Depuis l'extinction du khalyfat de *Baghdad* et le rétablissement de la seconde branche des Abbassides au Kaire, on ne regardait plus les khalyfes que comme des pontifes, qui n'étaient consultés que sur les affaires de religion et de conscience: *Cheykh-êl-Mahmoudy*, qui avait ses vues, persuada à *êl-Mostayn* qu'il lui serait facile de rendre au khaly-

(1) Cette année a commencé le jeudi 10 juillet de l'an 1404 de notre ère.

(2) Cette année a commencé le lundi 29 juin de l'an 1405 de notre ère.

(1) Cette année a commencé le vendredi 18 juin de l'an 1406 de notre ère.

(2) Cette année a commencé le mardi 6 mai de l'an 1410 de notre ère.

fît sa splendeur primitive, et de devenir lui-même ce que ses ancêtres avaient été. « Tout, ajoutait-il, était disposé pour « faire reconnaître le khalyfe comme sul- « tan d'Égypte; et il n'attendait que ses or- « dres pour l'exécution. » L'orgueil du khalyfe abusé lui fit embrasser ce projet avec avidité. Le sultan *Farag* était alors à Damas; *Cheykh-êl-Mahmoudy*, à la tête d'une armée et accompagné du khalyfe, vint sommer le sultan d'abdiquer. Celui-ci répondit à cette proposition insolente en appelant ses soldats aux armes. La lutte allait être indécise; mais les armes spirituelles, employées à propos, brisèrent le tranchant des sabres : l'anathème suivant fut lancé par le khalyfe :

« De par l'imâm *Abou-l-Fadl-êl-Ab-* « *bas-êl-Mostayn-b-Illah,* Prince des « fidèles : »

« Nous déclarons déchu du sultanat *Fa-* « *rag*, fils de *Barqouq*. Le véritable sul- « tan d'Égypte et de Syrie est mainte- « nant le khalyfe, descendant et vicaire « du Prophète. Pardon pour ceux qui « s'uniront à lui, et malheur à ceux qui « lui résisteront. »

Cette proclamation eut un effet immédiat : les soldats de *Farag* l'abandonnèrent; il voulut en vain résister : forcé à la fuite, il fut arrêté et conduit au khalyfe, qui lui intenta un procès criminel. La guerre contre les Tartares avait nécessité de grandes dépenses et des impôts extraordinaires : le sultan déchu fut accusé, devant le tribunal des docteurs de la loi, d'avoir ruiné les peuples et l'État, et de s'être révolté contre le khalyfe, l'ombre de Dieu et son représentant sur la terre. *Farag* fut jugé digne de mort; et l'arrêt fut exécuté le samedi 25 du mois de Moharem de l'an 815 (1) de l'hégire (7 mai 1412 de l'ère chrétienne).

Farag fut décapité hors des murailles de Damas, et son cadavre abandonné sur un fumier; ainsi le khalyfe *êl-Mostayn-b-Illah* réunit en lui les pouvoirs spirituels et temporels; il reçut les serments des cheykhs et de l'armée, fut inauguré sous le titre d'*êl-Mélek-êl-Adel*, (le roi juste), et créa *Cheykh-êl-Mahmoudy* son premier vizir.

Des exprès allèrent annoncer au Kaire la révolution qui venait de s'opérer, et l'arrivée prochaine du nouveau souverain; une foule immense courut à sa rencontre jusqu'à *Qattyéh* et l'escorta, au milieu des acclamations universelles, jusqu'au palais des sultans, qui lui était préparé, dans la citadelle du Kaire.

Le khalyfe-sultan d'Égypte voulut justifier ce concours et cet enthousiasme des populations : se montrant digne du titre qu'il avait pris en montant sur le trône, il s'occupa avec zèle des affaires du royaume, réforma les vices de l'administration, allégea le peuple, punit les exacteurs, répandit des bienfaits, et mérita, par sa conduite, les bénédictions générales.

Mais *Cheykh-êl-Mahmoudy* avait prétendu faire la révolution pour lui seul, et non pas pour le khalyfe; il n'avait vu en lui qu'un instrument, et n'avait réussi qu'à se donner un nouveau maître; dès lors le renversement du khalyfe fut projeté par lui; mais il marcha avec prudence, et n'approcha que pas à pas et par degrés du trône qu'il voulait envahir.

D'abord, dans des conciliabules avec les autres Mamlouks, il intéressa adroitement leur amour-propre à ne voir qu'avec peine le trône d'Égypte occupé par un prince étranger à leur caste, préparant ainsi dans le silence les voies à son propre avénement, sans pourtant qu'on pût l'accuser de s'offrir personnellement à cette candidature.

Puis, il se montra mécontent du poste de grand vizir : trouvant ce titre insuffisant, il se fit déclarer par le khalyfe lieutenant général du royaume, le 8 du mois de Raby-êl-Aouel de cette même année; à peine en eut-il reçu l'investiture, qu'il s'installa dans le palais du sultan, entoura le khalyfe de ses créatures, lui fit signifier de ne donner aucun ordre sans son assentiment, et, quelques mois après, prit pour sa part toute la puissance effective, en forçant le khalife *êl-Mostayn-b-illah* de l'associer au sultanat, sous le titre d'*êl-Mélek-êl-Mouyed* (le roi aidé de Dieu); puis le khalyfe, dépouillé de toute autorité, fut relégué au fond d'un des appartements du palais.

Êl-Mostayn n'avait pu résister à la violence; mais il avait secrètement écrit à un de ses anciens affidés, *Nourouz*, alors écarté de lui par sa nomination au gouvernement de la Syrie. *Nourouz*

(1) Cette année a commencé le mercredi 13 avril de l'an 1412 de notre ère.

accourut au Kaire : il jugea la force impuissante, et conseilla au khalyfe de recourir de nouveau aux armes spirituelles, qui lui avaient si bien réussi contre *Farag*.

Un anathème fut lancé contre *Cheykh-êl-Mahmoudy*, alors en Syrie; et cette absence rehaussa tellement le courage des partisans du khalyfe, qu'ils firent proclamer l'anathème dans l'assemblée générale des cheykhs et des imâms; mais *Cheykh-êl-Mahmoudy* s'était fait instruire à temps de ces menées : à peine l'excommunication fut-elle proclamée, qu'il parut au Kaire, en face de ses ennemis. Ceux-ci pâlirent; le khalyfe fut abandonné, les cheykhs et les imâms nièrent toute espèce de part à l'anathème : et la même assemblée qui l'avait proclamé appela la sévérité des lois sur la tête du khalyfe, déclaré indigne du pontificat suprême, comme ayant abusé de ses pouvoirs religieux, et s'étant révolté contre le *sultan légitime*.

Déchu du khalyfat, l'imâm *êl-Mostayn-b-illah* fut emprisonné, puis exilé à Alexandrie, l'an 818 de l'hégire (1); et on proclama khalyfe, en sa place, son frère *Daoud*, qui prit le titre d'*êl-Motadded-b-illah*.

Cheykh-êl-Mahmoudy, parvenu ainsi au but de tous ses désirs, chercha à faire oublier le khalyfe *êl-Mostayn*, en l'imitant dans son administration sage et paternelle. Son règne avait été fondé par la violence; mais le cours en fut doux et paisible : les populations furent heureuses, et bénirent son gouvernement, que les historiens orientaux présentent comme celui d'un prince accompli. Après huit ans et cinq mois d'un règne exempt de troubles, il mourut le lundi 9 du mois de Moharrem de l'an 824 (2) de l'hégire (14 janvier 1421 de l'ère chrétienne).

Les savants furent efficacement protégés par ce prince; le Kaire lui doit plusieurs de ses embellissements, et entre autres l'une de ses plus magnifiques mosquées, celle qui porte le nom de *Gamè-êl-Mouyed*, et qui est située près de la porte intérieure, dite *Bâb-Zouyléh*.

Après sa mort, les choses reprirent leur marche convulsive accoutumée. Trois sultans se succédèrent rapidement sur le trône d'Égypte.

Inauguré sous le titre de *êl-Mélek-êl-Mozzaffer*, *Chahab-êd-dyn-Ahmed*, fils d'*êl-Mahmoudy*, fut forcé, au mois de Chaouâl de la même année, après sept mois et neuf jours de règne, de céder la couronne à son tuteur et son beau-père, *Seyf-êd-dyn-Tattar*, surnommé *êl-Mélek êl-Daher*, qui, étant lui-même mort au mois de Dou-l-Hagéh de la même année, la transmit à son fils *Nasser-êd-dyn-Mohammed*, qui prit le titre d'*êl-Mélek êl-Salèh* : quatre mois après, ce sultan fut à son tour dépossédé par *Seyf-êd-dyn Barsebây*, son tuteur, et passa le reste de sa vie dans l'obscurité.

Plus d'un prétendant s'était présenté pour saisir la couronne ravie à *êl-Mélek êl-Salèh*; mais *Barsebây* avait su neutraliser leurs efforts l'un par l'autre, et avait réussi à conserver le sultanat pour lui seul. Il se fit proclamer le 8 du mois de Raby-êl-Thâny de l'an 825 de l'hégire (1) sous le titre de *êl-Mélek-êl-Achraf* (le roi très-noble).

Barsebây avait été affranchi par *êl-Mélek-êl-Daher-Tattar*, qui l'avait pris en amitié, et, après l'avoir fait passer rapidement par les divers grades, lui avait confié la tutelle de son fils.

La première année de son règne fut signalée par une abondante inondation du Nil, qui fit concevoir aux peuples d'Égypte les plus heureux présages. En effet, le nouveau sultan suivit, dans son administration, les principes qui avaient dirigé celle de *Cheykh-êl-Mahmoudy* : son gouvernement fut sage, modéré et paisible; il reconstruisit plusieurs villes, ruinées sous ses prédécesseurs; il embellit le Kaire de plusieurs monuments, et, entre autres, de la mosquée dite de son nom *Gamè-êl-Achrafyéh*, située en face du bazar des marchands d'ambre, dont il commença la construction au mois de Regeb de l'an 826 de l'hégire (2).

L'administration prudente et paternelle de *êl-Mélek-êl-Achraf* lui valut un règne long et paisible, qui ne fut troublé qu'en l'an 827 de l'hégire (3), par la révolte de l'émir *Benyq-êl-Be-*

(1) Cette année a commencé le mercredi 10 mars de l'an 1415 de l'ère chrétienne.

(2) Cette année a commencé le lundi 6 janvier de l'an 1421 de notre ère.

(1) Cette année a commencé le vendredi 26 décembre 1421 de notre ère.

(2) Cette année a commencé le mardi 15 décembre de l'an 1422 de notre ère.

(3) Cette année a commencé le dimanche 5 décembre de l'an 1423 de notre ère.

khâchy, auquel le sultan avait confié le gouvernement de Damas. Mais cette révolte fut bientôt comprimée; le rebelle fut décapité, et son vainqueur, l'émir nègre *Abd-ér-rahmân*, le remplaça au gouvernement de la Syrie : cette révolte ne fut suivie d'aucune autre dans les provinces soumises au pouvoir du sultan.

Ses armes obtinrent au dehors des succès remarquables : plusieurs expéditions, qu'il entreprit contre les Francs, se terminèrent par des victoires et des conquêtes : l'île de Chypre fut soumise à sa puissance, et le roi Jean III de Lusignan, obligé de se reconnaître vassal de l'Égypte, en payant annuellement un tribut considérable.

Cette époque est surtout remarquable par des négociations importantes avec les princes chrétiens et par les premiers actes d'union diplomatique de l'Égypte avec la puissance ottomane, qui était déjà alors maîtresse de toute l'Asie Mineure, sous le huitième sultan de cette dynastie, *Mourâd*, fils de *Mohammed* (Amurat II.)

Voici les circonstances qui rendirent le sultan *Barsebây* le but et l'arbitre de ces négociations :

Le roi de Chypre, qui payait un tribut annuel à l'Égypte, n'avait pour héritier de son nom qu'une fille légitime, nommée *Charlotte*; il la donna en mariage au prince Louis de Savoie, en lui assignant pour dot la réversibilité de sa couronne. Un fils naturel du roi, nommé *Jacques*, prétendit mettre opposition à cette transmission, et revendiquer pour lui-même le royal héritage; il était soutenu dans ses prétentions par les Vénitiens; car il avait épousé la fille de Louis Cornaro, que le sénat avait déclarée solennellement *fille de la république*, dans l'espoir de créer par là pour Venise un droit ultérieur à la possession de Chypre.

A l'appui des Vénitiens Jacques voulut joindre celui du sultan de l'Égypte; il avait reçu du sénat des subsides considérables : il les employa à se concilier les principaux émirs du Kaire, et à acheter de *Barsebây* une armée musulmane; il allait, à la tête de ces forces, mettre le siége devant Nicosie, quand Louis de Savoie obtint l'intervention en sa faveur du grand maître de l'ordre de Jérusalem.

Le commandeur de *Nissara* fut envoyé comme ambassadeur au Kaire, et changea les dispositions de la cour égyptienne; offrant des sommes plus considérables que celles qui avaient été versées par Jacques de Lusignan, il avait obtenu le rappel des troupes mises sous les ordres de ce prince.

Cet échec fut loin de faire renoncer le prétendant à ses projets d'ambition; de riches présents et la promesse d'un tribut annuel lui valurent la protection du sultan ottoman; et celui-ci envoya, à son tour, au Kaire, une ambassade pour y soutenir les intérêts de son protégé.

L'ambassadeur ottoman ne chercha pas à séduire la cour d'Égypte par des présents : il fit parler la crainte que devait inspirer la puissance ottomane, dont les États étaient limitrophes aux frontières de Syrie. Le commandeur fut congédié : Jacques eut enfin à sa disposition l'armée promise. Louis de Savoie et Charlotte de Lusignan furent expulsés de l'île, et le fils naturel de Jean de Lusignan régna, vassal à la fois des Vénitiens, des Ottomans et de l'Égypte.

Ainsi, sous le règne d'*él-Mélek-él-Achraf-Barsebây* l'Égypte, heureuse au dedans, était glorieuse à l'extérieur; et les historiens arabes s'accordent à présenter ce prince comme le plus digne d'éloges de tous les sultans de la dynastie circassienne.

Ils rendent, d'ailleurs, le témoignage le plus éclatant à ses qualités personnelles et à son administration bienveillante, et ajoutent que ce fut lui qui abolit la cérémonie du prosternement dans l'hommage rendu aux sultans, et qui le convertit en un simple *baise-mains*.

Après un règne paisible de seize ans, huit mois et six jours, *él-Mélek-el-Achraf-Barsebây* mourut, à l'âge de soixante ans, le samedi 13 du mois de Dou-l-Hagéh de l'an 841 de l'hégire (1).

Son fils *Gemal-éd-dyn-Youssouf*, surnommé *Abou-l-Mahassen*, avait été désigné par son testament pour son successeur; ce jeune prince fut, en conséquence, inauguré, le jour même de la mort de son père, sous le titre de *él-Mélek-él-Azyz* (le roi Auguste).

Mais à peine avait-il régné trois mois que la mésintelligence se mit entre les

(1) Cette année a commencé le vendredi 5 juillet de l'an 1437 de notre ère ; le 13 du mois de Dou-l-Hagéh de cette année correspondait au 8 juin de l'an 1438 de notre ère.

Mamlouks du sultan et l'émir *Seyf-éd dyn-Djaqmaq*, qui exerçait les hautes fonctions d'Atabek : les choses en vinrent bientôt au point qu'*él-Mélek-él-Azyz* fut déposé, et *Djaqmaq* inauguré en sa place, le mercredi 19 du mois de Raby-él-Aouel de l'an 842 de l'hégire (1).

Djaqmaq était alors âgé de soixante-neuf ans; il prit en montant sur le trône le titre de *él-Mélek-él-Daher* (le roi illustre), et régnait déjà depuis deux années, quand une peste terrible vint exercer ses ravages sur toute l'Égypte. Cet événement est le seul remarquable, jusqu'à l'an 846 de l'hégire (2), époque de la mort de l'imâm *él-Motadded-b-illah :* ce khalyfe avait rempli, pendant trente ans, le siége pontifical, au milieu de l'estime générale, qu'il avait méritée par sa piété et ses vertus; il légua le khalyfat à son frère utérin, qui fut surnommé *él-Mostakfy-b-illah*.

Le nouveau khalyfe devint l'ami et le conseiller du sultan *Djaqmaq* : pendant les huit années de son pontificat il mérita, comme son frère, les bénédictions du peuple, et mourut l'an 854 de l'hégire (3). Sa mort fut un deuil général : à ses funérailles les grands du royaume se disputèrent l'honneur de porter son cercueil; et le sultan lui-même voulut le soutenir quelque temps sur ses épaules.

Le khalyfe *él-Mostakfy-b-illah* étant mort intestat, on lui donna pour successeur son frère, qui fut salué du titre d'*él-Qâyem-be-amr-illah*.

La conduite de celui-ci, tout à fait opposée à celle de ses deux prédécesseurs, en rendit la perte plus sensible au sultan, qui, accablé d'ailleurs du poids de quatre-vingts années, ne se sentait plus assez fort pour conduire le gouvernement de l'État, au milieu des obstacles que lui suscitaient les intrigues et les prétentions du khalyfe. Le sultan *Djaqmaq-él-Daher* abdiqua en faveur de son fils, *Fakhr-éd-dyn-Othmân*, et mourut le 29 du mois de Safar, l'an 857 de l'hégire (4), dans la même année où le sultan *Mohammed-ben-Mourad* (Mahomet II) s'emparait de Constantinople et détruisait l'empire des Grecs.

Othmân prit le surnom d'*él-Mélek-él-Mansour* (le roi victorieux par l'aide de Dieu). A peine sur le trône, il se vit menacé par une insurrection des émirs que le khalyfe avait excités contre lui, dans l'espoir que, aussi heureux que le khalyfe *él-Mostayn-b-illah ;* il pourrait en faire son profit. *Él-Mélek-él-Mansour-Othmân* fut la victime de ces complots : après avoir régné seulement un mois et un jour, il fut déposé au commencement du mois de Raby-él-Aouel de cette même année; mais le khalyfe, qui s'attendait à être élu à sa place, eut le déplaisir de voir proclamer, sous le nom d'*él-Mélek-él-Achraf*, un vieux Mamlouk, nommé *Abou-l-Nasr-Ynal*.

Le grand âge du nouveau sultan fit patienter le khalyfe pendant six années. Enfin, las d'attendre, il se livra à l'éxécution de ses projets ambitieux ; mais ses menées étaient surveillées par le vizir *Belgiouy :* avisé par ce fidèle ministre, le sultan *Ynal* fit comparaître devant lui le khalyfe, lui reprocha sa trahison, et le déposa solennellement. « C'est moi qui te dépose! » s'écria le khalyfe audacieux; mais cette bravade n'aboutit qu'à un exil à Alexandrie, où il mourut peu de temps après.

Un frère du khalyfe *él-Motadded-b-illah*, nommé *Youssouf*, remplaça *él-Qayem-be-amr-illah*, et prit le titre d'*él-Mostanged-b-illah ;* la conduite de celui-ci fut sage et modérée, et le sultan *Ynal* survécut deux ans à ces troubles, qui avaient manqué de le déposséder. Le reste de son règne se traîna au milieu des destitutions d'un grand nombre de vizirs; et il mourut, après avoir conservé le pouvoir huit ans, deux mois et six jours, le jeudi 15 du mois de Gemady-él-Aouel de l'an 865 de l'hégire (1).

Son fils *Chahab-éd-dyn-Ahmed*, surnommé *Abou-l-Fetah*, qu'il avait associé à son pouvoir royal dans la dernière année de son règne (2), lui succéda, avec le titre d'*él-Mélek-él-Mouyed* : il ne

(1) Cette année a commencé le mardi 24 juin de l'an 1438 de notre ère.

(2) Cette année a commencé le samedi 12 mai de l'an 1442 de notre ère.

(3) Cette année a commencé le samedi 14 février de l'an 1450 de notre ère.

(4) Cette année a commencé le vendredi 12 janvier de l'an 1453 de notre ère; le 29 de Safar de l'an 857 correspondait au 13 mars de cette année.

(1) Cette année a commencé le samedi 17 octobre de l'an 1460 de l'ère chrétienne.

(2) Monnaie frappée à l'occasion de cette association du père et du fils sur le trône d'Égypte, et portant en conséquence le nom d'A-

régna que quatre mois, et fut déposé le 18 du mois de Ramaddân de la même année.

Seyf-êd-dyn-Khochqadam, surnommé *él-Nasry*, le remplaça et fut proclamé, sous le titre d'*él-Mélek-él-Daher* (le roi illustre.)

Khochqadam était Grec d'origine, ce qui lui valut le surnom d'*él-Roumy* : il avait été vendu au sultan *Barsebây*, et il avait pris le surnom d'*él-Nasry*, d'après celui d'*Abou-Nasr* qu'avait porté ce sultan; il conserva, sur le trône, l'aménité des mœurs grecques, et son administration fut tranquille et heureuse. Souverain débonnaire, ne s'entourant que de ministres probes, il s'occupa du bien de ses peuples et mérita leur amour. Loin d'avoir cette rudesse et cette dureté de naturel qui caractérisaient les princes turkomans et circassiens, ses prédécesseurs, il fut doux, bienfaisant, affable; et les historiens orientaux s'accordent à le mettre au nombre des meilleurs princes qui aient gouverné l'Egypte. Ses courtisans modelèrent leur conduite sur celle de leur prince; et le khalyfe, qu'il avait logé dans son palais, ne sortit jamais des bornes de sa puissance spirituelle.

Aussi, les six ans et demi du règne du sultan *Khochqadam* s'écoulèrent dans une tranquilité exempte de tout trouble, et furent des années de bonheur pour l'Egypte.

Il mourut, à l'âge de soixante ans, le samedi 10 du mois de Raby-êl-Aouel, l'an 872 de l'hégire (1). Les populations égyptiennes le pleurèrent comme un père.

On lui donna pour successeur *Abou-Sayd-Belbây*, qui fut salué du titre d'*él-Mélek-él-Daher*.

Ce titre était le même que celui de son prédécesseur, mais sa conduite fut bien différente. *Belbây* fit autant de mal que *Khochqadam* avait fait de bien; ses cruautés et sa tyrannie, qu'il faisait peser indistinctement sur le peuple et sur les grands, eurent bientôt exaspéré tous les esprits : après avoir occupé le trône pendant cinquante-six jours seulement, il en fut précipité le 7 du mois de Gemady-êl-Aouel de la même année; et l'on y plaça l'émir *Abou-Sayd-Timar-Boghâ*, surnommé *él-Dahery*.

Le nouveau sultan prit, comme ses deux prédécesseurs, le surnom d'*él-Mélek-él-Daher*, et son règne fut aussi éphémère que celui du sultan qu'il remplaçait. Soit qu'il ne sût pas gouverner, soit qu'il eût déplu, dès le commencement de son règne, à ceux qui l'avaient mis sur le trône, deux mois après ils l'en firent descendre, le 6 du mois de Regeb de la même année.

On nomma en sa place l'émir *Qayt-Bây*, surnommé *él-Mahmoudy* et *él-Dahery*, qui prit à son investiture le titre d'*él-Mélek-él-Achraf*. Ainsi, l'année 872 de l'hégire avait vu quatre sultans se succéder sur le trône d'Égypte : le nouvel élu sut pourtant, au milieu de ces éléments de révolutions, s'y maintenir pendant de longues années.

Qayt-Bây avait été affranchi par le sultan *Djaqmaq* : il dut à sa valeur et à ses talents militaires la réunion des suffrages des émirs en sa faveur.

Les six premières années de son règne furent des années de calme et de tranquillité, tant à l'intérieur de l'Égypte qu'à l'extérieur. Ce calme ne fut troublé que par le bruit de la victoire du sultan ottoman, *Mahomet II*, sur *Uzun Hassân*, souverain de la Perse.

Ce prince était allié de l'Égypte; et dès lors *Qayt-Bây* prévit que cette alliance servirait un jour de prétexte au sultan ottoman pour envahir la Syrie. Afin de se tenir prêt à tout événement, il envoya ses meilleures troupes border ses frontières : mais l'attaque de la Syrie était ajournée : le sultan de Constantinople avait alors assez d'occupation à pousser ses conquêtes au sein des États chrétiens. Cependant l'orage était non dissipé, mais seulement suspendu : voulant s'y soustraire avant la catastrophe qu'il redoutait, *Qayt-Bây* abdiqua volontairement le souverain pouvoir; mais les émirs, appréciant le besoin qu'ils avaient de lui

bou-l-Fetah-Chahab-êd-dyn, joint à celui de *él-Mélek-él-Achraf*.

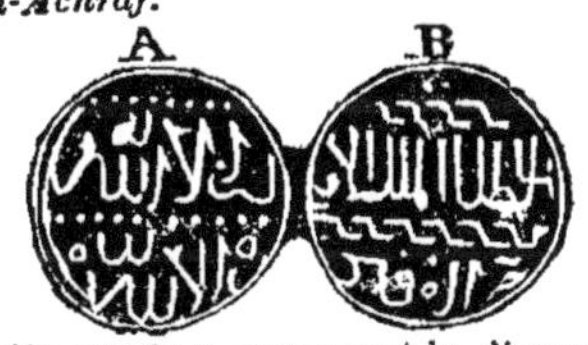

(1) Cette année a commencé le dimanche 2 août de l'an 1467 de notre ère.

dans ces circonstances si menaçantes, le forcèrent à reprendre le gouvernail de l'État. A peine s'y était-il replacé que l'orage éclata en effet. Victorieux des chrétiens, *Mahomet II* tourna ses armes contre la Syrie, l'an 885 de l'hégire (1).

Heureusement la mort vint saisir le conquérant, au milieu de ses triomphes, et l'arrêter à *Tikour-Gâber*, en Anatolie. L'envahissement de la Syrie et le renversement de la dynastie égyptienne furent ainsi reculés de trente-huit années.

Les troubles survenus après la mort de *Mahomet II*, entre ses deux fils *Bayazyd* (Bajazet II) et *Djem* ou *Zizim*, qui se disputèrent l'empire, les armes à la main, permirent au sultan *Qayt-Bây* de quitter les frontières de Syrie et de retourner au Kaire.

Il y vit, peu de temps après, arriver le prince *Djem*, qui avait perdu la bataille de *Yeni-Cheher*, et qui, accompagné de sa femme et de ses enfants, venait chercher un asile en Égypte.

Qayt-Bây accueillit le prince fugitif, qui, étant passé ensuite en Caramanie, y fut défait une seconde fois, dans une bataille définitive.

Ce revers fit présager à *Qayt-Bây* que bientôt *Bayazyd* chercherait à se venger de l'hospitalité accordée à son frère en Égypte. Prenant lui-même les devants, et se décidant brusquement à l'offensive, il enleva les caravanes turkes qui se rendaient à la Mekke, arrêta les ambassadeurs que le roi des Indes envoyait au sultan ottoman, s'empara des présents dont ils étaient porteurs et se rendit maître des places de Tarse et d'*Adanah*, qui appartenaient alors à la Porte Ottomanne.

Bayazyd n'attendait qu'un prétexte pour attaquer *Qayt-Bây* : ces hostilités le lui fournirent.

Cependant il fit précéder son attaque d'une ambassade réclamant réparation de ses griefs. *Qayt-Bây*, pour toute réponse, renvoya les ambassadeurs, et attaqua le généralissime des troupes ottomanes. Les troupes égyptiennes plièrent au commencement de la bataille, et prirent la fuite jusqu'à *Malathyéh*. Là elles rencontrèrent un renfort de cinq mille hommes envoyés par *Qayt-Bây* ; faisant alors volte-face contre les Ottomans, qui s'étaient engagés à leur poursuite dans les gorges des montagnes, elles reprirent l'avantage et en firent un massacre complet.

Cependant les détachements de *Bayazyd* avaient repris Tarse et *Adanah*, et *Qayt-Bây* reçut à la fois les deux nouvelles de la perte de ses conquêtes et de la victoire de ses troupes. Il envoya aussitôt l'émir *Ezbéky* pour chasser les Ottomans des deux places dont ils s'étaient rendus maîtres ; *Ezbéky* s'acquitta avec succès de sa mission ; et tous les avantages de cette campagne restèrent au sultan d'Égypte.

Pour réparer ces revers, le sultan ottoman envoya de nouvelles troupes, dont il confia le commandement à son gendre *Ahmed*.

Cet *Ahmed* était un jeune prince, Albanais de naissance, et fils du duc de *Bosnie*, qui, depuis peu de temps, avait abjuré le christianisme et s'était fait musulman. La nomination d'un renégat à peine sorti de l'adolescence, pour commander les vieilles bandes musulmanes, qui avaient acheté de leur sang tant de victoires, mécontenta à la fois les chefs et les soldats : l'attaque impétueuse d'*Ahmed* contre l'armée égyptienne ne fut pas soutenue par les corps ottomans. Délaissé par eux, au milieu des rangs ennemis, *Ahmed* combattit en vain avec une vaillance opiniâtre. Il fut obligé de se rendre à l'émir *Ezbéky*, qui, suivi de son prisonnier, revint en triomphe au Kaire, où il construisit, en actions de grâces de sa victoire, la mosquée dite *él-Ezbekyéh*, qui a donné son nom à la grande place voisine et au quartier qui l'environne.

Furieux de cette nouvelle défaite, *Bayazyd* mit sur pied une troisième armée plus formidable que les deux qu'il venait de perdre. *Aly-Pachâ* en fut désigné le chef, et le 3 du mois de Raby-êl-Thâny de l'an 893 de l'hégire (1) elle passa le Bosphore et prit position en Caramanie. Effrayé de cette nouvelle attaque, le sultan *Qayt-Bây* renvoya à *Bayazyd* son gendre *Ahmed*, et le chargea de propositions pacifiques ; el-

(1) Cette année a commencé le lundi 13 mars de l'an 1480 de notre ère.

(1) Cette année a commencé le lundi 17 décembre de l'an 1487 de notre ère.

les furent rejetées, et la guerre recommença avec une nouvelle fureur.

Les commencements en furent heureux pour les Ottomans : non-seulement *Aly-Pachâ* redevint maître de Tarse et d'*Adanah* dont les prises et reprises successives avaient déjà coûté tant de sang, mais il soumit encore toute la petite Arménie, mit le siége devant *Sis*, sa capitale, s'en empara, après une défense opiniâtre, et fit prisonnier le gouverneur, qui fut renvoyé en échange d'*Ahmed.*

Qayt-Bây fit marcher de nouveau l'émir *Ezbéky* pour arrêter les progrès des Ottomans. Une bataille sanglante se livra près de Tarse. L'armée égyptienne, d'abord mise en déroute, prit sa revanche le lendemain; et, dans cette seconde affaire, *Aly-Pachâ*, déjà sûr de la victoire, fut entièrement défait. *Ezbéky* revint au Kaire recevoir de nouveaux honneurs.

Le sultan d'Égypte voulut profiter de ces victoires pour obtenir une paix honorable; mais ses propositions furent de nouveau rejetées; *Bayazyd*, pour condition préliminaire, exigeait la cession de Tarse et d'*Adanah*, et menaçait l'Égypte d'une levée en masse de tous les sujets de l'empire ottoman pour la prochaine campagne. Alors *Qayt-Bây*, jugeant le sacrifice nécessaire à la sûreté de l'Égypte, consentit à cette dure condition; et, l'an 896 de l'hégire (1), la paix fut enfin conclue entre les deux puissances belligérantes.

Pendant ces négociations, l'île de Chypre était devenue la propriété des Vénitiens, par la mort de Jacques de Lusignan et la cession de sa veuve. *Qayt-Bây*, craignant que ce changement de maîtres ne lui fît perdre les redevances auxquelles les précédents souverains étaient soumis, menaça l'île d'une invasion, que la république détourna en acquittant ponctuellement les tributs annuels.

Qayt-Bây survécut cinq années à la paix qu'il avait conclue avec la Porte Ottomane. Après un règne de vingt-neuf ans, quatre mois et vingt jours, il mourut, au milieu des regrets universels (2), le 22 du mois de Dou-l-Qadéh de l'an 901 de l'hégire (1).

On lui donna pour successeur son fils *Abou-l-Saadât-Mohammed,* qui fut proclamé sous le nom d'*él-Mélek-él-Nasser* (le roi victorieux), comme si ce nom d'ambitieux présage devait être un talisman suffisant pour arrêter les victoires du conquérant qui menaçait l'Égypte.

Jamais sultan ne se montra moins digne de ce titre que le fils de *Qayt-Bây;* en effet ce prince, idiot, pusillanime et barbare, ne s'occupait que de ses plaisirs, et cherchait à les varier par les crimes les plus horribles. L'historien *Ébn-Ishâq* rapporte qu'il poussa la férocité jusqu'à écorcher vive, de ses propres mains, une belle esclave blanche que sa mère lui avait donnée.

Les Mamlouks, que sa tyrannie n'épargnait pas, se soulevèrent bientôt contre lui, et le remplacèrent, après six mois seulement de règne, par l'émir *Qansou,* surnommé *Khams-myéh* (cinq-cents), parce qu'il avait été acheté cinq cents pièces d'or par le sultan *Qayt-Bây.*

Qansou prit le titre d'*él-Mélek-él-Achraf*; mais, après cinq mois d'un règne convulsif, il renonça volontairement à une autorité dont les rênes étaient si difficiles à tenir.

Él-Mélek-él-Nasser-Mohammed réussit alors à remonter sur le trône dont il avait été si justement chassé ; mais il n'y resta que dix-huit mois et demi. Les Mamlouks s'en délivrèrent, en le massacrant, le vendredi 16 du mois de Raby-êl-Aouel de l'an 904 de l'hégire (2).

Ils le remplacèrent par l'oncle de celui qui l'avait remplacé lui-même momentanément, *Qansou*, deuxième du nom, et surnommé *Abou-Sayd*, qu'ils installèrent sous le titre d'*él-Mélek-él-Daher*. Ce prince n'accepta que malgré lui les fonctions dangereuses qu'on remettait entre ses mains; on les lui arracha, après un règne de vingt mois et quelques jours, le vendredi 29 du mois de

(1) Cette année a commencé le dimanche 14 novembre de l'an 1490 de notre ère.

(2) Le Kaire doit à ce prince plusieurs embellissemens, entre autres la belle mosquée qui porte son nom; voyez planches 6 et 14.

(1) Cette année a commencé le lundi 21 septembre de l'an 1495 de notre ère.

(2) Cette année a commencé le dimanche 19 août de l'an 1498 de notre ère.

Dou-l-Qadéh, l'an 905 de l'hégire (1).

Après lui, fut placé sur ce trône glissant l'émir *Qansou*, troisième du nom, surnommé à la fois *Djân-balat* (âme d'acier) et *Abou-l-nasr* (le père de la victoire): les émirs lui donnèrent pour troisième surnom celui d'*él-Mélek-él-Achraf* (le roi très-noble). Malgré ces titres magnifiques, le nouveau sultan n'avait pas encore régné sept mois, qu'il fut déposé, le 18 du mois de Gemady-êl-Thâny de l'an 906 de l'hégire (2).

L'émir *Seyf-éd-dyn-Toumân-Bây*, surnommé *Qayt-Bâyy*, parce qu'il avait appartenu au sultan *Qayt-Bây*; fut alors proclamé par les émirs de Damas, sous le titre d'*él-Mélek-él-Adel* (le roi juste). Cette nomination fut aussitôt reconnue solennellement par les émirs du Kaire, le 28 du mois de Gemady-êl-Thâny.

Mais cette double nomination ne le préserva pas longtemps des entreprises hostiles des Mamlouks, qui, après l'avoir laissé cent jours seulement à leur tête, attentèrent à sa vie, au mois de Ramaddân.

Le malheureux *Toumân-Bây* parvint d'abord à se soustraire, par la fuite, à la fureur de cette milice; mais l'asile où il se croyait en sûreté, fut découvert quarante jours après sa fuite; et il fut massacré par ceux même qui l'avaient placé sur le trône, au mois de Dou-l-Qadéh de l'an 906 de l'hégire (1501).

L'élection de son successeur ne dépendit pas cette fois du caprice de la soldatesque turbulente, et ne fut pas l'effet du hasard ou de l'intrigue. Fatiguées enfin de ces révolutions sanglantes, les populations voulurent à leur tour intervenir dans le choix du maître qui devait les gouverner. D'après le vœu général des habitants de l'Égypte et de la Syrie, les cheykhs principaux s'assemblèrent avec les émirs, et déférèrent la couronne à l'émir *Qansou*, IVe du nom, et distingué par le surnom d'*él-Ghoury*. Cet émir, ancien Mamlouk du sultan *Qayt-Bây*, était pauvre, d'un caractère facile, de mœurs simples, sans ambition, et entièrement étranger aux intrigues qui divisaient les émirs : il menait une vie retirée, jouissant de l'estime et de la considération générale, que lui avaient méritées sa bienfaisance et ses vertus.

Étonné de sa nomination, *Qansou-él-Ghoury* se refusa d'abord au choix de l'assemblée, en disant qu'accoutumé à obéir, il ignorait absolument l'art de commander. On lui objecta que sa bravoure et son amour du bien général suffisaient pour mériter le trône, qu'il était le seul digne d'y monter, et d'y rappeler le gouvernement paternel de son ancien maître *Qayt-Bây* : il se rendit en pleurant aux vœux unanimes; mais il mit à son acquiescement la condition que, si un jour on voulait le dépouiller de l'autorité suprême, il aurait, au moins, la vie sauve : la promesse solennelle lui en fut faite; et, au commencement du mois de Chaouâl, les émirs le proclamèrent sous le titre d'*él-Mélek-él-Achraf*, qu'avaient déjà porté deux de ses prédécesseurs, nommés *Qansou* comme lui.

Le nouveau sultan, que nos historiens nomment *Campson-Cauri*, chercha, en montant sur le trône, à en rendre pour lui la possession moins éphémère qu'elle ne l'avait été pour ses prédécesseurs. Il s'appliqua à se défaire peu à peu, avec prudence, de tous ceux dont il connaissait la turbulence, et parvint à procurer à l'Égypte une tranquillité qui se prolongea jusqu'en l'an 911 de l'hégire (1).

Qansou-él-Ghoury profita de cet état de calme et de repos pour se livrer aux améliorations de l'administration intérieure et à l'embellissement de la ville du Kaire. Une mosquée magnifique et un quartier entier qu'il construisit portent encore, d'après son nom, celui d'*él-Ghouryéh*.

Mais des événements importants attirèrent bientôt à l'extérieur les regards et les soins du sultan d'Égypte. Les Portugais s'étaient emparés des principales villes littorales des Indes, et gênaient les relations commerciales qu'avaient entre eux les Indiens et les Égyptiens. *Qansou-él-Ghoury* arma, en conséquence, contre les conquérants européens; mais son expédition n'eut pas le succès qu'il en espérait. Au lieu de rétablir les communications commerciales, et d'expulser les Portugais de leurs con-

(1) Cette année a commencé le jeudi 8 août de l'an 1499 de l'ère chrétienne.

(2) Cette année a commencé le mardi 28 juillet de l'an 1500 de notre ère.

(1) Cette année a commencé le dimanche 24 mai de l'an 1505 de l'ère chrétienne.

quêtes, ses vaisseaux, qu'il expédia, chargés de troupes, des ports de la mer Rouge furent attaqués et détruits par les forces navales européennes.

Mais à cet échec succéda un danger plus imminent et plus important pour l'Égypte, amené par une cause semblable à celle qui déjà avait une fois manqué d'entraîner l'envahissement de ce royaume par la puissance ottomane.

L'an 918 de l'hégire (1), *Korkoud*, frère du sultan *Sélym-ben-Bayazyd* (Sélim 1er), après avoir disputé le trône à son frère, vint, comme autrefois le prince *Djem*, se réfugier en Égypte.

Il obtint de *Qansou-él-Ghoury*, non-seulement une bienveillante hospitalité, mais encore un armement de vingt bâtiments, sur lesquels il s'aventura à l'attaque de Constantinople. La flotte égyptienne fut capturée par les vaisseaux de l'ordre de Saint-Jean de Jérusalem, et le secours prêté à *Korkoud* donna à l'Égypte, dans le sultan *Sélym*, un ennemi irréconciliable.

Les forces ottomanes furent aussitôt lancées : l'attaque des frontières syriennes commença, et des dépêches menaçantes arrivèrent de Constantinople au Kaire.

En vain le sultan d'Égypte espéra arrêter *Sélym*, en s'unissant au roi de Perse *Ismayl-Châh*, qui était alors en guerre avec la Porte Ottomane; les armées persannes-égyptiennes furent taillées en pièces; et *Qansou* ne vit d'autre ressource, pour désarmer le vainqueur, qu'une ambassade demandant la paix à tout prix, « se soumettant d'avance aux « conditions que la Porte Ottomane voudrait imposer. » — « Il est trop tard, » répondit *Sélym* aux ambassadeurs, prosternés devant lui : « relevez-vous, et re- « tournez dire à celui qui vous envoie, « que le pied ne se heurte pas deux fois à « la même pierre; j'irai au Kaire : qu'il « se prépare à combattre. »

L'effet suivit de près la menace. L'armée ottomane déborda comme un torrent dans la Syrie : *Qansou-él-Ghoury*, qui avait rassemblé toutes ses troupes, la rencontra à *Merg-Dabek*, près de *Haleb* (Alep). Le choc fut terrible : il s'agissait pour le sultan d'Égypte d'*être* ou *de ne pas être* : il combattit avec bravoure; mais l'artillerie, employée par les Ottomans, mit le désordre dans les troupes égyptiennes, armées seulement de lances, de flèches et de cimeterres : les deux émirs qui commandaient l'aile droite et l'aile gauche, épouvantés, passèrent à l'ennemi, et le sultan *Qansou*, qui commandait le centre, se vit enveloppé et contraint à prendre la fuite. Dans le désordre de la déroute, il tomba de cheval et fut écrasé sous les pieds des cavaliers fuyards.

(1) Cette année a commencé le vendredi 10 mai de l'an 1512 de notre ère.

Ainsi périt misérablement le sultan *Qansou-él-Ghoury*, le 25 du mois de Régeb, l'an 922 de l'hégire (1). Il avait régné quinze ans neuf mois et vingt-cinq jours (2).

Son neveu, *Toumân-Bây*, IIe du nom, qu'il avait laissé pour commander au Kaire, fut aussitôt choisi par les émirs pour lui succéder sous le même titre d'*él-Mélek-él-Achraf*.

Les débris de l'armée défaite en Syrie arrivèrent bientôt dans la capitale; et le nouveau sultan s'empressa d'y réunir de nouvelles forces, pour les opposer aux Ottomans. Ceux-ci s'étaient arrêtés quelque temps en Syrie, pour s'y reposer, et *Toumân-Bây* put espérer d'abord qu'ils craindraient de s'aventurer dans les déserts de sable qui forment, du côté de la Syrie, les remparts les plus sûrs de l'Égypte.

Cet espoir fut promptement déçu : la missive suivante arriva au Kaire :

« De la part du sultan *Sélym-Khân*, « fils du sultan *Bayazyd-Khân*, monar- « que des deux continents, souverain « des deux mers, etc., à *Toumân-Bây* « le Circassien.

(1) Cette année a commencé le mardi 5 février de l'an 1516 de notre ère.

(2) Les historiens orientaux s'accordent à donner des éloges au règne de *Qansou-él Ghoury*; le seul dont l'opinion diffère à son égard est l'annaliste *Mohammed-ébn-Ishaq*, dont je possède un beau manuscrit. Voici en quels termes il s'exprime sur ce sultan :

« Ce fut, dit-il, un prince adroit, fin, rusé « et méchant, dont la seule passion était de « bâtir. Dès qu'il fut sur le trône, il ne s'oc- « cupa qu'à se défaire de ceux qui l'y avaient « placé : pour mieux réussir il achetait de nou- « veaux Mamlouks dont il s'entourait, et qu'il « laissait impunément se livrer à toute espèce « de désordre et de rapine : lui-même, sous le « moindre prétexte, il dépouillait de leur bien « les plus riches particuliers, qu'il réduisait à « la mendicité. »

« Louanges à Dieu! Notre désir impérial est accompli; l'hérétique *Ismayl-châh*(1) a été détruit, et l'impie « *Qansou*, qui avait osé attaquer les « pèlerins sacrés de la Mekke, a été puni « par nous.

« Il nous reste à nous délivrer d'un « voisinage hostile; car le Prophète, « sur lequel soit le salut et la bénédic- « tion divine, a dit : *La colère du ciel* « *tombe sur les mauvais voisins*. Dieu « nous aidera donc à te punir toi-même.

« Si cependant tu veux mériter notre « clémence impériale, fais proclamer « notre nom à la prière solennelle, fais « battre monnaie à notre coin (2), et « viens toi-même, à nos pieds, implorer « ton pardon et nous jurer foi et hom- « mage : sinon......! »

En lisant cette missive insolente, et surtout la terrible réticence qui la terminait, *Toumân-Bây* se décida à une lutte dont il prévoyait l'issue funeste, mais dans laquelle, au moins, il voulait succomber avec honneur. Faisant augmenter les fortifications de Damiette et des autres places les plus exposées du côté de la Syrie, il réunit toutes les forces disponibles que put lui fournir l'Égypte, et vint asseoir son camp à *Salahyéh*, attendant de pied ferme les troupes ottomanes, au bord du désert.

Sélym était déjà maître de *Ghazzah*, d'*él-Arych* et de *Qattyéh;* mais, craignant peut-être d'affronter le courage désespéré d'un ennemi réduit aux dernières extrémités, au lieu d'aller attaquer le sultan d'Égypte dans ses positions, il les tourna à distance, et, franchissant le désert sur un autre point, vint déboucher à *él-Khanqah*, seulement à quelques heures du Kaire.

Avisé de la marche des Ottomans, *Toumân-Bây* rétrograda aussitôt et courut attaquer leurs derrières. La bataille, qui devait décider du sort de l'Égypte et de son souverain, s'engagea à *él-Redânyéh*, le vendredi 29 du mois de Doul-Hagéh de l'an 922 de l'hégire (23 janvier de l'an 1517 de notre ère).

(1) On sait que les Persans sont *Chyites*, tandis que les Turks sont *Sunnites*, et que ces deux sectes s'anathématisent réciproquement.

(2) Nous avons déjà vu que l'insertion du nom d'un prince dans les prières solennelles du vendredi et sur les coins du monnayage constituait la reconnaissance de sa souveraineté.

Se fiant sur l'effet de quatre-vingts pièces d'artillerie qu'il avait réussi à se procurer à prix d'or des Vénitiens, et dont l'emploi avait été jusqu'alors inconnu aux armées égyptiennes, le sultan d'Égypte commença le premier l'attaque. Mais le grand nombre des Ottomans et leur artillerie, plus formidable encore, servie par des mains mieux exercées, l'emportèrent sur la bravoure des Égyptiens; la mitraille et les boulets décimèrent leurs escadrons, et la déroute la plus complète écrasa leur armée.

Toumân-Bây, avec le courage du désespoir, rallia encore au Kaire les débris de ses troupes : il acheta chèrement le concours de nombreuses tribus arabes, et revint attaquer le camp du sultan victorieux, déjà assis dans l'île de *Raouddah*.

Repoussé avec perte par les janissaires, il se replia de nouveau sur le Kaire, en fit fermer les issues, barricader toutes les rues et fortifier la citadelle. Mais le Kaire fut emporté, malgré la défense opiniâtre de *Toumân-Bây* et des Mamlouks qui lui étaient restés fidèles. Résistant pied à pied, de terrasse en terrasse, de barricade en barricade, chaque rue eut son combat, chaque maison son siége. Le sol du Kaire fut jonché des cadavres ottomans; mais aussi les représailles furent terribles, la ville fut livrée à l'incendie et au plus affreux pillage, la citadelle, emportée d'assaut, et la garnison massacrée tout entière.

Le malheureux sultan d'Égypte avait réussi à échapper au carnage; il avait pu atteindre le Nil, se jeter dans une nacelle et traverser le fleuve : déjà il était parvenu dans la province de *Bahyréh*, se dirigeant sur Alexandrie, quand il fut arrêté par des Arabes rôdeurs, qui le vendirent aux Ottomans.

Sélym fit amener devant lui le sultan vaincu. Le monarque vainqueur parut touché de l'état déplorable où sa vengeance avait réduit l'ancien souverain de l'Égypte. On put croire qu'au moins il épargnerait la vie d'un ennemi détrôné.

En effet, lui faisant ôter les chaînes dont on l'avait chargé, *Sélym* eut pendant plusieurs jours des conférences suivies avec le prince que la victoire avait remis en son pouvoir : il interrogeait son royal prisonnier sur les affaires et les ressources de l'Égypte, et sur les détails de l'administration du pays : dix journées entières furent employées dans ces entretiens instructifs : le 19 du mois de Raby-êl-Aouel de l'an 923 de l'hégire (1), après une dernière conférence, *Sélym* n'avait plus de renseignements à recueillir; il donna froidement l'ordre qu'on allât pendre son infortuné interlocuteur.

L'exécution de cet ordre barbare eût lieu aussitôt, sous l'arcade de la porte dite *Bâb-Zouyléh;* et le crampon de fer, auquel fut suspendu le malheureux sultan, s'y voit encore de nos jours (2).

Ce meurtre termina en *Toumân-Bây* la dynastie des Mamlouks *borgites* ou *circassiens*, qui avait possédé l'Égypte pendant une période de cent trente-neuf années ; et ce beau royaume ne fut plus, dès lors, qu'une des provinces du grand empire ottoman.

Le cadavre du malheureux prince resta huit jours entiers exposé aux regards du peuple sur le lieu de son supplice, comme pour témoigner d'une manière plus incontestable que l'Égypte était devenue désormais esclave des caprices sanglants d'un maître étranger.

L'Égypte avait été presque constamment malheureuse sous ses deux dernières dynasties : pour quelques bons princes que le ciel lui avait accordés de temps en temps, combien ne compta-t-elle pas à cette époque, parmi ses sultans, de tyrans aussi avides et cruels que grossiers et incapables, pour lesquels *gouverner* n'était qu'*opprimer*.

Que pouvaient, en effet, faire pour le bonheur des populations soumises à leur puissance éphémère, ces hordes d'ambitieux qui passaient leur vie, soit à l'assaut du trône qu'ils convoitaient, soit, quand ils l'avaient conquis, à sa défense contre les assauts des rivaux impatients de l'envahir à leur tour. Leurs regards, sans cesse tournés sur ce pouvoir à usurper ou à conserver, ne redescendaient sur la malheureuse Égypte que pour y voir, non le sol fertile où la destinée ne les avait placés si haut que pour les charger d'en améliorer le sort et d'en vivifier les ressources, mais le champ de bataille, ensanglanté qui, peut-être bientôt, devait être le théâtre de leur propre catastrophe.

(1) Cette année a commencé le samedi 24 janvier de l'an 1517 de notre ère.

(2) J'ai vu moi-même ce crampon fatal, monument terrible des révolutions qui ont agité l'Égypte; j'ai ouï dire au Kaire qu'un Anglais avait voulu l'acheter de *Mourâd-Bey*, qui, malgré sa rapacité si connue, s'était refusé à ce marché.

CHAPITRE XV.

L'Égypte devient une province de l'empire des Turks. — Organisation de son gouvernement. — Cession du khalyfat. — Sultans ottomans, Sélym Ier, Souleyman II (Ier), Sélym II, Mourâd III, Mohammed III, Ahmed Ier, Moustafâ Ier, Othman II, Mourâd IV. — Pachâs de l'Égypte sous ces princes : Khayr-Beyk, Moustafâ, Ahmed, Qâssem, Ibrahym, Souleymân, Hasraf, Dâoud, Aly, Mohammed, Iskander, Aly-êl-Khâdem, Aly-êl-Soufy, Mahmoud, Sinân, Tcherkes, Housseyn, Messyh, Hassan-êl-Khâdem, Aoueys, Hâfezz-Ahmed-êl-Khâdem, Qourt, êl-Seyd-Mohammed, Kheder, Mohammed-êl-Kourdjy, Mohammed-êl-Soufy, Moustafâ-Lefghely, Djafar, Housséyn grand vizir, Aly-Pachâ, chassé d'Égypte, et Moustafâ-Pachâ, conservé, malgré les ordres du sultan.

La dynastie des Mamlouks qui venait de s'éteindre avait été plus turbulente que la première, et moins illustrée en faits militaires : cependant, tandis que celle des Turkomans avait été étouffée obscurément, comme celle des Ayoubites, dans une conspiration de palais, la dynastie des Circassiens avait du moins l'honneur de ne périr que dans une catastrophe guerrière, et sous les mêmes coups qui avaient déjà écrasé le grand empire de Constantinople.

En perdant sa nationalité et en s'incorporant à la grande monarchie ottomane, l'Égypte avait le droit d'espérer, pour dédommagement, l'assurance de sa tranquillité intérieure, et de la sécurité de ses frontières : cet espoir ne fut qu'à demi réalisé, et les populations ne furent pas plus heureuses sous l'administration des gouverneurs ottomans que sous celle des souverains mamlouks qui venaient d'être dépossédés.

Le sultan *Sélym* Ier fit inhumer le corps du dernier roi d'Égypte auprès du tombeau du sultan *Qansou-êl-Ghoury*, et trois jours après ces funérailles il entra en triomphe dans la capitale qu'il venait de conquérir, le dernier jour du mois de Raby-êl-Aouel de l'an 923 de l'hégire : il n'y séjourna que peu de jours, et se rendit promptement à Alexandrie avec un corps de troupes, pour y faire reconnaître son autorité.

D'Alexandrie il revint une seconde fois au Kaire, où il resta jusqu'au jeudi 20 du mois de Chaabân de cette même année de l'hégire (27 août 1517); il en partit alors, et quitta définitivement l'Égypte pour retourner en Roumélie (1). En sortant de l'Égypte, le sultan ottoman emmena, s'il faut en croire l'historien *Mohamm-edebn-Aby-l-Sorour*, mille chameaux chargés d'or et d'argent, sans compter le reste du butin et les riches présents qui lui avaient été offerts.

Mais, avant de partir, il organisa le gouvernement de la nouvelle province qu'il venait d'ajouter à l'empire ottoman, et profita de l'occasion pour cumuler sur sa tête, à la fois, le pouvoir temporel et l'autorité spirituelle.

Il avait, en effet, trouvé au Kaire le dix-huitième khalyfe de la seconde branche des Abbassides. Depuis l'imâm *él-Mostanged-b-illah*, quinzième de ces khalyfes, dont nous avons vu la nomination par le sultan *Ynal*, en l'an 859 de l'hégire (1454), trois khalyfes s'étaient succédé paisiblement dans leur suprême pontificat : *él-Mostanged-b-illah*, mort le 24 du mois de Moharrem de l'an 884 de l'hégire (2), après avoir occupé le siége du khalyfat pendant vingt-cinq années, y avait été remplacé par *Abd-él-Azyz-ben-Yaqoub*, petit-fils du dixième khalyfe *él-Motouakkel-ala-Allah*, qui avait été inauguré sous le même nom que son aïeul, et était mort le vendredi 2 du mois de Safar de l'an 903 (3) de l'hégire (1er octobre 1497), laissant le khalyfat à son fils *Abou-Saber-Yaqoub*, qui prit le surnom d'*él-Mostamsek-b-illah*, et dont le successeur était, au moment de la conquête ottomane, *Mohammed-él-Motouakkel-ala-Allah*, troisième du nom.

Le sultan s'assura de sa personne, et ne lui rendit la liberté qu'en exigeant de lui une renonciation complète à son autorité spirituelle, et la subrogation solennelle et authentique des sultans ottomans dans tous les droits précédemment attribués au khalyfat. Depuis cette cession, les sultans de Constantinople sont devenus les khalyfes légaux de l'islamisme.

Après cet acte de soumission, le dernier des khalyfes fut emmené à Constantinople, où une pension lui fut assignée : il obtint, quelque temps avant la mort de *Sélym* 1er, la permission de revenir en Égypte, où il vécut en simple particulier et où il mourut l'an 945 de l'hégire (1).

Quant à son autorité temporelle en Égypte, *Sélym* chercha à l'établir d'une manière inébranlable par une combinaison de gouvernement dont le système lui offrait des gages de durée.

L'Égypte était devenue un pachalyk. En conséquence, l'autorité suprême y fut confiée à un Pachâ, et *Khayr-Beyk*, qui, ayant été l'un des principaux émirs du sultan *Qansou*, avait déserté sa cause à la bataille de *Merg-Dabeq*, fut, en récompense de sa trahison, le premier revêtu de ces hautes fonctions. Mais *Sélym*, craignant que l'éloignement de sa nouvelle province n'encourageât le vice-roi à concevoir des pensées d'indépendance, chercha à contre-balancer sa puissance par d'autres rouages politiques; il voulut que trois pouvoirs distincts se surveillassent mutuellement, et se servissent réciproquement de contre-poids.

Le pachâ fut chargé spécialement de la notification de tous les ordres impériaux au peuple et aux autorités, ainsi que de leur exécution. Six mille cavaliers et six mille fusiliers furent laissés en garnison au Kaire et dans les principales places de l'Égypte, mais non à la disposition immédiate du pachâ. Le commandement de ces troupes, partagées en six *odjâqs* ou corps militaires, fut confié à *Khayr-éd-dyn*, l'un des principaux officiers de l'armée ottomane; le sultan lui donna pour séjour la citadelle, avec la défense expresse de jamais en sortir sous aucun prétexte; les six corps militaires, chargés à la fois de la défense de l'Égypte, de la police et du prélèvement des impôts, étaient les suivants :

Le premier et le plus considéré était

(1) Les Orientaux donnent ce nom à la Turquie européenne.

(2) Cette année a commencé le jeudi 25 mars de l'an 1479 de l'ère chrétienne.

(3) Cette année a commencé le mercredi 30 août de l'an 1497 de notre ère.

(1) Cette année a commencé le jeudi 30 mai de l'an 1538 de notre ère.

celui des *Mouteferreqah*, formé de l'élite de la garde du sultan.

2° Le corps des *Tchaouychyéh*, composé, dans l'origine, de bas-officiers de l'armée de *Sélym*, était spécialement chargé de la levée de l'impôt.

3° Les *Gamoulyân*, ou chameliers.

4° Les *Tafekdjyân*, fusiliers ou artilleurs.

5° Les *Enkicharyéh*, janissaires, composés d'enfants de tribut de toutes les nations soumises aux Ottomans. On les désignait aussi sous le nom de *Moustahfezzân*, gardiens, parce que la police des villes leur fut attribuée.

Enfin, le sixième était celui des *Azâbs* (*Azabân*).

Les membres de ces *odjâqs* étaient appelés *odjâqlys;* chacun des corps était commandé par un *aghâ* particulier, et avait son *Kyahyâ*, ou lieutenant colonel, son doyen (*Bâch-ékhtyâr*), son *Defterdâr* ou chancelier, son trésorier (*Khazendâr*), et son *Rouznâmgy*, ou contrôleur et archiviste.

Ces chefs des odjâqs, rassemblés en divan, étaient les conseillers obligés du pachâ, qui ne devait rien faire sans leur assentiment; ils avaient le droit de suspendre l'exécution de ses ordres, d'en référer au Divan de Constantinople, et de demander sa déposition, s'il était soupçonné de trahir les intérêts du souverain.

Enfin, les chefs des anciens Mamlouks furent destinés à maintenir l'équilibre entre les *odjâqs* et les pachâs; leur origine les rendait les ennemis naturels des uns et des autres; et leur intérêt politique devait les porter constamment à jeter le poids de leur influence du côté le plus faible, pour empêcher les empiétements du côté le plus fort.

L'Égypte, partagée en douze *sandjaqlys*, vit ces arrondissements soumis à l'autorité de douze *sandjaqs* ou *beys* (1), nommés par le Divan, parmi les émirs et les Mamlouks qui avaient fait leur soumission.

La complication de cette machine gouvernementale, dont les divers leviers se neutralisaient l'un par l'autre, devait nécessairement entraîner des froissements multipliés et les chocs continuels des partis : les populations en souffrirent; mais la Porte Ottomane vit résulter la conservation de sa suzeraineté de ces désordres mêmes.

Khayr-Beyk-Pachâ était entré par un crime aux suprêmes honneurs; et son administration fut digne de son avénement. Il maltraita les peuples et leur fit endurer les vexations les plus intolérables : il conserva néanmoins son pachalyk jusqu'à sa mort, arrivée par suite d'un éruption érésipélateuse, l'an 928 de l'hégire (1).

Il fut enterré, dans le collége nommé *él-Medresséh-él-Khayr-Beykyéh*, qu'il avait fait construire au Kaire, dans la rue *Darb-él-Ouezyr* (la rue du Vizir), au-dessous de la citadelle.

La vindicte publique le poursuivit après sa mort. Le peuple prétendit que, chaque nuit, on entendait le pachâ oppresseur gémir dans son tombeau et implorer le pardon de sa tyrannie.

Deux ans avant la mort de *Khayr-Beyk-Pachâ*, était mort le sultan *Sélym* Ier, auquel avait été décerné le glorieux surnom de *Fâtyh-Mesr* (conquérant de l'Égypte); et le sultan *Souleymân-ben-Sélym*, âgé de vingt-six ans, avait succédé à son père, sur le trône ottoman, l'an 926 de l'hégire (2) : ce prince est celui que nos historiens nomment Soliman Ier, quoiqu'il soit réellement le deuxième du nom, en comptant *Souleymân-ben-Bayazyd* (Soliman, fils de Bajazet Ier) qu'ils omettent, et que les écrivains orientaux reconnaissent au nombre des souverains de l'empire ottoman.

Pendant son long règne, qui dura près d'un demi-siècle, ce prince s'occupa spécialement à consolider sa puissance en Égypte et à coordonner les différentes institutions gouvernementales de cette belle province.

Son père, le sultan *Sélym* Ier, avait ébauché le système d'administration et de gouvernement particulièrement

(1) Le mot *Sandjaq* signifie proprement *drapeau*, et avait été donné à ces douze gouverneurs de province, parce que le drapeau qu'ils faisaient porter devant eux était l'insigne de leur autorité. Le titre de *Bey*, synonyme de celui de *sandjaq*, s'écrit régulièrement *beyk;* la prononciation turke a adouci ce mot en celui de *bey*.

(1) Cette année a commencé le dimanche premier décembre de l'an 1521 de notre ère.

(2) Cette année a commencé le vendredi 23 décembre de l'an 1519 de notre ère.

institué pour ce pachalyk ; mais sa mort, survenue moins de cinq années après sa conquête, l'avait empêché de mettre la dernière main à cette conception importante.

Son fils et son successeur, *Souleymân* II, compléta son système administratif; et c'est au règne de ce prince qu'il paraît réellement appartenir, ainsi que le code entier des lois organiques sur l'Égypte.

Tel est cependant l'effet que produisent les victoires et les conquêtes. Les peuples sont plus frappés de leur éclat que des institutions sociales et administratives, qui pourtant influent bien davantage sur leur manière d'être : les Égyptiens d'aujourd'hui ne se souviennent que du sultan *Sélym Ier*, et citent à peine le véritable auteur des lois, dont, malgré plusieurs révolutions successives, une grande partie les régit encore.

Selym Ier avait imaginé de contre-balancer le pouvoir du pachâ par celui d'un Divan qui était présidé par le gouverneur lui-même ; *Souleymân* compliqua encore davantage le contre-poids politique, en créant deux corps délibérants, l'un le *grand Divan*, l'autre le *petit Divan*, ou le Divan proprement dit : il retira la présidence de ces assemblées au pachâ, qui y pouvait seulement assister, en se tenant derrière le rideau d'une tribune grillée. Le *kyahyâ* et le *defterdâr* du gouverneur étaient chargés de prendre ses ordres avant les délibérations et de lui rendre compte des décisions dont elles avaient été suivies : le pachâ n'avait que la mission de sanctionner ces résolutions, et de donner les ordres nécessaires pour qu'elles fussent exécutées.

Du reste, sa résidence fut désignée dans la citadelle du Kaire, par conséquent sous la main immédiate de l'aghâ qui la commandait, et la durée de ses fonctions fut réduite à une année seulement, à l'expiration de laquelle elles cessaient de droit, à moins qu'un firman impérial n'en prorogeât l'exercice.

Le grand Divan conserva le droit exclusif de statuer sur les affaires générales du pays, dont la direction immédiate n'était pas réservée à la Porte Ottomane elle-même. Les membres du grand Divan continuèrent d'être les *aghâs*, les *defterdars*, les *rouznâmgys* des six *odjaqs* ; on y adjoignit des députés de tous les corps de l'armée, puis l'*émyr-él-hag*, le suprême qâdy du Kaire, les principaux cheykhs et chéryfs, les quatre *mouftys*, chefs des quatre sectes orthodoxes; et des *ulémâs*. Les ordres de la Porte Ottomane s'adressaient officiellement au grand Divan ; mais ils étaient reçus par le pachâ, qui seul avait le droit de convoquer cette assemblée.

En effet, le grand Divan ne tenait pas de séance permanente. Le petit Divan, au contraire, s'assemblait tous les jours, dans le palais du gouverneur : il se composait du *kyahyâ* du pachâ, de son *defterdâr* et de son *rouznâmgy*, d'un seul député de chacun des *odjâqs*, de l'aghâ et des principaux officiers du corps des *mouteferreqah*, et de celui des *tchaouychyéh*. Ce second Divan était chargé de l'expédition des affaires courantes ; toutes les parties d'administration étaient de son ressort, à l'exception de celles que leur importance faisait traiter dans le grand Divan.

Aux six *odjâqs* institués par *Selym* Ier *Souleymân* II en joignit un septième, celui des *Seraksay* (Circassiens). Ce nouveau corps, qui obtint d'être placé dans la hiérarchie militaire, au cinquième rang, avant l'*odjâq* des *enkicharyéh* (janissaires) et celui des *azâbs*, fut formé des anciens Mamlouks échappés à la ruine de leur monarchie, qui promirent fidélité au sultan, et demandèrent à servir dans ses armées.

Les sept *odjâqs* ainsi organisés, déjà favorisés par des concessions importantes, formant à la fois la garnison et la caste dominante en Égypte, furent autorisés à s'y fixer par des mariages, qui transmirent à leurs descendants et leurs prérogatives et l'obligation du service militaire. A chaque *odjâq* furent assignés des revenus déterminés, administrés par des effendys, chargés de payer la solde plus ou moins forte, selon l'arme et la nature du service, et d'acquitter les dépenses générales du corps : les affaires de l'*odjâq* se traitaient dans un Divan, ou conseil d'anciens, composé d'officiers et de quelques sous-officiers de tous les grades. Ce Divan particulier recevait les comptes

Mosquée du Sultan HASSÂN. la porte.

des effendys, disposait des places inférieures, présentait des sujets au Pachâ pour les plus élevées, quand son choix devait être confirmé par ce haut fonctionnaire.

Les *odjaqlys*, qui avaient entrée au Divan, devaient résider au Kaire, et ne pouvaient exercer aucune charge qui les aurait éloignés du siége de ce conseil. Ils étaient décorés, ainsi que les autres officiers, d'un costume qui variait suivant les grades.

La force réunie des *odjâqs* fut déterminée à 20,000 hommes; mais ce nombre fut rarement complet : quoique l'Égypte dût être leur station habituelle, ils n'étaient pas dispensés de former des détachements, qui servaient passagèrement dans les armées et dans les autres provinces de l'empire.

L'*odjâq* des janissaires, sixième dans l'ordre hiérarchique, fut désigné comme le premier en ligne, pour marcher partout où le sultan jugerait à propos de l'employer; il en résulta que l'Aghâ des janissaires devint plutôt le commandant général de l'armée que simple chef de corps; son autorité s'étendit sur toute la milice; et *l'odjâq* des janissaires devint réellement le premier en force et en prépondérance.

Les douze beys créés par *Sélym* Ier reçurent de *Souleymân* des attributions spéciales et déterminées, et furent assimilés pour le rang aux pachâs à deux queues : douze autres beys leur furent adjoints, destinés à remplir des missions extraordinaires, ou à remplacer ceux de leurs collègues dont les fonctions expiraient après un an d'exercice.

Les douze premiers étaient le *Kiahyâ* ou lieutenant du *pachâ;*

Les trois *Qapytân-Beys*, commandants des places maritimes de Suez, de Damiette et d'Alexandrie;

Le *Defterdâr* (chancelier);

L'*Émyr-él-hag* (prince du pélerinage);

L'*Émyr-él-khaznéh* (grand trésorier);

Les cinq gouverneurs des province de *Girgéh*, *Bahyréh*, *Menoufyéh*, *Gharbyéh* et *Charqyéh*.

Le *Kiahyâ*, le *Defterdâr* et l'*Émyr-él-hag* étaient les seuls beys qui entrassent au Divan.

Le *Defterdâr* était dépositaire du registre des propriétés (1). Les titres de possession, conférés au nom du sultan, n'étaient valables qu'après un visa de cet officier, contenant leur inscription sur son livre.

L'*Émyr-él-hag*, ou *Émyr-haggy*, portait à la Mekke et à Médine les présents et les aumônes qui y étaient envoyés annuellement au nom du sultan, et protégeait la caravane, qui se joignait à lui pour arriver aux saints lieux avec sécurité.

L'*Émyr-él-khaznéh* (prince du trésor) conduisait, par terre, à Constantinople, la portion des revenus de l'Égypte, qui devait être versée dans le trésor du sultan, et qui, par cette raison, était désignée plus particulièrement par le nom de *khaznéh* (trésor).

Les provinces de *Qelyoubyéh*, de *Mansouryéh*, de *Gyzéh* et du *Fayoum*, étaient gouvernées par des *Kachefs*, dont l'autorité avait la même étendue et la même durée que celle des Beys; les actes des uns et des autres devaient être munis du consentement des *Tchorbagys* et autres *odjâlyqs*, qui formaient le Divan particulier de la province.

Le *Kiahyâ* du pachâ, et les *Qapytân-Beys* de Suez, de Damiette et d'Alexandrie, étaient nommés directement par le sultan, et envoyés de Constantinople. Les autres beys étaient désignés par le Divan, nommés par le pachâ, et confirmés par la Porte-Ottomane.

Les premiers, n'ayant qu'une mission annuelle et spéciale, étaient chaque année rappelés à Constantinople et y perdaient leur titre de *Bey*. Les seconds le conservaient à perpétuité, parce que leur dignité était inamovible, quoique leurs fonctions, hors celles du Bey *Defterdâr*, changeassent toutes les années.

Les beys électifs se choisissaient dans *l'odjâq* des *mouteferreqah ;* mais ils cessaient d'appartenir à cette milice, dès que le choix du Divan les avait élevés à cette dignité.

La Porte Ottomane s'était réservé le soin de pourvoir au commandement et à la défense de Suez, de Damiette et d'Alexandrie, parce que ces villes étaient situées de manière à ouvrir l'accès de l'Égypte, défendue sur le reste de ses

(1) Le mot *deftar* ou *defter*, dont est formé le titre du *Defterdâr*, signifie *registre*.

frontières par des déserts, ou limitrophe de peuples peu redoutables. Ces villes préservaient le pays de toute invasion dangereuse, en même temps qu'elles assuraient plusieurs entrées aux troupes ottomanes, en cas de révolte : leurs garnisons, renouvelées chaque année, étaient envoyées directement de Constantinople aux trois gouverneurs qui en avaient le commandement.

Quoique ces officiers fussent au nombre des beys, ils n'appartenaient à l'Égypte que par le séjour qu'ils y faisaient et par les subsides qu'ils recevaient du trésor public pour leur traitement et l'entretien de leurs troupes : sous les autres rapports, ils étaient étrangers au pachâ et au Divan du Kaire, ne reconnaissant que les ordres directs du Divan de Constantinople.

Quant aux finances, le sultan *Souleymân II* se déclara le propriétaire universel du sol entier de l'Égypte; dès lors toutes les terres lui appartinrent; mais il en transféra la possession à des cessionnaires usufruitiers, nommés *Moultezims*, avec le droit de les retrocéder à leur tour. Il s'interdit le droit de révoquer ces concessions; et, en effet, il était rare qu'on en refusât la continuation, soit aux héritiers de ceux qui en avaient joui, soit aux nouveaux cessionnaires auxquels l'usufruit en était transmis par acte authentique. Ainsi, cet ordre de choses avait des avantages à peu près équivalents à ceux de la *propriété* telle que nous l'entendons.

Les *fellahs*, ou paysans cultivateurs, conservèrent l'affermage et la jouissance héréditaire de la plus grande partie des terres ainsi concédées aux *moultezims* : leurs obligations leur en interdisaient également la vente et l'abandon, et déterminaient les redevances annuelles dont ils devaient payer aux *moultezims* leur jouissance. En cas de mort sans héritiers, soit d'un *fellah*, soit d'un *moultezim*, les terres du paysan revenaient au *moultezim*, qui devait les donner à cultiver à un autre paysan, et le domaine du *moultezim* décédé faisait retour au sultan, qui le concédait à un autre feudataire.

L'impôt était dû à la fois par le *fellah* cultivateur et par le *moultezim* feudataire, et payé par l'un et par l'autre, soit en numéraire, soit en nature : le manque de paiement exposait l'un à l'expulsion de son fermage, l'autre au retour au fisc du domaine dont il était donataire.

Mais comme, malgré la renonciation du sultan à la reprise arbitraire de ces fiefs, les prétextes ne manquaient pas aux agents du fisc et aux gouverneurs pour des expropriations extortionnaires, les feudataires avaient un droit dont ils se servaient pour conserver indéfiniment à leur postérité la jouissance usufruitière du fief qui leur avait été concédé.

Ce droit consistait à pouvoir léguer, soit à leur mort, soit de leur vivant, leurs titres de concessionnaires à une mosquée, ou à un autre établissement de piété ou de bienfaisance : les biens ainsi cédés prenaient le nom de *Ouaqfs*, et l'acte de cession stipulait dans quelle proportion les revenus en seraient partagés, entre le nouveau cessionnaire et le cédant ou ses héritiers : dès lors la propriété était irrévocablement à l'abri des usurpations du fisc et de toute espèce d'avanie.

Ce n'avait été qu'avec beaucoup de travaux et de recherches que l'on avait pu parvenir à fixer la quotité et la répartition des impôts : les archives du gouvernement mamlouk avaient été brûlées par les vaincus eux-mêmes; l'infortuné *Toumân-Bay*, dans ses longues conférences, n'avait pu donner aucune instruction sur les détails, et *Sélym* Ier avait tâché d'y suppléer par des renseignements puisés chez les agents de l'ancienne administration; il n'avait pu connaître les produits qu'en contraignant les officiers publics, qui remettaient à chaque contribuable la note de ce qu'il devait payer, à livrer le *duplicata* de leurs opérations financières.

Cependant les notions obtenues par cette mesure n'avaient pas fourni tous les résultats qu'il voulait connaître; le sultan *Souleymân* II ordonna une enquête générale et un recensement par provinces, villes et villages; chaque territoire fut subdivisé en fractions appelées *qyrâts*, évaluées suivant le genre de culture dont chacune était susceptible. Mais le travail de ce cadastre immense ne fut jamais entièrement achevé; et, dans presque toutes les provinces, il

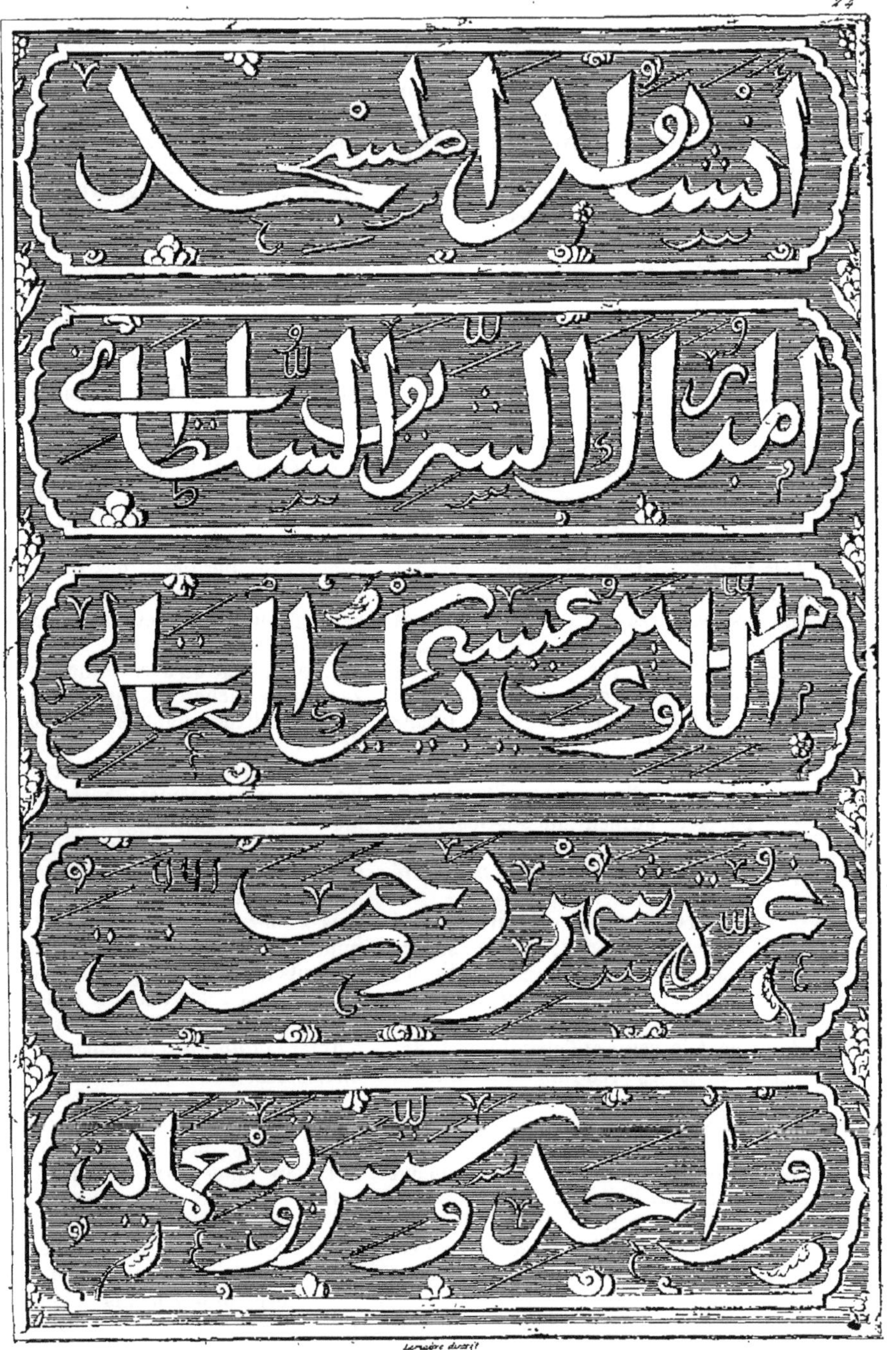

Lemaître direxit

Inscription en caractères Neskhys

resta des propriétés et des villages entiers dont les dimensions et la superficie imposable sont encore de nos jours inconnues au gouvernement.

Ces détails si nombreux d'un système complet d'administration, soit politique, soit financière, ne furent pas déterminés et organisés en un seul bloc; ils occupèrent le règne entier de *Souleymân II*, et furent progressivement mis à exécution par les quatorze pachâs qui se succédèrent sous ce sultan.

Le premier qu'il nomma pour gouverner l'Égypte, après la mort de *Khayr-Beyk-Pachâ*, fut *Moustafâ-Pachâ*, qui entra en possession le 6 du mois de Dou-l-Hagéh de l'an 926 de l'hégire (28 octobre de l'an 1520 de notre ère), et ne conserva son gouvernement que neuf mois et vingt-cinq jours.

Il eut pour successeur *Ahmed-Pachâ;* mais le gouvernement de celui-ci se termina par une catastrophe : il avait pour ennemi le grand vizir *Ibrahym-Pachâ*. L'an 930 de l'hégire (1), ce ministre écrivit secrètement aux émirs du Kaire d'assassiner *Ahmed-Pachâ;* et les missives tombèrent entre les mains de celui-ci. Il assembla ceux que désignaient les lettres du vizir, leur montra les dépêches impériales, sans leur en faire la lecture, en leur annonçant qu'elles contenaient l'ordre de les mettre eux-mêmes à mort. Ils furent contraints de se soumettre aux prétendus ordres, qui furent sur-le-champ exécutés.

Aussitôt *Ahmed-Pachâ*, bien assuré que son ennemi ne s'en tiendrait pas à cette première tentative, ne vit de chance de sécurité pour sa tête que dans une révolte ouverte ; il se déclara donc indépendant, fit proclamer son nom aux prières publiques et battre monnaie à son coin. Dès lors sa tyrannie ne connut plus de bornes; il confisqua les propriétés des uns, emprisonna les autres, et souleva tous les esprits par ses vexations et sa cruauté.

Ces excès amenèrent eux-mêmes leur terme; pendant qu'il était au bain, deux des principaux émirs qu'il avait incarcérés, *Djâhem-êl-Hamzaouy* et *Mahmoud-Beyk*, brisèrent les portes de leur prison, arborèrent le drapeau du sultan, et, appelant le peuple à leur aide, ils coururent attaquer le pachâ. Il réussit pourtant à se soustraire à leur fureur, en s'évadant par la terrasse du bain, et à se réfugier chez un cheykh arabe de la province de *Charqyéh*, nommé *Ebn-Baqar*.

Poursuivi et livré à ses ennemis, *Ahmed-Pachâ* fut décapité, et sa tête fut exposée sur la porte *Bâb-êl-Zouyléh* (1), puis envoyée à Constantinople.

Pour remplacer le pachâ rebelle, le sultan envoya, l'an 931 de l'hégire (2), *Qassem-Pachâ;* mais, en même temps, il renouvela le système, déjà employé par les anciens khalyfes, de ne laisser que peu de temps en place des fonctionnaires dont la prolongation de pouvoir pouvait faire naître les désirs ambitieux et en faciliter l'exécution. *Qassem-Pachâ* ne resta en Égypte que neuf mois et quatorze jours. Il fut remplacé, l'an 932 de l'hégire (3), par *Ibrahym-Pachâ*, qui, malgré sa bonne administration, le fut lui-même environ trois mois après. A peine avait-il eu le temps de faire quelques bons règlements sur la police des troupes, et l'organisation du Divan, qu'il vit arriver pour lui succéder, *Souleymân-Pachâ*, l'an 933 de l'hégire (4).

Ce pachâ, qui jouissait de la faveur particulière du sultan, conserva le gouvernement du Kaire pendant neuf ans et onze mois; puis il en fut retiré par le sultan, l'an 941 de l'hégire (5), pour être mis à la tête d'une expédition contre la Perse et les Indes. Pendant son administration, il avait fait élever au Kaire plusieurs constructions remarquables, entre autres la mosquée appelée *Gamê-Saryéh*, ou *Charyéh*, à la citadelle.

En son absence, *Hasraf-Pachâ* fut chargé d'administrer l'Égypte pendant un an et dix mois; *Souleymân-Pachâ*, de retour de son expédition, reprit alors son

(1) Cette année a commencé le mardi 10 novembre de l'an 1523 de l'ère chrétienne.

(1) La même porte intérieure du Kaire qui avait été souillée par le supplice du malheureux *Toumân-Bay*, et où antérieurement avaient été exposées les têtes des chevaliers croisés victimes de la déroute de *Mansourah* (la Massoure).

(2) Cette année a commencé le samedi 29 octobre de l'an 1524 de l'ère chrétienne.

(3) Cette année a commencé le mercredi 18 octobre de l'an 1525 de l'ère chrétienne.

(4) Cette année a commencé le lundi 8 octobre de l'an 1526 de l'ère chrétienne.

(5) Cette année a commencé le lundi 13 juillet de l'an 1534 de notre ère.

gouvernement, et le garda encore un an et environ cinq mois.

Il le céda, l'an 945 de l'hégire (1), à *Dâoud-Pachâ*, qui s'y maintint onze années et huit mois. Élevé dans le palais de Constantinople, et quittant pour le gouvernement de l'Égypte la place éminente de *Khazendâr* (grand trésorier) du sultan, ce pachâ fut un homme plein de douceur, de générosité et de noblesse; il aimait et protégeait les savants, aimait lui-même l'étude, qu'il préférait aux plaisirs et aux divertissements, et s'appliquait à la lecture des livres arabes, dont il amassa un très-grand nombre: outre ceux qu'il achetait, il employait un grand nombre d'écrivains à copier ceux qu'il ne pouvait acquérir, et se forma ainsi une bibliothèque considérable: sous son gouvernement, le peuple fut heureux, et on ne vit ni exactions ni injustices.

Il mourut au Kaire, l'an 956 de l'hégire (2), et eut pour successeur *Aly-Pachâ*: ce gouverneur construisit ou répara plusieurs édifices publics, tant au Kaire qu'à *Faoueh* et à Rosette (3); son administration paternelle le fit chérir du peuple. Cependant, malgré cela, et peut-être pour cette raison même, il fut déposé par le Divan de Constantinople, après un gouvernement de quatre ans et six mois.

Mohammed-Pachâ le remplaça, l'an 961 de l'hégire (4), et, pendant trois années, mérita toute la haine de ses administrés. Le mécontentement devint tel, qu'il fut destitué, rappelé à Constantinople, pour rendre compte de sa gestion, et mis à mort, par l'ordre du sultan *Souleymân* II, l'an 963 de l'hégire (5).

(1) Cette année a commencé le jeudi 30 mai de l'an 1538 de notre ère.

(2) Cette année a commencé le lundi 30 janvier de l'an 1549 de notre ère.

(3) L'exemple de ce pachâ fut suivi par plusieurs des hauts fonctionnaires de l'Égypte: l'un d'eux, *Yssa-Beyk*, fit construire à Deyrout, sur la rive occidentale de la branche de Rosette, une très-belle mosquée, dont l'inscription inaugurative, datée de l'an 961 de l'hégire (1553 de l'ère chrétienne), et tracée sur une dalle de marbre blanc, au-dessus de la porte principale, en magnifiques caractères *neskhys*, ou plutôt *soulous*, donne au fondateur le titre de *Myr-él-louy* (prince de l'étendard), titre attribué aux plus considérables d'entre les beys. (Voyez cette inscription, planche n° 24.)

(4) Cette année a commencé le jeudi 7 décembre de l'an 1553 de notre ère.

(5) Cette année a commencé le samedi 16 novembre de l'an 1555 de notre ère.

Les historiens turks nous ont conservé la correspondance officielle du sultan avec ce pachâ; nous citerons ici quelques extraits de ces instructions; ils feront connaître en partie quels étaient les devoirs et les fonctions des vice-rois d'Égypte.

« Toi, *Mohammed-Pachâ*, mon vizir, « qui as la garde du Kaire et la défense « de l'Égypte, à l'arrivée de mon *Khatt-* « *Chéryf* (1), accompagné de félicité, « qu'il te soit notoire que tu dois envoyer, « tous les ans, aux pieds de notre étrier « impérial (2), la somme de 600,000 « piastres pour le *Khaznéh* annuel de « ton pachalyk; s'il t'est difficile de « trouver des espèces d'or, nous con- « descendons à ce que tu soldes une « partie en piastres et même en pa- « rats (3). Cinq cents hommes de nos « Odjâqs seront employés à l'escorte « dudit trésor, et cinq cents autres ac- « compagneront les nobles pèlerins qui « vont à la Mekke........ »

« Pour la guerre que je suis contraint « de faire, tu choisiras, dans la milice « du Kaire, douze cents soldats, vaillants « et guerriers, que tu nous enverras, « sous le commandement d'un émir, qui « réunisse à l'expérience le courage et « les talents militaires; tu en seras res- « ponsable....... »

« Souviens-toi que tu dois avec dili- « gence apporter tous tes soins à la re- « cette des sommes qui doivent rentrer « dans mon trésor impérial, et veiller à « ce que l'envoi en soit fait aux époques « fixées...... »

« Conserve et défends bien mes « États; ne souffre point qu'on moleste « mes sujets, termine leurs différends; « retiens dans le devoir et gouverne « avec sévérité les milices d'Égypte, en

(1) Les mots *Khatt-Chéryf* signifient littéralement *écriture noble*; on désigne spécialement par ce titre les rescrits impériaux et les autres actes émanés du sultan lui-même.

(2) Par cette phrase, l'*étrier impérial* (*rikab-sultany*), ou *l'étrier auguste* (*rikab-houmayoun*), on désigne l'autorité personnelle du sultan, comme notre mot *trône*, pris d'une manière figurée.

(3) Le *parat*, que l'on nomme aussi *médin*, est la plus petite monnaie d'argent employée dans l'Orient: pendant notre expédition d'Égypte il fallait 150 de ces piécettes pour équivaloir à une piastre forte d'Espagne: maintenant il en faut 800 pour cette même valeur.

« punissant leurs officiers, quand ils le « méritent...... »

« Ne néglige pas surtout d'envoyer au « temps fixé à l'honorable ville de la « Mekke les redevances et les aumônes; « et veille à ce que les pauvres à qui ces « secours sont destinés, ne manquent « d'aucune des choses nécessaires, et n'é- « prouvent aucune souffrance...... »

« Chasse loin de toi l'assoupissement « et le repos, t'appliquant de toutes tes « forces à l'exécution de mes comman- « dements: conforme-toi à ma suprême « volonté; je jugerai du dévouement que « tu mettras à mon service, et du soin « que tu prendras de n'être ni négli- « gent, ni prévaricateur....... etc. »

Après *Mohammed-Pachâ* vint *Iskander-Pachâ*, qui gouverna l'Égypte pendant trois ans et trois mois et demi; puis, l'an 968 de l'hégire (1), *Aly-Pachâ*, surnommé *êl-Khadem* (2), qui, après seize mois, céda la place à *Moustafâ-Pachâ*, second du nom, l'an 969 de l'hégire (3); puis, l'an 971 de l'hégire (4), un autre *Aly-Pachâ*, distingué par le double surnom de *êl-Soufy* et de *Kiloun*, qui gouverna l'Égypte pendant deux ans et trois mois.

Aly-Pacha-êl-Soufy avait été précédemment gouverneur du pachalyk de Baghdad; il amena avec lui quelques habitants d'Alep, qu'il chargea de la recette des revenus publics et de leur versement au trésor impérial; il leur concéda aussi l'entreprise de la fabrication des espèces monnayées : comprenant ses intentions, ces administrateurs frustrèrent le trésor d'une partie de ses rentrées, et altérèrent considérablement le titre et le poids des monnaies. Sous ce gouvernement, la police intérieure et extérieure du Kaire n'était pas mieux surveillée que les détails d'administration. Des brigands étaient maîtres de tous les abords du Kaire : ils osaient même pénétrer jusqu'à la mosquée *êl-Abyad* (la mosquée Blanche), et l'on fut contraint de construire une muraille, depuis le pont *êl-Hageb* (le pont du Chambellan) jusqu'à cette mosquée pour la garantir d'un second pillage.

Au mois de Chaouâl de l'an 973 de l'hégire (1), *Aly-Pachâ-êl-Soufy* fut remplacé par *Mahmoud-Pachâ*, qui fut le dernier du règne du sultan *Souleymân* II.

Ce pachâ vint de Constantinople avec un grand cortége, et reçut de nombreux présents, dans sa route d'Alexandrie au Kaire. A son arrivée dans cette ville, il y trouva l'émir *Mohammed-ben-Omar*, intendant du Sayd, qui était venu au-devant de lui, sur une grande barque remplie de présents de toute espèce, et chargée de cinquante mille pièces d'or. Le pachâ reçut ses présents, puis le fit étrangler en sortant de son audience, et s'empara de tout ce qu'il possédait. Il fit périr du même genre de mort le qâdy *Youssouf-êl-Ebady*, qui n'était pas venu au-devant de lui avec les autres émirs, et ne lui avait offert aucun présent.

Le reste de la conduite de *Mahmoud-Pachâ* fut digne d'un tel début. Les personnages les plus distingués du Kaire furent victimes de ses cruautés et de son avarice cupide. Toujours accompagné du *Sou-Bachy* (chef des exécuteurs), il lui indiquait par un signe de main, sans parler, ceux qu'il destinait à la mort, et le genre de supplice qu'ils devaient subir.

L'émir *Ibrahym*, *Defterdâr*, et qui était revêtu des fonctions d'*émyr êl-hag* (prince du pèlerinage), étant mort, le 3 du mois de Regeb de l'an 974 (2) de l'hégire (14 janvier 1567), le pachâ s'empara de toutes ses richesses, de ses esclaves, de sa maison, où il trouva cent mille pièces d'or, qu'il employa sur-le-champ à compléter le *Khaznéh* qu'il envoyait à Constantinople, avec de riches présents pour le sultan et ses ministres.

Mais, pendant qu'il attendait l'effet favorable de ces présents et de la protection des grands de la cour ottomane, la haine publique, portée à son comble au

(1) Cette année a commencé le dimanche 22 septembre de l'an 1560 de notre ère.

(2) *Khadem* signifie *serviteur*, *domestique*, et ne doit pas être confondu avec le mot *Abd*, qui signifie *esclave*. Le titre de *Khadem* se donne ordinairement à ceux qui sont employés dans la domesticité du sérail impérial.

(3) Cette année a commencé le jeudi 11 septembre de l'an 1561 de l'ère chrétienne.

(4) Cette année a commencé le samedi 21 août de l'an 1564 de notre ère.

(1) Cette année a commencé le dimanche 29 juillet de l'an 1565 de l'ère chrétienne.

(2) Cette année a commencé le vendredi 19 juillet de l'an 1566 de notre ère.

Kaire par les excès de sa tyrannie, éclata tout à coup, et mit fin à la fois à ses crimes et à sa vie.

Le mercredi, dernier jour du mois de Gemady-êl-Aouel, de l'an 975 (1) de l'hégire (5 décembre 1567), comme il paraissait en public, au milieu de son cortége ordinaire, un assassin, aposté, suivant quelques récits, par les émirs *Hamzah-Beyk* et *Mamây-Beyk*, le blessa mortellement sous l'aisselle gauche, d'un coup de mousquet, dans une rue étroite, entre deux murs de jardins. L'auteur du meurtre ne put être découvert; mais on décapita deux fellahs innocents, trouvés dans l'un des deux jardins, et qui avaient entendu le coup, sans voir l'assassin : l'épouvante se mit dans la ville, dont les habitants craignaient de voir cet attentat devenir le prétexte de vexations et de cruautés nouvelles. Les boutiques se fermèrent, mais les émirs et les *Sandjâqs* calmèrent ces frayeurs, que dissipa bientôt entièrement la nouvelle de la mort du pachâ, qui fut inhumé sur la place de *Roumelyéh*.

L'année précédente, au mois de Safar de l'an 974 de l'hégire (1566), le sultan *Souleymân* II était mort à l'âge de soixante-quatorze ans, après un règne de quarante-huit années (2) : il avait eu pour successeur son fils *Sélym-Châh* (Sélim II), qui fut proclamé le 9 du mois de Raby-êl-Aouel suivant, et qui régna seulement huit ans cinq mois et dix-neuf jours.

A la nouvelle de la mort de *Mahmoud-Pachâ*, ce sultan fit passer *Sinân-Pachâ* du gouvernement d'Alep à celui de l'Égypte : le pachâ n'y resta que neuf mois, ayant été nommé par *Sélym* II pour commander l'armée envoyée par ce prince dans l'Yémen. Lorsqu'il eut fait tous les préparatifs nécessaires pour cette expédition, il partit du Kaire, le 4 du mois de Chaouâl de l'an 976 (1) de l'hégire (23 mars 1569), accompagné de *Hamzah-Beyk*, de *Mamây-Beyk* et de plusieurs autres des principaux émirs de l'Égypte.

Pendant son absence, qui dura deux ans et quatre mois, l'Égypte fut gouvernée par *Tcherkess-Iskander-Pachâ*. Ce gouverneur sut, pendant sa courte administration, mériter l'affection des peuples; son gouvernement fut réellement paternel : il déchargea des impositions les pauvres, les infirmes, les estropiés, et la plus grande partie des gens de lettres. Il passait lui-même pour cultiver les sciences, qu'il encouragea et protégea de tout son pouvoir.

Sinân-Pachâ conduisit son expédition avec habileté et sagesse; et, après avoir achevé heureusement la conquête de l'Yémen, il revint triomphant en Égypte : il reprit alors possession de son gouvernement, le 1er du mois de Safar de l'an 979 (2) de l'hégire (25 juin 1571), et l'occupa jusqu'au mois de Dou-l-Hagéh de l'an 980 (3) de l'hégire (avril 1573). Pendant son administration, ce pachâ entreprit des ouvrages importants et utiles : Alexandrie lui dut le recreusement et la réparation de son canal, une mosquée, un marché, des bains, etc. A Boulaq il construisit aussi un marché, des okels, des karavansérays, et la grande mosquée qui porte encore son nom (4).

Housséyn-Pachâ succéda à *Sinân-Pachâ* et conserva son pachalyk pendant un an et neuf mois : il se montra rempli d'excellentes qualités, affectionné aux gens de lettres, d'un caractère doux et modeste, éloigné de toute cruauté. S'il est quelque reproche à lui faire, c'est plutôt d'avoir manqué de sévérité; car, de son temps, des troupes de brigands se

(1) Cette année a commencé le mardi 8 juillet de l'an 1567 de l'ère chrétienne.

(2) Monnaie du sultan *Souleymân* II, frappée à Constantinople avec la date de l'an 926 de l'hégire (1520 de notre ère). Il est important de remarquer que les monnaies de la dynastie ottomane portent, non la date de l'année de leur fabrication, mais, pendant tout le règne d'un prince, celle de son avénement au trône.

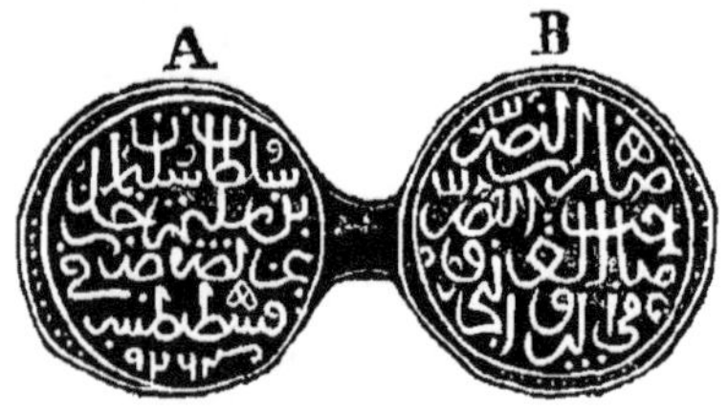

(1) Cette année a commencé le samedi 26 juin de l'an 1568 de l'ère chrétienne.

(2) Cette année a commencé le samedi 26 mai de l'an 1571 de notre ère.

(3) Cette année a commencé le mercredi 14 mai de l'an 1572 de notre ère.

(4) Voyez la planche n° 35.

répandirent en grand nombre dans toute l'Égypte, et, encouragés par l'impunité, y commirent beaucoup de ravages.

Pendant qu'il gouvernait l'Égypte, Constantinople avait vu mourir son sultan, *Sélym* II (1), le 28 du mois de Chaabân de l'an 982 de l'hégire (2) : le 10 du mois de Ramaddân suivant (24 décembre 1574), son fils *Mourâd-Khân* (Amurat III) avait été inauguré sur le trône ottoman.

Aussitôt après son avénement, le nouveau sultan remplaça le pachâ *Housséyn* par *Messyh-Pachâ*, qui avait été *Khazendâr* (grand trésorier) du sultan *Sélym* II, et qui gouverna l'Égypte pendant cinq ans et cinq mois et demi; son premier soin fut de réprimer les brigandages; il mit à poursuivre les malfaiteurs une rigueur conforme à son caractère, naturellement dur et sanguinaire : en cinq ans dix mille brigands furent décapités; mais aussi la sûreté publique fut rétablie.

Du reste, il s'occupa avec zèle de l'amélioration du sort de ses administrés; il refusa tous les présents qu'il avait été d'usage d'offrir à ses prédécesseurs, et fit construire, près de la porte du faubourg de *Qarafah*, une grande mosquée avec un collége, appelé de son nom *él-Messyéh*, en faveur du cheykh *Nour-éd-dyn-él-Qaray*, auquel il donna, tant pour lui que pour ses descendants, l'intendance de cet établissement, et la libre disposition du revenu des biens dont il l'avait doté.

Il introduisit des innovations remarquables dans la contexture des actes, et prescrivit aux *Kâtebs* (greffiers) de commencer dorénavant les ordonnances et les jugements par la formule suivante :

(1) Monnaie du sultan *Sélym* II *ébn-Souleymân*, frappée à Alep, avec la date de l'an 974 de l'hégire (1566 de notre ère).

A B

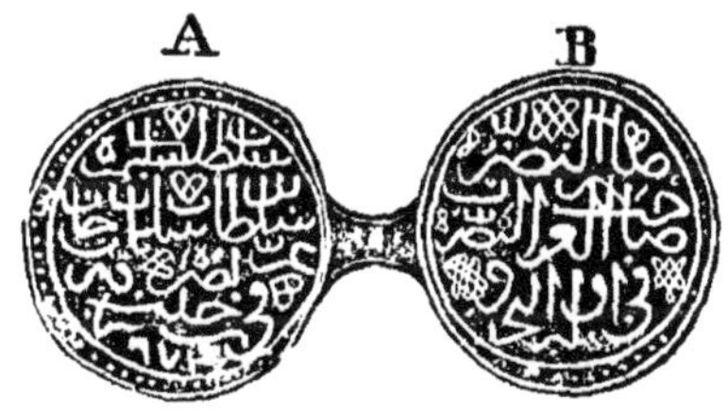

(2) Cette année a commencé le vendredi 23 avril de l'an 1574 de l'ère chrétienne.

« Louange à Dieu; salut et paix à notre « Prophète, à ses descendants et à tous « ses compagnons. Tous les fidèles sont « frères : entretenez la paix et l'union « entre vos frères, et craignez Dieu... »

L'an 988 de l'hégire (1), à *Messyh-Pachâ* succéda *Hassan-Pachâ-él-Khadem*, qui avait été auparavant *Khazendâr* du sultan *Mourâd* III. Il ne s'occupa, pendant son administration, qu'à amasser de grandes richesses, par toutes sortes de voies, et rétablit les redevances des présents, abolies par son prédécesseur. Il gouverna l'Égypte pendant deux ans et dix mois; et, quand il quitta son pachalyk, il sortit secrètement du Kaire par la *Porte des Tombeaux*, n'osant se montrer au peuple, dont il redoutait la vengeance.

Il fut remplacé, l'an 991 de l'hégire (2), par *Ibrahym-Pachâ*, deuxième du nom : celui-ci, dès son arrivée au Kaire, s'occupa d'une recherche exacte des concussions de son prédécesseur, et nomma un officier spécial, qu'il plaça dans la mosquée du sultan *Farag-ben-Barqouq*, pour y recevoir les plaintes de ceux qui avaient été opprimés. Ces informations commencèrent le 10 du mois de Regeb de l'an 991, et durèrent jusqu'à la fin du mois de Ramaddân de la même année (trois mois); elles révélèrent des avanies et des concussions sans nombre, et l'on vérifia même que *Hassan-Pachâ* avait fait enlever des greniers publics cent mille quatre cent quarante-deux *ardebs* de blé, qu'il avait fait vendre à son profit. Le procès-verbal d'enquête, accompagné des pièces authentiques, fut adressé aussitôt au sultan, qui fit étrangler le pachâ prévaricateur, à son retour en *Roumélie*.

Ibrahym-Pachâ parcourut ensuite l'Égypte entière, jusqu'à l'extrémité du Sayd, pour vérifier par lui-même l'état des diverses provinces; il visita aussi, dans le désert, le *puits des émeraudes* (3),

(1) Cette année a commencé le mercredi 17 février de l'an 1580 de l'ère chrétienne.

(2) Cette année a commencé le mardi 25 janvier de l'an 1583 de notre ère.

(3) On donnait ce nom aux mines d'émeraudes situées dans le désert et exploitées dès la plus haute antiquité : depuis cette époque l'exploitation avait cessé, pendant les troubles qui agitèrent continuellement l'Égypte; et l'on avait perdu même tellement la connaissance de ces mines précieuses, qu'on les regardait

et en tira une grande quantité; puis, de retour au Kaire, il demanda lui-même son rappel, l'an 992 de l'hégire (1), et fit nommer pour lui succéder *Sinân-Pachâ*, second du nom, qui était alors *defterdâr* (chancelier). Celui-ci n'occupa le pachalyk que pendant six mois et vingt jours : son administration fut totalement différente de celle de son prédécesseur; il prit la fuite, et quitta en hâte l'Égypte, quand il apprit qu'*Aoueys-Pachâ* était envoyé de Constantinople pour faire des recherches contre lui et examiner sa gestion.

Aoueys-Pachâ prit possession du gouvernement, l'an de l'hégire 994 (2) : c'était un homme sévère et d'une probité exacte. Il avait commencé par être qâdy, puis *defterdâr* de *Roumélie*, et passa de cette place au pachalyk de l'Égypte, qu'il gouverna pendant cinq ans cinq mois et dix jours.

Il voulut rétablir la discipline dans les troupes; mais elles se soulevèrent contre lui, et vinrent l'attaquer dans le Divan, le 28 du mois de Chaouâl de l'an 997 de l'hégire (3). Ces rebelles lui firent souffrir toutes sortes d'insultes, pillèrent son harem; et les écrivains contemporains remarquent que, parmi les objets précieux qu'ils enlevèrent, était une grande horloge *qui indiquait les jours*. Ils massacrèrent ensuite le commandant de l'odjâq des *tchaouychyéh*, l'émir *Othmân*, dévastèrent la maison du *qâdy-él-asker*, se saisirent des deux qâdys particuliers du Kaire, et leur coupèrent la tête; puis les boutiques furent mises au pillage; les émirs contraints à prendre la fuite ou à se cacher. Le désordre s'aggrava de plus en plus. En vain le *defterdâr* et quelques émirs essayèrent-ils de ramener les mutins à la soumission; en vain *Aoueys-Pachâ* envoya-t-il aux nouveaux qâdys l'ordre d'obtempérer à toutes leurs demandes : tout cela ne fit qu'augmenter leur insolence; ils se saisirent des enfants du pachâ, comme d'otages, et le pachâ se vit obligé de souscrire à tout ce qu'ils exigèrent. Cependant, malgré cette condescendance, l'ordre ne fut pas entièrement rétabli, et les émeutes militaires se renouvelèrent plus d'une fois, sous les pachâs successeurs d'*Aoueys*.

Hafezz-Ahmed-Pachâ, surnommé *él-Khadem*, comme deux de ses prédécesseurs, gouverneur de Chypre, vint remplacer *Aoueys-Pachâ*, l'an 999 de l'hégire (1); il déploya de grands talents dans l'administration, aima et protégea les savants, et fut bienfaisant envers les indigents : il établit des distributions en faveur des pauvres pèlerins de la Mekke; il fit construire à *Boulaq* deux grands okels, plusieurs karavansérays et plusieurs autres maisons, assignant le quart de leur revenu pour être employé à des œuvres de charité. Il gouverna l'Égypte pendant quatre années.

Le 17 du mois de Ramaddân de l'an 1003 (2) de l'hégire (26 mai 1595), le sultan *Mohammed-ben-Mourâd* (Mahomet III) succéda à son père Amurat III (3).

presque généralement comme fabuleuses, et que pendant notre expédition d'Égypte, la Commission des sciences et arts dédaigna d'en faire la recherche, malgré mes instances réitérées, appuyées des textes formels des anciens écrivains arabes : on sait que, depuis, ces mines ont été retrouvées, et qu'elles sont maintenant exploitées avec succès par *Mohammed-Aly-Pachâ*.

(1) Cette année a commencé le samedi 14 janvier de l'an 1584 de notre ère.

(2) Cette année a commencé le lundi 23 décembre de l'an 1585 de notre ère.

(3) Cette année a commencé le dimanche 20 novembre de l'an 1588 de notre ère.

(1) Cette année a commencé le mardi 30 octobre de l'an 1590 de notre ère.

(2) Cette année a commencé le vendredi 16 septembre de l'an 1594 de l'ère chrétienne.

(3) Monnaie du sultan *Mourâd-ben-Selym* (*Amurat* III), frappée au Kaire avec la date de l'an 982 de l'hégire (1574 de notre ère).

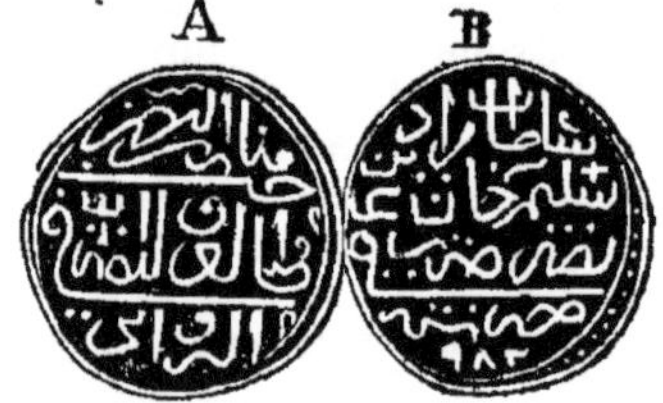

Autre monnaie du même sultan, frappée au Kaire, avec la même date.

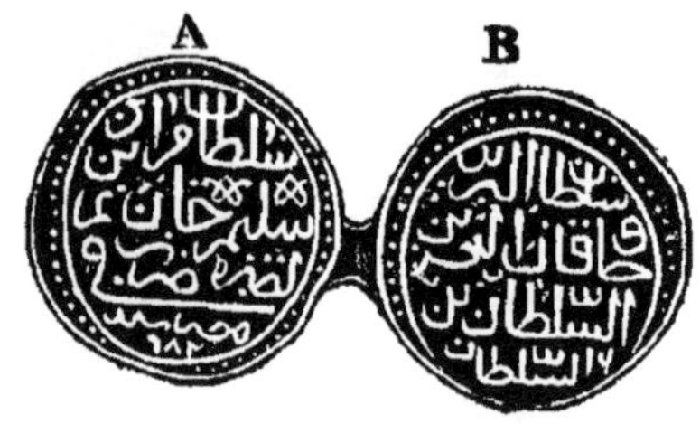

Peu après son avénement, ce sultan nomma au pachalyk de l'Égypte *Qourt-Pachâ*, qui gouverna pendant un an et huit jours. Il se fit aimer par sa douceur et la libéralité avec laquelle il distribuait des secours abondants aux gens de lettres, aux pauvres et à tous ceux qui avaient recours à sa bienfaisance.

Él-Seyd-Mohammed-Pachâ, qui lui succéda au mois de Chaouâl de l'an 1004 de l'hégire (1), et qui conserva ses fonctions pendant deux ans deux mois et vingt jours, ne se distingua pas moins par la sagesse de son gouvernement que par la protection qu'il accorda aux savants. Il fit rétablir la mosquée *Gamé-él-Azhar*, et y fonda une distribution journalière de lentilles cuites, en faveur des pauvres étudiants; il fit aussi réparer l'oratoire nommé *Mechahed-Housseyny*.

Ses soins pour le bien de ses administrés ne purent cependant le préserver d'une catastrophe violente. Au commencement du mois de Régeb de l'an 1006 (2) de l'hégire (février 1598), plusieurs corps de troupes s'insurgèrent en divers endroits de l'Égypte, et se rendirent tumultueusement au Kaire.

Él-Seyd-Mohammed-Pachâ était alors à sa maison de campagne de *Gyzéh*, suivant la coutume de ses prédécesseurs. Quand il revint au Kaire, quoiqu'il fût accompagné de plusieurs émirs ou *sandjâqs* et d'une escorte nombreuse, les mécontents tirèrent sur lui une décharge de mousqueterie: épouvantés, ses janissaires l'abandonnèrent, et il ne put se sauver qu'avec peine. Les rebelles le tinrent, pendant tout le jour, assiégé dans la maison où il s'était réfugié, exigeant qu'il leur livrât plusieurs officiers, du nombre desquels étaient l'un des principaux émirs, *Daly-Mohammed*, l'émir *Gélad*, exerçant les fonctions de *Sou-Bâchy* (grand prévôt), et l'émir *Kheder*, kachef de *Mansourah*. Le pachâ fit demander un délai de trois jours pour sa réponse : — « Dieu jugera entre nous et « votre maître *Mohammed-Pachâ!* » s'écrièrent les révoltés; puis ils se répandirent dans la ville, où ils forcèrent le *qâdy-él-asker*, nommé *Abd-ér-Raouf-Azab-Zadin*, de recevoir l'acte de leurs demandes.

(1) Cette année a commencé le mercredi 6 septembre de l'an 1495 de notre ère.

(2) Cette année a commencé le jeudi 14 août de l'an 1497 de l'ère chrétienne.

Le pachâ profita de l'obscurité pour s'échapper et se réfugier à la citadelle, dont il fit fermer les portes derrière lui. *Hassan-Pachâ-él-Sekrâny*, qui exerçait les fonctions de *Beyler-Beyk* (généralissime de l'armée), et *Byry-Beyk*, qui était cette année *émyr-él-hag*, tentèrent en vain d'apaiser le tumulte : l'émir *Mohammed-Beyk* et *Daly-Mohammed* furent massacrés, leurs têtes attachées à la porte *Bâb-Zouyléh*, leurs maisons pillées : puis le pillage et le meurtre attaquèrent les habitants inoffensifs de la ville et des provinces.

L'effervescence diminua peu à peu, par la lassitude des révoltés; mais les corps militaires conservèrent le même esprit d'insolence et de mutinerie, tant que dura le gouvernement de *Seyd-Mohammed-Pachâ*.

Il fut remplacé par *Khéder-Pachâ*, le 17 du mois de Dou-l-Hagéh de cette même année 1006 de l'hégire (22 juillet 1598 de notre ère). *Khéder-Pachâ* conserva son gouvernement pendant trois ans et douze jours : ce gouverneur excita le mécontentement dès son arrivée au Kaire; un de ses premiers actes fut de retrancher les distributions de blé qui se faisaient aux savants et aux pauvres : ceux-ci se bornèrent à des représentations; mais les réductions du pachâ s'étant aussi portées sur les vivres des milices, elles se rassemblèrent le dimanche 20 du mois de Ramaddân de l'an 1009 (1) de l'hégire (26 mars 1601), présentèrent leurs griefs au *qâdy-él-asker*, et, le mettant à leur tête, marchèrent au Divan. Le Kiahyâ (lieutenant) du pachâ et plusieurs autres émirs furent massacrés; le pachâ, effrayé, rétracta toutes ses ordonnances, et les tumultes s'apaisèrent; mais il fut bientôt après destitué par le Divan de Constantinople.

Le vizir *Aly-Pachâ*, qui était *sélahdâr* (2) du sultan, fut nommé à la place de *Khéder-Pachâ*. Il était brave,

(1) Cette année a commencé le jeudi 13 juillet de l'an 1600 de l'ère chrétienne.

(2) Émir chargé de porter les armes du sultan. C'est un des principaux officiers de la Porte Ottomane. Nos voyageurs modernes ont travesti ce nom en celui de *selictar*.

aimant la guerre; aussi favorisa-t-il les troupes, et il les traita avec indulgence; mais il se plaisait à répandre le sang, et le reste de la population eut à se plaindre de sa sévérité excessive et cruelle. Il ne paraissait pas en public avec son cortége, qu'il ne fît tuer au moins dix personnes, dans le sang desquelles il faisait passer son cheval. Au fléau de la tyrannie du pachâ se joignit bientôt celui de la famine, et une mortalité dont les ravages surpassèrent, suivant les historiens arabes contemporains, tous ceux que l'Égypte avait jamais éprouvés. L'épouvante générale augmentait encore le mal, et le pachâ se vit obligé de défendre d'inhumer publiquement les cadavres.

Quant à lui, il réussit à se soustraire à la contagion, en abandonnant le Kaire, où il laissa pour *qaym-maqâm* (lieutenant) l'émir *Byry-Beyk*, qui y mourut bientôt après. Alors les *sandjâqs* élurent, pour le remplacer, l'émir *Otthmân-Beyk*, qui exerça les fonctions de *qaym-maqâm*, jusqu'à l'arrivée du successeur que donna la Porte Ottomane à *Aly-Pachâ*.

Ce remplacement fut occasionné par la mort de *Mohammed* III (1), arrivée le 16 du mois de Régeb de l'an 1012 (2) de l'hégire (20 décembre 1603).

(1) Monnaie du sultan *Mohammed-ben-Mourâd* (Mahomet III), frappée au Kaire, avec la date de l'an 1003 de l'hégire (1594 de notre ère).

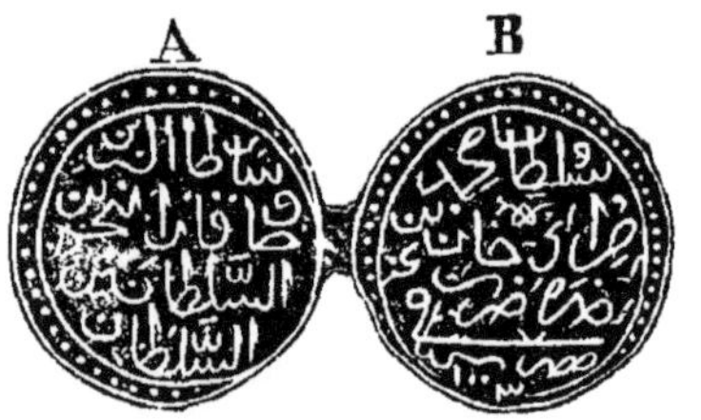

Autre monnaie du même prince, frappée sous la même date à Damas.

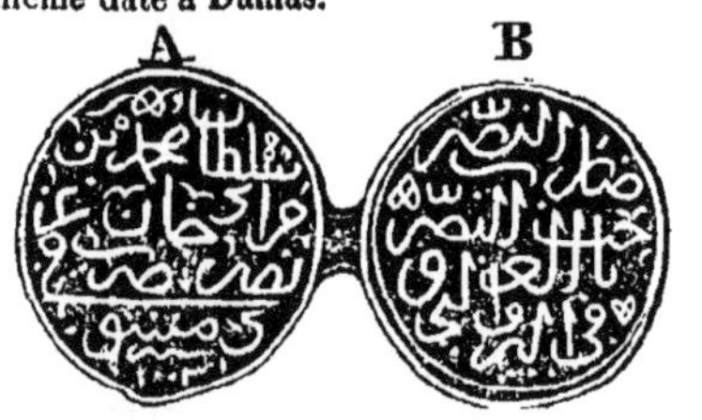

(2) Cette année a commencé le mercredi 11 juin de l'an 1603 de l'ère chrétienne.

Le lendemain, fut inauguré son fils *Ahmed-ben-Mohammed*, que nos historiens nomment *Achmet Ier*.

Un des premiers actes du nouveau sultan fut de nommer à la vice-royauté d'Égypte le vizir *Ibrahym-Pachâ*.

Le gouvernement de ce pachâ dura peu, et il fut terminé par une catastrophe sanglante. Dès son arrivée en Égypte, il avait formé le dessein de réprimer les demandes insolentes des troupes; mais cette tentative ne fit qu'accroître l'audace des milices turbulentes. Le vendredi 29 du mois de Raby-êl-Thâny de l'an 1013 (1) de l'hégire (24 septembre 1604), elles apprirent que le pachâ était sorti du Kaire avec une suite nombreuse, et s'était embarqué à *Boulâq*, pour se rendre à *Chobrâ*, près du pont construit sur le canal d'*Abou-Menedjéh*. Aussitôt, les factieux se rassemblèrent au faubourg de *Qarafah*, et s'engagèrent par serment à tuer le gouverneur.

Le lendemain matin, les milices vinrent se poster à *Boulâq*, pour attendre le pachâ à son retour; puis, elles en partirent pour l'aller attaquer au château de *Doulab*, où il s'était retiré. A la nouvelle de ces mouvements, les *sandjâqs* qui accompagnaient *Ibrahym-Pachâ* lui conseillèrent de s'embarquer avant l'arrivée des séditieux. Se fiant sur l'appui des émirs et sur une garde nombreuse de *tchaouchs* et de *mouteferreqahs* qui l'avaient suivi, le pachâ refusa de se rendre à cet avis.

Bientôt les troupes mutinées arrivent et entourent le château de toutes parts. Quinze *spahys* y entrent le cimeterre à la main : « Que voulez-vous? leur dit « *Ibrahym-Pachâ*; n'avez-vous pas « reçu de moi votre paye et la gratifi- « cation ordinaire pour mon installa- « tion? Que demandez-vous donc? » « — Rien, répondirent-ils; nous ne « voulons que ta tête. » A l'instant un des soldats le frappa de son épée au visage, et les autres, le perçant de mille coups, le décapitèrent. L'émir *Mohammed-ben-Khasraf* reprocha aux meurtriers leur crime; il subit le même sort que le pachâ; puis ces deux têtes furent jetées à la multitude furieuse qui entourait le château; portées par elle en

(1) Cette année a commencé le dimanche 30 mai de l'an 1604 de notre ère.

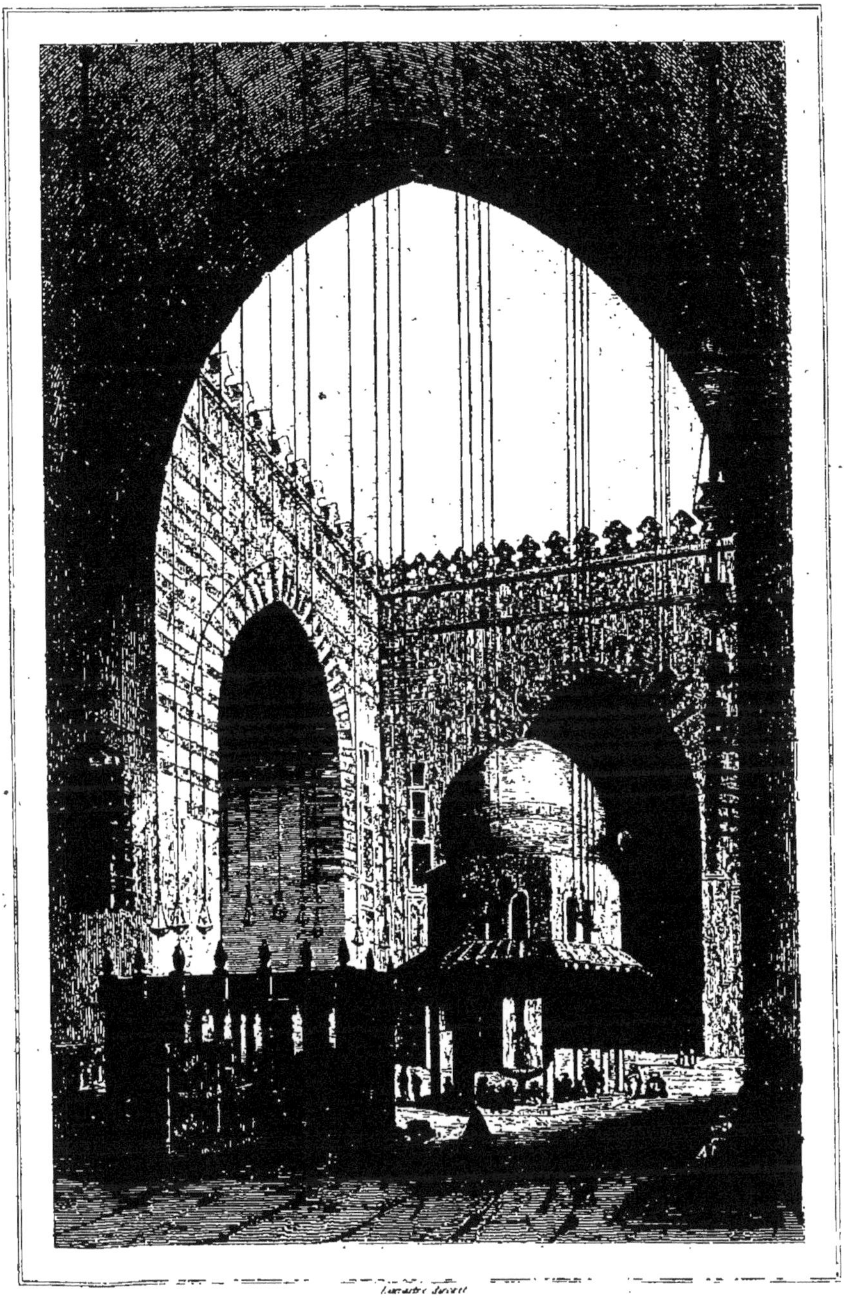

Mosquée du Sultan HASSAN, le Maksourah, la tribune du Khatab

triomphe, à son retour au Kaire, elles furent suspendues à la porte *Bâb-Zouyléh,* déjà tant de fois ornée de pareils trophées. Le même jour, l'armée déféra le commandement à *Othmân-Beyk,* puis, à son refus, au *qâdy-êl-asker, Moustafa-Effendy.*

Informé du meurtre d'*Ibrahym-Pachâ*, le divan de Constantinople envoya, pour le remplacer, le vizir *Mohammed-Pachâ-êl-Kourdjy,* surnommé *êl-Khadem.*

A son arrivée au Kaire, il reçut des ordres émanés de la Porte Ottomane adressés à tous les *sandjâqs,* leur prescrivant la recherche de ce qui avait donné lieu aux demandes séditieuses des troupes, et des informations contre les auteurs du meurtre d'*Ibrahym-Pachâ.* Aussitôt les *sandjâqs* s'assemblèrent dans la place du *Qarâmeydân,* avec la plus grande partie de l'armée. Le pachâ, qui était dans la citadelle, envoya chercher les *sandjâqs* pour leur communiquer ces ordres; mais ils refusèrent de se rendre auprès de lui. Cependant les émirs intervinrent, et leur promirent une amnistie entière s'ils livraient les principaux auteurs de l'attentat. Cette remise fut obtenue, et les coupables eurent la tête tranchée dans le Divan.

Ainsi privées de leurs premiers chefs, les milices révoltées cessèrent d'être dangereuses; et *Mohammed-Pachâ* fit successivement décapiter deux cents des plus mutinés, pendant les sept mois et neuf jours que dura son gouvernement.

Le vizir *Hassan-Pachâ* lui succéda ; celui-ci se montra moins sévère que son prédécesseur, et usa toujours de beaucoup de ménagements avec les troupes, à cause de son fils, qui était *beylerbey* de l'armée. Tout fut tranquille sous son gouvernement.

Hassan-Pachâ eut pour successeur un vizir nommé *Mohammed,* comme son prédécesseur. Celui-ci entra en possession du pachalyk d'Égypte le 7 du mois de Safar de l'an 1016 (1) de l'hégire (3 juin 1607), et l'occupa pendant quatre ans quatre mois et douze jours. Ce pachâ était un homme prudent et habile ; dès son arrivée, il s'occupa de rétablir la paix et la tranquillité dans toute l'Égypte : il adoucit le sort des peuples, et les délivra des vexations dont ils étaient depuis longtemps victimes : mais si, par cette administration paternelle, il mérita les vœux des populations opprimées, il s'attira en même temps la haine des exactionnaires oppresseurs.

Vers la fin du mois de Chaouâl de l'année suivante (janvier 1609), les troupes, soulevées par eux, s'assemblèrent au bourg de *Seyd-Ahmed-êl-Beydaouy,* et firent serment de ne pas consentir à l'abolition des contributions illégales dont elles avaient écrasé le pays jusqu'alors. Bien plus, les mutins se choisirent même un chef, qu'ils proclamèrent *sultan,* nommèrent des vizirs, et partagèrent les départements de l'Égypte, assignant à chacun le canton où il devait exercer ses brigandages. Leurs ravages s'étendirent ainsi dans tout le Delta, et même dans la partie orientale de l'Égypte, jusqu'à *Qelyoub.*

Instruit de ces désordres, *Mohammed-Pachâ* assembla les *sandjâqs*, les *tchaouchs* et les *mouteférreqahs,* et se mit en marche contre les révoltés avec six canons, le samedi 9 du mois de Dou-l-Qadéh de l'an 1017 (1) de l'hégire (14 février 1609).

L'armée, renforcée par plusieurs cheykhs des tribus arabes, campa la nuit suivante à *Birket-êl-Hag,* et le lendemain elle atteignit les rebelles à *êl-Khanqah.* Le feu de l'artillerie et le nombre considérable des troupes qui les attaquaient, saisirent d'épouvante les milices révoltées, et les portèrent à demander à capituler. Pour première condition, le pachâ exigea qu'on lui livrât *le sultan* et les principaux chefs rebelles, promettant, à ce prix, de recevoir le reste des milices à discrétion. Les chefs furent livrés au nombre de soixante-treize et décapités sur-le-champ. Le reste des rebelles fut désarmé et dispersé : mais tous ceux qui furent saisis furent mis à mort, et il en périt de cette manière un grand nombre.

Enfin le *qady-êl-asker, Mohammed-Effendy,* surnommé *Bakhti-zadéh,*

(1) Cette année a commencé le samedi 28 avril de l'an 1607 de l'ère chrétienne.

(1) Cette année a commencé le jeudi 17 avril de l'an 1608 de notre ère.

ému de ces massacres journaliers, conseilla au pachâ de déporter dans l'Yémen ceux qui seraient désormais arrêtés. Le pachâ se rendit à cet avis, et les exécutions sanglantes cessèrent.

Débarrassé de cette affaire, *Mohammed-Pachâ* s'occupa de l'amélioration de l'administration financière : il examina les pensions payées par le trésor, et supprima toutes celles qui n'étaient pas fondées sur des titres valables : à l'égard des contributions, il défendit qu'on suivît les rôles dressés du temps des Mamlouks-Circassiens, et enjoignit de se conformer à ceux qui avaient été établis l'an 932 de l'hégire (1525), sous les sultans ottomans. Il régla ensuite avec la plus grande équité les taxes des divers départements, et, dans le versement des contributions en nature, il eut soin de n'exiger de chaque canton que les denrées qu'il pouvait le plus aisément fournir. Si un département était surchargé d'une imposition à laquelle il ne pouvait satisfaire, attendu sa pauvreté et la modicité de ses revenus, il l'en déchargeait, et la reportait sur un canton plus riche, dont les charges pouvaient supporter quelque augmentation.

Lorsque *Mohammed-Pachâ* quitta l'Égypte, il jouit d'un honneur que n'a eu depuis lui aucun autre pachâ de cette province: il en sortit sans être dépouillé de son titre de gouverneur, et nomma lui-même pour son *qaym-maqâm* (vice-gouverneur) *Mohammed-Bey-Haggy*, qui était son *defterdâr*.

Il demeura trente jours à *Qoubbet-él-Adelyéh*, sans se mêler du gouvernement, quoiqu'il n'eût pas été destitué; cependant il continua, tout ce temps, d'y distribuer lui-même la paye et les autres rétributions ordinaires.

Son successeur fut *Mohammed-Pachâ*, surnommé *él-Soufy* : il protégea les savants et les gens de bien, et se conduisit avec une parfaite intégrité. Jamais il ne reçut de présents, et ne commit aucune injustice. Cependant on peut lui reprocher sa trop grande faiblesse pour *Youssouf*, son favori, qui abusa plusieurs fois de la faveur de son maître.

L'an 1022 de l'hégire (1), un corps de troupes de plus de dix mille hommes fut envoyé par le grand vizir dans l'Yémen, pour y apaiser quelques troubles. Ce corps ayant pris route par l'Égypte, le pachâ reçut ordre de lui fournir la paye nécessaire et de le faire passer dans l'Yémen.

Mais, mandées pour recevoir leur solde, avec l'ordre d'un départ immédiat, ces troupes prétendirent être envoyées en Égypte pour y demeurer, et refusèrent d'obéir. Elles prirent pour logements les magasins de la porte *Bâb-él-Nasr* et les maisons des habitants, que les soldats expulsèrent de leurs domiciles. Toutes les démarches du pachâ pour rappeler les mutins à la soumission furent inutiles : ils barricadèrent les portes du quartier, fermèrent la porte de *Bâb-él-Nasr*, et placèrent de l'artillerie sur les tours dont elle est flanquée (1). Le pachâ se vit contraint d'aller les assiéger avec tous les odjâqs, soutenus par quelques canons. L'émir *Abedyn-Bey* réussit à pénétrer dans l'intérieur des retranchements, par une citerne du collége appelé *él-Medresséh-él-Djân-balattyéh* (2) : alors les rebelles, effrayés, se soumirent, le pachâ leur distribua leur paye, montant à plus de quatre-vingts bourses, et ils sortirent de la ville.

Peu de temps après, *Mohammed-Pachâ-él-Soufy* fut destitué; il se retira à *Qoubbét-él-Adelyéh*, et n'en partit que lorsqu'il apprit que son successeur était arrivé à Alexandrie.

C'était *Ahmed-Pachâ*, qui avait été *defterdâr* en Égypte. Lorsqu'il fit son entrée au Kaire, avec un cortége magnifique, une pierre jetée d'une maison devant laquelle il passait, tomba sur sa tête, et brisa l'aigrette de son turban. Le coupable découvert avoua son crime, et fut mis à mort au lieu même où il l'avait commis.

Au mois de Moharrem de l'an 1025 (3) de l'hégire (janvier 1616), *Ahmed-Pachâ* reçut de Constantinople l'ordre d'envoyer mille hommes des troupes d'Égypte, pour marcher avec l'armée ottomane contre les Persans :

(1) Cette année a commencé le jeudi 21 février de l'an 1613 de l'ère chrétienne.

(1) Voyez la planche 18.

(2) Ainsi appelé du nom de son fondateur, le sultan mamlouk *Djân-balatt*.

(3) Cette année a commencé le mercredi 20 janvier de l'an 1616 de notre ère.

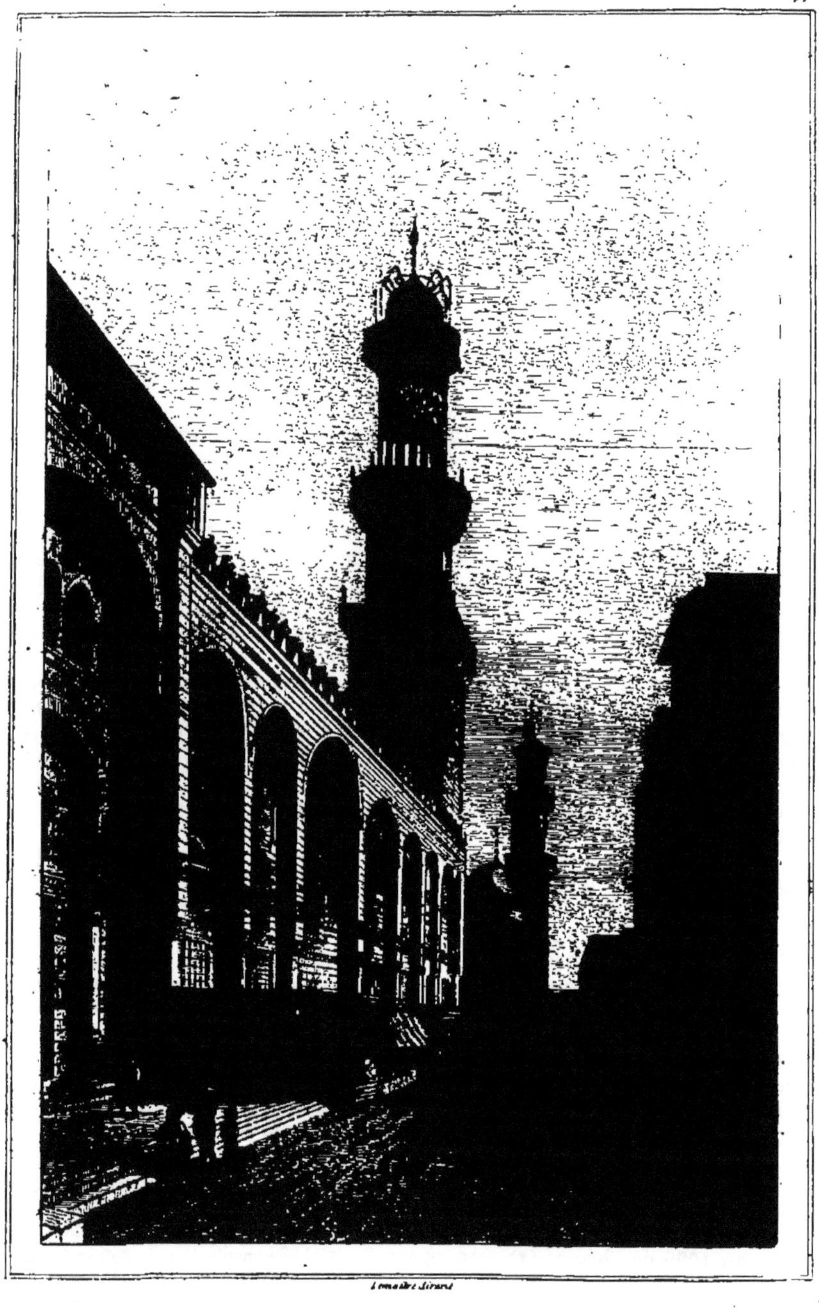

Lemaître direxit

Mosquée du Sultan QALÂOUN

il les fit partir sous la conduite de *Salèh-Bey*, qui était alors *émyr-êl-hag;* et cette expédition eut lieu avec tant d'ordre, que les populations n'en souffrirent aucun dommage.

Les corps de troupes marchaient à travers les provinces, sans que les habitants fussent même instruits de leur passage, tandis qu'auparavant cent hommes ne pouvaient traverser un canton, sans qu'il fût dévasté. Cette différence vint du bon ordre et de la discipline qu'il sut faire observer, et de la distribution extraordinaire qu'il fit à ces troupes avant leur départ. En effet, l'armée destinée pour la Perse se réunit à *êl-Khanqah :* le pachâ s'y rendit et fit défiler les troupes devant lui : il avait auprès de lui une grande quantité de pièces d'or, et chaque soldat reçut une gratification proportionnée à ses besoins : il n'y en eut aucun qui ne reçût au moins vingt pièces d'or.

Le gouvernement de *Ahmed-Pachâ* fut de deux ans dix mois et douze jours; pendant tout le temps de ses fonctions, il ne fit punir du dernier supplice que dix personnes, et cela après des informations juridiques et pour des crimes dignes de mort. Il ne jugeait jamais qu'après l'examen le plus scrupuleux et lorsqu'il avait entendu plusieurs fois les moyens des parties.

L'an 1026 de l'hégire (1), le mercredi 23 du mois de Dou-l-Qadéh (23 novembre 1617), mourut le sultan *Ahmed* Ier, qui eut pour successeur son frère le sultan *Moustafâ* Ier; ce prince, à son avénement remplaça *Ahmed-Pachâ,* dans le gouvernement de l'Égypte, par le vizir *Moustafâ-Pachâ-Lefghely*. Mais à peine ce sultan avait-il régné trois mois et huit jours à Constantinople, qu'il fut déposé, le mercredi 3 du mois de Raby-êl-Aouel de l'an 1027 (2) de l'hégire (28 février 1618), et, en sa place, fut élu son neveu le sultan *Abou-l-Nasr-Othmân* (Othman II).

Le vizir *Moustafâ-Pachâ* ne conserva son pachalyk que quelques mois après la déposition du sultan qui l'avait nommé. Ce pachâ laissait toute l'autorité entre les mains de ses parents, qui abusaient de la facilité de son caractère pour le dominer sans réserve; cette conduite produisit dans toute l'armée un soulèvement général, qui éclata le vendredi 7 du mois de Chaouâl de l'an 1027 de l'hégire (28 septembre 1618). Les séditieux massacrèrent plusieurs des émirs, des aghâs, et des autres principaux fonctionnaires; la plupart des autres fut obligée de prendre la fuite. Ces désordres durèrent jusqu'à la destitution de *Moustafâ-Pachâ-Lefghely,* ordonnée par le sultan *Othman II*, qui nomma le vizir *Djafar-Pachâ* au gouvernement de l'Égypte.

Celui-ci n'occupa ce pachalyk que pendant cinq mois et demi : il était instruit dans les diverses sciences; il accueillit les gens de lettres et les savants, et pendant la durée de son administration il ne fit rien que pour l'avantage de la province qui lui était confiée.

De son temps l'Égypte fut affligée d'une peste violente, qui dura depuis la fin du mois de Raby-êl-Aouel de l'an 1028 de l'hégire (1) jusqu'à la fin du mois de Gemady-êl-Thâny de la même année (de mars à mai 1619). On remarqua que le plus grand nombre de ceux qui périrent de cette maladie étaient entre l'âge de quinze ans et celui de vingt-cinq. Le dénombrement incomplet des victimes de ce fléau les porta au delà de 635,000.

A *Djafar-Pachâ* succéda *Moustafâ-Pachâ;* il fit arrêter et condamner à mort *Moustafâ-Bey*, surnommé *êl-Bakgely*, le principal moteur des troubles, qui s'étaient élevés sous le gouvernement du pachâ *Moustafâ-Lefghely*. Cet arrêt sévère, contre un homme que poursuivait la haine publique, fut un sujet de grande joie pour le peuple; mais cette joie fut bientôt troublée par les vexations multipliées que le pachâ lui-même exerça contre la plupart des marchands : dépouillés par ses ordres arbitraires, ils réussirent à faire parvenir leurs plaintes jusqu'au sultan, qui déposa le pachâ oppresseur, et le remplaça par *Housseyn-Pachâ*.

Le nouveau gouverneur s'empressa

(1) Cette année a commencé le lundi 9 janvier de l'an 1617 de l'ère chrétienne.

(2) Cette année a commencé le vendredi 29 décembre de l'an 1617 de notre ère.

(1) Cette année a commencé le mercredi 19 décembre de l'an 1618 de notre ère.

de supprimer toutes les redevances vexatoires qui avaient été établies par son prédécesseur; il manda ensuite tous les marchands qui avaient eu à s'en plaindre; leurs dépositions, et l'aveu même du concussionnaire, révélèrent que ses rapines se montaient à une somme de 33,000 *grouches* (environ 160,000 francs). Les procès-verbaux authentiques, avec les pièces, en furent envoyés à la Porte Ottomane.

Du temps de *Housseyn-Pachâ,* il y eut une crue du Nil si extraordinaire, que les Égyptiens commencèrent à désespérer de voir la fin de l'inondation : elle occasionna une grande disette, qui fut bientôt suivie par les ravages de la peste.

Housseyn-Pachâ fut destitué par le sultan *Othmân II,* et rappelé à Constantinople; mais avant qu'il y arrivât le sultan fut déposé lui-même, le jeudi 8 du mois de Régeb de l'an 1031 (1) de l'hégire (19 mai 1622), et le sultan *Moustafâ I*[er], son prédécesseur, fut rétabli sur le trône.

Le pachâ déposé ne pouvait arriver à la cour ottomane dans un moment plus opportun. Sa disgrâce et sa destitution, sous le règne précédent, devinrent pour lui des titres de faveur auprès du nouveau règne; tous les partis se réunirent pour le porter au poste suprême de grand vizir; il est juste de dire que la manière dont il remplit ces hautes fonctions administratives lui a mérité les éloges unanimes de tous les historiens de l'empire ottoman.

Mohammed-Pachâ, que le sultan *Othman II* avait nommé pour remplacer *Housseyn-Pachâ,* n'arriva dans son gouvernement que précédé par les préventions les plus défavorables; la conduite qu'il avait tenue dans son pachalyk de la *Roumélie* annonçait assez que les Égyptiens auraient en lui un tyran; heureusement pour eux, le peu de durée de son gouvernement ne lui laissa pas le temps de réaliser ces craintes; deux mois et demi après son installation, son prédécesseur au pachalyk du Kaire, devenu grand vizir, le fit destituer par le sultan *Moustafâ I*[er], et *Ibrahym-Pachâ* vint le remplacer.

Ibrahym-Pachâ occupa son gouvernement pendant une année : il sut, par ses ménagements et sa politique, gagner à la fois l'affection des troupes et du peuple. Cette année fut remarquable par la cherté des vivres, et le prix n'en baissa que sous son successeur.

Ibrahym-Pacha, ayant été destitué, s'embarqua pour descendre le Nil, au lieu de voyager par terre, suivant l'usage de ses prédécesseurs; et *Moustafâ-Pachâ*, nommé pour le remplacer, entra en fonction le jeudi 22 du mois de Ramaddân de l'an 1032 (1) de l'hégire (20 juillet 1623). Les *kâtebs* du Divan vinrent trouver le nouveau gouverneur, et accusèrent auprès de lui le pachâ déposé d'être redevable de quelques sommes au trésor; des *tchaouchs* furent expédiés aussitôt après *Ibrahym*, qui menaça de les tuer s'ils ne retournaient au Kaire; l'émir *Salèh-Bey* fut expédié à son tour; mais, au moment où il arrivait à Alexandrie, *Ibrahym* et ses effets étaient déjà embarqués, et il répondit qu'il allait à Constantinople, et que s'il redevait quelque chose, il le payerait au sultan lui-même. Il mit aussitôt à la voile, malgré quelques décharges de l'artillerie de la tour du Phare, et continua son voyage; quand il arriva à Constantinople, le sultan *Moustafâ I*[er] venait d'être déposé de nouveau, le lundi 15 du mois de Dou-l-Qadéh, 1032 de l'hégire (11 septembre 1623). Le sultan *Mourâd* (Amurat IV), fils du sultan *Ahmed,* avait été couronné, et nul ne songea à exercer des poursuites contre *Ibrahim-Pachâ.*

Moustafâ-Pachâ était à peine dans son gouvernement depuis trois mois, lorsque *Aly-Pachâ* fut nommé pour le remplacer : le lundi 15 du mois de Dou-l-Hagéh (9 octobre), on apprit au Kaire cette nouvelle : aussitôt les troupes se rassemblèrent, et se rendirent auprès du *qaym-maqâm Yssa-Bey,* pour lui demander la gratification extraordinaire qui leur était payée, suivant l'usage, à l'avénement de chaque pachâ. *Yssa-Bey* leur reprocha de renouveler ainsi tous les trois mois leur même demande. — « Pourquoi, répondirent les

(1) Cette année a commencé le mardi 16 novembre de l'an 1621 de notre ère.

(1) Cette année a commencé le samedi 5 novembre de l'an 1622 de l'ère chrétienne.

« soldats, le sultan, notre maître, « change-t-il tous les trois mois le gou- « verneur de sa province d'Égypte, au « grand dommage du pays? S'il lui plai- « sait de nommer tous les jours un « nouveau pachâ, nous aussi, tous les « jours, nous réclamerions la gratifica- « tion qui nous est due. »

Le *qaym-maqâm* voulut en vain faire quelques observations; on ne lui répondit que par des injures et des menaces. Tout à coup un cri universel s'éleva de tous les groupes des soldats : « Nous « ne voulons pas d'autre gouverneur « que *Moustafâ;* qu'*Aly* s'en retourne « au lieu d'où il est venu! » A l'instant toute l'armée récita la première sourate du Koran, comme un engagement solennel de ne pas se départir de la résolution qu'elle venait de prendre, et *Moustafâ-Pachâ* fut rétabli dans sa dignité.

Moustafâ-Pachâ fit aussitôt des largesses à toutes les troupes, et s'empressa d'écrire au sultan, pour lui demander la confirmation de ce qui venait d'être fait. Ces dépêches étaient accompagnées d'une supplique en sa faveur, rédigée et signée par les ulémâs, les cheykhs et les qâdys du Kaire.

Cependant on fut informé de l'arrivée d'*Aly-Pâcha* à Alexandrie : plusieurs *kyahyâs* lui furent aussitôt députés, pour le prévenir que les troupes et les habitants s'accordaient à refuser de le recevoir. *Aly* accueillit les députés avec quelques égards, et les renvoya au Kaire, avec des lettres pleines de flatterie pour les émirs et pour les troupes. L'armée en prit lecture, et, pour toute réponse, réexpédia les mêmes députés, avec la même déclaration, signée des principaux émirs.

En recevant cette confirmation d'un refus formel, *Aly-Pachâ* entra en fureur : il fit saisir et charger de chaînes les députés, qu'il envoya aux prisons de la citadelle d'Alexandrie; mais les troupes qui en composaient la garnison rendirent la liberté aux prisonniers, puis, les mettant à leur tête, coururent attaquer *Aly-Pachâ*, renversèrent ses tentes, et le contraignirent à s'embarquer sur-le-champ. Le vent contraire l'ayant forcé de rentrer dans le port, l'émir *Moustafâ* fit cribler son vaisseau par les canons du Phare, et depuis ce temps cet émir prit le surnom de *Topatan* ou de *Toptchy,* c'est-à-dire le *canonnier.*

Cependant, depuis le départ forcé du pachâ nommé par la Porte Ottomane, on était au Kaire sans nouvelles de Constantinople : des bruits sans fondement commençaient à jeter l'alarme parmi les habitants, lorsqu'enfin, le samedi 20 du mois de Raby-êl-Thâny de l'an 1033 (1) de l'hégire (16 février 1624), une lettre, apportée par un pigeon (2), annonça l'arrivée prochaine d'un officier, porteur des décisions suprêmes du sultan.

En effet, quelques jours après, cet officier fit son entrée au Kaire : il fit rassembler les *sandjâqs*, les émirs et les principaux officiers en divan général, et en leur présence revêtit solennellement *Moustafâ-Pachâ* d'un kaftan d'honneur envoyé par l'empereur ottoman; puis, il donna lecture d'un firman impérial, adressé à l'armée, par lequel le sultan mandait aux troupes « que, « cédant à leurs instances, il daignait se « rendre à leurs désirs, et conservait à « *Moustafâ-Pachâ* le gouvernement « de l'Égypte. »

L'année suivante, 1034 de l'hégire (3), il y eut une crue du Nil extraordinaire : on commençait même à appréhender que les eaux ne se retirassent pas assez tôt pour pouvoir ensemencer les terres : l'inondation était montée jusqu'à vingt-quatre coudées : heureusement la baisse se décida enfin; elle fut assez rapide pour qu'on pût ensemencer, et la récolte fut très-abondante.

Mais à peine délivrée de la crainte de la famine, l'Égypte se vit en proie à la peste : elle commença à se manifester avec violence, dès les premiers jours du mois de Raby-êl-Aouel de l'an 1035 (4) de l'hégire (décembre 1625). La maladie diminua au commencement du mois de Chaabân (mai 1626); mais elle ne cessa entièrement que dans les

(1) Cette année a commencé le mercredi 25 octobre de l'an 1623 de l'ère chrétienne.

(2) Voyez sur les pigeons employés comme courriers de dépêches, ci-dessus les notes des pages 71 et 139.

(3) Cette année a commencé le lundi 14 octobre de l'an 1624 de notre ère.

(4) Cette année a commencé le vendredi 3 octobre de l'an 1625 de notre ère.

premiers jours du mois de Ramaddân (mai). « Jamais, disent les historiens « contemporains, la frayeur n'avait été « si générale; on voyait des vieillards « plus que centenaires appréhender « d'être atteints du fléau : il périt plus « de trois cent mille personnes, et le « pachâ fut obligé, pour diminuer la « frayeur générale, qui augmentait en- « core les ravages du fléau, de suppri- « mer toutes les cérémonies funèbres, « les cris et les pleurs des femmes, les « cortéges des parents et amis, les ras- « semblements des pauvres, de manière « qu'on transportait les corps à travers « les rues, sans que la population en fût « trop vivement émue. »

Le pachâ trouva, dans ce fléau qui décimait les habitants, un moyen de spéculation intéressée : il se déclara l'héritier de tous les gens riches que la peste avait enlevés, et s'appropria ainsi des richesses immenses; mais les héritiers spoliés firent entendre leurs plaintes à Constantinople : on n'y avait pas oublié que le *Pachâ* du Kaire y exerçait ses fonctions en dépit des ordres contraires de la Porte Ottomane, et que ses partisans avaient forcé la main au sultan, en arrachant le consentement impérial à sa conservation dans le pachalyk d'Égypte : l'occasion et le prétexte d'une vengeance se présentaient : le divan s'en empara avec empressement : *Moustafâ-Pachâ* fut destitué; son successeur lui fit rendre des comptes tellement rigoureux, que, pour solder les sommes dont on exigea la restitution au trésor, il fut obligé de vendre ses meubles, ses chameaux, ses chevaux, ses esclaves, et quand il revint à Constantinople, l'an 1037 de l'hégire (1), le sultan *Mourâd IV* le condamna à perdre la tête.

Quoi qu'il en soit, l'exemple d'une résistance ouverte aux décisions du divan ottoman, et d'un consentement arraché par la violence au sultan, était donné avec succès, et depuis les émirs et les *sandjâqs* du Kaire ne se firent pas faute de suivre cet antécédent, quand l'occasion s'en présenta pour eux.

Ainsi s'établit, après plus d'un siècle écoulé, la modification la plus importante dans les rapports fondés par la constitution du sultan *Selym Ier* entre les pouvoirs indigènes de l'Égypte et les pachâs turks envoyés de Constantinople. Les premiers, établis par le conquérant-législateur, pour contre-balancer les seconds, semblèrent dès leur origine suivre un système arrêté, et légué de génération en génération; système d'empiétements successifs, qui parvinrent enfin à neutraliser entièrement l'action gouvernementale des pachâs, et à n'en faire plus que des fonctionnaires *nominatifs*, sous l'autorité également capricieuse et despotique des *beys*, devenus bientôt par le fait les vrais souverains du pays.

(1) Cette année a commencé le dimanche 12 septembre de l'an 1627 de notre ère.

CHAPITRE XVI.

Événements de l'histoire d'Égypte, de l'année 1037 (1628) à l'année 1119 de l'hégire (1707) — Suite du règne du sultan Mourâd IV. — Pachâs de l'Égypte, Beyram, Mohammed, Moussâ, Khalyl, Ahmed-èl-Kourdjy, Housseyn, Mohammed-ben-Ahmed. — Avénement du sultan Ibrahym. — Pachâs d'Égypte sous ce prince, Moustafâ-èl-Bostangy, Maksoud, Ayoub, Mohammed-ben-Haydar, Moustafâ, Mohammed. — Règne du sultan Mohammed IV. — Pachâs d'Égypte sous ce prince, Ahmed-Kyahyâ, Abd-èr-rahmân, Mohammed. — Règne des sultans Souleymân III, Ahmed II, Moustafâ II, Ahmed III. — Pachâs d'Égypte sous ces princes.

Le successeur de *Moustafâ-Pachâ*, qui lui fit rendre des comptes si rigoureux, était le vizir *Beyram-Pachâ*, à qui, l'an 1037 de l'hégire (1628), le gouvernement de l'Égypte avait été confié par le sultan *Mourâd IV* : *Beyram-Pachâ* protégea les ulemâs; car il aimait les sciences et la littérature; mais il aimait encore plus le gain et les richesses. Ne voulant pas, toutefois, comme ses prédécesseurs, se livrer, pour les acquérir, à des exactions arbitraires et iniques, il fit des entreprises lucratives, s'occupant de spéculations de commerce sur différentes espèces de marchandises, et jusque sur le savon. Au reste, il sut tenir les troupes dans la soumission, et l'Égypte fut tranquille sous son gouvernement. Lorsque le sultan le rappela à Constantinople, il lui accorda la troisième place de vizir dans le divan.

Il eut pour successeur le vizir *Mohammed-Pachâ*, qui administra avec

Lemaitre direxit

le Megyas, à la Pointe Méridionale de l'Ile Raoudah.

sagesse et intelligence : il mena une vie fort sédentaire, et pendant les deux ans de son pachâlyk il ne parut que six fois en public. Informé du mauvais état des affaires de l'Yémen, où la mauvaise administration avait suscité des soulèvements parmi les tribus arabes, il en donna avis au sultan, et l'engagea à y envoyer une expédition, sous la conduite de *Qansou-Bey*, qui était alors *émyr-él-hag;* le sultan approuva cette proposition, et adressa à *Qansou-Bey* les patentes de *pachâ* de l'Yémen et de *beyler-bey* de l'armée.

Aussitôt *Qansou-Bey* leva une armée de trente mille hommes, et obtint du pachâ d'Égypte de fortes sommes pour leur paye et les frais de l'expédition. Mais dès qu'il les eut reçues, il refusa de partir, et ses troupes se mirent à exercer toutes sortes de violences, de meurtres et de brigandages, pillant les habitants et arrêtant les voyageurs sur les routes. Heureusement deux mille hommes envoyés de la Roumélie, pour prendre part à l'expédition, vinrent faire cesser ces désordres, et l'émir *Djafar-Aghâ,* qui commandait ce dernier corps, força *Qansou-Bey* à l'accompagner dans l'Yémen, au mois de Moharrem de l'an 1039 (1) de l'hégire (septembre 1629).

Sept mois s'étaient à peine écoulés depuis le départ de cette expédition, qui rétablit l'ordre dans les affaires politiques de l'Arabie, qu'un fléau physique vint frapper d'une manière terrible la ville sainte de la Mekke et son temple sacré : le 19 du mois de Chaabân de cette même année (3 avril 1630), un torrent, s'étant débordé, inonda la plus grande partie du territoire sacré; ses eaux entrèrent dans la Mekke, et pénétrèrent jusque dans le temple de la *Kaabah :* la violence du torrent fut si grande, que presque tous les bâtiments de l'enceinte furent renversés, et il ne resta sur pied que le mur du côté droit.

Seyd-Massoud, gouverneur de la Mekke, se hâta d'informer de cet événement désastreux le pachâ d'Égypte, qui en donna aussitôt avis au sultan. *Mourâd IV,* en réponse à cette dépêche, chargea *Mohammed-Pachâ* de faire rétablir ce qui avait été détruit : et le pachâ exécuta ces ordres, en faisant transporter d'Égypte à la Mekke, le bois, le fer, le marbre et tous les autres matériaux nécessaires aux réparations. En même temps, il y envoya des maçons et des charpentiers, avec des officiers pour y présider à l'ouvrage : la dépense, suivant le témoignage des écrivains contemporains, s'éleva à plus de 100,000 *grouches* (près de 400,000 francs de notre monnaie).

Ce travail fut complétement achevé l'année suivante; et les historiens orientaux remarquent que depuis l'imâm *Abd-él-Mélek-ben-Merouân*, quatrième khalyfe de la race des Ommiades, aucun prince n'avait eu l'honneur de réédifier *la Maison de Dieu.* « Ce fut, « ajoutent-ils, une gloire singulière « pour le sultan *Mourâd*, et une fa« veur signalée que le ciel accorda à « *Mohammed-Pachâ.* »

En l'an 1040 de l'hégire (1), la crue du Nil fut très-médiocre : le premier jour du mois cophte *Thouth* (2), il n'était pas encore à 16 coudées : malgré cette crue insuffisante, on ouvrit néanmoins la digue, et le jour même les eaux baissèrent subitement : il en résulta une grande cherté; mais les sages mesures du gouverneur parvinrent à éloigner la famine.

Cette même année, *Mohammed-Pachâ* fut rappelé à Constantinople; mais le sultan lui témoigna son contentement de son administration, en le nommant à la cinquième place de vizir dans le divan impérial.

Le successeur de *Mohammed-Pachâ* fut le vizir *Moussâ-Pachâ.* Le nouveau gouverneur fut reçu avec les témoignages les plus flatteurs par les troupes et par le peuple, et on alla au-devant de lui jusqu'à *Chobrâ;* mais à peine installé, il se livra à des exactions cupides et à des exécutions arbi-

(1) Cette année a commencé le mardi 21 août de l'an 1629 de notre ère.

(1) Cette année a commencé le samedi 10 août de l'an 1630 de l'ère chrétienne.

(2) Le mois *Thouth* est le premier de l'année égyptienne. Le premier de ce mois correspondait au 29 août de notre calendrier, dans les années qui ne suivent pas immédiatement une année intercalaire; dans ce dernier cas, l'année cophte, et par conséquent le mois de *Thouth*, commencent le 30 août.

traires. Il faisait couper illégalement et injustement les têtes des personnages les plus recommandables, et confisquait leurs biens à son profit. Nul n'était à l'abri de ses vexations, et il épiait la conduite de tous les gens riches, pour trouver un prétexte de s'emparer de leur fortune.

Au mois de Chaabân de cette même année 1040 de l'hégire (mai 1631), le sultan lui demanda des troupes pour une expédition contre la Perse; *Moussâ-Pachâ* donna le commandement de ces troupes à l'émir *Keytas-Bey*, et frappa sur-le-champ des contributions exorbitantes sur le pays, sous le prétexte de subvenir aux frais de l'expédition; quand les fonds furent rentrés entre ses mains, il manda à *Keytas-Bey* que l'expédition n'aurait pas lieu, et que le trésor d'Égypte était hors d'état d'en soutenir la dépense. *Keytas-Bey* fit en vain des remontrances au pachâ, qui l'appela à la citadelle du Kaire le jour de *la fête des victimes* (1), mercredi 9 du mois de Dou-l-Hagéh (9 juillet 1631), et l'y fit assassiner par quarante hommes apostés. Les émirs *Kanaân-Bey* et *Aly-Bey* survinrent peu après, et, saisis d'horreur à cet attentat, coururent en instruire les troupes : aussitôt les soldats se réunirent dans la place de *Roumelyéh;* les sandjâqs, les émirs, les qâdys et les principaux officiers s'assemblèrent dans la mosquée du sultan *Hassan*.

Le résultat de leur délibération fut la déposition de *Moussâ-Pachâ* et la nomination d'un *qaym-maqâm* pour exercer provisoirement l'autorité, en attendant la décision de la Porte Ottomane; l'émir *Hassan-Bey* fut élu pour ces hautes fonctions.

Moussâ-Pachâ s'était hâté d'informer le sultan de cette révolution; mais, de leur côté, les insurgés avaient adressé au divan de Constantinople deux requêtes, l'une en langue turque, signée par les sandjâqs, les aghâs et les premiers officiers militaires; l'autre en arabe souscrite par les qâdys, les cheykhs et les ulémâs. Le sultan, en réponse à ces adresses diverses, destitua *Moussâ-Pachâ*, et confirma *Hassan-Bey* dans ses fonctions provisoires, jusqu'à l'arrivée de *Khalyl-Pachâ*, qu'il venait de nommer au pachâlyk d'Égypte.

Le nouveau gouverneur prit possession au mois de Raby-êl-Aouêl de l'an 1041 (1) de l'hégire (octobre 1631). Cette même année, il apprit qu'un rassemblement considérable de brigands, sous la conduite d'un chérif, nommé *Nâmy*, s'était emparé de la Mekke, et l'avait livrée au pillage. *Khalyl-Pachâ* rassembla aussitôt les milices du Kaire, et les expédia, avec l'émir *Qâssem-Bey*, pour réprimer ces désordres. Les brigands, malgré la résistance la plus opiniâtre, furent taillés en pièces, les chefs des rebelles furent mis à mort, et au mois de Safar de l'an 1042 (2) de l'hégire (août 1632), *Qâssem-Bey* ramena son armée victorieuse au Kaire, où des réjouissances publiques eurent lieu pendant cinq jours.

A ces succès à l'extérieur de l'Égypte, se joignit, sous le gouvernement de *Khalyl-Pachâ*, le bonheur intérieur de cette province; la plus grande abondance y régna, et l'ardeb de blé descendit du prix de huit *grouches* à celui de deux seulement (3). L'administration sage et équitable du pachâ concourait à assurer le bien-être des populations de l'Égypte.

Un juif, nommé *Yaqoub*, exerçait depuis plus de quinze ans, au Kaire, les fonctions de *serâf-bâchy* (chef des changeurs) : il avait su gagner les bonnes grâces des différents pachâs qui s'étaient succédé, de manière que toutes les places considérables de la finance, ainsi que les principaux emplois administratifs de la ville, étaient dans sa main, et les musulmans gémissaient sous le poids de ses odieuses vexations. Résolu à punir ce fléau public, *Khalyl-Pachâ* résista à toutes les sollicitations des grands, qui le protégeaient, parce qu'il était leur débiteur pour de fortes sommes : instruit des motifs de leurs instances, il leur paya lui-même ce que le juif leur devait, et signa l'arrêt de sa mort.

Quand *Khalyl-Pachâ* quitta son gou-

(1) *Iyd-êl-Qorbân*, ou *Iyd-êl-Qarabân* : cette fête est aussi appelée le *Petit-Beyrâm*.

(1) Cette année a commencé le mercredi 30 juillet de l'an 1631 de l'ère chrétienne.

(2) Cette année a commencé le lundi 19 juillet de l'an 1632 de notre ère.

(3) Voyez sur la valeur de l'*ardeb* la note de la page 99.

Jenaire direxit

Porte du Kaire, nommée Bab-el-Nasr, (la Porte de la Victoire)

vernement, l'an de l'hégire 1042 (1), les boutiques furent fermées depuis le 22 du mois de Ramaddân (10 avril 1633) jusqu'à la fin de ce même mois; aucun pachâ jusqu'alors n'avait reçu ce témoignage flatteur de la reconnaissance publique.

Personne n'avait été mis à mort sous son gouvernement, sans avoir subi une instruction judiciaire et une condamnation légale. Un jour on lui présenta trois voleurs pris en flagrant délit : il ordonna qu'on instruisît leur procès : un des officiers du divan lui représenta alors que ces sortes d'affaires ne devaient pas être assujetties aux formes ordinaires de la procédure, et qu'il serait plus convenable d'user de son autorité, pour les condamner à mort, sans suivre les lenteurs d'un jugement régulier. Pour toute réponse, *Khalyl-Pachâ* ordonna d'aller faire démolir la maison de cet officier. Celui-ci, étonné, demandant le motif d'un tel ordre : « Comment, lui répondit « le pachâ, la destruction de cette mai« son que tu as bâtie te jette dans le trou« ble, et Dieu ne serait pas indigné, en « voyant détruire sans formes légales « l'édifice humain que ses mains mêmes « ont élevé. » Cependant *Khalyl-Pachâ* révoqua l'ordre de la démolition, et, en même temps, ordonna de remettre les trois voleurs en liberté.

Ebn-Aby-l-Sorour, qui rapporte cette anecdote, remarque que depuis ce moment la sûreté la plus grande régna dans la ville, les voleurs qui la dévastaient auparavant ayant honte d'abuser de la magnanimité du pachâ.

Khalyl-Pachâ fut nommé par le sultan gouverneur de la Roumélie, et eut pour successeur au Kaire le vizir *Ahmed-Pachâ*, surnommé *él-Kourdjy*, qui avait été auparavant revêtu de la dignité d'*Émyr-âkhour* (grand écuyer du sultan).

Au mois de Safar de l'an 1043 (2) de l'hégire (août 1633), il reçut l'ordre du sultan d'envoyer en Syrie, pour une expédition contre le prince des Druzes, deux mille hommes des troupes d'Égypte, avec cinq mille *qontars* (quintaux) de biscuit et quatre mille quintaux de poudre. Puis plus tard, arriva une nouvelle demande de deux mille hommes et de trois mille quintaux de poudre pour l'expédition contre les Persans.

Pour subvenir à ces dépenses, il fallait des fonds considérables, et que ne pouvait fournir l'Égypte; sur la demande de *Ahmed-Pachâ*, le sultan envoya de Constantinople douze mille quintaux de cuivre, destinés à frapper des pièces de billon (*felous*), mais exigea, en retour, trois cent mille sequins. La fabrication commença, et fut bientôt arrêtée par le manque de bras et la mortalité des ouvriers, causée tant par la fatigue excessive de leurs travaux que par la chaleur extraordinaire de la saison. Embarrassé de l'emploi du cuivre qu'il avait reçu, le pachâ assembla les émirs, avec les qâdys des bourgs et des villages; son projet était d'acquitter de ses propres deniers la somme que demandait le sultan, puis de partager le cuivre en petits lingots, et de l'envoyer vendre dans l'intérieur de l'Afrique, à *Tekrour* (1) et au pays des Nègres (2).

(1) Cette année a commencé le lundi 19 juillet de l'an 1632 de notre ère.

(2) Cette année a commencé le vendredi 8 juillet de l'an 1633 de l'ère chrétienne.

(1) Principale ville de l'Afrique centrale, suivant les géographes arabes : voici ce que je lis sur cette ville, dans la Géographie d'*Abd-er-rachyd-él-Bakouy*, dont j'ai rapporté d'Égypte un beau manuscrit :

« Ville dans le pays des Nègres : elle est « considérable et célèbre : elle n'est point en« ceinte de murs : sa population est en partie « musulmane, en partie idolâtre; mais l'au« torité royale appartient aux musulmans. Les « habitants sont nus, tant les hommes que les « femmes, à l'exception des plus distingués « des musulmans, qui sont vêtus d'un manteau « ou plutôt d'un long pagne de vingt cou« dées : les femmes des idolâtres cachent le « devant de leur corps avec des franges de « verroteries, réunies avec des fils et suspen« dues autour de leur ceinture. »

(2) En arabe, *Belâd-él-Soudân* : le géographe *Abd-ér-rachyd-él-Bakouy* place ce pays à la longitude de 65° 9, et à la latitude de 9° 20, il ajoute l'article suivant : « Ce pays « est borné au nord par le pays des Berbères; « au midi, par de vastes déserts; il a à son « orient l'Abyssinie, et à son couchant il s'é« tend jusqu'à la mer océane. La terre y est « brûlée par la violence de la chaleur; et le « soleil ne cesse pas d'être perpendiculaire au« dessus de la tête des habitants.

« Ils sont tout nus, et ne portent pas de « vêtements à cause de cette chaleur ex« cessive.

« Parmi eux les uns sont musulmans, les « autres *kafres* (idolâtres). Leur terre pro« duit de l'or. On y trouve le rhinocéros, l'élé« phant et la girafe.

Malheureusement un des qâdys ouvrit un autre avis : il conseilla d'obliger les habitants du Kaire à recevoir ce cuivre, en paiement des sommes que devait le trésor, et d'en épuiser le reste par une distribution forcée, que chacun d'eux serait contraint à payer comptant : cet avis prévalut; la distribution commença le 16 du mois de Dou-l-Hagéh de l'an 1043 de l'hégire (13 juin 1634) et ne finit qu'à la fin du mois de Chaabân de l'an 1044 (1) de l'hégire (février 1635). Personne, ni grand ni petit, ne fut exempt de cette exaction financière : on obligea les gens les plus pauvres à recevoir leur part du cuivre, et à en solder la valeur en espèces. Il en résulta une augmentation générale de toutes les denrées et une misère excessive.

A ces fléaux se joignit, la même année, une crue insuffisante du Nil. Cependant, malgré la sécheresse, la récolte fut meilleure que dans des années où les terres avaient été plus arrosées.

Ahmed-Pachâ ne tarda pas à être rappelé; en quittant l'Égypte il refusa de rendre ses comptes au trésor, s'en remettant au jugement du sultan; mais à peine fut-il arrivé à Constantinople, qu'il fut accusé de concussion dans l'affaire des cuivres, et le sultan lui fit couper la tête.

Le vizir *Housseyn-Pachâ* fut nommé pour lui succéder : ce nouveau gouverneur se fit promptement détester par l'excès de ses rapines et de ses cruautés; non-seulement il s'emparait sans dédommagement de tout ce qui était à sa convenance, mais encore il avait amené avec lui un grand nombre de Druzes, qui commirent toutes sortes de brigandages dans la ville; les marchands, effrayés, fermèrent leurs boutiques, et tout commerce fut interrompu dans la ville.

Sous le gouvernement de *Housseyn Pachâ*, aucun héritier ne recueillit de succession; le gouverneur s'emparait des biens de tous ceux qui mouraient, quels que fussent le nombre et les droits de leurs parents. Il suffisait, pour se venger d'un ennemi, de le dénoncer au pachâ comme coupable d'avoir recueilli une succession, ou enfoui un trésor : sur cette seule délation, le dénoncé était mis en prison, et n'en sortait qu'en payant des sommes considérables.

Il ne se passait pas de jour que *Housseyn-Pachâ* ne parcourût à cheval la ville et ne fît massacrer une ou deux personnes : s'il voyait un grand concours de peuple, il y accourait le cimeterre à la main, et se faisait jour, en massacrant tout ce qui se trouvait sur son passage, hommes et animaux. Pendant la durée de son gouvernement, qui fut d'un an et onze mois, il fit mourir plus de douze cents personnes, sans jugement et par caprice de cruauté, sans compter ceux qu'il tua de sa propre main.

Au reste, il sut bientôt se faire craindre des troupes, et, voulant être tyran lui seul, réprima sévèrement leurs exactions envers les habitants : depuis cette époque, tant qu'il fut en place, on n'entendit plus parler d'aucun brigandage, ni d'aucun vol.

Le vizir *Mohammed-ben-Ahmed* fut son successeur. Ce nouveau gouverneur était fils de *Ahmed-Pachâ*, et petit-fils d'une fille du sultan Selym II. Au mois de Chaouâl de l'an 1047 (1) de l'hégire (février 1638), *Mohammed-Pachâ* reçut ordre d'envoyer quinze cents hommes au sultan pour l'expédition contre Baghdad : cette armée sous le commandement de l'*émyr-él-hag*, nommé *Qansou-Pachâ*, se mit en marche au mois de Moharrem de l'an 1048 (2) de l'hégire (juin 1638), et ne causa aucun dommage sur sa route : elle ne rentra en Égypte qu'après la prise de Baghdad, à la fin du mois de Safar de l'an 1049 (3) de l'hégire (juin 1639).

Ce pachâ, suivant l'exemple de son prédécesseur, recueillit un grand nombre de riches successions, à la mort des émirs et des ulémâs les plus distin-

« Dans ce pays sont de grands arbres. Les « habitants établissent leurs cabanes sur les « plus élevés, à cause de la multitude des « termites dont abonde ce territoire; ils pla- « cent dans ces cabanes tous leurs effets et « leurs aliments pour qu'ils ne soient point gâtés « par ces insectes. »

(1) Cette année a commencé le mardi 27 juin de l'an 1634 de notre ère.

(1) Cette année a commencé le mardi 26 mai de l'an 1637 de notre ère.

(2) Cette année a commencé le samedi 15 mai de l'an 1638 de notre ère.

(3) Cette année a commencé le mercredi 4 mai de l'an 1639 de l'ère chrétienne.

gués; car il s'emparait de tous ces héritages, et leurs héritiers légitimes, les plus favorisés par lui, pouvaient à peine en obtenir la moitié. Il ne se contentait pas de s'emparer du revenu des fondations pieuses, il taxait encore arbitrairement les fermiers chargés de recueillir les fonds de ces établissements, et les jetait dans les fers jusqu'à ce qu'ils eussent payé. Il supprima à son profit les pensions que payait le trésor public aux veuves et aux femmes indigentes; cette réforme réduisit un grand nombre de familles à la plus profonde misère.

La mort du sultan *Mourâd* IV (1), arrivée le jeudi 16 du mois de Chaouâl de l'an 1049 de l'hégire (9 février 1640), fit espérer à l'Égypte sa délivrance d'une oppression aussi tyrannique; en effet, son frère le sultan *Ibrahym-ben-Ahmed*, qui lui succéda sur le trône de Constantinople, parut disposé à remplacer *Mohammed-Pachâ :* il ne lui envoya pas les présents que les gouverneurs d'Égypte recevaient ordinairement à l'avénement d'un nouveau prince, et annonça hautement que le pachâ d'Égypte allait passer au gouvernement de Médine et de la Mekke.

Mohammed-Pachâ craignit d'avoir encouru la disgrâce du nouveau sultan, et suspendit pour un temps ses vexations. Mais, peu après, le sultan parut avoir changé d'avis, les présents accoutumés arrivèrent au Kaire, et dès lors le pachâ, certain de sa confirmation, s'abandonna, comme auparavant, à ses inclinations tyranniques, et imposa de nouvelles taxes, les étendant sur les moindres corporations et les plus pauvres ouvriers de tous les métiers (2).

Enfin *Mohammed-Pachâ* fut destitué et remplacé par *Moustafâ*, surnommé *él-Bostângy* (1). Mais l'espoir qu'avait fait naître ce changement ne fut pas réalisé : non que le pachâ fût lui-même d'humeur tyrannique; mais son *kyahyâ* (lieutenant) et son *kateb* (secrétaire), nommé *Ahmed-Effendy*, s'étaient emparés de toute sa confiance : eux seuls avaient accès auprès de lui, et ils le tenaient, pour ainsi dire, bloqué dans le château du Kaire, tandis qu'ils se livraient impunément, à son insu, aux injustices et aux vexations les plus odieuses. La misère publique fut encore augmentée par l'insuffisance de la crue du Nil, et les grains devinrent excessivement chers.

La négligence du pachâ à s'occuper par lui-même des affaires de son gouvernement amena bientôt plus d'un désordre; les voleurs se multiplièrent tant, qu'il ne se passait point de nuit que quelques quartiers du Kaire ne fûssent pillés. Les habitants des quartiers les plus exposés furent obligés d'abandonner leur demeure. Lorsqu'on arrêtait quelques-uns des brigands, on les remettait entre les mains du *oualy* (chef de la police), qui les relâchait bientôt moyennant quelque présent. Les *kachefs*, qui gouvernaient les provinces, imitèrent l'exemple du chef de la police du Kaire. La conduite de ces administrateurs et l'excès des brigandages excitèrent des plaintes générales; *Moustafa-Pachâ* ne put s'empêcher de destituer le *oualy*, et de le remplacer par l'émir *Kânaân-Bey*. Le nouvel *oualy* poursuivit vivement les brigands, et en fit jeter un grand nombre dans les prisons.

D'un autre côté, les milices manifestaient une insubordination dangereuse;

(1) Monnaie du sultan *Mourâd IV ben-Ahmed*, frappée en or au Kaire, avec la date de l'an 1032 de l'hégire, 1622 de l'ère chrétienne.

(2) Ce pachâ assujettit à de fortes redevances les pauvres joueurs d'instruments qui parcourent les rues du Kaire, les chanteurs, les danseuses publiques, les baladins : il imposa des taxes exorbitantes sur chaque métier employé au travail de la soie, soit dans le Kaire, soit dans les environs, et *Ebn-Aby-l-Sorour*, écrivain contemporain, nous atteste que le recensement constata l'existence de dix-sept mille métiers au Kaire, à *Embabéh* et à *Gyzéh*.

(1) Les *bostângys*, dont le nom en turk signifie *jardiniers*, forment un des corps militaires plus spécialement chargés de la garde du sérail impérial : leur chef, le *bostangy-bachy*, est l'un des officiers les plus considérables de la cour ottomane.

au mois de Chaouâl de l'an 1051 (1) de l'hégire (janvier 1642), les *tchaouchs* se soulevèrent contre leur *kyahyâ*, l'émir *Aly*, qu'ils accusaient de ne distribuer les charges militaires que parmi ses créatures, au lieu de soumettre les promotions à la décision du divan. Le pachâ fut forcé par leurs menaces de remplacer l'émir *Aly* par l'émir *Abedyn-Bey*.

Bientôt, encouragée par le succès de la rébellion d'un des corps militaires, l'armée entière se souleva : elle se plaignait que les greniers publics étaient vides, et réclamait les rations dont l'arriéré lui était dû depuis plus d'une année.

Le *qâdy-el-asker*, *Mohammed-Effendy*, par lequel les milices firent faire la visite des magasins, reconnut en effet que les grains avaient été enlevés et vendus au profit du *kâteb* du pachâ. L'indignation publique força le pachâ à destituer son favori; mais celui-ci réussit à acheter l'appui des *tchaouchs* et à se faire rétablir dans sa place.

Dès lors il s'y conduisit encore plus mal qu'auparavant, et le pachâ, tombé dans une dépendance totale, ne faisait rien que par l'impulsion du *kâteb* et du *kyahyâ*, dont les vexations et les rapines devinrent sans bornes.

Enfin *Moustafâ-Pachâ* fut remplacé par le vizir *Maksoud-Pachâ*, ancien gouverneur du *Dyar-bekir*; le nouveau pachâ exigea un compte sévère de son prédécesseur, fit arrêter le *kyahyâ* et le *kâteb*, et, après une forte bastonnade, il les força à rembourser au trésor deux cents bourses, dont l'avaient frustré leurs concussions. Quant à *Moustafâ-Pachâ*, il fut envoyé à Constantinople, où le sultan se contenta de lui faire verser deux cents bourses au trésor impérial, puis lui accorda une place parmi les sept vizirs du divan de *Roumélie*, en considération de ce qu'il était devenu son beau-frère.

Sous le gouvernement de *Maksoud-Pachâ*, l'Égypte fut affligée d'une peste plus cruelle que celles du temps des pachâs *Aly* et *Djafar*. Ce fléau fut général, et les vieillards n'en furent pas plus exempts que les jeunes gens. On vit périr des vieillards plus qu'octogénaires, ce qui n'avait jamais eu lieu jusqu'alors.

(1) Cette année a commencé le vendredi 12 avril de l'an 1641 de notre ère.

La maladie avait commencé à se manifester à *Boulaq*, dès les premiers jours du mois de Chaabân de l'an 1052 (1) de l'hégire (novembre 1642). Ce ne fut que deux mois après qu'elle parut dans le Kaire; elle y dura dans toute sa force depuis les premiers jours du mois de Dou-l-Qadéh de cette même année (février 1643), jusqu'à la fin du mois de Safar de l'an 1053 (2) (mai 1643); elle commença alors à diminuer, et ne cessa entièrement qu'à la fin du mois suivant : jamais l'épouvante n'avait été si grande, chacun n'attendait à chaque instant que la mort, et l'on voyait transporter à la fois trente cadavres dans les rues. Le nombre de ceux qui furent apportés aux cinq principales mosquées du Kaire, pendant trois mois environ, monta, suivant *Ebn-Aby-l-Sorour*, historien contemporain, et qui se donne pour témoin oculaire, à neuf cent soixante et deux mille : on finit par enterrer les morts sans aucune cérémonie funéraire, et le nombre de ceux-ci fut au moins égal au premier. Deux cent trente villages des provinces de l'Égypte furent entièrement dépeuplés par la mort de tous leurs habitants.

Maksoud-Pachâ s'efforça de réparer les maux qu'avaient causés à l'Égypte l'incurie et la faiblesse de son prédécesseur.

Il supprima toutes les concussions et les exactions injustes; les successions furent rendues aux héritiers légitimes, moyennant un droit payé au fisc. Les recherches les plus sévères furent exercées contre les voleurs; ils furent punis du dernier supplice, et la sûreté fut rétablie ainsi dans tout le pays.

Pendant que le pachâ s'occupait de ramener l'ordre dans le Kaire, un désordre imprévu éclata à Alexandrie, le vendredi 20 du mois de Dou-l-Qadéh de cette même année 1053 de l'hégire (29 janvier 1644) : six cents esclaves chrétiens y étaient renfermés sur plu-

(1) Cette année a commencé le mardi 1er avril de l'an 1642 de l'ère chrétienne.

(2) Cette année a commencé le dimanche 22 mars de l'an 1643 de notre ère.

sieurs galères : détachés de leurs chaînes, pour aider au travail de l'armement d'un vaisseau, ils forcèrent les portes de l'arsenal, se saisirent des armes, puis, se répandant dans Alexandrie, pendant que le peuple était dans les mosquées à l'heure de la prière, ils enfoncèrent les boutiques ainsi que les magasins et les pillèrent : s'emparant ensuite d'un des vaisseaux qui étaient dans le port, ils réussirent à s'échapper.

Un danger plus réel menaça bientôt *Maksoud-Pachâ;* les sandjâqs ourdissaient secrètement une conspiration contre lui, et le vendredi 12 du mois de Ramaddân de l'an 1054 (1) de l'hégire (11 novembre 1644), ils se réunirent tous chez l'émir *Roddouân-Bey,* surnommé *Abou-chaouareb.* Leur mécontentement venait de ce que le pachâ, pour faire les fonds de la solde des troupes, au mois de Ramaddân, exigeait d'eux le versement du premier tiers de ce qu'ils devaient au trésor, à raison des fiefs militaires qu'ils possédaient. Les conspirateurs déclarèrent refuser ce payement, et de plus exigèrent la destitution et l'exil des officiers qu'ils regardaient comme les principaux conseillers du gouverneur.

Maksoud-Pachâ céda à leur demande; mais l'assemblée ne se sépara pas avant d'avoir rédigé une requête, qui fut expédiée à Constantinople, et qui renfermait plusieurs chefs d'accusation contre le pachâ.

La réponse impériale fut adressée au pachâ lui-même : le sultan mandait, « qu'instruit de la révolte des milices, « il en ignorait la cause, et était sur« pris que *Maksoud-Pachâ* n'en eût « point informé la Porte-Ottomane. » Le pachâ eut beau répondre qu'il n'y avait pas eu réellement de révolte déclarée, qu'il y avait eu du mécontentement et des plaintes, auxquelles il avait cru devoir faire droit. De nouveaux ordres arrivèrent, enjoignant de faire la recherche des auteurs de la rébellion et de les juger, ou de s'en défaire de quelque manière que ce fût.

Malgré ses intentions pacifiques, *Maksoud-Pachâ* se vit contraint d'obéir : il voulut se défaire dans le divan même des émirs *Aly-Bey* et *Mamay-Bey,* ainsi que du defterdâr *Chaabân-Effendy,* qu'il connaissait pour les trois principaux excitateurs des troubles. Des gens étaient déjà apostés pour les tuer, le lundi 23 du mois de Dou-l-Hagéh de l'an 1054 de l'hégire (20 février 1645); mais le hasard voulut qu'au jour fixé pour cette exécution sanglante, le defterdâr vînt seul au divan : le pachâ, jugeant inutile le meurtre d'un seul des trois chefs des mécontents, remit à un autre jour son projet. Le lendemain il n'était plus temps : l'armée tout entière s'assembla, proclamant la déposition de *Maksoud-Pachâ,* et la nomination du *defterdâr Chaabân-Bey* comme *qaym-maqâm*, pour exercer provisoirement ses pouvoirs. Les aghâs portèrent cette décision au pachâ déposé : dégoûté de ses hautes fonctions si enviées et si périlleuses, se jugeant heureux d'échapper par cette déposition à une catastrophe qui pouvait être plus funeste, *Maksoud* reçut avec plaisir cet arrêt, accueillit son successeur, le revêtit d'un kaftan d'honneur, puis, lui abandonnant toute l'autorité, il quitta la citadelle, et se retira dans une maison qu'il avait à la ville.

Les sandjâqs adressèrent au sultan une nouvelle requête, dans laquelle, en lui rendant compte de la révolution qu'ils venaient d'opérer, ils protestaient de leur soumission à recevoir le gouverneur qu'il lui plairait d'envoyer pour remplacer *Maksoud-Pachâ. Souleymân-Aghâ,* porteur de cette requête, revint au bout de quarante-quatre jours avec la réponse du sultan, qui leur accordait toutes leurs demandes, et leur donnait avis de la nomination d'*Ayoub-Pachâ* au gouvernement de l'Égypte.

Quand le nouveau vice-roi fut arrivé au Kaire, il y eut entre lui et *Maksoud* des difficultés pour la reddition des comptes; mandé à ce sujet, et persuadé que cet ordre était celui de son arrestation, *Maksoud* alla de lui-même se rendre au lieu qui servait ordinairement de prison aux pachâs déposés : mais telle n'était pas l'intention d'*Ayoub-Pachâ;* il laissa partir son prédécesseur pour Constantinople, où le sultan, irrité, lui fit les plus vifs reproches d'avoir cédé ses pouvoirs à un *qaym-maqâm*

(1) Cette année a commencé le jeudi 10 mars de l'an 1644 de l'ère chrétienne.

rebelle, et d'avoir abandonné la citadelle du Kaire, sans y avoir été contraint à force ouverte; ces reproches se terminèrent par un arrêt de mort, que subit le malheureux pachâ.

Avant d'être nommé au pachâlyk d'Égypte, *Ayoub-Pachâ* exerçait un emploi dans le sérail impérial. Le sultan *Ibrahym* venait d'apprendre la déposition de *Maksoud-Pachâ* par les sandjâqs, lorsque le hasard fit rencontrer *Ayoub* devant lui. Nommé gouverneur d'Égypte par le sultan, il refusa d'abord ce poste périlleux, et fut ensuite contraint d'accepter. Pendant deux ans environ qu'il administra l'Égypte, sa bonne conduite, et celle des officiers auxquels il donna sa confiance, maintinrent partout la tranquillité et le bon ordre. Lorsqu'il quitta son pachâlyk, il se démit de la dignité de vizir, abandonna au sultan tout ce qu'il possédait, et embrassa la profession de derviche, dans un couvent de la Roumélie.

Le vizir *Mohammed-Pachâ-ben-Haydar* lui succéda : il occupa cette place près de deux ans et demi, et tout le temps de son gouvernement ne fut qu'une suite de troubles et de révolutions.

Le 10 du mois de Régeb de l'an 1057 (1) de l'hégire (11 août 1647), quelques janissaires commirent à *Mesr-êl-Atyqah* (le vieux Kaire) quelques désordres, qui furent réprimés par le *oualy* : résolus de se venger, les janissaires s'ameutèrent, et allèrent demander au pachâ la tête du *oualy*, qui n'avait d'autre crime que d'avoir rempli son devoir avec fermeté; le pachâ, cédant à l'orage, allait accorder le sacrifice que les factieux lui imposaient; mais le *oualy* était du corps des *tchaouchs*; ceux-ci, à leur tour, firent éclater leurs plaintes contre cet acte d'une faiblesse inique et barbare. Embarrassé, et craignant que leurs réclamations ne parvinssent au sultan, le pachâ consulta l'émir *Qansou-Bey*; celui-ci, voulant tirer parti pour ses intérêts particuliers de la position critique du gouverneur, lui donna le conseil de faire parvenir au divan de Constantinople un rapport, dans lequel il déverserait tout l'odieux de l'affaire sur les émirs *Roddouân-Bey* et *Aly-Bey*, les accusant en outre de retenir les fonds du trésor, et demandant qu'on dépouillât le premier de sa charge d'*émyr-êl-hag*, et le second de son gouvernement de *Girgeh*, pour en revêtir *Mamây-Bey* et *Qansou-Bey* lui-même.

Malgré le secret mis dans cette intrigue, le rapport devait être nécessairement revêtu d'un grand nombre de signatures; un des amis de *Roddouân* en eût connaissance, et s'empressa de l'en aviser. Aussitôt *Roddouân-Bey* répliqua au rapport accusateur par un mémoire justificatif, dans lequel il dévoilait au Divan les manœuvres de *Mamây-Bey* et de *Qansou-Bey*, véritables détenteurs des deniers publics. Un heureux hasard voulut que la justification arrivât avant l'accusation au sultan, qui, en réponse, écrivit aux deux émirs *Roddouân-Bey* et *Aly-Bey*, qu'ils avaient toute sa confiance, et qu'il leur donnait la commission spéciale de poursuivre ceux qui usurpaient les fonds du trésor.

Munis de cet ordre, les deux émirs se rendirent au Kaire, le 21 du mois de Gemady-êl-Aouêl de l'an 1057 (24 juin 1647); les volontés impériales furent signifiées au pachâ, qui fut obligé de s'y conformer : *Mamây-Bey* et *Qansou-Bey* furent appelés au château le mardi 27 du même mois (1er juillet), y furent arrêtés et étranglés le lendemain. D'autres émirs, complices de leurs intrigues, subirent le même supplice.

A peine cette violente exécution avait-elle rétabli la tranquillité, qu'elle fut de nouveau troublée par les intrigues de l'émir *Moustafâ*, surnommé *êl-Chechnyr*, kyahyâ des *tchaouchs* : mécontent de ne pas obtenir le titre de sandjâq, en remplacement de *Qansou-Bey*, il s'en prit aux émirs *Roddouân-Bey* et *Aly-Bey*, et parvint à indisposer contre eux le pachâ; le lundi 8 du mois de Ramaddân de cette même année (7 octobre 1647), *Aly-Bey* reçut l'ordre de quitter le Kaire, et de se rendre sans délai dans son gouvernement de Girgéh. Trois jours après, *Roddouân-Bey* fut invité par le pachâ pour un festin à la citadelle. Craignant un guet-apens, *Roddouân* refusa de se rendre à l'invi-

(1) Cette année a commencé le mercredi 9 février de l'an 1647 de l'ère chrétienne.

tation, et le pachâ l'en punit, en le dépouillant de sa charge d'*émyr-êl-hag* : alors *Roddouân-Bey* prit la résolution d'aller rejoindre *Aly-Bey*, et sortit du Kaire, avec environ deux cents de ses partisans, plusieurs émirs et plusieurs kâchefs. Aussitôt le pachâ ordonna à deux mille hommes de la garnison et à cinq cents janissaires de marcher à la poursuite des deux émirs : les troupes s'assemblèrent sur la place de *Roumélyéh;* mais elles déclarèrent, en arrivant sur cette place, qu'elles n'exécuteraient pas les ordres du pachâ, et en ce moment même arrivèrent des dépêches de Constantinople annonçant que le sultan confirmait dans leurs fonctions *Roddouân-Bey* et *Aly-Bey*.

Le pachâ se vit ainsi forcé de rappeler ces deux émirs avec honneur au Kaire, et ménagea leur réconciliation avec le *kyahyâ Moustafâ*, le vendredi 19 du mois de Ramaddân (28 octobre 1647).

Le pachâ ne jouit pas longtemps de ce retour de tranquillité; le 6 du mois de Dou-l-Hageh de cette même année (2 janvier 1648), on apprit au Kaire que le vizir *Moustafâ-Pachâ* était nommé au gouvernement de l'Égypte, et venait y remplacer le pachâ *Mohammed-ben Hay-dar*.

Mais, le 26 du même mois (22 janvier), de nouvelles dépêches annoncèrent que le sultan avait révoqué cette nomination, et donnait le pachâlyk d'Égypte au vizir *Mohammed-Pachâ*.

Ce gouverneur négligea absolument les affaires pour se livrer tout entier aux plaisirs; cependant aucune révolution ne troubla son administration. Ses fonctions cessèrent à l'avénement du sultan *Mohammed IV*, qui succéda à son père *Ibrahym* (1) le 17 du mois de Régeb de l'an 1058 (1) de l'hégire (8 août 1648).

(1) Monnaie du sultan *Ibrahym-ben-Ahmed*, frappée en argent, au Kaire, avec la date de l'année 1049 de l'hégire, 1639 de notre ère.

La nouvelle de cette mutation du trône ottoman était arrivée au Kaire au commencement du mois de Ramaddân de cette même année : on y apprit en même temps que le sultan *Mohammed IV* avait nommé pour gouverner l'Égypte le vizir *Ahmed-Pachâ*, qui avait été précédemment à Constantinople *kyahyâ* des *qapydjys* (gardes de la porte). Les deux ans de son gouvernement furent agités de violents troubles et marqués par des calamités.

La première fut, l'an 1060 de l'hégire (2), une crue insuffisante du Nil, qui atteignit à peine seize coudées : dans la haute Égypte, il n'y eut qu'un tiers des terrains d'inondé, et dans l'Égypte inférieure presque toutes les parties cultivables ne purent être arrosées. Les denrées enchérirent, et les revenus publics diminuèrent. Loin d'être touché de la misère générale, *Ahmed-Pachâ* augmenta les taxes d'une manière exorbitante, et cependant n'envoya à Constantinople que les deux tiers de la contribution annuelle.

Prévoyant bien que cet envoi serait mal reçu, et voulant nuire à l'émir *Roddouân-Bey*, que lui rendaient suspect la considération méritée dont il jouissait et l'influence qu'il exerçait sur les populations, ce fut lui qu'il chargea d'accompagner à Constantinople le convoi financier, et d'en faire le versement au trésor impérial. Il espérait par là faire tomber sur lui les premières boutades du mécontentement du sultan, et en même temps il faisait partir des dépêches dans lesquelles, accusant *Roddouân-Bey* auprès du Divan, il demandait qu'il fût dépouillé de la charge d'*émyr-êl-hag*, dont il était alors revêtu. Le candidat qu'il présentait pour le remplacer ignorait la trame ourdie et la présentation dont il était l'objet : c'était ce même *Aly-Bey*, compagnon fidèle de *Rodouân-Bey* dans sa bonne comme dans sa mauvaise fortune; et le pachâ espérait ainsi désunir ces deux amis dont il redoutait, la puissance.

Mais, avant que *Roddouân-Bey* ne

(1) Cette année a commencé le lundi 27 janvier de l'an 1648 de notre ère.
(2) Cette année a commencé le mardi 4 janvier de l'an 1650 de notre ère.

fût de retour de Constantinople, on apprit au Kaire, le samedi 6 du mois de Safar de l'an 1061 de l'hégire (1) (29 janvier 1651), la destitution de *Ahmed-Pachâ* lui-même.

Cependant, loin que l'amitié des deux émirs eût été troublée par la manœuvre de *Ahmed-Pachâ*, elle n'en fut que plus resserrée encore et mieux manifestée. Il y eut entre les deux amis un débat de générosité à qui céderait à l'autre la place *d'émyr-êl-hag;* et le peuple, enthousiasmé de leurs vertus, les accueillit avec les acclamations les plus éclatantes sur la place de *Roumelyéh.*

Ces acclamations durent aller apprendre au pachâ déposé combien avaient été vaines ses machinations frauduleuses : il dut les entendre avec dépit de sa prison; car les comptes qu'avait exigés de lui son successeur avaient été sévères; et il avait été emprisonné par son ordre à la citadelle, dont il ne sortit qu'après avoir payé au trésor public des sommes considérables.

Ce successeur était le vizir *Abd-êr-rahmân-Pachâ*, qui occupa le gouvernement de l'Égypte jusqu'au commencement du mois de Chaouâl de l'an 1062 de l'hégire (2).

Quand il fut destitué lui-même, il eut à soutenir, à son tour, de grandes contestations avec son successeur, et il fut retenu jusqu'au solde de compte dans la même prison où il avait renfermé son prédécesseur.

Le pachâ que le sultan avait choisi pour le remplacer au gouvernement de l'Égypte était le vizir *Mohammed-Pachâ*. Nommé le 5 du mois de Chaouâl de l'an 1062 de l'hégire (19 septembre 1652), ce gouverneur ne fit son entrée au Kaire que le mardi 8 du mois de Moharrem de l'an 1063 (3) de l'hégire (10 décembre 1652).

Depuis cette époque, jusqu'à la fin du dix-septième siècle de l'ère chrétienne (1112 de l'hégire), l'histoire de l'Égypte ne présente qu'un tableau monotone et sans intérêt de pachâs se succédant obscurément, et sans événements importants, au gouvernement de cette province.

Acheter par des largesses aux membres du divan de Constantinople la nomination à ce pachâlyk, s'y maintenir un an ou deux par les plus lâches concessions envers les beys, dont le chef, sous le nom de *Cheykh-êl-Beled*, était le véritable souverain du pays, chercher à s'y enrichir par toutes sortes d'exactions et de concussions, ne sortir du pouvoir que pour être emprisonnés, dépouillés, exilés, ou même étranglés par l'ordre du sultan, ne laisser en Égypte aucun souvenir de bonne administration ou d'établissement utile, voilà l'histoire, continuellement répétée, des vingt-deux pachâs nommés à ce gouvernement pendant ces cinquante années, et dont les noms, obscurs à juste titre, ne méritent aucunement d'être conservés par l'histoire.

Toutefois durant ce demi-siècle le trône ottoman avait subi trois mutations, et par conséquent l'Égypte avait changé trois fois de maître suzerain.

Le 3 du mois de Moharrem de l'an 1099 (1) de l'hégire (novembre 1687), *Mohammed IV*, fils du sultan *Ibrahym*, avait été déposé, après un règne de quarante ans, et enfermé dans une prison, où il mourut six ans après, l'an 1105 (2) de l'hégire (janvier 1694).

Il avait été remplacé sur le trône de Constantinople par son frère *Souleymân, II*e du nom suivant nos historiens, IIIe suivant les Orientaux, qui ne régna qu'environ trois ans, et mourut le 20 du mois de Ramaddân de l'an 1102 (3) de l'hégire (11 juin 1691).

Un troisième fils d'*Ibrahym, Ahmed-Khân*, que nos écrivains nomment *Achmet II*, avait à son tour hérité de l'empire, et, après un règne de trois ans et demi, était mort l'an 1106 (4) de l'hégire (27 janvier 1695).

La mort d'*Ahmed II* fit passer le pouvoir impérial entre les mains de son neveu *Moustafâ-Khân* (Moustafâ II),

(1) Cette année a commencé le dimanche 25 décembre de l'an 1650 de notre ère.

(2) Cette année a commencé le jeudi 14 décembre de l'an 1651 de l'ère chrétienne.

(3) Cette année a commencé le lundi 2 décembre de l'an 1652 de notre ère

(1) Cette année a commencé le vendredi 7 novembre de l'an 1687 de notre ère.

(2) Cette année a commencé le mercredi 2 septembre de l'an 1693 de notre ère.

(3) Cette année a commencé le jeudi 5 octobre de l'an 1690 de notre ère.

(4) Cette année a commencé le dimanche 22 août de l'an 1694 de l'ère chrétienne.

Lemaître direxit

Tombeaux près du Kaire.

fils aîné du sultan *Mohammed IV*; mais, après un règne de neuf ans environ, il subit le même sort qui avait renversé du trône son père. Déposé au mois de Gemady-êl-Aouel de l'an 1115 (1) de l'hégire (septembre 1703), il mourut en prison au mois de Moharrem de l'an 1119 (2) de l'hégire (avril 1707).

Son successeur fut *Ahmed-Khân*, son frère, que nos historiens nomment *Achmet III*, et qui occupa le trône ottoman pendant vingt années.

Sous le règne de ce sultan, de nouvelles révolutions vinrent agiter le pachalyk d'Égypte. Mais, désormais les pachâs n'y jouent presque toujours qu'un rôle passif et secondaire : les débats de pouvoir et les catastrophes n'ont plus lieu qu'entre les *cheykhs-êl-beled*. Et du haut de la citadelle du Kaire, où les tient emprisonnés la défiance ombrageuse des beys, les pachâs, loin de contre-balancer leur puissance, semblent n'être venus au Kaire que pour assister en spectateurs indifférents et désintéressés aux luttes acharnées dont presque chaque jour la capitale de l'Égypte est devenue le théâtre.

CHAPITRE XVII.

Suite du règne du sultan Ahmet III. — Hassan-Pachâ. — Cheykhs-êl-beled, Qâssem-Ayouâz, Ismayl-Bey, Tcherkess-Bey, Zou-l-Fiqâr-Bey. — Règne du sultan Mahmoud (Mahomet V). — Cheykhs-êl-beled Othmân-Bey, Ibrahym-Kyahyâ, Roddouân-Bey. — Règne du sultan Othmân III. — Cheykhs-êl-Beled Housséyn-Bey, Khalyl-Bey. — Règne de Moustafâ III. — Cheykhs-êl-beled Aly-Bey *le Grand*, Mohammed-Bey-Abou-dahab. — Règne du sultan Abd-êl-Hamyd.

D'après le tableau tracé dans le précédent chapitre, nous ne devons pas nous étonner que cette dernière période de l'histoire de l'Égypte, sous les sultans ottomans, ne mette plus guère en scène les pachâs qu'ils envoyaient de Constantinople pour gouverner l'Égypte et contenir l'ambition des beys : dorénavant, les pachâs n'y jouent plus que les rôles de traîtres; les premiers acteurs de ce drame politique et sanglant vont être les *cheykhs-êl-beled*, se disputant entre eux le pouvoir qu'ils avaient irrévocablement arraché aux mandataires de la sublime porte.

L'an 1119 de l'hégire (1707), l'Égypte était sous l'autorité de *Hassan-Pachâ*, et le bey *Qâssem-Ayouâz* était gouverneur particulier du Kaire, en qualité de *cheykh-êl-beled* : la discorde éclata entre sa maison, nommée *êl-Qâssemyéh*, et la maison *Zou-l-Fyqâryéh*, dont le chef, *Zou-l-Fyqâr-Bey*, vint lui disputer sa dignité les armes à la main. Ces deux maisons vivaient en bon accord avant l'arrivée du pachâ, dont les sourdes menées réussirent à fomenter cette mésintelligence et à créer entre elles une inimitié irréconciliable. Les deux partis, de plus en plus excités par *Hassan-Pachâ*, se firent une guerre à mort pendant quatre-vingts jours continuels.

Cette guerre présenta une particularité remarquable : ces deux maisons avaient leur séjour dans le sein de la capitale; ne voulant pas rendre les habitants victimes de leurs haines personnelles, et craignant également de dévaster une ville dont la possession devait être le prix de la victoire, elles se donnèrent rendez-vous de combat dans la plaine nommée *Qoubbet-êl-Arab* (la coupole des Arabes), au dehors du Kaire : là, chaque jour, elles allaient se livrer bataille. Les premiers rayons du soleil éclairaient les premiers coups, et l'action ne cessait qu'à son coucher. Alors chacun des deux partis rentrait au Kaire par des rues différentes, et passait la nuit pacifiquement, dans son domicile respectif, pour recommencer la guerre le lendemain.

Cette espèce de défi chevaleresque n'altéra en rien la tranquillité publique; les marchés restaient ouverts, aucune boutique n'était fermée, et chacun vaquait à ses affaires, comme si l'harmonie la plus parfaite eût régné entre les chefs de la ville.

La lutte se termina par la mort du bey *Qâssem-Ayouâz*. *Ayouâz* fut regretté de tous : le peuple le pleura comme un juge équitable et un prince bienfaisant, les beys ses collègues et ses rivaux, comme un guerrier aussi brave dans le combat que généreux après la victoire.

(1) Cette année a commencé le jeudi 17 mai de l'an 1703 de notre ère.

(2) Cette année a commencé le lundi 4 avril de l'an 1707 de notre ère.

Aussi réclama-t-on pour son fils *Ismayl-Bey*, jeune homme à la fleur de l'âge, la dignité de *cheykh-él-beled*, dont avait été revêtu son père. *Hassan-Pachâ* accéda à ce vœu, d'autant plus volontiers qu'il espérait manier à son gré l'esprit du jeune *Ismayl*; et *Zou-l-Fyqâr*, dont le pachâ avait excité la haine, en présentant ce but à son ambition, se vit une seconde fois déchu de ses espérances.

Ainsi en possession du pouvoir prépondérant au Kaire, *Ismayl* sut apprécier la conduite du pachâ : convaincu que les vrais intérêts des Mamlouks étaient d'éviter toute scission entre eux, il se conduisit avec une adroite politique envers la maison *Zou-l-Fyqâryéh*. Les efforts des deux maisons rivales se réunirent contre le pachâ, envers lequel *Ismayl* continuait pourtant tous les dehors de la déférence et de la soumission; mais il travaillait secrètement contre lui auprès de la Porte Ottomane, et parvint à obtenir son rappel. Plusieurs autres pachâs vinrent, l'un après l'autre, de Constantinople, pour succéder à *Hassân-Pachâ* : ils eurent le même sort, parce qu'ils déplaisaient à *Ismayl*.

Tout en se précautionnant contre la rivalité de ses collègues et les intrigues des pachâs, *Ismayl-Bey* s'occupait des devoirs de sa place, et rendait au peuple une justice exacte et désintéressée; entre autres exemples, on cite de lui les anecdotes suivantes :

Un négociant du Kaire, nommé *Othmân*, avait livré à un *qapygy* (garde de la porte), arrivé dans la capitale pour une mission importante, trois cents *fargues* (balles) de café, sur un billet payable à échéance. Pendant le délai, vint de Constantinople un firman qui déclarait traître le *qapygy*, et enjoignait au pachâ de le faire décapiter. Les ordres du divan furent exécutés, et le pachâ séquestra à son profit les biens du condamné, parmi lesquels se trouvaient les trois cents balles de café d'*Othmân*. Celui-ci, que cette catastrophe imprévue allait ruiner, adressa au *cheykh-él-beled* sa réclamation, appuyée de son titre de créance. *Ismayl-Bey* en reconnut la justice, et força le pachâ à lever le séquestre sur les marchandises saisies, qui furent restituées au légitime propriétaire : *Othmân* voulut témoigner sa reconnaissance au *cheykh-él-beled*, par l'hommage d'un riche écrin et de plusieurs quintaux de sucre raffiné; *Ismayl* refusa tout présent par cette réponse : « Ou tu es dans ton droit, ou non; « dans le premier cas, j'ai fait mon de« voir, Dieu alors est ma récompense, « et je ferais moi-même tort à ta for« tune en recevant ton présent : dans le « second cas, mon acceptation me ren« drait complice du vol que tu aurais « fait du bien d'autrui. Cependant, pour « ne pas t'affliger, je prends ton sucre; « mais j'ordonne que sa valeur te soit à « l'instant payée par mon intendant. »

La seconde anecdote est la suivante :

Selon la coutume des grands du Kaire, au mois de Ramaddân, *Ismayl-Bey* tenait table ouverte, sous le péristyle de son palais; tous les cheykhs, les lecteurs du Koran, les ulémâs et les gens de loi qui s'y présentaient étaient admis. Un jour le *cheykh-él-beled* vit dans la foule des convives un homme, dont la figure ignoble et la contenance embarrassée, et surtout la gloutonnerie insatiable, se firent généralement remarquer : au moment où, le repas terminé, l'assemblée se séparait, *Ismayl-Bey* envoya chercher cet homme par un de ses Mamlouks. — « Récite« moi, lui dit-il, tel chapitre du Ko« ran. » Le parasite n'en put articuler que les premières paroles, se troubla bientôt, et, tombant aux pieds du bey, lui avoua « qu'il était, non un cheykh, « mais un pauvre charpentier, qui, ayant « voulu profiter de cette occasion pour « faire le premier bon repas de sa vie, « avait emprunté les habits décents « sous lesquels il s'était introduit « parmi les savants, les cheykhs et les « imâms. »

Le bey rit de l'aventure : non-seulement il pardonna l'innocente supercherie, mais encore il accorda au charpentier gourmand le moyen de faire un bon repas tous les jours, en l'admettant au nombre des serviteurs de sa maison : on assure qu'il n'en eut jamais de plus dévoué et de plus fidèle.

Ismayl-Bey soutint pendant seize années son autorité, aux dépens de celle

Le Divan de Joseph (Yousouf SALÂH-ÊD-DYN,) à la Citadelle du Kaire.

des pachâs, réduits par lui à une entière nullité et à une impuissance totale ; et il sut se conserver dans le pouvoir suprême, au milieu des troubles que sa politique adroite savait susciter parmi ses collègues, pour les empêcher de se réunir contre lui. Un acte d'injustice, exercé par lui sur un mamlouk de la maison *Zou-l-Fyqâryéh*, causa sa perte.

Ce mamlouk, nommé lui-même *Zou-l-Fyqâr*, possédait un petit bien, suffisant à peine à sa subsistance ; il en fut évincé par un mamlouk d'*Ismayl-Bey* : le *cheykh-êl-beled* sanctionna cette spoliation d'un mamlouk de la maison ennemie de la sienne, et rejeta les réclamations qui lui furent adressées.

Victime de cette iniquité, *Zou-l-Fyqâr* porta ses plaintes au chef de sa maison, qui était alors *Tcherkess-Bey*, ennemi naturel d'*Ismayl-Bey* ; *Tcherkess-Bey* prit l'affaire à cœur, et courut s'entendre avec le pachâ contre celui qui leur était également odieux à tous deux. — « Tu n'as d'autre moyen, lui dit le pachâ, « que de faire tuer le maître du spo« liateur par ton mamlouk : promets« lui de ma part, pour récompense, le « harem et les biens de celui qu'il as« sassinera. »

Le prochain jour de l'assemblée du divan fut aussitôt désigné pour ce meurtre.

Endoctriné par son maître *Tcherkess-Bey*, et sûr d'être soutenu par les gardes du pachâ, le mamlouk *Zou-l-Fyqâr* se rendit en effet à l'audience : prenant respectueusement la main d'*Ismayl-Bey*, « Qu'il vous plaise, lui dit-il, sei« gneur, de me faire rendre ma pro« priété. » — « Nous verrons, » répondit le bey, formalisé d'une démarche aussi hardie : le mamlouk insista : repoussé de nouveau, il tira son poignard, en frappa le *cheykh-êl-beled* dans l'abdomen, et l'étendit mort dans la salle du divan.

Cet assassinat fut le signal du meurtre de tous ceux qui tenaient au parti du *cheykh-êl-beled*. Des gardes apostés par le pachâ se jetèrent dans la salle, et massacrèrent tous ceux qui ne purent se soustraire à la mort par une prompte fuite.

Ainsi s'éteignit, l'an 1136 de l'hégire (1), la puissance d'*Ismayl-Bey*, digne d'une meilleure fin. Son cadavre fut transporté dans son palais, puis déposé dans le tombeau de son père, près de la porte du Kaire appelée *Bâb-êl-Louq*.

Tcherkess-Bey hérita de la place de *cheykh-êl-beled*, et le meurtrier *Zou-l-Fyqâr* fut, suivant la promesse du pachâ, mis en possession du harem et des biens d'*Ismayl-Bey*. Mais les deux complices du meurtre ne tardèrent pas à se craindre l'un l'autre, et cherchèrent mutuellement à se perdre. *Tcherkess-Bey* espéra obtenir contre son nouvel antagoniste le même succès que contre *Ismayl-Bey* ; mais ses menées ne parvinrent pas au même résultat. Soupçonnant ses desseins hostiles, *Zou-l-Fyqâr* vint l'attaquer, dans son palais, à la tête d'une nombreuse troupe de mamlouks et de soldats ottomans, dont il avait acheté les services. Il y eut dans les rues du Kaire un combat dont le succès ne fut pas longtemps disputé : en un quart d'heure, les gens de *Tcherkess-Bey* furent mis dans une déroute totale, et lui-même, entouré du peu de partisans qui lui étaient restés fidèles, se vit forcé de gagner la haute Égypte, dès cette époque refuge habituel des beys disgraciés ou vaincus, abandonnant à son heureux rival la dignité de *cheykh-êl-beled*, dans laquelle le pachâ s'empressa de le confirmer.

Parvenu d'une manière si étrange, et contre toute attente, du rang de simple mamlouk, aux suprêmes fonctions de *cheykh-êl-beled*, *Zou-l-Fyqâr-Bey* eut le sort de ses prédécesseurs : il devint l'ennemi de tous ses collègues, et entre autres d'un d'entre eux, surnommé *Abou-Deyfféh*, parce qu'il avait coutume de s'envelopper d'un grand manteau de serge noire, appelé *deyfféh* en langue arabe.

Une prédiction avait annoncé à *Zou-l-Fyqâr-Bey* que cet *Abou-Deyfféh* devait être la cause de sa ruine ; et en conséquence plusieurs fois il avait tenté de le perdre lui-même. Ses tentatives avaient échoué ; et il cherchait encore de nouveaux moyens de réussite, quand il apprit que *Tcherkess-Bey* avait rassem-

(1) Cette année a commencé le vendredi 1er octobre de l'an 1723 de l'ère chrétienne.

blé des troupes dans le Sayd, et descendait à leur tête sur le Kaire; le plus valeureux des mamlouks de *Zou-l-Fyqâr-Bey*, nommé *Othmân-Kâchef*, fut expédié contre *Tcherkess-Bey* : battu en plusieurs rencontres, *Tcherkess-Bey* fut obligé de se retirer en Barbarie; et, enivré de sa victoire, *Zou-l-Fyqâr-Bey* sévit, au Kaire, contre les beys qu'il soupçonna de tenir secrètement au parti de l'ancien *cheykh-êl-beled*. Plusieurs devinrent ses victimes; les autres, de concert avec le *oualy*, chef de la police, et l'aghâ des janissaires, conspirèrent contre lui. Ils informèrent *Tcherkess-Bey* de tout ce qui se passait, et l'engagèrent à revenir attaquer l'ennemi commun, en se joignant à *Moustafâ-êl-Qerd*, qui déjà venait, dans l'Égypte supérieure, de se déclarer contre *Zou-l-Fyqâr-Bey*, à la tête d'un parti considérable.

Ces instances déterminèrent *Tcherkess-Bey* à reparaître en Égypte. A cette nouvelle, *Zou-l-Fyqâr-Bey* consulta les ulémâs et les cheykhs; mais cette assemblée décida qu'une attaque contre le survenant ne serait légale qu'après avoir épuisé tous les moyens d'accommodement.

Toute lenteur parut à *Zou-l-Fyqâr* compromettre ses intérêts, et, malgré la décision solennelle, il envoya de nouveau *Othmân*, qu'il venait d'élever à la dignité de *Bey*, pour repousser *Tcherkess-Bey*. Un combat eut lieu, dans lequel *Moustafâ-êl-Qerd* fut tué, et *Tcherkess-Bey* lui-même, atteint d'un coup de feu, en cherchant à passer le Nil à la nage, périt dans les eaux du fleuve. Sa tête et celle de *Moustafâ-êl-Qerd* furent envoyées par *Othmân-Bey* à son maître, qui ne devait pas recevoir ce sanglant trophée.

En effet, tandis que *Othmân-Bey* immolait les ennemis de *Zou-l-Fyqâr*, *Zou-l-Fyqâr* lui-même tombait, au Kaire, sous les coups d'assassins décidés à lui ôter la vie : redoutant de nouveau ses cruautés après une nouvelle victoire, les beys revêtirent l'un d'entre eux d'un *deyfféh*, et firent annoncer au *cheykh-êl-beled* que son ennemi mortel, *Abou-Deyfféh*, avait été saisi par l'aghâ des janissaires. Amené devant lui, le faux *Abou-Deyfféh* parut couvert de son manteau; mais ce manteau cachait deux pistolets d'arçon, qu'il déchargea à la fois à bout portant dans la poitrine du *Cheykh-êl-Beled*, et le tua roide au milieu de sa salle d'audience.

Ainsi périt *Zou-l-Fyqâr-Bey*, l'an 1142 de l'hégire (1), deux jours après la mort de son rival.

Othmân-Bey accourut de la haute Égypte, pour venger la mort de son maître, et entra dans le Kaire, faisant main basse sur tous ceux qu'il rencontrait.

A ce carnage, qui fut affreux, succéda une autre catastrophe sanglante. *Mohammed-Bey*, l'un de ceux qui s'étaient soustraits à la vengeance d'*Othmân*, voyant vacant le poste de *cheykh-êl-beled*, voulut s'y élever sur les cadavres de ses collègues. Associant à son projet *Sâlèh-Kâchef*, son confident, il complota de les faire massacrer tous par des assassins apostés au milieu d'une fête qu'il leur donnerait. Ce complot eut son exécution; mais *Mohammed-Bey* ne jouit pas des fruits de son attentat : les victimes du guet-apens avaient opposé une résistance désespérée aux meurtriers; et l'auteur du crime, *Mohammed-Bey* lui-même, périt dans la mêlée. *Sâlèh-Kâchef*, voyant ainsi ses espérances ruinées, se retira à Constantinople, après avoir exposé les têtes des beys immolés sur les marches de la mosquée appelée *Gâmè-êl-Hassaneyn*.

A ces désastres politiques se joignit le ravage d'un autre fléau destructeur. Cette époque est celle de la peste fameuse encore de nos jours sous le nom de *Peste de Kâou*. On la nomma ainsi parce qu'elle fut annoncée, suivant les traditions populaires, par un *Santon* ou *Faqyr* nègre, qui parcourait les rues du Kaire, en criant *Kâou, Kâou!* (brûlure, brûlure!) et qui, en proie à une aliénation mentale, courut se précipiter dans une fournaise embrasée, où il périt.

Cette peste sévit sur les populations d'une manière terrible, et ses ravages furent d'autant plus affreux, que l'anarchie et les désordres auxquels l'Égypte était en proie empêchaient qu'on n'arrêtât le progrès du fléau.

(1) Cette année a commencé le mercredi 27 juillet de l'an 1729 de notre ère.

Cette même année fut marquée par la déposition du sultan *Ahmed III* (1) : il eut pour successeur, au mois de Gémady-êl-Aouel de l'an 1143 (2) de l'hégire (octobre 1730), son neveu *Mahmoud-ben-Moustafâ-Khân*, vingt-quatrième empereur ottoman : ce prince, que nos écrivains nomment *Mahmoud Ier* et quelquefois *Mahomet V*, occupa vingt-cinq années le trône de Constantinople.

Sous son long règne, les pachâs que la Porte Ottomane envoya comme gouverneurs en Égypte y conservèrent leur nullité antérieure, et toute l'autorité dans ce pachâlyk continua d'appartenir sans partage au *cheyk-êl-beled*, devenu gouverneur de fait, et contre lequel les gouverneurs titulaires osèrent rarement se heurter.

Othmân-Bey succéda à son maître *Zou-l-Fyqâr* dans les fonctions de *cheykh-êl-beled*, et créa beys plusieurs de ses mamlouks, pour remplacer ceux qui avaient péri pendant les troubles. Tout le monde bénit son administration : il fut équitable, mais sévère, et fit décapiter un de ses nouveaux beys, qui avait exercé des concussions dans une des provinces où il était chargé de lever l'impôt.

Le trait de justice suivant, rapporté par des mémoires inédits contemporains, mérite d'être cité.

Un pauvre ânier du Kaire, voulant raccommoder la mangeoire de son âne, trouva, dans le massif de maçonnerie qui la supportait, un vase rempli de monnaies d'or. Joyeux, il le remit à sa femme, en lui recommandant la prudence et le secret, certain d'être dépouillé, si sa découverte était connue, tout trésor dans l'Orient appartenant au gouvernement. La femme, au contraire, exigeait de riches vêtements, des bijoux, et une ostentation de luxe qui devait trahir leur nouvelle fortune : le mari refusa; et sa femme, irritée, courut le dénoncer au *cheykh-êl-beled*, *Othmân-Bey*. Celui-ci fit comparaître l'ânier, entendit ses raisons, et le renvoya en lui disant : « Garde ce que Dieu t'a donné, répudie « ta femme, et vis en paix. »

A peine installé dans sa haute dignité, *Othmân-Bey* vit la famine succéder à la peste : il ouvrit ses trésors, et fit renaître l'abondance. Cependant, malgré la sagesse de son administration, il ne put se mettre à l'abri des tentatives ambitieuses d'*Ibrahym* et de *Ismayl-Roddouân*, tous deux *kyahyâs* (1), l'un des *Janissaires*, l'autre du corps des *Azabs*: l'un et l'autre avaient été mamlouks, l'un dans la maison d'*êl-Qazdaqlyéh*, l'autre dans celle d'*êl-Gelfyéh*, dont la première doit sa fondation à un ancien sellier enrichi, et la seconde à un pauvre porteur, *Ahmed-êl-Gelfy*, que la fortune avait favorisé d'une manière bien étrange.

Un mamlouk était venu un jour faire sa provision d'huile dans la manufacture où *Ahmed-êl-Gelfy* travaillait comme simple journalier, et le chargea de porter chez lui la jarre qui la contenait. Là le porteur attendait son salaire, quand ce mamlouk, dont il ne connaissait pas même le nom, le pria de l'aider à cacher, dans l'épaisseur d'une muraille, un trésor considérable, qu'il voulait dérober à la connaissance de ses camarades. *El-Gelfy* obéit, mura la cachette, reçut un sequin pour sa peine, un autre pour le serment d'un secret inviolable, et se

(1) Monnaies du sultan *Ahmed-ben-Mohamed* (Achmet III), frappées en or au Kaire, sous la date de l'an 1115 de l'hégire, 1703 de notre ère.

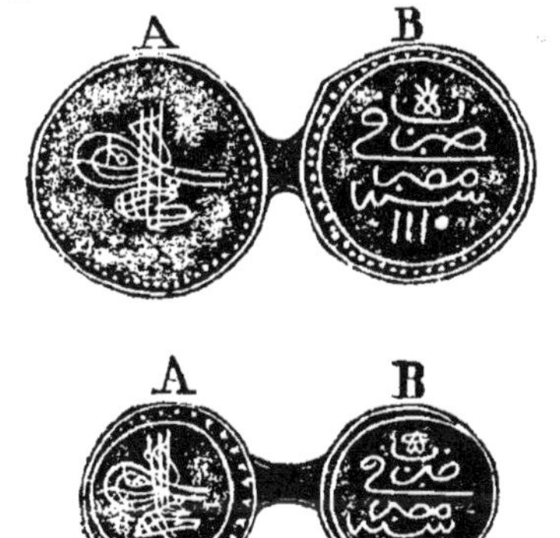

La première de ces monnaies porte le nom de *Fondouqly*; la seconde est un *demi-Fondouqly*.

(2) Cette année a commencé le lundi 17 juillet de l'an 1730 de notre ère.

(1) Ce titre s'écrit aussi *kykhyd* et *ketkhodâ* : chacun des *odjâqs*, ou corps militaires, a son *kyahyâ*, chargé de la police du corps, ainsi que de la justice à rendre aux membres de l'*odjâq*.

retira bien satisfait de sa journée.

Trente jours après, passant dans la même rue, il y vit un rassemblement, s'informa, et apprit à la fois la mort du mamlouk et la mise en vente de sa maison. Le pauvre porteur se présenta hardiment comme acquéreur, se fit adjuger la maison, la paya avec l'or du trésor caché, et se retira au village de *Gelf*, dans la haute Égypte, dont il était originaire. Là peu à peu il développa sa fortune, et finit par devenir le chef d'une maison puissante.

Ibrahym et *Ismayl-Roddouân* étaient aussi opposés de fortune que de caractère. Le premier était pauvre, entreprenant, dévoré d'ambition; le second, riche et apathique, ne songeait qu'à ses plaisirs. Cependant, *Ibrahym*, qui avait besoin de *Roddouân*, avait recherché son amitié. Ayant épousé la fille d'un riche marchand, nommé *Mohammed-êl-Baroudy*, il acheta, par le moyen des richesses de sa femme, la faveur des mamlouks, des soldats ottomans, et même du pachâ : il était parvenu à corrompre jusqu'aux premiers officiers de la maison du *cheykh-êl-beled;* il vint à bout enfin de se faire créer *bey*, avec son ami *Roddouân;* et ils réunirent ensemble leurs intérêts et leur fortune.

Othmân-Bey fut effrayé de la rapidité de leur avancement; et, pour les arrêter dans leur carrière d'ambition, se concerta avec trois maisons puissantes. L'une, celle d'*Ibryahm-Bey-êl-Qotamych*, comptait trois beys dans son sein; celle d'*Aly-Bey-êl-Damyâty* en avait deux; la troisième était celle d'*Aly-Kykhyâ-êl-Taouyl*. On convint d'assassiner *Ibrahym-Bey*, qui avait conservé ses fonctions de *kyahyâ* des janissaires (1), et *Roddouân-Bey* en plein divan. Tout était prêt pour l'exécution du complot; mais l'intendant du *cheykh-êl-beled*, *Ahmed-êl-Sokry*, l'un de ceux qu'avait achetés l'or d'*Ibrahym-Bey*, avait prévenu celui-ci. *Ibrahym*, à son tour, avisa *Roddouân;* et tous deux, se concertant, essayèrent de répondre à un guet-apens par un autre. Leurs émissaires armés assaillirent le *cheykh-êl-beled* dans la rue qui conduit au château, et se seraient saisis de sa personne sans la vitesse de son cheval, grâce à laquelle il put parvenir à son palais; mais là il trouva le traître intendant, qui, jouant la fidélité et le zele, peignit à son maître le danger plus grand qu'il n'était, le persuada d'une révolte générale de la ville, et le détermina à prendre aussitôt la fuite pour la Syrie.

Ahmed-êl-Sokry l'accompagna dans cette retraite; mais, sur la route de *Ghazzah*, près du village d'*Achrafyéh*, sous prétexte de veiller à la sûreté d'*Othmân-Bey*, qui lui avait confié le commandement de l'escorte, il resta en arrière, et, avec les mamlouks séduits par lui, revint au Kaire. *Ibrahym-Kyahyâ* le récompensa de sa trahison par le titre de *bey*.

Othmân-Bey, arrivé presque seul en Syrie, passa à Constantinople, et y obtint le pachalyk de Brousse, qu'il conserva jusqu'à sa mort; le jour de sa retraite du Kaire, le peuple pilla son palais et s'en partagea les riches dépouilles.

Ces divers événements se passèrent en Égypte, dans le courant de l'an 1156 de l'hégire (1).

Après l'expulsion d'*Othmân*, *Ibrahym-Kyahyâ* et *Roddouân-Bey*, n'ayant plus de concurrents, s'occupèrent de l'anéantissement des maisons qui s'étaient alliées contre eux : *Roddouân-Bey* se chargea de la perte d'*Aly-Kykhyâ-êl-Taouyl*, et chargea un de ses mamlouks de le tuer d'un coup de pistolet, au milieu d'une fête. L'assassin fit feu; mais, ayant mal visé, au lieu d'*Aly*, il tua le mamlouk qui était auprès de lui, et fut aussitôt massacré avec deux complices.

Ibrahym-Kyahyâ réussit mieux contre ses autres rivaux; *Kiour-Ahmed* occupait alors le pachalyk d'Égypte; soit qu'il craignît la puissance d'*Ibrahym-Kyahyâ*, soit qu'il crût devoir, dans les intérêts de la Porte Ottomane, saisir une occasion d'affaiblir le corps des beys, il entra dans les projets meurtriers d'*Ibrahym*, et coopéra à leur exécution : à force d'argent, l'intendant même d'*Aly-Bey-êl-Damyâty*, nommé *Souleymân*, fut acheté, et se chargea d'assaillir son maître, dans la salle même

(1) Les historiens orientaux le désignent plus souvent sous ce dernier titre que sous celui de *bey*.

(1) Cette année a commencé le lundi 25 février de l'an 1743 de notre ère.

du divan, promettant de livrer sa tête et celles des *beys* ses partisans. *Ibrahym-Kyahyâ* et *Roddouân-Bey* se chargèrent de fermer aux beys destinés à la mort les issues de la citadelle, en se postant avec des troupes aux portes dites des *Janissaires* et des *Azabs* : *Souleymân* tint parole : *Khalyl-Bey*, de la maison d'*él-Damyâty*, et *Mohammed-Bey*, de la maison d'*él-Qotamych*, furent les premières victimes, et toute leur suite fut égorgée : *Aly-Bey* et *Omar-Bey-él-Ballât*, qui étaient parvenus à s'échapper du massacre, furent poursuivis par le pachâ lui-même, et massacrés par *Ibrahym* et par *Roddouân*, en voulant sortir de la citadelle : les cadavres de *Khalyl-Bey* et de *Mohammed-Bey* furent les seuls qui obtinrent les honneurs de la sépulture.

De tant de beys armés contre *Ibrahym-Kyahyâ* et *Roddouân*, il ne restait plus qu'*Ibrahym-él-Qotamych* et *Aly-Kykhyâ-él-Taouyl*. Le premier mourut de chagrin, peu de temps après; le second s'exila volontairement, abandonnant aux deux *kyahyâs* l'autorité qu'il avait voulu leur disputer.

Maître ainsi du Kaire, *Ibrahym-Kyahyâ* se fit *cheykh-él-beled*, et nomma *Roddouân-Bey* à la dignité d'*émyr-él-hag* (prince du pèlerinage), dignité qui dès lors ne fut plus une concession passagère, mais devint la seconde place du pouvoir; et chaque année ces deux places furent alternatives entre eux. Puis tous deux retournèrent à leurs habitudes, c'est-à-dire *Ibrahym* à ses projets, et *Roddouân* à ses plaisirs.

Ibrahym-Kyahyâ se hâta d'user et d'abuser de la puissance qu'il avait acquise aux dépens de son trésor, et, pour le remplir de nouveau, n'épargna ni avanies, ni proscriptions. La première tomba sur ce *Souleymân*, dont il avait si chèrement payé la trahison : il fit jeter cet instrument, devenu inutile, dans les cachots de la citadelle du Kaire, et ne lui permit d'en sortir qu'après lui avoir fait regorger avec usure tout l'or qu'il lui avait prodigué. Il attaqua ensuite les autres personnages riches, et s'empara de leurs biens, après les avoir exilés ou mis à mort. En un seul jour, il confisqua plus de quatre-vingts maisons du Kaire. Les revenus de l'État, les douanes, les villages, les magasins, jusqu'aux boutiques des simples détaillants, tout fut pillé par lui : la terreur et la consternation étaient générales.

Kiour-Ahmed-Pachâ avait été rappelé à Constantinople, et était passé au gouvernement de l'île de Chypre : le pachâ qui l'avait remplacé au Kaire, l'an 1159 de l'hégire (1), avait été traité par *Ibrahym-Kyahyâ* avec peu d'égards : ce fut à ce représentant de la Porte Ottomane que les mécontents portèrent leurs plaintes : il fit des réclamations qui furent mal reçues : outré de cette nouvelle marque de mépris, il profita de l'absence d'*Ibrahym* qui, cette année, conduisait la caravane à la Mekke, pour ourdir des trames avec *Housséyn-Bey-él-Khachab;* il le chargea de venger son injure particulière et l'oppression publique, lui offrant la place de *cheykh él-beled*, s'il parvenait à le délivrer d'*Ibrahym-Kyahyâ* et de son collègue, *Roddouân-Bey*.

Tenté par une telle promesse, *Housséyn-Bey* prit si bien ses mesures, au retour d'*Ibrahym*, qu'il réussit à le saisir à l'improviste, ainsi que *Roddouân*, et à les emprisonner à la citadelle du Kaire : aussitôt le pachâ proclama *Housséyn-Bey* comme *cheykh-él-beled;* mais son triomphe ne fut pas d'une longue durée : les partisans d'*Ibrahym-Kyahyâ* se réunirent, attaquèrent *Housséyn-Bey*, ainsi que le pachâ, et remirent en liberté les deux beys prisonniers. *Housséyn-Bey* prit la fuite dans la haute Égypte, et courut se cacher à *Ibryne*, en Nubie; le pachâ fut renvoyé à Constantinople, où le sultan punit sa non-réussite par un arrêt de mort.

C'est à cette époque qu'appartiennent les premières phases de la fortune du célèbre *Aly-Bey*, surnommé *le Grand* (2), qui depuis régna à son tour sur l'Égypte, et sut même y établir quelque temps son pouvoir indépendant.

Ibrahym-Kyahyâ possédait, dit-on, plus de deux mille mamlouks; *Aly* remplissait dans sa maison les fonctions de *selahdar-aghâ*, c'est-à-dire

(1) Cette année a commencé le lundi 24 janvier de l'an 1746 de l'ère chrétienne.

(2) *Aly-Bey-él-Kébyr*.

qu'il etait chargé d'avoir soin des armes et de porter le sabre de son maître. *Ibrahym* l'avait emmené avec lui dans son pèlerinage de la Mekke, et avait eu occasion de remarquer la valeur de son jeune mamlouk. La caravane fut attaquée par plusieurs tribus arabes ; et *Aly*, qui venait d'être fait *kâchef*, s'étant mis à la tête des troupes de l'escorte, avait repoussé les assaillants avec un tel courage, qu'il reçut généralement le surnom de *Genn-Aly* (Aly le Génie, ou plutôt Aly le Diable).

De retour au Kaire, *Ibrahym-Kyahyâ* songeait à récompenser son *kâchef* par le titre de *bey*. Sa trop grande jeunesse s'y opposa : d'ailleurs cette promotion fut retardée par le guet-apens de *Housséyn-Bey*, puis par une catastrophe bien autrement importante.

On venait d'apprendre que le successeur du pachâ expulsé venait d'arriver à Alexandrie : il était d'usage que le nouveau gouverneur s'y arrêtât, pour y recevoir les félicitations et les présents adressés par le *cheykh-él-beled* et les autres beys. Mais dès lors le pachâ était entouré d'espions, chargés par les beys de découvrir quelles étaient ses intentions à leur égard, et d'acquérir quelque connaissance des ordres dont il était chargé par le sultan de Constantinople.

Si l'on était assuré que ses ordres étaient pacifiques et ses intentions bienveillantes, il continuait librement sa route, et était reçu à Boulâq par les beys en cérémonie. Mais si l'on découvrait que ses intentions étaient défavorables et ses instructions hostiles, le divan des beys s'assemblait et signifiait au nouveau pachâ la défense expresse de continuer son voyage. Le divan du Kaire écrivait alors au divan de Constantinople, pour accuser le personnage rejeté d'une ambition perfide et dangereuse et de manœuvres contraires aux intérêts de Sa Hautesse. On annonçait sa présence comme capable d'exciter le trouble et la rébellion ; en conséquence, on demandait sa révocation, et son remplacement par un autre fonctionnaire plus agréable à l'Égypte.

Le divan du Kaire n'avait conçu aucun ombrage de l'arrivée du nouveau pachâ, nommé *Raghyb-Mohammed*, qui avait été reçu avec honneur par le *cheykh-él-beled* lui-même, *Ibrahym-Kyahyâ* ; les beys, accueillis par lui avec bienveillance, avaient juré entre ses mains, dans une audience solennelle, obéissance et fidélité à l'empereur ottoman : il les avait revêtus des pelisses d'honneur, suivant l'usage cérémoniel : enfin *Raghyb-Mohammed-Pachâ* avait gagné l'affection des beys, et la meilleure intelligence régnait entre eux et lui. Il ne troublait en rien l'exercice du pouvoir d'*Ibrahym-Kyahyâ*, et se contentait modestement de la portion d'autorité que celui-ci lui laissait exercer : grâce à sa conduite liante et mesurée, il était, depuis plus de deux ans, tranquille gouverneur de l'Égypte, et les beys eux-mêmes avaient demandé sa prorogation dans son pachâlyk.

Mais il arriva tout à coup de Constantinople un firman secret, ou *khatt-cheryf* (1), qui enjoignait au pachâ de tenter tous les moyens possibles de détruire les beys en masse, et de faire massacrer sans délai le *cheykh-él-beled*, avec tous ceux de ses adhérents qu'il pourrait saisir.

Le pachâ savait qu'il avait excité les soupçons du divan de Constantinople, qui paraissait disposé à l'accuser de n'être en si bonne intelligence avec les beys que pour fomenter leur révolte en Égypte et s'y rendre lui-même indépendant de la Porte Ottomane.

Exécuter l'ordre impérial publiquement, c'était risquer beaucoup, et s'exposer à une dangereuse résistance ; désobéir, ou seulement retarder son obéissance, c'était dévouer sa tête à la vindicte du divan ottoman et justifier l'accusation de tendance à la rébellion.

Après avoir hésité longtemps et calculé toutes les chances, *Raghyb-Mohammed-Pachâ* se décida à employer la ruse et la perfidie envers les beys *ses amis* : il aposta des satellites armés, et les chargea de massacrer, à son signal, la totalité des beys, pendant qu'ils siégeraient avec lui au divan général.

Le coup fatal fut exécuté en partie : trois beys furent assassinés ; mais les autres, et le *cheykh-él-beled* à leur tête, se défendirent vaillamment, et repro-

(1) Voyez ci-dessus la note de la page 198.

chèrent avec indignation au pachâ la trahison qu'ils devaient si peu redouter de lui, dans la position où les avait placés leur amitié réciproque.

Pour toute justification, *Raghyb-Mohammed-Pachâ* exhiba le firman impérial : sa vie fut épargnée; mais il fut à l'instant même déposé par le divan du Kaire, qui envoya demander à Constantinople un autre gouverneur pour lui succéder.

Trois nouveaux beys furent nommés pour remplacer les trois qui avaient été assassinés. *Ibrahym-Kyahyâ* profita de cette occasion pour élever à cette dignité *Aly-Kâchef*, son favori.

La promotion d'*Aly-Bey* avait eu un violent antagoniste dans un des beys, nommé aussi *Ibrahym*, comme son protecteur, mais Circassien de naissance, et par cette raison surnommé *él-Tcherkassy*. L'autorité d'*Ibrahym-Kyahyâ* l'emporta pourtant; mais c'est de cette époque que date la haine irréconciliable qui divisa les deux *Ibrahym*, haine qui ne s'éteignit que cinq ans plus tard, dans le sang d'*Ibrahym-Kyahyâ*, massacré alors par *Ibrahym-él-Tcherkassy*, l'an 1168 de l'hégire (1).

Cette même année vit aussi la mort du sultan *Mahmoud* (2), auquel succéda son frère *Othmân-ben-Moustafâ*, nommé fautivement Osman II par nos écrivains, mais réellement le troisième de ce nom : ce prince ne régna que trois années.

Cependant, *Ibrahym-él-Tcherkassy*, par le meurtre d'*Ibrahym-Kyahyâ*, n'avait satisfait que sa haine; son ambition n'en recueillit aucun fruit. Ce fut *Roddouân-Bey*, l'ami, le compagnon fidèle du *cheykh-él-beled*, qui recueillit l'héritage de sa puissance.

Mais un autre prétendant à cet héritage s'éleva aussitôt; c'était *Housséyn-Bey*, devenu le chef de la maison d'*Ibrahym-Kyahyâ* : il réclamait, à ce titre, la dignité de *cheykh-él-beled*. Sur le refus qu'il en éprouva, il monta avec ses mamlouks à la citadelle du Kaire, s'empara des batteries qui commandaient la place *Birkét-él-Fyl*, où *Roddouân-Bey* avait son palais, et le cribla d'une grêle de boulets et de mitraille.

Roddouân-Bey, occupé alors à se faire raser, n'eut que le temps de sauter sur un cheval; à peine en selle, un biscaïen lui cassa la jambe : cependant il put, à la tête de quelques mamlouks, faire retraite jusqu'au village de *Cheykh-Othmân*, où la douleur le força d'arrêter : il y mourut peu après; et ses restes y sont déposés dans un petit tombeau auprès de celui de l'*oualy*, qui avait été blessé comme lui et qui l'avait accompagné dans sa fuite.

Housséyn-Bey prit alors le titre de *cheykh-él-beled*, et chercha en vain à se concilier l'amitié de ses collègues. A peine quelques mois s'étaient écoulés, qu'il fut assailli par eux, au lieu dit *Mossateb-él-Néchâb* (l'estrade des flèches), dans la plaine qui sépare le Kaire de la ferme d'*Ibrahym-Bey*, où il était occupé à surveiller les évolutions militaires de ses mamlouks : il y fut égorgé et coupé

(1) Cette année a commencé le vendredi 18 octobre de l'an 1754 de l'ère chrétienne.

(2) Monnaies du sultan *Mahmoud-ben-Moustafâ* (Mahmoud Ier ou Mahomet V), frappées en or au Kaire, avec la date de l'an 1143 de l'hégire (1730 de l'ère chrétienne).

La première de ces monnaies est un *zermahboub*, ou sequin; la seconde un demi-sequin, nommé en arabe *nousfyéh*.

Autre monnaie du même prince, frappée également au Kaire, en cuivre, et sous la même date : cette espèce de monnaie porte le nom de *gédyd*.

en morceaux; et depuis, les traditions populaires n'en parlent jamais, sans ajouter à son nom le surnom d'*él-Maqtoul* (le massacré).

Khalyl-Bey lui succéda : son règne fut signalé par de nombreuses proscriptions. *Aly-Bey* fut un de ceux contre lesquels il signala le plus son inimitié et sa jalousie, parce qu'il le jugeait le plus redoutable de ses rivaux.

En effet, *Aly-Bey* avait crû en force et en puissance; sincèrement attaché à son patron *Ibrahym-Kyahyâ*, il avait juré de venger sa mort; mais, pour arriver sûrement à la vengeance, la seule voie était le pouvoir. Pendant près de huit années, il dissimula soigneusement ses intentions: durant ce temps, il achetait un grand nombre de mamlouks, s'insinuait dans la faveur des autres beys ses collègues par des présents et des services : pas à pas il avançait vers son but : des événements imprévus vinrent accélérer sa marche; son influence, toujours croissante, inquiéta *Khalyl-Bey*, qui, résolu à s'en défaire, le fit attaquer dans les rues du Kaire par *Housséyn-Bey-Kech-Kech*. Après un combat sanglant, *Aly-Bey* fut forcé de s'exiler dans le Sayd, avec quelques beys ses partisans, pour y mûrir les projets de sa double vengeance.

Aly-Bey et ses adhérents furent déclarés par *Khalyl-Bey* déchus de leurs dignités, et remplacés par ses créatures. Ceux de ses amis qui étaient restés au Kaire, ceux même qui furent soupçonnés d'avoir quelque penchant secret pour lui, furent impitoyablement massacrés.

Mais *Aly-Bey* avait trouvé dans le Sayd *Saléh-Bey*, ancien mamlouk de *Moustafâ-él-Qerd*, exilé comme lui, et, comme lui, ayant des griefs contre le *cheykh-él-beled*. Réunissant leurs forces, les deux réfugiés revinrent sur le Kaire; *Khalyl-Bey* et *Housséyn-Bey* marchèrent à leur rencontre. L'avantage du combat resta à *Aly-Bey* et à son allié; ils poursuivirent leurs ennemis à travers la province de *Qelyoubyéh*, les atteignirent au village d'*él-Mesgid-él-Khodrâ* (la mosquée verte), sur le bord du Nil, les y battirent de nouveau, et les forcèrent de s'enfermer dans *Tantah*, gros bourg de la province de *Gharbyéh*.

Aly-Bey envoya son *kâchef*, nommé *Mohammed* et surnommé *Abou-dahab* (1), pour les y forcer; *Tantah* fut pris d'assaut : *Housséyn-Kech-Kech* y fut décapité; *Khalyl-Bey*, réfugié dans la mosquée, y fut bloqué et pris par la famine : les têtes de tous les mamlouks de leur parti furent envoyées au Kaire et promenées dans toute la ville : *Khalyl-Bey*, exilé d'abord à Alexandrie, y fut ensuite étranglé.

Ces succès ouvrirent à *Aly-Bey* les portes du Kaire, l'an 1177 de l'hégire (2). Son premier acte fut de s'y faire proclamer *cheykh-él-beled;* son second, de poignarder lui-même l'assassin de son maître, *Ibrahym-él-Tcherkassy*.

Cependant cette terrible vengeance, désirée et préparée depuis tant d'années, mit en danger l'autorité et la vie du nouveau *cheykh-él-beled*. En effet, il avait plus consulté sa reconnaissance pour *Ibrahym-Kyahyâ*, et son ressentiment contre *Ibrahym-él-Tcherkassy*, que les conseils de la prudence. Ce meurtre excita contre lui tous ceux qui, parmi les beys, étaient les créatures ou les partisans de celui qu'il venait d'immoler à sa vengeance, et aliéna même ceux qui avaient combattu pour sa cause.

Il ne put trouver sa sûreté que dans une fuite prompte du Kaire, et dans une retraite précipitée en Syrie; il y obtint un asile auprès du *Mohassel* ou *Motselem* (gouverneur) de Jérusalem, son ancien ami; mais cet asile ne put le protéger que pendant deux mois : les beys, ennemis d'*Aly*, l'avaient accusé auprès du sultan *Moustafâ-ben-Ahmed* (Moustafâ III), qui, depuis l'an 1171 de l'hégire (3), occupait le trône de Constantinople; et un firman impérial porta l'ordre au *Mohassel* de Jérusalem de livrer son protégé *Aly-Bey* et de l'envoyer prisonnier à la Porte Ottomane.

Instruit à temps, *Aly-Bey* s'enfuit à

(1) Ce surnom signifie proprement *le Père de l'or*, expression métaphorique équivalant à *avare* et *cupide*.

(2) Cette année a commencé le mardi 12 juillet de l'an 1763 de l'ère chrétienne.

(3) Cette année a commencé le jeudi 15 septembre de l'an 1757 de notre ère.

Akkah (Acre), où il gagna l'amitié du *cheykh Daher,* fils *d'Omar;* prince de cette ville puissante. Soutenu par lui, et secondé par ses amis du Kaire, surtout par les anciens partisans d'*Ibrahym-Kyahyâ*, pour lesquels le meurtre d'*Ibrahym-êl-Tcherkassy* était loin d'être un crime, il parvint à faire révoquer les ordres du divan impérial, et à rentrer, la même année, au Kaire, dans ses fonctions de *cheykh-êl-beled.*

Deux ans apres, l'an 1179 de l'hégire (1), il fut troublé encore dans la possession de sa dignité.

Lorsque *Raghyb-Mohammed-Pachâ,* ancien gouverneur du Kaire, avait été épargné, au milieu de la catastrophe qui l'avait dépossédé du pachâlyk d'Égypte, il avait éprouvé particulièrement la générosité personnelle d'*Aly*, alors *kâchef:* après son expulsion de l'Egypte, il avait été transféré à un pachâlyk de l'Anatolie; puis, neuf ans après, il avait été élevé au poste de grand vizir par le sultan *Moustafâ III.* Dans sa position éminente, il avait toujours gardé le souvenir de ce qu'avait fait pour lui *Aly-Bey,* et sa reconnaissance n'avait cessé de le protéger, soit d'une manière patente, soit par des services secrets.

La mort de ce vizir, arrivée l'an de l'hégire 1179 (1765), enleva à *Aly-Bey* son plus sûr appui auprès de la cour ottomane, et ses ennemis profitèrent de cette circonstance pour ourdir contre lui de nouveaux complots.

Aly-Bey se vit contraint de s'enfuir une seconde fois du Kaire, et de se retirer dans l'Yémen; mais, l'an 1180 de l'hégire (2), ses partisans facilitèrent son retour, et assurèrent sa tranquillité future par la mort de quatre des principaux beys du parti d'*Ibrahym-êl-Tcherkassy*. *Salèh-Bey,* son ancien allié, avait détaché ses intérêts des siens, pour suivre des projets d'ambition personnelle; il fut poignardé par *Ibrahym-Kâchef,* qui, plus tard, sous le nom d'*Ibrahym-Bey*, devait devenir *cheykh-êl-beled* à son tour.

Les tribus arabes de la basse Égypte s'étaient déclarées contre *Aly-Bey*, et occupaient en armes toute la province inférieure, qu'elles dévastaient : *Aly-Bey* envoya contre elles un de ses mamlouks nommé *Ahmed;* celui-ci fit un tel carnage des Arabes, qu'il reçut dès lors le surnom d'*êl-Gezzâr* (le Boucher), surnom qu'il n'a depuis rendu que trop fameux dans le pachâlyk d'Acre, qu'il opprima pendant de si longues années. Tous les autres ennemis d'*Aly Bey* furent comprimés par la crainte; et il put espérer de régner désormais tranquillement sur l'Égypte, sans qu'aucune nouvelle intrigue osât éclater contre lui.

Cependant, craignant encore quelques nouvelles tentatives hostiles, *Aly-Bey* mit ses soins à se fortifier contre toute éventualité défavorable; et, dans cette vue, il fit conférer le titre de *bey* à dix-huit des mamlouks qui composaient sa maison.

Ces beys furent les suivants :

Roddouân, son neveu,
Aly-êl-Tantâouy,
Ismayl,
Khalyl,
Abd-êr-rahmân,
Hassân,
Youssouf,
Zou-l-Fyqâr,
Agyb,
Moustafâ, tous les neuf Géorgiens comme lui;
Ahmed-êl-Gezzâr, d'Amasie;
Sélym et *Souleymân* (1), l'un déjà *aghâ* et l'autre *kyahyâ* des janissaires;
Lattyf,
Othmân, tous deux Circassiens;
Ibrahym et *Mourâd,* également Circassiens, et que nous devions retrouver se disputant le pouvoir en Égypte;

Enfin *Mohammed,* le plus chéri d'eux tous, et qui bientôt devait se montrer envers lui si ingrat et si perfide.

(1) Cette année a commencé le jeudi 20 juin de l'an 1765 de notre ère.

(2) Cette année a commencé le lundi 9 juin de l'an 1497 de l'ère chrétienne.

(1) L'amitié du cheykh *Êl-Mohdy* m'ayant rendu possesseur, en Égypte, du sceau de *Souleymân-Bey*, qui avait été son premier protecteur, je crois devoir en joindre ici l'empreinte, qui pourra, en même temps, offrir un *spécimen* des sceaux et des cachets des orientaux.

A son investiture, *Mohammed-Bey*, que sa cupidité insatiable avait déjà, lors qu'il n'était encore que *kâchef*, fait surnommer *Abou-dahab* (le Père de l'or), voulut ennoblir ce surnom, et en faire oublier l'avilissante origine, en essayant d'en détourner l'application par une prodigalité jusqu'alors inouïe; au lieu des parats (1), que les nouveaux beys avaient coutume de répandre sur la foule, il fit jeter au peuple des quarts de sequins d'or (2).

Paisible possesseur de la suprême puissance, *Aly-Bey* voulut prouver, par sa conduite administrative, qu'il en était réellement digne : il rendit une exacte justice à tous, purgea les provinces des Arabes voleurs, et s'appliqua à faire le bien des populations qui lui étaient soumises; chacun le bénit d'avoir fait enfin succéder la tranquillité publique aux désastres d'une longue guerre de factions.

Mais déjà le *cheykh-él-beled* de l'Égypte avait des vues plus étendues : mis deux fois en danger par les arrêts ou les sourdes menées de la cour ottomane, il aspirait à s'en rendre indépendant et à secouer tout joug de suzeraineté du sultan. Dissimulant avec soin ses projets, il prit pourtant dès lors ses mesures en conséquence. Ainsi, sous divers prétextes, il destitua ou éloigna des emplois civils et militaires les chefs des corps des *odjâqs*, et les remplaça par des gens à lui; le seul corps qu'il protégeât était celui des janissaires; mais il sut se les attacher et les tenir sous sa dépendance, de manière à les mettre hors d'état de rien entreprendre contre lui. La solde des autres corps fut à dessein arriérée, et payée en partie en rescriptions, qui perdirent bientôt jusqu'à quatre-vingt-dix pour cent : il en résulta un agiotage ruineux, dont il profita en faisant retirer ces cédules à vil prix; les *odjâqlys*, voyant ainsi leur paye réduite au dixième, se dégoûtèrent du service militaire, et le quittèrent peu à peu, pour embrasser d'autres professions plus lucratives.

Plus *Aly-Bey* diminuait le nombre des soldats ottomans, plus il augmentait ses acquisitions de mamlouks : il en porta, dit-on, le nombre jusqu'à six mille : en même temps il défendait aux *beys* et aux *kâchefs* dont il n'était pas sûr, d'avoir plus d'un ou deux mamlouks en propriété.

Le pachâ qui résidait alors en Égypte était *Mohammed-Pachâ* : ces innovations l'alarmèrent : il hasarda quelques observations; *Aly-Bey* n'en tint compte. Alors le pachâ résolut de s'opposer à des opérations qu'il jugeait contraires aux intérêts de la Porte Ottomane; mais, n'osant y mettre obstacle ouvertement, il eut recours à l'intrigue et aux complots : il rechercha les anciens partisans d'*Ibrahym-él-Tcherkassy*, ranima en eux le désir de venger, par la mort d'*Aly-Bey*, celle du chef de leur maison, s'entendit avec eux, et réussit même à détacher quelques-uns des partisans du *cheykh-él-beled*, en stimulant leur jalousie ou leur avidité.

Comblé des faveurs d'*Aly-Bey*, qui l'appelait son fils, et lui avait donné sa propre sœur en mariage, *Mohammed-Bey-Abou-dahab* ne s'en joignit pas moins au complot formé contre son patron. Les conspirateurs n'osèrent pourtant attaquer *Aly-Bey* en face; séduit par des sommes considérables, et surtout par la promesse de succéder à *Aly-Bey* dans la dignité de *cheykh-él-beled*, son ingrat beau-frère s'engagea à l'assassiner.

Mais, après réflexion, ne jugeant pas l'occasion favorable, et trouvant l'entreprise trop hasardeuse, il se décida à devenir doublement traître, et courut dénoncer le pachâ à son maître. *Aly-Bey* aussitôt se hâta de se débarrasser de celui qui se montrait à la fois contrôleur incommode et fomentateur de troubles; il mit fin à ses intrigues en le chassant du Kaire, et en le forçant ignominieusement à reprendre le chemin de Constantinople. Du reste, la perfidie délatrice de *Mohammed-Bey-Abou-dahab* convainquit plus que jamais *Aly-*

(1) Le *parat*, dont nous avons déjà parlé dans la note 3 de la page 198, est moins une monnaie d'argent qu'une pièce de cuivre argenté, formant la quarantième partie de la piastre turke : du temps de notre expédition d'Égypte, il en fallait vingt-huit pour équivaloir à un franc de notre monnaie : cette monnaie est si mince et si légère, que, lorsque l'on compte une somme en parats, il faut avoir soin de se mettre à l'abri du vent, qui, sans cette précaution, enlèverait et disperserait toutes ces piécettes.

(2) Le sequin d'Égypte se nomme *zer-mahboub* ou seulement *mahboub*; le demi-sequin, *nouss-mahboub* ou *nousfyéh*; enfin, le quart de sequin, *roub-mahboub* ou *roubyéh*.

Bey de la fidélité de son ancien esclave ; et, aveuglé par cette démarche, il se refusa par la suite à croire les preuves, qui lui furent présentées, de son ingratitude et des complots dangereux ourdis par lui.

En l'an 1182 de l'hégire (1), la guerre fut déclarée entre la Russie et la Porte Ottomane. L'Égypte devait fournir aux armées de Constantinople un corps de douze mille hommes : le sultan demanda ce contingent au *cheykh-él-beled ;* les projets ultérieurs d'*Aly-Bey* n'étaient pas encore mûrs, et il s'empressa de faire acte d'obéissance par la levée qui lui était demandée; mais ses ennemis surent profiter de cette occasion pour le perdre : ils attirèrent facilement dans leur parti le nouveau pachâ, qui avait été envoyé de Constantinople pour remplacer au Kaire celui qu'*Aly-Bey* avait expulsé. Une lettre, signée du pachâ et de tous les beys ennemis d'*Aly*, vint l'accuser auprès du divan impérial de ne faire ces levées de troupes que pour se joindre aux Russes et se rendre indépendant en Égypte.

La réponse du divan ottoman fut l'ordre au pachâ d'envoyer la tête d'*Aly-Bey* aux pieds de Sa Hautesse.

Le *cheykh-él-beled* fut promptement avisé du firman fatal par un agent secret qu'il entretenait auprès du ministère de Constantinople, et se tint sur ses gardes. Un des beys de sa maison, *Aly-Bey-él-Tantaouy*, sur la fidélité duquel il pouvait compter, alla, avec douze mamlouks dévoués, déguisés en Arabes, se poster à quelque distance du Kaire, sur la route par laquelle devait arriver nécessairement le *qapygy-bâchy*, porteur du message de mort. L'embuscade eut un succès complet ; après trois jours d'attente, le *qapygy-bâchy* parut avec une suite de quatre hommes seulement; ils furent arrêtés, tués, dépouillés, enterrés dans le sable; et le firman impérial dont il était porteur fut remis entre les mains d'*Aly-Bey*.

Il y lut l'ordre meurtrier, et aussitôt il assembla le divan général des *beys* : leur montrant le firman, il s'efforça de les persuader, qu'en frappant la tête du divan, la cour ottomane voulait abattre le corps entier, et que sa mort serait le signal qui ferait successivement tomber leurs propres têtes.

Il les invita donc « à défendre leurs « vies, leurs droits et leur puissance; « ajoutant que l'Égypte, gouvernée « avant eux par d'autres dynasties de « mamlouks, leur appartenait légitime« ment, et que jamais occasion plus fa« vorable ne se présenterait pour se« couer le joug que la politique criminelle « des sultans avait fait peser sur ce « beau royaume. »

Le divan fut entraîné par cette éloquente allocution : les dix-huit beys de la création d'*Aly-Bey* l'appuyèrent fortement; et les beys ses ennemis, signataires de son accusation, n'osèrent s'opposer à l'assentiment général : sur-le-champ, le divan adressa au pachâ l'ordre de quitter le territoire égyptien en deux jours, sous peine de la vie, et l'Égypte fut déclarée indépendante.

Le *cheykh Dâher* reçut la communication officielle de la déclaration, avec l'invitation d'appuyer par son concours cette audacieuse entreprise. L'invitation fut accueillie; le prince d'*Akkah* (Acre) joignit ses forces, avec celles de ses sept fils et de ses gendres, à celles d'*Aly-Bey*; et en Syrie comme en Égypte on se prépara à la guerre.

Aux douze mille hommes, levés extraordinairement en Égypte pour le contingent, furent joints, non-seulement les six mille mamlouks de la maison d'*Aly-Bey*, mais encore tous ceux qui composaiant les maisons des autres *beys*, même ceux des dissidents, qui se sentirent trop faibles pour en faire refus.

Le pachâ de Damas, qui avait reçu de Constantinople l'ordre d'accourir avec vingt-cinq mille hommes pour s'opposer à la jonction des troupes de Syrie avec celles d'Égypte, fut battu par le *cheykh Dâher,* qui n'avait que six mille hommes, entre le mont Liban et le lac de *Tabaryéh* (Tibériade), l'an 1183 de l'hégire (1).

Cette défaite sembla terminer la guerre avec la Porte Ottomane, qui n'envoya pas d'autres troupes, et parais-

(1) Cette année a commencé le mercredi 18 mai de l'an 1768 de l'ère chrétienne.

(1) Cette année a commencé le lundi 7 mai de l'an 1769 de notre ère.

sait avoir entièrement oublié que la Syrie et l'Égypte avaient cessé de lui appartenir.

Rassuré par ce calme, qu'il attribuait à l'impuissance de ses ennemis de Constantinople, suffisamment occupés par leur guerre avec la Russie, *Aly-Bey* tourna ses soins vers l'administration de son nouveau royaume, réforma des abus, rétablit l'ordre dans la capitale, diminua les impôts, les répartit d'une manière plus régulière, et mit à la tête de ses finances l'ancien administrateur des douanes, le Cophte *Maallem-Mikhayl-Ferhât*, en remplacement du Juif *Youssouf-ben-Leouy* (Lévi), qui paya de sa tête ses malversations.

Une administration sage protégea le commerce extérieur et les communications intérieures. Les tribus de Bédouins furent de nouveau comprimées et rejetées dans le désert et la tranquillité inusitée dont jouit alors l'Égypte valut à *Aly-Bey* le surnom turk de *Boulout-qapân* (destructeur des orages).

Des tribus dont il délivra l'Égypte, la plus redoutable était celle des *Haouârah* : venue des environs de Tunis, elle s'était fixée entre *Girgéh* et *Farchout*, sur des terres qui n'étaient pas cultivées; puis elle avait fait l'acquisition de quelques villages, s'était emparée de vive force de quelques autres, et avait fini par occuper tout le territoire entre *Hou* et *Kafr-Cheykh-Sélym*. Leur cheykh, *Hamyn*, profitant des désordres, s'était arrogé le pouvoir sur tout le pays, depuis *Sâout* jusqu'au delà d'*Assouyn*, et en percevait les revenus à son profit : l'impuissance où étaient les prédécesseurs d'*Aly-Bey* d'attaquer ce cheykh, et une redevance de deux cent cinquante mille ardebs de blé qu'il s'était soumis à payer, avaient fait fermer les yeux sur son usurpation.

Aly-Bey envoya contre lui son favori, *Mohammed-Bey-Abou-dahab*. Le cheykh *Hamân* fut défait, vers la fin de l'an 1183 de l'hégire (1770), et ses enfants s'estimèrent heureux de racheter leur vie au prix de toutes les richesses de leur père.

Mohammed-Bey-Abou-dahab profita de cette campagne pour se gorger de trésors, et se hâta de revenir au Kaire; car, n'étant étranger à aucune des intrigues de la capitale, il avait appris, par ses secrets émissaires, que *Ahmed-Bey-él-Gezzâr*, son collègue, ourdissait quelques trames contre *Aly-Bey*.

Mohammed-Abou-dahab semblait vouloir se réserver, comme un monopole, toute tentative contre son bienfaiteur : dès lors *Ahmed-él-Gezzâr* fut regardé par lui comme un rival dans cette carrière de crime et d'ingratitude : il résolut de le prévenir et de s'en défaire; mais sa tentative d'assassinat échoua. *Ahmed-él-Gezzar* possédait un sabre renommé par la finesse de sa trempe et la richesse de sa monture; un jour qu'il se trouvait avec *Mohammed-Abou-dahab*, « Prête-moi ton « sabre, lui dit celui-ci, pour que j'examine la trempe merveilleuse de sa « lame. » — « Mon sabre ne se tire du « fourreau, répondit *Ahmed*, que par « moi, et pour frapper de mort; » puis, se levant aussitôt, il quitta le Kaire, passa à Constantinople, et y obtint par la suite le pachâlyk d'Acre, qu'il conserva pendant de longues années et jusqu'à sa mort.

Les victoires remportées dans le Sayd contre les Arabes donnèrent à *Aly-Bey* le désir d'entreprendre de nouvelles conquêtes. Celle de l'Yémen lui fut présentée comme aussi facile que profitable : *Mohammed-Bey-Abou-dahab* fut encore chargé de cette expédition. A la tête de vingt mille hommes, le bey favori traversa les plaines arides de l'isthme de *Soueys* (Suez), força les gorges difficiles d'*él-Oqbah*, renversa les Arabes qui voulaient lui barrer le chemin, tandis qu'*Ismayl-Bey*, avec huit mille hommes, prenait possession de tout le littoral oriental de la mer Rouge, et que *Hassan-Bey*, en s'emparant de *Geddah*, s'acquérait le surnom glorieux d'*él Geddâouy*, sous lequel il fut connu depuis : en six mois la péninsule arabique fut conquise, la sainte ville de la Mekke prise et pillée, le *chéryf*, descendant du Prophète, détrôné, et remplacé par son cousin, l'émir *Abd-Allah*, qui témoigna sa reconnaissance à *Aly-Bey*, en lui adressant une patente qui l'investissait des titres de *Sultan*, *Roi d'Égypte*, *et Dominateur des deux mers* (1).

(1) Ce dernier titre était particulièrement affecté par les sultans ottomans.

Se voyant ainsi affermi, avec une apparence de légitimité, dans sa souveraineté, *Aly-Bey* voulut constater son indépendance, en ordonnant que son nom fût proclamé dans les prières publiques du vendredi, et en faisant frapper au Kaire des monnaies à son propre coin, l'an 1185 (1) de l'hégire (2).

Cette même année, *Aly-Bey* conçut un plan plus vaste, et dans lequel il trouva les premières causes de sa perte. Il confia trente mille soldats à *Mohammed-Bey-Abou-dahab*, et le chargea d'aller soumettre toute la partie de la Syrie qui, dépendant encore du gouvernement ottoman, était un voisinage dangereux, non-seulement pour lui, mais encore pour le prince d'Acre, son allié et son ami. Il regardait d'ailleurs cette portion de la Syrie comme une dépendance naturelle de l'Égypte, et qui lui avait toujours appartenu, lorsqu'elle avait eu des souverains indépendants, tels que les *Toulonides*, les *Ayoubites*, et les diverses dynasties des mamlouks, ses prédécesseurs.

Aly-Bey chercha en même temps à s'assurer d'autres appuis dans des alliances plus éloignées avec les ennemis naturels de Constantinople. Le négociant italien *Rosetti* avait déjà traité pour lui avec les Vénitiens, et lui promettait leur amitié et leur coopération. Un Arménien, nommé *Yagop* ou *Yaqoub*, fut chargé de sonder le comte *Alexis Orloff*, commandant en chef des forces russes dans la Méditerranée et la mer Noire, sur la possibilité d'un traité offensif et défensif avec la czarine Catherine II. Une réponse favorable fut faite

(1) Cette année a commencé le mardi 16 avril de l'an 1771 de l'ère chrétienne.

(2) On connaît deux monnaies différentes frappées, au Kaire, au coin d'*Aly-Bey*, et j'en joindrai ici les empreintes.

La première, en argent allié, conserve encore le *toghrâ* (chiffre) du sultan *Moustafâ-ben-Ahmed* (Moustafa III), avec la date de son inauguration (1171 de l'hégire).

Mais on a ajouté, au revers, le nom d'*Aly-Bey*, avec la date 85, abrégé de celle de 1185.

Cette pièce est une *ghrouche*, ou piastre de 40 médins.

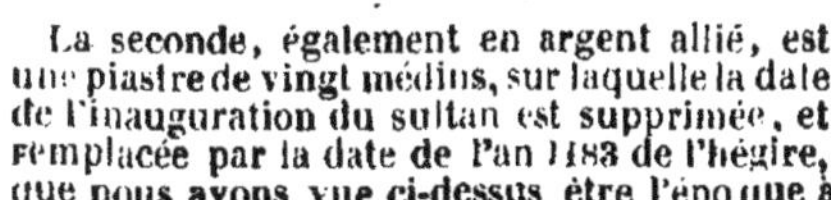

La seconde, également en argent allié, est une piastre de vingt médins, sur laquelle la date de l'inauguration du sultan est supprimée, et remplacée par la date de l'an 1183 de l'hégire, que nous avons vue ci-dessus être l'époque à laquelle *Aly-Bey* déclara, pour la première fois, son indépendance.

Cette espèce de pièce porte en arabe le nom d'*acherynyeh*, et en turk celui de *ygnermytiq*, ou *yârmilik*.

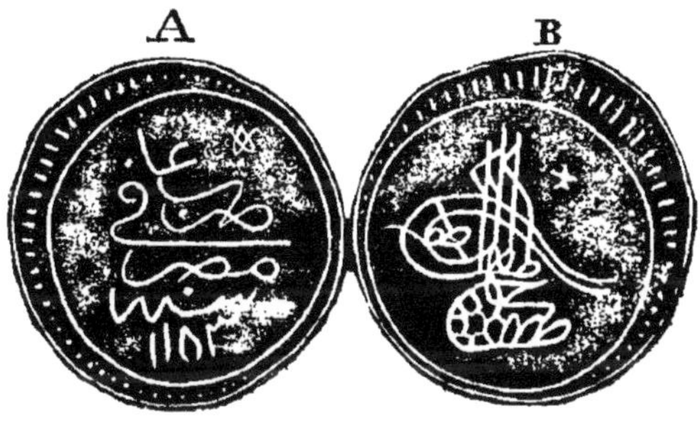

à ces ouvertures; mais les négociations traînèrent en longueur, à cause de l'éloignement respectif des deux centres d'affaires.

Cependant, le succès accompagnait les armes d'*Aly-Bey* en Syrie : les troupes de son lieutenant *Mohammed-Bey Abou-dahab*, réunies à celles du *cheykh Dâher*, son allié, s'étaient emparées heureusement de *Ghazzah*, de *Ramléh*, de *Nâblous*, de *Jérusalem*, de *Yaffâ*, de *Saydah* (l'ancienne Sidon), et vinrent enfin assiéger *Damas*, qui ne tarda pas à se rendre.

Maître de cette grande ville et de la Syrie presque entière, *Mohammed-Bey Abou-dahab* sentit sa cupidité lui conseiller de garder pour lui-même ses conquêtes, en trahissant son bienfaiteur. Bien plus, son avarice et son ambition lui inspirèrent la résolution d'enlever à *Aly-Bey* l'Égypte elle-même; il paraît qu'il fut encouragé dans son ingratitude par les suggestions du divan de Constantinople, avec lequel il avait noué une correspondance secrète par le canal du pachâ déposé, et qui se hâta de l'enivrer des plus séduisantes promesses.

Dès lors, *Mohammed-Bey-Abou-dahab* cessa de s'avancer sur les terres ottomanes; retournant en arrière, il augmenta ses forces de toutes les garnisons qu'il avait laissées dans les villes conquises, et qu'il en retira pour les réunir à son corps d'armée.

Il marcha à grandes journées vers l'Égypte; mais il n'osa cependant se porter de suite au Kaire, où il savait que les janissaires et les autres odjâqs ne lui offriraient que des ennemis, dont il s'était attiré depuis longtemps la haine. Tournant par les déserts, il parvint avec son armée dans la haute Égypte; et, les derniers jours de l'an de l'hégire 1185 (1772), il s'empara de la ville de *Syout*, appela à lui les mécontents, se fit joindre par quelques tribus arabes, et força les beys du *Sayd* à se réunir à lui.

Alors, proclamant hautement ses intentions de détrôner *Aly-Bey*, il se dirigea vers le Kaire; et, dans les premiers jours de l'an 1186 de l'hégire (1), il arriva, avec des forces considérables, sur la rive gauche du Nil, en face d'*él-Bassatyn*, village situé un peu au-dessus du Vieux-Kaire.

Aly-Bey se repentit alors d'avoir fermé l'oreille aux avis des amis fidèles qui depuis longtemps l'avaient averti de l'ingratitude et des perfides desseins de *Mohammed-Abou-dahab*: il rassembla à la hâte trois mille hommes, et les confia à *Ismayl-Bey*, pour disputer à son ingrat agresseur le passage du fleuve; mais *Ismayl-Bey*, effrayé de la supériorité de l'ennemi qu'il avait à combattre, et séduit par les promesses accompagnées de menaces, que lui fit parvenir *Mohammed-Bey-Abou-dahab*, abandonna le parti d'*Aly-Bey*, et remit ses troupes à la disposition du rebelle qu'il était chargé d'attaquer. *Mohammed-Abou-dahab* fut reçu, au milieu des acclamations, dans le camp d'*Ismayl-Bey*, dont la défection enlevait au malheureux *Aly-Bey* ses dernières ressources.

A cette nouvelle désespérante, *Aly-Bey* s'était retiré dans la citadelle du Kaire, avec ses trésors, son harem, ses amis et ses partisans. Il annonçait l'intention de s'y défendre jusqu'aux dernières extrémités; mais, trois jours après, craignant de se trouver cerné par les troupes de *Mohammed-Bey-Abou-dahab*, il céda au conseil qu'il reçut du *cheykh Ahmed*, quatrième fils du *cheykh Daher*, qui l'engagea à abandonner le Kaire et à chercher de nouveau un asile auprès du prince d'Acre, son père.

La même nuit, avant que les troupes de *Mohammed-Bey-Abou-dahab* eussent pris possession de la ville, *Aly-Bey* sortit de la citadelle, avec ses partisans, se dérobant, par une fuite accélérée, le long du *Gebel-él-Ahmar* (la montagne Rouge); il gagna par le désert les frontières de la Syrie, d'où il espérait qu'un revirement de fortune pourrait bientôt le rappeler au Kaire et le rétablir dans son ancienne puissance.

C'est ainsi qu'*Aly-Bey* quitta l'Égypte, pour la troisième fois, dans la nuit du 9 du mois de Moharrem de l'an 1186 de l'hégire (12 avril 1772). Le peu de troupes qui l'accompagnait ne montait pas à six mille hommes, tant combattants que gens de service : son trésor contenait

(1) Cette année a commencé le samedi 4 avril de l'an 1772 de notre ère.

a peine huit cent mille sequins, c'est-à-dire environ six millions de notre monnaie; ses bijoux et effets précieux pouvaient avoir une valeur quadruple.

On marcha jour et nuit; mais, en arrivant, trois jours après, à *Khân-Younes*, on s'aperçut que cinq des vingt-cinq chameaux qui portaient le trésor avaient été détournés et pris par les Arabes, et que quelques corps de troupes avaient déserté, avec *Youssouf-Khazendar*, dans cette retraite nocturne et précipitée.

Le lendemain, on entra dans *Ghazzah*, asile peu sûr et dévoué à *Mohammed-Abou-dahab;* sans s'y arrêter, on arriva, en huit jours, à Acre, où *Aly-Bey* fut accueilli avec toute l'amitié d'un allié fidèle; mais les coups imprévus des infortunes qui avaient assailli et accablé ce malheureux prince, avaient altéré sa santé, et il n'arriva à Acre que dangereusement malade.

Cependant une escadre des Russes parut devant Acre; ils apprirent les désastres d'*Aly-Bey*, et de nouvelles négociations se renouèrent. Ces négociations ne furent pas infructueuses: de l'artillerie, des munitions, furent données par les Russes, et un corps de trois mille Albanais, qui était au service de la Russie, fut mis à la disposition d'*Aly-Bey*.

Ce renfort et la jonction des troupes du *cheykh Dâher* permirent à *Aly-Bey* de rentrer en campagne: toujours retenu à Acre par sa maladie, il envoya, trois mois après, *Aly-Bey-él-Tantâouy*, dont la fidélité n'avait pu être ébranlée, reprendre *Sour* (l'ancienne Tyr), *Saydah*, et plusieurs autres villes importantes du littoral de la Syrie, qu'avaient réoccupées des gouverneurs ottomans, après l'évacuation des garnisons de *Mohammed-Abou-dahab*.

Bientôt il se mit lui-même en marche avec tout le reste de ses troupes, et attaqua *Yaffâ*, qu'il prit, après cinq mois de siége, pendant la durée duquel la ville de *Ghazzah* avait été emportée d'assaut; et celle de *Ramléh*, ainsi que celle de *Louddah* (l'ancienne Lydda), s'étaient volontairement rendues. *Yaffâ* fut remise en la possession du *cheykh Dâher; Hassan-Bey-él-Geddaouy* fut chargé de commander à *Louddah*, et *Selym-Bey* fut nommé gouverneur de *Ramléh*.

Le 9 du mois de Dou-l-Qadéh de cette même année 1186 de l'hégire (3 mai 1773), *Aly-Bey* était à *Yaffâ*, lorsqu'il vit arriver auprès de lui des envoyés d'Égypte: ces députés lui étaient adressés par les janissaires, les autres odjâqs et les principaux habitants du Kaire.

Il apprit par eux que *Mohammed-Bey-Abou-dahab*, qui, aussitôt après la fuite d'*Aly-Bey*, s'était fait proclamer *cheykh-él-beled*, surpassait en vexations tous les oppresseurs qui avaient déjà pesé sur l'Égypte. Il avait doublé une partie des impôts, triplé une autre partie. Un droit d'une nature étrange et d'un genre nouveau avait été établi, celui de *refa-él-mozzalem* (exemption de la tyrannie), institué en apparence pour racheter les contribuables des actes arbitraires exercés jusqu'alors par les *kâchefs*, et les remplaçant au profit de *Mohammed-Abou-dahab;* mais l'impôt nouveau avait été exigé, et les actes arbitraires avaient continué avec plus de violence encore. Du reste, les proscriptions, les confiscations étaient intolérables.

Les députés ajoutèrent que, fatiguée du gouvernement vexatoire et spoliateur de *Mohammed-Abou-dahab*, ne pouvant plus longtemps supporter sa tyrannie et son brigandage, l'Égypte entière appelait *Aly-Bey*, comme son sauveur, et que la ville du Kaire était prête à rouvrir ses portes à son ancien souverain, à s'armer même pour lui, si *Mohammed-Abou-dahab* tentait quelque résistance contre ces vœux universels.

A ce message, *Aly-Bey* sentit renaître toutes ses espérances; il quitta aussitôt *Yaffâ*, et se mit en route pour le Kaire.

Les forces qui étaient alors auprès d'*Aly-Bey* ne formaient qu'environ deux mille cinq cents hommes; mais il retira, pour se renforcer, les garnisons de *Louddah* et de *Ramléh;* puis il réunit autour de lui les troupes du *cheykh Dâher*, du fils aîné de ce prince le *cheykh Tcheleby*, de son gendre le *cheykh Kerym*, et de *Hassân*, cheykh de *Sour:* il avait aussi acheté les services de trois mille cinq cents Moghrebins; le tout formait environ huit mille combattants.

Le 11 du mois de Moharrem de l'an

1187 (1) de l'hégire (4 avril 1773), la petite armée arriva à *Khân-Younès;* et le 16 de Moharrem (9 avril) auprès de *Salahyéh.*

Deux jours après, *Aly-Bey* y fut attaqué par l'avant-garde des troupes de *Mohammed-Abou-dahab*, forte de près de douze mille hommes. Après un combat de quelques heures, *Aly-Bey*, malgré l'infériorité de ses forces, battit l'ennemi, et lui tua un grand nombre d'hommes.

Cette première victoire lui fit ouvrir les portes de *Salahyéh;* mais il apprit bientôt qu'il ne devait plus compter sur les partisans qu'il avait espérés dans le Kaire; *Mohammed-Abou-dahab* avait harangué les odjâqs et les cheykhs, leur avait dépeint *Aly-Bey* comme ayant apostasié la foi musulmane par son alliance avec les Russes et d'autres États chrétiens : le fanatisme et quelques distributions d'argent faites à propos avaient changé les dispositons des odjâqs, qui s'étaient d'abord déclarés en faveur d'*Aly-Bey :* les seuls janissaires avaient refusé constamment de s'armer contre lui.

Rassuré sur les dispositions du Kaire, et ne craignant plus d'y laisser derrière lui des ennemis dangereux, *Mohammed-Abou-dahab* en était parti lui-même, pour attaquer en personne son rival.

Le chagrin qu'éprouva *Aly-Bey* à cette cruelle nouvelle, les fatigues et les chaleurs excessives qu'il avait supportées en traversant une partie du désert, se joignant à une blessure assez grave qu'il avait reçue au combat de *Salahyéh*, lui causaient une fièvre violente; et il était hors d'état de se montrer à cheval, à la tête de ses troupes, quand le mardi 20 du mois de Moharrem (13 avril) l'armée entière de *Mohammed-Abou-dahab* fut en présence, et offrit le combat.

Bien inférieure en nombre, celle d'*Aly-Bey* n'hésita cependant pas à se ranger en bataille pour recevoir le choc : les deux ailes, commandées, l'une par *Aly-él-Tantaouy* et les autres beys, l'autre par le fils et le gendre du *cheykh Dâher*, eurent d'abord un succès qui pouvait devenir complet; mais *Mohammed-Abou-dahab* avait, par des émissaires secrets, acheté la défection des Moghrebins et de plusieurs des beys qui jusqu'alors avaient suivi le sort d'*Aly-Bey*, entre autres celle d'*Ibrahym-Bey* et de *Mourâd-Bey* : ce dernier avait mis pour condition à sa perfidie qu'on lui donnerait pour récompense le harem et les biens de son maître, et que la femme chérie d'*Aly-Bey*, *Sittéh-Nefisséh*, Géorgienne également remarquable par son esprit et sa beauté, deviendrait son épouse. Les Moghrebins et les beys déserteurs passèrent sous les drapeaux de *Mohammed-Abou-dahab* au moment décisif du combat; alors le désordre se mit dans les corps d'*Aly-Bey*, déjà presque vainqueur; bientôt la déroute fut entière.

Le bey *Aly-él-Tantaouy* et le *cheykh Tcheleby* furent tués. Le *cheykh Kerym* et le *cheykh Hassân* échappèrent, avec *Roddouân-Bey*, au massacre du champ de bataille; ils accoururent au camp d'*Aly-Bey* lui annoncer ce terrible désastre, le suppliant de monter à cheval avec eux, et de fuir vers *Ghazzah*, où le *cheykh Dâher* était resté avec quelques troupes.

Aly-Bey se montra inflexible à leurs prières : assis à la porte de sa tente, il déclara fermement qu'il y resterait, préférant à la fuite la mort la plus certaine; puis, il ordonna impérieusement à tous ceux qui voulaient sauver leur vie de prendre la fuite avant l'arrivée de l'ennemi, et de l'abandonner seul à son sort. Son neveu et ses autres partisans se virent forcés de lui obéir, et, s'élançant sur la route de *Khân-Younes*, ils en repartirent en toute hâte pour *Ghazzah*, où ils trouvèrent le *cheykh Dâher*, que l'annonce de la perte de son fils plongea dans le désespoir.

Peu d'heures après qu'*Aly-Bey* eut fait à ses amis ses derniers adieux, cinquante hommes, ayant à leur tête le *kyahyâ* ou lieutenant de *Mohammed-Abou-dahab*, s'étaient précipités à l'entrée de la tente où ce prince s'était retiré. Les dix mamlouks qui étaient restés seuls auprès de leur maître avaient été à l'instant massacrés; *Aly-Bey*, faible et malade, avait cependant saisi son cimeterre; d'un seul coup il avait tué le premier des assaillants; et

(1) Cette année a commencé le jeudi 25 mars de l'an 1773 de notre ère.

blessé deux autres d'entre eux. Les autres, n'osant l'approcher, déchargèrent sur lui leurs pistolets, et le blessèrent à son tour grièvement, au bras droit et à la cuisse.

Il combattait encore vaillamment; agenouillé, et, tenant son pistolet de la main gauche, il abattit le *kyahyâ* lui-même; enfin, atteint encore au bras gauche, renversé à terre par plusieurs autres blessures, baigné dans son sang, mutilé, accablé par le nombre, il fut saisi vivant, et porté aux pieds de *Mohammed-Abou-dahab*.

Celui-ci le fit conduire au Kaire, où, quelques jours après, le malheureux *Aly-Bey* avait cessé d'exister.

L'opinion publique accusa alors, peut-être sans injustice, *Mohammed-Abou-dahab*, d'avoir fait empoisonner l'appareil appliqué aux blessures de son illustre prisonnier.

La mort d'*Aly-Bey* sembla cependant exciter, dans le cœur de l'ingrat *Mohammed-Abou-dahab*, quelques remords et une apparence de repentir : du moins, il fit donner au bienfaiteur qu'il avait si indignement trahi une sépulture honorable au Kaire, et il ne souffrit pas que sa tête fût portée, comme un hideux trophée, à Constantinople, ainsi que le prescrivaient les ordres du sultan *Abd-él-Hamyd-ben-Ahmed*, qui venait, cette même année, de succéder à son frère *Moustafâ III* (1).

CHAPITRE XVIII.

Continuation du règne du sultan Abd-él-Hamyd. — Cheykhs-él-beled de l'Égypte Mohammed-Bey-Abou-dahab, Ismayl-Bey, Ibrahym-Bey. — Expédition du qapytân-pachâ. — Mohammed-Pachâ. — Ismayl-Bey rétabli. — Othmân-Bey-él-Tâbel. — Rappel d'Ibrahym-Bey et de Mourâd-Bey; leurs débats, leurs guerres, leur accord; leurs avanies, spoliation du commerce européen. — Invasion française.

Avec *Aly-Bey* s'étaient éteintes les dernières lueurs de grandeur extérieure et de bonheur intérieur qui devaient éclairer la vallée du Nil; avec lui, l'Égypte avait pu espérer de remonter au rang de puissance indépendante; la perte de son *cheykh-él-beled* fit retomber ce beau pays au niveau des provinces les plus misérables et les plus opprimées de l'empire ottoman.

Également en proie aux exactions iniques des agents du fisc impérial et aux avanies sans cesse renouvelées des beys et des kâchefs, qui semblaient se disputer mutuellement la palme de la cruauté et de la spoliation, les populations égyptiennes se virent, depuis le meurtre d'*Aly-Bey*, livrées, non à des maîtres modérés, et sachant concilier les intérêts des gouvernés avec ceux des gouvernants, mais à des brigands dévastateurs et à des bourreaux impitoyables, ne reconnaissant pour lois que l'impulsion brutale de leur rapacité et les caprices homicides d'une cruauté sans frein et sans limites.

Aussi les regrets universels ne tardèrent pas à suivre *Aly-Bey* dans sa tombe; lui mort, on apprécia tardivement la haute portée des projets que son génie avait préparés pour la grandeur et le bonheur du pays, ainsi que l'administration sage et équitable qu'il avait commencé à établir, mais dont on n'avait pas eu le temps de goûter les fruits et de comprendre les bienfaits.

(1) Monnaies du sultan *Moustafâ-ben-Ahmed* (Moustafâ III).
Ces deux monnaies, la première en argent et la seconde en cuivre, ont été frappées au Kaire, sous la date de l'an 1171 de l'hégire (1757 de notre ère), antérieurement à la déclaration d'indépendance d'*Aly-Bey*.

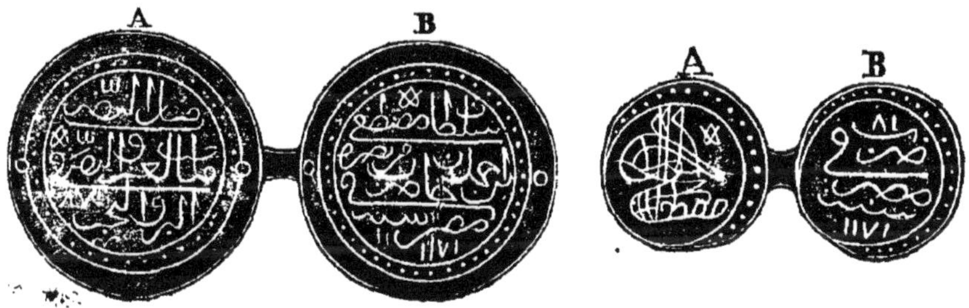

La reconnaissance publique déféra d'une voix unanime à *Aly-Bey* le nom de GRAND (*él-Kebyr*), titre que la postérité lui a confirmé, et que les populations contemporaines osèrent lui décerner en présence même de ses assassins, dont la conduite vexatoire semblait, dans ses excès intolérables, prendre à tâche chaque jour de grandir encore la mémoire de leur noble victime.

La Porte Ottomane elle-même, qui avait suscité et stimulé la trahison des beys contre leur bienfaiteur, ne recueillit pas les fruits qu'elle attendait de cette politique odieuse : le royaume que lui avait enlevé l'audace d'*Aly-Bey* fut, en sortant de ses mains, également perdu pour Constantinople : au lieu d'un seul rival magnanime et combattant à force ouverte, le sultan s'y était créé, dans les beys et les kâchefs, une tourbe d'adversaires cachés, mais non moins rebelles, et qui, dans leur état de guerre permanent avec le gouvernement ottoman, suppléaient par la ruse et l'intrigue à ce qui leur manquait du côté du caractère, des vertus et des talents.

Dès lors, la malheureuse Égypte appartint à trente tyrans, couvrant son sol de cadavres, se disputant avec acharnement le pouvoir sur ses provinces dévastées, et ne se montrant jamais d'accord que sur un seul point, leur haine commune pour l'autorité de Constantinople.

Aussi le sultan *Abd-él-Hamyd* dut, comme avant l'issue fatale de l'entreprise d'*Aly-Bey,* se résoudre à ne conserver en Égypte qu'une autorité illusoire et une suzeraineté nominative : les pachâs qu'il envoya de Constantinople continuèrent, comme ceux qui avaient été nommés par ses prédécesseurs, à n'être que les esclaves des beys et les témoins passifs des débats acharnés dont leur ambition et leur haine mutuelle ne cessèrent d'ensanglanter l'Égypte.

Fomenter ces débats, sans cesse renaissants, faisait même la partie essentielle des instructions secrètes et des devoirs imposés aux pachâs de l'Égypte par le divan de Constantinople ; dès lors le gouverneur titulaire que la Porte Ottomane entretenait au Kaire comme une ombre de son ancienne autorité, n'y était réellement qu'un officier qui avait consenti à l'avilissement de sa dignité, dont toutes les fonctions se bornaient à recevoir et à envoyer au trésor impérial les tributs du pays, lorsqu'on voulait bien les leur payer, et surtout à nouer des intrigues honteuses et soigneusement dissimulées, pour semer et entretenir le trouble et la division parmi les beys, de peur que leur union n'enlevât tout à fait l'Égypte à ce fantôme de domination dont se contentait l'orgueil du sultan.

Aussi le pachâlik de l'Égypte n'était plus qu'une mission déshonorante, une sorte d'exil et de disgrâce pour le vizir ou le pachâ qu'on y envoyait ; en partant de Constantinople, il savait que s'il ne plaisait pas au *chehyk-él-beled*, celui-ci lui dépêcherait un *oddah-bâchy* chargé de lui signifier sa déposition, espèce de messager d'État, ou d'huissier politique, à la sommation duquel toute résistance devait lui être impossible.

En effet, parmi les principaux officiers des *odjâqs* il en était un, l'*oddah-bâchy*, dont la fonction spéciale était de signifier au pachâ sa destitution prononcée par le divan du Kaire.

Lorsqu'il y avait unanimité dans les beys pour se débarrasser d'un pachâ hostile ou même suspect, cette révolution avait lieu sans rixe sanglante, et se terminait, pour ainsi dire, *à l'amiable :* les beys, réunis en divan général, décrétaient cette déposition, et chargeaient l'*oddah-bâchy* d'aller signifier au pachâ leur arrêt.

Cet officier, vulgairement désigné par le nom d'*aboutabaq* (1), sortait de sa

(1) Ces mots signifient littéralement *le père du plat*, et ce surnom burlesque avait été donné à l'*oddah-bâchy*, à cause de la forme singulière du turban qu'il portait en remplissant ses terribles fonctions. Ce turban était loin de ressembler aux coiffures ordinaires de l'Orient : sa calotte, en feutre noir, n'était pas entourée par un châle : son bord inférieur était garni tout autour de la tête d'une carcasse large et plate en fil de fer recouverte d'une légère garniture de mousseline, représentant ainsi parfaitement la forme de nos chapeaux ronds à larges bords. Le reste de son costume n'était pas moins étrange ; au lieu des vêtements amples et flottants, des manches larges et ouvertes, partout en usage chez les Orientaux, il n'était revêtu que d'une simple soutane noire

maison seul et sans escorte, monté sur un âne, car l'étiquette officielle exigeait que sa monture ne fût ni un cheval ni un mulet (1), élevant entre ses deux mains le firman de destitution ; son apparition, présage de révolution, attirait bientôt à sa suite toute la populace de la ville : il cheminait à travers les rues, dirigeant sa cavalcade du côté des casernes : sa vue seule était pour tout soldat qui le rencontrait l'obligation formelle de se joindre au cortége improvisé qui le suivait, et qui avait toujours acquis une force imposante à son arrivée à la citadelle. Là, il se présentait à l'audience du pachâ, se prosternait respectueusement devant lui; mais en se relevant, il *repliait* le coin du tapis sur lequel il s'était courbé, et s'écriait : *Enzel, pachâ!* (Descends, pachâ!). A ce *repli* de l'étiquette fatale, à cette formule sacramentelle, s'évanouissait toute la puissance du vice-roi de l'Égypte : les troupes ottomanes qui étaient sous ses ordres, les gardes même de son palais ne lui appartenaient plus, et passaient aux ordres de l'*oddah-bâchy*; lui, mis ainsi hors la loi, devait écouter humblement la lecture du firman fulminé contre lui, et, soit qu'on le chassât d'Égypte, soit qu'on demandât sa tête, il n'avait plus qu'à obéir.

Telle était la position des vice-rois de l'Égypte, ayant toujours à redouter d'être déposés par le divan du Kaire, quand ils ne l'étaient pas par le divan impérial; et nous verrons bientôt le pachâ qui avait été l'âme des intrigues dont *Aly-Bey* avait été la victime, ne recueillir de ses menées astucieuses d'autre récompense qu'une destitution, que lui envoya le divan de Constantinople, au profit du bey son associé de manœuvres politiques.

Le parti qui venait de se séparer d'*Aly-Bey* ne tarda pas à se diviser lui-même en fractions hostiles l'une à l'autre. Chacun des vainqueurs se crut dès lors un droit égal à s'attribuer les fruits de la victoire ; la cupidité et l'ambition mutuelle de chaque prétendant se chargea de punir la trahison de *Mohammed-Bey-Abou-dahab* et de ses complices, qui bientôt se décimèrent les uns les autres.

Les misérables restes du parti d'*Aly-Bey*, fugitifs et proscrits, espéraient en vain trouver quelque tranquillité dans l'asile où les avait reçus les *cheykh Dâher* à Acre: *Mohammed-Abou-dahab* vint les y poursuivre.

L'esprit d'une vengeance implacable était trop bien dans le caractère de *Mohammed-Abou-dahab* pour qu'il ne désirât pas ardemment d'exterminer jusqu'au dernier des *mamlouks*, dont le dévouement et la fidélité étaient autant de reproches vivants pour sa trahison et sa perfidie ; mais un autre motif encore appelait ses armes en Syrie : il avait une autre haine à y satisfaire : cette haine, qui devait entrer en première ligne dans ses projets, avait pour objet le prince qui s'était montré, envers l'ancien *cheykh-êl-beled* de l'Égypte, un ami si dévoué et si sûr, et qui avait perdu un fils pour la défense de sa cause.

Impatient de tirer une vengeance éclatante de l'appui donné par le *cheykh Dâher* à *Aly-Bey*, *Mohammed-Bey-Abou-dahab* avait sollicité, auprès du divan de Constantinople, la permission de porter la guerre en Syrie contre le prince d'Acre, dont il rappelait l'insubordination et dont il énumérait les torts envers la Porte Ottomane.

La réponse du Divan fut un firman impérial qui, en le confirmant dans ses fonctions de *cheykh-êl-beled* de l'Égypte, lui conférait en même temps le titre et l'autorité de *pachâ du Kaire*, en remplacement de celui dont il avait servi les complôts contre *Aly-Bey*, et l'autorisait spécialement à poursuivre le cheykh rebelle.

Muni de ces ordres du sultan, *Mohammed-Bey-Abou-dahab* ne voulut remettre à aucun autre qu'à lui-même le soin de cette expédition : laissant pour le représenter en Égypte pendant son absence, *Ismayl-Bey* comme *qaym-maqam* (vice-gouverneur), et confiant le

à manches étroites, boutonnée et serrée sur ses reins par une ceinture. Voyez ce costume dans la planche 52.

(1) Loin que cette humble monture fût un signe d'infériorité ou de mépris, on remarque que le célèbre *Ismayl-Kyahyâ*, dont il a été question dans le chapitre précédent, devenu, d'*oddah-bâchy* qu'il était, d'abord *kyahyâ*, puis *cheykh-êl-beled*, ne voulut jamais, au faîte de sa puissance, avoir d'autre monture que celle qui avait été l'attribut de ses anciennes fonctions.

commandement particulier du Kaire à *Ibrahym-Bey*, devenu son favori, il se dirigea sur la Syrie, et, vers la fin de l'an 1189 de l'hégire (1), il entra en Palestine.

Enorgueilli du double titre dont il était revêtu, et de l'appui de la Porte Ottomane, *Mohammed-Abou-dahab* déploya dans cette expédition un luxe au-dessus de tout ce que l'on avait vu jusqu'alors; sa tente surtout se faisait remarquer par sa magnificence et par les richesses qu'elle contenait.

Khân-Younes, *Ghazzah*, *Ramléh* et plusieurs autres places ne lui offrirent que peu de résistance; *Yaffâ*, commandée par le *cheykh Kerym*, gendre du *cheykh Dâher*, avait tenté de se défendre; elle fut prise d'assaut, livrée au pillage, et la plus grande partie de ses habitants impitoyablement massacrée, sans distinction d'âge ni de sexe.

A cette nouvelle, le *cheykh Dâher*, voulant éviter un sort semblable à la ville d'Acre, la quitta avec sa famille et les réfugiés égyptiens, ne laissant dans la place que le *cheykh Aly*, le plus vaillant de ses fils : celui-ci évacua également, quelques heures avant l'arrivée des troupes ennemies, la citadelle, dont il jugeait la défense impossible.

Trouvant Acre sans garnison, *Mohammed-Abou-dahab* la pilla, ainsi que plusieurs autres villes de la Palestine, où il répandit la terreur par des exécutions sanglantes. Mais ici la main de la destinée avait marqué le terme de ses crimes. Il s'apprêtait à revenir en Égypte, gorgé de sang et chargé d'un butin immense, lorsqu'un matin on le trouva mort dans sa tente.

Fut-il frappé d'un coup d'apoplexie foudroyante, ou périt-il étouffé entre les mains d'assassins ignorés, qui avaient pu s'introduire dans sa tente? C'est un point que l'histoire contemporaine n'a pas su éclaircir suffisamment, malgré tous les soupçons qu'une mort aussi instantanée, aussi imprévue, fit alors naître. Quoi qu'il en soit, punition équitable du ciel, ou représailles d'inimitié humaine, l'assassinat d'*Aly-Bey* se trouvait vengé par la mort étrange et mystérieuse de *Mohammed-Bey-Abou-dahab*.

(1) Cette année a commencé le samedi 4 mars de l'an 1775 de l'ère chrétienne.

L'armée égyptienne, sous la conduite de *Mourâd-Bey*, fit sa retraite sur l'Égypte, emportant le corps de son général, qui fut placé au Kaire dans un tombeau peu éloigné de celui d'*Aly-Bey*.

Ainsi, en moins de deux années, la même terre recouvrit le parricide et sa victime, le vil et criminel *Mohammed-Bey-Abou-dahab*, que la vindicte publique a justement flétri du surnom d'*él-Khâyn* (le Traître), et le noble *Aly-Bey-él-Kebyr* (Aly-Bey le Grand).

Malgré les prétentions d'*Ibrahym-Bey* et de *Mourâd-Bey*, *Ismayl-Bey* succéda à *Mohammed-Abou-dahab* dans les fonctions de *cheykh-él-beled*.

Ce bey était, avec eux, le seul qui restât de la maison de l'ancien *cheykh-él-Beled*, *Ibrahym-Kyahyâ*, et, comme eux, il était de la création d'*Aly-Bey* : la crainte seule lui avait fait embrasser le parti de *Mohammed-Bey-Abou-dahab* : son cœur avait toujours conservé un attachement secret pour *Aly-Bey*, son ancien maître, et sorti de la même maison que lui. Il n'imita pas *Mohammed-Abou-dahab*, dans sa fureur à poursuivre les restes infortunés de ce parti qui avait été le sien; les proscrits furent donc rappelés par lui de la Syrie, et il les rétablit dans les honneurs et les dignités qu'ils avaient possédés sous *Aly-Bey*, cherchant à s'en faire un appui contre les tentatives ambitieuses de *Mourâd-Bey* et d'*Ibrahym-Bey*.

En effet, ces deux beys, se liant contre lui d'amitié et d'intérêt, avaient déjà cherché à le supplanter, et prétendaient chasser du Kaire *Hassân-Bey-él-Geddaouy*, son ami particulier; néanmoins, ils ne réussirent pas dans cette première entreprise : *Ismayl-Bey* et *Hassân-Bey* la prévinrent, en les attaquant eux-mêmes à la citadelle du Kaire, dont ils s'étaient déjà emparés, et en les forçant de s'exiler dans le *Sayd*.

Mourâd-Bey et *Ibrahym-Bey* s'y créèrent les moyens de faire réussir un nouveau plan d'attaque, et n'en descendirent qu'accompagnés de forces redoutables. Livrant alors bataille à *Ismayl-Bey*, ils taillèrent ses troupes en pièces, et le forcèrent à son tour de quitter l'Égypte.

Ismayl-Bey, à qui sa défaite complète enlevait tout moyen de prolonger sa défense, se retira à Constantinople. *Hassân-Bey-êl-Geddaouy*, fait prisonnier, et déporté à *Geddah* en Arabie, gagna le patron de la barque qui l'y transportait, débarqua à *Qosséyr*, petit port d'Égypte sur la mer Rouge; et, traversant le désert, alla se cacher aux extrémités de la haute Égypte.

Maîtres du Kaire, *Ibrahym-Bey* et *Mourâd-Bey* s'emparèrent de l'autorité : *Ibrahym-Bey* se fit reconnaître comme *cheykh-êl-beled; Mourâd-Bey* prit pour lui la dignité d'*émyr-êl-hag* (prince du pèlerinage). Plusieurs de leurs mamlouks furent nommés *beys* et un plus grand nombre *kâchefs*. Leur conduite administrative fut, comme celle de la plupart de leurs prédécesseurs, signalée par des usurpations et des rapines.

Ils gouvernaient ainsi, au milieu des malédictions universelles, quand ils reçurent la nouvelle qu'*Ismayl-Bey* était de retour de Constantinople, et qu'on l'avait aperçu, se dirigeant, avec sa suite, sur le village de *Helouân*, dans la province d'*Atfyèh*.

Aussitôt ils envoyèrent à sa poursuite un gros corps de mamlouks, qui ne tardèrent pas à l'atteindre : il y eut une action sanglante, dans laquelle périt presque tout le reste de la maison d'*Ismayl-Bey*. Lui-même, il ne dut son salut qu'à une caverne, où il se cacha, et dans laquelle il resta trois jours entiers : de là il put ensuite gagner les cataractes (1), où il retrouva son ami *Hassân-Bey-êl-Geddaouy*. Ils se retirèrent ensemble dans les roches de *Gennadel*, au-dessus de l'avant-dernière cataracte.

Les nouveaux succès obtenus sur les derniers restes du parti d'*Ismayl-Bey* permirent à *Mourâd-Bey* de s'éloigner de l'Égypte pour le pèlerinage de la Mekke. Il y remplit ses fonctions d'*émyr-êl-hag*, conduisit et ramena la caravane sacrée au milieu des plus grands dangers; car, soit en allant, soit en revenant, il fit route entouré de tribus hostiles d'Arabes, qui attaquèrent plusieurs fois, mais sans succès, la caravane dont la défense lui était confiée.

Mais, de retour au Kaire, un refroidissement survint entre lui et *Ibrahym-Bey* : ils se reprochèrent réciproquement l'évasion d'*Ismayl-Bey;* et *Ibrahym-Bey*, courroucé, quitta brusquement le Kaire pour se retirer à *Minyéh*, dans la haute Égypte.

Mourad-Bey s'inquiéta de cette retraite de son collègue, et envoya auprès de lui quelques-uns des principaux cheykhs, qui fléchirent son ressentiment et le ramenèrent au Kaire.

Cependant, la bonne intelligence des deux beys ne dura pas longtemps. A son tour, *Mourâd-Bey* se retira à *Minyéh*, reprochant à *Ibrahym-Bey* ses liaisons avec les beys *Othmân-êl-Cherqaouy*, *Ayoub-êl-Sogheyr*, *Souleymân*, *Ibrahym-êl-Sogheyr* et *Moustafâ-êl-Sogheyr*, tous cinq chefs de maisons ennemies de la sienne.

Mourâd-Bey resta ainsi cinq mois absent du Kaire. *Ibrahym-Bey*, qui d'abord avait regardé cette absence comme momentanée, et devant cesser avec l'explosion de l'humeur bilieuse de *Mourâd-Bey*, la voyant se prolonger, s'en alarma, et envoya à son tour des cheykhs auprès de lui.

L'altier *Mourâd-Bey* ne voulut rien entendre, renvoya la députation, et, descendant lui-même en armes, avec ses mamlouks, le long de la rive occidentale du Nil, il vint prendre position à *Gyzéh* en face du vieux Kaire : là il paraissait faire des dispositions pour traverser le fleuve; et, se voyant contraint à combattre, *Ibrahym-Bey* se posta sur l'autre rive du Nil, afin d'en disputer le passage. Les deux adversaires restèrent ainsi en présence pendant dix-huit jours, échangeant d'un bord à l'autre quelques coups de canon, qui ne tuèrent qu'un homme et un cheval : puis, sans autre résultat *Mourâd-Bey* se décida à remonter à *Minyéh*.

Cinq mois après cette nouvelle retraite, il y vit arriver une seconde ambassade : cette fois il consentit à revenir au Kaire, en affectant néanmoins quelque répugnance, et imposant la condition expresse que les cinq beys ses ennemis seraient remis entre ses mains.

Cette condition obtenue, il descendait au Kaire, lorsque en route il apprit que les proscrits, instruits à temps par une communication secrète d'*Ibrahym-Bey*, s'étaient évadés du Kaire, et s'étaient jetés dans la province de *Qelyoub*, pour

(1) *Chellâl-êl-Nyl*.

de là gagner la haute Égypte en passant par les Pyramides.

Mourâd-Bey se trouvait alors à *Gesr-êl-Assouad* (la Digue noire), dans les environs de ces monuments : c'était par cette position que les fugitifs devaient nécessairement prendre leur route ; cependant, au lieu de les y attendre, *Mourâd-Bey* y laissa seulement un gros détachement d'Arabes, et aussitôt traversant le Nil à la tête de ses mamlouks, il courut les attaquer à *Râs-êl-Khalyg* (la Tête du Canal) : il fut blessé dans le combat, et se vit contraint d'abandonner le champ de bataille à ses antagonistes : ceux-ci, se persuadant qu'ils n'avaient plus d'ennemis à combattre, se portèrent sans crainte à *Gesr-êl-Assouad*, où ils tombèrent dans l'embuscade d'Arabes qui leur avait été tendue, et furent conduits prisonniers à *Mourâd-Bey*.

La colère de celui-ci était désarmée par l'humiliation de ses ennemis : il se contenta de les reléguer dans les villes de *Mansourah*, de *Fareskour* et de Damiette. Les exilés n'y restèrent pas dans l'inaction ; ils se concertèrent, et, sur la fin de l'an 1197 (1) de l'hégire (1783), ils tentèrent de s'évader, pour aller recommencer dans le Sayd une opposition armée : arrêtés dans leur tentative, ils eurent recours à l'intercession du cheykh de la mosquée de *Gamè-êl-Azhar*; et, non-seulement *Mourâd-Bey* leur fit grâce, mais encore il consentit à les réintégrer dans leur rang et leurs priviléges.

Depuis cet orage, trois années s'écoulèrent, pour *Ibrahym-Bey* et pour *Mourâd-Bey*, dans le calme d'une concorde parfaite ; tous deux en bon accord se partageaient les revenus de l'Égypte, n'en rendant aucun compte, ou bien le faisant d'une manière audacieusement illusoire pour les intérêts de la Porte Ottomane (2).

(1) Cette année a commencé le samedi 7 décembre de l'an 1782 de notre ère.

(2) Les beys avaient été autorisés, dans l'origine, à faire le prélèvement des dépenses administratives, sur le *khaznéh*, ou trésor des revenus de l'Égypte, qu'ils envoyaient à Constantinople. D'année en année le mémoire de ces dépenses réelles ou fictives s'était gonflé progressivement, diminuant d'autant le montant des contributions adressées au sultan. Enfin, sous *Ibraym-Bey* et *Mourâd-Bey*, ces prélèvements furent poussés à un tel point que l'officier chargé chaque année de payer le *khaznéh* à Constantinople n'y portait plus d'argent comptant, mais, pour tout versement, un gros portefeuille rempli de pièces établissant frauduleusement l'excédant des dépenses sur les recettes, et constituant chaque année le divan de Constantinople en *débet* envers le divan de l'Égypte.

Déjà indisposé contre eux par les plaintes qu'il recevait continuellement à leur sujet de *Mohammed-Pachâ*, alors gouverneur titulaire de l'Égypte, le sultan *Abd-êl-Hamyd* se décida, l'an 1199 (1) de l'hégire (1785), à envoyer une armée pour réprimer leur audace.

Cette armée, commandée par le *qapytân-pachâ Hassân* en personne, débarqua à Alexandrie, le 25 du mois de Chaabân de l'an 1200 (2) de l'hégire (23 juin 1786), et porta la terreur parmi les beys.

Ils se rassemblèrent en divan général ; mais la confusion qui troubla leurs délibérations ne leur permit pas de prendre un parti décisif : enfin, ils se déterminèrent à reclamer l'intercession du pachâ : celui-ci la refusa ; ils s'adressèrent alors au cheykh *Ahmed-êl-Arychy*, chef de la mosquée *Gamè-êl-Azhar*, et au cheykh *Mohammed-êl-Mohdy* (3), qui se chargèrent d'aller à Rosette, implorer la clémence du *qapytân-pachâ*.

(1) Cette année a commencé le dimanche 14 novembre de l'an 1784 de l'ère chrétienne.

(2) Cette année a commencé le vendredi 4 novembre de l'an 1785 de notre ère.

(3) Sceau et signature du *cheyk êl-Mohdy*.

Embarqués à Boulaq, sur une chaloupe richement ornée, les deux cheykhs se rendirent à leur destination, et furent accueillis par l'amiral ottoman avec la distinction due à leur caractère et à leur mérite particulier; mais, prévoyant bien qu'à l'abattement et au découragement des beys succéderait promptement quelque résolution violente, ils ne voulurent pas se compromettre en parlant en leur faveur : ils se bornèrent à prier le *qapytân-pachâ* d'ordonner à ses troupes d'épargner les populations de l'Égypte, innocentes de tous les torts des beys; « car, ajoutèrent-ils, le Dieu très-haut « a dit dans son livre sublime : *Sur la « tête des conquérants retombent les « maux qu'ils font souffrir aux peu- « ples.* »

Cette conduite des deux députés fut prudente; car, à peine sortaient-ils de l'audience de *Hassân-Qapytân-Pachâ*, qu'on apprit au camp ottoman la nouvelle de l'arrivée de *Mourad-Bey*, à la tête de dix autres beys, de plusieurs kâchefs et de nombreux mamlouks : on annonçait en même temps l'occupation par eux du bourg de *Rahmânyéh*, à l'embouchure du canal d'Alexandrie dans le Nil.

En effet, à peine la députation pacifique était-elle partie du Kaire, que *Mourâd-Bey*, revenant de sa première stupeur, avait communiqué son ardeur guerrière à tout le conseil : la défense à main armée avait été unanimement votée; et il s'était chargé d'aller combattre les Ottomans, pendant qu'*Ibrahim-Bey* tiendrait le Kaire en respect.

Rahmânyéh fut bientôt le théâtre d'un combat inégal entre les mamlouks, dépourvus d'artillerie et de fantassins, et les Turks, protégés par des canons, des mortiers et de l'infanterie. L'issue d'un tel combat ne pouvait être longtemps indécise; deux bombes qui éclatèrent entre les jambes des chevaux des mamlouks y mirent le désordre et assurèrent la victoire au *qapytân-pachâ*. Frappés de terreur, les dix beys, entraînant *Mourâd-Bey* avec eux, se lancèrent dans une retraite précipitée, et accoururent au Kaire en pleine déroute : de là, réunis à *Ibrahym-Bey*, ils se réfugièrent en toute hâte dans le Sayd, où ils attendirent que les Ottomans vinssent les attaquer.

Voyant le Kaire évacué par les mamlouks, le pachâ *Mohammed* rassembla les odjâqs, descendit avec eux de la citadelle, et se prépara à recevoir, à leur tête, le généralissime de l'armée ottomane.

Hassân-Pachâ fit son entrée au Kaire le 5 du mois de Chaouâl de l'an 1200 de l'hégire (1er août 1786), après avoir ruiné et dévasté tout le pays sur son passage : il n'est sorte d'excès et de brigandages que ne se permissent les soldats turks; et le *qapytân-pachâ* ne put arrêter le désordre qu'en faisant sur quelques-uns d'entre eux des exemples terribles qui arrêtèrent les autres.

La tranquillité rétablie ainsi aux dépens d'un grand nombre de têtes, *Hassân-Pachâ* fit procéder à la vente à l'encan de tout ce qui appartenait aux beys, de leurs maisons, de leurs harems, et même des filles esclaves enceintes d'eux. Les cheykhs réclamèrent hautement contre cette dernière rigueur, comme n'étant pas moins contraire aux lois du Koran qu'à celles de l'humanité. « J'écrirai, leur dit le *qa- « pytân-pachâ*, j'écrirai à Constanti- « nople que vous vous êtes opposés à « la vente des propriétés des ennemis « du sublime sultan. » — « On t'a en- « voyé ici, répondit le cheykh *Sadât*, « chef des cheykhs, pour châtier deux « individus coupables, et non pour en- « freindre nos lois et nos usages; donc « écris ce que tu voudras! » Cependant, après de mûres réflexions, les esclaves que les mamlouks avaient rendues enceintes furent exemptées de l'encan.

Hassân-Pachâ organisa ensuite l'administration sur le pied ottoman, et envoya, contre les beys du Sayd *Abedyn-Pachâ* avec une grande partie de l'armée, à laquelle se réunirent *Ismayl-Bey* et *Hassân-Bey-él-Geddaouy*, avec quelques mamlouks. Il y eut dans la haute Égypte une affaire meurtrière, qui coûta tellement de sang aux deux partis, qu'ils se retirèrent, les beys aux cataractes, les Turks au Kaire, après avoir ravagé chacun la partie du Sayd que traversait leur retraite.

Là se termina l'expédition de *Hassân-*

Qapytan-Pachâ, que la guerre des Russes rappela à la capitale; son but fut tout à fait manqué, puisqu'il rentra à Constantinople sans avoir extirpé de l'Égypte les beys rebelles.

En partant, il rétablit *Ismayl-Bey* dans ses fonctions de *cheykh-êl-beled;* et *Ismayl-Bey* créa *émyr-êl-hag* son ancien ami et compagnon de fortune, *Hassân-Bey-êl-Geddaouy,* avec lequel il partagea l'autorité.

Il remplissait depuis quelques mois avec équité ces fonctions qui lui avaient été rendues, quand la tranquillité fut troublée de nouveau par une insurrection, occasionnée par les actes arbitraires de l'*oualy* nommé *Ahmed*, créature de *Hassân-Bey*. Après avoir fait verser un peu de sang, la sédition fut apaisée par la destitution et l'exil du coupable, qui devint pourtant *bey* quelque temps après, comme si le pouvoir avait voulu témoigner le peu de cas qu'il faisait des plaintes portées contre ce fonctionnaire.

Le sultan *Sélym* III, *ben-Moustafâ*, qui succéda à *Abd-êl-Hamyd* (1) sur le trône ottoman, l'an 1203 (2) de l'hégire, confirma *Ismayl-Bey* dans sa haute dignité, et ce *cheykh-êl-beled* continua de gouverner l'Égypte paisiblement, jusqu'à l'an 1205 de l'hégire (1).

Cette année fut fatale à l'Égypte, et surtout à sa capitale. Une peste furieuse y moissonna d'innombrables victimes. Jamais encore ce fléau n'avait exercé d'aussi cruels ravages; chaque jour plus de mille morts décimaient la population du Kaire. Les autorités furent renouvelées jusqu'à trois fois dans le même jour, les fonctionnaires, à peine nommés, étant tour à tour atteints et frappés de mort. *Ismayl-Bey* et toute sa maison succombèrent. On ne peut encore au Kaire se rappeler qu'en frémissant *la peste d'Ismayl.*

Ce fléau rétablit les affaires d'*Ibrahym-Bey* et de *Mourâd-Bey*. *Othmân-Bey*, surnommé *êl-Tabel*, seul reste de la maison d'*Ismayl-Bey*, venait, il est vrai, d'être nommé *cheykh-êl-beled;* mais il était hors d'état de soutenir le poids qu'on venait de lui confier; il rappela lui-même au Kaire *Ibrahym-Bey* et *Mourâd-Bey;* et ils y rentrèrent le 5 du mois de Dou-l-Qadéh de la même année (7 août 1791): à leur approche, *Hassân-Bey-êl-Geddaouy* se retira dans la haute Égypte, laissant sans résistance *Ibrahym-Bey* et *Mourâd-Bey* ressaisir le pouvoir.

L'Égypte rentra ainsi sous le joug des deux tyrans associés, dont l'oppression devait peser sur elle pendant une plus longue période que celle d'aucun de leurs prédécesseurs, et qui, s'arrogeant alternativement chaque année les fonctions de *cheykh-êl-beled*, ou d'*émyr-êl-hag*, ne devaient plus être renversés que par l'intervention inespérée d'une armée de cette Europe depuis si longtemps étrangère aux affaires de l'Orient.

Il ne restait, en effet, aux populations égyptiennes nul espoir d'une révolution intérieure: les deux beys avaient écrasé tous les partis qui pouvaient leur devenir hostiles; ne laissant quelque autorité qu'aux maisons des beys leurs affidés, ils retenaient dans l'humiliation, la crainte et l'impuissance, les maisons dont les sentiments secrets leur étaient suspects.

Rivaux d'ambition, envieux l'un de l'autre, ils avaient pourtant uni leurs

(1) Monnaies du sultan *Abd-êl-Hamyd-ben-Ahmed*, frappées en or au Kaire sous la date de 1187 de l'hégire, 1774 de notre ère.

La première est un demi-*zermaboub* ou *nousfyéh* (demi-sequin); la seconde est un *fondouqly*.

(2) Cette année a commencé le jeudi 2 octobre de l'an 1788 de notre ère.

(1) Cette année a commencé le vendredi 10 septembre de l'an 1790 de notre ère.

intérêts solidaires pour la conservation du pouvoir, quoique divisés par leurs méfiances mutuelles, leurs antipathies réciproques, et l'opposition de leurs caractères.

Plus âgé que *Mourâd-Bey*, *Ibrahym-Bey* à l'expérience que lui donnaient les années joignait la réserve, l'astuce et les temporisations d'une politique consommée. Toujours en garde contre son collègue, dont il savait que l'orgueil ne se contentait qu'avec peine d'un pouvoir partagé, mais se sentant inférieur en bravoure, en forces physiques et en talents militaires, il évita toujours toute démarche qui pût le commettre avec lui et l'appeler sur le champ de bataille.

Moins violent, mais non moins despote et intéressé, il joignait à sa cupidité une avarice étrangère à *Mourâd-Bey*; mais il affectait de faire contraster ses manières doucereuses avec la brusque impétuosité de celui-ci, et se plaisait à lui laisser l'odieux des vexations tyranniques, des rapines et des avanies, sauf à en partager ensuite avec lui le produit.

Le seul acte de vigueur qui eût signalé la vie politique et militaire d'*Ibrahym-Bey*, avait été l'assassinat de *Salèh-Bey*, chef de la maison des *Fellahys* (1), qu'il poignarda ou plutôt fit poignarder par sa suite dans une des rues du Kaire, d'après les ordres de *Mohammed-Bey-Abou-dahab*, dont la faveur particulière récompensa l'auteur de cet infâme exploit.

D'ailleurs, dans tout le reste de sa conduite, soit avant d'arriver au pouvoir, soit quand il y fut parvenu, *Ibrahym-Bey* se montra toujours tortueux, sans foi, dissimulé, pusillanime même et méticuleux, prodiguant les promesses avec l'intention de n'en tenir aucune, trompant par des démonstrations d'amitié celui dont il préméditait l'assassinat, n'abandonnant jamais un projet conçu, mais n'arrivant à la réussite que par des voies cachées et obliques.

Mourâd-Bey, au contraire, ne demandant rien à la ruse, mais tout à la force, taillé en vigueur, musculeux, doué de nerfs d'acier et d'un bras capable de trancher la tête d'un bœuf d'un seul coup de sabre, *Mourâd-Bey*, dont la physionomie martiale participait de celle du lion, n'avait pas d'égal sur le champ de bataille, et dans ses colères faisait trembler jusqu'à son timide collègue lorsqu'il soupçonnait de lui quelque perfidie.

Du reste, ne connaissant pas plus la dissimulation que la haine rancuneuse, souvent généreux et pardonnant facilement; sachant apprécier la valeur et le mérite dans ses ennemis mêmes; dévoué à ses amis, fidèle à sa parole, tantôt cupide et intéressé, tantôt libéral et prodigue; mais orgueilleux, altier, irascible, et dans le premier feu de son irritation sacrifiant tout, même ses intérêts, à une vengeance immédiate; si *Ibrahym-Bey* était le prudent *Ulysse* ou l'astucieux *Sinon* de l'Égypte, *Mourâd-Bey* en était le bouillant *Achille* ou plutôt l'*Ajax* fougueux et indomptable (1).

Le retour des deux beys au Kaire fut suivi d'une horrible famine, qu'on les accusa d'avoir suscitée, afin de se défaire à meilleur prix des grains accaparés par eux dans la haute Égypte : ils renversèrent les autorités établies par le *qapytân-pachâ*, en rétablirent d'autres, se livrant à toutes sortes de violences et de vexations.

Les excès que se permirent leurs mamlouks, et surtout ceux de *Mohammed-él-Elfy* (2), occasionnèrent une insurrection générale, qui les força à suspendre momentanément leurs actes tyranniques; mais, l'insurrection une fois apaisée, ils les renouvelèrent, et des

(1) Cette maison était ainsi nommée parce que le premier chef de mamlouks dont elle tirait son origine avait été un simple *fellah*.

(1) A, Sceau d'*Ibrahym-Bey*. B, Sceau de *Mourâd-Bey*.

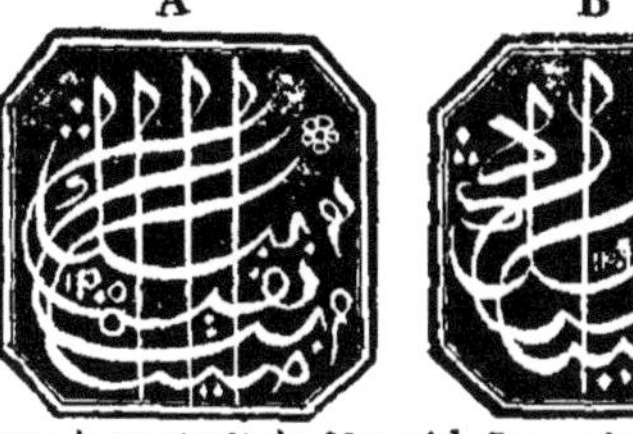

Voyez le portrait de *Mourâd-Bey*, planche 49.

(2) Ce bey avait pris le surnom d'*Elfy*, dérivé du mot arabe *alf* ou *elf* (mille), parce qu'il tirait vanité d'avoir été, comme l'ancien prince *Qelâoun*, acheté mille pièces d'or. C'est du produit de ses exactions et de ses avanies qu'il fit construire, sur la place *Ezbekyéh* au Kaire, le magnifique palais dans lequel le général en chef de l'armée française établit sa résidence et le quartier général de son état-major.

avanies exorbitantes frappèrent successivement les diverses corporations du commerce du Kaire.

C'est à cette époque que se rapporte une anecdote curieuse que j'ai apprise au Kaire, de ceux mêmes qui avaient été témoins et victimes de l'avanie dont elle contient le récit.

Mourâd-Bey avait annoncé le projet de renouveler l'habillement et l'équipement de toute sa maison militaire; sous ce prétexte, car son véritable motif était de se procurer les moyens d'une agression contre son collègue *Ibrahym-Bey*, il frappa une forte avanie sur toute la corporation juive, non-seulement du Kaire, mais encore de l'Égypte entière : on conçoit quel émoi dut causer un tel acte dans la synagogue : les fortes têtes d'Israël s'assemblèrent pour discuter les moyens d'éluder la demande tyrannique, et l'on convint d'envoyer au bey les deux plus vieux rabbins, qui s'étaient vantés d'avoir les moyens de détourner l'orage.

Admis devant *Mourâd-Bey*, « Prince, lui dirent ils, nous sommes pauvres; et quand vous vendriez nos biens, « nos femmes, nos enfants, et nous-« mêmes, vous n'en retireriez pas la « dixième partie de la somme que vous « nous avez condamnés à vous payer; « mais si vous daignez nous décharger « de la contribution intolérable que « nous ne pourrions vous payer, en « échange de cet acte de votre généro-« sité, nous vous offrons la découverte « d'un trésor bien autrement considé-« rable, et qui pourra vous dédommager « au centuple : la connaissance de ce « trésor a été transmise dans notre fa-« mille de génération en génération, et « nous devions la transmettre à nos « fils : maintenant nous seuls en som-« mes dépositaires. »

Mourâd-Bey ouvrit les oreilles aux mots de *trésor* et de *dépôt* : — « Je « retire mon arrêt d'avanie! s'écria-t-il; « voyons le trésor. » — « Le trésor, « dirent les rabbins, est enfoui dans la « mosquée qu'*Amrou-ben-êl-Aass* a « élevée au Vieux-Kaire; il y a été dé-« posé par ce conquérant de l'Égypte, « dans un coffre de fer, qu'il cacha « dans un souterrain que nous seuls « pouvons vous indiquer. »

Les renseignements furent donnés avec une exactitude qui semblait en garantir la véracité ; il existait d'ailleurs une autre garantie, c'était celle des têtes des deux rabbins révélateurs.

Mourâd-Bey n'osa pas aller s'emparer de vive force des trésors qu'il regardait déjà comme lui appartenant : pour y porter la main, sans exciter de scandale, et sans être accusé de violation de mosquée, il imagina de feindre une partie de chasse, et, à son retour, de passer comme par hasard devant la mosquée d'*Amrou*; y entrer pour y faire sa prière parut une chose toute naturelle, et les cheykhs de la mosquée vinrent recevoir le bey puissant qui les honorait de sa visite.

Mourâd-Bey parcourt la mosquée, la trouve mal entretenue et presque en ruine. « Puisque Dieu m'a amené « dans ce lieu saint, dit-il aux cheykhs, « c'est sans doute afin que j'en devienne « le réparateur, et que mon nom « puisse être joint dans vos prières « à celui du fondateur, l'illustre *Am-« rou-ben-êl-Aass* : demain j'enverrai « les ouvriers pour commencer les ré-« parations. »

Le lendemain, en effet, les ouvriers vinrent; mais, au lieu de s'occuper des parois les plus ruinées, ils commencèrent à démolir et à creuser le sol, à l'endroit qui leur fut indiqué par un agent dévoué à *Mourâd-Bey* et son confident.

Après quelques heures de fouille, le souterrain fut trouvé; *Mourâd-Bey*, averti, vint assister à l'extraction d'un immense coffre de fer, conforme à la description que les rabbins en avaient faite. Le coffre était à moitié rongé par la rouille : les serrures étaient sans clefs : on brisa le couvercle, et on trouva pour tout trésor le coffre rempli de feuilles de parchemin, sur lesquelles étaient tracées des portions du Koran en magnifiques caractères koufiques de l'époque d'*Amrou-ben-êl-Aass* (1).

(1) Le coffre de fer fut brisé et pour ainsi dire broyé, tant on espérait trouver dans ses parois quelque cachette, recélant des diamants ou autres objets précieux. Les feuilles manuscrites du Koran, jetées en tas au fond du souterrain, y furent abandonnées à l'humidité, à la pourriture et à la destruction.

C'est là que je les ai trouvées, en visitant la mosquée d'*Amrou-ben-êl-Aass*; j'ai recueilli et

Il fut heureux pour les deux juifs, que, cachés dans la foule, ils eussent prudemment voulu épier eux-mêmes la découverte du trésor : ils purent s'enfuir à temps, et se dérober aux marques de reconnaissance de *Mourâd-Bey,* qui, de retour au Kaire, se vengea de son désappointement, en frappant une contribution double sur les juifs, et en faisant cruellement bâtonner les retardataires.

Les moyens ou les occasions favorables manquèrent alors à *Mourâd-Bey* pour la scission qu'il préméditait avec son collègue; mais depuis ce temps, la position respective des deux beys, rivaux d'ambition et également avides du pouvoir suprême, ne fut plus qu'une alternative continuelle de mésintelligence et de raccommodements, dont les frais étaient toujours payés par les populations, au moyen de quelque avanie nouvelle lancée sur le Kaire ou sur les provinces : car, vainqueurs ou vaincus, maîtres du Kaire ou fugitifs dans le Sayd, la seule chose sur laquelle *Mourâd-Bey* et *Ibrahym-Bey* se montrèrent invariablement d'accord, ce fut le système de déprédations et de rapines, dont ils écrasèrent à l'envi la malheureuse Égypte.

Leur cupidité insatiable, après avoir épuisé les ressources des populations égyptiennes, s'attaqua au commerce étranger, et surtout aux négociants français établis soit au Kaire, soit à Rosette, soit à Alexandrie, dont les maisons semblaient avoir le privilége des plus dures persécutions et des spoliations les plus tyranniques : les maisons *Varsy*, de Rosette, *Neydorf, Caffe, Henricy, Baudeuf*, et *Prix-Réal*, du Kaire, eurent à supporter les actes vexatoires les plus intolérables : les réclamations n'avaient d'autres effets que de faire doubler les avanies.

L'intervention du pachâ avait été inutile; et les réclamations portées à Constantinople n'avaient reçu du sultan *Selym III* (1), qui y régnait alors, d'autre réponse qu'un silence, qui semblait, ou autoriser les tyrans subalternes, ou annoncer l'impuissance de la

racheté du cheykh de la mosquée toutes celles qui n'étaient pas trop détériorées pour se refuser à toute conservation, et ces feuilles, également précieuses par leur antiquité et leur calligraphie, font partie de mon petit musée oriental.

Je donnerai ici le *fac-simile* des trois lignes suivantes, comme *spécimen* de ces manuscrits.

(1) Monnaie du sultan *Selym-ben-Moustafâ* (Selym III), frappée au Kaire, sous la date de l'an 1203 de l'hégire (1788 de notre ère).

Autres monnaies du même prince, frappées également au Kaire, et sous la même date, qui est celle de son avénement au trône de Constantinople.

Porte Ottomane pour les réprimer.

Les choses allèrent au point que des pétitions collectives furent adressées à la métropole, et que, dès l'an III de la république (1795), le Directoire fut saisi de ces griefs, par l'intermédiaire du consul *Magallon* (1).

Toutefois, depuis ce temps, jusqu'au jour où le Vainqueur de l'Italie entra dans les vues des pétitionnaires, *Mourâd-Bey* n'avait répondu aux plaintes des consuls européens que par des avanies nouvelles, à leurs menaces que par des confiscations; il venait même de mettre le comble à ce système spoliateur, et une ordonnance d'*emprunt forcé* allait ruiner de fond en comble toutes les maisons européennes qui exerçaient le commerce au Kaire, quand tout à coup, vers le milieu du mois de Moharrem de l'an 1213 (1) de l'hégire (2), une nouvelle parvint à *Mourâd-Bey,* dans son palais de *Gyzéh* (3), nouvelle étrange, imprévue, presque incroyable, qui semblait être une réponse providentielle à ses mesures de pillage organisé.

Une armée française venait de débarquer sur la plage d'Alexandrie (4).

BONAPARTE arrivait !

(1) *Charles Magallon*, né à Marseille en 1741, fut élevé dans le commerce, et passa en Égypte, où il séjourna plus de vingt années. Il remplit longtemps au Kaire les importantes fonctions de consul de France, et, en cette qualité, il était venu à bout de conclure avec le pachâ, les beys, et plusieurs chefs de tribus arabes, des traités avantageux pour le commerce français; mais son zèle ne produisit pas tout le fruit qu'on devait en attendre, par la mauvaise foi des musulmans, la rivalité des Anglais, et peut-être encore plus par la faute du ministère français, qui, au lieu de favoriser les opérations du consul, accorda sa protection spéciale et un privilége exclusif à la Compagnie des Indes, nouvellement créée.

Malgré les obstacles que *Magallon* ne cessa de rencontrer, la considération personnelle dont il jouissait lui fournit souvent les moyens de rendre service aux négociants européens établis au Kaire, ainsi qu'aux Français qui voyageaient dans l'Orient.

On a attribué aux documents qu'il avait donnés au gouvernement français, sur l'état de l'Égypte, la première idée de l'expédition française qui devait soumettre ce pays.

(1) Cette année a commencé le vendredi 15 juin de l'an 1798 de notre ère.

(2) Premiers jours de juillet 1798.

(3) C'est pour se mettre à l'abri de tout guet-apens de la part de son collègue *Ibrahym-Bey* que *Mourâd-Bey* avait fixé son habitation à *Gyzéh*, où il s'était fait construire un palais magnifique, sur la rive occidentale du fleuve. Il ne venait au Kaire que les jours d'assemblée du divan, mais toujours bien accompagné d'une escorte assez nombreuse pour pouvoir à son gré changer, suivant l'occasion, en offensive sa position défensive.

(4) L'armée française arriva devant Alexandrie le 13 messidor an VI (dimanche 1er juillet 1798), correspondant au 17 du mois de Moharrem, an 1213 de l'hégire : la nouvelle en parvint au Kaire le 20 du même mois musulman (4 juillet). Cette nouvelle fut portée à *Mourâd-Bey* par treize courriers, que lui expédia *Seyd-Mohammed-Koraym*, gouverneur d'Alexandrie. Un écrivain contemporain, *Nyqoulâ-êbn-êl-Tourk*, nous a conservé la teneur de ce message : « Une flotte, disait-il, est apparue; ses vaisseaux « sont innombrables comme des essaims de « sauterelles; on ne peut en apercevoir ni « le premier ni le dernier. Au nom de Dieu et « de son Prophète, envoyez des troupes à « notre secours. »

TABLEAU DES MOIS

DE L'ANNÉE LUNAIRE DES MUSULMANS.

	jours.		jours.
1 MOHARREM, ayant	30	7 REGEB,	30
2 SAFAR,	29	8 CHAABAN,	29
3 RABY-ÊL-AOUEL,	30	9 RAMADAN,	30
4 RABY-ÊL-THANY (1),	29	10 CHAOUAL,	29
5 GEMADY-ÊL-AOUEL,	30	11 DOU-L-QADÉH,	30
6 GEMADY-ÊL-THANY (2),	29	12 DOU-L-HAGÉH (1),	29

(1) On donne aussi à ce mois le nom de *Raby-êl-Akher.*

(2) On nomme aussi ce mois *Gemady-êl-Akher.*

(1) Ce mois a trente jours dans les années *embolismiques*, ou *intercalaires*, répondant, dans le cycle lunaire musulman, à nos années bissextiles.

TABLEAU CHRONOLOGIQUE DES PRINCES

QUI ONT RÉGNÉ EN ÉGYPTE,

DEPUIS LA CONQUÊTE DES ARABES JUSQU'A CELLE DES FRANÇAIS.

Premiers Khalyfes.	Hég.	Ère ch.
Omar-ébn-él-Khettâb.	18	639
Othmân-ben-Affân.	23	644
Aly-ben-Aby-Tâleb.	35	655

Khalyfes Ommyades.	Hég.	Ère ch.
Moaouyah-ben-Aby-Sofyân.	41	661
Yezyd-ben-Moaouyah.	60	681
Moaouyah-ben-Yezyd.	64	684
Abd-allah-ben-Zobeyr.	64	684
Merouan-ben-Hakem.	64	684
Abd-él-mélek-ben-Merouân.	65	684
Oualyd-ben-Abd-él-melek.	86	705
Souleymân-ben-Abd-él-melek.	96	714
Omar-ben-Abd-él-Azyz.	99	717
Yezyd-ben-Abd-él-melek.	101	720
Hecham-ben-Abd-él-melek.	105	724
Oualyd-ben-Yezyd.	125	743
Yezyd-ben-Oualyd.	126	744
Ibrahym-ben-Oualyd.	126	744
Merouan-ben-Mohammed.	127	744

Khalyfes Abbassides.	Hég.	Ère ch.
Abou-l-abbas-ben-Mohammed.	132	750
Al-Mansour-ben-Mohammed.	136	754
Mahdy-ben-Al-Mansour.	158	775
Hady-ben-Mahdy.	169	785
Haroun-ben-Mahdy.	170	786
Amyn-ben-Haroun.	193	809
Al-Mamoun-ben-Haroun.	198	813
Motassem-ben-Haroun.	218	833
Ouatheq-ben-Motassem.	227	842
Motouakkel-ben-Motassem.	232	847
Montasser-ben-Motouakkel.	247	861
Mostayn-ben-Mohammed.	248	862
Motaz-ben-Motouakkel.	252	866
Mohtady-ben-Ouatheq.	255	869
Motamed-ben-Motouakkel.	256	870

Dynastie des Toulonides	Hég.	Ère ch.
Ahmed-ébn-Touloun.	257	870
Khomarouyah-ébn-Ahmed.	271	884
Geych-ébn-Khomarouyah.	282	895
Haroun-ébn-Khomarouyah.	283	896
Sinan-ébn-Ahmed.	292	904

Khalyfes Abbassides.	Hég.	Ère ch.
Moktafy-ben-Motadded.	292	905
Moqtader-ben-Motadded	295	908
Qaher-ben-Motadded.	320	932
Raddy-ben-Moqtader.	322	934

Dynastie des Ekhchydites.	Hég.	Ère ch.
Mohammed-Ekhchyd.	323	934
Abou-Hour-ben-Ekhchyd.	334	946
Abou Hassan-Aly-ben-Ekhchyd.	349	961
Kafour-él-Ekhchydy.	355	966
Abou-l-Faouaris-ben-Aly.	357	968

Khalyfes Fatymites.	Hég.	Ère ch.
Moez-ben-Al-Mansour.	362	972
Azyz-ben-Moëz.	365	975
Hakem-ben-Azyz.	386	996
Daher-ben-Hâkem.	411	1021
Mostanser-ben-Dâher.	427	1036
Mostaaly-ben-Mostanser.	487	1094
Amer-ben-Mostaaly	495	1101
Hafezz-ben-Mohammed.	524	1130
Dafer-ben-Hafezz.	544	1149
Fayz-ben-Dafer.	549	1154
Added-ben-Youssouf.	556	1160

Dynastie des Ayoubites.	Hég.	Ère ch.
Salah-ed-dyn-Youssouf.	567	1171
Mélek-él-Azyz-ben-Youssouf.	589	1193
Mélek-él-Mansour-ben-Azyz.	595	1198
Mélek-él-Adel-ben-Ayoub.	596	1200
Mélek-él-Kamel-ben-Adel.	615	1218
Mélek-él-Adel-ben-Kamel.	635	1238
Mélek-él-Saléh-ben-Kamel.	637	1240
Mélek-él-Moazzem-ben-Saléh.	647	1249

Première Dynastie des Mamlouks.	Hég.	Ère ch.
Chageret-éd-dorr.	648	1250
Ibek-Djachenkyr.	648	1250
Mélek-él-Achraf-ben-Youssouf.	648	1250
Nour-éd-dyn-Aly-ben-Ybek.	655	1257
Mélek-él-Mozzaffer-Qottouz.	657	1259
Beybars-él-Bendoqdâry.	658	1260
Barkah-khan-ben-Beybars.	676	1277
Salamech-ben-Beybars.	678	1279
Mélek-él-Mansour-Qelaoun.	678	1279
Khalyl-ben-Qelâoun.	689	1290
Mélek-él-Qâher-Beydara.	693	1293
Mélek-él-Nasser-ben-Qelâoun.	693	1293
Mélek-él-Adel-Ketbogha.	694	1294
Mélek-él-Mansour-Lagyn.	696	1296
Beybars-él-Djachenkyr.	708	1308
Abou-beker-ben-él-Nasser.	741	1341
Koutchouk-ben-él-Nasser.	742	1341
Ahmed-ben-él-Nasser.	742	1342
Ismayl-ben-él-Nasser.	743	1342
Chaaban-ben-él-Nasser.	746	1345
Hagy-ben-él-Nasser.	747	1346
Hassan-ben-él-Nasser.	748	1347
Salah-éd-dyn-ben-él-Nasser.	752	1351

	Hég. Ère. ch.
MOHAMMED-ben-Hagy.	762 — 1360
CHAABAN-ben-Hassân.	764 — 1362
ALY-ben-Chaabân.	778 — 1376
HAGY-ben-Chaabân.	783 — 1381

DEUXIÈME DYNASTIE DES MAMLOUKS.

Melek-êl-Daher-BARQOUQ.	784 — 1382
HAGY-ben-Chaabân.	791 — 1388
FARAG-ben-Barqouq.	801 — 1398
ABD-ÊL-AZYZ-ben-Barqouq.	808 — 1405
Imâm-êl-MOSTAYN-b-illah.	815 — 1412
CHEYKH-êl-Mahmoudy.	815 — 1412
AHMED-ben-êl-Mahmoudy.	824 — 1421
Séyf-êd-dyn-TATTAR.	824 — 1421
MOHAMMED-ben-Tattar.	824 — 1421
Melek-êl-Achraf-BARSE-BAY.	825 — 1422
YOUSSOUF-ben-Barse-bay.	841 — 1437
Mélek-êl-Daher-DJAQMAQ.	842 — 1438
OTHMAN-ben-Djaqmaq.	857 — 1453
Mélek-êl-Achraf-YNAL.	857 — 1453
AHMED-ben-Ynal.	865 — 1460
Mélek-êd-Daher-KHOCHQADAM.	865 — 1461
Mélek-êl-Daher-YELBAY.	872 — 1467
Mélek-êl-Daher-TAMAR-BOGHA.	872 — 1467
Mélek-êl-Achraf-QAYT-BAY.	872 — 1467
MOHAMMED-ben-Qayt-Bây.	901 — 1495
QANSOU-Khams-myéh.	901 — 1495

	Hég. Ère ch.
QANSOU-Abou-Sayd.	904 — 1498
QANSOU-Djân-balad.	905 — 1499
Melek-êl-Adel-TOUMAN-BAY.	906 — 1500
QANSOU-êl-Ghoury.	906 — 1501
Melek-êl-Achraf-TOUMAN-BAY.	922 — 1516

SULTANS OTTOMANS.

SELYM-ben-Bayazyd.	923 — 1517
SOULEYMAN-ben-Sélym.	926 — 1520
SÉLYM-ben-Souleymân.	974 — 1566
MOURAD-ben-Sélym.	982 — 1574
MOHAMMED-ben-Mourâd.	1003 — 1594
AHMED-ben-Mohammed.	1012 — 1603
MOUSTAFA-ben-Mohammed.	1026 — 1617
OTHMAN-ben-Ahmed.	1027 — 1618
MOURAD-ben-Ahmed.	1032 — 1623
IBRAHYM-ben-Ahmed.	1049 — 1640
MOHAMMED-ben-Ibrahym.	1058 — 1648
SOULEYMAN-ben-Ibrahym.	1099 — 1687
AHMED-ben-Ibrahym.	1102 — 1691
MOUSTAFA-ben-Mohammed.	1106 — 1695
AHMED-ben-Mohammed.	1114 — 1702
MAHMOUD-ben-Moustafâ.	1143 — 1730
OTHMAN-ben-Moustafâ.	1168 — 1754
MOUSTAFA-ben-Ahmed.	1171 — 1757
ABD-ÊL-HAMYD-ben-Ahmed.	1187 — 1774
SÉLYM-ben-Moustafâ.	1203 — 1789

TABLE DES MATIÈRES.

CHAPITRE IX.

CHAPITRE X.

CHAPITRE XI.

CHAPITRE XII.

CHAPITRE XIII.

CHAPITRE XIV.

CHAPITRE XV.

CHAPITRE XVI.

CHAPITRE XVII.

CHAPITRE XVIII.

FIN DE LA TABLE.

www.ingramcontent.com/pod-product-compliance
Ingram Content Group UK Ltd.
Pitfield, Milton Keynes, MK11 3LW, UK
UKHW012202240726
13966UKWH00002B/518